中青年法学文库

制定法推理与判例法推理

（第三版）

Reasoning from Statutes and Case Law

王　洪　著

中国政法大学出版社

2022·北京

中国政法大学校级人文社会科学研究项目资助

中国政法大学校级交叉学科建设项目资助

总　序

　　中华民族具有悠久的学术文化传统。在我们的古典文化中，经学、史学、文学等学术领域都曾有过极为灿烂的成就，成为全人类文化遗产的重要组成部分。但是，正如其他任何国家的文化传统一样，中国古典学术文化的发展并不均衡，也有其缺陷。最突出的是，虽然我们有着漫长的成文法传统，但以法律现象为研究对象的法学却迟迟得不到发育、成长。清末以降，随着社会结构的变化、外来文化的影响以及法律学校的设立，法学才作为一门学科确立其独立的地位。然而一个世纪以来，中国坎坷曲折的历史始终使法学难以走上坦途，经常在模仿域外法学与注释现行法律之间徘徊。到十年"文革"期间更索性彻底停滞。既先天不足，又后天失调，中国法学真可谓命运多舛、路途艰辛。

　　20世纪70年代末开始，改革开放国策的确立、法律教育的恢复以及法律制度的渐次发展为我国法学发展提供了前所未有的良好环境。十多年来，我国的法学研究水准已经有了长足的提高，法律出版物的急剧增多也从一个侧面反映了这样的成绩。不过，至今没有一套由本国学者所撰写的理论法学丛书无疑是一个明显的缺憾。我们认为，法学以及法制的健康发展离不开深层次的理论探索。比起自然科学，法学与生活现实固然有更为紧密的联系，但这并不是说它仅仅是社会生活经验的反光镜，或只是国家实在法的回音壁。法学应当有其超越的一面，它必须在价值层面以及理论分析上给实在法以导引。在注重建设性的同时，它需要有一种批判的性格。就中国特定的学术背景而言，它还要在外来学说与固有传统之间寻找合理的平衡，追求适度的超越，从而不仅为中国的法制现代化建设提供蓝图，而且对世界范围内重大法律课题作出创造性回应。这是当代中国法学家的使命，而为这种使命的完成创造条件乃是法律出版者的职责。

"中青年法学文库"正是这样一套以法学理论新著为发表范围的丛书。我们希望此文库能够成为高层次理论成果得以稳定而持续成长的一方园地，成为较为集中地展示中国法学界具有原创力学术作品的窗口。我们知道，要使这样的构想化为现实，除了出版社方面的努力外，更重要的是海内外法学界的鼎力相助和严谨扎实的工作。"庙廊之才，非一木之枝。"清泉潺潺，端赖源头活水。区区微衷，尚请贤明鉴之。

中国政法大学出版社

第三版前言

在个案裁判中，法官必须服从法律的权威，并且要基于正义的沉思，其裁决在当时情况下是公平、正义、正确和合理的。[1] 但法律是开放的、非协调的、不完全的体系，法官对法律具有广泛的解释权与酌处权（discretion）[2]，是法官在确定法律是什么，[3] 法官是法律的一部分，在法律解释与法律适用中起着决定性的作用。正因为如此，法学家德沃金（Ronald Dworkin）指出，法律存在于法官的法律推理之中，存在于对法律的建构性阐释之中，存在于对我们的整个法律实践的最佳论证之中，存在于对这些法律实践作出尽可能最妥善的阐释之中。[4]

正是在这个意义上，法学家庞德（Roscoe Pound）指出："法律的确定性不是靠一个预先设计的、包罗万象的完整法律规则体系来获得，而是通过一个完整的原则体系以及对这些原则的适用和逻辑阐释的完整体系来获得。"[5] 法律并不能靠规则自身统摄一切，这些旨在寻求最佳论证和最佳阐释的法律论证与推理原则是法律的一部分，是裁判的总则

---

〔1〕 参见［英］戴维·M.沃克：《牛津法律大辞典》，北京社会与科技发展研究所组织翻译，光明日报出版社 1988 年版，第 262 页。

〔2〕 参见［美］伦斯特洛姆：《美国法律辞典》，中国政法大学出版社 1998 年版，第 157~158 页。

〔3〕 *Marbury v. Madison*，5 U. S. 137（1803）. 美国大法官马歇尔（Marshall）在马伯里诉麦迪逊案中指出：确定法律是什么，这乃是司法机关的权限和职责。对规则进行阐明和解释与选择这是司法职责的实质。

〔4〕 ［美］德沃金：《法律帝国》，李常青译，中国大百科全书出版社 1996 年版，前言。

〔5〕 ［美］罗斯科·庞德：《普通法的精神》，唐前宏、廖湘文、高雪原译，法律出版社 2010 年版，第 126 页。

部分，是任何法律决定之无声的前言。[1] 也正是在这个意义上，卡多佐（Benjamin N. Cardozo）大法官指出："即使法官是自由的时候，他也仍然不是完全自由的。他不得随意创新。他不是一位随意漫游、追逐他自己的美善理想的游侠。他应从一些经过考验并受到尊重的原则中汲取他的启示。"[2]

在法律领域中，"既要探索稳定性原理，又必须探索变化原理。"[3] 霍姆斯（Oliver W. Holmes）大法官说得好："理论是法律原则中最重要的部分，对于那些有才干的人来说，理论意味着探求专业的根底。"法律论证与推理理论就是法律专业根底的一个重要部分。法学家哈特（Herbert L. A. Hart）对此说道："法院在行使创造性功能（此为成文法或先例中之法的开放结构留给他们的）时所使用的种种类型的推理，有很多内容需要去讨论。"[4] 把握住实在法与法律程序以及法律论证与推理的精髓并且能够把它们融会贯通地运用到实践中去，才能看透这个纷繁复杂且变幻万千的法律世界。正是在这个意义上，法学家富勒（Lon L. Fuller）指出："教授法律知识的院校，除了对学生进行实在律令与法律程序方面的基础训练以外，还必须教导他们像法律工作者一样去考虑问题、掌握法律论证与推理的复杂艺术。"[5] 今日提及这点，是对前版序言中想法的一点补充，也是对当下沉迷于法典化而忽视法官释法与造法等法律论证与推理问题的一点感叹。

本书是对前版的修正与增补。本书保留了前版的总体框架体系，但变动了一些小节和细目的标题，使其更好地概括与表达研究内容和作者意图；改写和充实了一些小节中的内容，增加了一些小节和细目，比如正义先于真实原则、最佳版本选择、最佳版本的策略操控、严格证明模

---

〔1〕 ［英］H. L. A. 哈特：《法律的概念》，许家馨、李冠宜译，法律出版社2006年版，第221页。

〔2〕 ［美］本杰明·卡多佐：《司法过程的性质》，苏力译，商务印书馆1998年版，第88页。

〔3〕 ［美］罗斯科·庞德：《法律史解释》，曹玉堂、杨知译，华夏出版社1989年版，第1页。

〔4〕 ［英］H. L. A. 哈特：《法律的概念》，许家馨、李冠宜译，法律出版社2006年版，第142页。

〔5〕 转引自［美］E. 博登海默：《法理学——法哲学及其方法》，邓正来、姬敬武译，华夏出版社1987年版，第492页。

式与优势证明模式、唯一正解与最佳阐释问题等。以上这些变动是对以往问题的进一步研究，也是对以往遗留问题和最新问题的探讨。最后我要感谢中国政法大学出版社尹树东社长和前任社长李传敢先生长期以来对法律逻辑学著作出版的大力支持，感谢柴云吉主任为本书再版的悉心安排及编辑同志们付出的细致而有创造性的辛勤劳动！

王　洪

2022 年夏天于北京中国政法大学

修订版序言

我用自己在初版后记中的一句话作为开场白："这本书给了我不可抑止的写作冲动，给了我许多个不眠之夜。"这句话也说明了我做出修订这本著作决定的缘由。本书涉及的这些问题时常涌上心头，历久弥新且令人欲罢不能。这些问题意义重大但纷繁复杂且极具挑战性，给人以无限探索的空间。这种写作冲动依旧，不眠之夜仍在。

制定法与判例法的论证与推理传统和技艺是司法理性的精髓，是后来法治得以铸就的基础，也是法治传统的一个重要部分。从这个意义上说，司法裁决呈现的法律论证与推理水平反映一个法官的法律思维水平，更反映一个国家的法治水平。正因为如此，人们对此起彼伏的错案、不当裁决与不当立法提出的批评与质疑之声不绝于耳。如果我们认为单凭痛苦经历和美好愿望本身就一定能担保建立起具有崇高声誉的立法与司法，那恐怕就失当了。这里还有一个更为重要的前提，那就是我们必须对法律实践从理论上给予深刻的反思，对法治的理性传统、理性精神与理性技艺进行深入的研究，并且能够把握它并融会贯通地运用到我们自己的决断中去。正如霍姆斯所言，曼斯菲尔德等大法官们最大的贡献不在于确立孤立的案例，而在于在判决中确立了后人得以援用的一般原则与方法。但这方面或多或少地被人们忽略了。今日提及这点，是对初版前言中想法的一点补充，也是对以往与当下情形的一点感叹。

本书是对初版的修正与增补。本书保留了初版的总体框架体系，也沿用了从案例与判例中发现已有研究存在的不足，在此基础上研究法律论证与推理机制与机理，并从中总结与概括出其推理模式与准则的写作方式。但变动了许多小节和细目的题目，使其更好地概括与表达研究内容和作者意图。更重要的是，本书改写和充实了许多小节中的内容，并且增加了若干小节和细目，比如拉德布鲁赫的标准、最低限度的立法道德、最佳假设原则、概然推理与似真推理、分析推理与辩证推理的叠加、混合逻辑模型、拉德布鲁赫公式等。此外增加了一些经典或典型判例与参考文献。以上这些变动是对以往问题的进一步研究，是对以往遗留问题和最新问题的探讨。希望这些工作带给我一个新的起点。对于本书再版，我要感谢中国政法大学出版社尹树东社长对法律逻辑学著作出版的大力支持，感谢柴云吉主任及程传省编辑为本书再版付出的辛勤而富有创造性的劳动！

王　洪

2016 年夏季于北京

初版前言

早在两千多年前，古希腊思想家亚里士多德（Aristotle）就有了法治的梦想。在人类的历史长河中，这个法治梦想的火种，尽管有时微弱，但从未熄灭过。一代代的薪火相传，终于在今天汇聚成不可阻挡的燎原之火，它点燃了无数人的法治梦想。

究竟是什么让法治拥有如此强盛的生命力？亚里士多德自己给出了答案，那就是在法治深处蕴藏着不受个人情感所支配的理性的力量。亚里士多德给人们讲述了一个寓言。在寓言中，安提西尼斯说道："兔子在议会发言，要求大家都应平等。狮子答道：你的爪子和牙齿在哪里?"亚里士多德讲述这个寓言，并非要人们崇尚狮子的爪子和牙齿的力量，恰恰相反，他强调的是人的理性的力量，人不像其他任何动物，人有逻各斯（logos）即理性，能够区别善恶，自己治理自己。许多世纪过去了，人们逐渐地领会了法治的精髓，积累了法治的经验，确立了法治的理性传统。汉密尔顿（Hamilton）说道："司法部门既无强制，又无意志，而只有判断。"[1] 而美国联邦最高法院那些身穿黑袍的大法官们，正是基于亚里士多德所说的探寻事物真相的"沉思"（contemplation）和决断事情是非的"审慎"（deliberation），凭借他们基于理性思考之上的决断而不是他们个人的恣意擅断，化解了社会危机与冲突，彰显了公平与正义，获得了社会公众的普遍信任和尊敬，为法治赢得了如此广泛而崇高的权威与力量。

---

[1] [美]汉密尔顿、杰伊、麦迪逊：《联邦党人文集》，程逢如、在汉、舒逊译，商务印书馆 1980 年版，第 391 页。

　　法官们基于制定法或判例法裁判具体案件不是一件轻而易举的事情。正如美国联邦最高法院霍姆斯（Oliver W. Holmes）大法官所言，法律不是由公理和推论组成的数学书，不是从权威那儿理所当然地拿来的，不是不证自明的，而是有争议也是可争议的，还是流动变化的。法律不可能预见到所有具体案件，不可能为每个案件准备好确定无疑的现成答案。指望有一天法律会制定得尽善尽美，只能是一个"不可能的幻想"。但是，倘若借口由于法律不确定，法官们就可以按照自己的意愿随心所欲地对有关条款妄加解释，就可以在法律条款的空瓶子里任意地倒进任何东西，这对于法治而言是一个"可怕的噩梦"。法治不会容忍一个法官基于幻想与感觉、武断与偏见甚至抛一枚硬币来作裁决，而且也没有任何一个法官承认自己就是这样来判案的。既然那幻想是荒诞的，而那噩梦又是不能忍受的，那么法官们到底依靠什么去拨开这重重迷雾？答案是不言而喻的。那就是遵循法治的理性传统，恪守法治的理性精神，汲取法治的理性经验。这是法官能够选择的唯一正确的道路，也是一条能够充分展现法官智慧的道路。

　　在浩如烟海的判决中，也幸好有了法治确立的理性传统，使得我们能够看到大法官们留下的在今天依然熠熠生辉的裁决。变幻莫测的风云以及变化无常的人性都汇聚在他们的胸中，人类迄今为止所取得的法治原则以及从心灵深处汩汩流出的理性精神奔流于他们的笔端。每一次裁判都为我们送上心灵的震颤，每一个论证都让我们沐浴在理性的阳光之中。这些理性是有生命的，它目光深邃而远大，它悄无声息却是一股神秘而强大的力量，它抚慰直达心灵的沧桑，回应深沉而温暖的情意，人们无论身在何处都能感受到它的存在。马伯里诉麦迪逊案、米兰达诉亚里桑娜州案、纽约时报公司诉美国案、罗伊诉韦德案的判决就是最好的明证。每次掩卷沉思，柏拉图说的一句话都会袭上心头："理性是灵魂中最高贵的因素。"在法律的世界里到处回响着理性的声音，领会法治的理性传统以及法治所追求的理性精神，领略法律推理与论证的复杂艺术以及大法官们的司法情怀与智慧，无疑是引人入胜且意义重大的。

　　对于一个法律人来说，拥有智慧与怀有良知是同等重要的。倘若一个法律人缺乏足够的智慧，他也极容易成为一个社会公敌。很自然地，一个法律人要对法治的理性传统、理性技艺与理性精神有相当深入的了解，并且能够融会贯通地运用到自己的决断中去。这或许还不是我们的现实，但一定会是我们的未来。我对此深信不疑。

王 洪

2013 年夏天于北京

目　录

绪论　法律的生命在于经验也在于逻辑

一、霍姆斯的名言与布鲁尔的批评

美国联邦最高法院大法官霍姆斯（Oliver W. Holmes）在《普通法》开篇说道："法律的生命不在于逻辑，而在于经验。不管你承认与否，对时代需要的感知，流行的道德和政治理论，对公共政策的直觉，甚至法官和他的同胞所共有的偏见，对人们决定是否遵守规则所起的作用都远远大于三段论。法律包含了一个民族许多世纪的发展历史，它不能被当作由公理和推论组成的数学书。"[1]

应当指出，霍姆斯并没有否定逻辑在法律领域里的作用，没有认为逻辑在法律领域里是可有可无的，更没有认为在法律领域里是可以违反逻辑的。他其实要强调的是，普通法推理的前提不是从权威那儿理所当然地拿来的，逻辑不是得出结果所使用的唯一工具，要进行普通法推理，政治或道德判断是必不可少的；法律之间的区别在于经验而不是逻辑，法律是由人们对社会需求的感知而决定的，是人们不断重新审视和思考的结果，法律是一个民族生活与历史的一部分；支配人们生活以及历史发展的不是数学公理，而是社会实际需要与社会公平正义观念；人们确立、制定与选择什么规则主要是由人们的需求、愿望和追求来决定的，即法律的内容、规范取向及其选择是由人们的生活、好恶甚至是偏见来决定的，而不是由数学和逻辑来决定的；法律是人们生活与历史的产物，是可争议的和随着生活和历史的变化而流动变化的，法律不是一部由公理和推论组成的数学书，不是不证自明的或从权威那儿理所当然地拿来的，不是不可争议或永远不变的。因此，霍姆斯要强调的是，"危险不在于承认支配其他现象的原则也同样制约法律，危险在于这种观念，即比如像我们这样特定的制

---

[1]　O. W. Holmes, Jr., *The Common Law*, Little Brown, 1963, p. 1.

度，能够像数学那样从某些行为的一般公理中推导出来"。[1] 但也正是由于法律是生活和经验的产物，不是由公理和推论组成的数学书，不是完美无缺、无可置疑和一成不变的，因而，它就更需要依靠逻辑概括与总结，更需要接受逻辑的指引与批评。正如博登海默指出，虽然逻辑并不能解决法律中最为棘手的问题，但这并不意味着逻辑与经验之间的相互关系是对立或相悖的。在行使司法职能过程中，逻辑和经验与其说是敌人，毋宁说是盟友。[2]

法律的生命实际上是依赖理性维系的。逻辑也是法律生命的一部分。正如英国法官柯克爵士所言，理性是法律的生命。没有理性的法律是没有生命力的。逻辑是理性要求的底线，没有逻辑就没有任何理性可言。而且逻辑是经验与价值的推理工具。美国联邦最高法院大法官卡多佐（Benjamin N. Cardozo）说得好："霍姆斯并没有告诉我们当经验沉默无语时应当忽视逻辑。"[3] 任何法律与法院裁决只有经得起逻辑的批判才能经得起社会公众的合理怀疑，意大利法学家贝卡利亚（Beccaria）所担心的"不幸者的生活和自由成了荒谬推理的牺牲品或者成了某个法官情绪冲动的牺牲品"的事情才不会成为现实。正因为如此，美国法学家布鲁尔（Brewer）曾痛心疾首地指出，由于人们不恰当地把经验放在逻辑的对立面，"使得好几代的律师、法官和法学教授（不管是否沿着霍姆斯的道路）事实上没有把严格的逻辑形式研究放在法律课程的恰当位置。结果，美国的法律文化——表现在法学院、律师简报、法官司法意见的撰写、法学教授的法理学思考——普遍地缺乏清晰的司法论证，法官和律师简报既没有也不可能达到更高的理性的、清晰的水平。事实上，法学教授甚至更加推崇理性的不清晰，把它当作法律论证的优点"[4]。

二、康德的三种理性法则

德国哲学家康德概括了三种法则：自然法则、道德法则与思维法则。

---

〔1〕 在霍姆斯看来，法律不是一个如同几何学或代数学的公理体系（axiomatics system），法律适用不能简单地视为概念、命题之数学演算，不应是"公理取向"的。See O. W. Holmes, Jr., "The Path of the Law", in *Collected Legal Papers*, Mark de Wolfe Howe ed., Harvard University Press, 1910.

〔2〕 参见［美］E. 博登海默：《法理学——法哲学及其方法》，邓正来、姬敬武译，华夏出版社1987年版，第478~479页。

〔3〕 ［美］本杰明·卡多佐：《司法过程的性质》，苏力译，商务印书馆1998年版，第17~18页。

〔4〕 ［美］斯科特·布鲁尔："从霍姆斯的道路通往逻辑形式的法理学"，载［美］斯蒂文·J. 伯顿主编：《法律的道路及其影响——小奥利佛·温德尔·霍姆斯的遗产》，张芝梅、陈绪纲译，北京大学出版社2005年版。

他在《实践理性批判》中指出："有两种东西，我对它们的思考越是深沉和持久，他们在我心灵中唤起的惊奇和敬畏就会越来越历久弥新，一是我们头上浩瀚的星空，另一个就是我们心中的道德律。"康德在这里谈到了两种法则，一是自然法则，二是道德法则。他在《道德形而上学基础》中谈到了思维法则。"所有的理性知识要么是实在的和涉及某些客体的，要么是形式的和仅仅涉及理解与理性本身的形式，即涉及思维的普遍规则而不考虑其思维对象的差别。形式的哲学称为逻辑学；实在的哲学，即必须决定各种客体及其隶属的法则之哲学又可分为两种，因为这里所说的法则要么是自然的，要么是自由的。有关自然的科学称为物理学，或自然科学；有关自由的科学称为伦理学，或伦理哲学。"[1]

正如德国法学家布赫瓦尔德（Delf Buchwald）指出，法律思维有三个关键领域，它们是法律概念和体系的建构、法律的获取、判决的证成。法律思维也可以概括为立法与司法两个主要领域：其一是立法领域，主要解决法律概念和体系的建构问题；其二是司法领域，主要是解决事实发现或事实确认、法律获取或法律发现、主张与判决的证成与说服问题。在司法过程中，法官不可避免地要解决三个不同的问题：其一，发现事实或确认事实，即对案件事实作出判断或推断，探寻案件事实真相；其二，寻找法律或获取法律，即对有关法律作出判断或推断，获取或确立案件的裁判理由或依据；其三，根据法律和事实作出判决，即将法律适用于具体案件，将案件事实置于法律之下，对案件事实进行司法归类，即根据法律和事实作出并证成裁决。[2]

在北京市丰台区人民法院审理的奥拓车苯污染案[3]中，朱女士购买和使用的奥拓车是否存在苯污染？朱女士购买和使用的奥拓车的苯污染与

---

〔1〕　Kant, *Groundwork of the Metaphysics of Moral*, Harpar and Row, p. 55. 转引自张乃根：《西方法哲学史纲》，中国政法大学出版社 2002 年版，第 134 页。

〔2〕　参见王洪："论制定法推理"，载郑永流主编：《法哲学与法社会学论丛（四）》，中国政法大学出版社 2001 年版，第 172 页。

〔3〕　奥拓苯中毒案车主败诉案：2002 年 8 月，北京消费者朱某买了一辆新奥拓轿车，同年 9 月 30 日，朱发现自己身上有大量的出血点，到医院确诊其为重症再生障碍性贫血急性发作，2003 年 3 月 25 日，朱因医治无效去世。此后，朱的丈夫李某把奥拓车送至中国室内装饰协会室内环境监测中心检测，证明车内空气苯含量超标。2003 年 11 月 18 日，李某以妻子因"新车苯中毒致死"为由，将销售商与生产厂家告上北京丰台区人民法院。因证据不足，法院一审判决驳回了李的诉讼请求。二审法院裁定书中指出，上诉人不能证实朱某患重症再生障碍性贫血而导致死亡系因朱某购买和使用的奥拓车存在苯污染所致，故上诉人起诉缺乏事实和理由。车苗苗："北京奥拓苯中毒案终审被驳回"，载中国法院网，https://www.chinacourt.og/artail/2004/12/id/144892.shtml。

她患重症再生障碍性贫血而死亡是否存在因果关系？这是本案要解决的事实确认问题，是需要收集证据并基于证据加以解决的。苯污染超标的奥拓车是否构成不合格产品？生产商和销售商是否应当承担法律责任？这是本案要解决的法律获取与法律适用问题。这涉及对法律中不合格产品的概念以及相关法律责任内容的解释或理解问题，以及在此基础上对案件事实的评价与归类问题。

在美国联邦最高法院受理的关于堕胎案、平权法案（*affirmative action*）、安乐死案、言论自由案中，法官需要解决的是案件涉及的一系列法律问题："胎儿是一个拥有自己的权利和利益的人吗？如果是，这些权利中包括免于被杀害的权利吗？当继续怀孕会造成母体的严重不利或者是伤害的时候还享有这项权利吗？如果不是，国家对堕胎的禁止或管制还有其他根据吗？""允许各州计算本州各大学和学院的申请人的种族比例来决定录取人数，是不是违反合众国对其公民的平等保护条款？这与根据申请人的能力倾向测验成绩或者是篮球水平来决定取舍有差别吗？""拒绝承认一个生命垂危的人享有选择自己如何去死以及何时去死的权利，是否违反有关一个优秀政府所应追求的基本信念？公民是否拥有对于个人问题在精神上的独立决定权，这种权利意味着他们可以选择自己的死亡方式吗？这个权利是不是最高法院所陈述过的通过正当程序条款所保护的有序自由理念的一部分？在堕胎和安乐死之间存在什么样的联系？如果说宪法授权怀孕妇女拥有堕胎的权利——正如最高法院的判决所表明的那般，这是不是允许生命垂危的病人有选择怎样死和何时死的权利？经常被引用的'谋杀（killing）'和'被动安乐死（letting die）'之间的区别在安乐死的争议中扮演了何种角色？在停止治疗的消极行为和开出致死处方的积极行为之间是不是存在道德上的中肯的（pertinent）区别？""为什么政府需要给言论自由提供特别的保护？顽固分子以污辱性和挑衅性的语词攻击少数种族是不是也在这个自由之内？这是不是说政府机关的候选人有权将尽可能多的财力花费在他们的竞选上？或者说捐赠人有权将尽可能多的钱财捐献给这些竞选活动？"[1]

在事实发现、法律获取、裁决证成中，不可避免地要作出判断并要进

---

〔1〕〔美〕罗纳德·德沃金："我们的法官必须成为哲学家吗？他们能成为哲学家吗？"，傅蔚冈、周卓华译，载中国私法网，http://www.privatelaw.com.cn/web-P/N-Show/?News_CPI=25&PID=1562.

行相应的推论与论证。[1] 在大陆法系国家，正式的法律渊源只有制定法，这些推论和论证是在制定法框架下完成的；在英美法系国家，制定法和判例法被认为都是正式的法律渊源，这些推论和论证是在制定法框架和判例法框架下完成的。基于制定法的推论与论证统称为制定法推理（reasoning from statute law）；基于判例法的推论与论证统称为判例法推理（reasoning from case law）。[2] 应当指出，基于制定法进行的推论与论证和基于判例法进行的推论与论证是两种有所不同的推理过程。在英美法系国家，法官既进行制定法推理又进行判例法推理；在大陆法系国家，法官主要进行的是制定法推理。

　　无论是在大陆法系国家、英美法系国家还是我们国家，都可以将法律领域里的全部推论与论证概括为三类：事实推理（factual inference）、法律推理（legal reasoning）、判决推理（judicial reasoning）。[3] 事实推理是指发现或确认事实的推论过程。它是寻找事情真相的推论，是寻找或确认证据和基于证据发现或确认事实的推论，是从一些事实得出或证明另一些事实的推论，是为裁决提供事实根据进行的推论。[4] 在刑事侦查中，需要进行事实推理，以查明案件真相；在诉讼与审判中，需要进行事实推理，决定证据的取舍和证明力的大小，以及基于证据展开推理以证明和确认案件事实。可以将这些领域里的事实推测与推断、推证与推定统称为事实推理。法律推理是指寻找或获取法律的推论过程。它是探寻法律真谛的推论，是对实在法规定或规则及其意图和精神进行的推论，是澄清法律疑义、平衡法律冲突、填补法律漏洞的推论，是发现、重构、填补与创制法律的推论，是从制定法或判例法中寻找可适用的规则或原则的推论，即为

_____

　　〔1〕　广义的推论或推理包括论证。论证是指运用推论或推理确立论题成立的过程。狭义的推论或推理不包括论证。推理通常是指人们思维的一种活动，"推理是从某些陈述出发，这些已经作出的陈述必然要引起对陈述之外的另一些事物加以论断，而且是作为这些陈述的一个结果"。参见苗力田主编：《亚里士多德全集》（第1卷），中国人民大学出版社1990年版，第551页。"逻辑思维的特点在于运用概念，并进行判断和推理，因而通常又称之为概念思维或理论思维。"参见彭漪涟主编：《概念论——辩证逻辑的概念理论》，学林出版社1991年版，第2页。

　　〔2〕　参见王洪："论制定法推理"，载郑永流主编：《法哲学与法社会学论丛（四）》，中国政法大学出版社2001年版，第172页。

　　〔3〕　参见王洪："论制定法推理"，载郑永流主编：《法哲学与法社会学论丛（四）》，中国政法大学出版社2001年版，第172页。

　　〔4〕　王洪："论制定法推理"，载郑永流主编：《法哲学与法社会学论丛（四）》，中国政法大学出版社2001年版，第172页。

具体案件获得或确立裁决理由或依据进行的推论。[1] 法律推理要解决的是法律不确定性或可争议性问题，因此，法律解释、漏洞补充和法律续造可以归入法律推理的范畴。[2] 从本质上说，它们都是发现、重构、填补、创制法律的过程，都是从某些前提或理由得出某些结论或结果的过程。法律推理是法律领域中极为重要的一种推论，也是法律领域里最有特色的推论。判决推理是指根据事实和法律得出和证成判决的推论过程。它是将法律和事实对应起来作出裁判结论的推论，是将法律适用于具体案件的推论，是对案件事实进行司法归类的推论。判决推理是以法律推理和事实推理的结果为前提的。其中，法律推理的结果是大前提，事实推理的结果是小前提，判决推理的结果是对具体案件作出的裁决。法官裁判的主要任务之一就是建立起裁判大前提和裁判小前提，并从已建立的裁判大前提和裁判小前提得出或证成判决结论。[3]

古罗马法学家塞尔苏士指出，法律乃善良与公平之艺术（Jus est ars boni et aequi）。在法律领域中，任何案件都会涉及诉讼主张和法官裁决的合理性或正当性评价问题，因而会涉及法律领域的推理与论证的合理性或正当性评估问题。任何领域的推理与论证都有一个是与非或对与错的问题，有一个合理与不合理的问题，有一个正当与不正当的问题。法律领域的推理与论证的合理性或正当性问题，可以概括为两个基本的问题：其一，判定问题或评估问题，即如何评估或判定法律领域的推理与论证的合理性或正当性？这涉及法律领域的推理与论证的合理性评估尺度与评价标

---

〔1〕 参见王洪："论制定法推理"，载郑永流主编：《法哲学与法社会学论丛（四）》，中国政法大学出版社 2001 年版，第 172 页。

〔2〕 此处的法律解释、漏洞补充和法律续造均指法官释法的活动。在这个问题上，学界有不同的看法，当然也有在法律解释框架下梳理与概括法官解释的。冯文生博士指出了这一点："王洪先生的法律推理以及作为发现法律大前提的辩证推理都涵盖了传统意义上的法律解释，把传统上的法律解释活动称为推理，而苏力教授将法律推理纳入到法律解释的概念当中。这是学说上推理与解释在我国的第一次遭遇。"冯文生：《推理与诠释——民事司法技术范式研究》，法律出版社 2005 年版，第 85 页。郑永流教授也表达了不同的观点："王洪在其《司法判决与法律推理》一书中将推理分成事实推理、法律推理和审判推理或司法判决推理三种，开启了一种新思路，有合理性。但他把建立大前提即寻找规范的过程称为法律推理，也有'泛推理'之嫌。"当然，他也反对"泛解释"。郑永流："法律判断形成的模式"，载《法学研究》2004 年第 1 期。

〔3〕 参见王洪："论制定法推理"，载郑永流主编：《法哲学与法社会学论丛（四）》，中国政法大学出版社 2001 年版，第 172 页。

准的问题[1]；其二，推导问题或推论问题，即如何在法律领域中进行合理推理与论证？这涉及法律领域中的推理规则与论证准则的问题。[2]

在罗伊诉韦德案（*Roe v. Wade*）[3]中，罗伊诉称，根据美利坚合众国宪法第14修正案（未经正当法律程序不得剥夺任何人的生命、自由或财产），她有隐私权以及自由处理自己身体事务的权利，得克萨斯州刑法（除依医嘱，为挽救母亲生命而堕胎外，其他一切堕胎均为刑事犯罪）剥夺了她的选择权，因而违反了美国联邦宪法。被告得克萨斯州政府辩称，生命始于受孕而存在于整个妊娠期间，因此，在妇女妊娠的全过程，都存在保护生命这一不可抗拒的国家利益，宪法所称之"人"包括胎儿，胎儿的生命是人的生命，人的生命在宪法的第14修正案里面是得到正当的保护的，因此，非经正当法律程序而剥夺胎儿生命为第14修正案所禁止之行为，限制这种堕胎行为的得克萨斯州刑法并不违宪。

在王海案[4]中，天津市和平区法院一审判决认为，原告王海从被告处购买的5部索尼SPP—L338型无绳电话机，系国家明令禁止进口、销售、使用的，是不符合我国制式的不合格产品。被告的销售行为已构成欺诈，应承担双倍赔偿责任。被告不服，提起上诉。二审法院驳回上诉，维持原判。天津市河北区法院一审判决认为，原告王海在三十几天的时间内

---

〔1〕 传统逻辑代表人物科庇（Irving M. Copi）认为，逻辑学是研究如何把正确的推理与不正确的推理相区别开来的科学。See Irving M. Copi, Carl Cohen, *Introduction to Logic*, 9th ed., Macmillan Publishing Company, 1994. 非形式逻辑学家福吉林（Robert J. Fogelin）则把逻辑定义为研究把好的论证与不好的论证相区别开来的科学。See Robert J. Fogelin, Walter Sinnott-Armstrong, *Understanding Arguments: An Introduction to Informal Logic*, 6th ed., Thomson/Wadsworth, 2001.

〔2〕 在亚里士多德看来，逻辑主要是研究推理规则的。参见［英］威廉·涅尔、玛莎·涅尔：《逻辑学的发展》，张家龙、洪汉鼎译，商务印书馆1985年版，第3页。逻辑的重要任务是发现一些规则，人们应用这些规则就能从给定的前提得出一些结论。这是逻辑的一个很大的和严格规定的任务。参见［德］亨利希·肖尔兹：《简明逻辑史》，张家龙、吴可译，商务印书馆1993年版，第10页。逻辑学是关于推理和论证的科学，其主要任务是提供识别正确的（有效的）推理、论证和错误的（无效的）推理、论证的标准，并教会人们正确地进行推理和论证，识别、揭露和反驳错误的推理和论证。参见陈波：《逻辑学导论》，中国人民大学出版社2003年版，第1页。

〔3〕 *Roe v. Wade*, 410 U.S. 113 (1973). 罗伊诉称，她遭强奸而怀孕，而得克萨斯州法律禁止堕胎，她付不起钱到那些可以合法堕胎的州进行手术，故不得不继续妊娠，分娩之后，她将孩子交给了不知身份的人收养。

〔4〕 王海在天津两次购买索尼的无绳电话机。第一次购买了5部，第二次在龙门大厦的永安公司购买了相同型号的2部，送到有关质检部门进行检测，质检部门出示了这样的产品没有得到我国入网的认证，是不合格的产品。王海起诉商家欺诈要求双倍返还货款。"王海津门兴讼受挫"，载《法制日报》1998年1月22日。

购买现代化通信设备如此之多，并非为个人生活消费需要，原告明知是禁销产品而购买的行为也是有过错的，故该案不宜适用《中华人民共和国消费者权益保护法》（1993 年）第 49 条的规定。王海与龙门大厦永安公司之间的买卖合同无效，龙门大厦永安公司退还王海无绳电话机货款，驳回王海"双倍赔偿"的请求。王海不服，提起上诉。二审法院驳回上诉，维持原判。

人们自然要问，应当如何裁决当事人的争议以及如何评判法院裁决的正当性呢？应当指出，法律领域中的推理与论证有其自身的规律和内在的规则，也有客观的评价标准与评价尺度。当事人打官司靠的不是碰运气，司法判决不应由法官个人的随意与感觉、武断和好恶所支配。任何主张与裁决都需要进行合理推理和合理论证，合理推理与合理论证是提出主张和作出裁决不可或缺的部分。尽管当事人的争议与法官裁决的确就像是普罗达哥拉斯与欧提勒士之间的争辩[1]，其是与非和对与错有时不易分辨，好像各自都有他们的道理，但人们就是要在好像都有道理的主张及其论证之间对其合理性或正当性作出一个评判与决断，而且这种评判与决断本身还应是合理的和正当的。在漫长的法律进程中，人们确立起了法律领域中的推理与论证传统，确立起了法律领域中的推理与论证规则以及评价标准和尺度。这些法律领域中的推理与论证规律与规则，是法律思维的普遍规律与规则，是必须遵守的思维规律与思维法则。

三、法乃良善与公平之艺术

在法律领域中，事实推理、法律推理、判决推理是三种不同的推理与论证，在广义上它们也可以统称为法律推理与法律论证。应当指出，事实推理、法律推理、判决推理有不同的推论机制和推导功能，有不同的推论模式和方法，有不同的推理规律和规则，它们不可互相替代和互相归约。因此，法律逻辑学的重点应当放在这三种推理方法与技术上，对它们要加以区分而不能混为一谈，应当对这些推理与论证的规律与规则进行深入而细致的研究。[2]

古希腊思想家亚里士多德探讨了人类思维的基本规律，建立了历史上第一个经典逻辑体系——三段论逻辑系统。他在《前分析篇》《尼各马可伦理学》等著作中对法律推理与论证问题也进行了最早的一些研究。美国

---

[1] 即人们津津乐道的"半费之讼"。
[2] 参见王洪："法律逻辑研究的主要趋向"，载《哲学动态》2009 年第 3 期。

联邦最高法院大法官霍姆斯在 19 世纪末也早就指出："把法律规则视如毕达哥拉斯定理那样完美无缺、无可争议与不可改变的观念是错误的。"法律不是不证自明的，而是存在争议的，也是可改变的，对法律规则进行推导与推断是必不可少的。美国联邦最高法院大法官卡多佐在《司法过程的性质》一书中，也指出了法典和制定法存在的不确定性问题——法典和制定法有需要澄清的疑问与含混、有需要填补的空白、有需要淡化的难点与错误。但是，20 世纪 50 年代以及在很长一段时间里，国内外学界主要是探讨如何将亚里士多德的经典逻辑应用于法律领域之中，并没有意识到法律存在的不确定性问题，因而就没有认识到法律领域存在上述三种不同的推论与论证，也就没有对法律领域的这些推理与论证问题进行专门研究。这种应用性研究预设了实在法是完美无缺、无可争议与不可改变的，蕴含着人们对立法和司法的确定性的追求与期待。

直到 20 世纪 60 年代以后，国内外学界才开始普遍地认识到了法律的不确定性与可推导性问题。德国学者拉伦茨（Larenz）在《法学方法论》一书中提出了"法律漏洞"理论（1960），英国学者哈特（Herbert L. Hart）在《法律的概念》一书中提出了"法律的开放性结构"与"规则中的不确定性"理论（1961），[1] 英国法官丹宁勋爵（Lord Denning）在《法律的训诫》一书中提出了"法律皱褶"理论（1979）等。20 世纪 70 年代以后，法律推理的理论和方法是法律科学中最迫切需要探讨的领域之一，是法理学和法哲学研究中一项国际性的中心课题。[2] 比如新分析法学代表人物英国学者拉兹认识到，法律领域里有两类推理：一类是"有关法律的推理"，即确定什么是可以适用的法律规范的推理；另一类是"根据法律的推理"，即根据既定的法律规范解决问题或纠纷的推理。[3] 拉兹所谓的"有关法律的推理"就是前文所说的"法律推理"，拉兹所谓的"根据法律的推理"就是前文所说的"判决推理"。《牛津法律大辞典》也

---

〔1〕 英国法学家哈特指出：每个法律概念的含义或意义有一个确定的、没有争议的核心（central core of undisputed meaning），但也有一个"阴影地带"（penumbra）或"开放的结构"（open texture）。

〔2〕 See M. J. Detmold, "Law as Practical Reason", in Aulis Aarnio, D. Neil MacCormick, Dartmouth ed., *Legal Reasoning*, vol. I, 1992. 大陆法系主要使用法律解释、法律续造等概念而不使用法律推理概念，如德国学者拉伦茨（Larenz）的《法学方法论》；普通法系主要使用法律推理概念而把法律解释理解为法律推理的过程，如美国学者列维（Levi）的《法律推理引论》。

〔3〕 See Joseph Raz, "On the Autonomy of legal Reasoning", *Rotio Juris*, vol. 6, No. 1., 1993, pp. 1-15.

表达了与拉兹类似的观点：法律推理（legal reasoning）是"对法律命题的一般逻辑推理"。[1] 但是，也有一些学者没有看到它们之间存在的区别，即一种是法律解释即法律获取意义上的推理；另一种是法律适用即判决作出意义上的推理。他们只研究了法律适用意义上的"根据法律的推理"即"判决推理"，并将其称之为"法律推理"，而没有研究"有关法律的推理"或"对法律的推理"即法律获取意义上的"法律推理"。在他们看来，"法律推理是指特定法律工作者利用相关材料构成法律理由，以推导和论证司法判决的证成过程或证成方法"。[2] "法律推理就是以确认的具体案件事实和援用的一般法律条款这两个已知前提运用科学的方法和规则为法律适用结论提供正当理由的一种逻辑思维活动。"[3] 法律推理是法律工作者从一个或几个已知的前提（法律事实或法律规范、法律规则、判例等法律资料）得出某种判处结论的思维过程。[4]

应当指出，对法律领域中这三种推论和论证进行上述的划分及概括，在今天已逐渐成为法律学界与法律实务界的共识。[5] 法律领域中客观存在的不同的推理与论证规律与规则，有力地支持了上述理论划分和概括，也大大地改变了人们关于法律逻辑的观念。人们逐渐地认识到，"法律逻辑并不是像我们通常所设想的，将形式逻辑应用于法律。我们所指的法律逻辑是指供法学家、特别是供法官完成其任务之用的一些工具，方法论工具或智力手段"。[6] 法律逻辑主要是以法律领域中的事实推理、法律推理、判决推理及其论证的规律和规则为研究对象，对这些不同推理与论证加以区分并从学理上和判例上进行深入研究，全面地考察、梳理与概括法律领域的各种推理与论证的模式、方法和规则，建立以事实推理、法律推理、

---

〔1〕 参见［英〕戴维·M.沃克编：《牛津法律大辞典》，北京社会与科技发展研究所组织译，光明日报出版社 1988 年版，第 751 页。

〔2〕 解兴权：《通向正义之路——法律推理的方法论研究》，中国政法大学出版社 2000 年版，第 19 页。

〔3〕 雍琦主编：《审判逻辑导论》，成都科技大学出版社 1998 年版，第 118 页。

〔4〕 参见张文显：《二十世纪西方法哲学思潮研究》，法律出版社 1996 年版，第 106 页。

〔5〕 例如，法理学的一些有影响的教科书也有了这样的概括与表述：法律推理包括法律规范推理、事实推理和司法判决推理三方面。参见舒国滢主编：《法理学导论》，北京大学出版社 2006 年版，第 215 页。

〔6〕 Chaim Perelman, Harold J. Berman, *Justice*, *Law and Argument*：*Essays on Moral and Legal Reasoning*, D. Reidel Publishing Company, 1980, p.140. 转引自沈宗灵："佩雷尔曼的'新修辞学'法律思想"，载《法学研究》1983 年第 5 期。

判决推理与论证理论为主要内容的且完全不同于以往经典逻辑框架的法律逻辑体系，并将这种分析与概括的结果应用于法律分析、事实发现、法律获取以及诉讼主张与司法裁决的证立与说服之中。[1] 正是在这个意义上，《牛津法律指南》指出："法律研究和适用法律要大量地依靠逻辑。在法律研究的各个方面，逻辑被用来对法律制度、原理、每个独立法律体系和每个法律部门的原则进行分析和分类；分析法律术语、概念，以及其内涵和结论，它们之间的逻辑关系，……在实际适用法律中，逻辑是与确定某项法律是否可适用于某个问题、试图通过辩论说服他人或者决定某项争执等相关联的。"[2]

　　正如霍姆斯大法官指出："理论是法律原则中最重要的部分，对于那些有才干的人来说，理论意味着探求专业的根底。"在我看来，法律推理与法律论证理论是法律专业根底的一个重要部分。把握住实在法与法律程序以及法律推理和法律论证理论的精髓并能够把它融会贯通地运用到实践中去，就把握住了这个变幻万千的法律世界。也许正是在这个意义上，法学家王泽鉴说道："学习法律，简单言之，就是培养论证及推理的能力"。[3] 也正是在这个意义上，美国法学家富勒（Lon L. Fuller）指出："教授法律知识的院校，除了对学生进行实在律令与法律程序方面的基础训练以外，还必须教导他们像法律工作者一样去考虑问题、掌握法律论证与推理的复杂艺术。"[4] 霍姆斯大法官说得好："最可能变为有创造力，像领导者一样起作用的，不是那些带着大量详细信息进入生活的人，而是那些有足够的理论知识，能作出批判性判断和具有迅速适应新的形势和解决在现代世界中不断发生的问题的各种学科知识的人。"[5] 一旦火炬执掌在他们手中，那火焰将格外辉煌。[6]

────────

〔1〕　参见王洪：《法律逻辑学》，中国政法大学出版社 2008 年版。这项工作也属于法教义学范畴。德国学者阿列克西指出，法教义学的工作可以概括为三个方面：①法律概念的逻辑分析；②将这种分析概括成为一个体系；③将这种分析的结果用于司法裁判的证立，即为法律人解释法律、适用法律、处理案件提供框架性的方法和知识指引。

〔2〕　David M. Walker, *The Oxford Companion to Law*, Oxford University Press, 1980.

〔3〕　王泽鉴：《法律思维与民法实例——请求权基础理论体系》，中国政法大学出版社 2001 年版，第 301 页。

〔4〕　转引自〔美〕E. 博登海默：《法理学——法哲学及其方法》，邓正来、姬敬武译，华夏出版社 1987 年版，第 492 页。

〔5〕　转引自〔美〕E. 博登海默：《法理学——法哲学及其方法》，邓正来、姬敬武译，华夏出版社 1987 年版，第 493 页。

〔6〕　参见〔美〕本杰明·卡多佐：《司法过程的性质》，苏力译，商务印书馆 1998 年版，第 113 页。

第一章 法律概念和体系的建构

第一节 法治的原则——规则之治与良法之治

古希腊思想家柏拉图在《理想国》中认为，智慧过人的哲学王能够把每一件纷繁复杂的事情处理得公平公正，他凭着个人的智慧和高尚的道德能够将他热爱的家园建成"理想国"。亚里士多德对此提出了一个令人深思的问题："由最优秀的人统治和由最好的法律统治，哪一种统治方式更好呢？"亚里士多德的回答是法治优于圣贤治国。在他看来，"不管什么政体，都应该遵守一些普遍的规则。一般而言，不受激情支配的统治总是比受激情支配的统治要优良。而法律是决不会受激情支配的，人的灵魂或心灵却是最容易受激情支配的"〔1〕。

亚里士多德在《政治学》中提出了法治的两个原则："法治应包含两重意义：已成立的法律获得普遍的服从，而大家所服从的法律又应该本身是制定得良好的法律。"〔2〕前半部分亚里士多德阐明了规则之治原则，法律应当得到普遍的遵守和服从，当然包括法官应当很好地遵守和服从法律，即应当有一个良好的司法；后半部分则阐明了良法之治原则，大家服从的法律本身应该是制定的良好的法律，即应当有一个良好的立法。亚里士多德进一步指出，法律有好坏，或者合乎正义，或者不合乎正义。在他看来，法律的好坏完全以是否符合正义为标准，善就是正义，正义以公共利益为依归。不是根据城邦的利益，而只是根据部分人的利益制定的法律不是真正的法律。亚里士多德对法治意义或内涵的这种概括，抓住了法治理念的精髓并经受住了时间的考验。亚里士多德的法治理念已深入人心。人们普遍地认为，实现法治的一个重要部分就是要确立一个良好的法律制度。法国

---

〔1〕 ［古希腊］亚里士多德：《政治学》，姚仁权编译，北京出版社 2007 年版，第 56 页。

〔2〕 ［古希腊］亚里士多德：《政治学》，吴寿彭译，商务印书馆 1965 年版，第 200 页。

思想家孟德斯鸠指出，法律的制定是为了惩罚人类的凶恶悖谬，所以法律本身必须最为纯洁无垢。[1] 法律应当洁身自好（law works itself pure）。

"法者，国之重器也，不可不慎。"立法是一门严谨的学问，需要慎之又慎。

第二节　实在法的评价标准

一、实在法的优劣问题

英国哲学家休谟提出了事实判断和价值判断（value judgment）的概念，并在它们之间划出了一条界线，这就是休谟在《人性论》等著作中所说的两类知识。休谟指出：人类的知识领域分为两类。一种是关于事实的知识，这种知识的命题只关心事实的真相是怎样的，其不是真就是假，即"是"与"不是"的命题；另一种是关于价值的知识，这种知识命题与事实无关，其关心事情应该是怎样的，不存在真与假的问题，是"应当"与"不应当"的命题。[2] 在休谟看来，事实判断与价值判断分属于两个不同领域，是性质不同的两种判断。对于前者，人们要回答的是"真"或"假"的问题；而对于后者人们要回答的是"妥当"或"不妥当"的问题。应当指出，休谟的上述区分及概括在逻辑上是成立的，对同一事情的事实判断与价值判断是两个根本不同的判断。价值判断与事实判断之间是否存在推导关系？这个问题被称为"休谟问题"。休谟对此问题作出了否定回答：事实判断与价值判断不可相互推导和相互归约，在它们之间不存在任何推导关系。不能因为事情的实际情况如何便推论事情应当如何；反之，更不能因为想象事情应当如何从而以为事情实际如何，即价值判断不能影响事实的存在的判断。[3] 这被称为"休谟法则"。休谟批评了以往人们将事实判断与价值判断混为一谈的逻辑混乱。他在《人性论》中指出："在我所遇到的每一个道德体系中，我一向注意到，作者在一个时期中是照平常的推理方式进行的，确定了上帝的存在，或是对人事作一番议论；可是突然之间，我却大吃一惊地发现，我所遇到的不再是命题中通常的'是'与'不是'等联系词，而是没有一个命题不是由一个'应该'或一

---

〔1〕　参见［法］孟德斯鸠：《论法的精神》（下册），张雁琛译，商务印书馆1961年版，第301页。

〔2〕　参见［英］休谟：《人性论》（下册），关文运译，商务印书馆1980年版，第509~510页。

〔3〕　参见［英］休谟：《人性论》（下册），关文运译，商务印书馆1980年版，第510页。休谟强调价值判断与事实判断之间没有任何推导关系，这被称为"休谟法则"。

个'不应该'联系起来的。这个变化虽是不知不觉的，却是有极其重大的关系的。因为这个应该与不应该既然表示一种新的关系或肯定，所以就必须加以论述和说明；同时对于这种似乎完全不可思议的事情，即这个新关系如何能由完全不同的另外一些关系推出来，也应该指出理由加以说明。不过作者们通常既然不是这样谨慎从事，所以我倒想向读者们建议要留神提防；而且我相信，这样一点点的注意就会推翻一切通俗的道德学体系"〔1〕。休谟在这个基础上表达了对一些道德学说的不屑一顾。休谟指出："我们如果在手里拿起一本书来，那我们就可以问，其中包含着量和数方面的任何抽象推论么？没有。其中包含着关于事实和存在的任何经验的推论么？没有。那么我们就可以把它投在烈火里，因为它所包含的没有别的，只有诡辩和幻想。"〔2〕

英国法学家奥斯丁同意休谟对事实判断与价值判断的划分，但他认为不能把价值判断及其评价问题付之一炬。他在《法理学的范围》中指出，法律领域中存在事实判断与价值判断，法律规范属于价值判断的范畴，法律的优劣就是一个需要研究的问题。他指出：法的存在是一个问题，法的优劣则是另外一个问题。法是否存在是一个需要研究的问题。法是否符合一个假定的标准，则是另外一种需要研究的问题。〔3〕奥斯丁认为，法学的研究对象就是实在法。他把研究实在法之善恶检验标准的学问称为"立法的科学"，把研究实在道德之善恶检验标准的学问称为"道德的科学"，二者被统称为"伦理的科学"。奥斯丁认为这种研究是十分有益的，它可以引导公众去抵制有害的法律。正如美国著名法学家庞德所言："在法律史的各个经典时期，无论在古代和近代世界里，对价值准则的论证、批判或合乎逻辑的适用，都曾是法学家们的主要活动。"〔4〕边沁将这些活动概括为"不折不扣地遵守法律，随心所欲地审查法律。"这些法学研究的目标，就在于建构一些检验标准与评价尺度，对法律进行理性分析与评判，建构良好的法律概念和体系。

二、拉德布鲁赫的标准：法律的不法与超法律的法——自然法或理性法

古罗马西塞罗指出，"真正的法是符合自然理性的。"是符合理性法或

---

〔1〕 ［英］休谟：《人性论》（下册），关文运译，商务印书馆1980年版，第509~510页。

〔2〕 ［英］休谟：《人类理解研究》，关文运译，商务印书馆1981年版，第145页。

〔3〕 参见［英］约翰·奥斯丁：《法理学的范围》，刘星译，中国法制出版社2002年版，第208页。

〔4〕 ［美］罗斯科·庞德：《通过法律的社会控制 法律的任务》，沈宗灵、董世忠译，商务印书馆1984年版，第55页。

正义法的法律。阿奎那（Aquinas）补充道："一个与自然法相悖的法律是对法律的摧毁。"是一种恶法（legis corruptio）。在经历希特勒统治12年之后，德国法学家拉德布鲁赫提出了法律的不法与超法律的法的概念。他在1945年发表的《五分钟法哲学》中指出，有一些法的基本原则，它们的效力比任何法律规则更强而有力。以至于，一项法律若与它们相矛盾，就变得无效。人们将这些基本原则称为自然法或理性法。[1]

拉德布鲁赫在1946年发表的《法律的不法与超法律的法》进一步提出了实在法的三项价值标准与要求。他指出：在权力基础上所建立的法律，或许只有必然，但从来不会是应然和价值。法的安定性不是法必须实现的唯一的价值，也不是决定性的价值。除了法的安定性之外，还涉及另外两项价值：合目的性与正义。在这一价值序列中，我们把为公共利益的法的合目的性放在最后的位置上。[2] 绝对不是所有"对人民有利的东西"都是法，而是说凡属法的东西，凡是产生法的安全性和追求正义的东西，最终都是对人民有利的。[3] 他告诫人们必须给整个民族和法学家的意识本身深深打上这样的烙印：可能有些法律，其不公正性、公共危害性如此之大，以至于它们的效力，它们的法的本性必须被否定。凡正义根本不被追求的地方，凡构成正义之核心的平等在实在法制定过程中有意地不被承认的地方，法律不仅仅是"非正当法"，它甚至根本上就缺乏法的性质。因为我们只能把法，也包括实在法，定义为不过是这样一种制度和规定，即依其本义，它们注定是要为正义服务的。

在拉德布鲁赫看来，法的安定性、正义与合目的性是法的标准与价值追求，按照这个标准衡量，纳粹法的所有部分都从来没有达到过有效法的庄严地步。[4] 纳粹法违背了法的正义价值追求，也背弃了法的安定性价值，也就缺失了对合目的性的价值追求。应当指出，拉德布鲁赫所持的是相对主义的正义立场，他所说的自然法即"超法律的法"，并不是古典自

---

〔1〕　参见［德］古斯塔夫·拉德布鲁赫：《法律智慧警句集》，舒国滢译，中国法制出版社2001年版，第159~160页。

〔2〕　拉德布鲁赫所说的合目的性是指符合公共利益，因而他在《五分钟法哲学》中将法的三种价值即概括为公共利益、法的安定性、正义。

〔3〕　参见［德］古斯塔夫·拉德布鲁赫："法律的不法与超法律的法"，舒国滢译，载郑永流主编：《法哲学与法社会学论丛（四）》，中国政法大学出版社2001年版，第436~437页。

〔4〕　参见［德］古斯塔夫·拉德布鲁赫："法律的不法与超法律的法"，舒国滢译，载郑永流主编：《法哲学与法社会学论丛（四）》，中国政法大学出版社2001年版，第437页。

然法意义的"超国家的、超时代的永恒律令",[1] 而是一种内容可变的自然法,是随不同的时代而变化的正义原则。

三、富勒的标准:法律的内在道德性

美国新自然法学家富勒提出并完善了法律的评价尺度与衡量标准。他认为,"实然"应当接受"应然"的评判,法律的存在并不能证明法律的成立,法律不能基于法律自身而建立,法律不能自己为自己立法,不具有自在性,只有凭借法律之外的一些规则的效能才使自己成为可能。在他看来,这些规则就是法律应当遵循的那些自然法原则,是法律应当满足的那些内在道德性要求,是法律能够成为法律即法律成为良法之法的那些检验标准与评价尺度。这些规则是关于法律规则的规则,是法律建构应当遵守的基本准则。在这些关键的问题上,法律实证主义保持了沉默,他们没有涉及使法律成为可能即法律能够成为法律的那些基本规则。[2] 富勒不像哈特那样只钟情于对法律进行概念分析,他正是在这个地方不同于哈特。他强调对法律应当进行道德判断或价值评价,强调确立一些内在道德性标准与要求作为实在法之上的评价尺度与立法指针。

富勒梳理与概括了失败的法律或糟糕的法律的特征,提出了一个自身制定得良好的法律应当满足的八项标准与要求:规则的普遍性、规则的公开性、规则的可预见性、规则的可理解性、规则的一致性、规则的能行性、规则的稳定性、规则的合目的性。这些标准与要求属于法律的内在道德性范畴。富勒在《法律的道德性》中指出:"创造和维系一套法律规则体系的努力至少会在八种情况下流产;或者说,就这项事业而言,有八条通向灾难的独特道路。第①种、也是最明显的一种情况就是完全未能确立任何规则,以至于每一项问题都不得不以就事论事的方式得到处理。其他的道路包括②未能将规则公之于众,或者至少令受影响的当事人知道他们所应当遵循的规则;③滥用溯及既往性立法,这种立法不仅自身不能引导行动,而且还会有效破坏前瞻性立法的诚信,因为它使这些立法处在溯及既往式变更的威胁之下;④不能用便于理解的方式来表达规则;⑤制定相

---

〔1〕 古罗马法学家西塞罗在《论共和国》中说道:"事实上有一种真正的法律——正确的理性——与自然相适应,它适用于所有的人并且是永恒不变的。……它不会在罗马立一项规则,而在雅典立另一项规则,也不会今天立一种,明天立一种。有的将是一种永恒不变的法律,任何时期、任何民族都必须遵守的法律。"

〔2〕 Lon L. Fuller, "Positivism and Fidelity to Law: A Reply to Professor Hart", in *Harvard Law Review*, vol. 71, No. 4., 1958, pp. 630–672.

互矛盾的规则；或者⑥颁布要求相关当事人做超出他们能力之事的规则；⑦频繁地修改规则，以至于人们无法根据这些规则来调适自己的行为；以及最后一种⑧无法使公布的规则与它们的实际执行情况相吻合。"[1]

富勒指出，法律有两个方面的道德要求，即内在道德和外在道德的要求。他指出，上述法律评价标准属于内在道德性的范畴，这些评价标准对外在道德是中立的。法律的外在道德是指以往自然法学家们所主张的法律的具体内容应当体现的那些公平正义目标。富勒的贡献在于他提出了法律的内在道德性问题及其标准。富勒提出的上述八项标准与要求是实在法的内在道德要求，是任何一个法律本身成为法律的必要条件，是任何一个法律成为良法之法的内在要求，是一切法律都应当遵守的普遍准则。只有符合了这些理性标准与要求，一个实在法体系才称得上是一个具有内在道德性的法律，是一个本身制定得良好的法律。只有满足"内在道德性"标准与要求，制定出来的才是正义的法律。在他看来，若是不诉诸自然法的基本观点，不讲"法律的道德性"（legal morality），就根本无法对纳粹的法律进行道义上的全盘否定。此外，富勒提出的法律内在道德性标准，由于没有涉及对法律具体内容的道德要求或价值要求，因而被称为"内容可变的自然法"。这些标准或要求阐述了实在法的"形式正义"或"形式合理"的基本内涵，体现了"规则之治"与"良法之治"的一些基本要求，被称为法治的八项原则。

四、韦伯与伯尔曼的标准：形式理性与实质理性

德国思想家韦伯指出，科学不能最终解决价值判断问题，价值判断与选择最终是由人们主观意愿决定的，但是，这并不意味着价值问题是科学所不能予以闻问的。在他看来，在法学等领域中客观地讨论价值判断问题，即理性地讨论非理性问题，如德国联邦宪法法院法官哈斯默尔教授（Winfried Hassemer）所说的"唯理性地考虑非唯理性之事"（rational mit dem Irrationalen rechnen）是可能的。[2] 他指出，这种客观化的研究途径是存在的，对价值问题进行"价值无涉"或"价值中立"（value—free）的客观化研究也是应当的和必不可少的。

韦伯提出了形式理性和实质理性的评价标准。他认为法治就是要建构

---

[1]　［美］富勒：《法律的道德性》，郑戈译，商务印书馆 2005 年版，第 46～47 页。

[2]　See W. Hassemer, *Theorie und Soziologie des Verbrechens*, Athenäum Fischer Taschenbuch Verlag, 1973, S. 244.

具有形式理性的法律体系。他强调法律自治，司法要严守法内标准，强调排除伦理、政治、宗教等其他因素对司法的干涉。在韦伯看来，"法律思维的理性建立在超越具体问题的合理性之上，形式上达到那么一种程度，法律制度的内在因素是决定性尺度；其逻辑性也达到那么一种程度，法律具体规则和原则被有意识地建造在法学思维的特殊模式里，那种思维富于极高的逻辑系统性，因而只有从预先设定的法律规范或原则的特定逻辑演绎程序里，才能得出对具体问题的判断"。[1] 这就是韦伯眼中的法律应当具有的形式理性。

美国法学家伯尔曼（Harold J. Berman）在《法律与革命——西方法律传统的形成》中对韦伯提出的法律的合理性标准与要求进行了概括。他提出了法律的形式合理与实质合理的标准与要求："在法律中，形式合理表示通过逻辑概括和解释的过程对抽象规则的系统阐述和适用；它强调的是通过逻辑的方法搜集全部法律上具有效力的规则并使之合理化，再把它们铸造成内部一致的复杂的法律命题。相比之下，实质合理突出的不是符合逻辑的一致性，而是符合道德考虑、功效、便利和公共政策。"[2] 伯尔曼指出："这种用逻辑和经验对于一般法律原则所进行的检验构成了处于最高智识层次的法律科学。"[3]

五、三重理性标准：逻辑理性、实践理性、价值理性

法治就是规则之治与良法之治，要实现良法之治的先决条件就是要建构良法之法。上述良法之法的全部标准与要求可以概括为三重理性标准与要求：逻辑理性、实践理性与价值理性。逻辑理性、实践理性与价值理性是三个不同的理性视角与维度，可以在这三重理性框架下梳理与概括立法标准与要求的具体内容，以此解决法律概念和体系的合理性评价与建构问题。

（一）逻辑理性

法律概念与体系建构是所有立法的一般内容与任务。逻辑理性是一切思想的生命力所在。任何思想能否站得住或能否成立首先是由其是否具有逻辑理性来决定的。不具有逻辑理性的思想都是不能成立的。一个良法之

---

〔1〕 ［美］艾伦·沃森：《民法法系的演变及形成》，李静冰、姚新华译，中国政法大学出版社 1992 年版，第 29 页。

〔2〕 ［美］哈罗德·J. 伯尔曼：《法律与革命——西方法律传统的形成》，贺卫方、高鸿钧、张志铭、夏勇译，中国大百科全书出版社 1993 年版，第 654 页。

〔3〕 ［美］哈罗德·J. 伯尔曼：《法律与革命——西方法律传统的形成》，贺卫方、高鸿钧、张志铭、夏勇译，中国大百科全书出版社 1993 年版，第 186 页。

法首先应是一个清晰而严密的法律，应当具有逻辑理性或形式理性，应当
满足逻辑理性或形式理性的标准与要求。

在法律概念与体系建构中，强调法律满足逻辑理性或形式理性的标准
与要求，就是要求法律具有逻辑上的合理性，[1] 要求法律具有清晰性和
严密性。这包括三个方面的标准与要求：其一是指法律具有明确性或清晰
性，即法律概念与规则不存在含混不清或模棱两可；其二是指法律具有内
在一致性（correspondence）[2]、无矛盾性或相容性，即法律规则或法律原
则之间具有融贯性，法律规则与法律原则之间具有连贯性，法律体系内部
具有协调性或相容性；其三是指法律具有内在完备性或逻辑完备性，即法
律规定或法律体系没有逻辑上的漏洞。对法律进行逻辑理性或形式理性批
判，是对法律进行逻辑分析或批判，包括对法律概念与法律体系进行分
析。主要考查或追问法律是否具有逻辑上的合理性，即法律是否具有明确
性、一致性和完备性。这些分析被称为明确性、一致性与完全性分析。

第一，法律应当具有明确性或清晰性。这是逻辑理性的基本要求，是
立法的一项基本准则。规则之治作为一项法治原则是为克服人治的任意性
而被创设的，它必然追求法律的确定性、可预见性与统一性。规则之治的
先决条件就是要求规则应当是足够清晰与明确的。编纂法典有很多原因，
但是最主要的还是人们怀有使法律明确和使全国的法律保持统一的愿
望。[3] 在制定法律时，法律对各种行为及其法律后果应当加以明确宣示
从而使法律具有确定性或可预见性。如果立法自身不明确或不确定，就缺
乏足够明确的评价标准和尺度，人们就得不到足够的指引与规范，就可能
导致法律解释和法律适用的困难和混乱，法官们对同一法律就可能作出完
全不同的解释和适用，对相同的案件就可能作出完全不同的判决。这样一
来，也就难以实现法治所追求的最基本的正义："同样的情形同样对待，
不同的情况区别对待"；难以实现人们对司法公正的最基本的期待："人们
不能在这一对诉讼人之间以这种方式决定案件，而在另一个类似案件的另
一对诉讼人之间又以相反的方式作出决定。'如果有一组案件所涉及的要
点相同，那么各方当事人就会期望有同样的决定。'"[4]

---

〔1〕　参见王洪：《司法判决与法律推理》，时事出版社 2002 年版，第 45 页。

〔2〕　内在一致性也称为体系一致性。

〔3〕　参见［法］勒内·达维：《英国法与法国法———一种实质性比较》，潘华仿、高鸿钧、
贺卫方译，清华大学出版社 2002 年版，第 26 页。

〔4〕　［美］本杰明·卡多佐：《司法过程的性质》，苏力译，商务印书馆 1998 年版，第 18 页。

在法律制定中，立法者要有明确概念的逻辑意识。法律是通过语词加以表达的。明确概念就是明确概念的内涵和外延。法律语言是不自足的，并且大多数法律语词不为法律所独有，它建立在自然语言的基础之上，以自然语言为载体，依赖于自然语言，离不开自然语言。但自然语言是开放的，其意义具有不确定性，许多语词都具有多义性和模糊性。因此，在制定法律时，为了达到法律的明确性或确定性，就需要根据立法的需要和语境的变化，仔细斟酌与选择恰当的或适当的语词表达概念，并对语词所表达的概念的内涵与外延加以必要的明确，即对语词涉及的对象或范围以及意义加以必要的界定或限定。如果在法律语境中对这些语词所表达的概念不加以必要的界定或限定，自然语言的不确定性就会传递到法律语言之中，法律概念就可能是含混不定或模糊不清的。[1] 金岳霖说得好："若所用的名词定义不定，则无谈话的可能，无语言文字的可能，当然也无逻辑的可能。"[2]

法律是从概念上来把握并表达法的各种原则的普遍性和它们的规定性的。正如拉德布鲁赫指出，法律的语言应当是简洁而适当的。法律概念是抽象的，概念抽象化程度愈高，则由其生成的规则内涵就越不确定。哲学家詹姆斯（W. James）说道："智慧的艺术，就是知道什么东西可以省略的艺术。"恰如其分是最智慧的。在法律制定中，立法者应当重视立法措辞或语词使用的严谨性与适当性问题。尽管立法有时需要适度的宽泛或模糊，但要避免出现对含混或模糊语言的不当使用，不要使用不严谨或不适当的语词去体现立法内容与立法意图，特别是不得滥用过于宽泛、模棱两可或含混不清的语言表述法律内容。倘若立法者忽略这一点，就会导致法律的不明确或不确定，就会导致法律解释和法律适用的困难与混乱，法律的权威就会受到极大的损害。

---

〔1〕 在北京发生的一起伤害动物园动物案件中，有些法学家说动物园的动物不是"野生动物"，因为它们并不处于"野生状态"，而是处于人工饲养的状态，因而伤害动物园中的动物并没有违反《中华人民共和国刑法》（以下简称《刑法》）保护野生动物的规定。如果野生是指野生状态，显然动物园里的动物不是处于野生状态。但是假如动物园的门口挂上一块"野生动物园"的牌子，是否《刑法》就具有管辖权可以对其进行保护呢？如果野生指的是野性，不论是圈养还是放养，具有野性的动物就不是家养动物而是野生动物。我国《刑法》中要保护的是"野生动物"，这里的"野生"是指野生状态，还是指具有野性呢？对这个概念法律语焉不详。

〔2〕 金岳霖：《逻辑》，生活·读书·新知三联书店1961年版，第5~6页。

在湖北瞿爱仙非法制假案[1]中,《全国人大常委会关于惩治生产、销售伪劣商品犯罪的决定》规定,制假者违法所得数额在 2 万元以上的,由司法机关追究其刑事责任。在这里,"违法所得"这个概念是不明确的。在自然语言中,"违法所得"的含义可以是"违法销售额",也可以是"违法获利额"。最高人民检察院在全国检察长会议上制定了一个征求意见稿,把假冒伪劣商品的"违法所得数额"解释为"违法销售额"。青山区人民检察院据此立案侦查,认定瞿爱仙非法制假的销售额是 18.2 万元。按照《全国人大常委会关于惩治生产、销售伪劣商品犯罪的决定》,青山区人民检察院将这个案件起诉到青山区人民法院。青山区人民法院此时收到了《最高人民法院关于审理生产、销售伪劣产品刑事案件如何认定"违法所得数额"的批复》。最高人民法院作出解释,这一数额指的是生产、销售伪劣产品的"违法获利额"而不是销售额。青山区人民法院将这一案件退回检察院补充侦查。青山区人民检察院知道,要算清瞿爱仙制假的获利额,必须要确认她制假的成本是多少。但由于不清楚瞿爱仙有几年的销售时间,再加上她进货、经销原料没有发票,没有一本成本账,几年来市场经济的发展使物价也在波动,所以青山区人民检察院发现难以准确地确定瞿爱仙制假的成本有多大,利润有多大,只能根据当时调查到的一些情况,综合其他一些因素,来断定她的利润在 2 万元以上。最后,青山区人民检察院只能认定她制假的获利额在 2 万元左右。根据《全国人大常委会关于惩治生产、销售伪劣商品犯罪的决定》,制假者非法所得数额在 2 万元以下的,虽构成犯罪,但属于情节轻微。据此,青山区人民检察院宣布对瞿爱仙免予起诉。按照全国人大常委会的刑事决定和最高人民法院的司法解释,对这样一个人只能从轻发落。

这个法案的经验教训是值得汲取的。但如果人们这样来总结这个案件的经验教训恐怕是失当的:我们的有些法律和法规还不太完善,还有一些

---

[1] 1991 年 8 月,武汉市青山区工商局的检查人员发现,本区市场上一些正规酱油厂生产的产品销售量明显下降。他们意识到可能有大量伪劣假冒酱油在冲击市场。工商管理人员在洪山区和平乡大周村查到了一条地下黑酱油加工厂,制售假酱油的是黄陂县的农民瞿爱仙。她用酱色素勾兑自来水,然后放点盐,尝一尝咸淡,有一点咸味,颜色再变成黑黑的酱色,就是酱油了。瞿爱仙生产的酱油全部为伪劣产品。从 1990 年至 1995 年的 5 年间,瞿爱仙制售假冒酱油 300 吨以上,根据她本人的交代,非法所得销售额 20 万元。参见中央电视台新闻评论部:《焦点访谈·法制卷》(上册),中国政法大学出版社 1999 年版,第 457~464 页。

漏洞，这个案子的案犯就是钻了法律上的空子。[1] 法律总会有不太完善之处，总会有一些漏洞，案犯也不可能不钻法律上的空子。因此，问题的关键不在于法律是否完善，法律是否还有一些漏洞，抑或案犯是否钻了法律上的空子，而在于法律的这个空子或不完善之处是如何产生的，全国人大常委会的立法规定和最高人民法院相应的司法解释是否是适当，最高立法机关和最高人民法院是否做到了它们应当做到而且能够做到的事情。我国罪刑法定原则必然要求"违法所得"这个关键性的定罪概念在立法上要有明确的规定，但是，全国人大常委会对"违法所得"——这个能够明确规定也应当明确规定的概念——却没有明确作出规定，导致最高人民法院和最高人民检察院对此有不同的解释，导致司法机关适用法律的困难和混乱。与其说是因为不能确定瞿爱仙制假的获利额，让瞿爱仙钻了法律上的空子，还不如说是根本就不可能确定制假的获利额，是立法不当为瞿爱仙开辟了一条生路。此外，有些假冒伪劣商品的成本比较低，利润也相对比较低，但它和广大人民群众的生活密切相关，对人民生命健康危害极大，依据上述司法解释规定，对这些商品的制售者的惩处就显得过轻。因此，最高人民法院把"违法所得"解释为"违法获利额"也是失当的。[2]

爱因斯坦说得好：世界上没有什么比立了法却不能执行更能令政府和法律威信扫地（Nothing is more destructive of respect for the government and the law of the land than passing laws which cannot be enforced）。立法部门要防止出现这种"源自法律本身的损害"。但立法部门有时对立法语言的严谨性认识不足，有时有意或无意地忽略了这一点。富勒在《法律的道德性》中指出了英国人解决这种问题的办法："法院面对着一部它们不能通过执行懵懵懂懂的立法者意图来加以适用的法律。英国人终于在1954年找到了对付这一困境的唯一办法——直截了当地废除这一发生问题的条文。"[3] 我国《刑法》第140条已对上述规定加以修改，用"销售金额"取代了"违法所得"，不再让人们为这难解之谜自寻答案了。

在法律制定中，立法者对立法内容与意图要进行明确而深入的思考并

---

〔1〕 参见中央电视台新闻评论部：《焦点访谈·法制卷》（上册），中国政法大学出版社1999年版，第463页。

〔2〕 "违法获利额"在司法中也是难以确定的，瞿爱仙制假案件也正好说明了这一点。

〔3〕 ［美］富勒：《法律的道德性》，郑戈译，商务印书馆2005年版，第105页。

且要清晰而准确地加以表达，要"澄清或消除含混、模糊或无意义的思想"，[1] 还要清除啰嗦冗长、繁琐无用、杂乱无序的语言垃圾。法律的语言应当是简洁而适当的。正如奥卡姆所言："如无必要，勿增实体。"这个原则被称为奥卡姆剃刀。法律概念并不是任意创造的，它是从长期实践中概括出来的。更重要的是，不得把原本可以说清楚的事情不说清楚或不愿意说清楚，或者把简单概念复杂化或模糊化，使之变得含混不清。在立法过程中，获得明确性或清晰性的最佳办法便是在立法中运用人们的语言常识、逻辑常识与经验常识。这些常识是在立法之外的日常生活中积累起来的，这是在用日常语言来表达生活经验与立法意图时不可或缺的。

2006年5月底，为了稳定我国城市房价，中华人民共和国住房和城乡建设部（以下简称住建部）等九部委联合制定了《关于调整住房供应结构稳定住房价格的意见》15条细则，其中规定城市新建住房"套型建筑面积90平方米以下住房（含经济适用住房）面积所占比重，必须达到开发建设总面积的70%以上"。但是，住建部等九部委15条细则对这两个关键概念没有解释和说明，人们并不清楚"套型建筑面积"这个新概念和"所占比重"这个含混概念的确切含义。这样含混不清的政策该怎样执行呢？2006年6月13日，住建部房地产业司司长沈某指出，90平方米的套型建筑面积约等于100平方米到105平方米的建筑面积，沈某的说法连业内人士都弄不明白。[2] 2006年7月，历经两个多月的争议后，住建部签发《关于落实新建住房结构比例要求的若干意见》，该意见规定，90平方米套型建筑面积明确为单套住房的建筑面积，而70%的比例要求适用于各城市年度新审批、新开工的商品住房总面积。虽然住建部最终澄清了15条细则中的这两个概念的含混之处，但是，含混不清的政策却使九部委的15条细则的执行拖延了两个多月，而且，在住建部迟到的补丁问世之后，各地又不得不制定新的补丁对自己的细则进行更改。住建部等九部委的15条细则给人们的教训是深刻的。"套型建筑面积90平方米"和"所占比重70%以上"这两个概念都与住建部有着直接的联系。人们不禁要问：原

---

〔1〕 参见金岳霖学术基金会学术委员会编：《金岳霖学术论文选》，中国社会科学出版社1990年版，第46页。

〔2〕 西安、大连、深圳等地按住建部等九部委的《关于调整住房供应结构稳定住房价格的意见》自行制定细则，明确规定"70%"是按项目计算而不是按照总量计算。

本就可以用"建筑面积"这个大家熟知的概念,为什么之前要生造"套型建筑面积"这样一个不合常识且晦涩难懂的概念?在建设方面最为专业的住建部,在制定政策的时候为何表现得如此不专业?为何留下了如此之大的困惑和争议呢?是因为自然语言过于含混不清以至于人们不能清楚地表述意图,还是立法者制定政策时为实现某种意图而不愿意把他的政策表述得清清楚楚呢?这恐怕是只有立法者们才能回答的问题。

在刑事法律领域中实行罪刑法定原则,这就要求刑事法律具有严格的明确性和确定性。[1] 正如富勒所言,"从法律用一般性规则来约束和裁断人们的行为这一前提出发,任何刑事法律都应该足够明确,以便服务于这样的双重目的:一方面向公民们提出足够的警告,使他们知道被禁止的行为的性质;另一方面为依法审判提供足够的指引"[2]。在刑事法律领域中,刑法对有罪与无罪、此罪与彼罪的规定应当泾渭分明,不能含混,不能模糊。有罪就是有罪,无罪就是无罪。如果法律规定不明确或不确定,司法刑罚权就缺乏明确的界限,法官的自由裁量权就缺乏必要的限制,司法刑罚权的滥用就得不到法律的阻止,这就为法官任意解释和适用法律、滥用自由裁量权甚至肆无忌惮地"合法地践踏法律"开辟了道路。这样一来,就从根本上放弃了罪刑法定主义的法治原则。正是在这个意义上,阿尔诺说道:"实现法治就是实现法律的确定性""法律作为以正义价值为自身价值内核的规则,必然以确定性作为自身追求的目标和表现形式。"[3] 从这个意义上说,不明确或不确定的法律就是一种"恶法"(legis corruptio)。[4]

希特勒的《对根本法的补充条款》就是对何谓专制独断的"恶法"的最好注解和现实教材。德国在希特勒上台以后,于 1935 年 6 月颁布了一个《对根本法的补充条款》。其中规定:"凡进行依法应受惩罚或按刑法一般意义及按人民健全判断应受惩罚之行为者,应予惩罚。如刑法各款均不能直接用于所进行之行为,则根据按其一般意义最接近的法律予以惩罚。"

---

〔1〕 *Connally v. General Construction Co.*, 269U. S. 385(1926). 美国最高法院判决指出:"不得要求任何人冒生命、自由或者财产的危险推测刑事法律的意义。"过分模糊的刑法就违反了这个原则,按照美利坚合众国宪法第 5 修正案或者美利坚合众国宪法第 14 修正案的正当程序条款,这样的刑法就是无效的。这一原则被称为"明确性原则"或"不明确就无效原则"(void-for-vagueness doctrine)。

〔2〕 [美]富勒:《法律的道德性》,郑戈译,商务印书馆 2005 年版,第 121 页。

〔3〕 沈敏荣:"法律确定性之演进",载《社会科学动态》2000 年第 4 期。

〔4〕 参见 [德]阿图尔·考夫曼、温弗里德·哈斯默尔主编:《当代法哲学和法律理论导论》,郑永流译,法律出版社 2002 年版,第 71~72 页。

这个条款中的"刑法一般意义""人民健全判断"等概念，在法律上没有进行任何的规定和解释，其含义是不明确的、可作任意解释的。德国法西斯的这个刑法规定废除了原来的罪刑法定原则，采用了无限类推制度。这样一来，它就可以"合法地"践踏法律，随心所欲地出罪入罪。"以冠冕堂皇的法律形式掩盖自身的独裁统治是如此远地背离了秩序的道德，背离了法律自身的内在道德，以至于它不再是法律制度。"孟德斯鸠早就指出了这一点："在法律已经把各种观念很明确地加以规定之后，就不应当再回头使用含糊笼统的措辞。路易十四的刑事法令，在精确地列举了和国王有直接关系的讼案之后，又加上这一句'以及一切向来都由国王的法庭审理的讼案'。人们刚刚走出专制独断的境地，可是又被这句话推回去了。"[1] 正是在这个意义上，美国法学家富勒指出："清晰性要求是合法性的一项最基本的要素"[2]。在刑事法律领域中尤其如此。他指出，创造和维系一套法律规则体系的努力至少会在八种情况下流产，或者说，有八条通向灾难的独特道路。其中完全未能确立任何规则，以至于每一项问题都不得不以就事论事的方式来得到处理，或者不能用便于理解的方式来表达规则，就是通向灾难的道路。[3] "十分明显的是，含糊和语无伦次的法律会使合法成为任何人都无法企及的目标，或者至少是任何人在不对法律进行未经授权修正的情况下都无法企及的目标，而这种修正本身便损害了合法性。从污浊之泉中喷出的水流有时可以被净化，但这样做的成本是使之成为它本来不是的东西。"[4]

应当指出，立法过度精密会造成灵活性的缺乏，"极度的精密在法律中应受非难"。但是，倘若立法灵活到了损坏确定性的程度，就会导致对法治的破坏。立法应当在确定性和灵活性之间保持平衡。在法律制定中，立法的明确性原则还没有得到应有的尊重与遵守，违背这项准则的立法时有发生。有些立法不当是司法裁决难以补救的，法官们能耐再大也不过是起一种解释作用，法官的释法作用只能依据已有的文字以及在特定的语境中和已有的法律框架下发挥出来。并且"任何仅仅依靠法院作为防止不法司法（lawless administration of the law）的唯一屏障的制度都有着严重的缺

〔1〕[法] 孟德斯鸠:《论法的精神》（下册），张雁琛译，商务印书馆1961年版，第297页。
〔2〕[美] 富勒:《法律的道德性》，郑戈译，商务印书馆2005年版，第75页
〔3〕参见 [美] 富勒:《法律的道德性》，郑戈译，商务印书馆2005年版，第46~47页。
〔4〕[美] 富勒:《法律的道德性》，郑戈译，商务印书馆2005年版，第76页。

陷"。法律规则含混不清与模棱两可只会损害法律的权威性和公正性，法律规则难以捉摸只会危及法治的实现与维系。哈耶克在《通往奴役之路》中不禁感叹道："我们可以写一部法治衰落的历史……因为这些含糊的表达越来越多地被引入到立法和司法当中，也因为法律与司法的随意性和不确定性不断增强，以及由此导致的人们对法律和司法的不尊重。"[1] 立法质量与立法水平也是法治的生命。

第二，法律必须具有逻辑一致性或内在一致性。这是逻辑理性的基本要求，是立法的一项基本准则。古希腊思想家亚里士多德在《形而上学》中提出了思维基本规律——矛盾律。他指出，"同样属性在同一情况下不能同时属于又不属于同一主题""任何事物不可能在同时既是而又非是""两个互相矛盾的判断不可能同时都是真的"。因而，人们的任何思想不得自相矛盾，应当具有内在一致性。这是人们最确知的、最无争议的、最有理性根据的、最普遍的思维规律，是人们理解任何事物时必须遵守的基本法则。正如爱因斯坦所言："科学家的目的是要得到关于自然界的一个逻辑上前后一贯的摹写。逻辑之于他，有如比例和透视规律之于画家一样。"[2] 在法律领域也是如此。

正如富勒指出，连贯性与善良的关系比起连贯性与邪恶的关系更具亲和力。在富勒提出的立法或法治八大原则中，就包含了法律的内在一致性原则，即法律应当"内部逻辑一致"。[3] 一部良好的法律应当具有内容与体系上的严密性或严谨性，而一部严密或严谨的法律的应有之义就是具有内在一致性。每个法律条文都表现出逻辑一致性，而条文整体结构也呈现出内在一致性。这包含三个方面的标准与要求：法律规则或法律原则之间相互协调；法律规则与原则之间相互融合；法律体系的各部分之间相互配合而不相冲突。金岳霖指出："违背自然律的事不会发生，违背思想律的思议虽错，然而不会因此就不发生。"[4]

法律作为人们的社会行为规范，必须能够为它所指向的对象所服从。如果法律对同一情况作出自相矛盾或不一致的规定，就会使人们无所适从，就会导致法律适用的困难与混乱。美国法官沃恩（C. J. Vaughan）指

---

〔1〕 ［美］富勒：《法律的道德性》，郑戈译，商务印书馆 2005 年版，第 77 页。

〔2〕 许良英、范岱年编译：《爱因斯坦文集》（第 1 卷），商务印书馆 1976 年版，第 304 页。

〔3〕 参见 ［美］富勒：《法律的道德性》，郑戈译，商务印书馆 2005 年版，第 44 页。

〔4〕 金岳霖：《知识论》，商务印书馆 1983 年版，第 412 页。思议原则或思议规律即道德律、自然律、逻辑律（思想律）。

出："一部人不可能服从或无法依循的法律是无效的，并且不算是法律，因为人们不可能服从前后矛盾（的规则）或依其行事。"[1] 自相矛盾的法律是荒唐的而且将严重损害法律的效用和权威。富勒对此感叹道："一部要求人们做不可能之事的法律是如此的荒诞不经，以至于人们倾向于认为没有任何神志健全的立法者、甚至包括最邪恶的独裁者会出于某种理由制定这样一部法律。不幸的是，生活的现实推翻了这种假设。这样一种法律可能会借助于它自身的荒谬性来服务于利尔伯恩所称的'不受法律约束的无限权力'（lawless unlimited power）；它的蛮不讲理的无意义性可以令臣民们知道没有什么事情是不可能向他们要求的；他们应当随时准备好奔往任何方向。"[2] 正是在这个意义上说，自相矛盾的法律是一种"恶法"，是对法律自身的损害和摧毁。

在美国诉卡迪夫案[3]（*United States v. Cardiff*）中，美国《联邦食品、药物和化妆品法案》中第 374 节规定了一位视察员进入一家工厂的条件，这些条件中的一项是他首先要获得业主的许可。而该法案的第 331 节规定工厂所有者"拒不允许第 374 节所授权的进入和视察"的行为是一种犯罪。该法案的第 704 节的规定与第 331 节的规定之间是相互抵触与相互冲突的。如果将该法案的意思解释为：如果工厂所有权人在表示同意视察员进入之后又拒绝让其进入，这位所有权人便违反了法律，这样就把他的责任建立在他的自愿行为之上，因而不算是反常。一个人不一定必须作出某项承诺，不过一旦他作出了这项承诺，他就可能因此而承担一项责任。这种解释可以消除该法案第 374 节的规定与第 331 节的规定之间的冲突或矛盾。美国联邦最高法院考虑了这种解释，但却拒绝采纳。美国最高法院认为，这种解释的问题不在于它不符合逻辑，而在于它不能吻合于任何可理解的立法目的。如果国会希望确保视察员在业主的反对下仍然能够进入工厂，这是可以理解的。但如果说国会希望将视察员的权利限定在这样一种不可能出现的情况下——一位古怪的业主先是表示允许，然后又关上大门，则是很难理解的。为了使这部法案显得不是不可理喻，我们可以将这项要求解释为：视察员之所以需要先获得允许，是基于涉及方便的时间的

---

〔1〕 转引自〔美〕富勒：《法律的道德性》，郑戈译，商务印书馆 2005 年版，第 40 页。

〔2〕 〔美〕富勒：《法律的道德性》，郑戈译，商务印书馆 2005 年版，第 83~84 页。

〔3〕 一家食品加工公司的总裁因为拒不允许一位联邦视察员进入他的工厂去考察他是否遵守了《联邦食品、药物和化妆品法案》而被定罪。

通常礼貌，但相关条文的语言却又不支持这种解释。美国最高法院由此裁定：这两项条文之间的冲突导致了一种非常含混的局面，以至于无法针对这种犯罪的性质发出充分的警告，因此撤销有罪判决。[1]

联合国《公民权利和政治权利国际公约》在第 14 条第 2 款中规定，凡受刑事指控者，不得被强迫做不利于自己的证言或者被强迫承认犯罪。[2] 这是受刑事指控者享有的对抗自罪的权利。根据国际公约的这项规定，我国修改后的《中华人民共和国刑事诉讼法》（以下简称《刑事诉讼法》）在第 52 条中规定："……严禁刑讯逼供和以威胁、引诱、欺骗以及其他非法方法收集证据，不得强迫任何人证实自己有罪……"但在第 120 条中又规定："……犯罪嫌疑人对侦查人员的提问，应当如实回答……"在我国《刑事诉讼法》中，对抗自罪的权利与如实回答的义务这两项规定是相互冲突或相互抵触的。在刑事检控中，犯罪嫌疑人倘若不愿意如实回答甚至不愿意回答，能不能强迫他回答？他有没有权利选择沉默？既然赋予了包括犯罪嫌疑人在内的任何人不被强迫即自愿陈述的权利，那么后面的条款就不能规定犯罪嫌疑人应当如实回答的强迫性义务。因为应当如实回答就不是根据自己的意愿可以选择回答或者不回答，而是你应当回答而且要如实回答，这与前面自愿陈述即不被强迫的权利是相矛盾的。即便立法者有无数的理由论证如实回答义务的必要性与合理性，但应当回答与不被强迫即自愿陈述的规定之间存在逻辑矛盾却是铁定的事实。有专家称：可以根据刑诉法修正案草案的精神，即不能强迫证实自己有罪的精神，重新解读相关规定的内容。将应当如实回答解释为不必一律回答，你也可以不回答，但如果你选择了回答，你就必须如实回答，如果这么解读的话，就不矛盾

---

〔1〕 参见［美］富勒：《法律的道德性》，郑戈译，商务印书馆 2005 年版，第 80~81 页。

〔2〕 在英国，依照法官规则（Judges' Rule）的规定，当犯罪嫌疑人被警察讯问时，他可以拒绝回答，只要制定法上没有特别规定，不得因沉默或拒绝回答而对他追究。警察在讯问犯罪嫌疑人时，必须告知其享有沉默权。法官在审判时不应对嫌疑人的沉默发表反对的看法，而应当提醒陪审团：嫌疑人的沉默不等于有罪，而且每个嫌疑人都有保持沉默的权利。英国议会通过《1984 年警察及刑事证据法》，再次重申了犯罪嫌疑人同普通公民一样享有沉默权，警察在以收集证据为目的而进行讯问前，必须告知其享有此项权利。在美国，联邦宪法第 5 修正案规定了在刑事检控中不得强迫被告作出不利于自己的证明，即被告享有对抗自罪的特权（the privilege against self-incrimination）。这项原则被称为"人类在通向文明的斗争中最重要的里程碑之一"。

了。[1] 这种解释我们似曾相识，在上述美国诉卡迪夫一案中就被法官们考虑过，法官们的结论是："如果说国会希望将视察员的权利限定在这样一种不可能出现的情况下——一位古怪的业主先是表示允许，然后又关上大门，则是很难理解的"。霍布斯曾经感叹道："普通法的某些内容的确不可理喻，不过人们不用头脑那般行事已成为传统。"

法律具有内在一致性是立法的一项普遍准则。倘若立法者思维混乱或对法规之间相互抵触的现象不在意，就必然会对法治造成很严重的伤害而且这种损害很难通过简单的规则得到消解。[2] 英国法学家利尔伯恩（Lilburne）在《为英国人民与生俱来的权利而辩》中不禁提醒立法部门时刻不要忘记警醒自己："我们博学的律师们最好能够为我们解答这样一些接踵而来的疑问……当我们的全体国民（commonwealth）选择议会制度的时候，他们是否赋予了议会一种超然于法律之上的无限权力、允许议会在正式废除自己先前制定的法律和规章之前随意作出与这些法律和规章相矛盾的举动？"[3] 无论法律的内容是什么或者法律被人们理解成什么，无论法律本身或法律所涵盖的具体情形如何复杂，法律作为一个整体都必须保持逻辑上的协调性。立法者可以持有不同的法律理念，也可以制定完全不同的法律规范，但制定的法律不得自相矛盾，应当是一个内在一致、内部协调、体系相容的规范体系。

---

〔1〕"全国人大常委会委员、全国人大常委会法制工作委员会副主任郎胜，全国人大常委会法制工作委员会刑法室副主任李寿伟就'刑事诉讼法修改'回答中外记者的提问"，载 http://news.cntv.cn/2012lianghui/live/tuwen/xsfjzh/index.shtml。一些学者对此感叹道，这些精英的荒谬、国民的愚钝、制度的缺陷是不可思议和不可想象的。

〔2〕参见［美］富勒：《法律的道德性》，郑戈译，商务印书馆 2005 年版，第 82 页。应当指出，有些逻辑矛盾是由于措辞不当造成的，只要遵循逻辑法则便可消除。比如我国《刑法》第 13 条中规定："一切危害国家主权、领土完整和安全，分裂国家、颠覆人民民主专政的政权和推翻社会主义制度，破坏社会秩序和经济秩序，侵犯国有财产或者劳动群众集体所有的财产，侵犯公民私人所有的财产，侵犯公民的人身权利、民主权利和其他权利，以及其他危害社会的行为，依照法律应当受刑罚处罚的，都是犯罪，但是情节显著轻微危害不大的，不认为是犯罪。"但我国《刑法》在第 15 条第 2 款中又规定："过失犯罪，法律有规定的才负刑事责任。"对于"法律没有规定的过失犯罪"是否应负刑事责任，我国《刑法》第 15 条第 2 款与第 13 条规定是相互矛盾、冲突和抵触的。根据我国《刑法》第 13 条规定可以得出，"依照法律应当受刑罚处罚"即"应当负刑事责任"是其行为构成犯罪的必要条件，不应负刑事责任的行为就不能认为是犯罪。但是，根据我国《刑法》第 15 条第 2 款却可以推出，法律没有规定的过失犯罪不应负刑事责任。这就意味着，存在法律没有规定的不应负刑事责任的过失犯罪，即存在不应负刑事责任的犯罪。

〔3〕转引自［美］富勒：《法律的道德性》，郑戈译，商务印书馆 2005 年版，第 40 页。

在某保险公司诉货运代理公司案[1]中，某货运代理公司以自己的名义与委托人签订合同，他在法律上究竟处于什么样的地位？1999年《中华人民共和国合同法》（以下简称《合同法》）一方面在第402、403条有关委托合同的规定中引进了英美法系的"不公开本人身份"的代理制度，另一方面在第421条有关行纪合同的规定中又引进了大陆法系的行纪制度。英美法系的"不公开本人身份的代理"制度和大陆法系的"行纪"制度将某些行为视为不同的法律关系，规定了不同的法律责任和法律后果。[2]在本案中，按照大陆法的理论，货运代理公司应属承揽运送人，在我国承揽运送合同尚属非典型合同，因为没有直接适用的法规，所以应"类推适用关于其类似之有名契约之规定"，而承揽运送人又属广义行纪人之一种，所以应适用《合同法》第421条有关行纪合同的规定。按照英美法的理论，此时的运输代理人则又应适用《合同法》第402、403条有关委托合同的规定。但是本案例适用《合同法》第402、403条有些不合适，因为新中国成立后，货运代理人一直以自己的名义与第三人签约并对所签订的合同负责，这在我国对外贸易运输中已形成一种商业惯例。如果我国引进本人身份不公开代理制度，货运代理人以不负任何责任的代理人出现，会

---

[1] 1988年，某货运代理公司受某省进出口公司委托，为其办理从荷兰进口的400吨己内酰胺在上海港报关代运。合同约定，收货人为某贸易联营公司。同年9月27日船舶抵达上海港。货运代理公司办妥报关手续，并通知贸易公司到上海港提货。贸易公司来人办妥提货手续，将其中的100吨卖给某省水产供销公司，并委托货运代理公司代运至某港，收货人为水产供销公司某中转站。货运代理公司接受委托后，向上海港务局有关部门申请计划，该部门委托某航运营业部派船装运。不幸，船在驶离上海港20海里处发生火灾，损失近108万元人民币。事故发生后，保险公司进行了赔付，并取得代位求偿权，随后向货运代理公司提出索赔。货运代理公司认为，在该批货物转运过程中，作为"代理人"，仅负责办理报关代运工作，且无任何过失，不应承担经济赔偿责任。保险公司则认为货运代理公司以自己的名义与委托方签订合同，自应承担责任，遂将货运代理公司作为被告向某海事法院起诉。参见孟于群、陈震英编著：《国际货运代理法律及案例评析》，对外经济贸易大学出版社2000年版，第248页。

[2] 在英美法系中，当某人以自己的名义为他人的利益进行法律行为时，这被称为"不公开本人身份的代理"，即仍然属于代理的范畴之内。英美法系的"不公开本人身份的代理"是"两个合同、两方当事人"的法律结构，即尽管代理人是以自己的名义与第三人进行法律行为，但是合同的相对性原则几乎不被考虑，本人可以通过"介入权"直接起诉第三人，第三人也可以通过"选择权"直接起诉本人。在大陆法系中，当某人以自己的名义为他人的利益进行法律行为时，这不被认为是"代理"，而被称为"行纪"。大陆法系的"行纪"是"两个合同、三方当事人"的法律结构，即坚持合同的相对性原理，行纪人以自己的名义与第三人进行法律行为，行纪人对第三人享有权利、承担义务，除非基于权利移转，原则上背后的本人与第三人无任何法律关系。

造成承运人与货主之间的脱节，给我国对外贸易运输造成极为重大的影响。[1] 但是将货运代理认定为承揽运送人，援引《合同法》第 421 条有关行纪合同的规定又显得过于简略，因为承揽运送人的责任大小、责任免除、抗辩理由以及承揽运送人在什么情况下转化为承运人，都无法在行纪合同中找到相应的条款。面对矛盾的法律，本案经过 1 年多的诉讼，法院始终难以确定货运代理公司的法律地位，最终原被告双方只得于庭外和解。

　　在 2005 年《中华人民共和国物权法（草案）》（以下简称《物权法（草案）》）中，一些规定之间也是互相抵触的。我国《物权法（草案）》[2] 一方面在第 2 条中规定了"本法调整平等主体之间因物的归属和利用而产生的财产关系"，[3] 另一方面又在第 49 条[4]和第 68 条[5]等规定了征收、征用法律制度。《物权法（草案）》第 49、68 条规定的征收、征用制度与《物权法（草案）》第 2 条的规定是互相抵触、冲突、矛盾的。根据《物权法（草案）》第 2 条的规定，物权法调整的是平等主体之间因物的归属和利用而产生的财产关系。但《物权法（草案）》第 49、68 条规定的征收、征用关系是国家和个人之间的一种强制性的买卖关系，不是基于平等自愿的协商而是在"胁迫"的基础上发生的，不属于意思表示真实的民事法律关系，[6] 不属于平等主体之间因物的归属和利用而产生的财产关系。正如格老秀斯在其不朽名著《战争与和平法》中指出：

---

〔1〕　方国庆："试论我国货运代理人的法律地位"，载《远洋运输》1991 年第 1、2 期。转引自方新军："对我国合同法第 402、403 条的评说——关于两大法系代理理论差异的再思考"，载《北大法律评论》2001 年第 2 期。

〔2〕　2005 年我国开始制定物权法以法律的手段解决公权力对私有财产的侵害问题。

〔3〕　这一条已经修改为《物权法》第 2 条第 1 款："因物的归属和利用而产生的民事关系，适用本法。"但下文指出的问题依然没有得到解决。

〔4〕　第 49 条规定："为了公共利益的需要，县级以上人民政府依照法律规定的权限和程序，可以征收、征用单位、个人的不动产或者动产，但应当按照国家规定给予补偿；没有国家规定的，应当给予合理补偿。"

〔5〕　第 68 条第 1、2 款规定："国家保护私人的所有权。禁止以拆迁、征收等名义非法改变私人财产的权属关系。拆迁、征收私人的不动产，应当按照国家规定给予补偿；没有国家规定的，应当给予合理补偿，并保证被拆迁人、被征收人得到妥善安置。"后已改为《物权法》第 42 条，但文中指出的问题依然存在。

〔6〕　《中华人民共和国民法通则》（以下简称《民法通则》）第 58 条规定，一方以欺诈、胁迫的手段或者乘人之危，使对方在违背真实意思的情况下所为的民事行为无效。意思表示真实是民事法律行为成立的一个基本前提，因此，将征收、征用称为"民事行为"或"民事法律关系"是勉为其难的。

"国王能够通过征用权……从国民处取得财产。通过征用的方式取得财产，第一，必须满足公共福利（公共福祉）；第二，必须对损失者予以补偿，如果可能，（补偿应该）从公共基金中获得。"正因为如此，有些国家将征用称为"强制获得""强制取得""绝对权力"。因而，《物权法（草案）》第49、68条规定的征收、征用关系就不在《物权法（草案）》第2条规定的调整范围之内。此外，还应当指出的是，按照古罗马以来的法律传统，法律有公法和私法之分。公法是指规范国家和公民之间关系的法律，只要适用法律一方的主体是公权力主体，这个法律就是公法。私法是指调整平等的民事主体之间关系的法律规范。对于征用补偿来说，尽管对政府的征用权力进行规定或限制是非常紧要的，但是，物权法是传统私法中最为基本的法律，是"调整平等主体之间因物的归属和利用而产生的财产关系"的法律，因此，在物权法的框架中不应当规定财产征用补偿制度，物权法不可能承担这样的使命。

一部良好的法律应是严密的、严谨的，不但要具有内在一致性或无矛盾性，而且与上位法律体系必须保持一致性、相容性、协调性。

2005年7月，我国《物权法（草案）》在媒体公布并征求修改意见。《物权法（草案）》确立了平等保护各种物权权利原则。[1] 以北京大学法学院巩献田为代表的一些学者对《物权法（草案）》提出了不同意见，其核心内容就是批评《物权法（草案）》贯彻平等保护原则违反了依据宪法的社会主义公共财产神圣不可侵犯等条款确立的社会主义公有财产特别保护原则，因而《物权法（草案）》是违反宪法的。这些学者认为：[2] 我国《中华人民共和国宪法》（以下简称《宪法》）第6条规定，公有制是"社会主义经济制度的基础"，要求"坚持公有制为主体"；第7条规定，国有经济是"国民经济中的主导力量""国家保障国有经济的巩固和发

---

〔1〕 这个平等保护原则与梁慧星主导的《物权法草案建议稿》第4条是一样的。梁慧星指出："本条对于一切民事主体的物权权利给予平等保护，作为基本的立法目的，是为了在财产法的领域里彻底否定旧的经济体制的影响，并真正建立符合市场经济要求的财产法的基本规则。""以前的物权权利制度建立了国家物权权利优先的原则，基于这一原则，过去的物权权利制度对其他主体的物权权利作了相当大的限制，甚至是歧视性的规定；因此必须按照市场经济的精神，对中国物权权利制度进行更新，根据社会主义市场经济的财产关系的自身规律，建立完全适应形势发展需求的新的物权权利制度。"梁慧星：《中国物权法草案建议稿——条文、说明、理由与参考方法例》，社会科学文献出版社2000年版，第96~97页。

〔2〕 参见童之伟："《物权法（草案）》该如何通过宪法之门——评一封公开信引起的违宪与合宪之争"，载《法学》2006年第3期。

展"；第 12 条规定，"社会主义的公共财产神圣不可侵犯。国家保护社会主义的公共财产。禁止任何组织或者个人用任何手段侵占或者破坏国家的和集体的财产"。我国 1982 年修宪时，宪法修改委员会明确指出了不同所有制的财产在宪法上的地位不同。对于《宪法》第 7、12 条的规定，宪法修改委员会当时的解释是：国有经济"是保证劳动群众集体所有制经济沿着社会主义方向前进，保证个体经济为社会主义服务，保证整个国民经济的发展符合劳动人民的整体利益和长远利益的决定性条件""不同经济形式的地位和作用不同"。2004 年修宪前，对于私有财产只有其中列举的若干种生活资料受宪法保护，2004 年通过的宪法修正案确认了"公民的合法的私有财产不受侵犯""国家依照法律规定保护公民的私有财产权和继承权"（《宪法》第 13 条）。2004 年保护私有财产权的宪法修正案改善了私有财产的宪法处境，但没有足够根据说 2004 年通过的宪法修正案改变了不同主体财产的相对宪法地位。宪法地位不同就是宪法上的不平等，而宪法地位不平等就不能说享有平等的宪法保护。因此，我国现行宪法对不同主体的财产权以及物权的保护应理解为区别保护，不应理解为平等保护。这里所谓的区别保护，也称差别保护、优先保护，指的是在各种主体的财产权中，对国有财产给予特殊保护。在宪法眼中，财产权以及物权是区别保护而不是平等保护。《物权法（草案）》确立的平等保护原则与宪法的有关条款确立的区别保护原则是冲突的、抵触的。

梁慧星指出，旧的经济体制的物权权利制度是建立在"国家物权权利优先"的原则即区别保护原则而不是平等保护原则之上的，过去的物权权利制度对其他主体的物权权利作了相当大的限制，甚至是歧视性的规定。梁慧星并没有否认而是承认《物权法草案建议稿》确立的平等保护原则与"国家物权权利优先"的原则是冲突的、抵触的，这一点与批评者们的看法是完全一致的。与批评者们不同的是，他主张新的物权权利制度就是要实现对各种物权权利的平等保护，"在财产法的领域里彻底否定旧的经济体制的影响，并真正建立符合市场经济要求的财产法的基本规则"。正如童之伟所说，这个建议稿所要"彻底否定"的"旧的经济体制"的基础性内容，确实存在于当时和现在正在实施的宪法之中。[1] 但是，梁慧星没有注意到的是，其实在宪法中也完全可以找到平等保护原则的根据。平等

---

〔1〕 参见童之伟："《物权法（草案）》该如何通过宪法之门——评一封公开信引起的违宪与合宪之争"，载《法学》2006 年第 3 期。

保护原则的依据是"社会主义市场经济的财产关系的自身规律和要求"，而市场经济的要求恰恰也是我国宪法肯定的，所以，在这个意义上也可以说平等保护原则并不违反宪法。

参与起草该草案的王利明发表了《试论物权法的平等保护原则》一文，文中指明"物权法草案坚持了平等保护原则"，并论述了在物权法中坚持平等保护原则的理由。[1] 王利明的这些理由与梁慧星的理由基本上是一致的。与梁慧星不同的是，他不认为宪法以前规定过对公有财产实行特殊保护原则。王利明在文中对依据宪法的公有财产神圣不可侵犯条款坚持社会主义的公有财产特别保护的观点给予了批驳。他说："此种观点认为，宪法规定'公共财产神圣不可侵犯'，这就意味着对公有财产实行特殊保护……所以物权法应当对公有财产实行特殊保护。我认为这完全是对宪法的误解。我国宪法和民法通则都已经明确规定了公有财产神圣不可侵犯的原则，但宪法也规定了合法的个人财产受法律保护。强调保护公有财产与私有财产是并举的，绝对不能割裂二者之间的密切联系而对宪法的规定断章取义……实行平等保护是完全符合宪法的。"但是，有学者指出，王利明在这里只是提出了一个论点、论断，没有证据，也没有论证，对此特殊保护论者不可能心服。[2]

应当指出，从双方对宪法的理解出发，可以看出区别保护和平等保护这两个相互矛盾的原则其实都有一定的宪法依据，同时又都与另外的相关宪法条文相抵触或冲突。一方面，我国《宪法》规定了公有制是我国经济制度的基础，国有经济的主导地位，公有财产神圣不可侵犯，对不同主体的财产赋予了不同的宪法地位；依照这个方面的宪法条文和精神，不同主体的财产的宪法地位不同，应当实行区别保护，即对国有财产要实行特殊保护，实行平等保护就有违宪嫌疑。另一方面，宪法又肯定了我国实行市场经济，市场经济当然会有一些基本的法则要遵循，其中一个重要的法则就是平等；按这个方面的宪法条文和有关规律的要求，对不同主体的财产

---

　　〔1〕　平等保护原则是我国基本经济制度的准确反映；物权法只有确立平等保护原则，才能够维护社会主义市场经济制度、保障20多年来改革开放的成果；平等保护原则有利于强化对财产的平等保护，促进社会财富的增长；平等保护原则体现了现代法治的基本精神，有助于建设社会主义的法治文明；平等保护原则为司法实践中法官正确处理各类纠纷提供了基本的法律依据。参见王利明："试论物权法的平等保护原则"，载《河南省政法管理干部学院学报》2006年第3期。

　　〔2〕　参见童之伟："《物权法（草案）》该如何通过宪法之门——评一封公开信引起的违宪与合宪之争"，载《法学》2006年第3期。

应当实行平等保护而不是区别保护，实行区别保护就不符合宪法肯定的市场经济的发展需要。这就是在《物权法（草案）》争议中暴露出来的一个需要研究和解决的重大宪法问题——如何理解和解决我国宪法规定的社会主义基本经济制度与市场经济原则的内在协调性或一致性问题。正因为如此，2005 年 10 月 27 日，在全国人大常委会第十八次会议上，吴邦国委员长在说到要体现对国家、集体和私有财产平等保护的原则的同时，提出了还要深入研究的三大问题，其中包括物权法如何准确地反映基本经济制度，体现宪法关于国家对不同经济成分的政策性规定，以及如何切实保护国有资产。[1]

第三，法律必须具有逻辑完备性或内在完备性。法治的基本原则是规则之治，立法具有内在完备性是规则之治的内在要求。规则之治的前提是需要有严谨的、完善的法律体系，而一个严谨的、完善的法律体系必定是具有内在完备性的。在制定法律时，由于立法者的预见力和表达力是有限的，不可能预见和穷尽所有的可能和变化，也不可能充分地表达所有的可能和变化，但这并不意味着立法不可能且不应当具有相对的完备性或完全性。这种相对的完备性不是指法律的社会完备性和历史完备性，而是指法律的内在完备性或逻辑完备性。这种内在完备性包含两个方面的要求：其一，法律概念、法律规范、法律体系在逻辑上的分类或划分是完备的或完全的；其二，尽管法律对某些事项可以保持有意义的沉默，但对于必须而且能够规定的事项都要在逻辑上没有遗漏地加以规定，并且在对某一问题作出规定时，对该问题的前置性或先决性问题以及后续性问题也都要作出相应规定。倘若法律规定不是内在完备的，就会导致法律解释和法律适用的困难与混乱。

应当指出，建构一致而完备的法律体系应当是立法部门的义务和使命。著名法学家谢怀栻先生曾这样慨叹，《德国民法典》的逻辑体系具有严密性或严谨性。在潘德克顿看来，首先是整个民法有"总则"，即从人法与物法两部分里抽象出共同的规则来。总则编就是在这个理论的基础上形成的。因为在人法（或称身份法）和物法（或称为财产法）两部分里确实存在着共同的问题，从而应当有共同的规则。这样，在人法和物法之上，设一个总则编，规定人的能力、法律行为等，是可能也是应该的。正因如

---

〔1〕　参见吴邦国："物权法草案有三个问题仍要深入研究"，载 http://www.chinanews.com.cn/news/2005/2005-10-27/8/643974.shtml.

此，《德国民法典》的总则编才那么吸引人，那么引人赞叹，使重视逻辑体系的人为之倾心。民法里有各种行为，如合同、遗嘱、结婚等，"法律行为"这一概念，把许多种行为概括在一起，从而使整个民法成为一体。

早在 1764 年，意大利思想家贝卡里亚在其著作《论犯罪与刑罚》中就提出了无罪推定原则：在法官判决之前，一个人是不能被称为罪犯的。大陆法系和英美法系国家在其后大都在刑事诉讼中确立了"无罪推定"（presumption of innocence）原则和"疑罪从无"原则。这也是法治的基本原则之一。在很长一段时期里，我国《刑事诉讼法》在确定被告人的法律地位时，既不实行"有罪推定"原则，也不实行"无罪推定"原则，而是坚持"以事实为根据，以法律为准绳"的"实事求是"的法律原则。在发现证据不足、不能认定被告人有罪时也是如此，既不实行"有罪推定"原则——不认定被告人有罪，也不实行"无罪推定"原则——不认定被告人无罪。应当指出，"以事实为根据，以法律为准绳"的法律原则具有双重价值取向：绝不冤枉一个好人，也绝不放过一个坏人。[1] 倘若有一些证据但仅凭这些证据又不足以认定某人有罪时，如果认定该人有罪而作出有罪判决，就有可能冤枉了一个好人，没有做到保障无罪的人不受刑事追究；如果认定该人无罪而作出无罪判决，就有可能放过了一个坏人，没有做到惩罚犯罪分子。也许是立法期望这两个价值取向都要得以实现，或者说放弃任何一个价值取向，其结果都是立法不能接受的，立法才既不实行"有罪推定"原则，也不实行"无罪推定"原则，而实行"以事实为根据，以法律为准绳"的法律原则。应当指出，在"无罪推定"与"有罪推定"和"疑罪从无"与"疑罪从有"的问题上，"绝不冤枉一个好人"与"绝不放过一个坏人"这两个价值取向是不可能同时得以实现的。在刑事诉讼中，对被告人要作出有罪或无罪的判决，对证据不足、不能认定其有罪的被告人也要作出有罪或无罪的判决，这就要求刑事诉讼法应当在"无罪推定"和"有罪推定"之间作出抉择，在"疑罪从无"和"疑罪从有"或"疑罪从轻"之间作出抉择，在"绝不冤枉一个好人"和"绝不放过一个坏人"这两个价值取向之间作出抉择，这是我国《刑事诉讼法》的内在完备性的要求。1996 年 3 月 17 日，根据第八届全国人民代表大会第四次会议《关于修改〈中华人民共和国刑事诉讼法〉的决定》，我国《刑事

---

〔1〕 我国《刑事诉讼法》第 2 条规定："中华人民共和国刑事诉讼法的任务，是保证准确、及时地查明犯罪事实，正确应用法律，惩罚犯罪分子，保障无罪的人不受刑事追究……"

诉讼法》终于确立了"未经人民法院依法判决，对任何人都不得确定有罪"的无罪推定原则，[1] 并且确立了"证据不足，不能认定被告人有罪的，应当作出证据不足、指控的犯罪不能成立的无罪判决"的疑罪从无原则。[2] 虽然无罪推定原则的表达有待完善，但上述规定使我国刑事诉讼法在这个重要问题上前进了一步。

全国人民代表大会根据《宪法》第 31 条制定了《中华人民共和国香港特别行政区基本法》（以下简称《基本法》）。《基本法》既是全国性法律又是香港特别行政区的宪制性文件。《基本法》的解释权问题涉及香港的司法独立与香港地区的高度自治的问题，是《基本法》必须解决的一个重要问题。我国内地法律解释体制是立法解释、行政解释、司法解释并存，而以全国人大常委会的立法解释的效力为最高。[3] 但香港法律解释体制采用的是普通法模式，司法解释居于很高的地位。法院在审理案件时有权对案件所涉及的法律进行解释，立法机构如发现司法机关对于某一法律条文的解释有误，可以通过立法程序对有关法律进行修改，或制定新的法律，但不能直接就该法律条文作出解释；而行政机关对法条的理解与法院产生不一致时，也以司法解释为准。但是，在 1997 年 7 月 1 日前，英国国会拥有最高权力为香港立法而香港法院不能质疑这项权力，香港法院不能质疑英国国会通过的法例是否违宪，即是否违反英国的不成文宪法与《英皇制诰》。《基本法》第 158 条结合这两种解释体制规定了该法的解释权分配原则：①本法的解释权属于全国人民代表大会常务委员会。②全国人民代表大会常务委员会授权香港特别行政区法院在审理案件时对本法关于香港特别行政区自治范围内的条款自行解释。③香港特别行政区法院在

---

〔1〕 我国《刑事诉讼法》第 12 条。应当指出，对这个条款的理解是存在争议的。有人并不认为这是无罪推定原则，也不认为我国应当确立无罪推定原则，仍然坚持以客观事实为根据的原则。1996 年全国人大法工委的顾昂然主任就还在坚称："封建社会采取有罪推定的原则，资产阶级针对有罪推定，提出了无罪推定。我们坚决反对有罪推定，但也不是西方国家那种无罪推定，而是以客观事实为根据。"顾昂然："关于刑事诉讼法的修改原则"，载《法制日报》1996 年 2 月 3 日第 2 版。原文附注："本文系顾昂然同志 1 月 15 日在刑诉法座谈会上的发言摘要。"

〔2〕 我国 1996 年《刑事诉讼法》第 162 条第 3 项。

〔3〕 根据全国人大常委会 1981 年《关于加强法律解释工作的决议》的相关规定，凡关于法律条文本身需要进一步明确界限或作补充规定的，由全国人大常委会进行解释或用法令加以规定；凡属于法院审判工作或检察院检察工作中具体应用法律、法令的问题，分别由最高人民法院和最高人民检察院进行解释，两院解释如有原则分歧，报请全国人大常委会解释或裁定；不属于审判和检察工作中的其他法律、法令如何具体应用的问题，由国务院及主管部门进行解释。

审理案件时对本法的其他条款也可解释。但如香港特别行政区法院在审理案件时需要对本法关于中央人民政府管理的事务或中央和香港特别行政区关系的条款进行解释，而该条款的解释又影响到案件的判决，在对该案件作出不可上诉的终局判决之前，应由香港特别行政区终审法院请全国人民代表大会常务委员会对有关条款作出解释。如全国人民代表大会常务委员会作出解释，香港特别行政区法院在引用该条款时，应以全国人民代表大会常务委员会的解释为准。但在此之前作出的判决不受影响。④全国人民代表大会常务委员会在对本法进行解释前，征询其所属的香港特别行政区基本法委员会的意见。

根据《基本法》第 158 条的规定，对"关于香港特别行政区自治范围内的条款"，香港特别行政区法院有权自行解释；对"关于中央人民政府管理的事务或中央和香港特别行政区关系的条款"，则在作出不可上诉的终局判决之前，香港终审法院应当提请全国人民代表大会常务委员会解释。但是，《基本法》对以下有关的前置性或先决性问题以及后续性问题却未作出规定：其一，《基本法》的哪些条款属于"关于香港特别行政区自治范围内的条款"？哪些条款属于"关于中央人民政府管理的事务或中央和香港特别行政区关系的条款"（即"范围之外的条款"）？其二，谁有权解释或决定哪些条款属于"关于香港特别行政区自治范围内的条款"或"自行解释的条款"？哪些条款属于"关于中央人民政府管理的事务或中央和香港特别行政区关系的条款"（即"范围之外的条款"）或"需要提请解释的条款"？其三，一旦全国人民代表大会常务委员会（以下简称全国人大常委会）和香港特别行政区法院对《基本法》条文的理解或解释不同而发生争议时，该如何解决？倘若全国人大常委会认为香港特别行政区法院"错误解释"或"越权解释"《基本法》的条文时，全国人大常委会应当以什么程序来补正？由于《基本法》第 158 条对上述问题并未作出规定，香港法院自然会自行完成对《基本法》有关条款的解释工作。香港终审法院在"居留权"案件中正是这样做的。

在吴嘉玲等诉入境事务处处长案（*Ng Ka Ling & Ors v. Director of Immigration*）即香港特别行政区"居留权案"[1] 中，香港终审法院把在本上诉案中所争议之问题归纳为两个方面：其一，终审法院在审理这些案件

---

〔1〕 香港特别行政区终审法院：终院民事上诉 1998 年第 14~16 号 FACV000014Y/1998。4 名涉讼申请人均声称根据《基本法》第 24 条规定自己是香港特别行政区永久性居民并享有居留权。

时，是否有司法管辖权解释《基本法》的有关条款，或是否必须根据《基本法》第 158 条的规定提请全国人民代表大会常务委员会对有关条款作出解释（"提交人大解释问题"）；其二，临时立法会制定的《人民入境条例（第 2 号）修正》[1] 和临时立法会制定的《人民入境条例（第 3 号）修正》[2] 的部分条文或条文中的部分内容是否违反《基本法》。香港特别行政区终审法院于 1999 年 1 月 29 日作出了终审判决。香港终审法院在判决中关于解释《基本法》的方法（approach to interpretation of the Basic Law）部分指出："根据《基本法》第 158 条，香港法院有权在审理案件时解释《基本法》。如果某一条款同时符合'类别条件'（涉及中央管理的事务或与中央和地方的关系有关）和'有需要条件'（终审法院认为对上述条款的理解会影响案件的判决）时，应由终审法院在作出不可上诉的终审判决之前请全国人大常委会对有关条款作出解释，且唯独终审法院才可决定某条款是否符合上述两个条件。"终审法院认为《基本法》第 24 条[3]是本案必须解释的主要条款，属特区自治范围之内的条款。香港终审法院判决认为：[4]

第一，香港特别行政区法院拥有宪法性司法管辖权。香港特区享有独立的司法权和终审权。在行使《基本法》所赋予的司法权时，特区的法院有责任执行及解释《基本法》。香港法院有权审核特区立法机关所制定的

（接上注）

而港府入境事务处处长以香港特别行政区临时立法会 1997 年 7 月 1 日《人民入境条例（第 2 号）修正》、7 月 10 日《人民入境条例（第 3 号）修正》以及内地公安部门的相关规定为理由，拒绝承认其中 1 名申请人享有永久性居民身份与居留权，并认为另外 3 名申请人尽管是永久性居民，但须在内地履行必要手续方可享有居留权。香港高等法院原诉庭判决认为：基本法作为特区根本大法，不能规定很细，允许特区政府自行立法；入境条例规定没有违反基本法，维护了基本法的原则；港人在内地的非婚生子女应享有与婚生子女同等的权利。

〔1〕　香港临时立法会《人民入境条例（第 2 号）修正》（the wedlock issue）规定："基本法第 24 条第 2 款第 3 项规定的在香港以外所生的中国籍子女，在本人出生时，其父母双方或一方须是根据《基本法》第 24 条第 2 款第 1 项或第 2 项已经取得香港永久性居民身份的人。"并另外规定：父母双方中，仅有父亲是香港永久性居民的非婚生子女不享有香港永久性居民身份。

〔2〕　香港临时立法会于 1997 年 7 月 9 日紧急通过《人民入境条例（第 3 号）修正》，确立"双程证"制度，并使该修订具有溯及力，提前于 1997 年 7 月 1 日生效。《人民入境条例（第 3 号）修正》规定：①首先向中国公安部门提出；②领取大陆公安部门签发的通行证；③申请必须在香港外进行；④必须是香港永久性居民在内地的婚生子女。

〔3〕　《基本法》第 24 条第 2 款规定，香港永久性居民在内地所生的中国籍子女享有来港定居的法定权利。

〔4〕　香港特别行政区终审法院：终院民事上诉 1998 年第 14~16 号 FACV000014Y/1998。

法例或行政机关之行为是否符合《基本法》，倘若发现有抵触《基本法》的情况出现，则法院有权裁定有关法例或行为无效。一直引起争议的问题是，特区法院是否具有司法管辖权去审核全国人民代表大会和其常务委员会的立法行为是否符合《基本法》，以及倘若发现其抵触《基本法》时，特区法院是否具有司法管辖权去宣布此等行为无效。依我等之见，特区法院确实有此司法管辖权，而且有责任在发现有抵触时，宣布此等行为无效。因为全国人民代表大会是根据我国《宪法》第 31 条而制定特区的《基本法》的。《基本法》既是全国性法律，又是特区的宪制性文件。任何抵触《基本法》的法律均属无效并须作废。特区法院在《基本法》赋予特区高度自治的原则下享有独立的司法权。当涉及是否有抵触《基本法》及法律是否有效的问题时，这些问题均由特区法院裁定。鉴于制定《基本法》是为了按照《联合声明》所宣示和具体说明的内容，落实维持香港 50 年不变的中国对香港的基本方针政策，上述论点便更具有说服力。《基本法》第 159 条第 4 款说明《基本法》的任何修改均不得抵触既定的基本方针政策。为了行使司法管辖权去执行及解释《基本法》，法院必须具有上述的司法管辖权去审核全国人民代表大会及其常务委员会的行为，以确保这些行为符合《基本法》。香港特别行政区诉马维騉一案涉及普通法在新制度下的继续存在以及临时立法会的合法性问题。上诉法庭裁定由于全国人民代表大会的行为是主权行为，因此特区法院并不拥有司法管辖权去质疑这些行为的合法性。上诉法庭裁定特区法院的司法管辖权只局限于审核是否存在主权国或其代表的行为（而非行为的合法性）。我等认为上诉法庭就特区法院的司法管辖权所作出的这项结论是错误的。《基本法》第 19 条第 2 款规定："香港特别行政区法院除继续保持香港原有法律制度和原则对法院审判权所作的限制外，对香港特别行政区所有的案件均有审判权。"政府在该案所陈述的论据为 1997 年 7 月 1 日以前，香港法院也不能质疑英国国会通过的法例是否违宪，即是否违反英国的不成文宪法或《英皇制诰》。这是《基本法》第 19 条第 2 款所设想的"原有法律制度和原则"对香港法院审判权所作的一种限制。政府辩称在 1997 年 7 月 1 日后，这限制同样适用于全国人民代表大会的行为。上诉法庭接纳了政府的论据，把旧制度与此相提并论是对问题有所误解。1997 年 7 月 1 日以前，英国对香港实行殖民统治。根据普通法，英国国会拥有最高权力为香港立法而香港法院不能质疑这项权力。基于已申述的理由，在新制度下，情况截然不同。《基本法》第 19 条第 2 款规定"原有法律制度和原则"对宪法赋予法院的司法管辖权有所限制。但这个条款不能把在旧制度下纯粹与英国国会法例有关的限制引进新的制度内。

第二，根据《基本法》，"全国人大常委会""授权"特区法院"在审理案件时对本法关于香港特别行政区自治范围内的条款自行解释"。我等认为，"自行"二字强调了特区的高度自治及其法院的独立性。但特区法院的司法管辖权并非局限于解释这类条款。因为，第 158 条第 3 款规定，特区法院在审理案件时对《基本法》的"其他条款也可解释"。然而对终审法院来说，这项司法管辖权存在一种规限。对香港终审法院来说，当符合以下两项条件时，便有责任将有关条款提交"全国人大常委会"解释：其一，当有关的《基本法》条款（a）关乎中央人民政府管理的事务，或（b）关乎中央和特区的关系时，即为"范围之外的条款"。以下简称此条件为"类别条件"。其二，当终审法院在审理案件时，有需要解释这些条款（即"范围之外的条款"），而这些条款的解释将会影响案件的判决。以下简称此条件为"有需要条件"。但是，我等认为在审理案件时，唯独终审法院才可决定某条款是否已符合上述两项条件，也只有终审法院，而非全国人民代表大会，才可决定该条款是否已符合"类别条件"，即是否属于"范围之外的条款"；如果该条款符合"类别条件"，也只可由终审法院决定有关案件是否符合"有需要条件"。

第三，代表入境处处长的资深大律师马先生指出第 22 条第 4 款在《基本法》的第 2 章内，而第 2 章的标题是"中央和香港特别行政区的关系"。他认为第 22 条第 4 款是"范围之外的条款"，根据入境处处长的论点，本法院在审理本案时，必须解释第 22 条第 4 款。所以，他认为这条款符合了"类别条件"及"有需要条件"。根据资深大律师马先生的论点，当一项"范围之外的条款"（这里指第 22 条第 4 款）如上述般与 X 条款有关，便须提交"全国人大常委会"。提交的主题不是要求解释 X 条款，因它并非"范围之外的条款"；马先生的论点似是：提交的主题是请"全国人大常委会"解释该"范围之外的条款"，而该项解释只限于涉及 X 条款的解释。我等认为这样做会严重削弱特区的自治。我等认为，应采用代表申请人的资深大律师张先生提出的考虑原则。实质上，法院审理案件时最主要需要解释的是哪条条款？如果答案是一条"范围之外的条款"，法院必须将之提交"全国人大常委会"。如果最主要需要解释的并非"范围之外的条款"，便不须提交。在这种情况下，即使一条"范围之外的条款"可以争辩地说成与"非范围之外的条款"的解释有关，甚至规限了"非范围之外的条款"时，法院仍无须将问题提交"全国人大常委会"。这个考虑原则落实了《基本法》第 158 条的两项主要目的，就是赋予"全国人大常委会"有权解释《基本法》，尤其是"范围之外的条款"，并同时授权特区法院解释"非范围之外的条款"，特别是属于自治范围内的条款，特区法院更可"自行"解释。我等认为相当重要的是：《基本法》第 158 条规定只在解释"范围之外的条款"时，才须提交"全国人大常委会"。法院在采用这个考虑原则来审理此案时，实质上最主要需要解释的是第 24 条，即关于永久性居民的居留权及该项权利内容的规定。《基本法》第 24 条是本案必须解释的主要条款，属特区自治范围之内。在这种情形下，本法院觉得无须把这条款提交"全国人大常委会"解释，尽管第 22 条第 4 款是否与解释第 24 条有关是一个可争论的问题。

最后香港特别行政区终审法院判令《人民入境条例（第 3 号）修正》"居权证必须附着于有效的旅行证件之上"的条款因违反《基本法》（unconstitutional）无效，《人民入境条例（第 3 号）修正》该条例的溯及力条款因违反《基本法》无效，《人民入境条例（第 2 号）修正》采取性别歧视的标准来判断非婚生子女的永久性居民身份，此种基于性别的区分因违宪无效。因此，四名申请人乃属《基本法》第 24 条第 2 款第 3 项规定的香港特别行政区永久性居民，自 1997 年 7 月 1 日起开始便拥有这种身份并享有居留权。

我国内地法律专家对香港特别行政区终审法院"居留权"案判决提出批评意见：该判决违反基本法的规定，是对全国人大及其常委会的地位、对"一国两制"的严重挑战。[1] 专家们指出终审法院的法官没有理解《基本法》第 19 条的立法原意即包含有"议会至上"原则的限制，在此基础之上批评了终审法院宣称的具有宪法性司法管辖权的观点。内地法律专家指出，《基本法》第 19 条第 2 款规定香港法院在审判案件时，还要继续保持香港原有的制度和原则对审判权所作的限制，其中就包括了"议会至上"原则的限制。香港终审法院的法官们认为对司法审查权的限制只能来自《基本法》以列举的方式明确规定，这是受"剩余权力"理念的影响。终审法院的法官们没有理解第 19 条第 2 款的立法原意是概括性规定，香港原有的法律原则有许多并没有成文法依据，也不可能在一个条文中全部列

---

〔1〕 参见"就香港特别行政区终审法院的有关判决 内地法律界人士发表意见"，载《人民日报》1999 年 2 月 8 日，第 4 版。

举，所以才有此规定。"议会至上"原则作为香港司法审查制度的基石，它对法院审判权的限制只要不与国家主权相抵触，理所当然地会被保留下来。诚然，中国政府已对香港恢复行使主权。根据《基本法》第 2 条的规定，香港特别行政区"实行高度自治，享有行政管理权、立法权、独立的司法权和终审权"。但《基本法》第 81 条第 2 款规定："原在香港实行的司法体制，除因设立香港特别行政区终审法院而产生变化外，予以保留。"《基本法》第 19 条第 2 款还规定："香港特别行政区法院除继续保持香港原有法律制度和原则对法院审判权所作的限制外，对香港特别行政区所有的案件均有审判权。"过去在英国统治时期，诸如对于控告质疑英国议会通过有关香港事务的法律是否违宪的案件，香港法院不可以判定英国议会所制定的有关香港事务的法律是否与香港的英皇制诰和皇室训令相抵触。按照《基本法》第 19 条第 2 款的精神，过去这种对于香港法院的审判权所作的限制应继续保持，不能改变。所以，对于怀疑全国人大及其常委会为特别行政区制定的任何法律、政策和通过的决定是否同基本法相违背，特别行政区法院是不能予以判定的。

在这里，专家们与终审法院的法官争论的是《基本法》第 19 条第 2 款的立法原意是否包含"议会至上"原则的限制，这就涉及对《基本法》条文的解释问题，就涉及《基本法》第 158 条的有关规定。专家们的观点或许符合《基本法》第 19 条的立法原意，但是，终审法院法官是否理解了《基本法》条文的立法原意的问题，并不是《基本法》第 158 条要解决的问题。《基本法》第 158 条要规制的是终审法院法官对有关条文的解释权限问题，即只授权香港特别行政区法院在审理案件时对本法关于香港特别行政区自治范围内的条款自行解释，对符合"类别条件"和"有需要条件"的条款，香港特别行政区法院无权自行解释。因此，更值得争论的是，香港终审法院对《基本法》第 19 条是否有"自行解释"的权力。应当指出的是，《基本法》第 19 条并不是"关于香港特别行政区自治范围内的条款"，因此，根据《基本法》第 158 条的规定，香港终审法院对《基本法》第 19 条没有自行解释的权力。而香港终审法院法官在判决中，就是通过对《基本法》第 19 条的"越权解释"来争取《基本法》第 158 条没有授权的解释权——"宪法性司法管辖权"。专家们的上述批评忽略了这一点。专家们没有质疑香港终审法院法官是否有权力"自行解释"《基本法》第 19 条，而是与其争论条文的所谓"立法原意"。这实际上等于是承认了香港终审法院法官有权"自行解释"《基本法》第 19 条，只是批评香港终审法院法官没有理解《基本法》第 19 条的立法原意而已。这就没有击中香港终审法院法官的要害，更谈不上推翻香港终审法院的判决主张。

人们不但批评终审法院对《基本法》第 19 条的解释，而且还质疑终审法院对《基本法》其他条文的解释。香港特别行政区终审法院 1999 年 2 月 26 日对此作出判决声明回应。[1] 香港特别行政区终审法院再次强调其司法管辖权和《基本法》解释权的法律根据，没有改变而是坚持了自己的判决主张。即终审法院没有质疑也不能质疑全国人大常委会根据第 158 条所具有的解释《基本法》的权力，也没有质疑和不能质疑全国人大及其常委会依据《基本法》的条文和《基本法》所规定的程序行使任何权力。终审法院要质疑也有权质疑的是全国人民代表大会及其常务委员会是否依据《基本法》的条文和程序来行使任何权力。这就回到了《基本法》第 158 条对此有何规定以及应当有什么规定的问题上来。因此，问题的关键不在于香港终审法院法官是否作出了"错误解释"或"越权解释"，因为，法官的"错误解释"与"越权解释"并不是什么新奇而值得大惊小怪的事情，而在于一旦终审法院"错误解释"或拒绝提请解释而"越权解释"，全国人大常委会应当以什么程序来行使权力进行补正与纠正？《基本法》第 158 条对此却没有明确规定。

香港特别行政区政府通过国务院请求全国人大常委会依照《宪法》行

---

〔1〕 终审法院指出：本法院于 1999 年 1 月 29 日就这些上诉案作出裁决。入境处处长于 1999 年 2 月 24 日提交动议通知书要求本法院澄清判词中有关全国人民代表大会（全国人大）及人大常务委员会（人大常委会）的部分。经过考虑上述情况及法庭适当行使司法权时所受的限制，我等愿意采取特殊步骤，根据本法院的固有司法管辖权，作出以下声明。特区法院的司法管辖权来自《基本法》。《基本法》第 158（1）条说明《基本法》的解释权属于人大常委会。法院在审理案件时，所行使解释《基本法》的权力来自人大常委会根据第 158（2）及 158（3）条的授权。我等在 1999 年 1 月 29 日的判词中说过，法院执行和解释《基本法》的权力来自《基本法》并受《基本法》的条文（包括上述条文）所约束。我等在 1999 年 1 月 29 日的判词中，并没有质疑人大常委会根据第 158 条所具有的解释《基本法》的权力，以及如果人大常委会对《基本法》作出解释时，特别行政区法院必须要以此为依归。我等接受这个解释权是不能质疑的。我等在判词中，也没有质疑全国人大及其常委会依据《基本法》的条文和《基本法》所规定的程序行使任何权力。我等亦接受这个权力是不能质疑的。香港特别行政区终审法院：FACV000014AY/1998。

使权力，解释《基本法》以推翻终审法院的判决。[1] 全国人大常委会最后于 1999 年 6 月 26 日作出决定，对《基本法》相关规定作出立法解释。[2] 全国人大常委会对《基本法》对此作出了解释并强调特别行政区法院在审理有关案件引用《基本法》中该项条款时，应以全国人大常委会的解释为准。[3] 一些香港学者、律师、政论家著文，认为全国人大常委会的立法解释没有遵循《基本法》所规定的程序，使终审法院的终审地位不可避免地受到了侵害，甚至进一步影响了香港的"司法独立"，是对香港司法独立的干预。他们认为，在审理案件时，只有终审法院而非全国人民代表大会，才可决定某条款是否符合"类别条件"和"有需要条件"。在本案中，尽管第 22 条第 4 款是否与解释第 24 条有关是一个可争论的问题，但《基本法》第 24 条是本案必须解释的主要条款，而此条款属特区自治范围。因此，在这情形下，法院可自行解释而无须把这条款提交"全国人大常委会"解释。全国人大常委会的此次释法行为，是对已经授权香港特别行政区法院在审理案件时对关于香港特别行政区自治范围内的条款自行解释的干预。

应当指出，香港特别行政区法院和全国人大常委会在对有关条文的理解上发生了争议。终审法院认为《基本法》第 24 条是特别行政区自治范围内的事务，而全国人大常委会的解释却表明了它认为这个条文中对"永久性居民"的界定涉及中央和地方的关系。由于《基本法》第 158 条对此没有明确

---

〔1〕 1999 年 5 月 20 日，香港特别行政区行政长官董建华依据《基本法》第 43 条和第 48 条第 2 项所赋予的职权，向国务院提交了《关于提请中央人民政府协助解决实施〈中华人民共和国香港特别行政区基本法〉有关条款所遇问题的报告》。香港立法会在 35 票赞成、2 票反对、19 位民主党派议员离席抗议的情况下，通过了支持通过特区政府要求人大常委会释法的议案。国务院随之向全国人大常委会提出《关于提请解释〈中华人民共和国香港特别行政区基本法〉第 22 条第 4 款和第 24 条第 2 款第 3 项的议案》。

〔2〕 主要内容是：关于《基本法》第 22 条第 4 款所称的"中国其他地区的人"应当包括"香港永久性居民在内地所生的中国籍子女"。关于《基本法》第 24 条第 2 款第 3 项"第 1、2 两项所列居民在香港以外所生的中国籍子女"的规定，是指无论本人是在香港特别行政区成立以前或以后出生，在其出生时，其父母双方或一方须是符合《基本法》第 24 条第 2 款第 1 项或第 2 项规定条件的人。而居权证亦须在内地申办。

〔3〕 但香港特区终审法院在其后对庄丰源案的判决中并未与全国人大常委会的有关解释相一致。全国人大常委会法制工作委员会对此指出："我们注意到，1999 年 6 月 26 日全国人大常委会对香港基本法有关条款作出解释以来，香港特区法院在涉及居港权的案件的判决中，多次强调全国人大常委会对基本法所作出的解释对香港特区法院具有约束力，并以此作为对一些案件判决的依据。但是香港特区终审法院 7 月 20 日对庄丰源案的判决，与全国人大常委会的有关解释不尽一致，我们对此表示关注。"参见"全国人大常委会法工委就香港终院判决发表谈话"，载中国新闻网，https://www.chinanews.com.cn/2001-07-21/26/107328.html。

规定相应的争议解决机制与程序，因此，人们很难说此次特别行政区政府通过国务院请求全国人大常委会的释法行为是遵守了抑或是违背了法定程序。还应当指出的是，在《基本法》第158条中，实际上预设或假定了香港特别行政区法院和全国人大常委会都了解"自治范围内的条款"和"范围之外的条款"的含义，并且对这些概念有相同的理解，对两种条款的区分或界定没有分歧。"居留权"案件出现的一系列问题表明这个预设或假定是不成立的，人们在这些基本问题上的理解是有分歧的。既然在《基本法》中已经明确规定，香港法院虽然享有终审权但与终审权有密切联系的解释权不是最终而是受限制的，问题的关键也就不在于香港法院对《基本法》的解释权是否应当受到限制，而在于《基本法》中应当明确地、完备地规定香港法院的解释权应当受到哪些限制，以及规定两种解释制度下的冲突解决机制与办法。建立既维护全国人大常委会的最终解释权，又维护《基本法》赋予特区高度自治原则下享有独立司法权的基本法解释制度，这恐怕是《基本法》应当深入研究和解决的问题。事先完备立法比事后补正意义更为深远与重大。这是《基本法》在"居留权"案件中留给人们的启示。

立法不当危害甚大，立法不当应当得到纠正。这就需要把法律制定本身当作一门科学来对待。对法律概念要有明确而清晰的界定，对法律规范及其体系或框架要有科学而严谨的逻辑组织和建筑，要将抽象的原则与具体的规定有机地结合在一起。

19世纪末期，英美普通法系经过数百年发展，以"遵循先例"为基本原则，像珊瑚的生长一般，逐步形成浩如烟海的判例，但整个法律体系因为缺乏清晰性和严谨性而显得杂乱无章、晦涩难懂。布鲁尔说道："由于霍姆斯不恰当地把'经验'放在'逻辑'的对立面，使得好几代的律师、法官和法学教授（不管是否沿着霍姆斯的道路）事实上没有把严格的逻辑形式研究放在法律课程的恰当位置。结果，美国的法律文化——表现在法学院、律师简报、法官司法意见的撰写、法学教授的法理学思考——普遍地缺乏清晰的司法论证，法官和律师简报既没有也不可能达到更高的理性的、清晰的水平。事实上，法学教授甚至更加推崇理性的不清晰，把它当作法律论证的优点。"〔1〕以边沁为先锋，历经奥斯丁、霍兰德、萨尔蒙

---

〔1〕 〔美〕斯科特·布鲁尔："从霍姆斯的道路通往逻辑形式的法理学"，载〔美〕斯蒂文·J.伯顿主编：《法律的道路及其影响——小奥利弗·温德尔·霍姆斯的遗产》，张芝梅、陈绪纲译，北京大学出版社2005年版。

德、凯尔森、格雷以及霍菲尔德等人批评普通法术语歧义丛生的现象，不满含混歧义的法律概念带来的混乱，为消除这些混乱及其带来的理解上的阻碍，发展了实证的分析法学方法，开始对普通法进行语言分析与逻辑梳理工作。"分析法学的目的之一就是对所有法律推理中应用的基本概念获得准确的、深入的理解。因此，如果想深入和准确地思考并以最大合理程度的准确性和明确性来表达我们的思想，就必须对权利、义务以及其他法律关系的概念进行严格的考察、区别和分类。"这些努力为后来的美国法律重述开辟了道路。20 世纪初，美国法学家霍菲尔德（Wesley N. Hohfeld）和考克雷克（Albert Kocourek）等人开始运用语言分析或意义分析方法，不但精炼和详尽地界定法律概念，以消除法律概念的不明确性，使法律概念明确化，而且寻找复杂的法律概念和关系的不同组合，寻找法律概念的"最小公分母"，企图使立法具有无可置疑的明晰性和确定性。现代分析法学更是从维特根斯坦等人的工作中得到激励，他们详尽地分析实在法律制度、基本概念和观念，深入地分析司法程序和法律方法，从逻辑上澄清法律概念和法律思想，以增进司法的理解力和立法的表达力。

这个时期许多法学家都意识到了法律研究与法律制定要依靠逻辑。比如霍姆斯本人也强调在法律领域中要运用逻辑。霍姆斯指出："法学家的工作就是要让人们了解法律的内容，也就是从内部进行研究，或者说从最高的属到最低的种，逻辑地整理和分类，以满足实践的需要。"[1] 他多次强调要对经验意义上的普通法进行改革，其改革的目的就是对那些分散的判例进行分门别类，进行归纳和整理，从中抽象出可以为后世的法官提供指导的原则。他还猛烈抨击了法规汇编和教科书里流行的以"实践"为主题的分类方法，比如"铁路和电报"，或者像"海运和证券"。在他看来这种分类方法既可笑又不能解决问题，他认为私法应该以抽象的合同和侵权行为来划分。美国法学家格雷对此指出："霍姆斯学术生涯第一篇重要文章——《法典和法律的编排》——讨论的就是在所有的法律制度中系统地使用'哲学的'（即抽象的）法律范畴的必要性。"格雷指出，霍姆斯不认为一般性的法律原则没有意义或者不重要，事实上他是那个时代最伟大的法律概念化的提倡者。1923 年 2 月在华盛顿成立的美国法学会，就致力于克服法律的混乱和不确定性，在一些经过特别挑选的合同、侵权、冲突法和代理等领域对法律进行科学而明确的重述。其一，对概括性法律原则

---

[1] O. W. Holmes, Jr., *The Common Law*, Little Brown, 1963, p. 173.

进行全面陈述；其二，对法律原则的引用进行阐述和说明。它包括对法律目前状况的完整说明以及对权威论述的全面引证，它分析和讨论提出的所有法律问题，论证对法律原则进行的陈述。卡多佐充分肯定法律重述的意义："我毫不怀疑，计划中的法律重述将显示一种强大的力量，从先例的荒漠找出确定性与有序性。"

逻辑理性是一种追根究底的追问和思考。逻辑理性虽不如实践理性那样直观，也不像价值理性那样充满激情，但是，逻辑理性的要求是一切理性要求的底线，只有满足逻辑理性要求，才有获得实践理性和价值理性之可能。违反逻辑理性要求就没有任何理性可言。上下两千余年，逻辑的声音延绵不绝，并且令人们不由自主地走近它、敬重它和感激它。其中的主要原因恐怕就是：这严峻冷酷的逻辑追问背后蕴含着无比单纯而又强烈的人文关怀，这严密犀利的逻辑思考深处孕育着崇高的思想自由和巨大的理论力量。这就是逻辑的世界，这就是逻辑的魅力。

（二）实践理性或目的理性

正如德国思想家韦伯指出：表达理想固然重要，但更重要的是如何可能去实现这一理想。要尽力减少无节制的激情，消除因愚昧的热情和庸俗的偏见所引起的恶果。这涉及实践理性（practical rationality）或目的理性的问题。1904 年韦伯在"Objectivity of Knowledge in Social Science and Social Policy"一文中提出了实践理性或目的理性的问题。他认为，目的理性问题即目的与手段的合理性问题应当被研究而且可以为科学所分析。他指出："对有意义的人类行为的基本因素所做的所有认真思考，主要都是根据'最终目的'和'手段'范畴来进行的。我们对某种具体事务的要求，要么是'由于它自身的缘故'，要么是把它看作获得其他更渴望得到的事物的手段。获得某一给定目标的手段是否合适，这一问题无疑是可以做科学分析的。因为我们能够确定（在我们现有的知识范围内）哪种手段对于实现某一既定目标是适当的或不适当的，我们也能用这种方式去估计用某种现有手段达到某种目的的可能性。"[1] 他进一步确立了目的与手段合理性标准。即一项行为或对行为的抑制可被认为倾向于达到某种期待的目的或后果，在这种情况下它就具有"目的上的合理性"即"目的理由"，是"目的上合理的"；一项行为被证明不能达到目的或后果，它就没有

---

〔1〕〔德〕马克斯·韦伯：《社会科学方法论》，杨富斌译，华夏出版社 1999 年版，第 149~150 页。

"目的理由"，就不是"目的上合理的"。

正如美国法学家伯尔曼在《法律与革命——西方法律传统的形成》一书中写道："法律必须被信仰，否则它将形同虚设。"任何良法之法都应当是可施行和有实效的法律，应当满足实践理性或目的理性的标准与要求。实践理性属于实质理性的范畴，是指思想或行为本身应该有实现的可能性，存在使它成为现实的手段；同时这些手段具有合目的性，与目的保持一致。[1] 强调法律满足实践理性的标准与要求，是指法律要具有可实现性与合目的性。即法律要具有成为现实的可能性，而且与其目的和意图保持一致。即法律要具有目的与手段的合理性。它包括两个方面的标准或要求：其一，是指法律具有可操作性、可实施性与可实现性，即作为一种规范法律具有可行性或实现的可能性，存在使它成为现实的条件与手段；其二，是指法律具有合目的性，即作为一种手段能够达到预期目的或效果，符合既定意图或目的，即与意图或目的具有一致性，而且这种手段对于达到既定目的而言是必要的与适当的。法律的可能性要求和合目的性要求，亦可统称为法律的实效性要求。在实践理性看来，不具有可能性和合目的性的法律是不合理的。"未达到其目标的规则不可能永久地证明其存在是合理的。"[2]

在立法中考虑立法目的实现之可能性以及使手段适合目的，使立法具有目的理性或目的与手段的合理性，是一项极为重要的工作，也是立法者担负的职责。立法者有责任考虑并且估量立法的目的以及达到目的的手段。[3] 应当使法律满足目的理性或实践理性的要求，使法律具有可实现性与合目的性，使法律具有目的与手段的合理性。正如波斯纳指出的那样："尽管对大多数律师和法官来说不熟悉手段目的这一术语，手段目的理性却是比逻辑这个法律界玩弄的很多的术语，更接近于法律事业的中心。"[4] 对法律进行实践理性或目的理性的批判，就是思考或追问法律的实效性即目的与手段的合理性，对法律的可能性与合目的性进行分析与考查，这种分析与考查统称为目的考量。对法律进行实践理性或目的理性的考量，首先是探寻法律欲实现的意图或要达到的目的及其手段，然后分析

---

〔1〕　参见王洪：《司法判决与法律推理》，时事出版社 2002 年版，第 46 页。

〔2〕　[美] 本杰明·卡多佐：《司法过程的性质》，苏力译，商务印书馆 1998 年版，第 39 页。

〔3〕　参见 [美] 波斯纳：《法理学问题》，苏力译，中国政法大学出版社 1994 年版，第 585 页。

〔4〕　[美] 波斯纳：《法理学问题》，苏力译，中国政法大学出版社 1994 年版，第 138 页。

和判断目的实现之可能性及其手段之合目的性。正如韦伯指出："这一批判只能是对历史上给定的各种价值判断和各种观念所进行的一种形式逻辑的判断，亦即只能是根据所希求的目的的内在'一致'的假设而对各种理想所作的一种检验。"[1] 这种目的理性的考量限于对手段能否达成目的的评估，只考虑目的与手段之间的合理性，至于目的或意图本身在价值上是否正当并不在考察范围之内，目的理性也无法决定目的或意图本身在价值上是否正当。这种实践理性批判属于事实判断的范畴，不是对法律规范进行价值判断，而是对法律规范这种价值命题即应然命题进行可能性与合目的性分析。实践理性分析是对包括法律规范在内的价值命题进行批判性考察不可或缺的重要工具。

在 2012 年《中华人民共和国刑事诉讼法修正案（草案）》中提出了非法证据排除规则。该草案第 17 条将《刑事诉讼法》第 53 条规定为："采用刑讯逼供等非法方法收集的犯罪嫌疑人、被告人供述和采用暴力、威胁等非法方法收集的证人证言、被害人陈述，应当予以排除。违反法律规定收集物证、书证，严重影响司法公正的，对该证据应当予以排除。在侦查、审查起诉、审判时发现有应当排除的证据的，应当依法予以排除，不得作为起诉意见、起诉决定和判决的依据。"[2] 这个条款的意图与目的是要解决采用刑讯逼供等非法方法收集证据的问题。人们认为，这个草案中的违反法律规定收集物证、书证，本身就是一种严重影响司法公正的行为，对这样取得的证据应当予以排除。因此，我国刑事诉讼法对此草案进行了修改，对收集证据进行了进一步的限制，将"违反法律规定"限制为"不符合法定程序"。这就有了 2012 年《刑事诉讼法》第 54 条规定："采用刑讯逼供等非法方法收集的犯罪嫌疑人、被告人供述和采用暴力、威胁等非法方法收集的证人证言、被害人陈述，应当予以排除。收集物证、书证不符合法定程序，可能严重影响司法公正的，应当予以补正或者作出合理解释；不能补正或者作出合理解释的，对该证据应当予以排除。"人们

---

[1] ［德］马克斯·韦伯：《社会科学方法论》，韩水法、莫茜译，中央编译出版社 2002 年版，第 54 页。

[2] 这是在《关于办理刑事案件排除非法证据若干问题的规定》第 14 条的基础上提出的。《最高人民法院、最高人民检察院、公安部、国家安全部、司法部关于办理刑事案件排除非法证据若干问题的规定》（2010 年 7 月 1 日起施行）第 14 条规定："物证、书证的取得明显违反法律规定，可能影响公正审判的，应当予以补正或者作出合理解释，否则，该物证、书证不能作为定案的根据。"

认为，上述规定中的不符合法定程序，即不符合正当法律程序，还是属于非法方法的范畴，它可能严重影响司法公正，对这样取得的证据也应当予以排除。应当指出，在证据的收集或获取过程中，最重要的就是程序正当，应当强调遵守正当法律程序，强调公权力必须正当行使。不符合法定程序就是程序违法，就是公权力的不当行使，这本身就是不公正。此外，按照这样的法律制度设计，虽然采用刑讯逼供等非法方法获得的供述和证言不能直接作为指控的证据，但是采用刑讯逼供等非法方法获得线索然后基于这个线索收集的物证却有可能被采用。这样一来，刑讯逼供就有可能从直接获取供述作为证据转变为获得证据线索并通过这个证据线索获得指证的证据，这就没有确立起正当法律程序原则，就不能从根本上解决与根除刑讯逼供等非法取证的问题，就没有实现和达到确立非法证据排除规则的意图与目的。卡多佐说得好："在经验的检验标准面前，那些不能证明自身价值和力量的先例会被毫不留情地牺牲掉，抛入废物之例。"[1]

美国最高法院在 1914 年威克斯诉合众国（*Weeks v. United States*）[2]中确立了非法证据排除规则。美国最高法院在裁决中指出，违反美国联邦宪法第 4 和第 5 修正案的搜查所得到的证据不应当在审判中被采纳。这是对联邦政府及其机构的限制。在 1920 年的西尔弗索恩木材公司诉合众国案（*Silverthorne Lumber Co. v. United States*）[3] 中，霍姆斯大法官执笔书写意见书，认为"禁止以不当方式取证的实质并非仅仅意味着非法获取的证据不应当被法院采用，而是绝对不得被使用"。并且指出："非法获取的证据不得被用于获取其他不利于刑事被告的证据，只要最先的证据是非法获得的，那么所有来源于该非法证据的证据也同样不得被采用。"在 1961 年马普案件（*Mapp v. Ohio*）[4] 中美国最高法院裁定指出，非法证据排除规则也适用于各州法院的刑事诉讼。并指出，将正当程序保护扩大到各州和联邦的所有的违反宪法的搜查，是合乎逻辑的，也是符合宪法要求的。

美国最高法院在西尔弗索恩木材公司诉合众国案（*Silverthorne Lumber*

---

〔1〕　［美］本杰明·卡多佐：《司法过程的性质》，苏力译，商务印书馆 1998 年版，第 10 页。

〔2〕　*Weeks v. United States*，232 U. S. 383（1914）.

〔3〕　*Silverthorne Lumber Co. v. United States*，251U. S. 385（1920）.

〔4〕　*Mapp v. Ohio*，367 U. S. 643（1961）.

Co. v. United States）、纳多恩诉合众国案（*Nardone v. United States*）[1] 和王森诉合众国案（*Wong Sun v. United States*）[2] 中，确立了"毒树之果"（fruit of a poisonous tree）规则。即非法证据排除规则不但适用于所有被非法搜查"污染"的证据，并且该污染还延伸至随后依据该非法搜查获取之信息得到的证据，这是非法证据排除的一般原则。但"毒树之果"规则有若干个例外："必然发现例外""独立来源例外""公共安全例外""善意例外"等。应当指出，"毒树之果"规则是严格意义上的非法证据排除规则，是正当法律程序原则的应有之义，其意图主要在于贯彻正当法律程序原则，彻底解决采用包括刑讯逼供等在内的非法方法搜集证据的问题。美国最高法院在纳多恩诉合众国案中判决指出：一旦执法人员初始行为的违法性得到确认，被告人就应该有机会"证明针对其指控的实质部分是毒树之果"。根据这个规定，执法人员通过不合法的程序所取得的材料，均不得在审判中作证据使用，尽管这些材料有可能或能够证明案件的真实情况。也就是说，执法人员的违法行为犹如毒番石榴树，而获得的证据材料犹如树的果实，尽管那果实既好看又好吃，但是其毒素会伤害机体——司法系统，因此司法系统绝不可"食用"。这些果实包括：非法行为所间接获得的证据；与违法收集密不可分的证据；以违法收集为线索发现的证据；以违法取得的证据引诱他人所获得的证据；违法取得口供后再次讯问得到的口供；非法行为后多重间接得来的证据。美国联邦最高法院在王森诉合众国案中判决指出：除非政府能够充分地证明次级证据（secondary evidence）的发现独立于"被污染的"、非法搜集的初始证据（primary evidence），否则次级证据必须作为"毒树之果"予以排除。在该案中，没有布莱克的供述，就不可能从约翰处发现海洛因。这不是政府"从

---

〔1〕 *Nardone v. United States*，308U.S.338（1939）. 在1939年纳多恩诉合众国案中，被告人纳多恩被指控有欺骗国内税收署的行为，而检控方的主要证据就是执法人员通过非法的电话窃听记录下的被告人与他人谈话。初审法院判决纳多恩有罪，但美国最高法院推翻了原判，理由是该电话窃听录音不应采用为证据。检察官换了个罪名重新起诉，但仍以该录音为主要证据，初审法院再次判决纳多恩有罪，但美国最高法院再次推翻了原判。

〔2〕 *Wong Sun v. United States*，371 U.S.471（1963）. 1959年6月4日，警察发现霍姆持有海洛因，霍姆承认从洗衣店布莱克处买了一盎司海洛因，警察无证撞入洗衣店从布莱克处没有搜到任何毒品，但经查问，布莱克说他知道约翰卖海洛因，警察赶往约翰处，约翰交出不到一盎司海洛因，但交代说他曾从布莱克和另一华人王森处购得海洛因，警察逮捕王森，未发现毒品。联邦司法官先后提审这三人，并作米兰达告示。在法庭上约翰否认以前供述，援引反对自证其罪的特免权免除了作证义务。地区法庭认定布莱克和王森非法运输和隐藏非法进口的海洛因，判决有罪。

一个独立的来源"获悉的证据，也不是如果没有警察的非法行为也必然被发现的证据，在该案中，海洛因是利用非法取得的布莱克的口头陈述查获的，因此，不能用作对布莱克不利的证据，裁定撤销其有罪判决。[1]

（三）价值理性

任何法律不管它如何有条理和有效用，只要它不正义就必定被修正或废除。正如意大利法学家贝卡里亚所言，一切违背人的自然感情的法律的命运，就同一座直接横断河流的堤坝一样，或者被立即冲垮和淹没，或者被自己造成的漩涡所侵蚀并逐渐地溃灭。正是在这个意义上，美国法学家罗尔斯在《正义论》中说道："正义这个概念在任何想要存在下去的法律制度中都必须起很大的作用。因为人们如果感到法律是正义的，他们总是愿意服从。"[2]

美国法学家罗尔斯在《正义论》中说道，正义是社会制度的首要价值，正像真理是思想体系的首要价值一样。任何法律不是毫无目的地诞生的，也不是毫无目的地拼凑在一起。一切立法应当有坚实的价值根基。一切立法都应当满足价值理性的标准与要求，应当追求并且体现出公平与正义的价值，应当是温暖的而不应当是冷漠的。价值理性（value-rationality）属于实质理性的范畴。价值理性就是强调法律具有妥当性、正当性或可接受性，包括以下两个方面的标准或要求：其一，法律具有社会一致性，即法律满足社会公共利益需求，与社会公共政策、社会公共价值取向或社会公平正义观念相契合，确保占优势地位的社会利益和正义价值得到优先保护并在正义价值之间保持审慎的平衡；其二，法律自身在价值上是合理的、正当的或妥当的。正如韦伯所言："价值上的合理性，是指某一项行为或对行为的抑制可被认为其本身是对的或其本身是好的，而不考虑任何进一步的目标或目的，即这项行为或对行为的抑制被认为根据其行为自身的价值理由被证明其是合理的。"

法律是一种价值判断、价值衡量或价值选择。对法律进行价值理性批判，就是思考与追问法律在价值上的合理性、正当性或妥当性，这蕴含着对法律进行价值分析与考量。韦伯指出，对于一切价值判断都可以进行"价值无涉"或"价值中立"的理性分析与批判。他提出的方法就是通过

〔1〕　*Wong Sun v. United States*，371 U. S. 471（1963）.

〔2〕　［美］约翰·罗尔斯：《正义论》，何怀宏、何包钢、廖申白译，中国社会科学出版社1988年版，第83页。

考察或揭示这些价值判断可能导致的不可接受的实际结果，如未期望的副产品（by product）、未预料的价值损失或代价，以达到对可能导致这些结果发生的价值判断或价值主张的批判。这是一种追问价值判断是否具有合理性、正当性或妥当性的重要方法，是基于结果或后果检验、评价与选择价值前提的价值分析与批判方法。这种价值分析与批判方法可以运用到法律分析与评价领域，即"如果人们感到某个看上去可以适用的、已被接受的规则所产生的结果不公正，就会重新考虑这个规则。也许不是立刻就修改，因为试图使每个案件都达到绝对的公正就不可能发展和保持一般规则；但是如果一个规则不断造成不公正结果，那么它就最终将被重新塑造"。[1] 在法律领域中，这种通过考察立法的可能实际结果与立法价值预期之间是否一致来检验与评价立法的方法，就是美国法学家罗尔斯和瑞典法学家佩策尼克所说的"反应的平衡"或"审慎的平衡"方法，是英国法学家麦考密克所说的"后果主义的论证方法"即基于后果的论证方法，是古希腊哲学和逻辑中的"归于不可能"方法的运用。[2] 立法部门应当考虑立法价值上的合理性、正当性或妥当性问题。并且"任何提出规范性命题者，必须当假设其置身于当事人之处境时，也能够接受由其提出的命题预设为前提（满足每个人利益）的规则所造成的后果"[3]。

《法国民法总论》指出，法的目的并不是验证或解释某些事实，而是就一个行为作出决定。因此，立法者应当考虑制定的法律是否具有合理性、正当性与妥当性，应当考虑一旦实施可能产生的结果是否符合法律的价值取向，是否符合社会公共利益与社会公共政策，是否符合社会公平正义观念，这是立法者应当承担的责任。同样地，在我国，司法解释是最高司法机关作出的指导具体适用法律的规范性文件，因此，司法解释就必须尊重立法规定与立法精神，不得与法律文字、法律意图或目的、法律价值取向相矛盾或抵触，不得与社会公共利益、社会公共政策和社会公平正义观念相冲突。

2003年1月8日，中华人民共和国最高人民法院发布了最高人民法院审判委员会第1262次会议通过的《最高人民法院关于行为人不明知是不

---

〔1〕〔美〕本杰明·卡多佐：《司法过程的性质》，苏力译，商务印书馆1998年版，第10页。

〔2〕"归于不可能"方法，是指如果从某个假定导出了不可能或不可接受的结果，就断言这个假定本身是不可能或不可接受的。

〔3〕〔德〕罗伯特·阿列克西：《法律论证理论——作为法律证立理论的理性论辩理论》，舒国滢译，中国法制出版社2002年版，第252~253页。

满 14 周岁的幼女双方自愿发生性关系是否构成强奸罪问题的批复》。该批复指出：行为人明知是不满 14 周岁的幼女而与其发生性关系，不论幼女是否自愿，均应依照《刑法》第 236 条第 2 款的规定，以强奸罪定罪处罚；行为人确实不知对方是不满 14 周岁的幼女，双方自愿发生性关系，未造成严重后果，情节显著轻微的，不认为是犯罪。[1] 最高人民法院研究室负责人指出，我国《刑法》第 236 条第 2 款规定：奸淫不满 14 周岁的幼女的，以强奸论，从重处罚。此前，只要行为人和不满 14 周岁的幼女发生性关系，就一律以强奸罪从重处罚。这一规定体现了对这类主观性强、社会影响恶劣的犯罪行为给予从重处罚的原则，但是，刑法的这一规定缺乏"是否明知不满 14 周岁"的主观要件，这种"客观归罪"的做法，不符合刑罚适用主客观相一致的原则。新的司法解释体现了刑罚适用主客观相一致的原则，同时还体现了"区别对待"的刑事政策，这个批复能够使刑法的相关规定在审判实践中得到更加准确、有力的贯彻执行。对于批复中的"明知"，应解释为"知道或应当知道"，要有足够的证据证明"确实不知"。[2]

苏力对最高人民法院的这个批复提出了不同意见。苏力的批评可以概括为以下这三个方面，它们分别属于逻辑分析、目的考量与价值判断或利益衡量的范畴。他指出：[3]

第一，最高人民法院的这个批复与我国《刑法》第 236 条第 2 款的规定是相抵牾、相冲突的。在我国《刑法》第 236 条第 2 款的规定中，"奸淫"无论是从上下文，还是从明示排斥默示的解释原则以及相关的法学著作的通常解释来看，其意思都排除了"强迫"或"违背妇女意志"这一构成强奸罪的必要条件。"以强奸论"更明确了这一点，换言之，"以……

---

〔1〕 2009 年以来，贵州习水、浙江丽水、福建安溪、浙江永康等地发生了一系列轰动全国的所谓公职人员"嫖宿幼女"案，引起人们对"嫖宿幼女罪"的立法的强烈批评。人们称设立此罪名是"思维混乱的结果"，是对这些"不良幼女"身心健康等人身权利的极大漠视，是对这些无知而可怜幼女的极大侮辱和损害，是"立法的耻辱"，这也许又是立法者们始料未及的。2015年 8 月 29 日，十二届全国人大常委会第十六次会议通过了《中华人民共和国刑法修正案（九）》。此次刑法修改终于取消了嫖宿幼女罪，今后对此类行为一律适用刑法中关于"奸淫幼女的以强奸论，从重处罚"的规定。

〔2〕 参见转引自苏力："一个不公正的司法解释（附最新资料）"，载爱思想网，http：//www.aisixiang.com/date/54099.html。

〔3〕 参见苏力："一个不公正的司法解释（附最新资料）"，载爱思想网，http：//www.aisixiang.com/date/54099.html。

论"这种说法说的就是按照强奸论罪和处罚，尽管它本身未必是本来意义上的强奸，用学术的话来说，这是一种"法定强奸"。但最高人民法院批复中的解释，设定了"是否明知不满 14 周岁"的主观要件，首先，把严格责任的法定强奸擅自改变为某种程度的过错责任；其次，把"自愿"这一同法定年龄相联系的立法推定擅自改变为一个司法上的事实判断；最后，最高人民法院的批复中还留下了一个伏笔——"未造成严重后果，情节显著轻微的"，这也是有问题的。因为，在这方面是否有严重后果不是法官确定的责任，这一后果已经为立法者在立法时作为一个立法事实确定下来了，而且立法机关这个判断也是有一定根据的，至少有国内外部分研究表明，同幼女发生性关系，哪怕是自愿的，也可能产生长远的心理和生理影响。最高人民法院的这个批复违反了我国《刑法》第 236 条第 2 款的规定，通过把规则改变为标准，扩大了司法的裁量权。

第二，最高人民法院的这个批复与立法目的和立法的公共政策是相悖的。保护幼女和少女是任何一个有起码良知的负责任的父母的愿望之一，因此也是当今世界任何国家的基本公共政策之一。我国宪法关于保护儿童的规定以及根据宪法精神制定的《中华人民共和国未成年人保护法》也同样体现了这一公共政策。《刑法》第 236 条第 2 款以及《刑法》第 358～360 条中有关幼女的一些规定都大致可以视为这一公共政策在刑法中的具体体现。犯罪说到底是一种社会鉴于应保护利益对一些行为的判断，并且这个社会有权力在必要时要求行为人履行一种很高的甚至严格的责任，包括运用刑事惩罚，以便实现这一判断。而所谓法定强奸就是这样的一个例子。事实上，许多国家的刑法中都有这种刑法上的严格责任，甚至有比这更为严格的责任要求。例如，防卫过当或者某些带来严重后果的错误行为（如渎职罪、重大事故罪），无论他们自己的主观意图如何，精神状态如何，不管特殊的行为人的作为或不作为是否达到相关法律或其他相关规定的责任要求，都必须承担刑事责任，只要立法者认为这相对来说更为有效地保护了其力求保护的社会利益。注意，这里的有效并不是或主要不是执法上的更为省事、更为迅疾，而是如同波斯纳所言，"对严格责任之犯罪，诸如'法定强奸'，予以惩罚会有所收益；这种惩罚之威胁会促使潜在违法者更好地绕开受到保护的那一类人，因此也就更安全地保护了这类人"。在法定强奸案中，国家正是通过提高了潜在违法者对于这些社会认为应当受特殊保护群体的特别责任要求，提高了这类活动的代价，因此把保护这类人的责任部分地分配给那些可能同 14 周岁以下的幼女发生哪怕是幼女主动要求的性关系的人身上。最高人民法院的这个批复违背了保护 14 周岁以下少女这一相对弱势群体的基本公共政策，使立法在实质上向处于强势地位的行为人倾斜，违背了保护 14 周岁以下幼女这个弱势群体的本意。

第三，最高人民法院的这个批复与立法目标与立法价值取向是不相容的。这个批复可能产生的结果是违反立法目标与立法价值取向的，因而是不能接受的，因此，导致这种结果发生的最高人民法院的这个批复也就是不能接受的。从实践上看，这一解释事实上有可能带来不可欲的社会后果，有利于某些特殊群体的非法犯罪行为。这些男性很可能是一些有钱或有势的人。只有这样一些人才有可能确实不知对方是不满 14 周岁的幼女，双方"自愿"发生性关系，并且大都可能是在一种色情或变相的色情服务的环境下发生的。尽管最高法院政策研究室的负责人强调了"要有足够的证据证明确实不知"，目前这一限定可能对这一解释的后果有所限制，但这里的证据是由被告一方提供的，因此证据的获得就一定会与可支配的资金以及律师的能力有很大关系。更重要的是，"疑罪从无"原则已经准备在下一站接力了！由于有钱有势，实际上更有能力雇佣好的、更多的律师为之辩护，也更可能有效地利用司法程序的保护。而这样的法律的适用效果至少是违反宪法和其他法律规定的法律面前人人平等的原则的。它事实上选择性地将这个社会最为人唾弃且最无法容忍的一种同幼女的性关系豁免了。而这种豁免客观上主要是因为这些男性在这个社会中具有的特殊权势，他们可以以各种方式更容易诱使少女"自愿"，而且他们也更可能"确实不知"少女的年龄。但只要他有意不了解具体某位幼女的年龄，只要没有人可以拿出超出一个人说有一个人说没有的证据，那么这些邪恶的男子就会屡屡得逞。特别应当注意的是，少男幼女之间的，相对来说更为纯洁的双方自愿的性冲动，则由于他们肯定了解对方年龄，在这样的解释中，反倒有很大可能受到强奸罪的惩罚。这一解释也为某些特定类型的刑事辩护律师提供了一个新的"富矿"，律师可以在"确实不知"或"确知"以及修改后的"自愿"等法律概念之证明或反驳上大做文章。这条规则的变动，还可能为某些检察官选择性地在更早阶段不提起指控，为某些法官选择性地作出无罪判决创造了某些根据，因此有可能为滥用检察和审判中不可避免的裁量权，乃至滋生腐败提供机会。这个司法解释与最高人民法院近年来追求的公平与效率两个目标都是不吻合的。这个看上去纯技术的司法解释一旦使用起来其实隐含了一种极端的社会不公正，不仅违背了法治所允诺的法律面前人人平等，事实上更可能借助这一解释创造一种法律上的不平等。如果真正作为法律坚持下去，则可能破坏法治，失去法律的可预期性。"人们不禁要问，这是在为什么人立法""明眼人一看就知道，这个司法解释对罪犯有利，对不满 14 周岁的幼女有害，对整个社会有弊无利……这一司法解释确在替犯罪开脱。"

这个司法解释也提醒大法官们应当谨记英国法学家温斯坦莱的这段话："无论是谁，要是他擅自解释法律或模糊法律的含义，使法律变得为人们难于理解，甚至给法律加入另外一层意义，他就把自己置于议会之上，置于法律和全国人民之上。"[1]

在法律概念与体系建构中，不可避免地会面临一些社会公共利益或正义价值之间存在的冲突。立法者应当解决好这些价值冲突、价值选择与价值平衡问题。立法部门应当确保占优势地位的社会公共利益和正义价值在立法上得到优先保护并且应当在正义之间保持审慎的平衡，这是价值理性的一个重要标准与基本要求。正如德国思想家韦伯指出："由于在绝大多数情况下，要实现所追求的每一目标都会'消耗'或者都能'耗损'这种意义上的某些东西，所以，有责任感的人在行动时，必须根据伴随实现这一目标的行为而来的结果对该目标进行权衡和慎重考虑。"[2] 霍姆斯大法官也指出："我们得知要得到任何一样东西，我们都不得不放弃其他什么东西，我们被告知用我们所得的利益来对比我们失去的利益，并从而知道我们挑选什么。"[3]

在非法证据排除规则背后，就面临一个价值冲突的选择与平衡的问题。[4] 在非法证据排除问题上，"不冤枉一个好人"和"不放过一个坏人"这两个价值原则是冲突的，不可能都得到实现。在二者之间人们不得不面临选择，这是一个艰难的选择。霍姆斯认为："罪犯之逃之夭夭与政府的非法行为相比，罪孽要小得多"[5]。这意味着霍姆斯大法官在这两者

---

〔1〕 [英] 温斯坦莱：《温斯坦莱文选》，任国栋译，商务印书馆 1965 年版，第 150 页。

〔2〕 [德] 马克斯·韦伯：《社会科学方法论》，杨富斌译，华夏出版社 1999 年版，第 150 页。

〔3〕 [美] 霍姆斯："法律的道路"，陈绪纲译，载中国私法网，http：//www. privatelaw. com. cn/ web. P/N. Show/？PID＝245。

〔4〕 非法证据排除规则会引发四个方面的价值冲突：一是实体公正与程序正义的冲突，二是目的合法与手段违法的冲突，三是保护合法权益与维护法律秩序的冲突，四是保护自己合法权益与侵犯他人合法权益的冲突。参见李浩："民事诉讼非法证据排除规则探析"，载《法学评论》2002 年第 6 期。

〔5〕 [美] 霍姆斯："法律的道路"，陈绪纲译，载中国私法网，http：//www. privatelaw. com. cn/web. P/N. Show/？PID＝245.

之间作出了"不冤枉一个好人"即"公权力应正当行使"的价值选择。但是，正如《米兰达判决的法官反对意见》中指出的那样，"我们的刑事司法制度应当尊重被告人的人格尊严，要求政府依靠自己的工作提出对被告人不利的证据，但是除此之外，社会上其他人的人格尊严同样应当受到尊重"。这就提出了一个"保护人权"即"不冤枉一个好人"和"打击犯罪"即"不放过一个坏人"之间价值冲突的平衡问题。应当指出的是，在"毒树之果"规则中，非法证据排除是原则，但这个原则也有若干个例外。如"必然发现例外""独立来源例外""公共安全例外""善意例外"等。[1] 这些例外就是一种平衡方式。它平衡的是"保护人权"和"打击犯罪"之间的价值冲突，平衡的是两种意义上的公平与正义，这种平衡是立法所需要的衡平法意义上的价值理性。

六、最低限度的立法道德：义务的道德与愿望的道德

富勒强调立法应该满足最低限度的道德标准与要求。富勒在《法律的道德性》中提出并区分了义务的道德与愿望的道德这两个概念。义务的道德是使法律成为可能或使法律实现其目标的那些基本规则与要求，而愿望的道德是法律所要达致的最高境界与追求。他说道，在讨论法律的道德性时，人们可以设想出一个道德标尺，它的最低点是社会对法律的最基本的要求，向上逐渐延伸到人们期望法律所能企及的最高境界。这些基本要求就是义务的道德，而这些对完美境界的期待就是愿望的道德。义务的道德是人们必须遵守的道德，违反了它将因此受到指责。愿望的道德是值得人们追求的美德，如果我们的行为没有达到愿望的道德标准，我们会因此使人感到惋惜。在这一道德标尺上，有一个看不见的指针，它标示着一条义务的道德与愿望的道德的分界线，这一条分界线是上下摆动的，人们难以准确标出它的位置，但它却是至关重要的。在这里，义务的压力消失，而追求卓越的挑战开始发挥作用。从指针往上到最高点是愿望的道德的存在空间，从指针往下至最低点是义务的道德的存在空间。富勒进一步指出，法律的内在道德存在一些难题，法律的内在道德基本上只能是一种愿望的道德，是一种立法要努力实现的目标。它诉诸立法者追求卓越的责任感和

---

〔1〕 "毒树之果"规则有若干个例外："必然发现例外"〔*Nix v. Williams*，467 U. S. 431（1984）〕、"独立来源例外"〔*Murray v. United States*，487 U. S. 533（1988）〕、"公共安全例外"〔*New York v. Quarles*，467 U. S. 649（1984）〕、"善意例外"〔*United States v. Leon*，486 U. S. 897（1984）〕等。

精湛技艺带来的自豪感。[1] 富勒的这些思考是深刻的和意义重大的。它使人们对立法的批判成为可能，也让人们认识到立法本身是一门实践性科学与技艺。

　　逻辑理性、实践理性与价值理性是最低限度的立法道德标准与要求。它呈现法律的内在道德性和外在道德性的基本面向，它也包含着一种义务的道德与愿望的道德。正如尼采在《悲剧的诞生》中指出，理性与科学是构成人类生命的必要条件之一，是对古希腊悲剧艺术中最后的、最欢乐的、热情洋溢的生命的肯定。法律的生命实际上也是依赖理性维系的。一个没有理性的法律，不是"恶法"就是"笨法"，是没有生命力的，是注定要短命的。正如英国法官柯克爵士指出："在许多情况下，普通法会审查议会的法令，有时会裁定这些法令完全无效，因为当一项议会的法令有悖于共同权利和理性或自相矛盾或不能实施时，普通法将对其予以审查并裁定该法令无效，这种理论在我们的书本里随处可见。"立法的使命与职责就是体现法律的严肃性、权威性和公正性。因此，立法应当满足逻辑理性、实践理性、价值理性的标准与要求，应当对人们的直觉与本能保持应有的警惕，对任何思想或理论保持应有的清醒和冷静，应当遏制人们激情的泛滥与价值的疯狂。

---

　　[1] 参见［美］富勒：《法律的道德性》，郑戈译，商务印书馆2005年版，第52页。

第二章　事实发现与事实推理

第一节　事实发现——探寻事实真相

一、证据推理与事实推理

事实发现（fact-finding）是一个探寻事情真相或确认事实的过程。[1]"事实"一词的英文是"fact"，与事物"thing"是有区别的。"事物"是指客观存在的一切对象，而"事实"则是泛指实际发生了的事情（matters of fact），是指事物的实际情况或事物实际所是的情形——具有何种性质或存在何种关系，指事物的真实情况。正如罗素说道："当我谈到一个'事实'时，我不是指世界上的一个简单的事物，而是指某种性质或某些事物有某些关系。例如，我不把拿破仑叫做事实，而把他有野心或他娶约瑟芬叫做事实。"[2]维特根斯坦进一步指出："世界是事实的总和，而不是物的总和。"[3]在维特根斯坦看来，"世界分解为事实"。各"事物"结合而成"彼此独立"的"原子事实（发生的事情）"，各"事物"是"原子事实的构成部分"。[4]"所有一切存在着的原子事实的总和就是世界"[5]有学者认为事实就是对事物情况的一种陈述，[6]持这种观点就意味着认为事实的属概念是陈述，这种观点是值得商榷的。应当指出，对事物情况的陈述是事实命题但不是事实即事物情况本身。因此，相对于事物的"有无"问题，人们关心事实的"有无"问题，即关心事实命题的"真假"问题。

---

〔1〕　Garner, *Black's Law Dictionary*, 8th Edition, Thomson West, 2004, p. 629.

〔2〕　［英］伯特兰·罗素：《我们关于外间世界的知识：哲学上科学方法应用的一个领域》，陈启伟译，上海译文出版社 1990 年版，第 39 页。

〔3〕　［奥］维特根斯坦：《逻辑哲学论》，郭英译，商务印书馆 1962 年版，第 22 页。

〔4〕　参见［奥］维特根斯坦：《逻辑哲学论》，郭英译，商务印书馆 1962 年版，第 22 页。

〔5〕　［奥］维特根斯坦：《逻辑哲学论》，郭英译，商务印书馆 1962 年版，第 25 页。

〔6〕　参见彭漪涟：《事实论》，上海社会科学院出版社 1996 年版，第 59、101、123 页。

在事实发现中，事情真相或事物情况是通过经验观察和推理的方式被发现或认知的。正如斯塔（Tomas Starkie）所言，能够发现或确认过去事实的途径只有两个，即通过直接或间接来自对该事实有亲身感知之人的陈述推定或认定事实，或者通过能够被证明与该事实具有内在联系的其他事实，以推理或推论的方式获得事实真相，结论是在经验和理性的帮助下从已知事实与未知事实之间的联系中获得的。有时一些事实可以通过个人的经验观察获得，但当事实不能通过个人现实的观察获得时，就要进行相应的推理或推论。在事实发现中，通常要进行相应的推理或推论。这些探寻事物情况或事情真相的推理可以概括为事实推理或事实推论（factual inference）。事实推理是关于事实的推论，是关于实际事情以及实际事情之间关联的推论，是探寻事情真相及其原因和规律性的推论，是从一些事实命题出发得出另外一些事实命题的推论。事实推理是建立在基于经验观察或经验证明的事物情况或事实材料基础之上的。[1] 它从一些事实材料或事物情况出发推断事实或事情真相，即从已知的证据与事实探寻或推出未知的证据与事实。对于事实推理而言，它探求的不是一个事物有或无的问题，而是一个事物情况有或无的问题，是一个事实命题或事实判断的真或假的问题。

在法律领域中，侦查员、检察官、法官乃至律师的首要任务就是发现事实与确认事实，亲耳聆听当事人、证人、鉴定人的陈述，亲眼察看眼前的证据材料等，从这些他看到的已知证据或听到的已有陈述，推论出他既没有看到也没有听到的事实，探寻与发现案件事实真相，特别是要查清或查明足以引起法律关系产生、变更和消灭的事件和行为事实。[2] 这是探寻案情真相或案件事实的过程，是发现和确认证据并基于证据发现和确认事实的过程，属于事实发现的范畴。在法律领域中，事实发现是用证据来确定争点事实真相的过程。[3] 在刑事侦查中，需要发现或查明事情真相，需要发现与确认证据并基于证据发现与确认案件事实。在审理案件中，法院需要裁判证据和裁判事实。[4] 裁判事实就是基于证据确认案件事实和

---

〔1〕 一些学者把事实推理亦称为经验推理。

〔2〕 《中国大百科全书·法学卷》指出："法律事实是法律规范所确认的足以引起法律关系产生、变更和消灭的情况。法律事实通常可分为两类：法律事件和法律行为。"

〔3〕 Garner, *Black's Law Dictionary*, 8th Edition, Thomson West, 2004, p. 629.

〔4〕 在英美法系国家，"法官不回答事实问题"（ad quaestionem facti non respondent judices）而"陪审团不回答法律问题"（ad quaestionem juris non respondent juratores）。我国不实行陪审团审理，法官既负责认定事实，也负责适用法律。

基于法律评价案件事实。确认案件事实就是基于已采信的证据确认事实主张是否成立即事实是否存在，以便在此基础上进行司法评价或司法归类。裁判证据就是审查和确认证据，就是审查与决定证据的可采信性，即审查证据的确实性、证据与待证事实的关联性和证据形式与收集的合法性，并在此基础上决定该证据可否被采信。应当指出，证据是用来证明案件情况或案件事实的材料，主要包括人证和物证。[1] 但也有学者认为证据是用来证明案件真实情况的事实。[2] 持这种观点就意味着认为证据的属概念是事实。还有学者认为证据是用来证明案件真实情况的命题。[3] 持这种观点就意味着认为证据的属概念是命题。这些观点都是值得商榷的。证据用来证明某个事实存在但它本身未必是一个事实，而且证据也未必是一个命题。比如，一个杯子或一枚指纹可以是证明某个事实的一个证据，但这个杯子或指纹本身并不是一个事实更不是一个命题。

在法律领域中，发现与确认证据以及发现与确认案件事实，通常也需要以经验观察和推理（inference）的方式进行，需要进行相应的推理或推论。这些推理或推论属于事实推理的范畴。发现与确认证据需要对有关证据进行推理；发现与确认案件事实需要基于证据进行推理。比如，在法庭上根据证人证言进行推理或从其他证据（英美证据法一般称为"情况证据"，即 circumstantial evidence）[4] 出发进行推理。这些推理或者是关于证据的推论，或者是关于案件事实以及事实之间关系的推论，即关于案件事物情况或事情真相的推论。所有关于案件证据的合法性、确实性或关联性的推理统称为证据推理；所有关于案件事实或案情真相的推理统称为案情推理。证据推理是关于案件证据的推理，是对证据的推理，是发现与确认证据的推理；而案情推理是关于案件事实的推理，是对案件事实的推理，是基于证据发现与确认事实的推理。案情推理是狭义的事实推理，证据推理和案情推理是广义的事实推理。它们统称为事实推理（factual infer-

---

〔1〕　当事人、证人、鉴定人陈述等属于人证的范畴。实物证据、书证等属于物证的范畴。

〔2〕　美国证据学家威格莫尔教授认为："证据是任何一件或一组可知的事实，而不是法律的或伦理的原理，它被看作是在法庭上提出的、旨在法庭的重要阶段对于主张的真实性产生肯定或否定的信念；……依据这个信念法庭才能作出判断。" 参见 [美] 约翰·威格莫尔：《普通法的庭审证据》，转引自卞建林、刘玫：《外国刑事诉讼法》，人民法院出版社 2002 年版，第 218 页。我国 2012 年修正前的《刑事诉讼法》第 42 条第 1 款规定："证明案件真实情况的一切事实，都是证据。"

〔3〕　这些学者将证据定义为"从证据载体中得出的，用来证明案件真实情况的命题。" 参见张继成："事实、命题与证据"，载《中国社会科学》2001 年第 5 期。

〔4〕　在英美证据法中，情况证据是指需要经由推论才能明确其证明事项的证据。

ence），亦称为事实推论。

二、事实推测与推断、推证和推定

在法律领域中，事实推理是发现与确认证据并基于证据发现与确认事实的过程。这包括侦查机关的取证与查证、检控机关的举证与证明、审判机关的审证与认证。这些都是探寻和确认案情真相或案件事实的推理。可以按照不同主体的推理职责或职能区分为事实推测与推断、事实推证和事实推定。在刑事侦查中，侦查人员需要发现和确认证据并且基于证据查明事情真相，需要以推理或推论的方式发现和查明证据与案件事实。侦查机关发现和查明证据与案件事实的过程，称为侦查机关的查证或取证。在这个过程中进行的推理或推论称为侦查推理，这种侦查推理本质上是对事实的推测与推断，是发现或确认事实的推论，可以归入事实推理的范畴。[1]在诉讼过程中，诉讼双方需要向法庭提出证据并基于证据证明案件事实，诉讼双方向法庭所作的事实证明，属于诉讼证明的范畴，称为诉讼双方的举证与证明。诉讼双方在法庭上的事实证明或论证，是对事实的推证，可以概括为事实推证。在审判过程中，法官或法庭需要审查与确认证据并基于证据确认案件事实，其重要工作就是审查证据并且判断全部证据能否确证其事实主张，这是审判机关的审证与认证，是法官向社会公众所作的事实证明或论证，属于诉讼证明的范畴。法院对双方的事实证明或论证所作的认证或认定，包括裁判证据与确认或认定事实，可以概括为事实推定或认定。[2]此处事实推定或认定是指事实确认，是确认事实意义上的认定。此处事实认定只是确认事实的真实性，不包括评价事实。所有这些事实推测与推断、事实推证与事实推定都属于事实推理或推论（factual inference）的范畴。侦查和审判中的事实推测与推断、事实推证和事实推定各自有不同的一些推理规律、规则和方法。对侦查与审判中的这些事实推理的模式、方法和规则问题，需要进行系统而深入的研究。

第二节　事实推断与推测

一、事实推测的合情推理模式

在刑事侦查中，侦破案件的过程是发现证据并基于证据发现事情真相

---

〔1〕　参见王洪："法律逻辑的基本问题"，载《政法论坛》2006年第6期。

〔2〕　"推定"一词可能在不同的意义下使用。比如，"所谓推定，是指依照法律的规定，或者由法院按照经验法则，从已知的基础事实，推断未知的推定事实存在，并允许当事人提出反证推翻的一种证据法则"。参见卞建林主编：《证据法学》，中国政法大学出版社2005年版，第502页。

的过程，是侦查假设的提出与检验的过程。在刑事侦查中，经常面临的情况是：案件发生过了，但只知道事情的结果，不知道事情的原因；只知道案件的某些情况，不知道它的全部真相。这需要建立侦查假设确定侦查方向、范围与重点，拟定侦查计划与步骤，以获得线索，取得证据，求证真相。建立或形成侦查假设是侦查工作的起步，离开侦查假设，侦查活动就迈不出第一步。在侦查过程中，根据案件的已知情况，结合以往经验和一般性知识（包括经验知识和科学原理），对案件的待查明事实或现象提出推测性解释，就是侦查假设的提出。对事实或现象提出假设就是对事实作出推测与推断。包括对过去事情的推测和对未来事情的预见。侦查假设的提出，需要勘查现场，取得物证，走访调查，发现线索，但事实之间联系如何，不能仅仅从事实本身看出，需用掌握且运用科学知识和经验把这些事实联系起来，从而作出解释，提出假设。在这个过程中，运用科学知识与经验是极其重要的，但如何运用以往的经验和科学知识，分析案情和建立假设以解释有关事实，却是要通过推理来完成的。在复杂案件的侦破中更是如此。

　　在形成假设或建立假设时，一般是基于已知案件情况结合经验或常识进行推理的。但在很多情况下不能获得或难以获得全部相关信息，侦查人员掌握的案件情况或事实材料是不充分或不完全的，而且有时经验与常识也只是一些概然性命题和一般性命题。概然性命题是对事物情况的可能性的陈述。一般性命题亦称为概称性命题或似然性命题，它是对事物的一般情况、多数情况或典型情况的陈述，它允许有反例或例外。[1] 即经验与常识具有概然性或似然性，因而具有不确定性。因此，侦查人员是在不充分和不确定条件下进行事实推理的，是从不完善的前提中得出某些有价值的或合理的结论的。一般地，基于概然性命题进行的推理称为或然推理或概然性推理；基于一般性命题或似然性命题进行的推理称为似然推理或似真推理。因此，事实推测与推断即形成假设或建立假设的推理，是不确定性推理，是或然推理或似然推理，其得出的结论即形成的假设不是必然的和确定的结论，只是对事实或事情真相的某种解释性推测与推断。这种在不充分和不确定条件下得出某些有价值或合理结论的或然推理和似然推理，统称为合情推理（plausible reasoning）[2]。合情推理是基于经验或常

---

　　[1]　比如"鸟会飞"只是对鸟的一般情形的陈述，它存在例外或反例，如企鹅是鸟但不会飞。

　　[2]　狭义的合情推理不包括或然推理或概然性推理，仅指似然推理或似真推理。概然推理和似然推理都属于不确定性推理的范畴，属于广义的合情推理范畴。

识的不确定性推理,是非单调性推理[1]。它具有或然性或似然性、主观置信性、非协调性、非单调性等特征。合情推理的前提并不蕴涵结论,前提与结论之间不具有必然联系,因而两个相反的情况可以同时被认为是可能的或似然的,也可以同时不被人们所相信或置信。[2] 此外,它的前提通常只是经验和一般性常识,相关信息也不充分,因而得出的结论不像演绎推理或必然推理的结论那样确定和可靠,它只是对事物情况的一种推测性或假定性说明,是需要进行检验或确证的,是暂时的、有风险的、有争议的、允许有例外的,随着前提的增加或新信息的出现,其结论有可能被修改或废止。[3] 但是,合情推理是一种探索性思维方式,得出的结论即形成或提出的假设是对所研究的事物情况或现象作出的一种合理解释和最佳说明。事实发现一般都要经过推测或假设这个阶段,它引导着事实方面的新发现,并且一些重要的假设一旦被证实,就往往成为事情真相发现过程中关键的转折点和重大的突破口。

在刑事侦查中,形成假设或建立假设的主要推理模式就是合情推理方式。即合情推理是事实推测与推断的主要方式。在寻找事情真相、探求因果联系、解释已知事实、预见未知的过程中,人们根据已知事实情况结合经验或一般常识对事物情况或情形进行合情推理,其问题的探索与疑问的解决大量地运用这些合情推理。美籍数学家波利亚 1954 年在《数学与猜想——合情推理模式》中提出了合情推理(plausible reasoning)或似真推理的概念,[4] 并且对合情推理模式进行了梳理与概括。[5] 在波利亚看

---

〔1〕 非单调推理是由麦卡锡(John McCarthy)在 20 世纪 70 年代提出的概念。如果前提增加不会导致结论减少,其推理就是单调推理。如果前提增加会导致结论减少或废止,其推理就是非单调推理。对单调推理的研究是经典逻辑,对非单调推理的研究是"非单调逻辑"(nonmonototic logic)。

〔2〕 参见王洪:"法律逻辑研究的主要趋向",载《哲学动态》2009 年第 3 期。

〔3〕 这也被皮尔士称为可错论(fallibilism)。指这样一种观点,即我们的所有信念,包括那些看上去最基本的信念,都是不确定的,都是可以修正的。非单调推理属于非单调逻辑范畴,开始主要是一些国外人工智能学者研究的。把非单调逻辑运用于法律领域已成为当今国际人工智能研究的一个方向,许多人工智能专家都基于非单调逻辑研究法律论证问题。目前这种研究的主要问题就是他们对法律领域没有达到对自己专业领域的那种熟悉程度,就如同法学学者对人工智能没有达到对自己专业领域的那种熟悉程度一样。

〔4〕 似真推理亦可称为似然推理。逻辑学家 Rescher 其后将其称为"似真推理"(plausible reasoning)。See Nicholas Rescher, *Plausible Reasoning: An Introduction to the Theory and Practice of Plansibilistic Inference*, Van Gorcum Ltd, 1976, p. 1.

〔5〕 参见 [美] G. 波利亚:《数学与猜想——合情推理模式》(第 2 卷),李志尧、王日爽、李心灿译,科学出版社 2001 年版。

来，合情推理是指"观察、归纳、类比、实验、联想、猜测、矫正和调控等方法"，是"启发法"即"有助于发现的"（heuristic）中的一种推理模式。他在《数学与猜想——合情推理模式》的序言中进一步指出："我们借助论证推理来肯定我们的数学知识，而借助合情推理来为我们的猜想提供依据。一个数学上的证明是论证推理，而物理学家的归纳论证，律师的案情论证，历史学家的史料论证和经济学家的统计论证都属于合情推理之列。"[1] 在法律领域中，形成假设或建立假设运用的合情推理模式与方法主要有：因果关系推导、比对推理、类推法与归纳法。其中因果关系推导模式主要包括麦基 INUS 条件推理、回溯法、密尔规则（即密尔方法）。

（一）麦基 INUS 因果模型与 INUS 条件推理

英国哲学家休谟在《人类理解研究》中指出，关于实际事情的一切事实推理都是建立在因果关系之上的，依据这种关系可以超出我们记忆和感官的证据以外，从一些事实推论出别的一些事实。即根据事情或现象之间的因果关系，可以对事物的实际情况及其关系进行或然性推理，进行合理或合情的推测，提出有事实与因果关系依据的假设。人们在看见两个现象（如天下雨和地湿）恒常相伴出现后，就有可能由其中一个事情的出现推论出另一个事情的出现。如"他为什么相信他的朋友是在国内或者法国，他便会给你一个理由，这个理由又是别的一些事实，例如，他接到他朋友的一封信，或者知道他先前的决心和预告。一个人如果在荒岛上找到一个表或其他任何机器，他就会断言说，从前那个岛上一定有过人。""在这里，我们总是假设，在现在的事实和由此推得的事实之间必然有一种联系，如果没有任何东西来结合它们，则那种推论会成了完全任意的。"[2]

这些联系是事实之间或事情之间的一些因果关系或条件关系。这些因果关系或条件关系即自然法则无一例外的都要凭借经验才为人们所知晓，因此，它们也被称为经验法则。事实发现或确认有其独特的事实推理过程。发现与确认事实都是从事实出发推论出事实。这种推理不但要以已知事实作为基础，还要以人们普遍接受的人类常识（common sense），即关于

〔1〕［美］G. 波利亚:《数学与猜想——数学中的归纳和类比》（第 1 卷），李心灿、王日爽、李志尧译，科学出版社 1984 年版，第 7 页。

〔2〕［英］休谟:《人类理解研究》，关文运译，商务印书馆 1981 年版，第 27 页。

因果关系即自然法则的知识为依据。关于实际事情的一切推论都有这种性质。因果关系是某些事情或现象之间内在的和必然的联系。每一个现象的出现都有引起它的原因，而且一旦原因出现，相应的结果就不可避免地随之出现。没有无因之果，也没有无果之因。自然界和社会中的各个现象都是互相关联、互相依赖、互相制约的。如果某个现象的出现或存在必然引起另一个现象的发生，那么这两个现象之间就具有因果联系。其中，引起某一现象产生的现象叫原因，被另一现象引起的现象叫结果。例如，物体摩擦就会生热，"摩擦"和"生热"之间存在着因果联系。其中，"摩擦"是"生热"的原因，"生热"是"摩擦"引起的结果。因果关系是具体的和特定的，不是任何两个现象之间都存在着因果联系。如不能认为非洲羊群的增加和癌症发病率的增高之间也存在着因果联系。即使是先后相继的现象之间，也并不都存在着因果联系。例如，一年分为四季，春天总是先于夏天，但春天并不是夏天的原因。因果关系是确定的，这种确定性在质的方面表现为：在一定条件下，特定的原因会产生特定的结果。例如，在标准的大气压下，水的温度上升到100℃就会变成蒸气。因果联系的确定性在量的方面表现为：当原因发生一定量的变化时，结果也随之发生相应的量的变化。例如，在标准的大气压下，当水温上升到100℃之后，随着温度的增高，水变为蒸气的量也随之增大。因果关系的知识在应用上十分重要。人们为了得到追求的结果，总是先促成导致它的特定原因发生。如农民为了获得丰收而追求充足的阳光、适量的水分等。为了排除有害的结果，人们总是努力消除产生它的相关原因，如医生为了治病救人而遏制或消除某种病菌。司法实践中也大量运用着因果联系的知识，比如要求被告承担一般损害赔偿责任，就必须证明其侵权行为与特定的损害结果之间存在着事实上的因果联系。

英国哲学家密尔（Mill）[1] 曾指出，原因并不等于必要条件，必要条件只表示和因果律有关，而且成为原因的因子，并不就等于原因。[2] 英国学者麦基（Mackie）总结与概括了事件或事情之间的下列四种条件关

---

〔1〕 Mill 旧译为穆勒。

〔2〕 他以物质的燃烧为例，物质的燃烧与否，必须具备以下三个条件：①有可燃烧的物质，②具备适当的温度，③具有充足的氧气。当这三个条件都具备时，物质才会燃烧，倘若缺乏其中的任一条件，都无法引发燃烧的现象。

系,[1] 建立了因果关系的 INUS 条件模型：

（1）事件 H 是事件 E 的充分而非必要条件。H 是 E 的充分条件，是指有 H 一定有 E，无 H 未必无 E。即 H∨Y→E。

（2）事件 H 是事件 E 的必要而非充分条件。H 是 E 的必要条件，是指当 H 出现时，E 不一定出现；但当 H 不出现时，E 一定不出现。H 对 E 的出现是必不可少的。即 H∧X↔E。

（3）事件 H 是事件 E 的充分且必要条件。H 是 E 的充分且必要条件，是指有 H 就有 E，无 H 就无 E；除此之外，再无别的事件可以导致 E。即 H↔E。

（4）事件 H 是事件 E 的 INUS 条件。H 是 E 的 INUS 条件（An Insufficient but Necessary part of a condition which is itself Unnecessary but Sufficient for the result），是指 H 不是 E 的充分条件，也不是 E 的必要条件，而是这个事件的不必要但充分的条件中的一个不充分但必要的部分。即（H∧X）∨Y→E。

麦基指出，事件或事情的因果关系是 INUS 条件关系。在分析事件或事情的原因时，应将原因理解为结果的 INUS 条件。由此，他提出了 INUS 条件推理模式，这是探寻或发现事件或事情之间因果关系的推理模式与方法。他举下例对 INUS 条件关系及其 INUS 条件推理进行了阐述：某房屋失火了，经查表明，房屋失火的原因是房屋某处电路短路。那么，房屋某处电路短路是不是该房屋失火的必要条件呢？不是，因为，假若不是此处电路短路而是其他地方的电路短路、燃火炉爆炸、小孩玩火、吸烟者乱扔烟头、易燃物受热自燃等事件都可以引起房屋失火。所以，房屋某处电路短路不是房屋失火的必要条件。同时，也不能把一个事件的必要条件一概看作事件的原因，例如，房屋失火的一个必要条件是房屋必须存在，但没有人会把房屋存在看作是房屋失火的原因。那么，某处电路短路是不是房屋失火的充分条件呢？也不是！因为，即使某处电路短路，但附近无可燃物存在，或附近有充分的救火设备，或一发生电路短路马上被人发现并及时关闭电闸等，房屋都不会失火。可见，房屋失火存在着一组相关的条件：某处电路短路，附近有可燃物存在，附近无充分的救火设备，存在着粗心大意的人没有及时发现短路并及时关闭电闸。这组条件才是房屋失火的充分条件。但在这组条件中，电路短路是不可缺少的，缺少了它，这些条件

---

〔1〕　See J. L. Mackie, "The Direction of Causation", *The Philosophical Review*, vol. 75, No. 4, 1966, pp. 441–466.

就不能成为充分条件，但这些条件对于房屋失火来说并非必要的，非它不可的，因为还存在着其他一些途径（燃火炉爆炸、小孩玩火等）。[1]

在湖南省湘潭市黄某死亡一案中，湘潭市雨湖区人民法院判决指出："关于黄某的死亡原因，系黄某在潜在病理改变的基础下，因姜某采用较特殊方式进行的性活动促发死亡。虽然被告人姜某对自身行为会促发黄某死亡的后果无法预见，但其行为是促发黄某死亡的原因之一。如果没有这种行为原因，被害人黄某就不会死亡，而仅有这种行为原因，没有黄某的潜在病理改变原因，被害人黄某也不会死亡。可见，被告人姜某的行为与被害人黄某潜在病理改变是造成死亡的共同原因。"[2] 上述法院判决认定的被告人姜某的行为就是导致黄某死亡的一个 INUS 条件。法院判决认为被告人姜某的较特殊行为是导致黄某死亡的原因之一。姜某的行为对黄某死亡而言，不是其充分条件，也不是其必要条件，而是这个死亡事件的非必要但充分的条件中的一个不充分但必要的部分。应当指出，除上述两个原因之外，姜某疏忽大意没有及时送黄某去医院诊疗也是导致黄某死亡的一个不可或缺的 INUS 条件。

应当指出，INUS 条件推理确定的只是事实上的因果关系。事实上的因果关系与法律上的因果关系是有区别的。法律上的因果关系指的是法律上的责任关系，它除了考虑当事人的行为与结果事实上的因果关系之外，还有考虑当事人的行为在法律上的过错问题。事实上的因果关系只是法律上的因果关系的必要条件而不构成其充分条件。

在 Re Polemis 案中，一块厚舱板因搬运工的过失掉进船舱里，舱板与舱壁的摩擦产生的火花引燃了泄漏进船舱的天然气，导致货船被烧毁。租船的被告认为，没人能合理预见到木舱板下落会产生火花，因此法律上的因果关系不成立。法院没有认可这一主张，认为预见只用于判断一个行为是否有过失，一旦行为人的过失得到确定，他就应当为其行为所引起的一切直接后果负责。也就是说，只要损害是被告过失行为的直接结果，即使

[1]　See J. L. Mackie, "Causes and Conditions", in Ernest Sosa ed., *Causation and Conditionals*, Oxford University Press, 1975, pp. 15-38. 在上海某高校失火案中，某高校宿舍失火了，经查明宿舍失火的原因，是学生违规使用电器"热得快"。在本案中违规使用电器"热得快"，就既不是房屋失火的充分条件，也不是房屋失火的必要条件，而是房屋失火的一组充分但不必要条件中的必要但不充分的条件。

[2]　湖南省湘潭市雨湖区人民法院刑事附带民事判决书（2004）雨刑初字第 6 号。

是不可预见的，被告也应当承担责任。[1]

在威根·蒙德1号案（*The Wagon Mound I*）[2] 中，"威根·蒙德" 1号货船的租用人的工人不小心泄漏了一些石油到悉尼港（Sydney Harbour）的海面上。石油漂流到原告正在做焊接工作的船坞内。尽管原告开始停止了工作，但在其管理人被告知并无危险后工作继续进行。两天后，石油发生燃烧，船坞和船坞内的两艘船被烧毁。审理查明，石油是被漂浮在海面上的棉花引燃的，而棉花是由船坞内溅落的融化的金属点燃的。被告认为，石油能在海面上燃烧是无法合理预见的。[3] 本案一审原告胜诉，其依据正是 Re Polemis 案确立的直接结果说，原告所受损害是被告过失行为的直接结果。被告提起上诉，审理此案的 Viscount Simonds 法官否决了 Re Polemis 的原则，判决被告胜诉。Simonds 法官认为，不管一个行为的过失是如何微不足道，所能预见的损害是如何的轻微，行为人都必须为尽管多么不可预见、多么严重但只要是能说得上 "直接" 的所有结果承担责任，这与当今的正义和道德理念有所不符。依民事责任的原则，行为人只能为他的行为可能引起的后果承担责任。要求太多，法律就过于严酷，要求太少，则忽略了人有应遵守最低行为准则的民法要求。

在 *Pridham v. Cash & Carry Building Center* 一案中，被害人至被告建材店选购镶板，被告员工托出镶板时，其他镶板同时滑落，压伤被害人，救护车到达时，被害人虽然清醒，但双脚无法步行。被害人被送医院的途中，救护车司机突发心脏病，救护车因而偏离马路，撞上树木，被害人因该事故而死亡。法院认为，救护车汽车事故对被害人引起的损害，乃第三人给予被害人相助时，正常发生之结果，被告应负全责。法院一再认为，被害人因被告侵权行为发生损害后，因救护车发生事故，导致更严重损害时，被告仍需负责，主要理由系：若被害人送至医院急救，因医生过失导致伤害加重时，基于政策理由，被告对于加重之损害仍需负责。救护车既为运送被害人就医的必要工具，利用救护车与使用医师手术，均由侵权行为人的侵害而引起，其发生的损害，加害人均应负责。[4]

---

[1] See Allen M. Linden, *Canadian Tort Law*, 4th ed., Butterworths, 1988, p. 307. 转引自陈聪富：《因果关系与损害赔偿》，北京大学出版社 2006 年版，第 101 页。

[2] *Overseas Tankship（U. K.）Ltd. v. Mort's Dock and Engineering Co.*

[3] 参见陈聪富：《因果关系与损害赔偿》，北京大学出版社 2006 年版，第 103 页。

[4] 参见陈聪富：《因果关系与损害赔偿》，北京大学出版社 2006 年版，第 114 页。

在我国沪宜高速"5·29"事故中,[1] 嫌疑车辆和嫌疑人已经锁定,该如何确定法律责任呢?这就需要分析事实上的因果关系和法律上的因果关系。即需要分析加害人的行为与损害结果之间的因果关系,还需要分析加害人的行为在主观上的过错问题。正如上海秦建铭律师事务所主任秦律师指出,随后的调查,先是要通过鉴定来确认制动毂是否属于这辆红色大货车,待确认后才能进行质量鉴定。"如果发现质量有问题,而且车辆也在安全保修期,且没有私自更换或改装,那制造商要承担全部责任。"另一种情况则是车主已经对配件进行了更换,那么就要了解是不是三无产品,和发生的意外有无关联,之后再确定责任。但车主若非"不知情",而是在发现制动毂破裂后,没有及时报警取证,并且私自更换了新的制动毂,也因此导致了警方无法取证——那车主可能自行担责。[2]

(二)回溯法

在事实推理中,根据事情或现象之间的因果关系可以进行两种基本的推理:其一是从原因推断结果;其二是从结果推测导致结果发生的原因。从原因推断结果,是根据因果关系的必然性法则进行的推理,属于演绎推理;而从结果推测导致其发生的原因,是根据因果关系的可能性法则进行的推理,被称为回溯推理,亦被称为回溯法,它是为现象寻找最佳解释的推理过程。溯因推理是指为现象寻找最佳解释方案的推理过程,因此,溯因推理亦被称为最佳解释推理。[3] 回溯法是基于因果关系的推理,它预设或暗含了以因果关系为推理前提。在回溯推理中,推理方向是从结果推测原因,它与演绎推理的方向相反。回溯推理是从结果推测原因即执果溯因,因此,回溯推理又被称为溯因推理。回溯推理属于合情推理或似真推理的范畴。[4] 美国逻辑学家皮尔士(Charles S. Peirce)首先发现并概括了回溯推理(abduction)[5]。他指出有第三种类型的推理:回溯推理即溯因

---

〔1〕 参见中国新闻网,http://www.chinanews.com,最后访问时间:2012年6月11日。

〔2〕 参见中国新闻网,http://www.chinanews.com,最后访问时间:2012年6月11日。

〔3〕 See John R. Josephson, Susan G. Josephson, ed., *Abductive Inference: Computation, Philosophy, Technology*, Cambridge University Press, 1996, pp. 27–29.

〔4〕 但有学者由此认为似真推理或合情推理就是溯因推理或回溯推理,这种观点是值得商榷的。

〔5〕 其后加拿大逻辑学者沃尔顿(Douglas Walton)将回溯推理称为"假定推理"(presumptive reasoning)。

推理或不明推论（abductive reasoning）[1]是与演绎推理（deduction）和归纳推理（induction）并列的第三种类型的推理。在皮尔士的著作中，他曾先后采用假设（hypothesis）、假设推论（hypothetic inference）、逆推（retraction）、推定或假定（presumption）等概念来描述回溯推理（abduction）。尽管"abduction"的概念可以追溯到亚里士多德那里（《前分析篇》），但皮尔士在后期著作中赋予它丰富的内涵。在皮尔士看来，回溯推理即溯因推理是一个形成解释或假设并再现事实的过程，是唯一能够导向新观念的逻辑操作，是获得新知的唯一道路。

回溯推理的根据在于事情或现象之间的因果联系或条件关系，原因与结果之间存在着内在联系，一个现象的发生存在着一定的原因或条件。正是基于这一点，人们才能根据已知的现象和已知的因果联系作出推测。回溯法是根据事情或现象之间的因果关系进行的推理，它预设或暗含了以因果关系为推理的前提。波兰逻辑学家齐姆宾斯基指出，回溯推理的根据还可以是理由与推断的关系，回溯推理可以是从推断到理由的推理。回溯推理的一般形式是：P，如果 Q 则 P，所以 Q。其中"P"为推理的前提即已知的现象或情况；"如果 Q 则 P"是推理者相信为真的一般性知识或经验常识，通常是一个被省略的前提；"Q"为推理得出的结论即该现象的原因或条件。[2]有人早起走到窗前，看见天没下雨，但地是湿的，便推测说昨晚下过雨，这就是一个回溯推理。在这个推理中，"地是湿的"是前提，"昨晚下过雨"是结论。这个推理的前提和结论之间的推断关系是相对于推理者知道其为真的另一前提而存在的。这个前提就是："如果天下雨，那么地湿。"像这种推理者相信为真的一般性命题即经验性或常识性命题在回溯推理中通常是一个被省略了的前提，回溯推理的结果是由已有前提和这个通常省略的一般前提结合起来推导出来的。

回溯法是一种由结论逐步寻找证据的目标驱动的推导策略或模式。回溯推理的意图是从已知结果推出未知原因，通过对事物情况提出一个假设，并由此寻找相关证据来验证提出的假设，从而重建或再现事实真相。即先提出假设（结论），然后去找支持这个结论的证据。一般而言，从原因推断出结果是必然的，从结果推测原因只是一种或然。但是，对事物的情况进行或然推理，通过从结果推测导致结果发生的原因，可以

---

〔1〕　回溯推理亦被称为不明推理或反向推理。

〔2〕　参见黄菊丽、王洪：《逻辑引论》，华文出版社 1998 年版，第 283 页。

提出一个解释性说明即有价值的假设。例如，保险丝断了必然会导致电灯熄灭，因此，从保险丝断了可以必然地推出电灯会熄灭，但从电灯熄灭了却不能必然地推出保险丝断了。虽然不能必然地推出保险丝断了，但是，可以推出电灯熄灭与保险丝断了可能有因果关联，电灯熄灭了有可能是保险丝断了的缘故。这个推理就为调查指明了一个方向。由电灯突然熄灭推论保险丝烧掉，由信封被拆开推论信已被人看过，都是回溯法的运用。

回溯推理是一种假设性推理，是一种可错性推理，是一种非单调性推理，是一种不确定性推理。随着新信息的出现或增加，结论有可能被修改或更正。一个现象的出现总是有其原因的，但原因可能是多种多样的。基于每一个相关的一般性知识，都可以推测出一个可能的原因，哪一个为真呢？有待于进一步的检验。推理者应尽量积累与研究现象相关的因果关系知识，尽可能地考虑引起该现象（结果）的各种原因，再经过逐个检验与修正各种假设，从而找到导致该现象发生的真正原因。如上例对"地湿"现象的原因的推测，"下过雨"只是其中一种可能的原因，"洒水"同样可以引起"地湿"这一结果。到底哪一种推测是正确的呢？如果这个人进一步观察发现"旁边的楼顶上也都湿了"，他就有理由相信"下过雨"是"地湿"的原因；但如果他出门后发现尽管窗前的地湿了，但"其他地面却是干的"，他就有理由相信"洒水"是"地湿"的原因。拥有的相关经验和知识越丰富，并且检验各种推测结论时越谨慎，由回溯推理中得出结论的可靠性就越高。对于一些人来说，"如果你把结果告诉了他们，他们就能通过他的内在的意识，推断出之所以产生出这种结果的各个步骤是什么。"

从结果推论出原因，由已知推及未知，这就是回溯推理。在美国学者威格莫尔（J. H. Wigmore）的著作中，他所分析的案件推理到处可见溯因推理的影子，他称之为最佳解释推理。[1] 在法律领域中，事实发现与事实确认的目的就是对已发生的事情进行探究，从它的结果出发推断它的原因，因而它们都是从回溯推理开始的。这种推理方法无论是在日常生活中还是在法律领域中都应用得极为广泛和频繁。[2] 正如美国经济学家西蒙

---

〔1〕 比如威格莫尔分析了这样一个推理：a 计划去杀害 b，所以，可能是 a 杀害了 b。威格莫尔分析道，这是 b 死亡的一个最佳解释，或许还存在其他的解释可以用来说明 b 的死亡。J. H. Wigmore, *A Treatise on the Anglo-American System of Evidence in Trials at Common Law*, Little Brown & Co. , 1940, pp. 416-417.

〔2〕 有学者认为，回溯推理不仅用于事实发现（fact-finding），还用于规则发现（rule-finding）。

（H. A. Simon）指出："问题求解的过程并不是从一组命令（目标）'推导'出另一组命令（执行程序）的过程。相反，它是选择性的试错过程。要运用先前经验获得启发式规则。这些规则有时能成功地发现达到某些目的的行之有效的方法。如果想要给这一过程取个名字，我们可以采纳皮尔士所创造的，近年又被汉森所复兴的那个术语，即逆向过程。不管是实证的还是规范的问题求解，此过程的本质都是问题求解理论的主要课题。"[1]

在谭甫仁中将被害案[2]中，专案组经过现场勘查，进行了如下的回溯推理：凶手非常熟悉32号院和整个军区大院的环境，而且能自由出入，极有可能是军区大院内部的人。专案组从楼外和楼上的两个中心现场，共搜获8个手枪弹壳和5个手枪弹头，加上医生从谭甫仁的臂骨中取出的一个弹头，共获得8个弹壳和6个弹头，经鉴定均系同一支五九式手枪发射。于是，侦破工作首先从查验枪支进行，然而查枪毫无结果，所有配发的五九式手枪一枪一弹都不少。案发后第9天，当军区保卫部副部长王庆和要用枪时，突然发现锁在保险柜中的五九式手枪竟少了两支，并且还丢失了20发子弹。可保密室的门窗没有撬动痕迹，保险柜的暗锁也完好无损，里面的枪弹却不翼而飞，因此，这很可能是内盗。事后证明专案组的推测与推断是正确的。凶手是军区保卫部刚提拔不久的副科长王自正。专案组找到了被盗的两只五九式手枪，一支是王自正自杀用的，一支是王自正用于行凶的。而且发现现场留下的胶鞋印痕尺码与王自正的相符；除了王自正

---

〔1〕 信息融合（data fussion）就是信息科学领域内的一项基于回溯推理的推理技术。

〔2〕 参见黄爱国："开国中将谭甫仁遇害真相"，载《党史文苑》2010年第4期。1970年12月17日清晨5时许，在昆明军区大院的第32号院中，接连响起数声枪声。闻讯赶来的军区干部发现昆明军区政委兼云南省革命委员会主任谭甫仁将军仰面躺在血泊里，爱人王里岩也满脸是血。谭甫仁身中三枪：一枪击中腹部；一枪击中头部，子弹从右耳根进，从左耳根出；另一枪击中右臂，弹头嵌在骨中。王里岩身中两枪，一处在胸部，另一处在脑门，都是要害处，已当场死亡。昆明军区奉命当即成立谭甫仁、王里岩被害案侦破小组。专案组经过现场勘查发现，院西北角墙外有一个凳子，其上留有两个清晰的解放牌胶鞋印；院墙内有一个白色的皮鞋包装盒，上面也有一个清晰的解放牌胶鞋印；院墙内外都有新鲜的蹬踏痕迹；厨房的前后窗户都开着，窗台上和临窗的案板上，都留有相同的胶鞋印。因此，凶手的进出路线应该是从军区大院的北门进入大院，然后绕过司令部大楼走到干部食堂，偷出一个凳子放在32号院西北角的外面，踩着凳子越墙进入了32号院，再从后窗跳进厨房，又从厨房的前窗跳入前院，作案后又顺原路逃离现场。

的指纹之外，现场没有其他可疑人的痕迹。[1]

1959 年澳大利亚发生一起命案。[2] 检察官将嫌疑人鞋上的泥土采集下来交给专家分析，希望能够发现线索。泥土中的花粉被分析出来了，其中含有柳木、赤杨以及两亿年前的胡桃树花粉化石。而这种特殊的花粉组合只有被害人失踪的那一小片土地的泥土中含有。检察官进行了分析：如果嫌疑人在那片土地上杀了人的话，那么他脚上的泥土中所含的花粉组合一定和那片土地上的泥土中所含的花粉组合相同。现在他脚上的泥土中所含的花粉组合和那片土地上的泥土中所含的花粉组合相同，检察官认为嫌疑人就是在那片土地上杀了那位夫人，于是在那片土地上搜索，果然找到了死者的尸体。在证据面前，嫌疑人全部认罪。

---

[1] 参见黄爱国："开国中将谭甫仁遇害真相"，载《党史文苑》2010 年第 4 期。住在该院的 8 岁男孩马苏红反映，12 月 17 日清晨，他在睡意朦胧中，有人推门向他打听陈汉中科长的住处。他发现穿军装的这个人大高个、胖胖的、脸圆圆的。由于 32 号院和政治部家属院相距不远，也就是七八分钟的路程，与目击者所提供的时间又大体吻合，专案组据此判断，很可能是凶手在 32 号院作案后马上赶到了政治部家属院。过了几天，马苏红放学往家走，他突然想起，那天早晨他所见到的那个胖军人很像是王冬昆的爸爸。专案组人员拿来一张包括王冬昆的爸爸在内的集体照片让马苏红辨认，他仔细地逐人看了看，然后指着其中一人说："就是他，他是冬昆的爸爸。"王冬昆的爸爸叫王自正，是军区保卫部刚提拔不久的副科长，因被原籍老乡检举有"历史反革命"问题，正被关在监管所隔离审查，由保卫部陈汉中科长负责调查。当天晚上 10 点半左右，陈汉中带人来到王自正的隔离室，王自正却突然从被子底下摸出一支五九式手枪，对着他们打了两枪后夺门而去。值勤的战士听到枪声后迅速赶来，王自正看到逃跑无望，就举枪对准自己的太阳穴扣动了扳机。经检验，王自正自杀用的五九式手枪正是保卫部被盗的两支手枪中的一支，但不是杀害谭甫仁夫妇的那一支。那支行凶的五九式手枪，后来也在监管所墙外的垃圾堆里找到了。估计是王自正作案后把手枪扔进了厕所里，又被淘粪的农民随着粪便一起淘了出来。王自正当了多年保卫部的秘书，知道枪柜钥匙的放置。由于工作的关系，他对 32 号院很熟悉，虽然被隔离审查，但因尚未定性结案，依然穿着军装，帽徽领章齐全，况且一般哨兵也不知道他正被隔离审查，因而他照样可以出入军区大院和办公大楼。因制度不健全，看管他的哨兵换岗，站岗的战士回到宿舍，将下一岗的战士叫醒，由此产生了大约 4 分钟的时间差。王利用这个时间差，溜出监管所。而且，现场留下的胶鞋印痕尺码与王自正的相符，除了王自正的指纹之外，现场没有其他可疑人的痕迹。王自正在 32 号院作案后再去政治部家属院，是为了刺杀负责调查他的陈汉中，但因陈不在家而未能得逞。侦破工作进行到了这个时候，应该说案已水落石出。

[2] 在一个夜晚，一位富商的遗孀在河边散步时，突然不知去向。调查人员认为这位夫人很可能已经被杀害，而与这位夫人比邻而居的某男子嫌疑最大。检察官依据多项证据，将该男子逮捕并且以谋杀罪名指控他，但是由于没有找到尸体，所以案件始终没法侦破。检察官将所有的证物都检查过了也没有发现任何证据。

1963 年瑞典曾经发生了一起非常离奇的案件。[1] 经过检验，检察官发现死者身上的淡色细粉是花粉，而且在死者的家中没有找到产生这种花粉的植物。检察官将该花粉交由专家检验，发现这种花粉属于红三叶草，而在瑞典只有国家博物馆才有这种花粉。检察官带着专家前往检查，果然找到了这种植物，并在该植物旁边的泥土中化验出了死者中毒的药物成分。检察官根据这些证据推测：嫌疑犯是先将被害人毒死，然后再换上被害人的衣物，驾驶被害人的车辆将被害人的尸体运回宅内的。后来真相大白，此侦查假说得到证实。原来被害人是在博物馆里饮用了含有毒药的水。在毒性发作的时候，被害人痛苦挣扎，碰到旁边的植物。嫌疑人为了消灭证据，将杯内的残水倒在土中，再穿上死者的衣服驾驶死者的车，将尸体运回住宅，并将一切伪装成自杀的情形。[2]

这种回溯推理是有客观依据的。一个现象的发生必然存在着一定的原因和条件，因此，我们可以根据已知的因果联系或者条件联系进行推测。"一个逻辑学家不需要亲眼见到或者听说过大西洋或尼加拉瀑布，他能从一滴水上推测出它有可能存在。所以整个生活也是一条巨大的链条，只要见到其中的一环，整个链条的情况就可想出来了。"侦查实践中大量地运用着这种推理。回溯推理在侦查实践中的作用在于：根据现场情况、调查结果和已有的知识，确定侦查的方向，缩小侦查的范围，查明事情的真相。

（三）密尔规则即密尔方法

英国哲学家、法学家密尔在《逻辑体系》中，对探求因果联系的方法进行了梳理与概括，旨在为探寻或发现事情或现象之间是否存在因果联系提供推导工具。他提出了探求因果联系的五种方法：求同法、求异法、求同求异并用法、共变法、剩余法。后人将这几种方法统称为密尔规则（Mill's Canons）或密尔方法。这几种方法比较简单但具有普遍意义，是判明事情或现象之间是否存在因果联系的基本推论模式。基于密尔规则的推导属于不确定性推理范畴，属于合情推理范畴。

---

〔1〕　某商业巨子在自己的豪宅中中毒身亡。在尸体的旁边放着毒药的包装和水杯，现场没有任何打斗和外力侵入的痕迹，也没有财物损失。在死者身上，除了衣物上沾有一小抹淡色细粉外，没有找到任何有价值的线索。警察断定为自杀，但是死者家属提出，死者没有任何自杀的理由，倒是他的合伙人有可能因财务纠纷杀人。经过调查发现，死者当天曾经驾车搭载该合伙人，还有人作证说死者在当天死亡前是自行驾车回家的。检察官没有找到直接的证据，无奈之下只好先以该合伙人有杀人动机，而且在死前曾经和死者有过牵连为由对他提起了谋杀罪控诉。

〔2〕　参见王洪主编：《法律逻辑学案例教程》，知识产权出版社 2003 年版，第 199-200 页。

1. 求同法即契合法规则

"如果在被研究现象出现的不同场合中，其他情况都不相同唯有一个情况是共同的，那么可以得出结论说，这个唯一相同的情况与被研究现象之间有因果联系。"

美国纽约警方曾破获 3 起恶性案件，这些案件引起了警方的思考。在第一起案件中，道恩和她的姨妈在家中照顾自己未满周岁的女儿，这时门铃响了。道恩以为是丈夫就下去开门。她姨妈听见了道恩惊恐的喊叫声和一声枪响。道恩被枪击致死。警方抓获了罪犯，这名罪犯是在吸食了毒品"快乐克"后产生犯罪冲动的。在第二起案件中，芭芭拉和她 4 岁的女儿在家中的时候，芭芭拉被人杀死。她的尸体仰卧在床上，衣衫不整，身上有七八处刀伤。床上和地上都有很多血迹。4 岁的女儿吓得魂不附体。警方破案后，案犯供述是在吸食了"快乐克"后产生了性欲望导致犯罪的。在第三起案件中，莫尼克和她的情人在一起同居 2 年了。一天，莫尼克被人杀死在房间里。莫尼克被发现共有 7 处刀伤，而且有证据表明她曾经被人强奸过。一个星期后，案犯来自首了。令人惊奇的是，这个案犯居然是莫尼克深爱的情人沃恩。沃恩供述自己是在吸食了"快乐克"之后，向莫尼克提出了性要求的。莫尼克从他的神态上看出他又吸了毒，便故意不理睬他，但是他遏制不住由"快乐克"激发出来的性欲，凶猛地抱住了她。莫尼克不同意，拼命反抗着。在"快乐克"的作用下，他由暴躁发展到疯狂，他从厨房拿来一把刀，不顾一切地刺在姑娘的身上，然后又强奸了本来属于他的姑娘。警方据此分析认为，吸食毒品是诱发犯罪的重要原因。[1]

求同法的特点是异中求同。在被研究现象出现的几个场合中，其他有关情况都不相同，只有一个是共同的，从而得出这个情况与被研究现象之间有因果联系。利用这种异中求同的方法，人们还能通过几个被研究现象不出现的场合中都缺少某种情况而推出该情况与被研究现象之间有因果联系。求同法要注意对各个场合中的共同情况加以分析。不仅要注意到各场合中是否还有其他共同情况，还要注意到各场合中唯一的共同情况是否的确与被研究的现象有因果联系。例如，在某一餐馆就餐的几名顾客食物中毒了。医生在诊断食物中毒的原因时发现这几名顾客吃的菜中，其他各不相同，但都有炒土豆丝。医生便断定"炒土豆丝"与"食物中毒"之间有

〔1〕 参见王洪主编：《法律逻辑学案例教程》，知识产权出版社 2003 年版，第 150 页。

因果联系。但实际上，在这几名顾客用餐时用了该餐馆的餐具也是其共同情况，而且很可能是该餐馆的餐具被污染引起了就餐顾客的食物中毒。

2. 求异法即差异法规则

"如果在被研究的现象出现和不出现的两个场合中其他有关情况都相同，唯有一个情况在被研究现象出现的场合中出现但在被研究现象不出现的场合中不出现，那么可以得出结论说，该情况与被研究的现象之间有因果联系。"

在一起某村女青年失踪案中，在某市郊外的水塘中发现了一件女性右臂尸块，经过公安人员的勘验，发现该尸块露出水面的部分有一个圆形褐色的斑迹，其余浸泡在水中的部分没有此种斑迹。公安人员在调查过程中，有群众提供了线索：某村有一个失踪的女青年向某的右臂上也有一块"黑斑"，系胎记。为了确认这个女性右臂尸块上的褐色斑迹是否为胎记。侦查人员进行了侦查实验。在实验中，将尸块放在水中而且使其部分露出水面，同时令其能够照射到阳光，几日之后，发现尸块露出水面的部分在阳光下腐败后即可形成褐色斑迹，而尸块浸泡在水中的部分则无此现象。侦查人员从而得出结论：尸块在阳光下腐败可以形成褐色斑迹。

求异法的特点是同中求异。在被研究现象出现和不出现的两个场合中，其他有关情况都相同，只有一种情况不同，从而断定这种情况和被研究的现象之间有因果联系。由于求异法考察了被研究现象出现和不出现的正反两个场合，而且要求除了在正面场合中有某一情况而反面场合中没有这一情况外，其他情况都相同。运用求异法得出的结论比求同法得出的结论的可靠性程度大。但由于求异法对所考察的场合有非常严格的要求，即控制正反两个场合除某一情况之有无外，其他情况完全相同，这往往只有在科学实验中才能做到。因此，求异法又被叫作科学实验法。

3. 求同求异并用法规则

"如果在被研究现象出现的那些场合中都有某一情况出现，而在被研究现象不出现的那些场合中都没有这个情况出现，那么可以得出结论说，该情况与被研究的现象之间有因果联系。"

1957 年英国发生了历史上第一例胰岛素谋杀案。30 岁的妇女巴洛被其丈夫注射胰岛素而谋杀，但其丈夫拒供。法医们进行尸体检验后，发现死者心脏和其他各个器官都是健康的，死者也没有糖尿病，但死者左、右臀部各有两个点状小针孔痕迹。根据死者死亡前的症状，法医们怀疑被害人可能是因注射了一定量的胰岛素引起低血糖休克而死亡的。为了查明案情，法医们反复做了如下动物实验：首先，将死者臀部针孔部位的皮肤、脂肪和肉连同针孔一起切下来，把该部分组织制成提取物，分别给一组试验用的动物注射，注射后动物即表现出颤抖、抽搐、躁动，直至虚脱引起低血糖休克而死亡；然后，又将同样的尸体提取物用化学制剂半胱氨酸和胃蛋白酶（可破坏胰岛素并使其失去作用）处理后，注射到另一组小鼠、海豚和大鼠体内，结果发现这些动物都没有注射胰岛素引起的各种症状。据此，法医们认为：巴洛是由于注射了一定量的胰岛素引起低血糖休克而死亡的。[1]

求同求异并用法是运用了两次求同一次求异最后得出结论的。但必须指出的是，求同求异并用法作为一种寻求因果联系的方法，并不是我们前面提及的求同法和求异法的连续运用。求同求异并用法中的"求同""求异"和求同法、求异法中的"求同""求异"并不是在完全相同的意义上使用的。这里的"求同"是一次正面场合的求同，一次反面场合的求同。这里的"求异"也不像求异法中要求的那样，严格控制各场合中的有关情况，使得除一个情况不同外，其他完全相同。另外，求异法是两个场合间的求异，而求同求异并用法是两组场合间求异。正因为求同求异并用法对各场合中的有关情况的控制没有求异法要求得那样严格，所以在社会实践中，求同求异并用法比求异法得到了更广泛的运用。

4. 共变法规则

"如果在被研究现象发生变化的几个场合中，其他有关情况都不变化唯有一个情况相应地变化，那么可以得出结论，这个相应变化的情况与被研究的现象之间有因果联系。"

在某仓库夜间被盗案中，保管人员初步清点物品后发现物品并未丢失。经过现场勘察后发现，犯罪分子进入和逃离现场时在仓库外的沙地上留下了两行鞋印。两行鞋印大小、型号等都一样，但是逃离现场的鞋印明显比进入现场时的鞋印要深。侦查人员进行了侦查实验，让同一人反复穿越沙滩，但从第二次起，每一次都比前一次负重增加，果然发现留在沙滩上的足迹加深了。侦查人员由此得出结论：负重增加是脚印加深的原因，罪犯逃离现场的足迹比进入现场的足迹深是因为罪犯的负重增加了。于是侦查人员组织人手对仓库进行了仔细的清点，果然发现丢失了一件很重的工具。

---

[1] 参见王洪主编：《法律逻辑学案例教程》，知识产权出版社 2001 年版，第 107 页。

对于很多对象，我们无法考察其处于"不出现"的纯粹状态，如海洋的温度、黄金的价值、犯罪率、冰川的大小、人的血压等。在寻求与诸如此类对象有关的因果联系时，往往要使用共变法。如果说前面的三种方法是从质的方面去研究对象之间的因果联系的，那么共变法则是从量的方面去寻求因果联系的。密尔在他的《逻辑体系》中讲到共变法的运用时，举了关于海洋潮汐和月亮引力之间关系的推理作为例子。密尔提出，即使研究者考虑到海洋潮汐可能与月亮的出现有关，但我们既不能把月亮移开以便确定这样做是否把潮汐也消除了；我们也不能证明月亮的出现是伴随潮汐的唯一现象，因为与月亮出现的同时总有星星出现。我们不能把星星移走，但我们却能证明潮汐随月亮的变化而变化，即月亮的位置的变化总是引起涨潮的时间、地点的变化。每次涨潮都有下述事件之一出现：或者月亮在离涨潮处最近的位置上，或者月亮在离涨潮处最远的位置上。因而，我们得出结论：月亮和海洋潮汐之间有因果联系。共变法的结论是或然的。因为并不是任何有共变关系的现象之间都有因果联系。

5. 剩余法规则

"如果已知某一复合现象与另一复合现象之间有因果联系，又知前一现象中某一部分与后一现象中某一部分有因果联系，那么可以得出结论，前一现象的剩余部分和后一现象的剩余部分之间有因果联系。"

在一起伤害致死案件中，经鉴定，被害人左臂上有片状锐器砍伤，头部和肩部有棒状钝器击伤，左腿外侧有两个匕首刺伤，其致命伤是左肋部的三角刮刀刺伤。公安机关很快将本案的 4 名犯罪嫌疑人陈某、丁某、吴某和张某逮捕归案，并认为这 4 名作案人合伙行凶与本案被害人多处受伤并导致死亡之间有因果联系。经查证，丁某持菜刀砍伤了被害人的左臂，吴某用铁管击伤了被害人的头部和肩部，张某用匕首刺伤被害人的左腿。同时，公安人员还了解到，在这次犯罪中，陈某持有三角刮刀，其他作案人未使用三角刮刀。据此，公安人员认定，本案被害人左肋部所受的致命伤是由陈某使用三角刮刀造成的。

剩余法的结论是或然的。因为在复合现象 A、B、C 和复合现象 a、b、c 之间，必须能确定其中 B、C 和 b、c 之间确有因果联系，而且剩下的部分 a 不可能由 B、C 引起。若剩余部分 a 也是由 B、C 之一或其共同作用而引起的，推断 A 与 a 之间有因果联系就有失误。另外，剩余部分 a 可能不是由单一原因，而是由复合原因引起的。

（四）比对推理：小概率事件原理

比对推理[1]，又称同一认定推理，是指根据被查对象与待查对象即目标对象的一些特征是否逐一相符，从而得出被查对象就是待查对象结论的推理。它属于模式识别推理的范畴，[2] 可以分析为回溯推理的特殊情形。从逻辑上说，它通过对问题的不确定性作多角度的界定，然后提取和综合不同性质的证据，通过证据的积累缩小范围，从而获得问题的解。它在法律领域中有着广泛的运用。在侦查与诉讼中，常常需要确认某个被调查对象是否就是案件中的那个对象，即确认二者是否为同一对象。例如，某无名尸体是否就是已知的某个失踪人，某嫌疑人是否就是要寻找的作案人，某物品是否就是在作案现场留下痕迹的那个物品等。这种通过对对象的特征进行比对来确认对象是否同一，不但需要依靠经验和刑事技术与经验科学方面的知识，而且需要进行分析与综合而得出结论。这个分析与综合的过程，是一个包含着推理的过程，这一推理过程从逻辑学上加以概括，就是比对推理，或叫比对法。

比对推理即同一认定推理不可能是基于全部特征的比对，因此，从逻辑上来说它是或然推理或概率推理。比对推理是建立在小概率事件原理基础之上的，比对推理的逻辑基础是小概率事件原理。小概率事件原理，是指小概率事件在一次观察中几乎不可能发生。小概率事件原理本身是一种合情推理规则。即假如在某个假设下出现了小概率事件，而小概率事件不可能发生，由此就推断这个假设不成立。一个被查对象不是待查对象但具有待查对象的某一个特征，这个可能性是很大的，即不是一个小概率事件，但如果一个被查对象不是待查对象但具有待查对象的多个特征或关键特征，这个可能性就是非常小的，即是一个小概率事件。根据小概率事件原理，即小概率事件几乎不可能发生，一个被查对象具有了待查对象的多个特征或关键特征但他不是待查对象，这个小概率事件几乎不可能发生，因此，如果一个被查对象具有了待查对象的多个特征或关键特征，就推定他很可能是待查对象。

根据小概率事件原理进行的比对推理都属于小概率事件推理的范畴。

---

[1]　参见雍琦主编：《法律适用中的逻辑》，中国政法大学出版社 2002 年版，第 198 页。

[2]　证据推理（evidential reasoning），又称登普斯特和谢弗推理（Dempster–Shafer reasoning），简称 D–S 推理，是人工智能领域新近发展起来的一种推理方法，它属于比对推理的范畴。它通过对问题的不确定性作多角度的描述，然后从不同性质的数据源中提取证据，利用正交求和方法综合证据，通过证据的积累缩小集合，从而获得问题的解。

在侦查与诉讼中，把上述作为比对的特征看作是案件中待查对象的一系列必要条件，一个对象或一个人不是待查对象而具有其中一个必要条件的可能性很大，但同时具备几个必要条件的可能性就很小。例如，根据现场有某甲的脚印，我们推论说某甲是盗窃犯，这一推理有可能是错的。因为现场有某甲的脚印存在着路过或之前留下等许多种可能性。然而，如果还从某甲处搜到了被盗的财物，在撬门的工具上发现有某甲的指纹，还有人作证说看到某甲鬼鬼祟祟地拿着东西从失主家出来，某甲关于自己案发时在外地的陈述已证明纯属谎言，那么某甲盗窃的嫌疑就很大了。在这里，尽管其中任何一种情况都会存在无数多的其他可能性，但所有事实均巧合地凑在一起的概率却非常之小，而小概率事件是几乎不会发生的，因此，这时只有一种合理推理的结论，他就是那个嫌疑犯。

比对推理是一种不确定性条件下的合情推理，是刑事侦查与审判领域中一种基本的推理形式。波利亚在《数学与猜想——合情推理模式》中分析过美国证据学家威格莫尔《证据学》中的黑勒之死案。从中我们可以看到法庭是基于比对推理规则完成此案有罪裁判的。

在黑勒死亡案[1]中，控方提出了如下证据：其一，就在杀人案发生的那个清晨，恰好有4个警官在附近下班，正坐在车站板凳上等电车。这个电车站离黑勒房子大约三四英里。大约凌晨2点38分他们看见一个人从不容易看见板凳的方向朝他们走来。警官对他讲话，可是他右手插在口袋里继续走。警官拦住他并搜查他，发现他口袋里有一支子弹上了膛的左轮手枪。他出汗了，衣服上鲜血斑斑，左前臂有轻伤，轻微出血。警官们（他们不知道这时候发生杀人案）把这个人带到警署，他在那里受审查。这个人后来成了黑勒被害案的被告人。其二，当被告被拘留时，在他身上找到的左轮手枪转盘里的两个弹室中有烧过的火药并有新鲜的烟味，据警官判断左轮手枪在他被拘留前1个小时内打过两次。装在左轮手枪枪膛里的5发子弹都刻有同黑勒房子走廊里尸体旁边发现的3发未打过的子弹一

[1] 被害人黑勒（Hiller）同他的妻子以及4个孩子住在芝加哥的一幢二层楼房子里，一家人的卧室在二层楼，通向二层的楼梯口的那盏瓦斯灯在晚上总是亮着的。1910年9月19日早晨2点钟过后不久，黑勒太太醒了并注意到这盏灯熄了，她弄醒丈夫，丈夫穿着睡衣走到楼梯口，在那儿他碰到了一个闯入家中的贼，两人打了起来，在格斗中两人都跌到楼梯底下，在那儿黑勒被打中两枪，立即身亡。枪击大约发生在凌晨2点25分。正是在枪击前一会儿，黑勒的一个女儿看见一个人拿着一根火柴站在她卧室的门边但却看不见他的脸。她并没有被吓坏，因为她父亲常在夜间起来看看孩子们是否都安然无恙。此外，在这一家人里就再也没有一个人见过闯入的贼。

样的工厂标记。其三，凶手进入黑勒房子要经过厨房的后窗户，他首先得从那儿搬走隔板，要跳过这扇窗户的人还得撑在门廊的栏杆上，在新漆过的栏杆上有 4 个左手指印，芝加哥警察局鉴定科的两名雇员证实，据他们判定，栏杆上的指纹同被告的指纹一致。不属于芝加哥警察局的两名专家也表明了关于指纹相同的意见。其四，经调查，大约清晨 2 点钟，案发之前，一个流浪汉进入一所房子里，这房子同黑勒的房子相隔一块空地，两个女人看见一个男人把一根点着的火柴举在他头上站在她们卧室门边。两个女人都证实这个流浪汉的个子大小及胖瘦同被告一样。一个女人还记得流浪汉穿一件淡色衬衣并有裤子背带印。在证人检查过法庭所出示的被告的衬衣及背带之后，据她证实被告是她在那个晚上在门里看见的那个人。其五，当被告被拘留时他供了一个假名和假住址并否认以前曾被捕过。事实上，以前他被判过盗窃罪，假释出狱，由于假释期间犯有强奸罪又回到了监狱，在杀人的那个夜晚之前约 6 个星期他二次假释出狱。他在二次假释后大约 2 周，以假名买了左轮手枪，当掉它，又赎回来，再一次当掉，在枪击前 5 个小时他二次赎回它。最后法官认为：单独考虑这些情况没有一个可以决定他有罪，但是把作为证据介绍的情况一起考虑时，陪审团就可以相信评判有罪是必然的逻辑结果。[1]

对比推理是建立在小概率事件原理基础之上的，小概率事件原理本身是一种合情推理规则。在东北农业大学师生因动物实验感染严重传染病事件[2]中，《关于东北农业大学 28 名师生因动物实验感染严重传染病调查报告》运用了小概率事件原理进行推理与推断。报告指出："实验使用的 4只山羊，学校未按条例要求出具检疫合格证明，也未按规定进行现场检疫。鉴于布鲁氏菌病感染的机理，同时根据患病人员均参加了以上 4 只山羊为实验动物的相关实验，断定未经检验的这 4 只山羊带有布鲁氏菌。学校在指导学生实验过程中，未能切实按照标准的试验规范，严格要求学生遵守操作章程，进行有效防护，导致 28 人被感染布鲁氏菌。"这些师生在校外同时分别感染上布鲁氏菌病是可能的，但这是一个几乎不可能发生的

---

〔1〕 参见［美］G. 波利亚：《数学与猜想——合情推理模式》（第 2 卷），李志尧、王日爽、李心灿译，科学出版社 2001 年版，第 35~38 页；［苏联］拉·别尔金：《刑事侦查学随笔》，李瑞勤译，群众出版社 1983 年版，第 37~40 页；张成敏：《案史：西方经典与逻辑》，中国检察出版社 2002 年版，第 357~369 页。

〔2〕 参见"东北农业大学 28 名师生因动物实验感染传染病"，载《中国青年报》2011 年 9 月 3 日，第 3 版。

小概率事件。

（五）类推法与归纳法

类比推理亦称为类推法，是指根据两个或两个以上事物在某些属性上相同，从而推出它们在其他属性上也相同的推理方法。它是从个别推出个别的推理。客观事物之间既有相同性又有差异性，尽管两个对象的某些属性相同或相似，但它们终究是两个不同的对象，总有一些属性是不同的。因此，类比推理具有不确定性，是不确定性推理。类比推理是通过对事物之间的内在关系或本质联系进行分析而得出结论的。它不同于事物之间的比较。后者只是一种比较同异的方法，没有以此为前提得出新结论的，因而不是推理。类比推理是一种重要的合情推理方法，在法律领域中有着广泛的运用。

在英国布莱克浦谋杀案中，有两份验尸报告引起了警方的注意。警方对这两个案件进行了非常细致的调查后发现了两案在死者的身份、旅居状况、丈夫的特别住宿要求、死亡前的健康细节、预约了晚上洗澡、出事时丈夫外出和发现妻子死亡时的细节、死亡方式和专业见证、事故后丈夫的表现、遗嘱和财产关系、死亡的特别情节等方面都非常相似。警方断定两案系同一人所为的谋杀。[1]

在一起凶杀案中，公安部门发现现场浮土下的坚硬地面上还有足迹。其中，一种足迹与嫌疑对象林某的鞋底花纹一致。在初次询问中，林某说该脚印是在被害人死后第三天他进屋时留下的。为了弄清这个问题，公安

----

〔1〕　参见王洪主编：《法律逻辑学案例教程》，知识产权出版社 2003 年版，第 125 页。1913 年 12 月 14 日，布莱克浦的验尸官出具了一份调查报告，主要内容是：朴茨茅斯市史密斯太太在布莱克浦膳宿旅馆突然因洗热水澡暴病死去。她丈夫史密斯先生于 3 个月前与她相识，在事故发生前 6 个星期同她结了婚。这对夫妇是在最近来到布莱克浦的。在来此地的途中史密斯太太说她头疼。到了布莱克浦后，史密斯太太仍然感到难受，史密斯先生就请比林大夫给她看病。星期五的夜晚，史密斯先生出去散步，史密斯太太在浴室里洗热水澡。史密斯先生回来后连叫她几次，没有听见她应声。史密斯先生到浴室去看，发现妻子躺在浴盆里，已经死了。比林大夫认为，是热水浴引起心脏病发或者昏厥导致死亡。1914 年 12 月，伊斯灵顿的验尸官出具了一份验尸报告，其主要内容是：霍洛韦 38 岁的女子玛格丽特·伊丽莎白·劳埃德因洗热水澡突然死去。其丈夫劳埃德先生说，他们刚刚在巴塞结了婚。回到伦敦时，劳埃德太太说她头疼，劳埃德先生便领她去看贝茨大夫。第二天，劳埃德太太曾经感到好转。晚上七点半，劳埃德太太高兴地说，她想洗个澡。劳埃德先生出去散步去了。回来后，劳埃德先生回来时在客厅没有见到妻子，于是他就问女管家，妻子洗完澡没有。两人到浴室里去找，见那里面黑着灯。点燃汽灯后，劳埃德先生看见妻子躺在澡盆里，身子有四分之三淹在水中。她已经淹死了。贝茨大夫说，她是因呛水而淹死的。她本来就已经感冒，是感冒和热水浴使她突然昏迷。

部门作了调查，了解到被害人生前有个习惯，每天睡觉前都要洒水扫地，看来，林某的足迹很可能是在被害人洒水后踏踩出来的。为了确定该足迹踏踩的时间，公安部门在相同土质的地面洒上水，选择了一个身高、体重与林某相同的人，穿同样种类的鞋，每隔半小时踩一次，拍下照片，连续实验 35 小时，然后将各个时间拍的照片与现场足迹照片对比。结果证明 1~2 小时内踩的足迹在图形特征等方面与现场足迹完全相同。这说明林某的足迹是在被害人被害的那天晚上洒水后不久留下的。在本案中，侦查实验相当于自然科学研究中的模拟实验，公安部门把模拟实验的结果与现场勘查的结果进行对比，从而得出林某的足迹是在被害人被害的那天晚上洒水后不久留下的结论。

归纳推理亦称为归纳法[1]，是指由于发现某类对象中的部分对象都具有某种属性，并且没有发现相反的情况，从而得出结论认为这类对象的全部对象都具有这种属性。它是从个别推出一般的推理，没有发现反例并不意味着就没有反例，因此，归纳法属于不确定性推理。归纳推理是一种重要的合情推理方法，在法律领域中也有着重要的作用。

1879 年在巴黎警察厅抄写卡片的贝蒂荣厌烦了自己的工作，他萌发了人体测量的念头。他开始测量登记在案的囚犯的头部、手指、胳膊等部位，并记录下资料。积累到一定的数量后，贝蒂荣按照自己的分类法对资料进行了归类。1883 年 2 月，贝蒂荣运用自己的人体测定法则成功地识别出了一名囚犯的前科身份，这成为人体测定法成功的开始。1884 年，一年之内他鉴别了 300 名有前科的罪犯，没有遇到两个人人体测量资料完全相同的情况。这表明，可以推断对所有犯人的辨真而言贝蒂荣法则都是有效的。法国人认为以测量人体某些不变部位的骨骼为基础的贝蒂荣法则是 19 世纪警务中最伟大的发明，这个发明将不仅使法国而且使全世界的辨真工作不再出错。[2]

归纳推理是一个或然推理。归纳推理的可靠性程度与观察对象和观察本身有着直接的关系。一般说来，观察的对象越多和考察的范围越广，归纳推理的可靠性程度就越高。例如，我们在调查研究时，涉及的对象越多，涉及的地区范围越广，得出的结论越可靠。但归纳推理的前提真并不能保证结论必然真，因为人们所观察到的事例是为数有限的。

---

[1] 此处归纳法是指不完全归纳法。
[2] 参见王洪主编：《法律逻辑学案例教程》，知识产权出版社 2003 年版，第 120 页。

二、非对称性假设检验模式

事实发现是一个不断提出假设并且不断加以检验的过程。对事情真相提出假设是一种探索性的思维方法，是寻找与发现事情真相的先导，但假设是在不确定性条件下运用合情推理形成的，只是对事实的推测或推断，它是否正确即是否符合客观事实，还有待于检验或验证。形成或提出假设之后，通常要对这些假设进行检验。

在检验或验证假设中，假设检验方法之一就是直接检验，即通过观察直接检验某些假设本身是否符合事实。但有些事实不可能再现，推测与假设也不可能被直接证实。有些假设是关于事情真相或原因的推测，这些事实是不可能再现和直接观察的，因而关于它们的假设或推测不可能被直接检验或直接证实，在侦查领域尤其如此。此时检验假设或推测的常用方法就是：首先从假设 H 出发结合因果关系等一般性知识[1] W 通过推理引申出或推出其一些推断 C，然后对这些推出的检验命题进行考察，即通过各种方法检验这些推断是否与客观事实相符，以检验假设或推测是否成立或正确。这些推断被称为检验命题，这些检验命题是能够通过观察、调查和实验加以直接检验的。这种检验方法的关键就是从假设推论出一些推断并加以检验，即从该推测或假设推论出一些检验命题并对其加以检验。若事实证明检验命题为真，则推出该检验命题的假设经受住了检验命题的考验，得到检验命题的确证或支持，其成立的概率是很大的。若事实证明检验命题为假，则推出该检验命题的假设被否定或推翻。有学者把这种检验方法概括为假设演绎法。英国哲学家波普把这种方法概括为"假说——观察——假说"模式。假说的检验或验证分为确证和否证。推测或假设的确证就是运用回溯推理确证其推论结果与事实相符的推测或假设；推测或假设的否证就是运用演绎推理排除其推论结果与事实不相符的推测或假设。

从假设引申出或推出检验命题其目的在于确证或推翻假设。因此，从假设引申出或推出检验命题的推理过程，是运用假设的推理过程，是从假设出发结合因果关系等一般性知识进行推理的过程，是从原因推断结果的过程，是从理由得出推断的过程。这种从原因推断结果的推理，从理由得出推断的推理，是在确定性条件下进行的推理，是前提与结论具有必然联系的推理，是前提蕴涵结论的推理，属于演绎推理的范畴。因而可以把上

---

〔1〕　亦称为一般性常识，包括经验与科学知识。

述检验方法或模式概括为假设演绎法。[1] 在从假设推出检验命题时，不可避免地要运用演绎推理方法进行推理，并且从假设推出检验命题主要是根据因果法则对事物情况或情形进行逻辑推演的。因果法则，是指倘若事情 A 是事情 B 的原因或者事情 B 是事情 A 随之而来的结果，则一旦事情 A 出现事情 B 就必然出现而与事情 B 相反的事情就不可能出现；一旦事情 B 没有出现则事情 A 不可能出现。这是事情之间的因果关系，是事情之间的内在联系与必然联系，是事实推断中不可或缺的根据。

在事实推理中，根据因果法则可以对事物实际情况或实际情形进行逻辑推演。因果关系法则，是事情之间的内在的、本质的、必然的联系，是事实推理中不可或缺的前提与根据。在事实推理中，尽管每个案件的复杂性程度不同，但对案件事实都可藉由因果关系法则展开逻辑推演。苏联侦查员别尔金说道："还记得普希金所幻想的'魔法水晶球'吗？通过这个水晶球，作家能够看到他未来的文学作品的内容，对侦查员来说通过它能看到自己所要侦查的案子的内幕。"在事实推理领域中，这个"魔法水晶球"就是事情之间的因果法则以及相应的推导规则。事情或现象之间的因果关系可分析为命题之间的条件关系，因此，从假设推出检验命题主要运用的是命题逻辑工具。[2]

在英国某城市谋杀案[3]中，警方从假设嫌疑人就是凶手出发对案情进行分析推出了检验命题：如果嫌疑人杀了小女孩他就一定会清理现场，因此煤灰和煤箱有可能就被移走了。追查煤灰和煤箱的下落十分困难，因为这一区域的煤和煤箱实在是太普遍了而且煤和煤箱的来源也大多是相同的。但是从小女孩的尸体看，现场一定会留下很多血。如果要清理现场的话，嫌疑人一定会擦去血迹。如果擦去血迹的话，那么一定会用到油布而

---

〔1〕 有些学者把上述检验方法或模式概括为"假说——演绎"方法。

〔2〕 参见王洪主编：《逻辑导论》，中国政法大学出版社 2010 年版，第 104 页。在这里，把间接推理规则（R. A. A 规则）作为基本规则，把条件证明规则（C. P 规则）作为导出规则。即如果能从一组前提 Γ 和 α 推出 β，就可以从这组前提 Γ 推出 α→β。即：如果 Γ，α ⊢ β，那么 Γ ⊢ α→β。其中 Γ 为前提的集合。

〔3〕 参见 [英] 马丁·费多：《西方犯罪 200 年：1800~1993》（下册），王守林等译，群众出版社 1998 年版，第 510 页。在英国的一个城市中发生了一起谋杀案。一个 8 岁的小女孩被残忍地谋杀了。女孩的尸体被放在一个麻袋中，小孩的牙齿和头发上都粘有煤渣，嘴唇上粘有混有煤灰的呕吐物。小女孩的阴道和肛门出血，把大腿和连衣裤下端全部染红了。小女孩阴道的后壁已经被戳穿，直透直肠。警方检查了一名嫌疑人的住所。但是，在这名嫌疑人的住所中却没有发现煤箱和煤，只在厨房饭桌前的油布上发现了一些可疑的斑迹。

且油布上一定留有被害人的血迹。警方对油布上的斑迹进行了检验，结果发现这些斑迹并不是血迹。警方对案情进行了进一步分析认为：原先的推理是正确的，之所以检验不到血迹是因为嫌疑人对油布进行了清洗。但是，被害人腹股沟所遭受的延及阴道和肛门汇合处的创伤必然导致其中的血被细菌所感染，也就是说，小姑娘的血中将含有她的肠菌。如果说油布上留有被害人的血迹，那么油布上也就一定含有小姑娘的肠菌。因此，如果嫌疑人杀了小女孩的话，油布上一定会有小姑娘的肠菌。如果小姑娘的肠菌是独特的，那么确认其肠菌就十分容易。警方请来细菌学家对小姑娘的血迹的肠菌进行了化验，结果发现一种罕见的菌种。警方对油布进行了检验，发现油布中也含有这种罕见的肠菌种类。被杀者与杀人现场之间的联系得到确证。警方由此确定该嫌疑人就是凶手。[1]

在事实推测与推断中，掌握相关事实和因果关系是展开逻辑推演的基础与关键。正如尼察律师所言："唯有因果关系这条锁链，才能把侦查到的、分散的、孤立的事实有机地贯穿成一条强有力的证据链条，只有经过逻辑的思维过程，侦查活动才能一环紧扣一环向前发展。"尼察律师在《我的法庭生涯》中总结道："可能性规则能使你从一件证据引导出另一件证据。它是一件不可思议的工具。如果某件事听起来不太可能发生，该件事可能就不是这样发生的。无论当事人或证人对其追忆抱有怎样的自信，一定要视其为不真实的东西而予以否定。"[2] 尼察律师进一步指出，根据因果关系常识，我们能充分肯定地预测人们在一系列特定的环境中会有何行为或反应。凭借一个人对某一刺激的反应，我们能推断他可能做过什么事。这就提示我们应去搜集什么事实，指导我们去寻找我们虽不知道但又确实存在的人证和物证。尼察律师说，不能把它理解为直觉一样神秘的东西，因为它不是"直觉"，而是一种逻辑推论的过程。如果你告诉我你的所有课程成绩都是"A"，我没有理由认为事实不是如此，但我将对此表示怀疑。如果我开始调查并发现你某课程的成绩是"B"，我则记住你是个吹牛的家伙。这正是必然性规则使然而绝非直觉。[3] 这些因果关系有些是已经得到科学证明的自然规律即自然

---

〔1〕　参见［英］马丁·费多：《西方犯罪 200 年：1800~1993》（下册），王守林等译，群众出版社 1998 年版，第 510 页。

〔2〕　黄家乐、李炳成、赵怀斌编译：《律师取胜的策略与技巧》，中国政法大学出版社 1993 年版，第 112 页。

〔3〕　参见黄家乐、李炳成、赵怀斌编译：《律师取胜的策略与技巧》，中国政法大学出版社 1993 年版，第 112 页。

法则，有些是被人们普遍接受或默认的生活经验或社会常识。它们在人类的认识过程中具有十分重要的作用。"没有这些规律性知识，我们一天也活不下去。但是，在另一方面，我们确实不能证明这些规律命题绝对无误，而且事实上曾有过不少规律命题被证明是错误的。我们只能说，一切尚未遇到反例的全称命题都可以暂且视之为真，并据以指导我们的行动。"[1] 绝大多数经验规则的真理性并非确定无疑，而是有待进一步检验的，从本质上说它们只是一些概然性的命题，只是一些尚未遇到经验反驳的一般性命题，并不能完全排除例外情形的存在。但是，尽管存在例外情形，却并不影响其适用于大多数情形。

（一）假设的确证模式

假设的确证是通过确认其检验命题而确证假设或推测的推理过程。假设检验的确证模式是合情推理即合情确证。首先从假设 H 和因果法则等一般性知识 W 引申出一些推断即检验命题 C，然后通过各种方法检验这些推断是否与客观事实相符。如果这些检验命题与事实是一致的，该假设或推测就获得了事实或证据的确证或支持。设 H 为假设命题，W 为确认为真的一般性经验或常识命题，C 为检验命题。上述确证过程可以表达为：

$$H \wedge W1 \rightarrow C1$$
$$H \wedge W2 \rightarrow C2$$
$$H \wedge W3 \rightarrow C3$$
$$\cdots\cdots\cdots\cdots$$
$$H \wedge Wn \rightarrow Cn$$

由于 C1、C2、C3……Cn 都是正确的，所以 H 是正确的。即"有 H 就有 C，有 C；所以，H 是成立的"。

在上述检验过程中，从逻辑上说，检验命题被证实，只能表明假设可能成立，并不等于假设在逻辑上就被证实为真。因为根据假言推理规则，不能从肯定后件进而肯定前件，即检验命题为真，假设未必一定为真。应当指出，假设被确证为真是基于经验和主观置信的。如果从它推出的多个检验命题都被证实为真，没有出现反例，这样的假设一般就被视之为真而加以接受。这些检验命题被证实得越多，支持该推测或假设的证据就越

〔1〕 杜汝楫："归纳推理的疑难"，载北京市逻辑学会编：《归纳逻辑》，中国人民大学出版社1986年版。

多，该推测或假设成立的可能性就越大。尤其是关键性检验命题被证实，假设就得到关键性或决定性证据的确证或支持。这是因果法则在事实推理中的运用，是因果法则告诉我们事实必定如此。因为如果不曾有其他变异，这样的事情就不可能发生。正如皮尔士指出："我们接受某个假设，不仅仅是因为它能够解释我们已经观察到的那些事实，而且还因为相反的假设所推出的结果与观察到的事实不符。"

在某工厂谋杀案[1]中，根据死者的丈夫介绍，他们夫妻感情和睦，经济不成问题，家庭生活都由死者安排，本人性格开朗，死前又无任何反常现象，故自杀的可能性可以排除。据电话班班长提供的情况，出事现场打开窗户的那两扇玻璃，是死者生前的卫生责任区，两天前，她曾听死者说过那两扇玻璃窗该擦了。电话班往常交接班时有打扫卫生的惯例。上一班电话员介绍，她打扫卫生用的是一块抹布，用完后搭在暖气片上，而现在随着死者掉在楼下。死者穿的是再生底塑料鞋，冬天发硬且滑，加上窗台外较光滑，死者又怀孕在身，身体笨重，很容易造成失足事故。有人因此认为死者系失足坠楼而死，但侦查人员认为这种说法是站不住脚的。侦查人员根据现场勘验情况推断死者死于他杀。因为死者如果是深夜擦玻璃不慎失足坠楼的话，为什么擦玻璃时屋内不开灯？窗台离地面较高，有95厘米，死者已经怀孕6个月，上窗台擦玻璃为什么不用椅子垫脚？如果是失足摔死的话，一楼外窗台那片树叶上的血迹是怎么形成的？死者既然不是自杀和失足，那么就是他杀。侦查人员经过艰苦的努力，终于在窗台下的暖气片夹缝里发现了4滴米粒大小的喷溅血点，经化验与死者血型相同。室内的4滴血滴和一楼窗台上那片树叶上的点滴状血滴联系起来，说明死者在坠楼前已经受伤流血。法医对尸体再次作了详细的检查，发现死者颈部有轻微的掐痕，颈前右侧有不整形条状轻度皮下出血。这就说明死者是在被打伤掐晕后，在失去知觉的情况下被推下楼去的。从而印证了他杀的

---

　　[1] 在某工厂的电话室楼下的水泥地上发现了一具女尸，公安人员赶到现场，进行了仔细的现场勘查。女尸头西脚东仰卧在靠近墙基的水泥地上，头距墙根30厘米。头部下方水泥地上有一片血泊。尸体颈部右侧有一块染着血的湿抹布，脚前方8厘米处有一只红塑料底左脚女鞋。二楼厂总机值班室外间的双层窗户扇全部打开，在外窗台棱上有少量擦蹭血迹，窗台下的墙上也有少量的血迹。同时在一楼外窗台的一片树叶上有一点滴状血迹。二楼总机值班室是一明三暗的套间房。电话室外间房门虚掩着，暗锁和插销都完好无损，北面的窗台上有死者的一只红塑料底右脚女鞋，鞋跟向外。室内没有开灯，地面光洁，陈设整齐。尸体衣着整齐，口袋里有工作证、钱包各一个，钱包里有人民币若干。尸体头部有两处挫裂伤，腹部隆起，子宫内有6个月大的胎儿一个。死者为厂电话员，31岁，已婚。

分析。[1]

（二）假设的否证模式

假设的否证是通过检验命题被否证而推翻其假设或推测的推理过程。假设检验的否证模式是演绎推理，是确定性推理。即首先从假说 H 和因果法则等一般性知识 W 引申出一些推断即检验命题 C，然后检验这些推断是否与客观事实相符合。如果检验命题与事实不相符合，又没有理由认为其他前提 W 为假，则假设 H 被否证或推翻，即假设 H 不能成立而需要修改。即"有 H 就有 C，无 C，所以，H 是不成立的"。英国科学史家丹皮尔指出："根据事实形成一个初步的假说……然后再用数学的或逻辑的推理演绎出实际的推论，并用观察或实验加以检验。如果说假说与实验的结果不相符合，我们必定要重新猜度，形成第二个假说，如此继续下去直到最后得到一个假说，不但符合于（或如我们常说的能够'解释'）最初的事实，而且符合为了检验这个假说而进行的实验的一切结果，这个假说于是可升格到理论的地位。"这一否证过程可概括如下：

$Hl \wedge W \rightarrow Cl$

$\neg C1 \rightarrow \neg (Hl \wedge W)$

$\neg C1 \wedge W \rightarrow Hl$

$H2 \wedge W \rightarrow C2$

…………

在检验或验证假设中，正如英国哲学家波普指出的："由于检验命题被认证不能导致假设的被认证，而检验命题的被否证则必然导致假设被否定，因此，对假设的认证和推翻这二者在逻辑上是不对称的。推翻优于认证。"[2] 一个假设或假说的否证过程是一个基于演绎推理的论证过程，是一个基于必然推理的论证过程，假设或假说的否证是确定无疑的与无可争辩的。只要有一个检验命题被否证则该假说就被推翻，而且推出的检验命题越多，假说命题被推翻的可能性就越大。但是，假设或假说的确证是一个基于回溯推理的论证过程，是一个基于或然推理的论证过程，是一种似真论证或

---

〔1〕　参见王洪主编：《法律逻辑学案例教程》，知识产权出版社 2003 年版，第 26~27 页。

〔2〕　北京政法学院哲学教研室逻辑组："侦查与审判中的逻辑问题"，载中山大学哲学系逻辑学教研室编：《逻辑在司法工作中的应用》（教学参考资料），内部印刷，第 140 页。

合情论证[1]，是不完全条件下所进行的可修正和可废止（defeasible）的论证，是"冒风险的、有争议的和暂时的"。

三、最佳假设原则："最佳解释""判决性检验""独立证实"

在检验或验证假设中，对于某些理论或假设能够提供决定性、关键性的支持或否定证据的检验，被称为"判决性检验"（crucial experiment）。通过判决性检验得到的这些证据称为决定性证据或关键性证据。英国哲学家培根最早提出了"判决性检验"的概念。[2] 他指出某些类型"优选实例"的性质本身就可以揭示出本质的相互关系，从而对探讨事物的本质具有特殊的价值。他所提出的优选实例中最重要的是所谓的"指路牌实例"，这种实例犹如在道路分叉的地方树立的指路牌，可以在相互竞争的解释之间起到判决性或决定性的作用。这些"优选实例"中的"指路牌实例"就是决定性证据或关键性证据。

对事情提出或形成最佳假设是事实推测与推断原则。最佳假设原则是指对事情真相要作出"最佳解释"或"最佳说明"，并且要寻求或进行判决性检验，找到确证假设的关键性、决定性或判决性证据。因此，通过合情推理提出或形成假设，以及通过假设演绎检验假设，其主要工作是从结果到原因、从现象到解释、从推断到理由的推导，是比较一种推测与另一种推测，是识别理由较多的推测和理由较少的推测，是确立或选择一个"最佳解释"或"最佳说明"（the best explanation），提出一个有关键性、决定性或判决性证据支持的假设，提出一个比以前更有力、更充分的证据支持的假设，提出一个有超过一切现有假设的优越性的假设。而要提高假设成立的可能性，就要推出尽可能多的检验命题并交给实践检验。在侦查工作中通常提出多个假设，并在这些假设中进行淘汰、筛选和择优。有较多已证实的检验命题的那些假设，其成立可能性也较高。在尚未被淘汰的假设中，通常选择成立可能性较高的假设作为重点侦查方向。尤其是关键性检验命题被证实，假设就得到关键性或决定性证据的确证或支持。

正是在这个意义上，美国哲学家汉森（Hanson）首先将回溯推理称为一种"最佳解释推理"，即从许多逻辑上可能的假设中选取出一个最好解

---

[1]　皮尔士把它称作"回溯论证"（abductive argument），波利亚和莱斯切（Rescher）称其为"合情论证""似真论证"（plausible argument），沃尔顿称其为"假设性论证"（presumptive argument）。

[2]　在自然科学中，判决性检验一般指能决定性地判决相互对立的两个假说或理论中的一个为"真"而另一个为"假"的检验。

释的推理。[1] 在事实发现中，最终目标是查明事情真相。对于法官来说，
关键问题就是审查证据并且基于证据检验事实主张，审查全部证据能否确
证或否证该事实主张。对于侦查人员来说，侦查工作的终极目标是侦破案
件，其关键问题在于要从已有证据出发进行合情推理，提出一个合理的假
说，确定一个正确的侦查方向，并使合情推理还原案件发生时的真实情
况，使合情推理接近客观事实、逼近案件真相。因此，合情推理的一个重
要原则就是要作出"最佳解释"或"最佳说明"，寻求或进行判决性检验，
找到关键性、决定性或判决性证据。

　　在 20 世纪初美国曾经发生的一宗血案[2]中，死者家的地板上的灰尘
中有一个鞋子后跟印痕。在这一印痕中隐约可见四个字母"VERE"，这是
鞋子的品牌名。一名叫杰西的雇员被调查。警方将搜查到的杰西的一些衣
服和鞋子交给爱德华教授进行检验。爱德华教授首先分析了杰西的鞋，发
现两只鞋底上有"VERE"四个字母，而且同时发现鞋底的磨损程度也和
现场的印痕相同，因此，断定杰西去过现场。因为无法确定这些鞋印就是
案发当时留下的，所以单凭这一点无法定罪。爱德华教授接着对衣服进行
检查，发现这些衣服曾经被送到洗衣店洗过，非常干净，单凭肉眼无法确
认有没有血迹。他将杰西那件洗得非常干净的衬衫放在一张桌子上，用紫
外灯仔细地照射每一个部位，在衣服的前片，爱德华教授发现了许多蓝绿
色的荧光，爱德华教授认定这是血迹所致。在法庭上，爱德华教授提交了
这些决定性或关键性证据。辩护人反驳道，其他的印痕也能够在紫外灯的
照射下发出蓝绿色的荧光。爱德华教授反驳道，凡是在紫外灯的照射下发
出蓝绿色的荧光的印痕都是血迹。因为血液中含有一些特殊蛋白质，是这
些蛋白质在紫外灯的照射下发出了蓝绿色的荧光，目前在其他物质中还没

---

　　〔1〕　美国哲学家汉森（Hanson）在《发现的模式》中，把回溯推理视为一种最佳解释推理，
即在逻辑上可能的许多假设中选取出一个最好解释的推理。哈曼（G. Harman）正式提出了"最佳
解释推理"（inference to the best explanation）即"最佳说明的推理"的概念。英国牛津大学里普顿
（Pete Lipton）的专著《最佳解释推理》对其进行了专门研究。所有这些理论都是建立在回溯推理
理论基础上的。

　　〔2〕　参见王洪主编：《法律逻辑学案例教程》，知识产权出版社 2003 年版，第 85 页。一个邮
局的老板亨利被杀死在自己的卧室里。死者家的地板上的灰尘中有一个鞋子后跟印痕。在这一印
痕中隐约可见四个字母"VERE"，这是鞋子的品牌名。警察调查了邮局的每一个雇员，结果发现
一名叫杰西的雇员和老板有积怨，案发当晚，杰西回来时满身是血，身上还带有子弹，杰西成为
了重大嫌疑犯。

有发现这种蛋白质。杰西只好认罪。[1]

　　在美国康州海莉失踪案[2]中，李昌钰认为海莉家的卧室是现场勘查的重点。在一张双人床的弹簧床垫外端面上，有一小块长条形的痕迹，对该痕迹的物质进行联苯胺实验，结果呈阳性反应。这证明可能是血迹。李博士提取了一些被怀疑为血痕的微量物质，然后进行了一系列检验。首先，他们通过血痕种属检验，肯定那些物质是人血。其次，他们通过血型检验确定其为 O 型血，而这正好和失踪人的血型相同。再次，他们通过 PGM 酶型检验证明这血痕是比较新鲜的。最后，他们又通过对血痕物质成分检验，确定那是循环血而不是经血。血痕检验证实了李博士的怀疑，卧室是杀人现场。接着李博士又组织警察们勘查了碎木机出现的河边。在积雪中，他们发现了一个残破的信封，信封上的收信人姓名是海莉。这封信给了李博士信心：河边是碎尸现场。与此同时，警察局的潜水员在河床上发现了一台被拆卸的电锯。电锯被拆成很多截，电锯身上的号码也被人刮掉了。李博士断定这台电锯不是因为没有用了而被丢弃，而是因为有人想隐瞒些什么而被扔掉的。经过勘查发现电锯上有些微量的物质：毛发、人体组织和血痕物质。毫无疑问，这个电锯证实了李博士的推断。随后，他们在融化了的雪水中相继找到了一些碎木片、毛发、纤维、骨头碎片、人体组织碎片，还有一小片带着指甲油的指甲、一小块像牙医们镶牙用的金属片和一小块牙齿。最后，他们找到了 56 片人骨碎片、2 个牙套、2660 根头发、1 块断指、5 滴血迹、3 盎司人体组织和 2 片指甲。每根头发都经过显微镜的分析，发现都是同一人的头发，而且是被人从头皮上直接剁下去的，颜色呈黄色，这正好和海莉的头发颜色一样。人类学家从骨头脂肪含量推出这些骨头已经有几个月的时间，这正好和海莉失踪的时间相同，用骨头所作的抗原、抗体实验表明骨头是 O 型血，和海莉的血型一致。决定性的证据是一个牙套。现场发现的牙套和海莉牙科医生那里的牙套模型相比较，两者完全吻合。这些证据证实了海莉丈夫是杀人者的嫌疑。

---

　　〔1〕　参见王洪主编：《法律逻辑学案例教程》，知识产权出版社 2003 年版，第 85 页。
　　〔2〕　参见何家弘：《犯罪鉴识大师李昌钰》，法律出版社 1998 年版。1986 年的一个冬日里，人们发现美国康州的一位名叫海莉的妇女失踪了。调查人员怀疑是她的丈夫杀了她，但是怎么也找不到证据，连死者的尸体都找不到。这时，有人说在海莉失踪的那天晚上看见她的丈夫开着一辆碎木机在河边逗留。警察产生了一个令人不寒而栗的假设：海莉的丈夫用碎木机来对付她，所以连尸体都找不到。康州法庭科学实验室的李昌钰博士受聘主持侦破工作。

一般而言，为了确证一个假设命题成立往往需要一系列的检验命题。即为了确证假设或推测的真实性或可信性，就要推出尽可能多的检验命题并加以检验。假如从假设命题推出的检验命题都被证实，则该假设符合客观实际的可能性就较大。并且，如果各个检验命题被独立地证实，即各个疑点被独立地证实或排除，那么该假设为真的可能性就更大。这是因为尽管其中任何一种情况的出现都会有许多其他可能性，但所有事实巧合地凑在一起的概率却非常小。这种合情推理原则就是基于小概率事件原理的独立证实原则。正如尼察律师所言："如果把这些证据一个个都孤立起来看，没有一个称得上是决定性的判罪证据，然而，当我们把所有作为罪证的事实、情况联系到一起来看，就能给陪审员们找到根据，证明判决被告有罪是逻辑推理的自然结果。"而且，这些间接证据并不是像人们所说的那样像一根链条。"你可让一根链条从加拿大的新斯科舍横越大西洋直接到法国波尔多，它可由亿万个环节组成，但只要有一个薄弱环节，链条则会断。与此相反，间接证据像一根绳子，而每一个事实则是绳子的一股，当起诉人把事实堆积起来即增加了绳子的股数从而也增强了绳子的力度。假如其中一股断了——我不承认在此案中某一股已经断了——但即使有一股断了，绳子仍然没有断。绳子的力度几乎没有减弱，为什么？因为还有许多其余各股如钢铁般有力，因此绳子仍然足以使两被告受正义的惩处。"[1]

四、真相难寻：悬案、疑案与错案

在世界上每天有成千上万的案件发生，虽然刑事侦查人员和鉴识人员花费很多时间、精力、人力、经费进行犯罪案件侦查，但有些案件仍然无法顺利侦破。对此李昌钰说道，在侦破刑事案件中，现场、物证、人证和时机是必不可少的，少了其中之一，都会使破案步履维艰。这些至今尚未侦破的案子，就是因为缺少了这些要素，特别是由于时机已失，至今仍是悬案或疑案。比如李昌钰曾受邀参与了美国总统肯尼迪被刺案件的重新调查。在调查中，他提出了对射杀肯尼迪的那颗子弹进行 DNA 鉴定，根据上边的 DNA 来确定子弹到底从谁的身体里经过了，但检验的结果令人失望，因为那颗子弹上有很多人的 DNA，唯独没有肯尼迪的 DNA，也没有康纳利的 DNA。原来，当年那颗子弹从现场被收集后，就被刑侦人员用牙刷刷得

〔1〕 黄家乐、李炳成、赵怀斌编译：《律师取胜的策略与技巧》，中国政法大学出版社1993年版，第146~147页。

干干净净装进塑料袋里。由于此重要证据的缺失，导致真相永远难以浮出水面。[1]

在台湾"3·19"枪击案中，李昌钰表示他是鉴识人员，只能就现有的物证进行鉴识，从物证上来判断，射中陈水扁与吕秀莲的两颗子弹来自同一把枪，透过枪来追人，最后找到制作枪支的是唐守义，再从唐守义身上追到最后用这把枪的是陈义雄。对于陈义雄的落水死亡，李昌钰指出其中的疑点，说不知道是谁让陈义雄马上就火化，导致他无法查出陈义雄是落水死亡还是落水前就死亡。[2] 台湾"3·19"枪击案发生迄今已数年，虽然检方早已侦结，并认定是陈义雄所为，但陈义雄案发后就溺毙，虽然检警认为他是畏罪自杀，但因死无对证，且作案手枪并未找到，不仅家属喊冤，许多民众至今也仍存疑。检警公布的作案弹头，声称陈水扁血流得不多，是因为枪打到脂肪层较厚的肚子。那为何官方找到的"铅弹"中，找不到任何陈水扁的脂肪组织？

应当指出的是，在侦查中有些案件最后之所以成了疑案，是由于侦查机关或检察机关没有履行或没有尽到自己的职责与义务。而在审判中这些疑案后来之所以成了错案，是由于法院不依疑案规则来裁决疑案。对疑案不依疑案规则进行裁决就是司法错案。浙江张高平与张辉叔侄案一二审法院裁决就是明证。法国律师勒内·弗洛里奥在《错案》中还指出两种类型的司法错案：一种是司法机关从确凿的材料出发，作出错误的判断，得出了错误的结论；另一种是司法机关根据一些错误的材料（被告编造的口供、不可靠的档案材料、假证以及不符合规定的鉴定等），推断出合乎逻辑的结论。我国学者贺卫方曾经感叹道：真相难求？不，在太多的情况下，真相就在我们眼前，只是我们自己闭上了眼睛。应当指出，正是因为真相难寻，就需要侦查员、检察官与法官更加审慎、缜密与睿智。他们稍有不慎或少许愚钝便会酿成大错。这是我国不断发生的杜培武案等一系列错案[3]给我们的警示。

---

〔1〕　参见"李昌钰分析南京枪击案"，载《扬子晚报》2012年3月29日。

〔2〕　参见"李昌钰谈'3·19案'"，载中国新闻网，http://www.chinanews.com，最后访问日期：2012年3月20日。

〔3〕　如湖北佘祥林案（1998年）、河南赵作海案（2002年）、浙江张高平与张辉叔侄案（2004年）等。

在杜培武案[1]中，昆明市公安局刑侦支队对昆明市公安局民警杜培武展开调查了解到：①6 个基地的 10 只警犬一共进行了 43 次气味鉴别，仅 1 只警犬 2 次鉴别无明显认定反应，其余警犬进行了 41 次鉴别，均认定足迹泥土感染气味与杜培武嗅源感染气味同一；②昆明冶金研究所出具的技术鉴定证明，离合器、油门踏板上泥土与杜衣服上黏附泥土微量元素测定同一；③杜衣服袖口拉曼测试检出军用枪支射击火药残留物质；④对杜培武进行 CPS 心理测试即测谎实验，杜培武在参与作案及对案件知情问题上撒谎率均在 90% 以上。但杜培武及其辩护人在法庭上提出的无罪理由和被刑讯逼供的事实没被法庭采信。1999 年 2 月 5 日昆明市中级人民法院一审判处杜培武死刑，1999 年 10 月 20 日云南省高级人民法院以故意杀人罪判处杜培武死缓。2000 年 6 月杨天勇等人抢劫杀人案告破，有确凿的证据证实杨天勇等人是杀害"二王"的真凶，被终审判决。2000 年 7 月杜培武被云南省高级人民法院再审改判无罪。

在浙江张氏叔侄案[2]中，负责侦办此案的聂海芬在中央电视台"浙江神探"系列节目《无懈可击》中说道，2003 年杭州"5·19"奸杀案发生后，杭州警方不仅在死者身上找不到张辉的"精斑"等痕迹，而技侦人员"几乎把整个车厢都翻遍了"，同样没有查到任何痕迹、物证。聂海芬还说道，"令人沮丧的还不只这一点"，法医提取了死者的指甲做 DNA 鉴

　　〔1〕　1998 年 4 月 22 日 9 时，昆明警方接到报案，昆明市公安局通讯处民警王某（杜培武之妻）及昆明市石林县公安局副局长王某被人枪杀在车内。参见陈昌云："从民警到死囚　从死囚到民警——'民警杜培武故意杀人冤案'昭示了什么"，载《人民公安》2000 年第 18 期；王达人、曾粤兴：《正义的诉求：美国辛普森案和中国杜培武案的比较》，法律出版社 2003 年版，第 196~202 页。

　　〔2〕　张高平与张辉被指控对王某实施强奸致其死亡并在路边抛尸。2004 年 4 月 21 日，杭州市中级人民法院以强奸罪判处张辉死刑，张高平无期徒刑。2004 年 10 月 19 日，浙江省高院终审改判张辉死缓、张高平有期徒刑 15 年。2004 年张辉、张高平入监服刑后，以自己没有强奸杀人而不断申诉。张辉、张高平提出，他们在被刑拘后，长时间被非法另行关押。张高平说，连续几天几夜，站在那里就想睡觉。他们打我，用烟头烫我，还在我鼻子里插烟，往鼻孔里灌矿泉水，一二审判决中认定他们犯罪事实的有罪供述，包括指认现场的笔录，是被刑讯逼供后作出的。同时，侦查机关还使用同监犯袁某采用暴力、威胁等方法参与案件侦查，协助公安机关获取张辉有罪供述，同时又以该同监犯证言作为指控证据，这些有罪供述都是通过非法方法获取的。2013 年 3 月 26 日，浙江省高院对张辉、张高平强奸案再审判决，撤销原审判决，宣告张辉、张高平无罪。参见董碧水："冤案是这样酿成的"，载《中国青年报》2013 年 4 月 3 日，第 7 版；"资料：浙江叔侄奸杀案侦办人曾在央视称'无懈可击'"，载央视国际，http://www.cctv.com，最后访问日期：2013 年 4 月 1 日。

定，结果发现，被害人王某的手指甲里留有男性的 DNA，可是这份 DNA 却与两名犯罪嫌疑人无关！她声称：就是在没有找到任何物证和目击证人的情况下，通过"突审"张氏叔侄，让"惊魂未定"的张氏叔侄交代了犯罪事实，获得了该案的"口供"。就是在犯罪嫌疑人的口供没有证据支持的情况下，警方又运用自己的专业特长，通过辨认、侦查实验、调查访问、审讯等，形成一个较为完整的"无懈可击"的证明体系。该案"成为杭州市第一起零口供判决的经典案例"。张辉、张高平被判强奸罪。2005年，已在狱中服刑的张高平通过观看电视新闻获知，吉林省汪清县人勾海峰因利用其在杭州市从事出租车司机工作的便利，采用扼颈等手段，将乘坐其出租汽车的浙江大学城市学院学生吴某杀死，并窃取吴随身携带的财物，犯故意杀人罪、盗窃罪。张高平认为两起案件作案手法高度相似，于是多次向公安机关报告自己的怀疑，并要求鉴定、比对勾海峰的 DNA 资料，但杭州警方未予理睬。勾海峰杀害女大学生案的审核把关者正是杭州市公安局刑侦支队预审大队大队长聂海芬，但她在审查勾海峰的犯罪事实时，也"未发现"勾海峰可能是"5·19"案真凶的重大线索。

在有关媒体刊发"一桩没有物证和人证的奸杀案"文章，报道了这起张氏叔侄案及其申诉后，杭州市公安局将从被害人王某 8 个指甲末端擦拭滤纸上分离出来的一名男性 DNA 分型与数据库进行比对，发现与勾海峰 DNA 分型 7 个位点存在吻合。此后，该局将此结果送公安部物证鉴定中心再次进行鉴定。经比对，被害人 8 个指甲末端擦拭滤纸上的 DNA，检出的混合 STR 分型中包含勾海峰的 STR 分型。这一重大新证据的出现，推翻了该案原一二审裁决"证据确实充分、犯罪事实清楚"的结论。2012 年 2 月 27 日，浙江省高院再审查明，公安机关审讯张辉、张高平的笔录和录像及相关证据证明，侦查人员在审讯过程中存在对犯罪嫌疑人不在规定的羁押场所关押、审讯的情形；公安机关提供的张辉首次有罪供述的审讯录像不完整；张辉、张高平指认现场的录像镜头切换频繁，指认现场的见证人未起到见证作用；从同监犯获取及印证原审被告人有罪供述等侦查程序和行为不规范、不合法。"因此，本案不能排除公安机关存在以非法方法收集证据的情形。"再审判决撤销原审判决，宣告张辉、张高平无罪。在再审宣判后回答记者提问时，浙江高院新闻发言人唐学兵说，综合王某被强奸致死一案的相关事实与证据，"5·19"案不能排除系勾海峰作案的可能。[1]

---

〔1〕　参见董碧水："冤案是这样酿成的"，载《中国青年报》2013 年 4 月 3 日，第 7 版。

第三节　事实推证与推定

我国审判程序一般为：双方开庭陈述；法庭调查即双方提证与质证；法庭辩论即双方发表辩论意见；双方最后陈述；法庭评议裁决。在英美法系国家，开庭程序一般为：起诉方陈述和提证；被告方陈述和提证（均包括开庭陈述、主询问、交叉询问、再询问）；双方最后陈述；法官总结提示；陪审团评议裁决。[1] 在英美法系国家，一般采取陪审团制度，[2] 通常以 12 个人组成的陪审团决定被告是否有罪。在法庭上，检控方要举证证明被告有罪，即代表控方的检察官依据警方提供的证据起诉被告；代表辩方的律师提出反证或怀疑，攻击检控方掌握证据的真实性和可信度，争取陪审团的同情与支持；法官扮演双方攻守战的裁判角色，主持法庭审理程序及维持法庭秩序，并在被告罪名成立后负责裁判量刑。

诉讼双方在法庭上提出证据并基于证据证明案件事实，是举证与证明，可以概括为事实推证。法院审查与确认证据并基于证据确认案件事实，是对双方事实证明或论证作出认定，是审证与认证，是裁判证据和裁判事实，可以概括为事实认证或认定。此处事实推定或认定是指事实确认，是确认事实意义上的认定。此处事实认定只是确认事实的真实性，不包括评价事实。事实推证与事实推定都属于诉讼证明的范畴，属于事实推理或推论（factual inference）的范畴。事实推证是诉讼双方向法庭所作的事实证明或论证，而事实推定是法院向社会公众所作的事实论证。在法庭上，证明与确认案件事实需要基于证据进行推理。审查与确认证据需要对证据进行推理。美国证据学家威格莫尔（John H. Wigmore）将人们在法庭上运用证据证明或认定事实的方式归结为两种方式：其一，提交一个独立的事实材料；其二，以推理（inference）的方式说明或证明待证事实的存在。例如，根据已知事实"犯罪现场发现的指纹与被告人具有同一性"，可以得出被告人到过犯罪现场的结论。他根据事实材料的类型又将事实证明分

---

[1]　在英美法系中，庭审程序没有独立的法庭辩论阶段。法庭辩论贯穿于双方的开庭陈述、提证、质证与最后陈述之中。

[2]　裁判一个案件时总是要划分为事实问题与法律问题两个方面。陪审团负责对事实问题作出判断。所谓事实问题，指的是某个事件或某种行为是否发生过。陪审团基本上是由不懂法律的外行人组成的，双方律师的目的是要让这 12 个外行人了解和相信本方主张的事实。陪审团对司法程序的一个影响是，案件审判必须让没有经过专业训练的外行明白，不以专业为由让法官垄断裁判。

为两类：其一，根据证人证言（testimonial evidence）进行推理；其二，以其他任何证据或事实材料——英美证据法一般称为"情况证据"（circumstantial evidence）[1]——进行推理。应当指出，诉讼双方的事实推证与陪审团或法官的事实推定，不是一个纯粹的逻辑推演或逻辑论证的过程。不但要遵守逻辑规则，而且要遵守证明责任和证明标准的规则。

一、正义先于真实原则：正当法律程序——证明责任、答辩责任与说服责任

西方法谚有云："程序是法治和恣意人治的分水岭。"1215 年英国最早在《自由大宪章》中确立了"正义先于真实"（Justice before Truth）原则，[2] 确立了"自然正义"（natural justice）原则，确立了"正当法律程序"（due process of law）原则。[3] 在英国"程序正义"观念的表达是"自然正义"（natural justice）原则，[4] 在美国就是"正当法律程序"（due process of law）原则。[5] 正如英国上诉法院院长丹宁勋爵（Denning）在《法律的正当程序》中指出："我所说的'正当程序'不是指枯燥的诉讼条例，它在这里和国会第一次使用这个词时所指的意思倒极其相似。它出现在 1354 年爱德华三世第二十八号法令第三章中，'未经正当法律程序答

---

〔1〕　在英美证据法中，情况证据是指需要经由推论才能明确其证明事项的证据。

〔2〕　参见 [法] 勒内·达维德：《当代主要法律体系》，漆竹生译，上海译文出版社 1984 年版，第 337 页。

〔3〕　1215 年英国在《自由大宪章》中确立了"程序正义"的原则。1215 年英格兰国王颁行的《自由大宪章》（Magna Carta）第 39 条规定：除非经由贵族法官的依法裁判或者根据当地法律，不得对任何自由人实施监禁、剥夺财产、流放、杀害等惩罚。1354 年英国国会通过的第 28 条法令即《自由令》第 3 章规定："未经法律的正当程序进行答辩，对任何财产或身份的拥有者一律不得剥夺其土地或住所，不得逮捕或监禁，不得剥夺其继承权，或剥夺其生存之权利。"这条规定首次以法令形式表述了正当法律程序原则，并扩大了正当程序的适用范围。

〔4〕　英国威廉·韦德爵士在其著作《行政法》中指出："自然正义在英国法律中所起的作用大体相当于正当法律程序在美国宪法中所起的作用。"

〔5〕　1791 年美国联邦宪法第 4 修正案规定："任何人的人身、住宅、文件和财产不受无理搜查和查封，没有相当理由（probable cause）支持，不得签发搜查令和逮捕令。"第 5 修正案规定："无论何人，除非根据大陪审团的报告或起诉，不得受判处死罪或者其他不名誉罪行之审判；不得在任何刑事案件中被迫自证其罪；不经正当法律程序，不得被剥夺生命、自由或财产。"第 6 修正案规定："在一切刑事诉讼中，被告有权由犯罪行为发生地的州和地区的公正陪审团予以迅速和公开的审判，该地区应事先由法律确定；得知控告的性质和理由；同原告证人对质；以强制程序取得对其有利的证人；并取得律师帮助为其辩护。"1868 年美国联邦宪法第 14 修正案规定："任何一州，都不得制定或实施限制合众国公民的特权或豁免权的任何法律；未经正当法律程序，不得剥夺任何人的生命、自由和财产；对于在其管辖下的任何人，亦不得拒绝给予平等法律保护。"

辩，不得剥夺任何财产和身分拥有者的土地或住所，不得逮捕或监禁任何人，不得剥夺任何人的继承权和生命。'"[1]

在英美法系国家和大陆法系国家，根据正当法律程序原则确立了证明责任规则，要求控方或起诉一方承担证明责任或证明义务。即在刑事案件中要求检控方对指控犯罪承担举证责任、证明责任、答辩责任与说服责任，检控方必须向法庭出示有罪证据并证明有罪证据的可采信性[2]以及指控事实的真实性，而被告人有对抗自证其罪和辩护的权利但不承担自证清白、证明自己无罪的责任；在民事案件中其证明责任分配原则是"谁主张谁举证"，起诉一方或提出主张的一方对自己主张的事实及其证据负有证明责任或说服责任，应向法庭出示证据并证明和说服法庭相信证据的可采信性和主张事实的真实性。证明责任包括两个责任：其一，举证义务与证明义务（the production burden or the burden of evidence），即向法庭提供证据并证明指控的义务或责任；其二，说服责任（persuasion burden）或不能说服的风险承担（the risk of nonpersuasion burden），即不能证明其主张事实或不能说服法庭相信其主张事实成立而承担败诉或诉讼不利结果的责任。[3] 正如萨伊尔指出的，证明责任规则就是强调倘若负有或承担证明义务或责任的控方或当事人一方举证不能或举证不足以说服法庭相信其主张事实成立，就要承担败诉或诉讼不利的法律后果。

正当法律程序原则就是以司法权力制约政府权力或行政权力。强调被告人及任何其权益受到判决影响的当事人都享有被告知和陈述自己意见并获得听审的权利，享有申辩、答辩与论辩的权利，强调对被告人的审判是合法与公正的。证明责任规则是事实证明与认定的规则。控辩双方在按证明责任规则承担证明责任，按证明责任规则向法庭举证和证明并且说服法庭接受他们的主张或者抗辩。法官通过审查并判断诉讼双方对其主张是否承担了证明责任以及其证明是否达到了证明标准或要求，以此为根据认定案件事实，即确定主张事实是否存在。诉讼双方各自陈述案件事实和提出证据，意图在于说服法官接受自己的事实主张或抗辩。诉讼双方都知道事实真相，但经常会做出截然相反的陈述，有时承认对方陈述的事实，有时

---

〔1〕 [英] 丹宁勋爵：《法律的正当程序》，李克强、杨百揆、刘庸安译，法律出版社 1999 年版，前言。

〔2〕 证据的可采信性，包括证据的确实性、关联性和合法性。

〔3〕 即在诉讼中如遇事实悬疑（即真伪不明），由负举证责任的一方承担败诉风险。1898 年美国法学家詹姆斯·布拉德利·萨伊尔（Thayer）揭示了证明责任的这两个内涵。

则否认对方陈述的事实。证明责任规则是事实推定的原则。法官的职责就是根据证明责任规则和证明标准的规定与要求，审查并判断诉讼双方对证据和事实是否承担了相应的证明责任以及其对证据和事实的证明是否达到了证明标准，并以此为根据确认或认定证据与争议事实。法官在法庭上的首要工作就是听证、审证与认证。"亲耳聆听证人的陈述，亲眼阅读法庭上提交的书面材料，他的任务就是从这些他看到或听到的已知事实推导出他既没有看到也没有听到的事实。"

二、证明标准："排除合理怀疑"与"盖然性占优势"

诉讼双方的事实推证和法官的事实推定不是任意的，而是受证明标准或证明要求规则约束的。证明标准（standard of proof）又称证明要求，是指负有证明义务或责任的诉讼双方对证据和案件事实加以证明所要达到的证明程度。[1] 它是事实推证与事实推定是否具有说服力的评价或判定标准。英美法系国家、大陆法系国家在程序法中都规定了事实推证与事实推定的证明标准或要求。诉讼双方需要按照证明责任和证明标准的要求向法庭证明并且说服法庭接受他们的事实主张或者事实抗辩。法官需要根据证明责任与证明标准的法律规定，审查诉讼双方是否承担了证明责任以及其证明是否达到了证明标准或证明要求并以此为根据认定或推定案件事实，并且法官对事实的推定或认定也要达到这个证明标准或证明要求。

"排除合理怀疑"与"盖然性占优势"是英美法系国家的证明标准或要求的概括。在英美法系国家，刑事案件的证明标准或要求是"排除合理怀疑"（beyond reasonable doubt）。要求控方的证据和事实及其证明排除合理怀疑。即这个标准既适用于证据和事实也适用于对证据和事实的证明。排除合理怀疑是指无可置疑、全面的证实、完全的确信或者道德上的确信，以至于不可能作出其他合理推论。[2] 在刑事案件中，作为承担证明责任的控方必须"排除合理怀疑"地证明其指控犯罪的证据和事实是成立的。即控方指控犯罪的证据和事实不能存在任何疑点，控方对指控犯罪的证据和事实的证明必须达到"排除合理怀疑"的程度。被告人不承担证明自己无罪的责任，但有辩护的权利而且积极抗辩（affirmative defense）即证明被告人"无罪、罪轻或者应当减轻、免除其刑事责任"的抗辩只需要

---

〔1〕　参见樊崇义主编：《证据法学》，法律出版社 2003 年版，第 304 页。

〔2〕　See Garner, *Black's Law Dictionary*, 5th edition, Thomson West, 1979, p.147.

达到优势证据的程度或要求即可。因此，控方要想使法庭认定被告人犯有指控的罪名，就必须使他们相信犯罪指控的全部证据和事实都已经得到排除合理怀疑的证明。如果存在任何一个犯罪证据或事实要件没有得到令法庭满意的证明或者任何辩护意见没有得到控方的有力反驳，被告人就会被判无罪。在英美法系国家，民事案件的证明标准或要求是"盖然性占优势"（preponderance of probability）。[1] 即在民事案件中诉方即起诉一方或主张一方对证据和事实主张的证明应当达到"盖然性占优势"或"高度盖然性"[2] 的程度和要求。[3] 即负有证明责任的当事人必须以优势证据证明其确权、侵权或违约事实的存在，否则就要承担败诉或诉讼不利的法律后果。英国丹宁法官在米勒诉财政大臣（*Miller v. Minister of Pensions*）一案中对此曾经说道，"如果证据已经达到如此的程度，以至于法官可以说：'存在的可能性比不存在的可能性大'，那么这种证明责任已经完成了。但是如果这种事实存在的可能性与不存在的可能性是相同的话，证明责任就没有完成。"[4] 在民事诉讼中，使人信服之力量在于其证据之优势，陪审团或法官之心如秤，把当事人双方之证据分置于左右之秤盘，从中权衡何者具有较大之重量。[5]

在英美法系国家，刑事案件实行最严格的证明标准，"排除合理怀疑"就是刑事案件的证明标准，也是诉讼证明的最高标准。即在刑事案件中控方必须将犯罪指控证明到"排除合理怀疑"的程度，指控才得以成立。

---

〔1〕 美国一般将民事诉讼证明标准表述为"优势证据"（preponderance of evidence）。

〔2〕 在大陆法系国家，对民事案件主张"高度盖然性"证明标准。德国学者普维庭指出，较高程度的盖然性是民事诉讼证明标准。

〔3〕 中新网2008年3月14日电："在香港律师谢某违反操守案中，因其在杂志上拍摄近乎全裸照片及过度宣传而被律师会独立纪律审裁组裁定违反操守。纠缠了近10年，香港终审法院驳回其上诉，谢某被处执行停牌1年的处罚。谢某在终审法院的上诉中，指出由于律师会对他的指控及后果均十分严重，故认为纪律聆讯中应采取刑事案件的较高举证标准，故需要在"毫无合理疑点下"始能裁定有罪。终审法院法官包致金在判决中指出，在纪律聆讯中应采取民事案"相对可能"的举证标准，由于愈严重的指控，便愈需要更有力的证据去支持，否则指控不能成立。故厘定采取那一种举证标准，并非取决于指控是否严重。若这举证标准被一个正常人正确运用的话，已足够维持业界专业水平，亦可避免业界成员被冠以不公平的定罪。"

〔4〕 *Miller v. Minister of Pensions* (1947) 2 All ER 372.

〔5〕 参见 [美] 摩根：《证据法之基本问题》，李学灯译，台湾世界书局1982年版，第48页。

"排除合理怀疑"的证明标准是来自美国的证据法。[1] 在美国刑事审判中，"陪审团宣告无罪判决不必要相信被告是无辜的。即使他们相信他有罪，但如果这种信念不十分坚定，他们仍应宣告无罪判决。如果宣告有罪，那么在他们的信念中就不存在合理的怀疑[2]。因此，在每一个联邦法院，法官例行向陪审团作下列指示：如果要作出被告有罪的判决，他们则必须确定他所犯之罪，不存在合理的怀疑。"[3] 正如法官在马拉尼诉威尔伯（*Mullaney v. Wilbur*）一案中指示陪审团所言：在你们考虑所有证据，进而确信本案被告人或者任何涉嫌谋杀的其他人有罪之前，你们必须相信并裁定公诉人已经通过证据证明此人有意开枪射杀被害人或其他人，而且达到了排除合理怀疑的程度。要时刻牢记，你们绝不能希望或要求辩方去证明被告人没有杀人的故意，并达到让你们满意的程度。虽然他可以通过各种证明方式，尽其所能地让你们相信被告人是无辜的或无罪的，但他并不是必须这么做，他没有证明任何事情的义务。证明被告人有罪永远是公诉人的责任。在本案中证明被告人有意谋杀，且达到排除合理怀疑的程度也同样只是公诉人的责任。辩方负有证明其所主张的积极抗辩且达到优势

---

　　[1]　美国的证据法理论和证据立法将证明标准所涉及的程度分为以下几种等级的情形，即：第一等为绝对确定，限于认识上的局限性，认为该认识程度根本无法实现，故此无论出自何种法律目的均无此等要求；第二等为排除合理怀疑，为刑事案件作出定罪裁决的要求，亦是诉讼上证明的最高标准；第三等为清楚和有说服力的证据，在某些司法区的刑事案件中当拒绝保释时，以及作出某些民事判决时有此等要求；第四等为优势证据，它是作出民事判决以及肯定刑事辩护时所要求的；第五等为合理根据，适用于签发令状，无证逮捕、搜查和扣押，提起大陪审团起诉书和检察官司起诉书，撤销缓刑和假释，以及公民扭送等情况；第六等为有理由的相信，适用于'拦截和搜身'时的要求；第七等为有理由的怀疑，用于宣布某被告为无罪；第八等为怀疑，即据此可以开始行使侦查权；第九等为无线索，仅据此不足以采取任何法律行为。参见毕玉谦：《民事证据法判例实务研究》，法律出版社 1999 年版，第 426 页。

　　[2]　美国加州刑法对"合理的怀疑"定义如下："它不仅仅是一个可能的怀疑，而是指该案的状态，在经过对所有证据的总的比较和考虑之后，陪审员的心理处于这种状况，他们不能说他们感到对指控罪行的真实性得出永久的裁决已达到内心确信的程度。"美国联邦最高法院 1990 年所作的 Cage 案件判决："合理的怀疑不单是指可能的怀疑，而是现实的充分的怀疑，是合理的人类深刻接受的怀疑。要求的不是绝对的或者是数学的确实性，而是道德确实性。"美国联邦最高法院 1994 年在 Victor 案件中判决指出："合理的怀疑是指从证据、事实或者从根据证据所提示的事情中产生出来的，或者是从关于事实的某一部分欠缺证据而产生的、现实的并且是充分的怀疑，这区别于仅有某种可能性的、想象的、一时兴起的妄加推测中所产生的认识。"参见张斌："论英美刑事证明标准的神学渊源及启示——以'怀疑'的道德蕴涵为中心"，载《清华法学》2009 年第 5 期。

　　[3]　黄家乐、李炳成、赵怀斌编译：《律师取胜的策略与技巧》，中国政法大学出版社 1993 年版，第 147 页。

证据程度的责任。如果你们裁定公诉人已经成功证明被告人有杀死被害人的故意，且达到排除合理怀疑的程度，但同时辩方也成功地通过优势证据证明被告人是在情感冲动的影响下行事的，那么你们就只能裁定被告人犯有一般杀人罪而不是谋杀罪。[1] 根据上述证明标准规则，"无罪"这一法律术语与"无辜"并不是同义的。"无罪"是在起诉人没有履行其举证责任时陪审团所作的法律判决。一项基于证据不充分的"无罪"判决可以根源于陪审团两种心理状态中的一种：他们相信被告是无辜的且没有犯罪；另外，虽然他们认为他不是无辜的且倾向于认为他确实犯了罪，只是起诉人没有充分有力的证据使他们确信对他的罪行不存在合理的怀疑。因此，对陪审团来说，最重要的法律问题不是决定被告有罪还是无辜，即不是决定被告是否犯罪，他们的职责是决定起诉人是否履行了法律上的举证责任，证明对被告的犯罪指控不存在合理的怀疑。陪审团宣告无罪判决不必要相信被告是无辜的。即使他们相信他有罪，但如果这种信念不十分坚定，他们仍应宣告无罪判决。比如，在美国"世纪审判"的辛普森案件中，陪审团达成了辛普森无罪的一致裁决，但陪审团成员之一艾辛巴克（女，白人）说道，她内心认为辛普森很可能有罪，但是她又认为检方证据不足。

在大陆法系国家，刑事案件的证明标准或要求是内心确信。在刑事诉讼中承担证明责任的检方对指控证据和事实的证明要达到使法庭确信的程度。1808 年《法国刑事诉讼法典》第 342 条规定指出：法律不要求陪审官报告他们建立确信的方法；法律不给他预定一些规则，使他们必须按照这些规则来决定证据是不是完全和充分；法律所规定的是要他们集中精神，在自己良心的深处探求对于所提出的反对被告人的证据和被告人的辩护手段在自己的理性上发生了什么印象。法律不向他们说"你应当把多少证人所证明的事实认为是真实的。"它也不向他们说"你们不要把没有某种笔录、某种文件、多少证人或多少罪证所决定的证据看作是充分证实的"。法律只是向他们提出一个能够概括他们职务上的全部尺度的问题："你们是真诚的确信吗?"[2] "内心确信"是大陆法系国家对证明标准或证明要求的概括。在大陆法系国家，确立的是自由心证制度，证据的取舍及证明力的大小及其如何运用，法律不作预先规定，完全交由法官秉诸"良心"

---

〔1〕 *Mullaney v. Wilbur*，421U. S. 684，95 S. Ct. 1881，44L. ed. 2d. 508（1975）.

〔2〕 参见谢朝华：《法国刑事诉讼法典》，余叔通译，中国政法大学出版社 1997 年版，第 131 页。

"理性"自由判断，形成内心确信，从而对案件作出结论。[1] 值得指出的是，从某种意义上说，"内心确信"即使法庭"确信"的证明标准与要求，实际上就是"排除合理怀疑"的标准与要求。《布莱克法律词典》指出："排除合理怀疑是指全面的证实、完全的确信或者一种道德上的确定性；这一词汇与清楚、准确、无可置疑这些词相当。在刑事案件中，被告人的罪行必须被证明到排除合理怀疑的程度方能成立，意思是被证明的事实必须通过它们的证明力使罪行成立。排除合理怀疑的证明，并不排除轻微可能的或者想象的怀疑，而是排除每一个合理的假设，除非这种假设已经有了依据；它是'达到道德上的确信'的证明，是符合陪审团的判断和确信的证明，作为理性的人的陪审团成员在根据有关指控犯罪是有被告人事实的证据进行推理时，是如此确信，以至于不可能作出其他合理的推论。"[2]

在我国刑事诉讼中，证明标准与要求是"证据确实与充分"。即承担证明责任或义务的一方对案件事实证明要达到"证据确实与充分"的要求或标准。在我国刑事诉讼中，"证据确实与充分"标准与要求是指："①定罪量刑的事实都有证据证明；②据以定案的证据均经法定程序查证属实；③综合全案证据，对所认定事实已排除合理怀疑。"[3] 上述证明标准或要求也被概括为证据确实性要求和证据充分性要求两个部分。具体内容与要求可以概括如下：其一，每一个指控或认定的事实都有证据证明；其二，据以定案的证据均经法定程序查证属实；其三，证据与证据之间、证据与事实之间不存在矛盾或者矛盾得到合理排除；其四，根据证据证明或认定

---

〔1〕 参见何家弘主编：《证据学论坛》，中国检察出版社 2000 年版，第 367 页。

〔2〕 See Gamer, *Black's Law Dictionary*, 5th edition, Thomson West, 1979, p.147.

〔3〕 我国刑事诉讼历来以"案件事实清楚、证据确实充分"为定罪的证明标准。2012 年《刑事诉讼法》再修改，总结司法实践经验，借鉴国外证明标准，对证据确实充分作了进一步解释。2012 年《刑事诉讼法》第 53 条第 2 款规定："证据确实、充分，应当符合以下条件：（一）定罪量刑的事实都有证据证明；（二）据以定案的证据均经法定程序查证属实；（三）综合全案证据，对所认定事实已排除合理怀疑。"全国人大常委会法制工作委员会刑法室编写的《〈关于修改中华人民共和国刑事诉讼法的决定〉条文说明、立法理由及相关规定》一书称："这里使用'排除合理怀疑'这一提法，并不是修改了我国刑事诉讼的证明标准，而是从主观方面的角度进一步明确了'证据确实、充分'的含义，便于办案人员把握。""'排除合理怀疑'是指对于认定的事实，已没有符合常理的、有根据的怀疑，实际上达到确信的程度。"全国人民代表大会法制工作委员会刑法室原主任王尚新称："我国'事实清楚、证据确实充分'的规定最为严格，应当予以保留，大可不必妄自菲薄。只是这一规定过于原则，执行中难以把握，可以考虑引进英美法系的排除合理怀疑，与原规定共同形成对法官甚至控方的要求，这样可以使司法者从案件的正反两方面来考虑问题，相互印证，也可增强证明标准在执行中的可把握性。"

事实的过程符合逻辑和经验规则，由证据得出的结论不存在合理怀疑，得出的结论是唯一的，排除了其他可能性。[1] 值得指出的是，在刑事诉讼中，不但要证明事实的真实性，而且要证明证据的合法性、确实性与充分性。[2] 即"证据确实、充分"本身也是证明对象或证明内容，此时对证据确实性与充分性的证明要达到的证明标准或程度不是"证据确实与充分"，而是达到排除合理怀疑的标准或程度。即"证据确实与充分"是证明要求与对象，并不是证明标准，将证明标准概括为"证据确实与充分"是不适当的。此外，"排除合理怀疑"的证明标准，不仅指出了证明的评价标准，也指出了证明的评价方法；不仅指出了证明应当达到的要求，而且指出了达到这种要求的方法，即通过排除合理怀疑的过程实现证明或确证。而把"证据确实与充分"作为证明标准，就未有效地提供实现证明要求与标准的方法与手段。应当指出，"排除合理怀疑"与"盖然性占优势"的证明标准与要求，涵盖了"证据确实与充分"证明标准的全部要求，而且是证明"证据确实与充分"的证明标准与要求，"排除合理怀疑"与

---

〔1〕 我国 2012 年《刑事诉讼法》第 53 条第 2 款规定，证据确实、充分，应当符合以下条件：①定罪量刑的事实都有证据证明；②据以定案的证据均经法定程序查证属实；③综合全案证据，对所认定事实已排除合理怀疑。《最高人民法院、最高人民检察院、公安部、国家安全部、司法部关于办理死刑案件审查判断证据若干问题的规定》（2010 年 7 月 1 日施行）第 5 条规定，办理死刑案件，对被告人犯罪事实的认定，必须达到证据确实、充分。证据确实、充分是指：①定罪量刑的事实都有证据证明；②每一个定案的证据均已经法定程序查证属实；③证据与证据之间、证据与案件事实之间不存在矛盾或者矛盾得以合理排除；④共同犯罪案件中，被告人的地位、作用均已查清；⑤根据证据认定案件事实的过程符合逻辑和经验规则，由证据得出的结论为唯一结论。《最高人民法院、最高人民检察院、公安部、国家安全部、司法部关于办理死刑案件审查判断证据若干问题的规定》第 33 条第 1 款规定，没有直接证据证明犯罪行为系被告人实施，但同时符合下列条件的可以认定被告人有罪：①据以定案的间接证据已经查证属实；②据以定案的间接证据之间相互印证，不存在无法排除的矛盾和无法解释的疑问；③据以定案的间接证据已经形成完整的证明体系；④依据间接证据认定的案件事实，结论是唯一的，足以排除一切合理怀疑；⑤运用间接证据进行的推理符合逻辑和经验判断。

〔2〕 全国人民代表大会常务委员会法制工作委员会刑法室编写的《〈关于修改中华人民共和国刑事诉讼法的决定〉条文说明、立法理由及相关规定》一书称："不能排除存在第 54 条规定的非法取证情形的，即检察机关对证据收集的合法性的证明没有达到确实、充分的程度，审判人员对是否存在第 54 条规定的以非法方法收集证据情形仍有疑问的情况。人民法院对有关证据也应当予以排除，不得作为判决的依据。"

"盖然性占优势"是对证明标准或要求的最好概括与表达。[1] 即在刑事诉讼中，控方"必须排除所有合理的、实质性的怀疑，才能推翻无罪的假定"。倘若控方对指控证据或事实的证明没有达到排除合理怀疑的程度，即指控证据或事实存在疑点且不能合理排除，就不能确认其指控成立。在民事诉讼中，倘若诉方对起诉证据或事实的证明没有达到盖然性占优势的程度，就不能确认其主张成立。

　　证明责任与证明标准的规则是诉讼双方事实推证或论证的规则，是衡量与评价诉讼双方事实推证是否成立即具有说服力或证明力的标准与尺度，是法官或法庭确认证据和推定事实的规则。因此，法院应当根据证明责任和证明标准的要求来审查证据、认定证据和推定案件事实。即应当通过审查与判断诉讼双方对其指控或主张是否承担了证明责任以及其证明是否达到了证明标准或证明要求，并以此为根据认定或推定其指控或主张的证据和事实是否成立。尤其是在案件事实处于真伪不明的情况下，法庭必须通过遵守法律规定的证明责任之分配规则以及证明标准规则来解决事实推定或认定问题。特别是在刑事诉讼中，倘若控方对指控证据和事实的证明没有达到排除合理怀疑的标准或程度，即指控证据或事实存在疑点且不能被合理排除，就不能确认其指控是成立的。

　　正如卡多佐大法官所说，我们不可能超越自我的限制而看清任何事物的本来面目，尽管如此，这却是一个在我们的能力限度之内应当努力争取的理想。上述证明责任及证明标准规则正是在法律上寻找事情真相的一个制度设计。这种设计就是通过要求事实推证与推定不存在疑点或者说能够排除对它的合理怀疑来探寻或确认事情真相。基于这种证明责任与证明标准的规则，对证据和事实进行推证与推定一般得到的是或然性结论，这种推证与推定未必是客观真实的，但它是对案件真实情况的合理还原与最好逼近。正如《布莱克法律辞典》指出："对于不能从正面来把握的问题，我们可以从反面来把握。可以这样说，一个结论如果能够排除对它的合理疑问，它就具有确定性。这种确定性对于一个具有正常理智的人来说，显

---

　　[1]　美国联邦最高法院早在19世纪就已经有过断言："（法官）解释'排除合理怀疑'的任何努力，并不会让陪审团成员的头脑更加清醒。"美国证据法学家威格莫尔宣称："对（排除合理怀疑）这种捉摸不定和不可能确定（最终答案）的思想状态，要作出更加详细的解释，是不明智之举。"参见张斌："论英美刑事证明标准的神学渊源及启示——以'怀疑'的道德蕴涵为中心"，载《清华法学》2009年第5期。

然具有合理的可接受性。"[1] 美国学者夏皮罗指出："16~18 世纪的法官要告诉陪审团作出有罪裁决应遵循的标准。法官别无选择地借用宗教和哲学中的认识论。一方面是英国的宗教传统，特别是旨在寻求在日常生活中作决定的根本方式的决疑传统；另一方面是培根（Bacon）、博伊尔（Boyle），特别是洛克（Locke）和实证主义哲学家所倡导的科学运动，他们试图依据所收集的证据建立科学的真实。上述证明标准的确立是建立在认识论与道德和价值考量基础之上的。

在福峡茶厂诉福州港务局马尾港务公司一案[2]中，在诉前涉案集装箱被放回港区周转使用，已经无法对其装载茶叶时的状况进行检验，因此，法院认定集装箱体受湿发生在被告滞运期间以及第三人提供的集装箱水密性能不好的事实没有直接证据，只能运用证明责任规则进行推定。法院审理后认为，本案茶叶霉变系水湿所致。该批茶叶在装入集装箱前经检验合格，未受水湿。被告和第三人均举不出确实的证据来证明水湿系托运茶叶本身的质量问题。因此，只能推定湿损发生在装箱之后，而集装箱离开被告堆场直至收货人仓库期间，箱体均无受湿的可能。而在被告滞运期间，集装箱为露天堆放，其间有 3 次台风暴雨袭击，被告又未采取任何防护措施。因此，集装箱体受湿，只能推定发生在被告滞运期间。在正常情况下，集装箱即使受雨淋，也不会发生渗漏。但是，如果集装箱水密性能不符合要求，在受水时就会发生渗漏致箱内货物水湿损坏。本案集装箱内的货物水湿受损，因排除了托运人（装箱人）的原因，且又有受到雨淋的事实，只能推定是集装箱的水密性能不符合要求所造成的。集装箱水密性能不符合要求属箱体本身的潜在缺陷，是一般人用普通方法所不能发现的。因此，因箱体本身的潜在缺陷，如透光检查无法发现渗漏等，造成货物湿损，由集装箱所属单位负责。由于集装箱属第三人所有，该货损就应

---

[1] See Garner, *Black's Law Dictionary*, 5th edition, Thomson West, 1979, pp. 214-215.

[2] 参见最高人民法院中国应用法学研究所编：《人民法院案例选》（第 5 辑），人民法院出版社 1993 年版，第 151~155 页。原告自行装箱施封，交被告承运后，一直到收货人收货运至其仓库，集装箱都是清洁交接，而集装箱内的茶叶却因水湿致发生霉变、货损。由于集装箱运输的特点，是凭箱体和沿封交接。在箱体完好、沿封完整、清洁交接的情况下，箱内货物发生灭失、短少、变质、污染、损坏，只能依据"谁装箱谁负责"的原则，推定由装箱人负责。在装箱人有充分证据证明货损是他人过错造成的情况下，或者说已发生的事实能充分说明箱内货物货损是装箱人以外的人造成的，就应由过错人承担责任。

由第三人负责。[1]

在浙江张氏叔侄案[2]中，警方指证与检方指控存在许多疑点。其一，本案主要物证并不支持警方指证与检方指控。受害人指甲上物质DNA鉴定结论是一份重要的证据。在杭州市法医学会出具的（2003）第125号DNA检测报告中，其鉴定结论称："所提取的死者王某其余8个指甲末端检出混合DNA谱带，可由死者王某与一名男性的DNA谱带混合形成，排除由死者与犯罪嫌疑人张辉或张高平的DNA谱带混合形成。"即受害人指甲里检出的DNA混合物排除了张辉、张高平而来自另一名未知男性，这表明真凶可能另有其人。二审辩护律师指出，如果张辉是强奸者，他就是被害人死前接触的最后一名男性。既然公安机关能够从被害人的指甲中检出更早时间另一名男子留下的DNA，为何不能从中检出在最近时间里张辉留在她指甲内的DNA？其二，本案张辉、张高平的供述存在明显的矛盾。在他们的供述中，作案前后的行车路径不一，作案现场的车辆行驶停放情况不明。比如张辉说，到达现场是先将卡车掉头，然后实施了强奸行为；张高平却说，是在作案后将车继续往前开。侄子张辉还说，是叔叔从车上递下来的尸体，他一人扛着扔进了水沟。叔叔张高平却说，是侄子抬上身，他抬脚，一起将尸体抛至水沟。其三，为什么两名嫌疑人在行车的4个小时内没有行凶，却偏要到了杭州，在杭州城内行凶？犯罪为什么要在借手机给被害人与家人通话后进行？

在开庭审理中，检控方没有合理地排除本案的重重疑点，对指控犯罪的证据和事实的证明没有达到"排除合理怀疑"的程度。而且不主动出示那份DNA鉴定报告。[3] 一、二审法官们在本案中没有依法对待对被害人所做的DNA鉴定报告等存在的疑点，没有依据法律规定的"疑罪从无"

---

[1] 参见最高人民法院中国应用法学研究所编：《人民法院案例选》（第5辑），人民法院出版社1993年版，第151-155页。

[2] 参见董碧水："冤案是这样酿成的"，载《中国青年报》2013年4月3日，第7版。

[3] 在审查起诉期间，张高平的辩护律师前往检察院，看到了上述DNA鉴定报告，但在案件起诉后，发现检方只移送了两份有罪供述的笔录，并未看到那份DNA鉴定报告。"一审开庭，公诉人在举证时，也没有出示那份DNA鉴定报告。"辩护律师在庭上据理力争，要求公诉人出示DNA鉴定报告，并当庭说出了鉴定文号。公诉人不得不拿出了这份鉴定。全国人大代表、浙江高院院长齐奇在两会期间接受媒体采访时称，个别侦查机关为了定案，不全部移送对被告人有利的证据材料。"如果他们不移交，我们发现的难度就比较大了，因为没有移交的部分我们无法掌握。

原则进行裁决。[1] 杭州中院一审认为，"因手指为相对开放部位，不排除被害人因生前与他人接触而在手指甲内留下 DNA 的可能性"。浙江高院二审认为，"本案中的 DNA 鉴定结论与本案犯罪事实并无关联"。[2] 在法庭上，律师们对张辉、张高平坚持作无罪辩护，但辩护人的意见也并未被法官们采纳。一位律师说，他们理性的意见总是不被法庭采信。"其实，只要法官们认真听取律师的意见，冤案也可以止于法院。"我国这桩桩冤案大多源于刑讯逼供。[3] 每一个打出来的冤案都会有一些疑点。正如出庭检察员在该案再审庭审中指出：该案没有证明张辉、张高平强奸杀人的客观性直接证据，间接证据也极不完整，缺乏对主要案件事实的同一证明力，没有形成有效的证据链。公安机关在侦查本案时，侦查程序不合法，相关侦查行为的一些方面确实存在不规范或个别侦查人员的行为存在不文明的情况，"不能排除公安机关在侦查过程中，有以非法方法获取证据的一些情形。"应当指出，假如检察机关在批捕和诉讼中能够履行好职责，充分听取申辩意见，认真审查每一个证据，认真对待每一个疑点，错案就会得到及时纠正，冤案就能止于人民检察院。同样地，假如法官们在审理案件时能够履行好听证与审证职责，不放过证据与事实的每一个疑点，冤案就能止于正义的最后一道防线。浙江高院依法对张辉、张高平强奸再审案公开宣判，[4] 撤销原审判决，宣告张辉、张高平无罪。这是迟到的正

（接上注）

如果没有看到有利于被告人的证据，就可能导致误判。"我国2012年《刑事诉讼法》第50条明确规定："审判人员、检察人员、侦查人员必须依照法定程序，收集能够证实犯罪嫌疑人、被告人有罪或者无罪、犯罪情节轻重的各种证据。"因此，审判人员、检察人员、侦查人员收集的不仅仅是犯罪嫌疑人、被告人有罪的证据，收集无罪或罪轻的证据也是审判人员、检察人员、侦查人员的法定义务。

〔1〕 "疑罪从无"原则：对犯罪证据和事实的证明没有达到"排除合理怀疑"程度，就作出证据不足、指控罪名不能成立的无罪判决。

〔2〕 参见董碧水："冤案是这样酿成的"，载《中国青年报》2013年4月3日，第7版。

〔3〕 我国《刑事诉讼法》规定，一切案件都要重证据、重调查研究，不轻信口供，严禁刑讯逼供和以威胁、引诱、欺骗以及其他方法非法收集证据。

〔4〕 2011年11月22日，杭州市公安局从此案被害人身上提取的未知男性的 DNA 物证，与因他案已被定罪执行死刑的罪犯勾海峰的 DNA 比对是高度同一的。此后，该局将此结果送公安部物证鉴定中心再次进行鉴定。经比对，被害人8个指甲末端擦拭滤纸上的 DNA，检出的混合 STR 分型中包含勾海峰的 STR 分型。尽管死无对证，法律上已无法认定勾海峰为"5·19"奸杀案的真凶，但除去 DNA 鉴定同一之外，两起命案作案手法也高度相似。在浙江张氏叔侄案再审宣判后回答记者提问时，浙江高院新闻发言人唐学兵说，综合王某被强奸致死一案的相关事实、证据，"5·19"案不能排除系勾海峰作案的可能。

义。[1] 正义只会迟到，但从来不会缺席。

三、事实推证与推定准则：正当法律程序、经验理性、逻辑理性

在事实推证与推定中，自由心证是指对证据证明力的判定不由法律规则预先加以规定，[2] 而不是指事实推证与推定可以不受推理规则约束或无视经验规则。[3] 事实推证与推定必须达到"排除合理怀疑"与"盖然性占优势"或"确实与充分"的证明标准与要求。上述证明标准的具体内容与要求，可以概括为三个方面的正当性要求：正当法律程序、经验理性、逻辑理性。它们是事实推证与推定的准则。

（一）正当法律程序

遵循正当法律程序是第一条法律，是事实推证与推定的第一条准则。正当法律程序是程序正义准则，是程序理性准则。西方法谚有云："程序是法治和恣意人治的分水岭。"在美国就是"正当法律程序"（due process of law）。[4] 司法部门之所以享有崇高地位和得到广泛信任的事实恰恰是以在制度和程序方面受到严格限制为背景的。[5]

在司法过程中，正当法律程序首先要求排除非法收集或非法获得的证据，非法获取的证据不得作为判决的依据。这是非法证据排除规则，是根据正当法律程序条款或程序正义原则确立的规则，是一项重要的司法原则。它是事实推证与推定的重要原则，是证据采信即证据裁判的重

---

〔1〕　参见董碧水："冤案是这样酿成的"，载《中国青年报》2013 年 4 月 3 日，第 7 期。

〔2〕　无论英美法系，还是大陆法系，由于并无预先设定规则规定证据的证明力判断和案件事实的综合认定，因此均属自由心证的证明体系。

〔3〕　参见［美］米尔吉安·R. 达马斯卡：《比较法视野中的证据制度》，吴宏耀、魏晓娜等译，中国人民公安大学出版社 2006 年版，第 214 页。

〔4〕　1791 年美国联邦宪法第 4 修正案规定："任何人的人身、住宅、文件和财产不受无理搜查和查封，没有相当理由（probable cause）支持，不得签发搜查令和逮捕令。"第 5 修正案规定："无论何人，除非根据大陪审团的报告或起诉，不得受判处死罪或者其他不名誉罪行之审判；不得在任何刑事案件中被迫自证其罪；不经正当法律程序，不得被剥夺生命、自由或财产。"第 6 修正案规定："在一切刑事诉讼中，被告有权由犯罪行为发生地的州和地区的公正陪审团予以迅速和公开的审判，该地区应事先已由法律确定；得知控告的性质和理由；同原告证人对质；以强制程序取得对其有利的证人；并取得律师帮助为其辩护。"1868 年美国联邦宪法第 14 修正案规定："任何一州，都不得制定或实施限制合众国公民的特权或豁免权的任何法律；未经正当法律程序，不得剥夺任何人的生命、自由和财产；对于在其管辖下的任何人，亦不得拒绝给予平等法律保护。"

〔5〕　参见［日］谷口安平：《程序的正义与诉讼》（增补本），王亚新、刘荣军译，中国政法大学出版社 2002 年版，第 27 页。

要准则。主要解决的是证据的可采信性（admissibility）问题，即证据是否足以为法律所准许，亦即证据能否作为事实推证与事实推定的依据或根据。其旨在保障被告人享有得到合法而正当审判的权利。英美法系国家确立了严格的非法证据排除规则（the exclusionary rule）。根据美国联邦宪法第 4 修正案和第 5 修正案确立的非法证据排除规则，[1] 是对非法取得的供述和非法搜查、扣押取得的证据予以排除规则的统称，现已扩展为排除包括执法机关违反法定程序调查收集的证据材料以及执法机关以非法的证据材料为线索调查收集的其他证据。美国联邦最高法院在纳多恩诉合众国案（*Nardone v. United States*）[2]、王森诉合众国案（*Wong sun v. U. S.*）[3] 中还确立了"毒树之果"（fruit of a poisonous tree）规则，即非法证据排除规则一般适用于所有被非法搜查"污染"的证据，并且该污染还延伸至随后依据该非法搜查获取之信息得到的证据。"毒树之果"规则是更为严格的非法证据排除规则。[4]"毒树之果"规则是正当法律程序原则的应有之义。

我国刑事诉讼法也确立了一些非法证据排除规则[5]："采用刑讯逼供等非法方法收集的犯罪嫌疑人、被告人供述和采用暴力、威胁等非法方法收集的证人证言、被害人陈述，应当予以排除。收集物证、书证不符合法定程序，可能严重影响司法公正的，应当予以补正或者作出合理解

---

〔1〕 美国最高法院在威克斯案件［*Weeks v. United States*，232 U. S. 383（1914）〕中裁定，违反美国联邦宪法第 4 和第 5 修正案的搜查得到的证据不应当在审判中被采纳，这是对联邦政府及其机构的限制。美国最高法院其后在马普案件［*Mapp v. Ohio*，367 U. S. 643（1961）〕中裁定指出，非法证据排除规则也适用于各州法院的刑事诉讼。判决指出，将正当程序保护扩大到各州和联邦的所有的违反宪法的搜查是合乎逻辑的，也是符合宪法要求的，是保障个人权利的一个重要组成部分。

〔2〕 308 U. S. 338（1939）.

〔3〕 *Wong Sun v. United States*，371 U. S. 471（1963）.

〔4〕 "毒树之果"规则是更为严格的非法证据排除规则，是正当法律程序原则的应有之义。"毒树之果"规则有若干个例外："必然发现例外"［*Nix v. Williams*，467 U. S. 431（1984）〕、"独立来源例外"［*Murray v. United States*，487 U. S. 533（1988）〕、"公共安全例外"［*New York v. Quarles*，467 U. S. 649（1984）〕、"善意例外"［*United States v. Leon*，486 U. S. 897（1984）〕等。

〔5〕 我国非法证据排除规则还不完善且有所保留。

释；不能补正或者作出合理解释的，对该证据应当予以排除。"[1] 我国刑事诉讼法规定，人民检察院应当对证据收集的合法性加以证明，如果不提供证据加以证明或者已提供的证据不够确实充分，即证据收集的合法性存在疑点，亦即其证明不能排除合理怀疑，对有关证据就应当予以排除。[2]

正如美国大法官道格拉斯指出："权利法案的绝大部分条款都与程序有关，这绝非毫无意义。正是程序决定了法治与随心所欲或反复无常的人治之间的大部分差异。"[3] 为了保证司法制度的理性和权威，为了维护法律的权威和公正，为了防止政府滥用权力，首先要从严规范与约束警方和检方的行为，要求侦破案件、搜集罪证、扣押嫌犯等严格遵守正当法律程序。

---

〔1〕 我国《刑事诉讼法》第 56 条规定："采用刑讯逼供等非法方法收集的犯罪嫌疑人、被告人供述和采用暴力、威胁等非法方法收集的证人证言、被害人陈述，应当予以排除。收集物证、书证不符合法定程序，可能严重影响司法公正的，应当予以补正或者作出合理解释；不能补正或者作出合理解释的，对该证据应当予以排除。在侦查、审查起诉、审判时发现有应当排除的证据的，应当依法予以排除，不得作为起诉意见、起诉决定和判决的依据。"《关于办理刑事案件排除非法证据若干问题的规定》（2010 年 7 月起施行）第 1 条规定，采用刑讯逼供等非法手段取得的犯罪嫌疑人、被告人供述和采用暴力、威胁等非法手段取得的证人证言、被害人陈述，属于非法言词证据。

〔2〕 我国《刑事诉讼法》第 58 条规定："法庭审理过程中，审判人员认为可能存在本法第五十六条规定的以非法方法收集证据情形的，应当对证据收集的合法性进行法庭调查。当事人及其辩护人、诉讼代理人有权申请人民法院对以非法方法收集的证据依法予以排除……"第 59 条规定："在对证据收集的合法性进行法庭调查的过程中，人民检察院应当对证据收集的合法性加以证明。现有证据材料不能证明证据收集的合法性的，人民检察院可以提请人民法院通知有关侦查人员或者其他人员出庭说明情况；人民法院可以通知有关侦查人员或者其他人员出庭说明情况。有关侦查人员或者其他人员也可以要求出庭说明情况。经人民法院通知，有关人员应当出庭。"第 60 条规定："对于经过法庭审理，确认或者不能排除存在本法第五十六条规定的以非法方法收集证据情形的，对有关证据应当予以排除。"《关于办理刑事案件排除非法证据若干问题的规定》第 7 条第 1 款规定："经审查，法庭对被告人审判前供述取得的合法性有疑问的，公诉人应当向法庭提供讯问笔录、原始的讯问过程录音录像或者其他证据，提请法庭通知讯问时其他在场人员或者其他证人出庭作证，仍不能排除刑讯逼供嫌疑的，提请法庭通知讯问人员出庭作证，对该供述取得的合法性予以证明……"第 11 条规定："对被告人审判前供述的合法性，公诉人不提供证据加以证明，或者已提供的证据不够确实、充分的，该供述不能作为定案的根据。"

〔3〕 任东来等：《美国宪政历程：影响美国的 25 个司法大案》，中国法制出版社 2004 年版，第 427 页。美国权利法案是美利坚合众国宪法前 10 修正案的统称。权利法案列举了宪法正文中没有明确表明的自由和权利，如不受无理搜查和扣押的权利，个人财物搜查和扣押必须有合理颁发的搜查令和扣押状的权利，保证由公正陪审团予以迅速而公开的审判等。此外，权利法案还规定宪法中未明确授予联邦政府也未禁止各州行使的权力，保留给各州或人民行使。这些条款受到 1776 年的弗吉尼亚权利法案、英国的 1689 年权利法令和诸如 1215 年大宪章的影响。

应当指出，用正当法律程序对执法者的权力予以限制和监督，确实会使一些真正的罪犯借机逃脱法网。然而，任何一个人即便是社会的渣滓，他也有权利得到正当法律程序的保护。正如林肯所言，"为人类自由而奋斗的麻烦是，你会花很大力量和时间为那些狗杂种们辩护，因为专制的法律最初的对象总是这些渣滓，但如果你想制止专制压迫，你就得在一开始就制止它。"从更深远的意义上看，从法律上限制执法者滥用权力，防止政府执法犯法、贪赃枉法、权钱交易、警匪勾结、司法腐败、任意欺压平民百姓，却是对好人的自由和人权的最好保护。正是在这个意义上，美国最高法院大法官霍姆斯指出："罪犯逃脱法网与政府的非法行为相比，罪孽要小得多。"

在司法中违背非法证据排除规则即不排除非法收集或非法获得的证据，就是司法的不法与司法的不正义。[1] 在 2011 年召开的第十一届全国人民代表大会第四次会议上，时任最高人民法院院长王胜俊在作《最高人民法院工作报告》时强调的中心问题就是，"认真落实非法证据排除规定，切实防止发生冤假错案"。这是因为非法证据排除规则在我们国家并没有普遍地得到尊重和适用。[2]

在河北保定王朝案[3]中，辩方对控方证据提出了质疑，其一，辩方对指纹证据提出五点质疑："为何现场只采集到一枚指纹；拍摄的指纹照片没有显示酒瓶全貌，而酒瓶的照片也没有显示指纹，因此无法证实指纹来自案发现场的酒瓶；最重要的定罪证据之一——带有指纹的酒瓶为何返还受害人，导致原证据无法恢复；王朝称这枚指纹是北市区警察王小龙于案发后在某娱乐城中向他骗取的；指纹的提取、鉴定均由石俊鹏一人完

---

〔1〕 参见王洪："司法的不法与司法的不正义（上）——违反正当法律程序"，载《政法论丛》2014 年第 5 期。

〔2〕 如河南"赵作海案"、湖北"佘祥林案"、云南"杜培武案"、云南"孙万刚案"、河北"张新亮案"、河南"张绍友案"、河北"李久明案"、辽宁"孙学双案"、浙江"吴大全案"、河北"聂树斌案"等就是明证。

〔3〕 检方向法庭提交了由公安部出具的指纹鉴定报告。此指纹样本由北市区公安局送检，报告显示，控方提交的酒瓶上的指纹样本为王朝左手中指指纹。检方称，此指纹样本采集自案发现场的酒瓶，这是证明王朝曾到过案发现场的物证。王朝称，案发当天，他正在 150 公里外的石家庄市，不可能分身去保定作案。王朝认为，他入狱的根本原因在于一笔数百万元的工程款，其生意伙伴与保定市北市区公安分局副局长李某联手栽赃陷害，抢劫案发地正属于李某辖区。参见"河北'王朝入室抢劫案''排疑'再判"，载新京报网，https://www.bjnews.com.cn/news/2011/09/10/150162.html.

成，程序违法，该指纹不能作为证据使用和采信。"其二，辩方对酒瓶也提出了质疑：据被害人陈某讲，犯罪嫌疑人是持枪进入她家，可至今没有找到枪，嫌疑人的口音、穿着、使用的包等一条都没有对上王朝。当时警方从家里拿走了王朝的很多衣服让受害人去辨认，可受害人都说不是嫌疑人的。证明王朝唯一在场的证据，是一个酒瓶子上有王朝的指纹。辩方多次要求鉴定，法院都说酒瓶已经找不到了，可就在 8 日案件重审时，这个酒瓶又出现了。谁能证明这个酒瓶就是 5 年前现场的那个酒瓶。保定市公安局刑事科学技术物证鉴定书绪论明确注明，"陈女士家发生入室抢劫案。勘查中现场提取酒瓶一个，经显现处理，在玻璃酒瓶上发现指纹一枚，现将指纹及犯罪嫌疑人王朝的十指指纹捺印卡送到我处，要求鉴定玻璃酒瓶上的指纹是否为王朝所有。"但北市区公安分局刑警大队出具的现场勘查笔录并未显示对任何可疑物或现场认为有必要的遗留物进行扣押或暂存备查。在一审法院庭审时，公诉机关未提交指纹的物证，也未提交现场提取扣押任何物品的清单。[1]　其三，辩方对控方提出的通话清单提出了质疑：该手机通话清单显示信息不完整，系变造。该话单没有加盖移动公司公章和经办人签名，不能证实该证据的来源和真实性，形式上不合法，不能作为定案的证据使用。[2]　其四，辩方对控方提出的高速公路的记录[3]提出了质疑：尾号为 "937" 的车辆全国有许多辆，控方的证据无法证明高速公路信息系统显示的是同一辆车，而且没有尾号 "937" 的轿车从石家庄下高速公路的记录。因此该证据没有证明力，不应采信。主要指控证据存

─────────────

〔1〕　检方回应道：现场勘验的时候采集了多枚指纹，但仅有一枚有鉴定价值。因为酒价值较高，所以应当事人要求返还。检方承认返还酒瓶和指纹的采集鉴定存在瑕疵，但否认王小龙曾见过王朝。

〔2〕　检方提出的另一个证据是一份通话清单。检方指出，根据移动公司的手机话单显示，"139××××1190" 在 2006 年 8 月 11 日早晨 8 点前后从石家庄出发，于上午 10 点前抵达保定市区，11：32—12：34，基站显示是保定市华电小区的基站；下午两点半回到石家庄。这一号码正是王朝所使用。这证明王朝于 8 月 11 日上午到过保定，并在抢劫发生的小区停留。关于手机话单的取得属于侦查秘密，申请转入不公开审理。北市区公安分局刑警大队在这份话单上备注称："该话单系我单位从石家庄市移动公司调取，与原件无异。"

〔3〕　检方提出第三个证据是高速公路的记录。控方从河北冀兴高速公路公司保定管理处的监控信息中查到，一辆车牌尾数为 "937" 的小型车，于 2006 年 8 月 11 日早 8 点，从石家庄上高速，9 点半从保定下高速。当天 13 点半，一辆车牌尾数为 "937" 号码的小型车又从保定上了高速。该车所出现的位置与王朝手机号的漫游轨迹一致，且王朝那天驾驶的车辆，车牌号刚好是 "冀 AW5937"，因此进一步证明王朝于案发当天开车到过保定。

在瑕疵与疑点，王朝不服判决，一再提出上诉、申诉。[1]

在宁波章国锡案[2]中，被告人章国锡和辩护人多次申请要求控方提供章国锡的全程审讯录像并予以当庭质证。检察机关均以"审讯录像涉及机密问题，当庭播放不利于保密"为由拒绝当庭公开播放审讯录像。宁波市鄞州区看守所体表检查登记表载明章国锡右上臂小面积皮下瘀血，皮肤划伤2厘米。辩护人又向法庭申请要求侦查人员出庭说明情况，控方拒绝辩方要求侦查人员出庭说明情况的申请，控方只是当庭提交了侦查机关盖章的和侦查人员签名的"关于依法办案、文明办案，没有刑讯逼供、诱供等违法情况的说明"。鄞州区人民法院判决认为，被告人章国锡及其辩护人指出侦查机关违法获取章国锡审判前有罪供述，并且提供了相应的证据和线索。控方应当移送相关的被告人章国锡的全程审讯录像予以质证，应当通知讯问人员出庭作证等，以证明侦查机关获取被告人章国锡审判前有罪供述的合法性。[3] 控方虽然出示、宣读了章国锡的有罪供述笔录、《自我供述》；播放了章国锡有罪供述的录像片段；提交了关于依法、文明办案，没有刑讯逼供、诱供等违法情况的说明，但是上述证据不足以证明侦查机关获取被告人章国锡审判前有罪供述的合法性。相反，法庭却调取到了被告人章国锡的体表检查登记表，证明章国锡在审讯时受伤的事实，控方又不能作出合理的解释。依照《关于办理刑事案件排除非法证据若干问题的规定》第11条的规定，对被告人审判前供述的合法性，公诉人不提供证据予以证明，或者已提供的证据不够确实、充分的，该供述不能作为

---

[1] 2009年3月18日，河北省高级人民法院经审查认为，原判决认定事实不清，据以定罪量刑的证据不充分，指令保定市中级人民法院另行组成合议庭对本案进行再审。2010年4月26日，河北省高院经审查认为，原判认定被告人王朝犯抢劫罪的事实不清，证据不足，决定该案由高院提审。2010年11月22日，河北省高院作出终审裁定，认为原裁判认定的部分事实不清，保定市中院再审开庭时未通知原审被告人王朝的辩护人到庭，程序有误。河北省高院裁定，撤销保定市中院再审刑事裁定、保定市中院终审刑事裁定和北市区法院初审判决，发回北市区法院重新审理。

[2] 参见"宁波鄞州区法院认定控方审前证据无效"，载网易新闻网，https://www.163.com/news/avticle/7COE1CL600014AED.html。宁波市鄞州区人民检察院指控章国锡非法收受贿赂7.6万元，以构成受贿罪为由提起了公诉。

[3] 《最高人民法院、最高人民检察院、公安部、国家安全部、司法部关于办理刑事案件排除非法证据若干问题的规定》和《最高人民检察院关于适用〈关于办理死刑案件审查判断证据若干问题的规定〉和〈关于办理刑事案件排除非法证据若干问题的规定〉的指导意见》规定人民检察院应当对证据收集的合法性加以证明。

定案的依据。故章国锡审判前的有罪供述不能作为定案的根据。[1]

正当法律程序就是要保障被告人享有申辩、答辩与论辩的权利，从而确保对被告人的审判是合法与公正的。在《布莱克法律辞典》中，"正当法律程序"的基本含义是指："任何其权益受到判决影响的当事人，都享有被告知和陈述自己意见并获得听审的权利"。[2] 英国上诉法院院长丹宁勋爵（Alfred Thompson Denning 1899~1999）在其《法律的正当程序》的前言中也强调指出，"我所说的'正当程序'不是指枯燥的诉讼条例，它在这里和国会第一次使用这个词时所指的意思倒极其相似。它出现在 1354 年爱德华三世第 28 号法令第 3 章中：'未经正当法律程序答辩，不得剥夺任何财产和身份拥有者的土地或住所，不得逮捕或监禁任何人，不得剥夺任何人的继承权和生命。'"[3] 交叉询问是英美法的一项重要制度，[4] 是一项重要的正当法律程序，是保障被告人申辩、答辩与论辩权利得以实现的一项重要的程序性规则。交叉询问是指诉讼双方当庭询问对方证人，其目的在于质疑对方证人证言的真实性及可靠性。[5] 它旨在保障被告人享有充分辩护的权利。美国联邦宪法第 6 修正案规定，在刑事诉讼中，被告拥有同原告证人对质的权利以及以强制程序取得对其有利的证人的权利。证人必须出庭接受交叉询问，未经交叉询问的证据不能作为定案的根据。交叉询问是证据裁判与事实认定准则，它有助于法庭查明事情真相。正如耶林所说："两个与案件结局都有利益牵连的探索者分别从正反两个方面开始搜寻事实真相，要比那种仅由一名公正的探索者

---

〔1〕　这个案件被媒体称为非法证据排除第一案。参见"宁波鄞州区法院认定控方审前证据无效"，载网易新闻网，https：//www.163.com/news/avticle/7COE1CL600014AED.html。

〔2〕　正当法律程序最初源于"自己不做自己的法官"和"对他人做出不利行为要事先告知、说明理由和听取申辩"的"自然正义"原则，之后其内涵扩展到包括公开、公正、公平和参与等现代民主程序原则。

〔3〕　［英〕丹宁勋爵：《法律的正当程序》，李克强、杨百揆、刘庸安译，法律出版社 1999 年版，前言。

〔4〕　有学者指出："《圣经》就是一部诉讼法教科书。"《但以理书》记载：美丽善良的姑娘苏姗娜遭人诬陷，但以理在上帝的启迪下，凭借正义和智慧解脱了苏姗娜，并使恶人受到应有的惩罚。在这个案件中，男主角采用将两名证人分别询问具体情节的方法，最终使诬陷者漏洞百出。后来，这在英美证据学上逐渐发展为交叉询问规则，并对英美法系当事人主义诉讼模式产生了深刻的影响。

〔5〕　《布莱克法律词典》将交叉询问定义为："在审判或听证中由与传唤证人出庭作证的一方相对立的一方对该证人进行的询问。"See *Black's Law Dictionary*, 7th Edition, West Group, 1999, p.383.

从田地的中间开始查明真相更不可能丢失任何方面。"[1]

我国也确立了一些交叉询问规则及证人出庭制度。[2] 我国《刑事诉讼法》第 61 条规定，证人证言必须在法庭上经过公诉人、被害人和被告人、辩护人双方质证并且查实以后，才能作为定案的根据。《关于办理死刑案件审查判断证据若干问题的规定》第 15 条第 1 款规定，具有下列情形的证人，人民法院应当通知出庭作证；经依法通知不出庭作证证人的书面证言经质证无法确认的，不能作为定案的根据：①人民检察院、被告人及其辩护人对证人证言有异议，该证人证言对定罪量刑有重大影响的；②人民法院认为其他应当出庭作证的。[3]

在李庄案[4]中，重庆市江北区人民法院判决指出，公安民警、医生的证言及在押人员身体检查情况与重庆法医验伤所出具的司法鉴定检验报告的内容并不矛盾；龚刚模供述未被刑讯逼供，司法鉴定检验报告也不能说明"龚刚模左腕部色素沉着、减退区系钝性物体所致擦伤后遗留"是被刑讯逼供所致，且公安民警、医生的证言，在押人员身体检查情况与龚刚模的供述相互吻合；关于被告人李庄及其辩护人提出龚云飞、马晓军等证人均是在被限制人身自由的情况下作出的证言，且均未出庭质证，其证言没有证明力的辩解、辩护意见，经查，证人龚云飞、马晓军等人的证言虽是被限制人身自由的情况下所作，但其证言是公安机关依照法定程序收集，与本案具有关联性，且相互印证，具有证明力，本院在开庭前已依法向证人送达了出庭通知书，证人均表示不愿意出庭作证、表明其在公安机关的证言是真实的，且人民法院不能强制证人出庭作证，根据 1996 年《中华人民共和国刑事诉讼法》第 157 条的规定，公诉机关宣读未到庭的证人证言符合法律规定，故李庄及其辩护人提出的该辩解、辩护意见不能

---

〔1〕 转引自毛立华：《论证据与事实》，中国人民公安大学出版社 2008 年版，第 182 页。

〔2〕 应当指出，我国交叉询问规则及证人出庭制度还不完善且有所保留。

〔3〕 我国《刑事诉讼法》第 61 条规定，证人证言必须在法庭上经过公诉人、当事人和被告人、辩护人双方质证并且查实以后，才能作为定案的根据。法庭查明证人有意作伪证或者隐匿罪证的时候，应当依法处理。《刑事诉讼法》第 192 条第 1 款规定，公诉人、当事人或者辩护人、诉讼代理人对证人证言有异议，且该证人证言对案件定罪量刑有重大影响，人民法院认为证人有必要出庭作证的，证人应当出庭作证。

〔4〕 重庆市江北区人民法院刑事判决书（2009）江法刑初字第 711 号。李庄案是由其当事人龚刚模检举所致。经公安机关侦查称，李庄在代理龚刚模涉黑案时，违反法律规定，帮助被告人与他人串证，教唆龚刚模编造被公安机关刑讯逼供的证据，并唆使其向法庭提供虚假陈述予以翻供。在龚刚模涉黑案开审前，重庆市江北区人民法院先行审理李庄案。

成立，不予采纳。[1]

在法庭上剥夺被告人同控方证人当庭对质的权利，就剥夺了被告人享有的答辩权利，就违反了正当法律程序，就是司法的不法与不正义。根据我国确立的当庭质证规则及证人出庭制度规定，人们有理由质疑与批评这个判决：在这个法庭上，没有任何证人到庭，没有任何交叉询问，法医鉴定赫然在目。在这些证据面前，法官没有选择法律，没有选择公正，没有选择正义。[2] 在这个案件中，人们不禁要问，检方举证与法院认证距离案件真相到底有多远？美国联邦最高法院大法官杰克逊（Jackson）说得好："只有那些未经教化的粗俗之辈或者骗人的律师才会说程序是无关紧要的。程序的公正与合法是自由必不可少的构成要素。正当法律程序并不会使被告人成为惟一的受益者，它还是使政府摆脱致命错误的最好保证。"对于被告人而言，假如"因为自己已经被给予了充分的机会表达自己的观点和提出证据，并且由相信是公正无私的法官进行了慎重地审理，所以对结果的不满就失去了客观的依据而只能接受。这种效果并不是来自判决内容的'正确'或'没有错误'等实体性的理由，而是从程序过程本身的公正性、合理性产生出来的"[3]。但是，倘若连这样一点公正都得不到，那么人们还有什么理由相信这个世界上会有公正的判决呢？

（二）经验理性

在司法过程中，客观事实、经验常识[4]及经验法则[5]是事实推证与推定的内在基础，也是事实推证与推定的拘束尺度。因此，所有事实推证或推定都要得到客观事实、经验常识及经验法则的支持与证实，不得违反客观事实、经验常识及经验法则，要经得起客观事实、经验常识及经验法则的检验与批评。具体地说，其一，要经验可证实，即每一个指控或认定的事实都有证据证明且据以定案的每一个证据都已查证属实，每一个推证

---

〔1〕 重庆市江北区人民法院刑事判决书（2009）江法刑初字第 711 号。

〔2〕 2012 年 11 月 15 日李庄请求最高检察院对重庆公安局李庄案、龚刚模专案组每一位警员立案调查，并依法追究其中徇私枉法者的刑事责任。李显峰："最高检约见李庄了解控告重庆专案组徇私枉法案"，载中国新闻网，https://www.china news.com.cn/fz/2012/11-24/4354529. shtml。

〔3〕 ［日〕谷口安平：《程序的正义与诉讼》（增补本），王亚新、刘荣军译，中国政法大学出版社 2002 年版，第 10 页。

〔4〕 经验常识亦称为一般常识和生活常理。

〔5〕 经验法则或经验规则即自然法则。它们是人们基于经验认识到的事物本身所具有的属性或事物之间存在的内在关系。

或推定均符合客观事实、经验常识及经验法则；其二，要经验不可反驳，即全部事实推证或推定不存在疑点而且能够排除证据和事实上的一切疑点和合理怀疑。这些是事实推证与推定的经验理性要求，是事实推证与推定的经验理性准则。经验理性准则是事实推证与推定的内在拘束或内在要求，是事实推理与推定应当遵守的基本规则。本来不必在法律中明文规定，但为了强调这种内在拘束，有时立法以法律条文来提醒法官的自由心证必须尊重客观事实和遵守经验规则。[1]

经验理性准则要求对案件事实以及证据的推证与裁决要符合客观事实、一般常识或生活常理和经验法则，就是要限制与约束人们在事实推证与推定中的任意和专断。正如我国法学家陈光中指出："发现事实的基础是证据，但是由证据推理案件事实依据的却是普遍接受的人类常识（common sense）。这种常识虽然仅仅作为一种背景性的东西而存在，并不凸显于前台，也不具有数学上的高度精确性，只是在过往的人类经验中它们往往为真，但是它们却构成法官、检察官、律师的共同的知识和文化背景，在事实发现的过程中潜移默化地起着作用。"[2] 并且"当用自然科学的知识可确定一项事实时，法官的心证即无适用的余地。"

在广州市东风广场大厦"女尸案"[3] 中，广州市公安局新闻办公室向媒体初步通报，"经警方勘查，死者死亡前与室内人员无打斗痕迹，尸检发现死者血液酒精浓度极高。目前，警方已经排除他杀可能性，初步认定谭某系自行高坠死亡"[4]。警方称，"已对谭某出事现场（房间里）的物证进行了 DNA 严格鉴定。现场 DNA 检测表明，谭某出事现场的证据不

---

〔1〕《最高人民法院、最高人民检察院、公安部、国家安全部、司法部关于办理死刑案件审查判断证据若干问题的规定》（2010 年 7 月 1 日施行）第 5 条第 1、2 款规定，办理死刑案件，对被告人犯罪事实的认定，必须达到证据确实、充分。证据确实、充分是指：①定罪量刑的事实都有证据证明；②每一个定案的证据均已经法定程序查证属实；③证据与证据之间、证据与案件事实之间不存在矛盾或者矛盾得以合理排除；④共同犯罪案件中，被告人的地位、作用均已查清；⑤根据证据认定案件事实的过程符合逻辑和经验规则，由证据得出的结论为唯一结论。

〔2〕 陈光中、陈海光、魏晓娜："刑事证据制度与认识论——兼与误区论、法律真实论、相对真实论商榷"，载《中国法学》2001 年第 1 期。

〔3〕 "广州一女子半裸从 30 楼坠亡　疑被人扔下楼"，载南方网，http://news. southcn. com，2008 年 4 月 6 日。死者谭某在广州某模特经纪公司任职，4 月 4 日晚上从东风广场某幢 30 楼的卫生间窗口坠落。广州警方称，谭某是"高空坠楼死亡"，而且是"自行坠楼死亡"，不是被逼死亡的。

〔4〕 "广州警方公布东风广场'女尸案'调查结果"，载广州金盾网，http://www. gzjd. gov. cn，最后访问日期：2008 年 4 月 14 日。

能直接证明三名韩国人有犯罪过程，也即谭某被逼杀的可能性不存在。只要在现场找到一小块生物样本，无论是唾沫痕迹、头发，还是头屑、碎骨、指甲、烟头等，就能让物证自己说话。回到本案，如果谭某出事现场有打斗痕迹，或是窗台留有凌乱的蹬踏脚印，或有他人的手指抓挠痕迹，或是谭某本人有抓挠痕迹等，都可通过现场 DNA 检测勘查出来。就算是有人故意毁灭痕迹，仍然可以发现。但事实上，现场 DNA 检测表明，谭某出事现场的证据不能直接证明 3 名韩国人有犯罪过程，也即谭某被逼杀的可能性不存在。谭某系自行高坠死亡"。人们不禁要问，能够证明谭某"高空坠楼死亡"即"死于高空坠楼"的证据是什么？仅仅基于物证的 DNA 检测结果是否足以证明谭某被逼杀的可能性不存在？也许谭某真的是"自行坠楼死亡"，但这需要有足够的证据来证明，也许谭某被逼杀的可能性不存在，这同样需要有足够的证据来证明。警方基于上述证据认定"谭某被逼杀的可能性不存在"以及"谭某系自行高坠死亡"能否足以排除公众的合理怀疑？其答案是不言自明的。

在法治社会里，人们有权发问案件真相以及确证的证据和理由是什么。警方查证、检方举证与法院认证应当排除公众的合理的怀疑。在佘祥林案[1]中，实际上只需要将死者做个 DNA 鉴定，就可以确定她是不是张在玉，然而，公安机关所依靠的鉴定手段仅仅是死者家人辨认，从这样的前提出发是得不到可靠结论的。再如，在赵作海案[2]中，警方既没有追查到任何杀人凶器，又经过四次 DNA 鉴定也没有鉴定出死者身份，警方究竟是依据什么仍然认定死者就是被害人赵振晌的？更值得指出的是，在赵作海案中，警方的推断与认定是经不起客观事实、一般常识或经验法则的推敲与批评的。只要思维正常的人都会推断这个案件肯定不是一人所为，因为压在尸体上的三个石磙最重的有 500 多斤，赵作海不可能一人作案。

（三）逻辑理性

任何思维活动都必须合乎逻辑，事实推证与事实推定也不例外。这是无可争辩和毋庸置疑的。因此，事实推证与事实推定要合乎逻辑法则，不得发生逻辑错误和混乱，要经得起逻辑法则的检验和批评，要保证全

---

〔1〕　参见百度百科："佘祥林案"，https：//balke. baidu. com/item/佘祥林案、1650117? fr ＝aladdin。

〔2〕　案件相关内容参见：百度百科"赵作海案"，https：//balke. baidu. com/item/赵作海案。

部推证与推定在逻辑上是无可置疑的。具体地说，其一，任何指控或定案的证据与证据之间、证据与推证或推定事实之间不应存在矛盾或者矛盾应得到合理排除；其二，任何事实推证或推定都要具有必然性，即前提与结论之间要具有必然联系，结论应由前提逻辑地得出，[1] 结论要具有唯一性或排他性，即全部推证或推定要能够排除一切合理怀疑。这些就是事实推证与推定的逻辑理性要求，是事实推证与推定的逻辑理性准则。

在审证与认证过程中，法官应当遵守法律规则，还应当遵循和服从逻辑与经验规则，这是理性司法与公正司法的内在要求。在南京彭宇案[2]中，南京市鼓楼区人民法院判决认为："根据日常生活经验分析，原告倒地的原因除了被他人的外力因素撞倒之外，还有绊倒或滑倒等自身原因情形，但双方在庭审中均未陈述存在原告绊倒或滑倒等事实，被告也未对此提供反证证明，故根据本案现有证据，应着重分析原告被撞倒之外力情形。人被外力撞倒后，一般首先会确定外力来源、辨认相撞之人，如果相撞之人逃逸，作为被撞倒之人的第一反应是呼救并请人帮忙阻止。本案事发地点在人员较多的公交车站，是公共场所，事发时间在视线较好的上午，事故发生的过程非常短促，故撞倒原告的人不可能轻易逃逸。根据被告自认，其是第一个下车之人，从常理分析，其与原告相撞的可能性较大。如果被告是见义勇为做好事，更符合实际的做法应是抓住撞倒原告的人，而不仅仅是好心相扶；如果被告是做好事，根据社会情理，在原告的家人到达后，其完全可以在言明事实经过并让原告的家人将原告送往医院，然后自行离开，但被告未作此等选择，其行为显然与情理相悖"。[3]

在上述法院判决中，法官从彭宇没有提出反证就推出原告是被撞倒的，从彭宇是第一个下车之人且没有逃逸就推出其与原告相撞的可能性较大，从彭宇的行为不是见义勇为做好事就推出他是撞倒原告之人。上

---

〔1〕 "逻辑地得出"有两个含义：一是"必然地推出"，二是"不必然但合理地推出"。在刑事案件中，从理由到结论的"逻辑地得出"必须是"必然地推出"关系。这是"排除合理怀疑"或"超越合理怀疑"的最根本要求。

〔2〕 南京市鼓楼区人民法院民事判决书（2007）鼓民一初字第212号。

〔3〕 在本案中，被告之所以没有选择自行离开而与原告家人一同将原告送往医院，被告的辩解是合理的："老太的儿子提出，待会儿到医院，他又要挂号又要扶着母亲，怕忙不过来，问我能不能帮忙帮到底，一同去医院。我想了一下，也就同意了"。

述推定违反了举证责任规则，违反了经验常识与社会常理，也不符合逻辑推理规则。这些推定就如同从原告没有呼救并请人帮忙阻止出发就推定原告不是被他人撞倒的一样，在逻辑上是荒谬的。两人是否相撞以及彭宇是否就是相撞之人，其可能性也是需要原告提出优势证据加以证明的。

四、证明模式：严格证明模式与优势证明模式——概然推理与似真推理

在英美法国家与大陆法系国家，刑事证明标准是"排除合理怀疑"，民事证明标准是"盖然性占优势"，[1] 因此，其证明模式可以概括为两种：严格证明模式与优势证明或一般证明模式。二者的本质区别在于采取不同的证明标准。严格证明模式采取"排除合理怀疑"的证明标准，这是严格证明的本质特征，是最高的证明标准与要求，在大陆法系国家，"排除合理怀疑"的表达是"内心确信"，其证明要达到内心完全确信，即无可置疑全面的证实、完全的确信或者道德上的确信；[2] 优势证明或一般证明模式是指采取"盖然性占优势"的证明标准，这是优势证明模式的本质特征，采取较低或一般的证明标准与要求，其证明达到一般的内心确信或盖然性占优势的确信即可。应当指出，在英美法国家与大陆法系国家，严格证明与优势证明模式都是提出证据并且基于证据证明其指控，是基于逻辑和经验的推证，只是其推证或证明所要达到的证明标准与要求不同而已；都以自由心证与内心确信为中心概念，即都要接受裁判者基于自由心证与内心确信的审证与认证，只是达到心证或内心确信的程度要求不同而已，而且裁判者不会单凭主观想法来认定事实，其确信或心证是根据理智或理性作出的，是基于逻辑和经验的推定。

在我国，刑事证明标准与要求是"证据确实与充分"，对事实的推证与推定要达到证据确实、充分。我国学者龙宗智将这种证明标准要求下的刑事证明模式称为印证证明或印证模式，而将英美法国家与大陆法系的证明模式称为心证或内心确信模式。印证证明模式是指通过据以定案的证据之间相互印证，形成一个完整的证据链，证明案件事实的方式。在印证模式理论中，事实推证是建立在证据以及证据之间相互印证之上的，相互印证是指证据相互支持并且其证明内容具有同一指向，由此形成一个稳定而可靠的证据体系或证明结构，证据之间相互印证是事实推证的内在结构或

〔1〕 "排除合理怀疑"是比"盖然性占优势"要求更严或程度更高的证明标准。
〔2〕 See *Black's Law Dictionary*, 5th edition, Thomson West, 1979, pp. 214-215.

内部结构，[1] 事实推证是相互印证的证据的组合与整合。主张证据确实与充分是指证据之间相互印证并且形成具有同一指向的证据体系或证据链，通过证据之间相互印证确认证据的确实性，通过具有同一证明指向的证据构成的证据链条或证据体系确立证据的充分性，强调证据之间相互印证是证据确实充分最重要的裁判标准。主张事实认定遵循下列推定规则：如果控方对其指控或主张作出了证明并且其证明达到证据确实、充分，就推定控方的指控或主张是成立的；如果控方对其指控或主张不能证明或其证据不确实、不充分，就推定控方的指控或主张是不成立的。

应当指出，印证模式并不是事实推证模式的最好概括与表达。其一，在印证模式理论看来，事实推证主要是通过证据之间相互印证的路径实现的，其证明就是寻求证据之间相互印证进而形成证据链条。但证据之间相互印证并不是"证据确实、充分"的充分条件，也不是达成内心确信的充分条件。证据之间相互印证并不证明其证据的确实性与充分性，证据本身不能证明证据之间是否相互印证。对证据是否相互印证和是否充分的认定是基于主观的认知与判断，终究是一种对客观事物的主观认识，[2] 其确证与印证与否依然是"自由心证"与"内心确信"的对象与结果，是在自己的认识中"排除合理怀疑"的结果，即求诸内心确信或心证，看是否达成了"真诚的确信"。不存在绝对确实的了解，但绝对确实的确信是存在的。因此，印证模式也是建立在"内心确信"或"自由心证"基础之上的。在这个意义上说，印证模式与心证或内心确信模式并无本质区别，但心证或确信比印证更为基础。其二，证明标准是证明模式的本质特征与要求，但印证模式没有体现其证明标准的本质特征与要求，不能区分不同证明标准下的两种证明模式，正是在这个意义上，在英美法国家与大陆法系国家，一般不把诉讼证明模式统称为心证或内心确信模式，而是区分为严格证明模式与优势证明模式。

事实推证并非指向某个确定的事实，事实推证指向的是一种经验或常

---

〔1〕 有学者据此将我国诉讼证明模式称为印证证明模式，以区别自由心证模式。应当指出，证据间相互印证也是自由心证的内在结构或内部结构。

〔2〕 我国虽然区别于法、德等国而不用"确信""内心确信"等具有主观色彩的概念而强调判断的客观性，但这改变不了认识的主观性质。

识上的概然性和一般性。[1] 对证据的确证和基于证据对事实的证明，是建立在经验或常识基础之上的，是基于经验或常识的推证。证据与事实之间联系如何，即证据能否证明事实，事实是否得到证据的印证或确证，不能仅仅从证据本身看，需要掌握且运用经验或常识把这些证据与事实联系起来，需要根据已有证据或事实并结合一般经验或常识对其主张事实进行证明。这些经验或常识是关于事情的规律性或因果关系的知识，这些经验或常识大多是一般性经验或经验常识与生活常理。这些经验与常识往往是一些概然性命题和一般性命题，即通常经验与常识命题具有概然性或似然性。概然性命题是对事物的可能情况的陈述；而一般性命题亦称为概称性命题或似然性命题，它是对事物的一般情况、多数情况或典型情况的陈述，它允许有反例或例外。比如"鸟会飞"只是对鸟的一般情形的陈述，它存在例外或反例，如企鹅是鸟但不会飞。因此，事实推证可以概括为两种模式：概然推理与似真推理。基于概然性命题进行的推证是或然推理或概然推理[2]；基于一般性命题或似然性命题进行的推证是似然推理或似真推理。[3] 一项事实主张必然具有一定程度的概然性或似然性即似真性，这种概然性或似然性通过逐层的推论最终将转移到结论中去。即便推理者对前提的必然性或真实性并不确信，依然可以将前提看作具有一定可能性或似真性，并且在推理的过程中将这种可能性或似真性转移到结论中去。但当事人在诉讼中很少强调自己的事实在多大程度上是真实的。他们一般都是在证据的基础上，比较各种版本的事实哪个更为可信。在刑事审判中，检察官试图说明有罪的版本更可信，辩护人则力图说明无罪的版本更有道理。

由于事实推证其前提通常是经验或一般性常识，因而事实推证是不确

---

〔1〕 自18世纪以来，所有关于证据规则的专著都暗含着这样一种思维——一项事实主张必然具有一定程度的概然性，这种概然性通过逐层的推论最终将转移到结论中去。推理者可以看似为真的前提进行推理，得出结论。即可以将前提看作具有一定可能性，并且在推理的过程中将这种可能性转移到结论中去。

〔2〕 概率论是处理概然推理的一种重要工具，比如运用贝叶斯定理（Bayes theorem）研究司法证明。概率论也是理解法律和法律制度的重要方式，比如对优势证据和排除一切合理怀疑的理解。

〔3〕 "似真推理"的一般表达是：在一般情况下，如果 x 是 F，那么 x 是 G；由于，a 是 F；因此，a 是 G。

定性推理，是合情推理（plausible reasoning）[1]，是非单调性推理。得出的结论不是绝对确定和可靠的，是有风险的、有争议的、允许反驳的，随着前提的增加或新信息的出现，其结论有可能被修改或废止。但它是对案件事实的一种合情确证，是对案件事实的一种最佳证明。在事实推证中，掌握和运用这些经验或常识即规律性或因果关系的知识是展开证明或确证的基础与关键。唯有通过经验或常识这条锁链，才能把侦查到的、分散的、孤立的证据有机地贯穿成一条强有力的证据链条，形成证明体系，完成对事实的确证。正如罗素即指出："概然性是生活的指南。""没有这些规律性知识，我们一天也活不下去。另一方面，我们确实不能证明这些规律命题绝对无误，而且事实上曾有过不少规律命题被证明是错误的。"[2]绝大多数经验或常识的真理性并非确定无疑，从本质上说它们只是一些概然性命题，只是一些尚未遇到经验反驳的一般性命题，并不能完全排除例外情形的存在。正是在这个意义上，波利亚在指出，律师的案情论证属于合情推理之列。

五、事实推定模式：最佳版本的选择——默认推理与界限推理

在审判过程中，法院的职责就是审查与认定证据并基于证据推定事实。"诉讼双方各陈述其事实，互相攻击防御，有时承认对造陈述的事实，有时否认对造陈述的事实，形成正反两面，是非真假，在亲身经历其事者，当然各自明了事实真相，但是，裁判者并未亲自经历其事，对于当事人争讼的事实，究竟是真是假，心中必然发生疑问。"[3]法官认定证据并推定事实的主要工作，就是评估并决定是否采信这些物证与人证，确认某些陈述作为证据是可采信的或比另一些陈述更具可采性，评估并裁决其事实推证是否成立，即审查与确认指控证据是否确实与充分，审查与确认指证与指控是否"没有合理的疑点"。

事实推证与推定应当遵守证明责任与证明标准规则。正如德国著名证据法学者罗森贝克指出："鉴于我们认识手段的不足及我们认识能力的局限性，在每一个诉讼中都有可能发生当事人对案件事实过程的阐述

---

[1] 狭义的合情推理不包括或然推理或概然性推理，仅指似然推理或似真推理。或然推理和似然推理都属于不确定性推理的范畴。

[2] 杜汝楫："归纳推理的疑难"，载北京市逻辑学会编：《归纳逻辑》，中国人民大学出版社1986年版。

[3] 周叔厚：《证据法论》，三民书局1995年版，第1页。在一些大陆法系国家与地区，诉讼双方也被称为两造。

不能达到使法官获得心证的程度的情况。法院几乎每天都出现这样的情况，不仅民事法庭、刑事法庭如此，行政法庭也同样如此。因为不管将判决所依据的资料交由当事人提供，还是委托给法院调查，当事人或法院均必须对在诉讼中引用的事实情况的真实性进行认定并对此负责，认定程序最终会受制于所谓的形式真实或所谓的实体真实的原则——常常会出现这样的情况，即作为争讼基础的事件不可能在每一个细节上均能得到澄清，对于法官的裁决具有重要意义的事实，既不能被查明已经发生，也不能够查明没有发生。"[1] 在案件事实处于真伪不明的情况下，法院就更需要根据法律规定的证明责任和证明标准规则来解决证据认定和事实推定问题。

在英美法国家，司法证明标准或要求是"排除合理怀疑"与"盖然性占优势"。[2] "排除合理怀疑"是指内心确信，是指无可置疑、全面的证实、完全的确信或者道德上的确信。[3] 在大陆法系国家，司法证明标准或要求是"内心确信"。因此，在英美法和大陆法系国家，事实推定模式是确信或心证模式。在确信或心证模式中，以确信为中心概念，确信是指内心确信，心证是指自由心证。"内心确信"是指没有合理的怀疑，是指排除了合理怀疑，是指完全的确信、真诚的确信。应当指出，确信或心证是基于事实、经验或常识的推证与推定，即主观上的认定是建立在客观基础之上的。事实裁定者一般不会单凭主观想法来认定事实。他们要根据证据理智或理性地作出判决。对事实的自由心证或内心确信遵守以下推定规则：如果控方对其指控或主张作出了证明并且其证明达到"排除合理的怀疑"或"盖然性占优势"的程度与标准，即控方作出了证明而辩方对控方的证明提不出"合理的怀疑"或"占优势的反证"进行反驳，即达到"内心确信"的程度或标准，就推定控方的指控或主张是成立的；如果控方或诉方对其指控或主张不能证明或其证明不足以"排除合理的怀疑"或"盖然性占优势"，即没有达到"内心确信"的程度或标准，就推定控方或诉方的指控或主张是不成立的。[4] 即裁判者比较各种版本哪个更为可信，从相互竞争的版本中选择更可信与更有道理的

---

〔1〕　［德］莱奥·罗森贝克：《证明责任论——以德国民法典和民事诉讼法典为基础撰写》，庄敬华译，中国法制出版社 2002 年版，第 1~2 页。

〔2〕　"排除合理怀疑"是比"盖然性占优势"要求更严或程度更高的证明标准。

〔3〕　See *Black's Law Dictionary*, 5th edition, Thomson West, 1979, pp. 214–215.

〔4〕　"疑罪从无"原则就是上述事实推证与推定规则在刑事诉讼中的具体运用。

最佳故事版本。

在我国，司法证明标准与要求是"证据确实与充分"。"证据确实与充分"是指对事实的推证或推定要证据确实与充分。这种事实证明模式被称为印证模式。在印证模式中，证据确实与充分是指案件事实得到确实且充分的证据的确证。即证据之间相互印证，并且证明内容具有同一指向，由此而形成一个稳定而可靠的证据体系或证明结构。证据之间相互印证是证据确实充分最重要的裁判标准。对事实的认定遵循下列推定规则：如果控方或诉方对其指控或主张作出了证明并且其证明达到证据确实、充分，就推定控方或诉方的指控或主张是成立的；如果控方或诉方对其指控或主张不能证明或其证据不确实、不充分，就推定控方或诉方的指控或主张是不成立的。值得指出的是，在印证模式中，事实推定主要通过印证证明的路径实现。但证据本身并不能证明证据之间相互印证关系。对证据是否相互印证和证据是否充分的认定是主观的或内省性的，是基于经验或常识的"自由心证"的结果，是在自己的认识中"排除合理怀疑"的结果，即求诸内心，看是否达成"内心确信"或"真诚的确信"。即确证或印证与否依然是确信或心证的结果，终究是一种对客观事物的主观认识。[1] 法官是根据确信形成判决的。不存在绝对确实的了解，但绝对确实的确信是存在的。因此，印证模式也是建立在"内心确信"或"自由心证"基础之上的。在这个意义上，确证或印证与确信并无本质区别。

事实推定不是纯粹基于逻辑推演规则进行的推理。事实推定是基于证明责任与证明标准规则进行的推理，而证明责任与证明标准规则是法律规则而不是逻辑规则。事实推定或认定是一种基于法律规则的默认推理（default reasoning or reasoning by default）[2] 或界限推理（circumscription reasoning）[3]。默认推理是从对某个命题或论证不存在合理怀疑就推出其成立或合理的推理。界限推理是从没有理由或没有更强理由怀疑它就推出其合理或成立的推理。证明责任与证明标准规则规定了事实推证与推定成立

---

〔1〕 我国虽然区别于法、德等国而不用"确信""内心确信"等具有主观色彩的概念而强调判断的客观性，但这改变不了认识的主观性质。

〔2〕 如何从逻辑上刻画默认推理的结构与过程是一个重要研究课题。See R. Reiter, "On reasoning by default", *On theoretical Issues in Natural Language Processing*, 1978.

〔3〕 如何从逻辑上揭示界限推理的发生机制和形式结构是一个重要研究课题。See D. McDermott, J. Doyle, "Non-monotonic logic I", Artificial Intelligence, Vol. 13, 1980. J. McCarthy, "Circumscription—a form of non monotonic reasoning", *Artificial Intelligence*, Vol. 13, 1980, pp. 27-39.

的标准与要求，即规定了事实推证与推定成立的默认条件或推定界限——"排除合理怀疑"或"盖然性占优势"。事实推定即对事实推证成立与否的确认是一种默认或内心确信的结果，而这种默认或内心确信是建立在排除合理怀疑基础之上的，即如果事实推证不存在疑点或者能够排除对它的合理怀疑就确认或默认它成立，否则就认定或默认其不成立。在刑事诉讼中"无罪推定"原则就是一个例证。"无罪推定"可概括为"如果不能证明某人有罪，则推定他无罪"。

事实推定属于不确定性推理，属于合情推理与合情论证。这种推定或认定由于基于默认或内心确信[1]而不必然，但它具有合理性或可接受性。证明责任与证明标准规则从法律上解决事实推证和推定中的经验与逻辑上的不确定性。这个推证与推定规则在法律上是不可置疑和不可反驳的。但事实推证和事实推定是可争议的、可反驳的与可改变的，它具有或然性或似真性、主观置信性、非单调性等特征。应当指出，探寻案情真相从本质上说不是必然的而是概然的或经验概率的以及主观置信的，在很大程度上，事实推定不得不依赖证明责任与证明标准规则的运用。哈贝马斯说道，正如在立法领域中的民主程序一样，法律适用领域中的法院程序的规则用以补偿其缺漏性和判决的不确定性，它们根源于该事实即合理商谈的前提仅仅能近似地满足。

六、最佳推证与推定原则：法律真实与客观真实

法律真实是指法院按照法律规则确认的真实。因此，司法中存在所谓客观真实与法律真实的问题。即在司法中，法律真实的未必是客观真实的，客观真实的未必是法律真实的。作为判决根据的事实是法院认定的事实，是法院认为发生的事情，是按照法律规则确认的真实，是法律真实。[2] 但法院认定的事实未必是客观的真实情况或事情的实际情况，即基于证明责任与证明标准规则确认为法律真实的未必是客观真实的。因为依据这些规则对已经发生过的事实进行推定和确认，就使案件事实可能会因举证不能或举证不足而与客观真实有一定距离。并且法院通常要通过证人来了解过去发生的事实，而证人有可能不诚实或出错，法院由此对所发

---

〔1〕 内心确信亦称为主观置信。

〔2〕 美国法官弗兰克指出，所谓案件事实是初审法官或陪审员认为发生的事情。然而，初审法院的判断可能完全是错误的。但是，从法律上讲，这无关紧要。从法院的目的来看，法院认为什么是事实，什么就是事实。

生事情的判断就可能是错误的。一个无罪的人就可能由于辩护不能或辩护不力而被判决有罪，而一个有罪的人可能会因为控方举证不足被判无罪而逍遥法外。

法院审判程序是为探寻和确定案件真实情况而设计的，但要把裁判规则或程序设计得总是达到正确的结果是不可能的。在事实认定中，裁判规则对于能在多大程度上接近事实真相起着决定性的作用。因为依据这些规则，有些对于证明事情真相具有重要意义的证据可能被排除，有些事实可能被推定成立。对证据的认定或排除、对证据证明力以及事实推证是否成立的判断，是由法官依其学识、经验和职业道德作出的。因此，我们可以逼近客观真实，却难以完全达到它和实现它。证明责任与证明标准规则是事实推证与推定的基本原则，是各国立法在权衡上述两种不同情况可能导致的后果和代价之后作出的价值抉择，体现的是正义先于真实的原则，确立的是事实推证与推定的法律真实标准，实现的是法律真实而不是客观真实。应当指出，最佳推证与推定是在法律真实与客观真实之间保持平衡，但在某些情形下法律真实与客观真实是不可兼得的。罗尔斯对此说道："审判程序所追求的正义是一种'不完善的程序正义'。即使法律规则被严格地遵循，诉讼程序被公平而恰当地贯彻，还是有可能产生错误的结果。"[1] 执槌司法的人们应当保持警惕，防止无辜者被错误地定罪和判刑。

第四节　法庭上的对抗——最佳版本的策略操控

一、最佳论证策略

法庭上的论证是指控辩双方向法庭作出的指控或抗辩的证明或论证。[2] 控辩双方提出诉讼主张或答辩意见并说服法庭接受自己的主张与意见，提出对各自有利的最佳解释版本。法官审查双方的论证以及在此基础上作出判决并说服公众确信作出的裁决是成立的。说服的过程是提出一个最佳版本的过程，是一个寻求理由支持主张的过程，是一个进行证明或

---

〔1〕　参见［美］约翰·罗尔斯：《正义论》，何怀宏、何包钢、廖申白译，中国社会科学出版社 1988 年版，第 67 页。

〔2〕　See Aulius Aarnio, "The Systematisation and interpretation of statutes. Some thoughts on theoretical and practical legal science", in Luc J. Wintgens and Dordrecht eds, The Law in Philosophical Perspectives: My Philosophy of Law. Kluwer Academic Publishers, 1999, p. 17.

论证的过程。他们的任务和侧重点不同，但确认案件证据以及确认案件事实，都是通过论证来完成的。这些论证贯穿于双方的开庭陈述、举证与质证、法庭辩论、最后陈述的过程中。

（一）直接论证与间接论证

法庭上的首要问题是如何寻找到足够的理由并进行充分的论证以及如何从已确立的前提合理地推导出所要证明的结论。这涉及论证方法及其运用的问题。如何运用论证方法是论证的策略问题。论证方法是法庭论证的不可缺少的工具，而在法庭上如何运用论证方法是问题的关键。在亚里士多德看来，论证方法主要属于逻辑学的范畴。"在实际适用法律中，逻辑是与确定某项法律是否可适用某个问题，试图通过辩论说服他人，以及决定某项争执等问题相关联的。"[1] 亚里士多德研究过法庭上的论证方法。这些论证方法可以概括为直接论证与间接论证两种方法。

直接论证就是直接从论据的真实性推论出论题的真实性。它的逻辑基础是分离规则。[2] 直接证明的关键就在于找到足以确认论题成立的论据或理由，并从这些论据或理由出发合乎逻辑地、合理地得出论题。因此，在法庭上要证明其诉讼主张或答辩意见，就要掌握一个案子的全部事实并把握它们的全部关系与意义，并找出能够胜诉的少数几个关键的、具有法律意义的事实，剔除大量没有意义的、不相干的和没有必要的事实与细节。任何关键之处都不应当被遗漏，所有无关的东西都应当被删去，要提供有说服力、足够、优势的证据来证明对方有罪或有过错。正如丘吉尔所言，最有力的雄辩，不是冗长的论证，而是要举出足够多的事实并且所有事实都指向同一个方向。

在北京一起捞鱼坠河身亡案[3]中，栏杆断裂是因为早已松动还是被白某压坏是本案的关键问题。白某的亲人们到事发地点走访附近居民、

---

[1] David M. Walker, *The Oxford Companion to Law*, Oxford University Press, 1980.

[2] 分离规则：如果 A 蕴涵 B，并且 A；则 B。可以简化为：若 A 则 B，A；所以 B。即 A→B，A⊢B。根据分离规则，如果 A 是 B 的充分条件，那么一旦 A 成立则 B 成立。

[3] 参见郭志霞："捞鱼坠河身亡获赔 15 万法院：河湖管理处应急责任"，载《北京信报·北京·都市》2003 年 6 月 21 日。白某的父母起诉称，2003 年 4 月 29 日晚 8 时左右，白某在昆玉河码头西侧倚石护栏捞鱼时，其身下石护栏突然松动断裂，白某栽入水中。被捞救上岸后，经抢救无效，溺水身亡。白某的父母认为，河湖管理处作为昆玉河道的直接管理机关，没有尽到有关的管理责任，造成了这场悲剧的发生。所以，请求法院判令河湖管理处给付赔偿金等相关费用共计 236 520 元。但河湖管理处辩称，白某在昆玉河进行捕捞，其动作是危险的，导致石护栏损坏的根本原因是其本人造成的，所以他本人应承担责任。

河道清洁工和捞鱼的人，就是为了能找到证人证明护栏早在事发前已松动。3个青年说他们曾来这里捞泥鳅，当时就已发现栏杆出现松动的迹象，栏杆的一根立柱轻轻一推就能露出一拇指宽的缝隙，害得他们也差点落水。法院据此采信了这一证据，认定事故发生前该护栏已存在不牢固的状况。判决指出，本案中，昆玉河两岸的石护栏属于公共设施，因此，管理人应对石护栏进行必要的检查和维护。经调查发现，事故发生前石护栏已存在不牢固的状况，存在危险隐患，因此，河湖管理处未尽到使得石护栏符合安全标准的管理义务。河湖管理处的行为有过错，应当承担责任。[1]

间接论证分为排除法和反证法。排除法是通过证明一切其他可能的主张不成立以此证明自己的主张成立。它的逻辑基础是排除法规则。[2] 反证法是从相反的主张导出矛盾以证明自己的主张成立。它的逻辑基础是反证法规则。[3] 这个规则发端于古希腊时期的"归于不可能"（reductio ad impossibile）规则，即导出不可能结果的假设或前提是不能成立的。上述间接论证的关键就在于排除一切其他可能的情形或主张，或者从相反的情形或主张推导出矛盾或荒谬的结果。间接论证是法庭上重要的论证方法，也是有说服力的证明方法。[4] 特别是当直接证明难以奏效时，间接论证是一种比较便捷的方法。"对于不能从正面来把握的问题，

---

〔1〕 法院判决指出：自然人在社会活动中，经常会使用、经过、接触公共设施，在此情况下发生事故，造成人身、财产损害时，首先应界定公共设施是否存在危及人身、财产安全的隐患，公共设施管理人是否尽到管理义务和自然人的行为有无过错。白某在昆玉河中捞鱼的行为是否违反法律法规，这不属于民事法律的调整范围，捞鱼是否具有违法性与人身损害赔偿没有因果关系，但白某身体压在石护栏上，身体向前探向河面，超越了正常利用石护栏的限度，石护栏早在以前就存在危险隐患，这些原因共同导致石护栏断裂。

〔2〕 排除法规则：P 或者 Q，非 Q；所以 P。即 $P \lor Q$，$\neg Q \vdash P$。

〔3〕 反证法规则：如果从反论题推出了矛盾或荒谬的结果，则原论题是成立的，即：$\neg Q \rightarrow R$，$\neg R \vdash Q$。

〔4〕 在法国大革命时期，罗伯斯庇尔针对前法国国王路易十六诉讼案引起的争议而发表论辩演说。罗伯斯庇尔的论说使用了反证法证明自己的观点：路易曾经是国王，由于他的罪行而被废黜。如果路易可以被赦免，可以被假定为无罪者，那么革命又成了什么呢？如果路易是无罪者，那么自由的一切保卫者倒成了恶意中伤者了，叛乱者倒是真理的朋友和被迫害的无辜者的保护人了，外国宫廷的所有声明倒只是反对一个执政的捣乱集团的合法抗议了。到目前为止，路易受到的监禁本身也是一种不公正的欺负；结盟军、巴黎人民、广大法国的所有爱国者都是罪人了；而在这个合乎常理的法庭里进行的罪行和美德、自由和暴政之间的巨大诉讼案，最终的判决竟会是有利于罪行和暴政的了，都是向君主的和立宪的专制的倒退。

我们可以从反面来把握。可以这样说，一个结论如果能够排除对它的合理疑问，它就具有确定性。这种确定性对于一个具有正常理智的人来说，显然具有合理的可接受性。"[1]

在一件涉及上亿金额的诈骗案中，辩护人运用直接证明与反证法进行论证：本案涉案的 A 公司至今已有 25 年的经营历史，有良好的经营业绩和商业信誉。如果没有良好的商业信誉和经营业绩，它在香港这一世界上最繁华、竞争最激烈的经济贸易区里生存长达 25 年是不可想象的。此外，A 公司作为专业经营服装的公司，有丰富的商业信息资源与较强的接单能力，这一点从提交给法庭的意大利某公司开具的价值 300 多万美元的买卖合同的信用证就能得到充分的证实，如此已充分证明 A 公司具备大宗交易的条件。作为有证明义务的控方并没有向法庭出示任何有关 A 公司在 25年的历史中曾经有不良商业行为的记录证明资料，更没有向法庭出示任何有关 A 公司不具备大宗生产交易条件的证据。[2]

在香港司法终审权问题上，全国人大运用排除法进行论证：香港特别行政区应该享有司法终审权。1997 年香港回归祖国以后法律制度保持不变，但香港回归祖国前并不享有司法终审权。全国人大认为，香港特别行政区成立后，香港的司法终审权的归属，不外乎三种可能性：或者仍留在英国政府，或者转交中国北京，或者交给香港政府。一方面，我国恢复对香港行使主权后，虽然香港现行法律基本不变，但有损我国主权的条文已经撤销，终审权当然不能继续留在伦敦；另一方面，由于香港采用的仍是英国式的法律制度，同我国内地的法律制度根本不同，法院组织与内地法院也不是同一个体系，显然也不宜由北京来行使终审权。所以，司法终审权应由香港特别行政区行使。上述论证列举了全部的可能情况，然后否定其中一些可能情况，从而确认论题成立。

（二）援推与反推

在法庭上，寻找到足够的证据而且要合理地组织好这些事实和理由，将各种事实和理由加以合理的整理与综合，编织成一张严密的逻辑之网，一旦出击就没有几个对手能侥幸逃脱，这就涉及证据运用的策略问题。在亚里士多德看来，这些问题主要属于论辩学与修辞学范畴，是一个最佳论证应该重视的问题。一个拥有优势的官司可能会输而一个处于劣势的官司

---

[1] *Black's Law Dictionary*, 5th edition, Thomson West, 1979, pp.214-215.

[2] 参见王洪主编：《法律逻辑学案例教程》，知识产权出版社 2003 年版，第 209 页。

可能会赢，不是因为审判混乱或糟糕或者审判程序的不公正。它仅仅因为陪审团或法官只对他们感受到的刺激发生反应，而这些刺激是来源于证据的。如果律师没有把所有的证据提交法庭，那么有错的一方可能会因为证据方面占优势赢得这场官司。因为这些证据没有得到回答与反驳。事实不会从法庭的窗口飞进来，而是用脚把它拖进来的，而把证据拖进法庭的正是律师。这就是为什么一个很有把握赢的官司惨遭失败的原因。同样，一场本要输的官司反而取胜，因为对方没有做充分的准备，故而不能将全部事实提交法庭。[1]

在法庭上，不但要运用自己的论据，还要充分地利用对方的陈述与证据来支持己方的观点。正如尼察律师所言："不仅利用我们的证人说的，而且用对方及对方的证人的陈述，我将向你们证明我们是有理的。"[2] 以对方的材料为根据和理由证明自己的主张或反驳对方的观点，是论证中的援推与反推的策略。援推是指引用对方的证据或材料证明自己的主张或观点。反推是指从同一事实或同一前提推出与对方截然相反的结论或主张。在关键之处，从对方的陈述中进行引证使之成为对我方有利的陈述；或者从对方的陈述中寻找和引出新的事实材料，使对方说出事实真相，使对方承认有利于我方的事实；或者从对方的陈述中引出与对方相反的结论，将对方的陈述变成我方的优势。在论证的艺术中，这是一种运用对方证据的艺术，将其运用自如是论证艺术的最高境界。

在远东国际军事法庭东京大审判中，[3] 在第一个阶段中国检察组证据不足，对中方极为不利。中方首席检察顾问倪徵燠知道只有在第二、三阶段利用对被告的自我辩护进行盘问反诘的机会，在法庭上有针对性地提

---

〔1〕 参见黄家乐、李炳成、赵怀斌编译：《律师取胜的策略与技巧》，中国政法大学出版社1993年版，第113页。

〔2〕 黄家乐、李炳成、赵怀斌编译：《律师取胜的策略与技巧》，中国政法大学出版社1993年版，第120页。

〔3〕 李伶伶：《他将战犯送上绞架——国际法院法官倪徵燠》，中国青年出版社2005年版，第41~45页。第一个阶段是控方陈述并提出证据，辩方可以质证；第二个阶段是被告集体答辩提出反证，控方可以提出反驳；第三阶段是被告个人单独提出证据并接受控方盘问反诘。在第一个阶段，对于中国检察组而言，溥仪是一个比较有力的证人，但他的傀儡身份使他不可能了解和说出日方的全部计划与具体暴行，特别是他没有提出土肥原和板垣主要罪行的确切证据。另一个证人是国民党政府军政部次长秦德纯。他控诉日军"到处杀人放火，无所不为"，但当辩方问道"如何的杀人放火，如何的无所不为，你又如何证明"，他提不出任何确切证据。倪徵燠手中的证据除了掌握有吴佩孚夫人张佩兰的证词之外，还缺乏有针对性的、更为有力的证据。

出板垣与土肥原的犯罪证据从而证明他们的犯罪事实。但中国检察组手中缺乏有针对性的、更为有力的证据。中国检察组决定到日本前陆军省档案库去寻找土肥原和板垣的罪证。他们知道日军临败前烧毁了大量文件，但总还是会有遗漏的。此时的陆军省档案库已经被盟军驻日总部封存。盟军驻日统帅麦克阿瑟同意了中国检察组的请求，下令打开了日本陆军省档案库。倪徵𣋉和同事们在成堆的纸片中寻找土肥原和板垣的犯罪证据。他们查阅了日本内阁、陆军省、外务省的现存材料，其中包括御前会议文件、内阁会议文件、五相会议文件、关东军报告和动员令、关东军与陆军省的往来密件、汪伪档案等，甚至还有大量的旧报纸。在很多档案里，倪徵𣋉都发现土肥原和板垣被大肆吹捧。陆军省里的一份驻华日军的报告，提到许多被替换回国的日本兵在回到家乡后，吹嘘他们如何杀害中国百姓、如何强奸、如何抢劫。然而这样的报告，却正好成为新的证据。[1]

倪徵𣋉在法庭上利用这些材料对板垣个人辩护进行盘问和反诘，[2]击垮了被告的辩护防线，也创造了他个人法律生涯的辉煌。倪徵𣋉的智慧在于从对方的材料中寻找支持本方指控的证据，充分利用对方的这些文件材料，在第三阶段对被告进行反诘时向法庭提出这些犯罪证据，并且利用

---

〔1〕 引自李伶伶：《他将战犯送上绞架——国际法院法官倪徵𣋉》，中国青年出版社2005年版，第41~45页。

〔2〕 参见李伶伶：《他将战犯送上绞架——国际法院法官倪徵𣋉》，中国青年出版社2005年版，第46~61页。1947年11月9日，是东京审判最精彩的一天。板垣谈到"皇姑屯事件"的导火索，是因为关东军与张作霖的东北军相比，明显处于一对二的劣势时所必须采取的自卫行动。倪徵𣋉质问："关东军在皇姑屯事件前，就已经制定了作战计划，这在你的证词里，是承认的。那么，就你本人而言，你是否同意这个作战计划？"板垣并不直接回答："我有必要向你说明一下，这个作战计划……"倪徵𣋉打断他的话："你只要回答我'是'或'不是'。"板垣不甘心辩解道："如果你仔细地读一读我的口供书，就会明白。我在口供书的前面讲到了，尽管关东军向军部提出许多希望，但军部根本未予采纳。因此，关东军要根据现有的兵力以及各方面的情况制订计划。这是对口供书的正确解释。"倪徵𣋉："我不想听你的说明，我要问的是，这个作战计划，报告给军部并征得了同意吗？是那样的吗？"板垣不得不回答："是那样的。"对于板垣一再声称他是主张撤退在华军队的说辞，倪徵𣋉反诘道："日本占领广州、汉口，是否在你任陆相后才完成的？"板垣老实作答："是。"倪徵𣋉步步紧逼："那么，这是撤军，还是进军？"板垣进退两难。板垣的

对板垣自辩的盘诘打击土肥原，指东连西、一箭双雕。[1] 正如倪徵燠说道，"这是盘问的艺术（art of question）"。倪徵燠最终证明了板垣与土肥原的犯罪事实。[2] 这场充满论证意味的盘诘真是惊心动魄，倪徵燠辩锋之犀利势不可挡，他没有放过任何一个事实，没有放过任何一个机会，他的论证与质证艺术为中国人民赢得东京审判的胜利作出了不可磨灭的贡献，也作为法庭论辩的经典被人们永远传颂。正如刘勰所言：一人之辩，重于九鼎之宝，三寸之舌，强于百万之师。

正如贺卫方所言，两千年前的古希腊文明留下了许多宝贵的遗产，演

（接上注）

答辩词中还涉及两件事：一是他自辩说在日政府与德、意商讨《三国公约》时，他本人是不主张扩大战事的；二是在苏边境的"张鼓峰事件"中，他是竭力设法就地解决的。对此，倪徵燠问："你是否曾经为此两事，受到日本天皇的谴责？"他恼羞成怒地反过来质问倪徵燠："你如何知道？"倪徵燠："此时是我在向你进行反诘，不是你来问我。即刻回答我的问题。"板垣犹豫了很长时间撒谎了："并无此事。"但倪徵燠有证据：日本元老西园寺原田的日记里，有明确记载。

〔1〕 参见李伶伶：《他将战犯送上绞架——国际法院法官倪徵燠》，中国青年出版社 2005 年版，第 46~61 页。在法庭上，倪徵燠在与板垣的针锋相对中，他的心里还始终惦记着土肥原。倪徵燠要利用板垣打击土肥原，指东连西、一箭双雕。他的目的是为了使法庭不因土肥原不上证人席亮相而对他不加以重视。倪徵燠利用板垣自辩阶段最后的总结发言，对板垣和土肥原发起新的攻击。他在提到"吴唐合作"时，面对板垣，手却指着被告席上的土肥原，问："你在陆相任内后期派往中国去拉拢吴唐合作的土肥原，是不是就是当年僭充沈阳市长、扶植傀儡溥仪称帝、勾结关东军、阴谋华北自治、煽动内蒙独立、到处唆使汉奸成立伪政权和维持会、煊赫一时、无恶不作，而今却危坐在被告席右端第一排第一个的土肥原？"按照交叉询问规则，控辩双方的盘问，都不得带有结论性的、侮辱性的、诱导性的言词。他的这个问题，并不是真的要求板垣作答，他不过是在运用他的指东连西的答辩艺术，他是为了达到加深法庭对土肥原罪行的印象的目的。此时即便有律师站起来反对，他的话也已说过了，法庭上的所有人也都已经听过了，他的目的也达到了。

〔2〕 7 名被告被判处死刑，其中包括中国人民最为痛恨的土肥原、板垣、松井石根、东条英机。远东国际军事法庭的判决书在认定土肥原的罪行时指出："他对于'满洲'所进行的对华侵略战争的发动和进展，以及嗣后受日本支配的伪'满洲国'之设立，都具有密切关系。在日本军部对中国其他地区所采取的侵略政策上，土肥原也承担了显著的任务。因此，法庭判决他有罪。"对板垣的判决指出："自 1931 年以大佐地位在关东军参谋部参加了当时以武力占领'满洲'为直接目的之阴谋，进行了支持这项目标的煽动，协助制造引起所谓'满洲事变'的口实，压制了若干防止这项军事行动的企图，同意和指导了这种军事行动。嗣后，他在鼓励'满洲'独立的欺骗运动中以及作为其结果的扶立傀儡伪'满洲国'的阴谋中，都担任了主要任务……在 1937 年 7 月卢沟桥战事发生时，他从日本被派至中国，以师团长地位参加战斗。他对于扩大在中国的侵略地区曾表示赞成……'因此，法庭判决他有罪。"转引自李伶伶：《他将战犯送上绞架——国际法院法官倪徵燠》，中国青年出版社 2005 年版，第 61 页。

讲与论辩的传统就是其中突出的方面。古希腊没有专业化的司法阶层，审判是由人民自己主持的，参与审判的人民代表动辄数以百计。社会生活中的演讲与论辩延伸到了当时的法庭上，让审判者了解事情原委并作出公正判决的方法就是言词辩论。在英美法系国家，陪审团的普遍运用成为延续这种言词辩论传统的重要力量。律师不能通过提交书面文件而必须通过言说的方式说服陪审团。律师仿佛回到了古希腊的法庭，诘难证人、说服外行的策略与技巧就变得非常重要。也正因为如此，英美法系国家舌战大师层出不穷且经典辩词不绝于耳，也绝非偶然。[1]

二、最好的辩护：主动进攻与积极抗辩

在刑事案件中，控方承担证明犯罪证据和犯罪事实的责任，而且其证明要达到排除合理怀疑（beyond reasonable doubt）的程度或要求。如果犯罪证据和指控事实没有得到足够充分的证明，或者辩方提出的合理怀疑没有得到控方的有力反驳，那么被告人就必须被判无罪。

根据上述证明责任和证明标准的规定，辩方有两种基本的辩护方式或策略。其一，是被告人可以进行"积极抗辩"（affirmative defense）或"积极防御"，即证明被告人"无罪、罪轻或者应当减轻、免除其刑事责任"；其二，辩护人可以采取"主动进攻"的辩护策略，即对控方提出的指控及其证据提出"合理的怀疑"，指出控方没能证明他们的指控，要求控方作出进一步证明，目的是直接动摇和摧毁对方的指控。[2] 主动进攻的关键就是，捕捉到对方的破绽，拣几个最能置对方于死地的问题进行反击。"律师必须在紧紧包围那个不幸之人的大网上发现漏洞与缝隙，并且尽量利用这些漏洞与缝隙以挽救这个不幸的人。"在危机四伏、险象环生的法庭上，只要能发现控方的致命漏洞，然后在此打入楔子，控方的指控就会崩溃。

在一个侵权案中，美国布格里奥西律师采取的就是积极防御的辩护策略，通过提出与原告相反的主张来对抗原告的控告。一个人控告其邻居，

---

〔1〕　参见贺卫方："演说、辩论与法庭"，载《企业技术开发》2003 年第 1 期。

〔2〕　质疑指控在逻辑上属于反驳的范畴。反驳是确认某一论题不能成立或某一论证不能成立的过程。其目的在于揭露诡辩，批驳谬误。反驳首先要明确并选准反驳的对象。反驳可以针对论题、论据和论证方式进行。为了达到反驳的目的，应从实际出发，或者针对论题，或者针对论据，或者针对论证方式。驳倒了对方的论据或论证方式，虽然不等于驳倒了论题，但说明对方的论题失去了论据的支持，或从论据不能必然推出论题，这样的证明难以令人信服，其论题没有得到证明。

他在经过邻居门前的人行道时，邻居家的狗冲出来并咬了他，因而造成伤害要求赔偿。布格里奥西律师的答辩策略是：其一，我的狗是用链子拴在屋里的，链子没有长到可伸展到人行道上去，因此我的狗不可能咬了原告。其二，我的狗是一条老狗，它根本没有牙齿，即使咬了原告，也不可能对原告造成伤害。其三，我根本就没有狗。[1]

在刑事诉讼中，最好的辩护就是主动进攻。主动进攻即提出合理的怀疑（reasonable doubts），是最常见的一种辩护方式，也是最好的辩护策略。主动进攻是从质疑控方证据开始的。质疑控方证据就是质疑控方证据搜集的合法性以及控方证据的可靠性和确实性。丘吉尔说过：取得辩论胜利的途径就是一举击中要害，而且要两次、三次地击打要害。证据就是指控的关键与要害。证据是指控的前提与基石，一旦指控的基石发生动摇，整个大厦就会随之而倒塌。因此，质疑控方证据是主动进攻的一种重要手段。如同笛卡尔所言："拆掉基础就必然引起大厦的其余部分随之而倒塌，所以我首先将从我的全部旧见解所根据的那些原则下手。"[2] 其中采取主动进攻即以攻代守的方式，质疑控方获取证据方法的合法性，就是不可或缺的重要辩护手段。在美国刑事法庭上更是如此。在指控罪证是采用非法方法获得时，把政府置于被告的地位让它为自己的非法取证行为受审，美国独特的非法证据排除规则使这种辩护方式成为最有效的辩护手段。[3]

在"世纪审判"辛普森案[4]中，检方没有目击证人，只有警方搜集的血迹、血手套、血袜和血液检验结果等情况证据。检方用这些情况证据（circumstantial evidence）来指控辛普森有罪。辩方采取的是主动进攻的辩

---

〔1〕 参见黄家乐、李炳成、赵怀斌编译：《律师取胜的策略与技巧》，中国政法大学出版社1993年版，第146页。

〔2〕 ［法］笛卡尔：《第一哲学沉思集 反驳与答辩》，庞景仁译，商务印书馆1986年版，第15页。

〔3〕 参见［美］艾伦·德肖微茨：《最好的辩护》，唐交东译，法律出版社1994年版，第49页。

〔4〕 参见"'世纪审判'案法庭内外"，载《光明日报》1995年10月5日~11日；叶童：《世界著名律师的生死之战》，中国法制出版社1996年版，第115-153页。在本案中，警察收集到以下与辛普森有关的主要证据。其一，血手套：最早到达现场的警官罗伯特·里斯克发现罗纳德的脚下有一只血手套。随后，最早进入辛普森住宅的福尔曼警官也在辛普森客厅外墙和院墙之间的走道上发现一只沾满血迹的皮手套。这两只手套是配对的。检方指出，皮手套的品牌与辛普森平常所戴手套的品牌相同，尼科尔离婚前使用的信用卡购物记录证明她为辛普森购买了这种品牌

护策略。即把政府置于被告地位让政府为自己的非法行为和过错行为受
审，把政府获取证据的非法行为和过错行为以及犯罪证据存在的重大缺陷
作为攻击和打击的对象，揭露指控证据存在的重大瑕疵、漏洞和破绽。目
的就是摧毁控方的证据体系，说服陪审团相信指控没有足够充分的证据，
没有能够达到排除合理怀疑的程度。辩方辩护有以下五个要点：其一，辩
方指出血手套和血袜等检方主要物证本身存在的疑点，[1] 血手套是白人
警察福尔曼制造的假证据，袜子有警方"安置"罪证的嫌疑。其二，辩方
指出警方在收集和保存本案实物证据时，违反了收集和保存证据的原则，
存在一系列的过失和不当行为，血样、手套等物证受到了污染，这些物据
化验或鉴定结果的可靠性值得怀疑。[2] 其三，辩方质疑对血迹进行 DNA

（接上注）
的手套。辛宅的手套上血迹的血型和血酶都与辛普森的相同，而辛普森的左手中指确实被割伤过，
这只手套上还有尼科尔和罗纳德的头发、罗纳德衬衫的纤维和辛普森车毯的纤维。血手套是一个
极其重要的证据。其二，深色编织帽：在罗纳德脚下发现的血手套旁还有一顶深色编织帽，上面
有黑人的头发和辛普森车毯的纤维。警方的微物证据分析表明，毛发是染过色的。其三，血迹证
据：警方在班迪街案发现场的前院大门上找到几滴血滴，经 DNA 鉴定为辛普森的血迹。DNA 鉴定
结论显示死者的血在班迪街大量存在。在北洛金汉街 360 号辛普森住宅前门车道、通往住宅大门
的走道以及住宅大门、院内辛普森白色福特野马型越野车驾驶位置的车门把手、车门下都有死者
的血迹。其四，血袜：在辛普森卧室里的不同地方发现一双深蓝色的袜子，后来检验时发现有血
迹，DNA 检验证明是尼科尔的血迹。其五，鞋印：在班迪街现场，警方发现了可疑鞋印，检方请
来的联邦调查局的鞋印专家作证称，在现场搜集到的鞋印为意大利出产的布鲁诺·马格利名牌鞋，
规格为 12 号，与辛普森的鞋号相同。这一型号的布鲁诺·马格利名牌鞋在美国的销量有限。其
六，其他证据：这些物证还包括野马车乘客门上、工具箱、司机一侧地毯、座位、车轮、车库墙
壁以及浴室地上的血迹，草地的一根木棒，街上的万宝路烟蒂等。
　　〔1〕 辩方在法庭上让辛普森当场试戴这副手套。辛费了很大劲才勉强戴上。辩方指出，戴
着这么小的手套，连手的正常屈伸都受到限制，还要再持刀杀人，那是难以令人相信的。辩方认
为，血手套是白人警察福尔曼制造的假证据。警方在辛普森家中发现的那双袜子上的血痕就颇为
奇怪，一只袜子两侧的血痕形状居然完全一样。这只能说明当血液从这一侧浸透到另一侧时，袜
子并没有套在人的脚上。此外，警方进入辛住宅搜查时摄下的录像带上标明的时间是下午 4 时 13
分，当时床上并没有袜子，而记录在案的警方在室内采集证据的时间是在下午 4 时 13 分以后，这
足以表明床上从来没有袜子，而是警方搞鬼。这显然有别的人"安置"罪证的嫌疑。参见
"'世纪审判'案法庭内外"，载《光明日报》1995 年 10 月 5 日~11 日；叶渡：《世界著名律师的
生死之战》，中国法制出版社 1996 年版，第 115~153 页。
　　〔2〕 检方指出，杀人现场、辛的吉普车及辛的家里都发现辛本人和两名被害者的血迹，准
确无误的长期血液遗传基因化验更表明，辛为杀人凶手无可置疑。但辩方请到的几位刑事犯罪问
题专家当庭作证时却都认为，警方在杀人现场采集到的血样受到污染，这会影响血液化验结果。

检验的塞尔马克公司实验室的检验结果的可靠性与可信性。[1] 其四，李昌钰指出警方工作上的混乱、失误与疏漏以及检方提供的血液和其他证据存在的重大疑点。[2] 既然警方工作疏漏又混乱，得来的证据就足以使人

（接上注）
辩方 DNA 检测专家谢克指出警员和犯罪学家们收集和保存证据的态度和方法存在问题。血样等证据被错误的处置方式弄得脏污难辨。谢克质疑警方的助手玛祖拉女士采集血样等证据的方法。录像显示，在犯罪现场玛祖拉女士在将手套和帽子放入纸袋时，未曾更换她的乳胶手套。在警探朗格作证时，他曾经承认在 6 月 13 日上午 7 点半，命令从辛普森太太家取出一张毛毯盖住辛普森太太的尸体。然而那时，验尸官和犯罪学家们还没赶到现场。这是"一个致命的错误"。谢克放映了另外一段录像，画面显示一点棕色的物质，正位于那床盖住辛普森太太尸体的白毛毯边缘。这块棕色的东西，正是尸体旁边发现的那只手套。无意之间，手套被移到毛毯的顶端，于是它带上了毛发和纤维。谢克又取出一段录像，上面显示丹尼斯·方先生用手拿着犯罪现场发现的信封，他根本没戴什么乳胶手套。警方的其他严重失误：警察在很长时间以后才召集犯罪学家赶到犯罪现场；他们没有用黄色警带围起辛普森的野马车；朗格警探命令把辛普森家发现的手套带到犯罪现场；还有一张纸，谢克所谓"足以追寻凶手手印"的纸，却从犯罪现场失踪了。在预审作证时，福尔曼警探曾经说在辛普森汽车的车门台阶处发现了 4 滴血迹；然而遍查丹尼斯·方的笔记，却丝毫未提及血液。谢克接着追问，如果警察把尚未凝结的血样放进背包，再扔进闷热难当的卡车，血液样本会变成怎样？警方后来为什么又对血样强行扣留？如果实验人员在处理血样和处理其他物品的过程中间不换手套，那会造成怎样的后果？起诉方用来对付辛普森的那堆证据，已经被这种收集过程的过失破坏得一塌糊涂。参见"'世纪审判'案法庭内外"，载《光明日报》1995 年 10 月 5 日~11 日，第 4 版；叶童：《世界著名律师的生死之战》，中国法制出版社 1996 年版，第 115~153 页。

　　[1] 塞尔马克公司的实验室承担血迹 DNA 检测工作。科顿博士是塞尔马克公司的实验室主管。对科顿博士的交叉询问由纽约律师纽菲尔德负责。纽菲尔德盘问道："如果有一点样本，在 6 月的天气被放进很热的卡车，隔绝空气长达 7 个小时，而且这 7 小时样本又一直湿乎乎的，那么，败坏的过程能否持续下去？"证人脱口问他："你说的有多热？"这句话比真正给他个明确回答还要有效！纽菲尔德律师乘势追击，提到 1988 年对塞尔马克实验室的测试，当时涉及两三种样本装入一个试管，非常类似于本案的情形。该公司在无人出现在现场的 50 次样本里发生了一例 DNA 失误，足以把无罪的人送进监狱。科顿博士反对，"我并不认为，由于我们的一些检验出现了错误，我们的其他工作就无法适用。"纽菲尔德窃笑着问："是不是可以说，塞尔马克的差错率达到了 50 比 1？"起诉方又是一片反对声。但辩方已经达到了自己的目的。参见"'世纪审判'案法庭内外"，载《光明日报》1995 年 10 月 5 日~11 日；叶童：《世界著名律师的生死之战》，中国法制出版社 1996 年版，第 115~153 页。

　　[2] 李昌钰的作证对陪审团的裁决起了最具有权威和至关重要的影响和作用。他出庭指出："洛杉矶市警察局的实验室人员，工作纪律十分松弛混乱。警察人员在提取和保管那些现场滴落的血痕的过程中，有不少的疏漏之处。本来应该用那种包装干的血迹样本的纸袋，被用来包装新鲜的血痕，这样就很容易使血痕受到污染。警方在杀人现场采集到的唯——滴据说属于辛的血，是在放置一夜已风干之后才用一张纸包起来的，而我在复检时发现，这张纸上有一滴鲜血浸透的痕迹，这很像有人做了手脚。检方所提出的血液证据极可能是主持证据采集工作的两名白人警官故意栽赃。当时现场有罗纳德的随身物品，如一个信封、一堆钥匙、一张撕破的纸片以及一只呼叫

怀疑了。其五，辩方质疑检方关键证人警探福尔曼的可信性与公正性。辩方指出福尔曼当庭撒谎并且对黑人极端仇视。[1] 这是对控方最具毁灭性的

（接上注）

器，散落在不同的地方，从照片里的纸片上看到一些血痕，这些痕迹虽不明显，但经过放大可以隐约看出一段鞋印，如果收集到这张纸片，就可以找出清楚的纹路，也许还可以在纸片正面及背面找到指纹。那么这张纸片哪里去了呢？检方和警方却不知道其下落，不翼而飞了？罗纳德尸体的照片显示出附近的沙土上有一些杂乱的可疑脚印，这些脚印在几个星期后我到达现场时，已经不可能找到了，那么警方收集这些脚印了吗？没有。从另一张警方所拍摄的照片，显示出罗纳德的呼叫器面板上沾满了血，可以推论这些血如果不是罗纳德的，一定是凶手的。那么警方化验了这些血迹吗？没有。从尼科尔尸体的照片可以看到，尼科尔身穿黑色的无袖短洋装，肩膀露在外面，现场尸体照片上显示出肩膀上有 7 点血滴。从这些血滴的形状及方向来看，这些血滴是在尼科尔倒地后，有人流着血从她尸体旁走过滴落的，因此，上面的血滴肯定不是罗纳德的就是凶手的，这样重要的证据，警方收集了吗？没有，尼科尔尸体解剖时已经被清洗掉了。警方在现场收集到许多指纹，到结案为止，仍有 9 枚指纹无法辨认出来，那么它们是谁的呢？在杀人现场曾发现除布诺马利牌子的鞋印外，还有两只沾有血迹、纹路是平行线的鞋印，在罗纳德和尼科尔两人的尸体中间出现了这样的半只鞋印，同时在罗纳德的牛仔裤上也有同样纹路的鞋印。既不是辛的，也不是被害人的，这意味着现场有两位凶手，一位穿着布诺马利鞋，另一位穿着鞋底纹路是平行线的鞋。警方对此却根本未做查证，这恰恰可能是杀人凶手留下的脚印。"李昌钰说道："警方及检察官却故意拖延，让我们在走廊上足足等了 3 个多小时，到了 12 时 45 分左右才让我们进入化验室，进入化验室时他们又限制时间，声称这双袜子要在下午 1 点多钟送到 FBI 化验，我们只有 20 多分钟来检验这些重要物证……请求借用警方的设备，当时他们一口答应，并表示将会准备好各种仪器，不料在进入化验室后，我只有一台十分差劲的显微镜，调焦不准，底部不稳，检察官和化验员又拼命催促，检验工作十分困难。警方故意刁难，将职业道德抛在一边，我十分生气，当面向化验室主任抗议。但是抗议也无效，为了确定检验结果的准确性，我们要求检方提供一些重要证据来重新检验，但是检方千方百计不让辩方来进行复验。以现场血迹的检验为例，警方在现场收集到大量的血迹，检方却坚持血迹太少而不能分出部分给辩方来检验，但是辩方律师据理力争，因为辩方有权去检验检方的证据是否可靠，最后法官也同意辩方分割出 10% 的检体来检查，同时允许我们到韶玛化验室检验这些重要证据……但是我们还得不断地与洛杉矶的法官联络，查清楚 10% 的血迹检验所指的范围，原本分割检体只需要半个多小时，但是由于检辩双方不断地谈判，不时请示法官来解释他的法令，就这样拖了 7 个多小时，到了傍晚才离开化验室。警方从辛普森身上抽走了 8CC 血液作为检验样本，根据检验记录，检方用了 3CC 的血液样本，这样试管还应当存留 5CC 血样，但是实际上现在试管中只有 3.5CC 血样，那么剩余的 1.5CC 跑到哪里去了呢？"参见"'世纪审判'案法庭内外"，载《光明日报》1995 年 10 月 5 日~11 日；叶童：《世界著名律师的生死之战》，中国法制出版社 1996 年版，第 115~153 页。

〔1〕 李·贝利要让作为证人的福尔曼警探可疑的一面暴露在陪审团面前。他问："那时你知道野马车上有血吗？""不知道。""你用手套在野马车上擦过吗，福尔曼警探？""没有。"李·贝利问道："想想你去年 7 月的证词，福尔曼警探。那时你说，你在辛普森先生的野马车里面——不仅是外面，还有里面——发现了血迹。现在，我们怎么又听你说，你没有朝凯林先生要汽车的钥匙？"他嗫嚅了半晌，终于无力地答道："那时，我说错了。"李·贝利律师停顿了片刻，给陪审团充分接受的时间。李·贝利提出更有威胁的问题："在描述别人时，你用过'黑鬼'一词吗？"

打击。这就完成了整个的主动进攻的辩护策略的最后一步。完成了对有罪指控的"合理的怀疑"。把合理怀疑的种子一步步播进了每个陪审员心中。[1]

中国先哲墨子认为"辩，争彼也"。"尽管在法律面前所有的律师都是平等的，但是他们在法庭辩论中不断显示着各自才能的高低优劣。这种才能的悬殊甚至反映在法庭的裁决里，这在某种程度上是在所难免的。"[2]被告方策略的高明正在于此。辩方攻击方向之精准、论证策略之严密、破坏力量之大，这一切都令人惊叹不已。他们没有漏过任何一次出击的机会，这正是律师们谋划好的。他们暗藏杀机，不因一时得势就急不可耐地亮出锋刃，而是在关键的决胜时刻使出杀手锏，杀对手一个措手不及。完美的谋杀、惊人的证据，但最终证据被弄得模糊不清、事实被逐渐改变、证人被引导到他们希望的方向。

（接上注）

"没有，先生。""近 10 年来，你用过这个词吗？""我没想起来。没有。""那么，你是在说，近 10 年来你没有用过这个词，福尔曼警探？""是的，我是这样说的。"李·贝利面向陪审团。他提高声调，仍然向警探追问："所以，任何人来到本庭指证你用过这个词，他们准是说谎，不是吗，福尔曼警探？""是说谎。"福尔曼答道。几个月后，辩方出现在证人席上的，是给福尔曼警探录下了 13 个小时磁带的麦金尼女士。她拿出数十盘录音带，磁带证明福尔曼亲口向一位电影剧作家麦金尼女士说过，他在过去 10 年里 41 次辱骂黑人为"黑鬼"，并利用警察身份和办案机会，以制造伪证、栽赃陷害、殴打疑犯、强取口供等卑劣无耻的手段让许多无辜黑人受到不公正的法律制裁。在录音带里，福尔曼对自己的种种劣行引以为荣，甚至绘声绘色地描述，他如何把黑人司机的驾驶证撕毁，再指控其无证开车，他如何曾注射毒品的黑人身上伤疤的血痂强行揭掉，再指控其最近重新吸毒。辩方的数名证人、包括两名白人妇女到庭作证说，福尔曼曾讲过"只有死黑鬼才是好黑鬼"。福尔曼还咬牙切齿地说："如果让我干，我就把黑鬼们都弄到一起烧死。"福尔曼重新出现在证人席上接受厄尔曼律师的盘问："你在预审时提供的证词是否完全真切？"福尔曼："我想坚持我第 5 修正案的权利。"根据美国联邦宪法第 5 修正案的规定，"任何人不得在任何刑事案件中被迫自证其罪"。由于福尔曼否认讲过"黑鬼"一词已经犯了伪证罪，他援引第 5 修正案可以暂时避免受到司法追究。厄尔曼律师继续追问下去："你是否篡改过警方记录？""我想坚持我第 5 修正案的权利。""你是否在本案中栽赃过或捏造过任何证据？""我想坚持我第 5 修正案的权利。"整个法庭一片死一样的寂静，正如几天之前播放福尔曼磁带时一样。"被告方没有问题了。"检方不得不在法庭上承认："福尔曼是个种族主义者，是个坏警察，他根本不配当警察，这个世界上最好没有这个人。"辩方要求福尔曼再次出庭，就是否辱骂黑人为"黑鬼"及在法庭上说谎一事作出解释。福尔曼当然不肯，也像辛普森一样援引美国联邦宪法第 5 修正案保护自己。参见"'世纪审判'案法庭内外"，载《光明日报》1995 年 10 月 5 日～11 日；叶童：《世界著名律师的生死之战》，中国法制出版社 1996 年版，第 115～153 页。

〔1〕陪审员们一致作出判决辛普森无罪。

〔2〕［英］理查德·杜·坎恩：《律师的辩护艺术》，陈泉生、陈先汀编译，群众出版社 1989 年版，第 2 页。

三、理性的抗辩

主动进攻是一个直接质疑或摧毁检方指控或主张的过程，积极抗辩或积极防御是通过证明与指控相反的主张成立从而对抗检方指控的过程。质疑指控和对抗指控在逻辑上都属于反驳的范畴，都是一个确认检方指控或论证不能成立的反驳过程。[1] 如何有效地摧毁和成功地对抗对方的指控或主张，这涉及辩护策略问题也涉及辩护方法和辩护规则问题。

（一）直接反驳、间接反驳和归谬法

辩护方法可以归结为逻辑上的三种反驳方法：直接反驳、间接反驳与归谬法。主动进攻主要运用直接反驳和归谬法，积极抗辩或积极防御主要运用间接反驳方法。

直接反驳就是直接从论据的真实性推论出对方主张或论据不能成立。直接反驳是一个运用逻辑推理的过程。它的逻辑基础是分离规则。[2] 直接反驳的关键就在于找到确实而充分的事实和理由即有说服力的事实和理由来确认对方的主张或论据是错误的。最有力的反驳就是从已确立的根据或理由合乎逻辑地推出对方的主张或论据是不成立的。

在国际军事法庭纽伦堡大审判[3]中，英国首席起诉人肖克罗斯爵士运用直接反驳方法，以凯洛格—白里安公约以及其他国际性的声明和条约中的有关"把在破坏公约的情况下发动的战争规定为违法的行为"的规定，以及巴黎公约中"自卫"行为的合法性的最后裁决并不操控在有关国家的手中为理由，反驳雅尔赖斯"被告在犯下今天被指控的行为在当时所

---

〔1〕 反驳是确认某一论题不能成立或某一论证不能成立的过程。其目的在于揭露诡辩，批驳谬误。

〔2〕 分离规则：如果 A 是非 B 的充分条件，且 A 是成立的；则非 B 成立。可以简化为：若 A 则非 B，A；那么非 B。即：$A \rightarrow \neg B$，$A \vdash \neg B$。

〔3〕 1945 年 11 月 14 日，纽伦堡国际军事法庭开庭，被告的辩护律师雅尔赖斯教授认为，由纳粹德国发动的第二次世界大战虽然有 5500 万被害者，但是却没有一个抓得住的凶手，各被告不能对他们的行为负刑事责任。因为，被告在犯下今天被指控的行为时，在当时所有的各项法律中并未规定对此类行为进行刑事起诉，而且，战争不认为是犯罪。目前的这场审判之所以能够惩罚破坏和平的罪行，并不是依据现行的国际法，而是根据一种新的按照罪行制订的刑法所进行的审理。这种做法违反了被全世界视之为神圣的司法原则，这种司法原则曾在希特勒德国受到了部分破坏，当时就遭到了德国国内外的强烈反对。这一司法原则就是只有违反了在犯罪当时就已经规定对之加以惩处的法律的人才应受到惩罚。参见〔民主德国〕P. A. 施泰尼格尔编：《纽伦堡审判》（上卷），王昭仁等译，商务印书馆 1985 年版，第 111~112 页。

有的各项法律中并未规定对此类行为进行刑事起诉"的观点。[1]

在 180 名中国人向日本法院提起的诉讼中,[2] 我国法律界人士运用直接反驳方法驳斥日本政府以及东京地方法院的观点:"海牙条约"确实没有个人向国家要求赔偿的规定,但国际法中通行的一个原则是国际惯例优于条文。在以往的国际判例中,外国公民可以向某国政府提出索赔已经成为一个惯例。根据该国际惯例,中国公民完全有权向日本政府提出索赔,东京地方法院的这一判决是对国际法通行的精神和原则的违背。1972 年,中日邦交恢复正常化,中国政府放弃战争赔偿权。但中华人民共和国放弃的只是政府与政府之间的战争索赔权,并没有放弃民间的战争受害者的索赔权。因此,受到战争迫害的中国公民当然有权利提出战争索赔。

间接反驳是通过证明与对方主张相反的论题成立,从而推出对方主张不能成立的反驳方法。它又称为独立证明方法,亦称为"独立证法"。间接反驳的逻辑基础是矛盾律,即"两个互相矛盾的命题不能同时都是真的"。间接反驳的关键就在于运用充分的理由或有说服力的根据来确立与

---

〔1〕 肖克罗斯在法庭上指出:雅尔赖斯教授根据凯洛格—白里安公约以及其他国际性的声明和条约,说侵略战争是违法的,然而却不是犯罪行为。鉴于巴黎公约本身就强调了防御,每一个国家——也包括德国在内——都必然拥有决定它是否有必要进行自卫战争的权利。但事实上,在中世纪,人就已经承认了正义战争和非正义战争之间的区别。该公约把在破坏公约的情况下发动的战争规定为违法的行为,而且在进行意味着有千百万人死亡和对文明的最后基础发动直接攻击的犯法活动时,在违法性和犯罪性质之间并不存在区别。巴黎公约和其他任何一个条约都没有也不可能取消自卫的权利。但如果国家滥用其权利,如果国家把自己的"自卫"变成了征服和无视法律的工具,如果它把进行自卫的自然法蓄意歪曲为掠夺和征服欲望的武器,国家对此也负有责任。国家所宣称的那种行为的合法性导致了自卫,对这种行为的合法性的最后裁决并不操在有关国家的手中。由于这个原因,自卫的权利(不论是明确保有或是含蓄保有的)丝毫改变不了如下事实:一项条约能够在法律上构成对战争的束缚。参见〔民主德国〕P. A. 施泰尼格尔编:《纽伦堡审判》(上卷),王昭仁等译,商务印书馆 1985 年版,第 118~121 页。

〔2〕 参见王洪主编:《法律逻辑学案例教程》,知识产权出版社 2003 年版,第 220~221 页。1997 年和 1999 年,180 名中国人指控日军 731 部队于 1940 年~1942 年在浙江省和湖南省通过飞机散发了受鼠疫病菌污染的跳蚤以及附有霍乱菌的食物,给当地居民造成了巨大损害,要求日本政府谢罪,并作出总额为 18 亿日元的赔偿。东京地方法院采纳了日本政府的抗辩作为判决理由:其一,"海牙条约"中并没有承认个人的请求赔偿权,因此,原告是没有权利提出赔偿请求的;其二,赔偿问题已经在中日友好条约中获得解决,也就是说,中国已经放弃了对日本的索赔权,因此,从这点出发原告也是无权要求赔偿的。东京地方法院虽然确认了日军 731 部队在中国进行的细菌战造成多人死亡,但是却驳回了原告要求日本政府谢罪和赔偿的诉讼请求。

对方主张相反的论题成立，由此推翻或对抗对方主张。[1] 间接反驳是法庭上的一种重要的反驳方法。

19 世纪末美国洛杉矶发生过一起谋杀案。[2] 阿尔福德的辩护律师罗杰斯通过独立证明相反的观点成立而反驳了控方主张的事实。控方认为，阿尔福德开枪时是站在受害者上面的。子弹是从上向下穿过身体和肠子的。罗杰斯利用一张彩色的肠道图，并且在帕利特医生证词的支持下，对子弹是如何从上向下穿过肠道作出了相反的富有想象力与说服力的论证：这种情况是亨特发怒导致的。他的手杖在阿尔福德的头上打断之后，他把断杖当做短棍，弯下身接着打。阿尔福德躺在地上，对攻击他的亨特开枪，因为亨特当时是弯着腰的，他的肩膀俯得比臀部还低，因此他的肠子是折叠起来的，所以子弹从上向下射入了他的身体。陪审团接受这个论证，以自卫为由宣布阿尔福德无罪。[3]

在美国"东陆"号沉船案件[4]中，美国著名律师丹诺为船长伊利克

---

〔1〕 间接反驳的步骤大致是：首先，设定反论题（即与被反驳的论题具有矛盾关系或反对关系的论题）；其次，证明反论题为真；最后，根据矛盾律由反论题为真推出被反驳的论题为假。间接反驳的模式可表示为：Q 与 P 具有矛盾关系或反对关系，Q 成立；所以，P 不成立。即：¬(Q∧P)，Q ⊢ ¬P。

〔2〕 亨特雇佣阿尔福德修理水管，然后拒绝支付 102 元的账单。阿尔福德要求他付钱，均遭拒绝。阿尔福德印了一些传单，上面写着"亨特不付账"，并写明修理水管的经过、法庭的判决和亨特拒不支付工钱的行为。他来到亨特闹市区的办公室。阿尔福德把一张传单摔在亨特的脸上，威胁说要把传单贴满全城，除非他立即还债。亨特挥舞着一根沉重的手杖，叫他滚蛋。大楼里的其他人听到了他们打斗的声音。随后是一声枪响。最先赶到现场的人看见亨特腹部受伤，血流不止，俯卧在地上，手中仍抓着在混战中折断的手杖。他身旁站着发抖的阿尔福德，手里握着枪。两天后亨特在医院里死去，阿尔福德被控一级谋杀。参见 ［美］科林·埃文斯：《超级律师——美国 40 位顶级律师成名案例》，马永波译，北方文艺出版社 2002 年版，第 255～259 页。

〔3〕 罗杰斯指出，当时亨特打了阿尔福德。亨特挥舞手杖是进攻性的，而不是自卫性的。阿尔福德也生动而不加修饰地讲述了亨特如何用手杖袭击他，把他打倒在地，如何继续打他，直到他害怕自己被打死。那时仅仅出于为自己的生命担忧，他才从枪套里拔出手枪，对准俯身攻击他的亨特扣动了扳机。罗杰斯企图证明，阿尔福德是从下向上开枪的——但是这样做他需要死者的肠子予以证明。在一番审议之后，法官同意了罗杰斯的请求，在加利福尼亚杀人审判中，这是第一次把死者的内脏带上法庭。参见 ［美］科林·埃文斯：《超级律师——美国 40 位顶级律师成名案例》，马永波译，北方文艺出版社 2002 年版，第 255～259 页。

〔4〕 20 世纪初，"东陆"号是一艘湖上的船，停泊于克拉克街桥的芝加哥河，上面载有女人和孩子，要开到密西根游览。忽然船沉重的一边倾斜，沉入水中，数百位女人和小孩立刻溺死，造成美国历史上最惨重的悲剧之一。尽管"东陆"号最近才接受检查，并且为芝加哥和联邦检查员所核准，但船长还是被控以过失杀人。参见 ［美］欧文·斯通：《舌战大师丹诺辩护实录》，陈苍多、陈卫平译，法律出版社 1991 年版，第 379～380 页。

逊辩护。丹诺对作为检方专家证人的教授进行盘问。他让教授从最开始叙说建造船体的机械学，连续几天向教授提出复杂的技术问题，一直到法官、陪审团以及证人都感到疲惫不堪，教授才完成了对于船体结构和操作的机械学的证词，但仍有大部分证词为陪审团所不了解。于是丹诺问道："世界上除了你之外，还有其他人知道船体结构方面应该知道的一切吗？"教授回答："只有一个人，他住在苏格兰。"丹诺以这个证言即"世界上只有这两个人知道船只方面所应该知道的一切"为论据，独立证明了"伊利克逊船长不可能知道'东陆'号有什么毛病"的结论，从而推翻了船长过失杀人的指控。[1]

归谬法（reductio ad absurdum）发端于古希腊时期的"归于不可能"规则[2]，是指从对方主张推导出荒谬结果，由此推翻或否定对方主张的反驳方法。这里的荒谬是指自相矛盾即逻辑矛盾、不合事实或不合常理。如果从某个命题推导出自相矛盾、不符合事实或不合常理的结果，"无论当事人或证人对这个命题抱有怎样的自信，都要视其为不真实的东西而予以否定"。因此，归谬法的关键在于揭露对方的自相矛盾即逻辑矛盾、不合事实或不合常理之处。如果对方的陈述自身站得住脚，就把它与相应的事情加以联系与比较，因为世界上的事情总是与其他事情有联系的而绝不可能孤立存在。即如果对方说的是真话，他陈述的事情就必定能够与其他事实对应得起来，如果对方说的是假话，无论他编造得多么巧妙，他所说的总会在细节上与其周围的环境不一致。

---

〔1〕 检方请一位大学教授上证人席，为陪审团描述船只的建造——从龙骨的安装到最后一层油漆的涂抹。当这位船体结构的世界权威交由丹诺进行盘询时，他让教授从最开始叙说建造船体的机械学，连续几天向教授提出复杂而技术的问题，教授完成对于船体结构和操作的机械学的证词，其中，有大部分为陪审团所不了解。于是丹诺简单地问："教授，世界上除了你之外，还有其他人知道船体结构方面应该知道的一切吗？"教授回答，没有露出一点虚伪的谦虚，"只有一个人，他住在苏格兰。"丹诺问陪审团："如果世界上只有两个人知道船只方面所应该知道的一切，那么一艘湖泊船只的可怜船长，怎么可能知道'东陆'号有什么毛病呢？"就是这个问题使得陪审团判伊利克逊船长无罪。参见〔美〕欧文·斯通：《舌战大师丹诺辩护实录》，陈苍多、陈卫平译，法律出版社1991年版，第379~380页。

〔2〕 "归于不可能"（reductio ad impossibilc）规则：导出不可能结果的前提是不成立的。归谬法的模式：P→Q，¬Q⊢¬P。归谬法的步骤：首先，假设被反驳的论题成立；其次，以它为前件推出后件，构成一个充分条件假言命题；最后，根据这一命题的后件是错误的，或者是荒谬的，或者是自相矛盾的，于是否定假言命题的后件，进而否定前件，从而达到反驳的目的。

在陈独秀"危害民国罪"一案[1]中，陈独秀的自我辩护分为两步，两次都运用间接反驳的方法。首先，他从不可辩驳的事实出发直接证明了"这样的国民政府应该被推翻"[2]，从而推出有罪指控不能成立；其次，从近代国法学者之通论和有关事实出发直接证明"危害民国的不是我陈独秀"，并以孙中山、黄兴革命先驱为由运用归谬法揭露审判长"反对政府"即"危害民国"的观点之荒谬，[3] 从而彻底推翻对他的有罪指控。在陈独秀自我辩护之后，章士钊从辩护人席上起立为陈独秀辩护。首先，他以英伦当代法学家戴塞之"国家与政府并非一物"的理论为由直接反驳"反对政府"即"危害国家"的观点；然后，他运用归谬法驳斥了"陈独秀宣

---

　　[1] 1932 年 10 月 15 日，陈独秀在上海公共租界寓所被工部局巡捕逮捕，经第一特区法院询问，将同案人犯引渡给上海市警察局。蒋介石命令将陈等解押南京，交军政部部长何应钦派军法司司长王振南审理。这时全国各地报纸纷纷发表消息，国内和国外著名学者如蔡元培、杨杏佛、爱因斯坦、罗素、杜威等人都打电报给蒋介石，要求释放陈独秀。蒋介石在国内外的舆论压力下，被迫批示由军法司移交法院审理。陈等由军法司看守所移至江宁地方法院看守所羁押。陈氏被控"危害民国罪"，按规定应由江苏高等法院审理，但高等法院设在苏州，于是，1935 年由苏州高等法院派庭长胡善称到南京组织法庭审判陈等。苏州高等法院检察处也派检察官到南京为公诉人。参见雷启汉："陈独秀与章士钊的辩护状"，载《读者文摘》1991 年第 10 期。

　　[2] 审判长问陈为什么要推翻国民政府？陈朗读他的辩护状回答："国民政府对日本侵占东三省，采取不抵抗主义，甚至驯羊般跪倒在日本之前媚颜投降，宁至全国沦亡，亦不容人有异词，家有异说。'宁赠友邦，不与家奴'竟成国民党之金科玉律。儿皇帝将重见于今日。这样的政府难道不应该被推翻？""国民党吸尽人民脂膏以养兵，挟全国军队以搜刮人民，屠杀异己。大小无冠之王到处擅作威福，法律只以制裁小民，文武高官俱在议亲议贵之列。其对共产党人杀之囚之，犹以为未足，更师袁世凯之故智，使之自首告密。此不足消灭真正共产党人，只以破灭廉耻导国人耳。周幽王有监谤之诬，汉武帝有腹诽之罚，彼时固无所谓民主共和也。千年以后之中国，竟重兴此制，不啻证明日本人斥中国非现代国家之非诬。路易十四曾发出狂言'朕即国家'，而今执此信条者实大有人在。国民党以刺刀削去人民权利，以监狱堵塞人民喉舌。这样的政府难道不应当被推翻？""连年混乱，杀人盈野，饿殍载道，赤地千里。老弱转于沟壑，少壮铤而走险，死于水旱天灾者千万，死于暴政人祸者万千。工农劳苦大众不如牛马，爱国有志之士尽入囹圄。这样的政府难道不应该被推翻？"参见雷启汉："陈独秀与章士钊的辩护状"，载《读者文摘》1991 年第 10 期。

　　[3] 审判长又问："你不知道，你要推翻国民政府是犯危害民国罪吗？"陈氏回答："国者何？土地、人民、主权之总和也。此近代国法学者之通论，绝非'共产邪说'也。以言土地，东三省之失于日本，岂独秀之责耶？以言主权，一切丧权辱国条约，岂独秀签字者乎？以言人民，予主张建立人民政府，岂残民以逞之徒耶？若谓反对政府即为'危害民国'，此种逻辑，难免为世人耻笑。孙中山、黄兴曾反对清政府和袁世凯，而后者曾斥孙、黄为国贼，岂笃论乎？故认为反对政府即为叛国，则孙、黄已二次叛国矣！荒谬绝伦之见也。"陈独秀继续说："予未危害民国，危害民国者，当朝衮衮诸公也。"参见雷启汉："陈独秀与章士钊的辩护状"，载《读者文摘》1991 年第 10 期。

传共产主义即为危害民国"的观点。[1] 章士钊的目光之敏锐，逻辑手法之娴熟，在当时之中国，能与之匹敌的少而又少。在他非凡的生涯中，这又是他非凡的一章。

归谬法是一种有说服力的反驳方法，特别是运用直接反驳难以奏效时，归谬法是一种比较便捷的反驳手段。这种方法的运用可以追溯到苏格拉底。苏格拉底就是运用归谬法的高手。他创始了"一种纯粹否定的论辩术"。苏格拉底"把他的辩论术比喻为产婆术——用提问题的方法套出他的对辩者的真正思想来。但是在《拉奇斯篇》中，像在别的地方常常发生的那样，他一个接着一个把这些思想刚出论辩的娘胎就加以窒息了。产婆似乎是个堕胎老手。"[2] 在同希庇亚斯的辩论中，苏格拉底充分利用对方的矛盾与含混之处，他请希庇亚斯提出定义来，然后逐个驳倒，但从来不提出自己的定义，最后的结果是否定的，在苏格拉底的归谬法打击下，希庇亚斯这位诡辩家毫无招架之功。"苏氏和苏格拉底式的法学院教授都指出了说话者经常发生的谬误并通过锐利的发问来证明说话者非常混乱；通过对荒谬方法的驳斥就会现出正确的方法。""苏氏教学法使学生们完全把握了这种风格，同时训练了他们运用逻辑作为批判手段来充分利用法律材料中的不确定性。"[3]

在法庭上恰当地运用归谬法，往往能取得出其不意的效果。这种方法经常运用于交叉询问之中。"诚如一个法律学者所写的那样，交叉询问像法学的历史一样久远和令人肃然起敬，它是法所熟悉的鉴别真实与谎言、真知与道听途说、事实与想象和主观看法的重要武器，也是还言过其实的

---

〔1〕 他说道："本律师曩在英伦，曾问道于当代法学家戴塞，据谓国家与政府并非一物。国家者土地、人民、主权之总称也；政府者政党执行政令之组合也。定义既殊，权责有分。是故危害国家土地、主权、人民者叛国罪也；而反对政府者，政见有异也，若视为叛国则大谬矣。今诚执途人而问之，反对政府是否有罪，其人必曰若非疯狂即为白痴，以其违反民主之原则也。英伦为君主立宪之国家，国王允许有王之反对党，我国为民主共和国，奈何不能容忍任何政党存在耶！本律师薄识寡闻，实觉不惑不解也。本法庭总理遗像高悬，国人奉为国父，所著三民主义，党人奉为宝典。总理有云：'三民主义即是社会主义，亦即共产主义。'为何总理宣传共产，奉为国父，而独将宣传共产主义即为危害民国乎？若宣传共产即属有罪，本律师不得不曰龙头大有人在也。"参见雷启汉："陈独秀与章士钊的辩护状"，载《读者文摘》1991年第10期。

〔2〕 ［美］斯东：《苏格拉底的审判》，董乐山译，生活·读书·新知三联书店1998年版，第64页。

〔3〕 ［美］理查德·A.波斯纳：《法理学问题》，苏力译，中国政法大学出版社1994年版，第126~127页。

声明以本来面目的最好技巧。亨利·维格摩教授称交叉询问是'毫无疑问的为揭示真实而发明的最伟大的法律工具'。"[1] 使用这种方法效果很好，但要运用成功并非易事。尽管人们设计了各式各样的方法让各方讲出真相，例如宣誓以及对伪证者加以处罚等等，然而，法庭上的虚假陈述仍然层出不穷。如何让对方在法庭面前失去信用，如何诱导对方作出可以削弱或否定其证言的陈述，就需要精心设计巧设圈套置对手于无可逃遁之地，不急于暴露自己的真实意图而是采取迂回包抄的策略，不动声色地将对方引进自己预先布设的罗网中，从而迫使对手就范。

　　威尔曼在其名著《交叉询问的艺术》中写下这样一段心得：直到你为一个重要的问题奠定了雄厚的基础以后，才能提此问题，否则就是一种冒险。你为此问题奠定了如此这般的基础，以至于在你的问题触及事实时，证人既无法否认，又无法作出解释。运用这样的一封信的正确方法是引导证人平静地重述他在直接证言中所作的陈述，而这一陈述与他的信的内容却是互相矛盾的。然后突然改变你对他的整个态度，把信出乎意料地展示在他的面前。这是一个论辩艺术范畴的问题。尼察律师也有类似的经验总结："如果我觉得一个证人在撒谎，那我就差不多事先知道，他在某一特定的相关方面举止与说真话的人是不一致的。有时我已获得证据证明他的所作所为与说真话的人是相悖的。为了暴露某个证人是不可信的这一事实，我通常采用以下技巧。我首先叫此证人回答一些初步的问题。他的回答加起来，就能表明他该如何行事，即应该以某一特定的方式实施行为。这些回答使证人暴露了自己，然后我就问证人他事实上是如何行动的，紧接着就问'为什么'。在证人的行为与正常人应该实施的行为不一致的情况下，如果证人一再无法满意地证明其行为的正当性，陪审团通常就会下结论说他的证言值得怀疑。"[2]

　　在英国的一起汽车谋杀案[3]中，伯基特律师成功地运用归谬法的反驳手段，让陪审员们对专家的身份产生了合理的怀疑。伯基特律师试探着

---

〔1〕 黄家乐、李炳成、赵怀斌编译：《律师取胜的策略与技巧》，中国政法大学出版社1993年版，第133页。

〔2〕 黄家乐、李炳成、赵怀斌编译：《律师取胜的策略与技巧》，中国政法大学出版社1993年版，第136页。

〔3〕 参见〔英〕理查德·杜·坎恩：《律师的辩护艺术》，陈泉生、陈先汀编译，群众出版社1989年版，第144～150页。劳什杀死了一个人，将被害人的尸体放在汽车厢里，然后放火焚烧汽车，把被害人的尸体和汽车一起烧毁。伯基特律师提出一个证据来证明这个事实——在汽车残

捕捉目标："黄铜的膨胀系数是多少?"[1] 并且一旦探明对方不合常理的疑点，就不失良机对其发起猛烈进攻。[2] 伯基特律师故意反反复复提这个问题。既然这个证人自称是机械技术专家，他就应当熟悉这个专业领域的问题。陪审员们面面相觑，他们感到无法理解。他怎么连属于他技术范围内的一个小问题都无法回答呢? 而且在问及"您是机械工程师?"时，他还大言不惭地说:"谁敢说我不是机械工程师?"一个有修养的受过高等教育的人怎么会讲出这样的话呢? 合乎逻辑的结果只有一个——他并不是一个"专家"。

（二）逻辑反驳与经验反驳

有效的主动进攻和积极抗辩是建立在理性论证基础之上的，是在尊重和运用逻辑法则、经验法则或经验常识的基础上进行的。基于逻辑法则的反驳称为逻辑反驳，而基于客观事实、经验法则或一般常识的反驳称为经验反驳。

（接上注）

骸的油桶上，发现一枚黄铜螺丝帽被人拧松，这说明汽车着火是有人故意搞的。开庭审理时，被告方突然提出一个奇怪的专家证人，这个证人自我介绍说，他是机械工程师兼火灾问题专家。他认为，汽车着火是偶然发生的，不是人为制造的。他提出证据反驳伯基特律师，说那枚黄铜螺丝帽是在焚烧的火焰中逐渐变松的。

〔1〕 伯基特律师对这个专家的情况一无所知，而且对物理技术问题也是一窍不通，因此，他先对这个专家提出一个试探性的问题:"黄铜的膨胀系数是多少?"对一个精通专业知识的专家来说，这是一个不难回答的问题。如果他能流利回答，就能更有力说明他的专家身份。可是，这名专家居然作出这样的回答:"我恐怕无法马上回答这个问题。"即使是记忆力再好的专家，也不可能准确地记住一些具体的数字，所以他不能马上回答，也就不足为怪了。然而，伯基特律师却敏锐地感觉到，假如他真的是个专家的话，他起码应该继续说出这个数据的大概，或者指出从哪本书可以找到这个数据。可是这名"专家"的回答却是这样的简单，而且，"专家"对于他的意见证据（指螺丝帽是在燃烧的火焰中逐渐变松的）是怎样得来的也没有说明，这愈使伯基特律师疑窦丛生，伯基特律师为自己试探性的询问有所收获而感到高兴。参见［英］理查德·杜·坎恩:《律师的辩护艺术》，陈泉生、陈先汀编译，群众出版社1989年版，第144~150页。

〔2〕 他既然寻找到攻击的目标，就得沿着这个方向奋勇追击下去，直到得出合乎逻辑的结论。于是，他不露声色地又问"专家":"如果您不知道黄铜的膨胀系数，您是否可以告诉我们，这些数据从哪里可以找到?""您想要知道黄铜这种金属在高温底下的膨胀系数是多少吗?"这个没有回答的回答，证实了伯基特律师的判断是完全正确的。他穷追不舍，继续追问下去。"我问您黄铜的膨胀系数是多少，您知道这个问题意味着什么吗?""不要提这个问题，可能我不知道。""您是机械工程师吗?""谁敢说我不是机械工程师?""好吧，那就是说，您既不是医生，也不是刑事侦查员或业余侦探。对吗?""对。""您是机械工程师吗?""是的。""黄铜的膨胀系数是多少? 您应该知道了吧?""不，不要提这个问题。"参见［英］理查德·杜·坎恩:《律师的辩护艺术》，陈泉生、陈先汀编译，群众出版社1989年版，第144~150页。

在一件赔偿案中，美国律师赫梅尔担任某保险公司的代理人出庭。他通过让对手在法庭上暴露自己的自相矛盾，取得了抗辩的成功。原告在法庭上声称："我的肩膀被掉下来的升降机轴砸伤，至今右臂仍抬不起来。"赫梅尔说："请给陪审员们看看，你的右臂现在能举多高？"原告慢慢将手臂抬到齐腰的高度，并表现出非常吃力的样子，以示不能再举得更高了。赫梅尔说："能举得再高一些吗？""实在不能了。"赫梅尔说："看来确实伤害得不轻呢。不过，你的右臂以前是否也只能举得这么高呢？""不！"赫梅尔："那么，你在受伤前能举多高呢？"赫梅尔语音未落，原告不由自主地将手臂举过了头顶。引得全庭哄堂大笑。原告由于自相矛盾，其可信性在笑声中荡然无存。

美国著名律师威尔曼（Francis L. Wellman）在《交叉询问的艺术》一书里引用了林肯担任律师的经典辩例。[1] 在法庭上，林肯在盘问唯一证人苏维恩后说道："你在距离灯光 1 公里远的桦木林里，距离他有 20 尺远，只能借着月光才能看到枪管，看到开枪；但在那天晚上 10 点不可能有月光。因此，在晚上 10 点，在距离灯光 1 公里远的桦木林里，你距离他有 20 尺远，你不可能看到了枪管，不可能看到了开枪。所以，你是一个彻头彻尾的骗子。"[2] 林肯的成功辩护是建立在经验知识或经验法则的基础之上的。

---

〔1〕　格雷森被控于 8 月 9 日开枪杀死洛克伍德，现场有苏维恩作为目击证人。案件看来证据确凿，难以推翻。

〔2〕　林肯："在目睹枪击之前你一直和洛克伍德在一起吗？"证人："是的。"林肯："你站得非常靠近他们？"证人："不，有大约 20 尺远吧。"林肯："不是 10 尺么？"证人："不，20 尺，也许更远些。"林肯："你们是在空旷的草地上？"证人："不，在林子里。"林肯："什么林子？"证人："桦木林。"林肯："8 月里树上的叶子还是相当密实的吧？"证人："相当密实。"林肯："你认为这把手枪是当时所用的那把吗？"证人："看上去很像。"林肯："你能够看到被告开枪射击，能够看到枪管伸起这样的情况？"证人："是的。"林肯："开枪的地方离布道会场地多远？"证人："有 1 公里多远。"林肯："当时的灯光在哪里？"证人："在牧师的讲台上。"林肯："有 1 公里多远？"证人："是的，我已经第二次回答了。"林肯："你是否看到洛克伍德或格雷森点着蜡烛？"证人："不！我们要蜡烛干吗？"林肯："那么，你如何看到枪击？"证人："借着月光！"（傲慢地）林肯："你在晚上 10 点看到枪击；在距离灯光 1 公里远的桦木林里，看到了枪管，看到了开枪；你距离他有 20 尺远；你看到这一切都借着月光？离会场灯光 1 公里远的地方看到这些事情？"证人："是的，我刚才已经告诉过你。"法庭上的听众仔细地听取询问的每一个字。只见林肯从口袋里掏出一本蓝色封面的天历书，不紧不慢地翻到其中一页，告诉法官和陪审团，那一天前半夜是不可能有月光的；月亮要到后半夜 1 点才会爬出来。所以，证人在撒谎。在揭穿伪证之后，林肯一个回马枪杀过来，转而指控这位证人才是真凶。最终真相大白，杀人者果然便是苏维恩本人。

在史密斯涉嫌强奸案[1]中，李昌钰运用科学定律揭露了检方的证言不合科学常识或经验法则的疑点。李昌钰在法庭上指出，根据法国物证技术学家洛卡德在20世纪初提出的著名的"微量物质转换定律"，当两个物体的表面在运动中相互接触的时候，总会发生一定的微量物质转换，即一个物体表面上的微量物质会转移到另外一个物体的表面上去。如果某个物体的表面上存在着某种微量物质转换的痕迹，就可以推断出那个物体和其他某个物体进行了某种方式的接触。如果某个物体的表面上没有某种微量物质转换的痕迹，就可以推断出那个物体没有和其他某个物体进行该种方式的接触。"这是我在鲍曼小姐所说的强奸现场的草地和水泥地面上抹蹭过的手绢。在这一块手绢上可以看到绿色的擦蹭草叶的痕迹；在另一块手绢上则可以看到灰色的擦蹭地面的痕迹，而且手绢的纤维有破损。如果鲍曼小姐讲的是实话，她的衣裙和内裤就会以相当猛烈的方式接触现场的水泥地面和草地，因此就应该有相应的微量物质转换并留下相应的痕迹。但是，鲍曼小姐的衣裙和内裤上都没有这种痕迹。我曾经在显微镜上检验了她的衣服，也没有发现任何破损的纤维和草叶的痕迹。事情经过并不像鲍曼小姐所讲述的那样。本案中没有能够证明发生过强奸行为的证据。"[2]

---

〔1〕 一个在酒吧工作的名叫鲍曼的女子告发说，美国前总统肯尼迪的外甥威廉·肯尼迪·史密斯在驾车到他家别墅花园时，把她扑倒在水泥地上，然后又按倒在草地上，两人搏斗了20分钟，在草坪上将她强奸。而史密斯则辩解说两人是在互相同意后才发生性关系的。DNA检验证实他确实与鲍曼发生了性关系。可是，两个人的事说不清楚，他不得不请专家证明那种关系是自愿的。史密斯及其家属请李昌钰博士为其辩护。李昌钰来到佛罗里达之后，查验了警方提供的证据，包括受害人当时穿的衣裙和内裤。然后，他和律师来到被指认为作案现场的棕榈海滩肯尼迪家族豪华别墅处，李昌钰在所谓的"强奸现场"看了一圈，从衣兜里掏出两块白手绢，一块在草地上抹了一下，一块在草地旁边的水泥地面上抹了一下，然后把手绢放回口袋里就离开了现场。参见何家弘：《犯罪鉴识大师李昌钰》，法律出版社1998年版，第173~182页。瞿晓乔："华人博士李昌钰：让科学与雄辩相得益彰"，载《格言》杂志社编：《格言：最给力的说话之道》，凤凰出版社2012年版。

〔2〕 参见何家弘：《犯罪鉴识大师李昌钰》，法律出版社1998年版，第173~182页。检察官萨加林站起身来大声质问："手绢和内裤并不一样。你为什么要用手绢？为什么不用女士内裤来证明你的这种谬论呢？"李昌钰看了一眼萨加林，然后转向陪审团不慌不忙地答道："因为我没有随身携带女士内裤的习惯。我身上通常只带着手绢。"法庭里响起一片笑声。法庭作出了史密斯无罪的判决。至于史密斯究竟有没有强奸鲍曼小姐，这大概仍然是一个未解之谜。用李昌钰的话说，他只是"证明了鲍曼小姐在陈述事件经过时说了谎话"，而公诉方又没有其他证据来"排除合理怀疑"地证明确有强奸发生而已。

在香港一起蓄意敲诈案[1]中，威尔斯在法庭上说皮箱中有木料就不是皮箱，罗文锦从律师席上站起来，取出口袋里的金怀表，高声问法官："请问，这是什么表？"法官答道："这是金表，可这与本案有什么关系？"罗文锦高举金表："有关系。这块金表除表面是镀金的之外，内部的机件都是金制的么？""人们为什么又叫它金表呢？"罗文锦稍作停顿又高声道，"由此可见，茂隆行的皮箱案，不过是原告无理取闹，存心敲诈而已。"[2]罗文锦从威尔斯的论点即"皮箱中有木料就不是皮箱"，推导出"金表中有非金制机件就不是金表"；而"金表中有非金制机件就不是金表"是不成立的；所以，"皮箱中有木料就不是皮箱"也是不成立的。罗文锦揭露对方的论点违反生活常识或生活常理。这是罗文锦理性论辩的杰作。

四、智慧的对决

法庭上双方的对决往往是生死攸关的，如何确立对己有利的证据和理由并削弱和推翻对己不利的证据和理由，以及如何使对方陈述成为推翻对方主张和支持己方意见的证据和理由，就是其中的两个重要问题。这些问题涉及反驳中的援推与反推问题，涉及论辩策略与艺术的问题，也是修辞学和论辩学研究的重要问题。

法庭上高手之间的对决从来都是智慧的对决。采用的手段之一就是"以其人之道还治其人之身"。这个传统可以追溯到古希腊时期的法庭辩论。据说古希腊有个叫欧提勒士（Euathlus）的人向著名的辩者普罗塔哥拉斯（Protagoras）学习法律，两人订有合同，其中约定欧提勒士结业时付一半学费，其余一半等欧提勒士结业后第一次打赢官司时付清。但欧提勒士结业后，一直没替人打官司，自然也就没有支付普罗塔哥拉斯另一半学费。普罗塔哥拉斯等得不耐烦了，于是向法庭起诉，要求欧提勒士支付另一半学费。他向法庭说："如果这场官司欧提勒士打赢了，根据我们订的契约他就应该付给我另一半学费，因为这是他第一次打官司而且打赢了；如果这场官司欧提勒士败诉，换言之我胜诉，根据法庭的判决他也应该付

---

〔1〕　20 世纪 30 年代，英国商人威尔斯蓄意敲诈，到香港茂隆皮箱行订购 3000 只皮箱，价值港币 20 万元。合同写明 1 个月取货，逾期不按质按量交货者，由卖方赔偿损失 50%。香港茂隆皮箱行老板冯灿如期交货，威尔斯却说，皮箱中有木料就不是皮箱，合同上写的是皮箱，因此向法院提出控诉，要求按合同规定赔偿损失。香港著名律师罗文锦在本案中担任被告冯灿的代理人。参见王政挺主编：《中外法庭论辩选萃》，东方出版社 1990 年版，第 234 页。

〔2〕　原告理屈词穷，法庭只得以威尔斯诬告罪，罚款 5000 元结案。参见王政挺主编：《中外法庭论辩选萃》，东方出版社 1990 年版，第 234 页。

给我另一半学费。总之，无论法庭判决欧提勒士胜诉还是败诉，他都应当付我那另一半学费。"欧提勒士则针锋相对说道："我根本就不必付给你那另一半学费。因为如果这场官司我打赢了，根据法庭的判决我就不必再给你学费；如果法庭判我败诉，根据我们订的契约我也用不着给你学费，因为这是我打的第一场官司而且打输了不合原先契约的要求。总之，无论法庭判决我胜诉还是败诉，我都不必支付那另一半学费给你。"欧提勒士目光是敏锐的，手法是高明的。他后发制人，以老师的理由为根据证明了与老师相反的主张，从而驳倒了普罗塔哥拉斯的请求，驳得有理有力。这就是人们津津乐道的"半费之讼"。

法庭上的这种智慧的对决是社会生活的一部分，因此，在文学戏剧作品中也经常可以看到。比如在莎士比亚的著名剧作《威尼斯商人》[1]中，就可以看到这样精彩的对决。人们期待法律人从中可以受到一些启发，应该像鲍细亚一样智慧。在法庭上，鲍细亚的高明之处就在于诱导夏洛克说出了不利于他自己的理由或根据。她援用夏洛克的理由并就此铺平垫实了通往必胜的道路，堵死了夏洛克所有可能的逃遁之门，使夏洛克陷入不可能实现其图谋的境地。割肉总要流血，数量也不可能那么准确，这似乎是常理，故而契约上没有写明，正因为如此，鲍细亚要堵住这个漏洞。她诱使夏洛克亲口承认，他已带来了天平，这自然意味着不能多割或少割，她建议夏洛克请医生堵伤口又遭夏洛克拒绝，理由是契约上并没有这一条规定。这就迫使夏洛克确认，一切按借约上的明文规定办理，凡借约上没有明文规定的就不能做。鲍细亚运用夏洛克的理由有效地束缚住了夏洛克，这是鲍细亚的智慧，是以其人之道还治其人之身。[2]人们在法庭上确实

---

〔1〕 安东尼奥是剧中一位商人，向威尼斯的高利贷者夏洛克借3000元现金。契约规定，借期3个月免付利息，如果到期不还的话债权人有权从债务人的胸部割下1磅肉作为处罚。夏洛克早已恨安东尼奥，因为安东尼奥借钱给人不取利钱，一直使夏洛克的生意大受影响。安东尼奥自信绝不会受罚，因为他的财产在几艘远航未归的商船上。有消息说船队在海上出事。安东尼奥还不出所借的钱。夏洛克赶到法庭控告安东尼奥，要求照约实行。他要安东尼奥的1磅肉，而且是胸部靠近心脏的1磅肉。"要是不准许我的请求，那就是蔑视法律，我要到京城里去上告，要求撤销贵邦的特权。您要是拒绝了我，那么你们的法律见鬼去吧！"参见"威尼斯商人"，朱生豪译，载《莎士比亚全集》（第3卷），人民文学出版社1988年版。转引自王政挺主编：《中外法庭论辩选萃》，东方出版社1990年版，第32~36页。

〔2〕 鲍细亚对夏洛克说道："按照威尼斯的法律，你的起诉可以成立。而且在威尼斯谁也没有权可以变更明文规定的法律。如果你坚持着原来的要求，那么威尼斯的法庭是执法无私的，只好把那商人宣判定罪了。"夏洛克表示只要求法律解决，其它的话全是多余的。"称肉的天平有没

有相当大的攻击与逃避倾向，有时也许不像小说及屏幕上所虚构的那样，一两个巧妙的问题便能使他们陷入绝境或者蒙受羞辱，现实中他们是不会轻易就范的。"人类似乎会分泌一种精神的肾上腺素，能使他们的思维超速运转，几乎可能跟装在沉入哈得逊河底的桶里的大魔术师胡迪尼在寻求解脱时的双手那么快捷。"[1]

　　把握这种论辩智慧并融会贯通运用到实践中去，虽不是法律人生活的全部却决定着法律人职业生涯的未来。"对一个开业律师来讲，最重要的事情就是去赢得委托于他的案件。一般说来，实际的胜诉率可以被简单地视为成功的标志。"在下面这个保险案件中，律师和保险公司在对决中都有绝顶的表现。在美国北卡罗来纳州夏洛特市，一名律师买了一盒极为稀有且昂贵的雪茄，还为雪茄投保了火险。结果他在一个月内把这些顶级雪茄抽完了，保险费一分钱也还没缴，却提出要保险公司赔偿的要求。律师起诉说雪茄在"一连串的小火"中受损。保险公司当然不愿意赔偿。理由

（接上注）

有预备好？""我已经带来了！"鲍细亚又说，"夏洛克，去请一位外科医生来替他堵住伤口，费用归你负担，免得他流血而死。""借约上有这样的规定吗？""借约上并没有这样的规定，可是那又有什么关系呢？肯做一件好事总是好的。""我找不到，借约上没有这一条。别再浪费时间了，请快些宣判吧！"鲍细亚说道，"夏洛克，那商人身上的1磅肉是你的，法庭判给你。"夏洛克举刀便向安东尼奥刺去。"且慢，我还有话说呢！我再重说一遍，你可依约得到那商人身上的1磅肉，但是，这借约上并没有允许你取他的一滴血，只是写着'1磅肉'；所以，你可以照约拿1磅肉去，可是在割肉的时候，要是流下一滴基督徒的血，你的土地财产，按照威尼斯的法律，就要全部充公。""法律上是这样说吗？"鲍细亚手上正捧着一部厚厚的法律大全，"你自己可以去查明白，既然你要求公道，我就给你公道！"夏洛克说道，"我愿意接受还款；照借约上的数目3倍还我，放了那基督徒。""别忙！这犹太人必须得到绝对的公道。他除了照约处罚以外，不能接受其他的赔偿。""你准备动手割肉吧。不准流一滴血，也不准割得超过或是不足1磅的重量，即使相差只有一丝一毫，或者仅仅一根汗毛之微，就要把你抵命，你的财产全部充公。""把我的本金还我，放我走吧！""他已经当庭拒绝过了，我们现在只能给他公道，让他履行原约。""难道我只拿回我的本金都不成吗？""除了冒着你自己生命的危险割下1磅肉以外，你不能拿一个钱。""好，那么魔鬼保佑他去享用吧！我不打这场官司了。"鲍细亚喊住他："等一等。法律上还有一点牵涉到你。威尼斯的法律规定，凡是一个异邦人企图用直接或间接手段，谋害任何公民，查明确有实据者，他的财产的半数应当归受害的一方所有，其余的半数没入公库，犯罪者的生命悉听公爵处理，他人不得过问。你现在刚巧陷入这一条法网。因为根据事实的发展，已经足以证明你确有运用直接或间接手段，危害被告生命的企图。快快跪下来，请公爵开恩吧。"参见"威尼斯商人"，朱生豪译，载《莎士比亚全集》（第3卷），人民文学出版社1988年版。转引自王政挺主编：《中外法庭论辩选萃》，东方出版社1990年版，第32~36页。

　　[1]　黄家乐、李炳成、赵怀斌编译：《律师取胜的策略与技巧》，中国政法大学出版社1993年版，第137页。

是此人是以正常方式抽完雪茄。法官在判决时表示，他同意保险公司的说法，认为此项诉讼非常荒谬。但是该律师手上的确有保险公司同意承保的保单，证明保险公司保证赔偿任何火险，且保单中没有明确指出何类"火"不在保险范围内。因此，保险公司必须赔偿。与其忍受漫长昂贵的上诉过程，保险公司决定不如接受这项判决，并且赔偿美金 15 000 元的雪茄"火险"。但支票兑现之后，保险公司马上报警将该律师逮捕，罪名是涉嫌 24 起"纵火案"。有他自己先前的诉讼和证词，这名律师立即以"蓄意烧毁已投保之财产"的罪名被定罪，要入狱服刑 24 个月，并罚款美金 24 000 元。律师抓住承保合同中"火"的不确定性赢得了赔偿，但保险公司以其人之道还治其人之身，援引律师自己的证据与理由指控该律师赢得诉讼更是技高一筹。

第三章　法律获取与法律推理

第一节　法律的不确定性与可推导性

一、孟德斯鸠的梦想与概念法学的神话

18 世纪法国思想家孟德斯鸠有一个梦想："有一天法律会非常完美，法官只要看一眼就够了"。[1] 其思想基础是 17、18 世纪盛行于欧洲大陆的唯理主义。欧洲大陆的唯理主义认为，任何的理性知识体系都具有确定性并可以通过以下几个步骤获得：其一，由理性的直觉确立若干条不证自明的公理；其二，从上述自明的公理出发明白无误地推出许多命题或定理；其三，由许多清楚明白的定理、命题就可以构成一个绝对正确的知识体系。19 世纪欧洲大陆德、法等国的概念法学或法典万能主义将上述观点发展到极致。[2] 在 17、18 世纪盛行于欧洲大陆的唯理主义即理性主义的影响下，19 世纪欧洲大陆德、法等国的概念法学或法典万能主义持有这样的唯理主义信念，他们对人类的理性能力和理性力量深信不疑，从一开始就对成文法规则的确定性予以绝对地承认。在他们看来，立法者充满理性而且理性也能够保证立法者不但能够充分地认识与预见所面临的问题，而且可以完全地加以表达，能够依靠理性力量创立一种普遍有效的原则并据

---

[1]　孟德斯鸠在《论法的精神》中写道："判决是法律的精确复写，法官只需要眼睛，他只不过是宣告和说出法律的嘴巴。"

[2]　历史法学代表人物萨维尼（Friedrich Carl von Savigny）指出：在历史中逐渐形成的实在法有一种"内在的理性"，这种理性促成实在法的统一性、关联性及体系化。其门徒普赫塔（Georg Friedrich Puchta）进一步将这个体系理解为抽象概念的逻辑体系，走向了概念法学之路。其后的"潘德克顿学派（法律汇纂学派）"具有相同的信条：法律是一个内含多样性而又具有意义整体的有机体系，该体系是按照形式逻辑的规则建构的"概念金字塔"（Begriffspyramide）。

此推导出一部完美无缺的法典。[1] 他们确信，成文法规则体系具有绝对的确定性，成文法或法典是"被写下来之理性"（la raison écrite；ratio scripta），是"完美无缺的"（la plénitude du droit），具有"逻辑的自足性"（die logische geschlosseit）和"论理的完结性"，不存在任何漏洞也根本无所谓漏洞。[2]

在他们看来，成文法规则体系具有决定性。凭借理性建立的实在法体系是完美的或无缺陷的，因此，从国家制定的成文法即国家的实证法之中能够找到毫无疑义的、无可争议的法律规则，从当前的实在法制度中能够直接得出正确的判决。成文法或法典俨然构成一个上下之间层次分明、上下层属关系结构严谨的"法律秩序"。当缺乏某个下位阶概念时可求助于其上位阶更抽象的概念，可从该上位阶抽象概念合乎逻辑地得出解决具体案件所需要的具体概念。因此，寻找法律理由与探求法律意思以及个案裁决只需要"依概念而计算"（das rechnen mit begriffen），即基于概念分析或逻辑分析进行纯粹形式逻辑推演，无需也不应进行目的考量、利益衡量和价值判断，不需要做出选择。他们坚信从一个根本的、一般的法律规范可以逻辑地推出所有法律规范。[3] 概念法学或法典万能主义坚持"成文法至上""法典万能"和"法典之外无法源"的观点，独尊国家制定的成文法特别是法典，视国家制定的实在法为唯一的法源，要求一切问题均应在法典内寻求根据加以解决。在他们看来，探求法律意义仅应限于探求立法者或法律明示或可推知的意思，一切解释均应以立法者和法律文字的意思为依归，不允许变更或增减法律的意思，否则就是"逾分"。法律之外的

---

〔1〕 普赫塔设计了这样的蓝图：法学概念体系应该构成一个金字塔，这个金字塔应该具备造法的能力，它作为自然法独立于时间和空间而存在。位于金字塔的顶端的是法律概念即法律思想，从它往下人们能够推导出公理以及原则，然后推导出具体的法律权利制度，最后用演绎的方法得出具体的法律规则。从最高层次的法律概念即法律思想到法律权利及其法律规范之间都存在必然的逻辑链条。任何有经验的法律工作者都能够根据逻辑规律发现这个链条，法律规范不过是对概念进行逻辑推论的产物。

〔2〕 如19世纪德国概念法学伯格博姆（Karl Bergbohm）所言：法律将是一个永无漏洞的完美存有者。它永不需要由外部引入任何东西来补充之，因为它永远是完满的。法律应该没有漏洞，未被法律包摄的，应该就是法外空间。参见［德］阿图尔·考夫曼：《法律哲学》，刘幸义等译，法律出版社2004年版，第73页。

〔3〕 著名法学家耶林（Rudolf von Jhering）将这个"概念法学"的理想讥为"琢磨着把法学上升为一门法律数学的逻辑崇拜"。美国批判法学家昂格尔把这种仅仅依据规则并从规则推导出结论就足以裁判任何案件的主张，称为法律形式主义。

一切因素，包括政治、经济、社会、道德及当事人利害关系，均属"邪念"，应一概予以排除。法官只不过是"宣告法律语言之嘴巴，须严格受法律之效力所拘束，系无能力或无意志自行左右自己之生物"，不过是一种"自动适用法律之机械"。[1] 判决为"法律严格之复印"，仅凭逻辑的工具便可由预先已为每个案例而制定好的规则中导出。[2] 概念法学之所以提出这样一个主张，究其原因有二：其一，他们认为这是应当的或正当的，为满足资本主义市场经济的可预见性和可计划性，为防止司法恣意的擅断，防止法官权力的滥用，就必须维持法律的确定性或安定性，以实现法律的安定性为最高价值；其二，他们认为这是可能的，诉诸人类理性力量就能够建立起这样一个体系。

　　这样的"法律公理体系之梦"在欧洲大陆盛行一时。20世纪初利益法学代表人物赫克（Philipp Heck）推翻了概念法学等编造的法律无漏洞或具有逻辑自足性的神话。[3] 他揭示了德国民法典存在的法律漏洞问题。[4] 赫克指出："即使是最好的法律，也存在漏洞。"[5] 已有的法律并不能够覆盖司法的全部领域，总是有某些案件要依靠法官的自由裁量权来决定。赫克的看法是以耶林（Rudolf von Jhering）为代表的目的法学和以埃尔里希（Eugen Ehrlich）为代表的自由法学对概念法学批评的继续，得到了以萨来（Raymond Saleilles）及惹尼（Francois Gény）为代表的法国科学法学派、自由法运动以及美国社会法学、现实主义法学和批判法学的普遍认同。美国现实主义法学家弗兰克认为法律的确定性是一个"基本法律神话"。英国分析法学家哈特也将之称为一个"高贵的梦"。

　　他们认为不可能创制出完美无缺的实在法。任何实在法都是不完整、

---

　　[1]　博克尔曼语："法官的制定法适用应该像自动机一样运转，它带有的惟一特点是，运转的装置不是机械式的，而是逻辑式的自动控制。"转引自［德］卡尔·恩吉施：《法律思维导论》，郑永流译，法律出版社2004年版，第130页。

　　[2]　See Douglas Lind, "Free Legal Decision and the Interpretive Return in Modern Legal Theory", *American Journal of Jurisprudence*, Vol. 38, No. 1. , 1993, p. 161.

　　[3]　1847年德国法学家基尔希曼率先批判"概念法学"，他说即使像罗马法这种形式化程度很高的法律体系，也"始终贯穿着矛盾和冲突，贯穿着僵化的形式与变动的现实之间、严苛的文字与不受之约束的公正理念之间的不可调和的对立"，他还断言：任何实在法的立法，哪怕准备一千年，也难逃导致漏洞、矛盾、晦涩、歧义的厄运。参见舒国滢："从方法论看抽象法学理论的发展"，载《浙江社会科学》2004年第5期。

　　[4]　参见［德］伯恩·魏德士：《法理学》，丁晓春、吴越译，法律出版社2005年版，第236页。

　　[5]　［德］赫克：《利益法学》，津田利治译，庆应大学法学研究会1985年版，第13页。

有缺陷、存在漏洞的，而且根据逻辑推论并不总能从现存法律中得到令人满意的答案。他们张扬法律的不完整性（incomplete）、不确定性（uncertainty）和可争议性与非决定性（indeterminate），否定法律的确定性、客观性和中立性；他们挑战概念法学，主张克服其形式主义弊端，主张用"交换计算"（如利益衡量及柯斯定理那样的权利分配）代替"概念计算"；他们认为法治并不意味着仅仅适用法律的明确规则或书面规则，他们强调并推崇对法律进行目的性理解与建构，并以此为根据得出具体的法律结论；他们强调找法时要进行"利益比较权衡"或"利益衡量和调整"，主张寻找法律时要"认识所涉及的利益、评价这些利益各自的分量、在正义的天平上对它们进行衡量，以便根据某种社会标准去确保最重要利益的优先地位，最后达到最符合需要的平衡"[1]；他们主张建构法律理由时应以政策性的"价值判断"为基础，不仅将法律内含的价值大白于天下任人评说，而且从法律之外的社会条件以及社会意识形态，甚至法官个人的主观愿望和价值观等方面讨论法律的正当性问题，并且他们主张当实在法不清楚或当当代的立法者不可能按法律的要求审判案件时，法官就应根据占支配地位的正义与公平观念审判，如果连这些正义观点也无法确定，法官就应根据其个人主观的法律意识作判决（Ernst Fuchs），将自己的愿望、目的和价值"扦入"法律之中；他们主张应当赋予法官较大的自由裁量权，法官应当有法律变更权能而且应当具有司法造法职能，法官不仅可以运用法律条文而且可以根据社会的各种利益需求和国家的宪法性判断造出规范，为适应社会现实和社会发展的需要自由地探求生活中的"法"（E. Ehrich），从法律之外发现社会生活生成的"活法"（F. Gény）。

　　法的确定性是一种价值选择追求，而法的不确定性是一种客观实在。在成文法系国家，立法机关制定的成文法，特别是法典即国家的实证法，是唯一的法律渊源，是法官审理案件的唯一依据。在普通法系国家，判例法与制定法是法律的正式渊源，是法官审理案件的依据。人们期望实在法体系是无缺陷的，期望从实在法之中能够直接地找到无可争议的规则来解决一切具体问题，从当前的实在法体系中可直接得出正确的判决，从上诉审的判决汇编中可以推导出普通法的原则，"这些原则既可以用来向案件的原始决定人表明那些案件的原始决定为何错误，同时还可以用来指导新

---

〔1〕 转引自［美］E.博登海默：《法理学——法哲学及其方法》，邓正来、姬敬武译，华夏出版社1987年版，第138页。

案件的判决。"〔1〕 概念法学的这些形式主义主张虽不能完全成为现实，其中却也包含着对法律的确定性的正当追求。正如魏得士在《法理学》中指出："在对耶林对概念法学的嘲笑感到满足之前，人们应该想到普赫塔是生活在数学和自然科学的成功使整个世界熠熠生辉的时代。这些学科正是通过不断一般化的概念表达其学说，从而达致整个知识领域的精确化。概念法学的说服力毕竟创造了令人印象深刻的功绩。我们的法律制度正是依赖于其清晰的概念才维持到今天。"然而自由法学、利益法学、现实主义法学和批判法学的一些看法与主张虽难以让人接受也未见得美好，但却是法律现实中最真实的一个部分。这些理论在彼此纠正时显示其价值，而真理就在其中。

二、法律疑难问题："法律疑义""法律反差""法律漏洞""法律冲突""恶法"

两千多年前，古希腊思想家亚里士多德探讨了人类思维基本规律，研究了"必然地得出"的推理规则，建立了历史上第一个逻辑体系——三段论逻辑系统。〔2〕 他还在《修辞学》《尼各马科伦理学》《前分析篇》等著作中对法律缺陷及其补救问题进行了最早的逻辑研究。〔3〕

美国联邦最高法院大法官霍姆斯在 19 世纪末也指出，把法律规则视如毕达哥拉斯定理那样完美无缺、无可争议与不可改变的观念是错误的。霍姆斯在《普通法》开篇说道："法律的生命不在于逻辑，而在于经验。对时代需要的感知，流行的道德和政治理论，对公共政策的直觉，不管你承认与否，甚至法官和他的同胞所共有的偏见对人们决定是否遵守规则所起的作用都远远大于三段论。法律包含了一个民族许多世纪的发展历史。它不能被当作由公理和推论组成的数学书。"〔4〕 霍姆斯在这里告知世人的

---

〔1〕 ［美］理查德·A.波斯纳：《法理学问题》，苏力译，中国政法大学出版社 2002 年版，第 19 页。

〔2〕 亚里士多德在《工具论》的《前分析篇》中建立了三段论逻辑系统。亚里士多德的三段论逻辑建立在概念的"包含关系"和"属于关系"基础之上，是一种概念逻辑或类逻辑。古希腊麦加拉学派学者裴洛（Philo）提出了实质蕴涵（material implication）概念，斯多噶学派在实质蕴涵概念的基础之上，建立了一种命题逻辑，扩展了亚里士多德的逻辑。亚里士多德三段论逻辑与斯多噶学派的命题逻辑统称为传统逻辑。1879 年，德国逻辑学家弗雷格重新发现实质蕴涵，并将实质蕴涵扩展为形式蕴涵，以此为基础建立了现代逻辑意义上的经典逻辑——一阶逻辑系统。

〔3〕 比如亚里士多德在《修辞学》中对法律缺陷的讨论，在《尼各马科伦理学》中对衡平法原则——法律缺陷补救方法的讨论，在《前分析篇》中对辩证推导的讨论。

〔4〕 O. W. Holmes, Jr., *The Common Law*, Little Brown, 1963, p. 1.

是：其一，对案件进行裁决时要遵守制定法与判例法的规则，但这些法律规则并不是不证自明的，不是从权威那儿理所当然地拿来的。法律不同于数学公理，它凝聚了时代的需要、流行的道德与政治、人们的直觉与偏见，因而是有争议的也是流动变化的；其二，司法判决不但取决于法官从前提导出结论的逻辑推论，而且取决于法官对裁决前提即法律规则的选择。对法律规则的选择不可能像数学那样完全依据公理进行逻辑运作，法律规则主要是由时代的需要、流行的道德与公共政策、人们的直觉与偏见来决定的，"危险不在于承认支配其他现象的原则也同样制约法律，危险在于这种观念，即比如像我们这样特定的制度能够像数学那样从某些行为的一般公理中推导出来"。[1]

美国联邦最高法院大法官卡多佐在 1921 年出版的《司法过程的性质》中也指出了法典和制定法存在的不确定性问题。卡多佐指出，"法官从哪里找到体现在他的判决中的法律？这些渊源有时很明显。适合此案的规则也许是由宪法或制定法提供的。如果情况如此，法官就无需再费力追寻了……法典和制定法的存在并不使法官显得多余，法官的工作也并非草率和机械。会有需要填补的空白，也会有需要澄清的疑问和含混，还会有需要淡化——如果不是回避的话——的难点和错误。"[2] 他进一步指出，"幸运或不幸的是，不确定性无可避免地存在于法律和宪法中，同样地存在于判例法中"。波斯纳也曾直言不讳："法律的规则却经常是含糊的、无底的、理由是临时性的、有很多争论的。此外不仅可以变更而且实际上也经常变更。"[3] "面对千变万幻、复杂多歧的具体事实，如何妥当地适用法律也往往颇费踌躇，究其理由，或者成文法的条文语义暧昧，可以二解，或者法律规范之间相互抵触、无所适从，或者对于某种具体的案件无明文规定，或者墨守成规有悖情理而不得不法外通融，如此等等、不一而足"[4]。

---

〔1〕 在霍姆斯看来，法律体系不是一个如同几何学或代数学的公理体系（axiomatics system），法律的应用不能简单地视为概念、命题之数学演算，法学不应是"公理取向"的。See Oliver Wendll Holmes, Jr., "The Path of the Law", in *Mark de Wolfe Howe ed.*, *Collected Legal Papers*, Harvard University Press, 1910.

〔2〕 ［美］本杰明·卡多佐：《司法过程的性质》，苏力译，商务印书馆 1998 年版，第 4 页。

〔3〕 ［美］理查德·A.波斯纳：《法理学问题》，苏力译，中国政法大学出版社 1994 年版，第 572 页。

〔4〕 季卫东："'应然'与'实然'的制度性结合"，载［英］尼尔·麦考密克、［奥］奥塔·魏因贝格尔：《制度法论》（代译序），周叶谦译，中国政法大学出版社 1994 年版，第 2~3 页。

卡多佐根据案件事实与法律规则对应过程中遇到的情况，将法官日常处理的案件概括为三类：其一，相对于案件事实而言，法律规则是非常明了、非常确定的，其答案通常是确切不移的，甚至是唯一的，"只有一条路、一种选择"，这些案件构成法院的大部分工作，它们堆积如山，令人乏味；[1] 其二，事实是清楚的，也有确定的规则，但答案常常并非唯一的，有两条开放的、通向不同目的地的道路，因而需要法官进行周密的权衡与选择；[2] 其三，相对于具体案件来说，相关规则含混不清或深藏不露，呈现出某种不确定性，或者是"立法机关对之完全没有概念"，实在法"有需要填补的空白"，[3] 因而面对同样的事实，法官既可以这样决定也可以那样决定，可以找到言之成理的或相当有说服力的理由来支持这种结论或者另一种结论。[4] 梁慧星根据法官找法过程中遇到的情形也将案件分为三类：其一，有可供适用的法律规范；其二，没有可供适用的法律规范，即存在法律漏洞；其三，法律虽有规定，却因过于抽象而无法直接予以援用，还须加以具体化。若出现第一种情形，则应对可供适用的法律规范进行狭义的法律解释，以明确其意义内容，区分其构成要件及其法律效果之后，方可直接援用；若出现第二种情形，则应对所存在之法律漏洞进行漏洞补充，以获得可适用之具体法律规范方可援用；若出现第三种情形，则应对其加以具体化之后方可获得供援用之法律规范。[5] 应当指出，梁慧星论及的案件类型都可纳入卡多佐的案件范畴，反之不然。

哈特根据案件事实与法律规则的对应关系，可以将全部的具体案件概括为简单案件和复杂案件两大类。如果案件事实与法律规则的对应关系是确定无疑且毫无争议的，这些案件就称为简单案件或常规案件（plain cases）。前面所说的第一类案件就属于简单案件的范畴。简单案件使人觉得法院的判决是意义确定而清楚的既定规则之必然结果。美国学者孙斯坦在《法律推理与政治冲突》中指出，"简单的案件所以简单，是因为大家对句

---

〔1〕　参见［美］本杰明·N.卡多佐：《法律的成长——法律科学的悖论》，董炯、彭冰译，中国法制出版社 2002 年版，第 34~35 页。

〔2〕　参见［美］本杰明·N.卡多佐：《法律的成长——法律科学的悖论》，董炯、彭冰译，中国法制出版社 2002 年版，第 35 页。

〔3〕　参见［美］本杰明·N.卡多佐：《司法过程的性质》，苏力译，商务印书馆 1998 年版，第 4 页。

〔4〕　参见［美］本杰明·N.卡多佐：《司法过程的性质》，苏力译，商务印书馆 1998 年版，第 104 页。

〔5〕　参见梁慧星：《民法解释学》，中国政法大学出版社 1995 年版，第 192 页。

法原则或实质性原则有着共同认识。当法官依赖于词汇在语境中的通常意义时，当然存在各种各样的解释原则，只是解释者们没有意识到它们罢了。"倘若案件事实与法律规则的对应关系不是确定无疑和没有争议的，这些案件就被称为复杂案件或疑难案件（harder cases）。[1] 前面所说的第二、三类案件就属于复杂案件的范畴。在复杂案件中面临一个选择的问题。如一些概念或用语会具有两可的意义，对法律的含义"究竟是"什么会有对立的解释，法官将不得不在其间做出选择。

可以将法官在上述全部复杂案件中遇到的法律疑难问题概括为五类：法律疑义、法律反差、法律冲突、法律漏洞、"恶法"。这些疑难问题可以概括为两大类："语义上的疑难问题"和"实质上的疑难问题"。应当指出，"实质上的疑难问题"是真正的疑难问题，是关于"法律究竟是什么"的更为本质、深层的争议问题。[2]

（一）法律疑义："法无明确之文"

尽管"法律作为以正义价值为自身价值内核的规则，必然以确定性作为自身追求的目标和表现形式"[3]，但是法律常常表现出某种不确定性。不可否认的是，某些法律术语和法律条款的含义从字面上看就是明确的，人们对其意思不会产生误解和争议。正如美国学者邦德（James E. Bond）对此说道："在宪法中某些条款的含义从字面上就可一目了然。人们决不会对各州要有两名参议员这一条款的含义产生误解和争议。同样地，总统必须是美国本土出生的公民这一条款的含义也是十分清楚的。据我看没有人会认为'本国出生的公民'（natural borncitizen）应排除那些经'剖腹产'而出生的公民。"[4] 然而，法律的不明确也是客观存在且屡见不鲜的，许多法律概念或法律条款的含义都是不明确的。

---

〔1〕 自哈特以来就有一种简单案件和疑难案件的学理区分。这里说到的主要是法律疑难案件而不包括事实疑难案件。更为极端的是，美国现实主义法学家格雷认为所有案件都是复杂案件，所有的法律推理都必须经过法律解释这一环节。在他看来，白纸黑字的规则不是法律，只是法律的渊源，因此，只有经过法官解释，综合了诸如原则、道德、政策之类的价值考虑以及自己价值判断的东西，才是法律推理的大前提。关于疑难案件的含义与特征，我国学者沈宗灵、刘星等曾作过归纳。参见沈宗灵："法律推理与法律适用"，载《法学》1988 年第 5 期；刘星：《法律是什么》，广东旅游出版社 1997 年版，第 62~63 页。

〔2〕 德沃金认为疑难是实质上的，而不是语义上的。他声称要拔掉这颗语义学之刺（the semantic sting），并代之以建构性的法律阐释理论。

〔3〕 沈敏荣："法律确定性演进"，载《社会科学动态》2000 年第 4 期。

〔4〕 ［美］James E. Bond：《审判的艺术》，郭国汀译，中国政法大学出版社 1994 年版，第 2 页。

法官经常会遇到这样的情况：对于当前具体案件而言，法律虽有规定，但规定模糊不清、含混歧义或笼统抽象，[1] 缺乏足够的限定或界定，让人颇费踌躇，令人难以捉摸。其中，模糊不清是指其范围或边界不清晰，即其内涵或外延不清晰；含混歧义是指其指向不确定，即其内涵或外延不确定；笼统抽象是指其内容过于概括、抽象和原则而不具体。这些情形统称为"法无明确之文"或"法律疑义"。正如博登海默指出："在法律的各个领域中，我们都发现了棘手的难以确定的两可性情况，亦即边缘情况，如一个专门概念的界限范围尚未确定、或者从纯逻辑观点来看，两个或两个以上的相混不清的不同概念都可以同样适用于有关事实。……虽然两可性范围内的判决不确定性往往可以通过因袭下来的法律态度与技术而得以减少，可是概念边缘含义所指出的种种问题仍是屡见不鲜和非常棘手的。"[2]

在美国联邦宪法修正案的正当程序（due process）条款中，美国联邦宪法第 4 修正案规定严禁政府一切无理搜查和没收行为，但是并未具体说明何种情况下的搜查和没收行为才是合理的或无理的；第 6 修正案规定应保障被指控者得到律师帮助的权利，但并未具体说明在何种情况下被告有权获得这种帮助；第 14 修正案规定未经正当法律程序不得剥夺任何人的生命、自由或财产，不得拒绝对该州管辖范围之内的任何人给予平等法律保护；第 5 修正案禁止政府强迫任何人在任何刑事诉讼案中出庭作证反对他自己。但第 5、14 修正案的正当程序（due process）条款，并没有具体规定什么程序才是正当的，这些平等保护条款对那些违反命令的程序也没有作出详细的规定。这些法律条款是原则性条款，是抽象条款或概括条款，是需要进一步明确或确定的。

我国《刑法》第 61 条规定："对于犯罪分子决定刑罚的时候，应当根据犯罪的事实、犯罪的性质、情节和对于社会的危害程度，依照本法的有关规定判处。"这个条款要求量刑时应当考虑犯罪情节，但是，没有具体说明应当考虑哪些犯罪情节，以及考虑这些情节到什么程度。这个条款是需要进一步明确或确定的。我国民法上"重大误解""显失公平""重大事由""谨慎注意"以及"诚实信用原则""权利不得滥用原则"等，都

---

〔1〕　即过于一般和原则。

〔2〕　[美] E. 博登海默：《法理学——法哲学及其方法》，邓正来、姬敬武译，华夏出版社 1987 年版，第 467 页。

是抽象概念和概括条款，是需要进一步明确或确定的。

在北京贵友大厦等行政复议案[1]中，北京市物价局对几家大商场作出处罚决定后，被处罚的北京贵友大厦、复兴商业城和北京金伦大厦相继提出了行政复议申请。他们认为，市物价局在检查中把"原价"片面解释为"本次价格的上一次价格"，而商家一贯执行的"原价"是"商品上市后的第一次价格"，因此，市物价局认定"虚构原价"不能成立。[2]双方争论的焦点是，"原价"到底是指"本次价格的上一次价格"，还是指"商品上市后的第一次价格"。北京市物价局所依据中华人民共和国国家计划委员会发布的《禁止价格欺诈行为的规定》，没有对"原价"到底是哪一种意义上的价格进一步作出明确的解释与规定。因此，在这里"原价"的含义是不明确的。[3]

美国法学家伯顿在《法律和法律推理导论》中指出，像"睡觉"这样确定的概念也具有某种不确定性。在某个城市有这样一条法规："任何人都不得在城市公园里睡觉。"在一个案件中，一位绅士被发现在午夜的时候坐于公园的长条椅上，他的下巴搭在胸前，闭着眼睛，同时鼾声可闻。在另外一个案件中，一个蓬头垢面的流浪汉被发现在午夜的时候躺在同一条椅子上，头下枕着枕头，身上有一张报纸像毯子一样盖着，但是该流浪汉患有失眠症，根本就没有睡着。他们两个都是在睡觉吗？如果不是那么

---

〔1〕 在北京市一次价格检查中，北京市8家大商场和1家餐饮店因存在价格欺诈被北京市物价局公开曝光并处以罚款。被认为是价格欺诈的主要行为之一，是在"降价销售"过程中，将与事实上的原价不符的价格标为原价，即"虚构原价"。

〔2〕 参见马小森："贵友大厦欲向北京市物价局讨个'价格清白'"，载搜狐网，https：//business. sohu. com/88/75/article/38377588. shtml.

〔3〕《禁止价格欺诈行为的规定》中涉及"原价"的条款有两条：第7条第1项规定："经营者收购、销售商品和提供有偿服务，采取下列价格手段之一的，属于价格欺诈行为：（一）虚构原价，虚构降价原因，虚假优惠折价，谎称降价或者将要提价，诱骗他人购买的"；第9条规定："经营者应当根据自身经营条件，准确记录所销售商品、收购商品或者提供服务的价格，并保存完整的价格资料，不得弄虚作假。经营者不能提供或者提供虚假的降价前交易票据的，其所标原价为虚构价格。"这个问题直到2006年才得以解决。2006年，中华人民共和国国家发展改革委员会对此已经作出解释，《关于禁止价格欺诈行为的规定有关条款解释意见的通知》（发改价检〔2006〕623号）2006年5月1日起施行。其中第4条规定：《规定》第7条第1项所称的"原价"是指经营者在本次降价前7日内在本交易场所成交的有交易票据的最低交易价格；如前7日内没有交易价格，以本次降价前最后一次交易价格作为原价。

他们两个谁会被认为是睡觉呢?[1]

(二)　法律反差

法官有时会遇到这样的情况:对于当前具体案件而言,法律虽有明确之文,但法律文字与法律真实意思、立法意图或法律目的、法律精神相悖或抵牾,一旦直接适用法律字面规定或规则,就会造成违背或违反法律真实意思、立法意图或法律目的、法律精神的结果。即法律文字所表达的和法律要表达的真实内容或意思不相一致,这种情形称为"法律反差"。正如博登海默指出:"一个通情达理的立法者会意识到,在他所立的法律中肯定会有不足之处。他也会知道,成文规则几乎永远不可能被表述得如此之完美无缺,以致所有应隶属于该立法政策的情形都被囊括在该法规的文字阐述之中,而所有不应隶属于该法规范围的情形仍被排斥在该法规语词含义范围之外。"[2]

我国 2009 年之前的《刑法》第 201 条第 1、2 款规定:"纳税人采取伪造、变造、隐匿、擅自销毁账簿、记账凭证,在账簿上多列支出或者不列、少列收入,经税务机关通知申报而拒不申报或者进行虚假的纳税申报的手段,不缴或者少缴应纳税款,偷税数额占应纳税额的百分之十以上不满百分之三十并且偷税数额在一万元以上不满十万元的,或者因偷税被税务机关给予二次行政处罚又偷税的,处三年以下有期徒刑或者拘役,并处偷税数额一倍以上五倍以下罚金;偷税数额占应纳税额的百分之三十以上并且偷税数额在十万元以上的,处三年以上七年以下有期徒刑,并处偷税数额一倍以上五倍以下罚金。扣缴义务人采取前款所列手段,不缴或者少缴已扣、已收税款,数额占应缴税额的百分之十以上并且数额在一万元以上的,依照前款的规定处罚。"该法条的本意是要惩罚偷税者,而且法律文字表面上也很详尽周全,但实际上还是存在缺陷的。比如某甲应纳税额是 1000 万元,他偷税 50 万元,按照法律的规定,虽然他偷税数额远远超过了 1 万元,但是他偷税数额只占应纳税额的 5%,不到法律规定的 10%。该法条字面意思是必须具备这两个条件才构成犯罪,但这与法律的精神或

---

〔1〕　我国 1999 年《合同法》第 115 条规定:"……给付定金的一方不履行约定的债务的,无权要求返还定金;收受定金的一方不履行约定的债务的,应当双倍返还定金。"这个条款中的"不履行"是什么意思呢?是指"没有按约定履行和根本没有履行"即"不完全履行和完全不履行",还是仅指"根本没有履行"即"完全不履行"呢?这个概念是含混不清的,可以有不同的理解。

〔2〕　[美] E. 博登海默:《法理学——法哲学及其方法》,邓正来、姬敬武译,华夏出版社 1987 年版,第 520 页。

法律的真实意思是相悖的。法律对偷税惩罚的本意是惩罚偷税数额较大（超过 1 万元）的行为，规定偷税额占应纳税额的比例的目的则是要区分量刑的轻重，而不是将其作为判定是否有罪的标准。但是该法条的文字并没有把这一立法真实意思表达出来。

（三）法律漏洞："法无明文规定"与"法律未规定"

法官有时会遇到这样的情况：对于当前具体案件而言，其一，法律没有提供直接的或明示的规则，没有直接可适用的明示规则或先例，即"法无明文规定"；其二，已有法律不能涵盖和回答具体案件，"立法机关对之没有概念"，即不被法律规则和原则所涵盖，法律有需要填补的空白，法律存在缺乏或空隙，法律实然不及应然，法律不完备或不圆满，即"法律未规定"。"法无明文规定"和"法律未规定"统称为"法律漏洞"。"法律漏洞"可分为"法内可填补的漏洞"与"法内不可填补的漏洞"。"法内可填补的漏洞"是指可以通过法律体系加以解决的漏洞。"法内不可填补的漏洞"是指不能通过法律体系加以解决的漏洞，是法律规范的例外。当然，二者之界限未必泾渭分明。倘若是立法者"有意义的沉默"，即立法者有意为之，就不认为是法律漏洞，司法就无权填补。[1] 相应的案件称为"无明文规定案件"和"未规定案件"。

古希腊思想家亚里士多德早在《政治学》中就指出："法律所未及的问题或法律虽有所涉及而并不周详的问题确实是有的。"[2] 英国丹宁法官对此说道："无论一项法律什么时候被提出来考虑，人们都没有能力预见到在实际生活中可能出现的多种多样的情况。即使人们有这种预见能力，也不可能用没有任何歧义的措词把这些情况都包括进去。"[3] 因此，没有一部法典是没有漏洞的。哈特也认为法律漏洞在所难免。他说道："'疑难案件'（hard cases）之所以'疑难'，不只因为在这种案件中对于法律上正确的答案为何可能意见不一，而且因为在这样的案件中法律基本上就是

〔1〕 参见王洪：《司法判决与法律推理》，时事出版社 2002 年版，第 68 页。
〔2〕 ［古希腊］亚里士多德：《政治学》，吴寿彭译，商务印书馆 1965 年版，第 163 页。
〔3〕 ［英］丹宁勋爵：《法律的训诫》，杨百揆、刘庸安、丁健译，法律出版社 1999 年版，第 13 页。

不完整的。"[1] 拉伦茨在《法学方法论》中也强调指出："无论如何审慎从事的法律,其仍然不能对所有——属于该法律规整范围,并且需要规整的——事件提供答案,换言之,法律必然'有漏洞'。"[2]

在加拿大诉 Liqqetts-Finlay 药品公司案中,政府法令规定:"所有药店必须在每晚 10 点钟关门。"Liqqetts-Finlay 药品公司在晚 10 点钟关门几分钟后重新开门营业的行为是否违反该政府规定?在英国皇家军用机场案即阿德勒诉乔治案(Adler v. George)[3] 中,《官方机密条例》(Official Secrets Act)第 3 条规定:"不得在禁区附近妨碍皇家军队成员的行动。"一个叫乔治的小伙子坐在皇家空军机场飞机跑道上观看皇家空军飞机空中日常训练是否违反该规定?

在一起汽车维修厂诉某保险公司案中,某保险公司为汽车用户保险,但指定了发生保险事故后维修汽车的厂家。这样一来,其他汽车维修厂就处于不利的地位。他们因此告到法院称该保险公司不正当竞争。该保险公司辩称,根据《中华人民共和国反不正当竞争法》的有关规定,保险公司和汽车维修厂经营的范围完全不同,他们不是要和其他汽车维修厂竞争,他们与汽车维修厂之间没有利害关系,因此不构成竞争关系,所以更谈不上有不正当竞争行为。保险公司的行为是否构成不正当竞争?

在医疗事故纠纷案中,《中华人民共和国消费者权益保护法》(以下简称《消费者权益保护法》)在第 1 章规定什么是消费者和经营者。某病人依照《消费者权益保护法》起诉某医院的一起医疗事故中,要求赔偿医疗费和精神损失费。但医院方辩称,医院是国家的事业单位,本身就没有工商局的营业执照,就不是经营者,它不以营利为目的。在本案中医院到底是不是经营者?在王海打假案[4] 中,我国《消费者权益保护法》第 2 条规定:"消费者为生活消费需要购买、使用商品或者接受服务,其权益受本法保护;本法未作规定的,受其他有关法律、法规保护"。但各地的法

---

[1] 德沃金(Dworkin)基于整体性法律、原则裁判、建构性解释理论认为,法律是没有漏洞的。在现今高度发达的法制中,就算不被规则涵盖到的案件,也一定还是被抽象、概括性的法律原则(legal principles)所规范到。疑难案件(hard cases)只是指不被规则涵盖到,但必被某些抽象的、概括性的法律原则所涵盖到的案件。

[2] [德]卡尔·拉伦茨:《法学方法论》,陈爱娥译,商务印书馆 2003 年版,第 246 页。

[3] Adler v. George, 2 Q. B. 7 (1964); 1 All E. R. 628 (1964).

[4] "王海诉天津市龙门大厦永安公司买卖纠纷案",天津市河北区人民法院民事判决书(1997)北民初字第 2 号。

院作出了不同的判决。有些法院认为王海知假买假打假属于生活消费,王海的索赔要求可以适用《消费者权益保护法》第 49 条的双倍赔偿规定;另一些法院认为王海的行为根据就不是为了消费,而是为了得到双倍赔偿,他的行为不符合第 2 条有关生活消费的规定,所以,对王海的诉讼请求不予支持。王海的行为到底是不是生活消费?此外,商品房是不是商品?购买商品房是不是生活消费?购房者是不是消费者?消费者是否仅指自然人,是否包括法人或其他组织?

上述这些案件属于"法无明文规定"或"法律未规定"情形。可称为"无明文规定案件"或"未规定案件"。对于上述案例中的"小伙子坐在飞机跑道上观看飞行训练""药品公司晚 10 点钟关门后几分钟重新开门营业",法律未明确规定或未明文规定其行为是否违反该规定;关于"不正当竞争"、"经营者"以及"消费者"的有关法律规定,不能完全回答或不能充分涵盖相关具体案件,存在法律"缺乏"或"法律漏洞"。

(四) 法律冲突

法官有时会遇到这样的情况:对于当前具体案件而言,其一,法律虽有规定,但法律规定或规则是自相矛盾的;其二,存在两个或两个以上的法律规定或规则,每个法律规定或规则都有足够的理由适用于同一具体案件,但这些不同的法律规定或规则之间是相互矛盾、冲突或抵触的,这些规定或规则不可能被同时适用,适用其中一个就无法同时适用另一个规定或规则。这两种情形统称为"法律冲突",相应的具体案件称为"冲突案件"。

在"冲突案件"中,法律的融贯性、一贯性、匀称性发生了断裂或者扭曲。德国法学家恩吉施在《法律思维导论》中对法律中的矛盾或冲突进行了研究。他将其归结为五类:制定法技术的矛盾、规范矛盾、价值矛盾、目的论矛盾和原则矛盾。[1] 他讨论的法律中的矛盾可以归入"法律冲突"的范畴。英国丹宁法官在《法律的训诫》中所说的"法律皱褶"就是这里的所说的"法律矛盾"或"法律冲突"。[2] 法院审理这种案件并非易事,面临冲突的选择与平衡问题,如何适当地适用法律往往是颇费踌

---

〔1〕 参见 [德] 卡尔·恩吉施:《法律思维导论》,郑永流译,法律出版社 2004 年版,第 199~211 页。

〔2〕 参见 [英] 丹宁勋爵:《法律的训诫》,杨百揆、刘庸安、丁健译,法律出版社 1999 年版,第 13 页。

蹒的。

在缪勒诉俄勒冈州案（*Muller v. Oregon*）[1] 中，1908 年美国俄勒冈州制定了一项限制女性劳动时间的法律，一工厂主缪勒（Muller）提起诉讼。缪勒诉称："这项限制女性劳动时间的法律侵害了联邦宪法所规定的契约自由原则，因而构成违宪。"布兰代斯（Brandeis）受俄勒冈州委托向最高法院提出答辩，布兰代斯基于"活生生的事实"（living facts）展开议论，论证妇女生命健康需要特别加以保护，该州此一立法乃是保护妇女生命健康，而保护生命健康是宪法所规定的基本原则，所以该州此项立法并不构成违宪。在本案中，"契约自由"与"妇女生命健康权"的宪法保护发生了冲突，即宪法确认的契约自由与妇女生命健康权发生了冲突。

在北京"开瓶费"案[2]中，王某认为，湘水之珠酒楼收取开瓶费的行为是违反法律规定的，侵害了其公平交易权及其他合法权益，故向法院起诉要求湘水之珠酒楼公开赔礼道歉，并返还开瓶费 100 元。湘水之珠酒楼则认为，收取开瓶服务费不是法律所禁止的行为，且酒楼并没有强制王某消费，是王某自愿前来就餐，其菜谱上已经标明，"客人自带酒水按本酒楼售价的 50% 另收取服务费。本酒楼没有的酒水按 100 元/瓶收取服务费"，本酒楼已经尽了告知义务，王某阅读菜谱后，点下了菜单，视为其对菜谱内容已经接受，故不同意王某的诉讼请求。在本案中，"公平交易权"与"生产经营权"的法律保护发生了冲突，即法律确认的"公平交易权"与"生产经营权"发生了冲突。

（五）"恶法"

法官有时会遇到这样的情况：对于当前具体案件而言，法律虽有明确规定或规则，但一旦直接适用该规定或规则，就会导致明显有悖情理或显失公平正义的结果，因而在此案件事实背景下，该规定或规则有些不合理或不妥当而难以适用它，即需要正当背离该规定或规则。这就是博登海默所说的："对于所受理的案件尽管存在着规则或先例，但是法院在行使其所被授予的权力时考虑到该规则或先例在此争讼事实背景下总的来说或多

---

　　[1]　*Muller v. State of Oregon*，208 U. S. 412（1908）.

　　[2]　王先生某日和朋友到湘水之珠酒楼用餐，并自带白酒一瓶。用餐后湘水之珠酒楼向其收取餐费 296 元，其中服务费（即开瓶服务费）为 100 元。参见郭金霞："京城开瓶费案终审宣判餐厅因未明示败诉"，载中国法院网，http://www. chinacourt. org，最后访问日期：2007 年 6 月 26 日；王阳、袁国礼："开瓶费官司终审判决有变"，载《京华时报》2007 年 6 月 27 日，第 10 版。

少是不完美的而拒绝适用它的情形。"[1] 在这里"有悖于情理""显失公平正义"不是指违背立法本意、法律意图或法律精神，而是指个案结果与社会利益或社会效用、社会公共政策或社会公平正义观念相违背。这种情形称之为"恶法"，相应的具体案件称为"恶法案件"。这种案件涉及在法律规则的"直接适用"与"正当背离"之间的权衡与选择问题。

在北京某医学博士、眼科医生涉嫌盗窃、侮辱尸体案[2]中，该医学博士、眼科医生未曾征得死者生前同意，也未征得死者家属许可，私自将死者眼睛取下装上假眼睛，将眼睛的角膜取下并分别移植给在本院就诊的一位普通老年患者和一位普通农村妇女患者。死者家属发现后控告该医生涉嫌盗窃、侮辱尸体罪。根据我国《刑法》第302条规定，盗窃、侮辱尸体的，处3年以下有期徒刑、拘役或者管制。本案面临的问题是：其一，要判明该医生的行为是否违反我国《刑法》第302条规定构成盗窃、侮辱尸体罪；其二，一旦判明该医生的行为违反我国《刑法》第302条规定，就要考虑将该规定直接适用于此案是否妥当。这就涉及该法律规定引出的"直接适用"与"正当背离"之间的选择问题。一旦判明该医生的行为违反我国《刑法》第302条的规定，构成盗窃、侮辱尸体罪，并决定将该条款直接适用于此案，就表明法官认为直接适用该规定是妥当的；一旦法官认为直接适用该规定不妥，就意味着法官正当背离此规定，对该法律规定或规则制定一个例外，或者说为其拒绝适用或正当背离寻找一个正当理由。

三、法律的不确定性：开放性文本、非协调性结构、不完全性协议

无论是概念法学还是霍菲尔德等人的分析法学以及后来的新分析法学，都深深感叹形式逻辑的确定性，从而十分推崇逻辑分析的方法，强调形式逻辑在法律中作用。概念法学甚至以此认为，仅凭借逻辑分析或语言分析就可避免法律的不确定性，建立起逻辑自足的、完美无缺的法律体系。具有讽刺意味的是，给概念法学等以致命一击的并不是利益法学、自由法学以及新自然法学，而是被他们自己奉为法宝的逻辑分析或语言分析本身。正是逻辑分析和语言分析的成果推翻了他们的观点，支持了利益法

---

〔1〕 ［美］E.博登海默：《法理学——法哲学及其方法》，邓正来、姬敬武译，华夏出版社1987年版，第480页。

〔2〕 参见"眼科医生所作所为"，载《人民日报》1999年12月29日。

学等对他们的批评，导致疑难案件出现的重要成因之一在于法律的不确定性。[1]

在很长一段时间里，国内外学者大多没有认识到法律的不确定性问题以及如何解决法律的不确定性问题，也没有意识到对"法律的开放性结构"与"规则中的不确定性"以及如何解决法律的不确定性问题——这些法律领域的中心问题与重大课题，应当而且能够从逻辑学角度出发进行研究。直到 20 世纪 60 年代，学者们才逐渐地认识到法律的不确定性问题——实在法是一个开放的、不确定的、不自足的体系。如德国学者拉伦茨在《法学方法论》中提出了"法律漏洞"理论（1960），英国学者哈特在《法律的概念》中提出了"法律的开放性结构"与"规则中的不确定性"理论（1961），[2] 英国法官丹宁勋爵（Lord Denning）在《法律的训诫》中提出了"法律皱褶"理论（1979）等。根据这些研究成果，我们可以得出这样的结论：实在法是一个开放的、非协调的、不完全的体系。法律的不确定性是客观存在的而且是不可避免的。20 世纪 70 年代开始，如何解决法律的不确定性问题即法律推理、法律解释、漏洞填补、法律续造问题，成为法学研究的一个国际性中心课题。[3]

（一）开放性文本：抽象概念、类型化概念与评价性范畴

法律的首要目的之一是将人类行为与社会生活置于某些规范与标准的支配之下。"在社会历史领域内进行活动的人，全是具有意识的、经过思虑或凭激情行动的、追求某种目的的人；任何事情的发生都不是没有自觉的意图、没有预期的目的的。"[4] 社会行为的个体性和目的性，导致社会行为及其现象的复杂性、多样性、特殊性和偶然性。但是，"在表面上是

---

〔1〕 这也是实证主义法学理论所提出和坚持的。哈特将语言分析的方法引入了法理学，并开创了作为实证主义法学理论脉络之一的新分析法学。

〔2〕 英国法学家哈特指出：每个法律概念的含义或意义有一个确定的、没有争议的核心（central core of undisputed meaning），但也有一个"阴影地带"（penumbra）或"开放的结构"（open texture）。

〔3〕 See M. J. Detmold, "Law as Practical Reason", in Aulis Aarnio, Neil MacCormick, Dartmouth eds., *Legal Reasoning*, Vol. I, 1992. 大陆法系主要使用法律解释、法律续造等概念而不使用法律推理概念，如德国学者拉伦茨的《法学方法论》；普通法系主要使用法律推理概念而把法律解释理解为法律推理的过程，如美国学者列维（Levi）的《法律推理引论》。

〔4〕 中共中央马克思恩格斯列宁斯大林著作编译局编：《马克思恩格斯选集》（第4卷），人民出版社 1972 年版，第 243~244 页。

偶然性在起作用的地方，这种偶然性始终是受内部的隐蔽着的规律支配的"[1]。这种规律性就是社会行为及其现象的共性、一般性与必然性，而不是其个性、具体性或偶然性。

法律的一般规范与标准是通过语词运用概念表达的，表现为法律的概念化、抽象化、类型化。正如博登海默指出："概念乃是解决法律问题所必需的和必不可少的工具。没有限定严格的专门概念，我们便不能清楚地和理智地思考法律问题。没有概念，我们便无法将我们对法律的思考转变为语言，也无法以一种易懂明了的方式把这些思考传达给他人。如果我们试图完全摈弃概念，那么整个法律大厦就将化为灰烬。"[2]法律规范对社会行为或生活事实要进行抽象与分类并对这些一般性行为或事实规定或赋予相应的法律后果，这种规定蕴含着对社会行为与生活事实的法律评价。因此，大多数法律语词或概念都是抽象的、类型化的、评价性的，表达的是规范类型（normative type）和评价标准，属于抽象概念、类型化概念和评价性范畴。

法律中的抽象概念、类型化概念与评价性范畴，反映的是抽象的类而不是具体的个体，对于具体个体只有抽象的或一般的分类标准与评价标准，而没有具体的归类标准与评价尺度。抽象概念、类型化概念与评价性范畴是不具体或不明确的，其边界与界限是不清晰的或不确定的。一般而言，任何用来对人类生活和周围世界各种特征进行抽象、分类或划界的术语或概念，几乎都会存在引起争议的边缘情况。正如威利姆斯（Williams）在《语言与法律》中指出，任何语词或语句的中心部分或核心部分，其含义或意义可能是清楚的与明确的，但离开了中心而走向边缘，它就逐渐变得模糊不清了。就如同一张照片一样，其轮廓边界是模糊的，而且愈到边缘就愈加模糊。语词或语句的边缘之处的"边缘意义"（fringe of meaning or fringe meaning），一片模糊或朦胧，是极易引起争议的。比如"交通工具"这个概念，它的中心部分或核心部分是确定的，即包括汽车、卡车、自行车、人力三轮车、马车等，而它的边缘部分是不确定和可争议的，如推土机、轧路机、吊车等，若在马路上行驶也可能被认为是交通工具。这些语

---

〔1〕 中共中央马克思恩格斯列宁斯大林著作编译局编：《马克思恩格斯选集》（第4卷），人民出版社1972年版，第243~244页。

〔2〕 ［美］E.博登海默：《法理学——法哲学及其方法》，邓正来、姬敬武译，华夏出版社1987年版，第465页。

词表达的概念是模糊的，在法律领域中更是如此。美国法学家博登海默感叹道："正如美国最高法院作的一个判决所表明的，甚至象'糖果'这类术语，虽说第一眼看上去似乎相当具体、明确，但它在其中心含义和含义模糊不清之处也会产生解释上的困难。"[1] 这并不是立法者之疏忽，而是抽象概念或类型概念的性质所致。

正是在这个意义上，所有的法律都是开放性文本，开放性文本是法律的普遍特征。正如英国法学家哈特在《法律的概念》中指出："每当我们把特定的具体情况涵摄于抽象的规则时，总是会同时出现具确定性的核心以及值得怀疑的边缘。这使得所有的规则都有着模糊的边缘，或者说'开放性结构'（open texture）。"[2] 即每个法律概念都有一个确定的、没有争议的意思中心或含义核心（central core of undisputed meaning），也有一个不确定的边缘地带——"阴影地带"（penumbra）即"开放性结构"（open texture）。[3] "无论我们到底选择判决先例或立法来传达行为标准，不管它们在大量的日常个案上，运作得如何顺利，在碰到其适用会成为问题的方面来看，这些方式仍会显出不确定性；它们有着所谓的开放性结构（open texture）。"[4] 前者是指概念外延的明确区域，在此区域中人们不会产生争论；后者是指概念外延的不确定区域即边缘地带，人们在此容易出现分歧。对于一般案件或典型案件而言规则是确定的，对于个别案件或非典型案件而言规则是开放的。个案事实有时能符合上述中心意思即规范类型，有时则会落入法律的"开放空间"[5]，此时法律并不能为具体案件给出确定无疑和无可争辩的答案，因此法律乃是部分的不确定（indeterminate）或不完整的（incomplete）。也正是在这个意义上，德国法学家拉伦茨指出："法律经常利用的日常用语与数理逻辑及科学性语言不同，它并不是外延明确的

---

〔1〕 ［美］E.博登海默：《法理学——法哲学及其方法》，邓正来、姬敬武译，华夏出版社1987年版，第466页。

〔2〕 ［英］H.L.A.哈特：《法律的概念》，许家馨、李冠宜译，法律出版社2006年版，第117页。

〔3〕 语言的开放性结构早在魏斯曼与维特根斯坦的著作中有所讨论，哈特把这种讨论带进了法学领域。哈特的有关论述以及分析法学的有关观念直接来自维特根斯坦的语言分析的研究成果。参见［英］H.L.A.哈特：《法律的概念》，许家馨、李冠宜译，法律出版社2006年版，第123页。

〔4〕 ［英］H.L.A.哈特：《法律的概念》，许家馨、李冠宜译，法律出版社2006年版，第123页。

〔5〕 哈特将出现这些情形的案件称为复杂案件或疑难案件。

概念，毋宁是多少具有弹性的表达方式，后者的可能意义在一定的波段宽度之间摇摆不定，端视该当的情况、指涉的事物、言说的脉络，在句中的位置以及用语的强调，而可能有不同的意涵。即使是较为明确的概念，仍然经常包含一些本身欠缺明确界定的要素。"〔1〕

　　这些具有开放性结构的概念或规则作为分类或划界标准与评价尺度，在立法上是不可避免且不可或缺的，在法律中会经常出现。正因为如此，丹宁法官对年轻的律师们感叹道："这些成文法一堆又一堆，这对你们来说比对我更糟。在 1923 年我被聘为律师的时候，成文法是一卷，有五百页。1978 年的今天，它已是三卷了，页数超过三千。没有一页不会引起争论，没有一页当事人不会翻开来问你：'这是什么意思？'"〔2〕也许正是在这个意义上，美国法学家卢埃林（Karl N. Llewellyn）认为，法律规则由于其开放性因而在法院裁决中并没有想象得那么确定和重要，重要的是法官对法律规则的理解或解释。"那个根据规则审判案件的理论，看来在整整一个世纪中，不但是把学究给愚弄了，而且也把法官给愚弄了。"〔3〕

　　在美国 *Nix v. Hedden* 案〔4〕中，成文法规定了进口蔬菜要征税而进口植物果实不用征税，这就发生了番茄是否是蔬菜是否适用关税的问题。对植物学家来说，番茄是一种植物果实，豌豆和大豆也是植物果实，但对普通大众来说这些又是蔬菜，因为这些不是作为水果点心吃的。在这里蔬菜是一个类型化概念，其边界是不清晰或不确定的。〔5〕

　　我国《刑法》第 13 条规定："……情节显著轻微危害不大的，不认为是犯罪。"在这个规定中，"情节显著轻微危害不大的"是一个抽象概念、类型化概念与评价性范畴，没有具体的归类标准与评价尺度，其内涵与边界或界限都是不清晰、不确定与开放的。

---

　　〔1〕　［德］卡尔·拉伦茨：《法学方法论》，陈爱娥译，商务印书馆 2003 年版，第 193 页。

　　〔2〕　［英］丹宁勋爵：《法律的训诫》，杨百揆、刘庸安、丁健译，法律出版社 1999 年版，第 9 页。

　　〔3〕　转引自［美］E.博登海默：《法理学——法哲学及其方法》，邓正来、姬敬武译，华夏出版 1987 年版，第 149 页。

　　〔4〕　Nix v. Hedden, 149 U. S. 304（1893）. 在法律领域中，番茄是属于水果还是蔬菜，硫酸是否属于武器等都成为可争议的问题了。

　　〔5〕　在 Nix v. Hedden, 149 U. S. 304（1893）案中，法院判决番茄进口适用进口蔬菜要征税的规定而不以植物果实（进口不需征税）对待。参见［美］理查德·A.波斯纳：《法理学问题》，苏力译，中国政法大学出版社 2002 年版，第 332 页。

在彭某诉厦门肯德基有限公司案[1]中，我国《消费者权益保护法》第 7 条规定："消费者在购买、使用商品和接受服务时享有人身、财产安全不受损害的权利。消费者有权要求经营者提供的商品和服务，符合保障人身、财产安全的要求。"第 11 条规定："消费者因购买、使用商品或接受服务受到人身、财产损害的，享有依法获得赔偿的权利。"但上述法律对经营者承担的安全担保义务的具体内容及范围没有明确的规定，不是具体的而是开放的。

人们从语言分析角度研究法律的开放性及其缘由问题。正如英国丹宁法官指出：有时候人们可能无法使自己表达得更清楚，这不是由于你的过错，这可能是由于语言本身的弱点。它可能不足以表达你想要说明的意思，它可能缺乏必要的精确性。[2] 法律概念是不自足的，它需要运用自然语言来表达。法律概念建立在自然语言的基础之上，以自然语言为载体，依赖于自然语言，离不开自然语言。大多数法律概念在法律语境中并未特别加以解释和界定，因而不为法律所独有，必要时还需要运用自然语言界定和解释其意义。即使只在法律语境中才有意义的法律概念，如"法人""情势变更"等，最终也离不开运用自然语言界定和解释其意义。这样一来，自然语言的不明确性和不确定性就可能传递到法律概念之上，从而导致法律概念的不明确性或开放性。

奥地利籍逻辑学家路德维希·维特根斯坦（Ludwing Wittgenstein）基于其对语言的逻辑分析提出了语言分析中的语用原则：一个词的意义就是它在语言中的使用。[3] 日常语言中语词及语句的意义在于它的"用法"（gebrauch）、"使用"（verwendung）或者"应用"（anwendung）。即 The meaning of a word is its use in the language, look at the sentence as an instru-

〔1〕　原告诉称：原告携妻女等人于 2001 年 1 月 27 日到厦门肯德基有限公司厦大餐厅就餐时，因就餐高峰桌位紧张，与其他就餐顾客发生争执，遭受殴打，其鼻子等处被打伤，眼镜被摔坏，厦门肯德基有限公司违反服务合同约定，未履行保护消费者人身安全的义务。要求其承担违约责任，赔偿其医药费、财产损失费、精神损失费等共计人民币 2973.60 元。被告辩称：厦门肯德基有限公司的员工在发现餐厅内发生斗殴事件后，立即拨打 110 报警，同时 3 名男性员工上前劝阻和制止斗殴人员，另一女性员工将彭某的孩子带离现场，前往安全区域，在警察赶到前，打人者已趁乱离开餐厅。参见史玉生、徐静："餐厅内顾客打架受伤谁该负责"，载《中国律师》2002 年第 4 期。

〔2〕　参见［英］丹宁勋爵：《法律的训诫》，杨百揆、刘庸安、丁健译，法律出版社 1999 年版，第 4 页。

〔3〕　参见［奥］维特根斯坦：《哲学研究》，李步楼译，商务印书馆 1996 年版，第 31 页。

ment, and at its senseas its employment.[1] 语词或语句仅在特定情境下才有意义，脱离了这个情境我们就不能理解它们的意思——即我们不知道用它们来做什么。他把某些语词以及同这些词联系着的活动，称之为一种语言游戏。他认为语词和语句以一个"语言游戏"为前提。[2] 维特根斯坦的研究成果表明：语词或语句没有独自的固有意义（proper meaning），它的意义是相对的。因此，任何语词或语句的意义都具有某种不明确性。只有在具体的"用法""使用""应用"中，在特定的"语境"或"情境"中，才能消除语词或语句的不明确性，进而获得其意义。脱离具体的"语境"或"情境"，离开对语词或语句"用法"、"使用"或"应用"的解释和说明，语词和语句的意义是不明确的。这样一来，对语词或语句意义的理解和解释，依赖于对其"用法"或"使用""语境"或"情境"的理解和解释，而对"用法"或"使用""语境"或"情境"的理解和解释，又要依赖于对其更为广阔的"语境"或"情境""用法"或"使用"的理解和解释。这样一来，要消除语词或语句意义的不明确性，就要对其"语境"或"情境""用法"或"使用"加以解释和界定，就需要一个由解释语言构成的解释系统。而且，解释语言越丰富，解释能力就越强，其解释就越充分，所规定的"使用"或"用法"就越明晰，所提供的"语境"或"情境"就越广阔，被解释的语词或语句意义就越明确。反之，倘若未作解释或解释不足，就不可能消除语词或语句意义的不明确性。并且"一个语词的全部定义是不可能建构起来的，因为我们不可能消除那些无法预见因素；因为限制和界定新因素出现的观念永无休止"[3]。因此，任何语词或语句意义都具有某种不确定性。

波兰籍逻辑学家阿尔弗莱德·塔尔斯基（Alfied Tarski）区分了对象语言（被解释的语言）和元语言（解释语言）。他指出，由于自然语言或日常语言被用作它自己的元语言，因此，日常语言在语义上是封闭的并且在语义封闭意义上也是自足的。但是，任何一个有限的语言系统都是不自足和不完全的。[4] 塔尔斯基的工作表明，任何一个既定的自然语言构成的系统都是有限的，因而也是不自足的。在这样的语言系统中，总有一些看

---

〔1〕 See L. Wittgenstein, *Philosophical Investigations*, Basil Blackwell, 1963, p. 1260.

〔2〕 参见［奥］维特根斯坦：《哲学研究》，李步楼译，商务印书馆1996年版，第79页。

〔3〕 Brian Bix, *law, language and Legal Determinacy*, Clarendon Press, 1993, p. 11.

〔4〕 See A. Tarski, *Logic, Semantics, Matamathematics*, Clarendon Press, 1956.

来是基本的语言，在系统中得不到规定和解释，并且它们不能自己解释自己，否则解释就会出现逻辑循环。倘若能够找到这样一些基本语言，如同概念法学等期望的那样，这些基本语言是明确的，并且其明确性无须解释或无须证明，以此为基础建立的有限语言系统的明确性和自足性便毋庸置疑。然而，现代逻辑学和语言学的成就，特别是塔尔斯基等人的工作，提醒人们应当知道如下事实：其一，找不到这样的基本语言，使得任一有限的语言系统的明确性和自足性毋庸置疑，正如自己不能抓着自己的头发把自己提起来一样，任何一个有限的语言系统都无法保证其自身基本语言的明确性和自足性，从而也就无法保证其自身的明确性和自足性。其二，即便是这些基本语言及其语言系统是明确的，我们在语言系统内部也无法证明这一点。因此，任何一个有限的语言系统，尽管它是足够强的，也不可避免地具有某种不确定性和不明确性，仍然是不自足的，其不明确性的消除以及意义的获得，离不开对其基本语言及其解释系统再作解释。还应指出，要彻底消除任何一个有限的语言系统的不明确性是不可能的。这是因为，语词的明确意义来自解释，来自"语境"或"情境"，但是，这些"解释"、"语境"或"情境"也需要被解释。这样一来，要彻底消除这一有限的语言系统的不明确性，就要依赖于无穷倒退或无穷递归的解释链，这就失去了现实的可能性。

　　美国法学家霍菲尔德和考克雷克企图通过精炼和详尽界定法律概念寻找"法律最小公分母"，以此消除法律的不明确性，使立法具有毋庸置疑的明确性，这个愿望自然就成了水中月、镜中花。但是，现代分析法学从维特根斯坦等人的工作中得到激励，对法律语言进行逻辑分析并从逻辑上澄清思想，以增进语义理解力和表达力，则是可取的也是必要的。

　　（二）非协调性结构：价值多元化与利益多样化

　　法律存在非协调性结构是法律体系的另一特征。法律的非协调性结构是指，在法律体系中，某些法律规定或规则由于立法不当是自相矛盾的；或者某些法律规定或规则之间是相互冲突、相互抵触、相互矛盾的；或者法律体系含有某些互相竞争或冲突的法律原则。对此德国法学家基尔希曼说道，法律体系"始终贯穿着矛盾和冲突，贯穿着僵化的形式与变动的现实之间、严苛的文字与不受之约束的公正理念之间的不可调和的对立"[1]。霍姆斯对此指出，"法律不断演进而从来没有达到一致，它永远

─────────
〔1〕　转引自舒国滢："从方法论看抽象法学理论的发展"，载《浙江社会科学》2004 年第 5 期。

从生活中汲取新的原则，并总是从历史中保留那些未被删除或未被汲取的东西。只有当法律停滞不前时，它才会达到完全一致"。

在立法时，立法者的疏忽或思虑不周是难以避免的，而且立法者的预见力和表达力也是有限的，这就难以保证法律在逻辑上做到首尾一贯、前后一致、相互协调。此外，立法者的利益冲突和价值冲突，也势必会带来法律的矛盾与冲突。正如博登海默所言："如果一个社会给发挥个人积极性和自我主张留有余地，那么在相互矛盾的个人利益之间肯定会有冲突和碰撞。"〔1〕不仅个体利益、群体利益以及社会利益之间存在着冲突而且它们内部也存在着冲突。"法律的主要作用之一乃是调整和调和上述种种相互冲突的利益，无论是个人利益还是社会利益。"〔2〕立法者需要在立法上评估与权衡各种利益的重要性并划定各种需要承认或保护的利益的界限，划定社会成员行为的自由空间，规定和约束社会成员的行为，调整和调和各种利益的冲突。应当指出的是，立法者所要保护的个人利益与社会利益是多样化的和存在冲突的，立法者的利益需求与价值取向也是多元化的和存在冲突的，立法者利益需求的冲突和价值取向的冲突，必然导致法律规定或规则的冲突和抵触。由于立法上缺乏足够的抵触规则与争议机制来解决立法者的利益冲突与价值冲突以及某些立法原则和立法机制的内在矛盾，因此，法律存在冲突或不协调就是不可避免的。

阿罗不可能性定理支持上述观点。法国数学家阿罗（K. Arrow）提炼了人们关于社会选择的四条公理。其一，广泛性公理，每一个社会成员对备选目标的偏好排序只需满足完全性和传递性；其二，一致性公理，如果社会成员都认为备选目标 X 优于 Y，则社会也应认为 X 优于 Y；其三，独立性公理，社会对部分备选目标的偏好排序只由社会成员对该部分备选目标的偏好排序所确定；其四，非独裁性公理，社会选择必须保证不存在这样的独裁者，他可以无视其他社会成员对备选目标的偏好排序而独断专行，社会的最后选择始终由他说了算。阿罗证明了如下结论：当备选目标多于或等于三个，并且社会成员至少有两个时，不存在任何社会选择规则能同时满足以上四条公理。这就是著名的阿罗不可能性定理，亦称为阿罗

〔1〕〔美〕E.博登海默：《法理学——法哲学及其方法》，邓正来、姬敬武译，华夏出版1987年版，第382页。

〔2〕〔美〕E.博登海默：《法理学——法哲学及其方法》，邓正来、姬敬武译，华夏出版1987年版，第383页。

悖论。[1] 现代逻辑学也证明了如下结果：对于任何大于 1 的自然数 n，都可以有 n 个命题，这 n 个命题放在一起是矛盾的，而这个命题都可能被群体认识与选择中的多数所认可。这个结论称为群体选择悖论或康道森悖论。阿罗悖论和康道森悖论表明：即使某个群体中的每一个个体所作的判断与选择始终没有矛盾，以"少数服从多数"原则确立的群体判断与选择也不能保证不出现矛盾。法律也是一种群体的判断与选择，是立法者采用"少数服从多数"原则通过的。因此，上述结论对法律体系也是成立的。

　　我国宪法关于财产保护的规定是存在内在冲突的。一方面，我国宪法规定公有制是我国经济制度的基础，国有经济占有主导地位，公有财产神圣不可侵犯，对不同主体的财产赋予了不同的宪法地位。依照这个方面的宪法条文和精神，对不同主体的财产自然应当实行区别保护，即对国有财产要实行特殊保护。另一方面，我国宪法又肯定了我国实行市场经济。市场经济当然会有一些基本的法则要遵循，其中一个重要的法则就是平等。按这个方面的宪法条文和有关规律的要求，对不同主体的财产应当实行平等保护而不是区别保护。[2]

　　据日本《读卖新闻》报道，关于医生伦理问题，法国的《医师伦理法》规定："对于泄露患者秘密的医生，将处以 1 年以下监禁和 10 万法郎以下罚款"。而法国《刑法》中有关"危险放置罪"的条文规定："对于明知他人处于危险状态而自己又不采取任何防止或抢救措施，任凭他人处于无人管的危险状态的医生，将处以 5 年以下监禁或 50 万法郎以下罚款。"这两个规定使法国的医生们大伤脑筋。如果把危险性如实告诉患者，就违

---

　　〔1〕　"阿罗不可能性定理"是阿罗获得诺贝尔经济学奖的主要成果，它不仅震动了经济学家，而且震动了社会科学家。根据阿罗不可能性定理可以得出这样的结论：由于社会个体的选择彼此可能不一致，因而难以得到多数人认可的结果，最终不得不依靠"独裁者"的决断。因此，许多人诙谐地称"阿罗定理"为"独裁定理"。See K. Arrow, *Social Choice and Individual Values*, Yale University Press, 1963.

　　〔2〕　这就是在《物权法（草案）》争议中暴露出来的一个需要研究和解决的重大宪法问题——如何理解和解决我国宪法规定的社会主义基本经济制度与市场经济原则的内在协调性或一致性问题。正因为如此，2005 年 10 月 27 日，在全国人大常委会第 18 次会议上，吴邦国委员长在说到要体现对国家、集体和私有财产平等保护的原则的同时，提出了还要深入研究的三大问题，其中包括物权法如何准确地反映基本经济制度，体现宪法关于国家对不同经济成分的政策性规定，以及如何切实保护国有资产。参见吴邦国："物权法草案有三个问题仍须深入研究"，载 http://www.chinanews.com.cn/news/2005/2005-10-27/8/643974.shtml，最后访问日期：2005 年 10 月 27 日。

反了保守秘密的规定；如果不如实相告，又会因违反刑法中关于危险放置罪的条款被追究。这两个规定将医生们置于二难境地。根据《医师伦理法》，医生们不得将危险性如实告诉患者；根据法国《刑法》，医生们应当将危险性如实告诉患者。这两个规定是互相矛盾、相互冲突、相互抵触的。法国《医师伦理法》与法国《刑法》给医师规定了两个互相矛盾、相互冲突的义务，要求医师承担或履行两个不可能同时履行的义务。为了解决这一问题，法国医学协会提出一份报告，建议给医生自我判断的权利，灵活执行《医师伦理法》等有关条文，为了让患者认识自己病情的危险性，可以不必遵守职业上的保密义务。

在美国联邦最高法院审理的罗伊诉韦德案（Roe v. Wade）[1] 中，原告罗伊（Jane Roe）诉称：她遭强奸而怀孕，而得克萨斯州法律禁止堕胎，她付不起钱到那些可以合法堕胎的州进行手术，故不得不继续妊娠，分娩之后她将孩子交给了不知身份的人收养。罗伊认为，根据宪法第 14 修正案，[2] 她有隐私权以及自由处理自己身体事务的权利。得克萨斯州刑法剥夺了她的选择权，[3] 因而违反了美国联邦宪法。被告得克萨斯州政府辩称，生命始于受孕而存在于整个妊娠期间，因此在妇女妊娠的全过程，都存在保护生命这一不可抗拒的国家利益。美国联邦宪法所称的"人"包括胎儿，非经正当法律程序而剥夺胎儿生命为第 14 修正案所禁止之行为。得克萨斯州法院判决罗伊败诉，案件上诉到美国联邦最高法院。联邦最高法院法官面临着两种权利保护的法律冲突：在美国联邦宪法第 14 修正案中，未经正当程序而不可剥夺的"个人自由"与未经正当程序不可剥夺的"个人生命"之间的法律冲突。

（三）不完全性协议：规范一般性与概括性

法律作为社会规范具有一般性或概括性，是一些未完全理论化的协议。[4] 古希腊思想家亚里士多德在《政治学》中指出："法律只能订立一

---

〔1〕 *Roe v. Wade*, 410 U. S. 113 (1973). 得克萨斯州一位名叫迈康维（McCorvey）的 21 岁单身怀孕妇女（为了保护她的隐私在法庭文件中化名为 Jane Roe）向法庭指控，得克萨斯州禁止堕胎的法律违反了她的个人自由。

〔2〕 美国联邦宪法第 14 修正案规定：未经正当法律程序不得剥夺任何人的生命、自由或财产。

〔3〕 得克萨斯州刑法规定：除依医嘱，为挽救母亲生命而进行堕胎外，其他一切堕胎均为刑事犯罪。

〔4〕 See Cass · R. Sunstein, *Legal Reasoning and Political Conflict*, Oxford University Press, 1996, p. 5.

些通则，不能完备无遗，不能规定一切细节，把所有的问题都包括进去，而一个城邦的事务又是非常复杂且经常变幻的，法律绝不可能及时地适应这个需要。"[1] 哈特对此说道："在任何大型团体中，社会控制的主要工具一定是一般化的规则、标准和原则，而不是个别地对每一个个人所下的特定指示。"[2]

正如古罗马法谚云："法不是针对个别人而是针对一般人而设计的。"法律作为一般性规范只适用于大多数案件而并不适用于所有案件。亚里士多德在《尼各马科伦理学》中指出："法律始终是一种一般性的陈述，但也存在着为一般性的陈述所不能包括的情形，……法律所考虑的是多数案件，亦即典型的和一般的情形，但法律对特殊的情况却无法加以说明。"[3] 法律的普遍性或一般性的获得，是以忽略个别性或特殊性为前提和代价的。法律作为具有普遍约束力的社会规范，它通常要考虑和概括的是每一类行为或现象中的那些一般性与普遍性的情况，而忽略那些个别性或特殊性的情形。法律规则或规范因其自身的一般性或概括性，而无法涵盖社会行为或现象的个别性或特殊性，无法涵盖生活事实的具体性或复杂性，没有完全解答当前所有的具体案件，不能完全决定具体的案件，是不完全性协议（incompletely agreement）或有限文本。正如惹尼（Rrancois Geny）指出，法律的正式渊源并不能够覆盖司法活动的全部领域，存在未被既存规则覆盖的案件。法律规则由于没有完全涵盖或解答当前所有的具体案件，对具体案件而言是有空隙、漏洞或空白的，表现出某种不完全性。从逻辑上说，法律规则或规范由于具有概括性或一般性，因而是概称句而不是全称句。[4]

《中华人民共和国刑法修正案（八）》（以下简称《刑法修正案（八）》）第22条规定了"危险驾驶罪"："在道路上驾驶机动车追逐竞

---

〔1〕　［古希腊］亚里士多德：《政治学》，吴寿彭译，商务印书馆1983年版，第163页。

〔2〕　［英］H. L. A. 哈特：《法律的概念》，许家馨、李冠宜译，法律出版社2006年版，第119页。

〔3〕　转引自［美］E. 博登海默：《法理学——法哲学及其方法》，邓正来、姬敬武译，华夏出版社1987年版，第11页。古希腊思想家柏拉图说道："法律在任何时候都不能完全准确地给社会的每个成员作出规定。在任何时候都不可能制定出可以绝对适用于所有问题的规则。"

〔4〕　全称句是对一类事物中的每个事物的陈述，比如"鸟是动物"。概称句是对一类事物中一般事物的陈述，比如"鸟会飞"是对鸟的一般情形的陈述，因为企鹅是鸟但不会飞。在日常生活中，许多情况下用的都是概称句。

驶，情节恶劣的，或者在道路上醉酒驾驶机动车的，处拘役，并处罚金。"这个规定是一个概称句，是有除外和例外情形的，比如未到达刑事责任年龄除外、不具有刑事责任能力除外、正当防卫除外、紧急避险除外等。时任最高人民法院副院长的张军在全国法院刑事审判工作座谈会上指出，要正确把握危险驾驶罪构成条件，不应仅从文意理解《刑法修正案（八）》的上述规定，认为只要达到醉酒标准驾驶机动车的，就一律构成刑事犯罪，要与修改后的道路交通安全法相衔接。虽然《刑法修正案（八）》规定追究醉酒驾驶机动车的刑事责任，没有明确规定情节严重或情节恶劣的前提条件，但根据刑法总则第 13 条规定的原则，危害社会行为情节显著轻微危害不大的，不认为是犯罪。对在道路上醉酒驾驶机动车的行为需要追究刑事责任的，要注意与行政处罚的衔接，防止可依据道路交通安全法处罚的行为，直接诉至法院追究刑事责任。[1] 张军基于刑法总则第 13 条对这个规定的除外所作的解释引起了一些争议。这个解释是值得商榷的。[2]

正如德国法学家赫克（Heck）所言："即使是最好的法律，也存在漏洞。这是因为，其一，立法者的观察能力有限，不可能预见将来的一切问题，其二，立法者的表现手段有限，即使预见将来的一切问题，也不可能在立法上完全表现出来。"[3] 人们期望立法要充分考虑一切可能性并在立法中将其完全地表达出来，但是，在制定法律时，人们的预见力和表达力是有限的，不可能预见和穷尽所有的可能和变化，也不可能完全地表达所有的可能和变化。而且，法律一旦规定便具有相对的稳定性。因此，法律只能是既定的、当时所能预见到和所能表达的社会现实的有限产物，不可能对社会行为及其现象作出完全的预见和规范。实在法因其有限性和相对性

---

[1] 张蔚然："最高法：并非醉酒驾驶机动车就一律构成刑事犯罪"，载中国新闻网，http://www.chinanews.com，最后访问日期：2011 年 5 月 10 日。

[2] 应当指出的是，为与《刑法修正案（八）》衔接，新的《中华人民共和国道路交通安全法》及时删去了对醉酒后驾驶机动车违法行为人拘留的规定，醉酒驾车将被拘役，并于 2011 年 5 月 1 日起与刑法修正案同时施行。针对《刑法修正案（八）》的规定，公安部《关于公安机关办理醉酒驾驶机动车犯罪案件的指导意见》指出，要从严掌握立案标准，对经检验驾驶人血液酒精含量达到醉酒驾驶机动车标准的，一律以涉嫌危险驾驶罪立案侦查。时任最高检新闻发言人、办公厅主任白泉民接受采访时表示，对于检方来说，醉驾案件只要事实清楚、证据充分一律起诉。对于公安机关移送至检察机关的醉驾案件，经检察机关查明，案件的醉驾事实清楚、证据确凿充分，会一律按照法律程序办理，该批捕的批捕，该起诉的起诉。对于醉驾情节轻微案件，会按照《刑法修正案（八）》及相关法律条款起诉，不会存在选择性。公安部和最高人民检察院对《刑法修正案（八）》的规定作出了与最高人民法院不同的解读。

[3] ［德］赫克：《利益法学》，津田利治译，庆应大学法学研究会 1985 年版，第 13 页。

而存在"缺乏"或"漏洞",不能涵盖和穷尽复杂的与变化着的社会行为及其现象,不能回答和不能涵盖当前某些具体案件。在这个意义上,实在法不可避免地表现出某些不完全性,是不完全性协议即非完全性协议。

奥地利籍逻辑学家哥德尔(Kurt Godel)在 1931 年发表的《〈数学原理〉一书中的形式上不可判定的命题以及有关系统》一文中,提出了著名的不完备性定理或不完全性定理。哥德尔不完备性定理是指:其一,在任何一个包含算术的无矛盾的形式系统中,存在不可判定的命题,即这个命题在该系统中既不能被证明也不能被否证。即存在一个命题 G,G 和非 G 在该系统中都不可证,这被称为第一不完全性定理。其二,任何一个包含算术的形式系统的无矛盾性在该系统内是不可证明的。这被称为第二不完全性定理。[1] 哥德尔第一不完全性定理的证明是非常完美的。哥德尔用配数法和算术化的方法,在形式算术系统这一对象理论中,构造了这样一个元理论命题 G:"命题 G 在系统中不可证"。如果该系统是完备的,由完备性的定义,就可知 G 或者非 G 可证,因为 G 和非 G 必有一真。如果 G 可证,则"命题 G 在系统中不可证"为真,即 G 不可证,矛盾!假如非 G 可证即 G 不可证,则"并非命题 G 在系统中不可证"为真,即 G 可证,矛盾!因此,如果该系统是完备的,它就是矛盾的或不相容的,即如果该系统是相容的或不矛盾的,它就是不完备的。由上可以得知,对于无矛盾的系统来说,这样的命题 G 是真的,即它的不可证性是成立的,但它是不可证的。因此,哥德尔第一不完备性定理也可表述为:在无矛盾的形式算术系统中,并非任何真命题都是可证的。

哥德尔的工作表明:任何一个复杂到一定程度的理论系统,其无矛盾性与完备性不可兼得。[2] 如果它是完备的,则它不可能在逻辑上是无矛盾的;如果它是无矛盾的,则它不可能在逻辑上是完备的。并且,这样一个足够强的理论系统,其无矛盾性在系统内是不能证明的。即这种无矛盾

〔1〕 参见 Bell, John Lane, Moshe Maohovar, *A Course in Mathematical Logic*, North-Holland publishing Company, 1977. 波兰籍语言学家和逻辑学家塔尔斯基(Alfred Tarskj, 1902~1983)1933 年证明了如下定理:在一个复杂到一定程度的理论系统中,在这一系统中为真的命题的概念在这一系统中是无法定义的。由此可以推出:在自然语言中,不可能定义真理性概念。塔尔斯基的上述定理和哥德尔不完全性定理是等价的。

〔2〕 这种情形令人想起著名科学家海森堡所揭示的在经典力学中不曾有而在量子力学中却真实存在的测不准关系:$\triangle p \cdot \triangle q \geqslant h$。这个原理告诉我们,在同一观察实验中,我们测定粒子沿一定方向的位置愈准确,则同时测定粒子沿这个方向的动量就愈不准确,反之亦然。即微观客体的动量和坐标(位置)的准确性不可兼得,存在一种得此失彼的关系。

性是不可能以这个理论为工具来加以证明的。任一特定的无矛盾的理论系统在逻辑上都是不完备的。这是笼罩在任一特定理论系统内部不可抹去的阴影。而且，这个阴影随理论体系的扩展而不断扩大。任一特定的无矛盾的理论系统都是有局限的和不完备的。任何理论内部的逻辑之光不能完备地覆盖该理论相应的一切问题，总存在其不能观察到的、不能理解和说明的、不能解决和回答的问题，这些问题在与该理论系统没有矛盾或冲突的理论框架里仍得不到解决，而只能在逻辑上相互冲突的理论框架中寻找答案。哥德尔的工作给予人类认识的启迪是非常深远的，虽然这一定理是从数学和逻辑意义上得出的，但是哥德尔思想的影响已远远越出逻辑的疆域而扩展到一切理论思维和一切知识领域。著名科学家惠勒说得好："即使到了公元 5000 年，如果宇宙仍然存在，知识仍然放射出光芒的话，人们就将仍然把哥德尔的工作，看作一切知识的中心！"〔1〕任何一个既定的法律体系都是有限的，但它的复杂性又远远超出任何一个形式系统。因此，根据哥德尔的工作，可以得到这样的结论：任何一个既定的法律体系都是不完备的，企图建立一个完美无缺的法律体系是不可能的。

四、法律的可推导性："相对的开放性"与"有限的不确定性"

英国法学家边沁指出："要理解法律，特别是要理解法律的缺陷。"人们不能再相信概念法学等编造的神话了。立法者不可能制定出可以绝对适用于一切案件的法律规则。实在法一直是一个开放的、非协调的、不完全的体系。实在法一直都未达到以后也不可能达到"逻辑自足的"境界，一直都有以后还会有这样或那样的缺陷，永远不可能像数学那样确定无疑与无可争辩。法律的不确定性是法律的本性使然，并不都是立法疏忽或过失造成的，也不是立法本身所能完全解决的。正如博登海默所言："我们也不能假定，由一些通情达理的人组成的立法机关会坚持要求享有那种不准他人纠正小错误及不当之处的排他性权利。如果立法机关要求这种排他性权利而且得到了此权利，那么立法机关就会始终忙于修正其自己颁布的法律，而且往往是忙于修正一些微不足道的要点；这是不切实际的，因为还有其他的和更为即时的政治要求压在当代立法者身上，这已足以使他们深感烦恼了。"〔2〕

---

〔1〕 郑毓信编著：《现代逻辑的发展》，辽宁教育出版社 1989 年版，第 127 页。

〔2〕 〔美〕E. 博登海默：《法理学——法哲学及其方法》，邓正来、姬敬武译，华夏出版社 1987 年版，第 520 页。

　　法官面临的问题不再是实在法是否存在缺陷以及这些缺陷是否能够避免，因为这已是不争的事实。法官们不能再去企盼立法者给他们制定一个完美无缺的实在法体系，不能再去企盼立法者会为每个具体案件都准备好现成的答案。法官们不得不在法律不确定条件下为解决当前案件探寻裁决理由。假如还有法官认为"每一个法律问题都会在书中的什么地方有答案，因此一个人所必需的只是到何处查找"，[1] 这就是一个不可企及的梦想。法官注定要面对不完善的或有缺陷的法律体系，注定要和这样的法律体系相伴相依。法官真正要面对或解决的问题是，如何从不完善的或有缺陷的法律体系中探寻裁判当前案件的法律理由，以及如何在法律不确定的条件下合理地作出裁决。这是法官的使命也是法官的智慧所在。

　　对于具体案件而言，实在法具有开放性、非协调性与不完全性，因而，实在法具有可推导性（calculability）。正如瑞典法理学家佩策尼克（Aleksander Peczenik）在《对理性的热情》中指出："所有的法律规范都在其内容的可改变性意义上具有可推导性和可反驳性的特征。"[2] 对于具体案件而言，由于实在法是可推导的，因此，实在法条文只具有"相对的的开放性"或"有限的不确定性"。实在法的某些词句没有解决某个问题，并不意味着整个实在法体系及意图与精神也解决不了这一问题。任何言语即词句的使用都有相应的语境（context），[3] 任何词句总是处在相应的语境之中。语境主要是指语词或语句所处的具体情境与环境，包括在言语过程中使用的所有词句及它们之间的语法关系和逻辑关系、言语的意图与目的、言语的情感与价值取向、言语过程中的习惯及规则，等等。语境具有消解自然语言含混性的能力，虽然某些词句的含义含混不清，但可以而且

----

　　[1]　[美] 理查德·A.波斯纳：《法理学问题》，苏力译，中国政法大学出版社1994年版，第4页。

　　[2]　可反驳性亦称可废弃性（defeasibility）。

　　[3]　1950年，英国语言学家弗斯在他的《社会中的个性和语言》中，对语境做了比较详细的阐述。弗斯把"context"（上下文）的含义加以引申，认为不仅一句话的上句或下句、一段话的上段或下段是"context"，而且语言与社会环境之间的关系也叫"context"。周礼全先生指出："一个（或一组）语句常常不是孤立出现的，总是有它的上下文，我们叫它做这个（或这组）语句的语言环境。一个（或一组）语句除了有它的语言环境以外，还有它的语言以外的客观环境。一个（或一组）语句总是由一定的人说的，这些就构成了一个（或一组）语句的客观环境。"波兰人类语言学家马林诺夫斯基提出并阐述了情景语境（context of situation）的问题。他认为，语言是"行为的方式"，不是"思想信号"，"话语和环境相互紧密地纠合在一起，语言环境对于理解语言来说是必不可少的"。

应当通过考察这些词句所处的那些语境，以言词语境作为理解或推论的线索或根据，理解这些词句的意思或含义，解决自然语言的语义问题。这就是意义分析的"情境思维"（situational thinking/situative denkweise）或"个别化的方法"。这种方法可以运用在法律推导之中。法律的开放性问题或不确定性问题可以在法律语境和案件情境中加以解决。法官可以在具体案件中运用"情境思维"即"个别化的方法"，通过考察这些条文或词句的语境以及具体案件的情境，并以这些法律语境与案件情境为线索和依据，推导出法律条文的真实意思或真正含义，探寻到法律的真谛，在具体案件中澄清法律的疑义、熨平法律的皱褶、填补法律的空白，解决法律的不确定性或开放性问题。

正是在实在法具有可推导性的意义上，德国法学家恩吉施认为法律存在的"缺陷"可以归结为两种：一种是"漏洞"，可以通过"法律补充"来排除；另一种是"错误"，可以通过"法律修正"来消弭。[1] 美国法学家弗兰克强调指出，"法律的不确定性并不是法律的不幸，反而具有巨大的社会价值"。一方面，法律要想在社会中扮演好自身角色就必须有一定的不确定性，如果绝对地否定法律的不确定性，将导致法律调整机制的僵化，缺乏必要的灵活性和稳定性；另一方面，法律可以通过调整自身的制度安排来克服或解决法律的不确定性。正是在这个意义上，在法律领域中，既要探索稳定性原理，又必须探索变化原理。[2] 探索这种变化原理就是探索"法律补充"与"法律修正"的思维原则，就是研究"法律补充"与"法律修正"的推导规则。这些推理规则将指引法官在具体案件中如何解决法律的不确定性问题从而获取确定而适当的裁决理由。英国法学家哈特对此指出，法律是"初级规则"（primary rule）与"次级规则"（secondary rule）结合形成的规则体系。法律规范作为对象规则是初级规则，而这些解释规则（canons of interpretation）即推理规则，是解释对象规则的规则，是适用对象规则的规则，是次级规则或元规则。正因为如此，美国法学家庞德指出："法律的确定性不是靠一个预先设计的、包罗万象的完整法律规则体系来获得，而是通过一个完整的原则体系以及对这

---

〔1〕 参见［德］卡尔·恩吉施：《法律思维导论》，郑永流译，法律出版社 2004 年版，第 167 页。

〔2〕 参见［美］罗斯科·庞德：《法律史解释》，曹玉堂、杨知译，华夏出版社 1989 年版，第 1 页。

些原则的适用和逻辑阐释的完整体系来获得。"〔1〕

第二节　法律推理规则与方法

一、法官释法与造法：澄清法律疑义、平衡法律冲突、填补法律漏洞

在司法过程中，法官的主要职责就是裁判案件。法官承担着如下义务：其一，依法裁判的义务；其二，不得拒绝裁判的义务；其三，公平、公正裁判的义务。〔2〕依法裁判案件就是将法律适用于具体案件。实在法是一个开放的、非协调的、不完全的体系，不可能为每个具体案件都准备好现成的法律答案，法官们必须通过对法律进行解释以获取裁判理由。因此，解释法律是法院的管辖事项，是法官的一项重要职能，这项职能被称为法官释法。美国大法官马歇尔（Marshall）在马伯里诉麦迪逊案中指出，确定法律是什么，这是司法机关的权限的职责，其司法职责的实质是解释与选择法律。我国最高人民法院也指出："在裁判案件中解释法律规范，是人民法院适用法律的重要组成部分。"〔3〕法官释法是对法律的阐述或阐释（interpretation），更是对法律进行解释（construction），是对法律的建构性阐释（constructive interpretation）。解释法律包括阐释法律，但比阐释法律更为广泛。解释法律就是确定法律是什么，就是判断何为法律，就是发现与获取法律，就是确立裁判理由或依据。

在普通法系国家，一直就有法官释法与造法的法律传统。正如卡多佐指出："法典和制定法的存在并不使法官显得多余，法官的工作也并非草率和机械。会有需要填补的空白，也会有需要澄清的疑问和含混，还会有需要淡化——如果不是回避的话——的难点和错误。"〔4〕法官们承担着通过建构性阐释（constructive interpretation）〔5〕来解决法律疑难问题的职责：澄清法律疑义、平衡法律冲突、填补法律漏洞。在司法过程中，法官们从制定法和先例中抽象出基本的原则即判决理由，然后确定这些原则将要运

---

〔1〕〔美〕罗斯科·庞德：《普通法的精神》，唐前宏、廖湘文、高雪原译，法律出版社2001年版，第126页。

〔2〕参见〔德〕H.科殷：《法哲学》，林荣远译，华夏出版社2002年版，第222页。

〔3〕最高人民法院《关于审理行政案件适用法律规范问题的座谈会纪要》（2004年5月18日）

〔4〕〔美〕本杰明·卡多佐：《司法过程的性质》，苏力译，商务印书馆1998年版，第4页。

〔5〕这个建构性阐释（constructive interpretation）概念是美国学者德沃金（Dworkin）首先提出来的。

行和发展的路径或方向。[1] 法官在对案件进行裁决时应当遵循先例，但无论是普通法还是衡平法都允许法官可以对不适当先例所确定的规则加以改变，从而创造新的规则出来。[2] 他们可以在规则中立法，在空隙中立法。他们是"活着的法律宣示者"（living oracles）[3]。在大陆法系国家，法官由于承担裁判义务同样也负有解释法律的职责。《法国民法典》第 4 条规定："审判员借口法律无规定、法律不明确或不完备而拒绝受理者，得以拒绝审判罪追诉之。"[4] 法官裁决案件必须遵守成文法规则，但成文法不可避免地存在缺陷或漏洞，法官不得不通过释法来弥补。因此，法官们实际上就承担着释法与造法的职责，[5] 即承担着解决法律疑义、平衡法律冲突、填补法律漏洞的义务。正如拉伦茨指出："不能拒绝裁判的法官有为法律解释的义务，如法律有漏洞，亦有填补漏洞的义务。"[6] 在一定意义上，确实从来也没有人怀疑过法官有这种义务。大陆法系的法官们由此也踏上了释法与造法的道路。[7]

在司法过程中，法官拥有释法与造法的司法补充权能。裁决理由的确立或获得是法官释法与造法的结果。这种司法补充权能有以下特征：其一，后补性，即法官释法与造法往往滞后于立法解释和司法解释，否则也没有补充的需要。其二，个案针对性，即不论是在以普通法为基础的法律制度，还是在以制定法为基础的法律制度中，法官都有权对案件作出裁

---

〔1〕 参见 ［美］ 本杰明·卡多佐：《司法过程的性质》，苏力译，商务印书馆 1998 年版，第 14 页。

〔2〕 卡多佐既不认同那种"法官只是发现法律规则，而不存在制定规则"的学说，也不认同那种"除了法院采用的，其他都不是法律"的理论。

〔3〕 布莱克斯东语。转引自 ［美］ 本杰明·卡多佐：《司法过程的性质》，苏力译，商务印书馆 1998 年版，第 7 页。

〔4〕 《拿破仑法典（法国民法典）》，李浩培、吴传颐、孙鸣岗译，商务印书馆 1979 年版，第 1 页。概念法学时期，该条文意指法典万能，任何问题都可以在法典内找到答案。自由法学兴起后，该条文被解释为法无明文规定时，法官可于法典外寻找正当的法律理由加以裁判。

〔5〕 但正如达维所言："在法国，法官不喜欢让人感到自己是在创造法律规则。当然，实践中，他们的确是在创造，法官的职能不是也不可能是机械地适用那些众所周知的和已经确定的规则。但是法官却千方百计让人们感到情况是这样：在判决中，他们要声称适用了某项制定法，只有在极其罕见的情况下，他们适用有关平等的不成文的一般原则或格言时，才会让观察者感到法官具有了创造性或主观能动性。"参见 ［德］ K. 茨威格特、H. 克茨：《比较法总论》，潘汉典、米健、高鸿钧、贺卫方译，贵州人民出版社 1992 年版，第 233~234 页。

〔6〕 ［德］ 卡尔·拉伦茨：《法学方法论》，陈爱娥译，商务印书馆 2003 年版，第 246 页。

〔7〕 应当指出的是，在大陆法系国家，法官释法与造法只对当前个案有效，不具有立法的一般性和普适性，对以后的案件裁判也不具有拘束力。

决，但法官的职能是在个案中具体适用法律，而不是在判案过程中创立一般法律原则。[1] 即任何一个法官有权针对个案作出具体判决，但不得在个案中创立一般性的、普遍性的法律规范。而且，在以制定法为法律渊源的成文法国家中，法官的判决只对本案具有拘束力，对其他或其后的案件并不具有拘束力。其三，补救性，即现代社会的法律制度通常不倾向于给司法机关以广泛的权力去更改法律。法官有权解释法律的内容，但只是对正式权威的补充，只是填补法律的漏洞，只在法律的间隙或空白处立法，不得对立法内容进行实质性的破坏与重大的司法修改。但是，英国法官柯克也强调指出，英美法的判例汇编表明，"如果一部议会法案与普通法上的权利和理性相抵触、或者前后矛盾、或者不可能得到履行时，普通法就会控制它，并裁断这样的法案无效"。[2]

法官释法是一个建构性阐释过程，法律是什么是一个阐释性的问题。[3] 哈特认为法律是什么不是一个阐释性的问题：其一，法律不过是法律机构过去所做的决定，法律是作为一种显而易见的事实而存在的，法律是什么的问题，实质上是某个法律在事实上是否存在或法律全书中是否载有这样一条法律的问题，对这个问题的争议是法律的经验主义的争论，[4] 这种争议往往可以通过查阅文献所载的各机构所做决定的纪录而获得答案，可以通过付诸制度性的事实来解决。[5] 其二，法律是什么是由事实上存在的语言规则所确定的，[6] 法律是什么的问题本质上是一个语义学的问题，一个描述性的问题，一个事实判断的问题，无需法官自己作答，与法官的诠释无关。其三，法律是什么并不取决于它应该是什么，而人们在理论上争论法律是什么时，实际上是在争论法律应该是什么，他们意见不一是关于忠实或道德问题而不是关于法律问题。[7] 也正因为如此，解释一词未在哈特字典里，[8] 解释根本不是其法律分析的一部

---

〔1〕《法国民法典》第5条规定，禁止法官在判案过程中创立一般法律原则。

〔2〕转引自［美］富勒：《法律的道德性》，郑戈译，商务印书馆2005年版，第118页。

〔3〕参见［美］德沃金：《法律帝国》，李常青译，中国大百科全书出版社1996年版，第46页。

〔4〕参见［美］德沃金：《法律帝国》，李常青译，中国大百科全书出版社1996年版，第5页。

〔5〕参见［美］德沃金：《法律帝国》，李常青译，中国大百科全书出版社1996年版，第7页。

〔6〕参见［英］H. L. A.哈特：《法律的概念》，许家馨、李冠宜译，法律出版社2006年版，第226页。

〔7〕参见［美］德沃金：《法律帝国》，李常青译，中国大百科全书出版社1996年版，第7页。

〔8〕参见［美］富勒：《法律的道德性》，郑戈译，商务印书馆2005年版，第260页。

分。[1] 但正如德沃金指出，埃尔默案、河鲈科淡水小鱼案、麦克洛克林案和布朗案等大量案件所引发的争议表明，法律是什么并非一个事实昭然的问题，从根本上说不是一个语义学的问题，而是一个关于法律的诠释性或理论性问题。[2] 法律自己不能回答法律是什么这一问题，语言规则也无法作答，需要法官对法律进行诠释。法官释法不仅解答法律的语词含义，而且回答法律的真实内容是什么，是对法律的真实内容是什么的诠释。在理论上争论法律是什么不是关于规则是否存在的经验主义的争论，也不是关于法官是否应当遵从法律或忠于法律或者是否应为了正义的缘故而修改法律的忠实或道德问题争论，[3] 而是关于某项法律的内容到底是什么或实质上是什么的争论，是关于立法者所制定的法律的真实内容或真正意思是什么的争论。包括争论法律的语词含义，也包括争论法律所宣告的内容，还包括争论如何选择法律和填补法律。这种争论是关于法律是什么的理论性的争论，[4] 是关于法律而非关于道德与忠实或修改法律的争论。

在法官释法与造法中，要进行相应的推理或推导，这种法官释法与造法的推理或推导统称为法律推理（legal reasoning）。法律推理是发现或获取法律，即为裁决具体案件确立法律理由或依据的过程，是澄清法律疑义、熨平法律皱褶、填补法律漏洞的过程，是法律解释、漏洞填补、法律续造的过程，是探寻法律真谛的过程。在大陆法系国家，正式的法律渊源只是指制定法；在英美法系国家，制定法和判例法都被认为是正式的法律渊源。从制定法中寻找或获取法律的推理过程，属于制定法推理（reasoning from statute law）的范畴；从判例法中寻找或获取法律的推理过程，属于判例法推理（reasoning from case law）的范畴。在英美法系国家，法官获取法律既有制定法推理又有判例法推理；在大陆法系国家，法官获取法

---

〔1〕 参见［美］富勒：《法律的道德性》，郑戈译，商务印书馆 2005 年版，第 261 页。

〔2〕 德沃金在《法律帝国》一书中指出："令人难以置信的是，在法律的理论性争论中，我们的法理学却没能提供令人信服的学说，法哲学家当然明白那种理论性的争论是有问题的，意识到很难对那种争论的性质一下子就能弄清楚。"参见［美］德沃金：《法律帝国》，李常青译，中国大百科全书出版社 1996 年版，第 6 页。

〔3〕 德沃金将此争论称为关于政治道德和忠实的双重争论。即争论法官判决是服从法律还是服从正义，这个问题被概括为是否应对法律忠实的问题。参见［美］德沃金：《法律帝国》，李常青译，中国大百科全书出版社 1996 年版，第 3 页。

〔4〕 参见［美］德沃金：《法律帝国》，李常青译，中国大百科全书出版社 1996 年版，第 5 页。

律主要运用制定法推理。法律推理是法律领域中极为重要的一种推论，也是法律领域里最有特色的推论。"法律推理是建构性阐释的一种运用，我们的法律存在于对我们的整个法律实践的最佳论证之中，存在于对这些法律实践做出尽可能最妥善的叙述之中。"[1]

法律推理主要解决法官释法问题，即解决法律发现或法律获取问题。在普通法系国家主要使用法律推理概念而把法律解释、漏洞补充、法律续造理解为法律推理的过程。如美国学者列维（Levi）的《法律推理引论》。在大陆法系国家主要使用法律解释、漏洞补充、法律续造[2]等概念而不使用法律推理概念。如德国学者拉伦茨在《法学方法论》中把法官释法分为法律解释、漏洞补充、法律续造等，这属于广义法律解释的范畴。我国学者梁慧星亦将法律获取或法律发现亦归入广义法律解释的范畴。他指出："为了解决具体的案件，必须获得作为大前提的法律规范。这种获得作为判决大前提的法律规范的作业，亦即广义的法律解释。"[3] 他把广义的法律解释概括为三个方面：一是在有可适用的法律规范情况下确定法律规范意义内容的作业，即狭义的法律解释；二是在没有可适用的法律规范情况下的漏洞补充；三是在法律规定因过于抽象一般而不确定情况下的价值补充。[4] 苏力等也将上述法律推理过程概括为法律解释。他指出："司法中所说的法律解释并不限于对法律文本的解释，甚至主要不是对法律文本的解释……司法上所说的法律解释往往仅出现在疑难案件中，这时法官或学者往往将这整个适用法律的过程或法律推理过程概括为'法律解释'"[5]。应当指出，法律解释、漏洞补充和法律续造可以归入法律推理范畴，它们本质上是从某些前提得出或作出结论的推论过程，是解读或推断法律的推论过程，是发现、重构、填补、创制法律的推论过程。[6]

---

〔1〕 ［美］德沃金：《法律帝国》，李常青译，中国大百科全书出版社1996年版，前言。

〔2〕 拉伦茨认为："法的续造，……广义而言运用'解释性'的方法。狭义的解释之界限是可能的字义范围。超越此等界限，而仍在立法者原本的计划、目的范围内之法的续造，性质上乃是漏洞填补即法律内的法的续造，假使法的续造更逾越此等界限，惟仍在整体法秩序的基本原则范围内者，则属超越法律的法的续造。"参见［德］卡尔·拉伦茨：《法学方法论》，陈爱娥译，商务印书馆2003年版，第246页。

〔3〕 梁慧星：《民法解释学》，中国政法大学出版社1995年版，第192~193页。

〔4〕 参见梁慧星：《民法解释学》，中国政法大学出版社1995年版，第192~193页。

〔5〕 苏力："解释的难题：对几种法律文本解释方法的追问"，载《中国社会科学》1997年第4期。

〔6〕 参见王洪："法律逻辑研究的主要趋向"，载《哲学动态》2009年第3期。

　　司法的本质就是解释与创制法律。法院并不是专为造法之目的而设立的机构，但为了实现司法的职能，法官们必须进行创造性活动。法官们面对实在法的不确定性，不是沉默无语的也不是无能为力的，而是有所作为且有所建树的。法官们不但发现法律，也塑造法律，还创制法律。普通法有着司法至上的传统，法官享有广泛的解释法律的权力，并且可以通过个案的方式"造法"。普通法的理性是判例法的司法理性，普通法不是发现的而是制作的，这个过程是立法性的，制定法虽然并不出于法官之手，但法官通过解释制定法来实现法律的创制，通过司法判例弥补制定法的空隙，普通法是法官创制之法，衡平法也是法官创制之法，法官在个案中宣布支配未来案件的规则，法官的裁决就是法律。[1] 大陆法的理性是法典化的立法理性，但法官释法不可避免具有一定的创造性。正如凯尔森所言，"一般规范因司法判决的个别化，始终是对那些尚未由一般规范所决定而且也不能完全由它所决定的因素的决定。所以，在判决内容永不能由既存实体法规范所完全决定这一意义上，法官也始终是一个立法者。"因此，法官们面临的问题不再是实在法是否需要解释抑或法官是否可以或应当释法，这已是无需争辩的事实。法官真正要面对的问题是如何正确地和合理地释法与造法。

　　二、探寻法律真谛：文义规则、弊端规则、黄金规则——尊重法律条文、实现法律意图、贯彻法律价值

　　在司法过程中，解释法律即探寻法律真谛是法院的基本职能。对于具体案件而言，实在法具有开放性、非协调性、不完全性，因此，法官释法即法律推理是在不确定性条件下进行的，法律推理属于不确定性推理范畴。法律推理不是确定无疑、不证自明和无可争议的。

　　在司法领域里，人们由此争论的问题就是法律问题有没有唯一正确答案以及法官在寻求答案过程中是否受法律约束。以美国法律现实主义为代表的规则怀疑论认为，法律是不确定的，法律规则对法官判决并不具有决定性，法官判决并未真正受法律的支配与约束，实质上是法官个人意见或偏好的反映，因而，法律问题没有任何正确答案可言。以哈特为代表的法律实证主义认为，对于一般案件即简单案件，法官通过对制定法进行语义分析，可以得到正确答案，但在疑难案件即边缘案件（boardline cases）中，由于缺乏相应的制定法与先例规则或者对其适用存在分歧，因而不存

---

　　〔1〕 "法庭说法律是什么，法律就是什么。"这句法律格言揭示了普通法法官创制法律的事实。

在正确答案，此时法官不受规则约束而行使自由裁量权。这些怀疑论观点给法律理论和司法实践带来极大的冲击，遭到了以美国学者德沃金为代表的一些法学家的反对与批评。德沃金在《法律帝国》中认为，在任何案件中，基于法律的整全性或整体性，法律问题存在"唯一正确的答案"（single right answer），这一答案或者从法律规则中获得或者从法律原则中获得。[1] 即使在疑难案件中，法官也不应诉诸自由裁量权而应在作为整体性（integrity）的法律框架之中，通过建构性阐释（constructive interpretation）以寻求唯一正解。[2] 大部分法学家不赞同以上这两种极端的说法，他们认为法律问题没有绝对的或唯一的正确答案但有正确答案或最佳的阐释，法官有责任和义务探寻它。这种观点在许多国家的司法实践中已得到普遍的认同。

应当指出，法官释法不是任意的，而是要受整体性法律约束与限制的。德国学者达姆指出："因为法律是理性之意旨的化身，它绝非仅是徒具语言形式的东西。它有所志，有所意味；它追求着务实的目的，它的眼中有它在生活中要贯彻的价值。"[3] 因此，法官释法必须尊重法律条文、实现法律意图、贯彻法律价值。作为整体性的法律不但由规则构成还包含原则，[4] 这些原则体现了法律的意图与价值，对法官释法也构成限制。[5] 法官不

---

　　[1]　在德沃金那里，由于有"整体性的法"存在，即使是再疑难的案件，也有"唯一正确"的答案，而不存在"法律漏洞"问题。

　　[2]　德沃金指出，对于接受整体性法律观念的法官而言，他将对作为整体性的法律，采取建构性的阐释态度，寻找对其最合理的阐释，以此去裁决疑难案件。德沃金将持有这种观念的法官称为赫拉克勒斯（Hercules）法官，即总是能达到唯一正解的赫拉克勒斯。赫拉克勒斯是古希腊神话中的英雄，是宙斯之子，神勇无比，力大无穷，完成了许多看似不可能的任务。德沃金承认，作为整体的法律存在于一种方法之中而不存在于答案之中，不同的法官运用整体性法律的方法有可能选择不同的结果，也承认可能没有任何一种阐释能通过检验，或者有两个或更多不同的阐释均通过了检验。所以，作为整体性法律要求法官的，与其说是一种实际的结果，不如说是一种态度。即相信有唯一正确答案在呼唤他去寻求。德沃金还设计了一位赫伯特（Herbert）法官，作为法律实证主义的典型，与赫拉克勒斯相对照。德沃金指出，在赫伯特看来，面对哈特所谓的"开放结构"或"空缺结构"，由于法官找不到规则，因而只能以自由裁量的方式解决案件。在赫拉克勒斯看来，在找不到直接可适用的规则时，法官通过建构性解释，能够找出正确答案，而不必行使自由裁量权。

　　[3]　转引自黄茂荣：《法学方法与现代民法》，中国政法大学出版社2001年版，第257页。

　　[4]　德沃金在与哈特有关"疑难案件"问题的争议中，提出了"整体性法律理念"（Law as Rule and Principle）。

　　[5]　在德沃金看来，表面看来法官是超越了法律规则，似乎法官通过解释在"创造法律"，然而，法律是"整体性的法"，法律除了规则之外，还有规则背后的原则和政策，所以，法官的判决和解释仍然是对"整体性的法"的适用，而不是什么"造法"。

得随心所欲地凭借自己的直觉和偏好以及公众的情绪与一般道德观念释法，不得随心所欲地适用法律之外的原则行事。并且尽管法官对法律问题不是机械地适用规则而有自己的判断，但其判断仍受权威机关确定的标准与准则的约束与支配，于是实在法就构成了对法官们的限制，即使在疑难案件中也是如此。正如我国最高人民法院指出："在裁判案件中解释法律规范，是人民法院适用法律的重要组成部分。人民法院对于所适用的法律规范，一般按照其通常语义进行解释；有专业上的特殊涵义的，该涵义优先；语义不清楚或者有歧义的，可以根据上下文和立法宗旨、目的和原则等确定其涵义。"[1] 这些是法官在解释法律与创制规则时应当遵守的推理规则。法律推理规则可以概括为以下三条：文义规则、弊端规则、黄金规则。[2]

文义规则（literal rule）就是强调法官释法应当尊重法律条文，接受法律条文字面含义的约束，无正当理由不得背离法律条文的字面意义（ordinary sense）。[3] 即不得忽略、遗漏、舍弃或闲置法律规定的文字，[4] 要以法律规定的文字为根据作理解与说明，并且取其最自然、明显、通常和常用的意义，按成文法条文的字面意义理解法律，除非采用该字面意义会导致与立法原意相违背或者明显荒谬的结论。正如美国联邦最高法院大法官卡多佐指出："除非有某些足够的理由（通常是某些历史、习惯、政策或正义的考虑因素）……如果没有这样一个理由，那么我就必须符合逻辑，就如同我必须不偏不倚一样，并且要以逻辑这一类东西作为基础。"[5] 这里的逻辑包括字面意义规则即文义规则。正如王泽鉴先生指出："解释法律应尊重文字，始能维持法律之尊严及其适用之安定性。"[6]

弊端规则（mischief rule）就是强调法官释法必须实现立法意图或法律

---

〔1〕《最高人民法院关于审理行政案件适用法律规范问题的座谈会纪要》（2004 年 5 月 18 日）。

〔2〕 这些解释规则最早是由英国法律界确立的。这种概括因其简洁明了又不失严谨而被许多学者采用。参见梁治平：《法律解释问题》，法律出版社 1998 年版，第 5 页。

〔3〕 There should be no departure from the text of law.（英国柯克法官语）

〔4〕 参见〔美〕詹姆斯·安修：《美国宪法解释与判例》，黎建飞译，中国政法大学出版社 1999 年版，第 18 页。

〔5〕〔美〕本杰明·卡多佐：《司法过程的性质》，苏力译，商务印书馆 1998 年版，第 17~18 页。

〔6〕 王泽鉴：《民法判例研习丛书·基础理论》，台湾大学法学丛书编辑委员会 1993 年版，第 130 页。

目的。[1] 即要避免采用仅从字面上的意义的处理方法诠释文意，而要探究立法意图或法律目的并使这些字句所表达的立法意图或法律目的得以落实。即法官在解释成文法条文时，不应拘泥于有关条款的字句，而应将法律作为一个整体来对待，必须了解立法机关的制定意图或法律目的，对个别条文的解释应与立法意图或法律目的相符合，应当服从立法意图或法律目的。之所以要超越条文考虑其立法意图或法律目的，就在于要避免因拘泥于字面含义或意思而导致荒谬的或无益的结果。[2] 其立法意图或法律目的是条文构成的基础，它决定法律生长的方向。在美国诉美国货运协会案（*United States v. American Trucking Association*）[3] 中，法院判决清晰地表达了这一规则：当字面含义导致荒谬的或无益的结果时，本法院会撇开其语词含义而去考虑该法令的目的。然而，时常发生的情况是，即使当字面含义未产生荒谬的结果而仅仅只是产生了一种与整个立法政策明显不相符合的不合理的结果时，本法院也都是遵循其目的而非其文字措辞。[4]

黄金规则（golden rule）是作为文义规则的补充而存在的。[5] 它强调法官释法必须贯彻法律价值与精神。即法官在解释成文法条文时，必须将法律作为一个整体来对待，应当探究法律原则与法律精神并使这些原则与精神得以贯彻。即对个别条文的解释应当与法律原则与精神相符合，应当服从法律原则与精神，避免仅仅依据法律条文的字面意思解释法律而出现荒谬的或不妥当的结果。它强调"法律发现实际上表现为一种互动的复杂结构。这种结构包括着创造性的、辩证的，或许还有动议性的因素，任何

---

〔1〕 "目的"（purpose）这一概念的提出在很大程度上是为了回应对解释方法中"意图"（intention）概念的批判。一般而言，意图（intention）是指立法者在立法时对当下问题意欲如何处理的考虑，而目的（purpose）则常指某一制定法在总体上需要实现的目标。但二者的界限未必泾渭分明。

〔2〕 美国统一商法典第1~102节规定：本法案将可被自由地解释和运用以促进构成本法案基础的目的和政策得以贯彻。

〔3〕 *United States v. American Trucking Association*, 310 U. S. 534（1940）.

〔4〕 参见［美］E. 博登海默：《法理学——法哲学及其方法》，邓正来、姬敬武译，华夏出版社1987年版，第514页。

〔5〕 在英美法系，黄金规则又称为不列颠规则（British Rules）。是指依据法律条文的字面原意（ordinary sense）解释与适用法律时，应当避免出现违背公序良俗的结果（avoid a result that is obnoxious to principles of public policy）。如在 *Sigsworth, Re, Bedford v. Bedford*（1935, Ch 89）案中，被告人为继承遗产而杀害其母亲，法官创制了继承人不能因为违法行为而获得利益的规则。

情况下都不会仅仅只有形式逻辑的因素，法官从来都不是'仅仅依据法律'引出其裁判，而是始终以一种确定的先入之见，即由传统和情境确定的成见来形成其判断"[1]。这些成见就是成文法条文所要贯彻的体现公平与正义的法律价值与精神，它解释并修正着成文法。特别是"当社会的需要要求这种解决办法而不是那种的时候，这时，为了追求更大的目的，我们就必须扭曲对称、忽略历史或牺牲习惯"[2]。

三、最佳推导原则：整体推导与最佳阐释

上述规则构成法官释法的语义原则、语境原则和语用原则。它们是法官释法的意义规则（rules of meaning），也是法官释法的推理规则（rules of inference）。根据文义规则进行释法是局部推导，根据弊端规则和黄金规则进行释法是整体推导。这些规则强调了法官释法即法律推导需要遵循整体推导与最佳阐释原则[3]：其一，法官释法"必须从成文法所使用的词句开始，但是不能像某些人认为的那样以这种词句结束，必须发现这些词句的含义"[4]。其二，要把成文法条文放在整个法律体系中加以理解，要考虑法律条文之间的关系以及条文背后的意图与目的、价值与精神。正如德国学者魏德士提出："要在整个法律秩序（而不是单个规范）中寻找解决纠纷的答案。"[5]正是在这个意义上，法哲学家施塔姆勒指出："一旦有人适用一部法典的一个条文，他就是在适用整个法典"[6]。其三，审理案件要通过基于成文法条文及体系的整体思维即整合性的解释，从法律体系中推导出关于当前法律问题的最佳答案。即强调法官释法要整合法律条文及其背后的意图与目的、价值与精神，以获得对其最佳理解。即强调局部推导服从整体推导，并且强调根据弊端规则进行释法的整体推导服从根据黄金规则进行释法的整体推导，强调整体推导的权衡、选择与平衡，融合成一种全面的见解，达成对法律的最佳理解与阐释。

---

〔1〕［德］亚图·考夫曼：《类推与"事物本质"——兼论类型理论》，吴从周译，学林文化事业有限公司1999版，第21~22页。

〔2〕参见［美］本杰明·卡多佐：《司法过程的性质》，苏力译，商务印书馆1998年版，第39页。

〔3〕德沃金在《法律帝国》里提到法律的整体性原则与最佳解释原则。参见［美］德沃金：《法律帝国》，李常青译，中国大百科全书出版社1996年版，第150页。

〔4〕［英］丹宁勋爵：《法律的训诫》，杨百揆、刘庸安、丁健译，法律出版社1999年版，第10页。

〔5〕［德］伯恩·魏德士：《法理学》，丁晓春、吴越译，法律出版社2005年版，第23页。

〔6〕转引自［德］卡尔·恩吉施：《法律思维导论》，郑永流译，法律出版社2004年版，第73页。

普通法系和大陆法系的法官们普遍地接受并遵循这些释法与造法的推导原则。比如香港特别行政区终审法院在吴嘉玲案〔1〕和庄丰源案〔2〕中对《基本法》条文的普通法解释原则就是上述解释原则。终审法院认为："《基本法》某项条款的文意可从《基本法》本身及包括《联合声明》在内的其他有关外来资料中找到。法院也可借用语传统及文字惯用法去了解所用的文字的意思。法院根据普通法解释《基本法》时的任务是诠释法律文本所用的字句，以确定这些字句所表达的立法原意。法院的工作并非仅是确定立法者的原意。法院的职责是要确定所用字句的含义，并使这些字句所表达的立法原意得以落实。法院不会把有关条款的字句独立考虑，而会参照条款的背景及目的。法律释义这项工作需要法院找出有关条款所用字句的含义，而在这过程中需要考虑该条款的背景及目的，并把这些原则和目加以贯彻落实。这是一种客观的探究过程。在确定文件的真正含义时，法院必须考虑文件的目的和有关条款，同时也须按文件的背景来考虑文本的字句。法院必须避免采用只从字面上的意义，或从技术层面，或狭义的角度，或以生搬硬套的处理方法诠释文字的含义，也不能赋予其所不能包含的意思。"〔3〕在大陆法系国家，德国联邦宪法法院也强调指出：鉴于《联邦德国基本法》第 20 条第 3 款的规定，法……并不完全等同于成文法律整体。因此，根据德国《联邦德国基本法》，法官"并不拘泥于（法律的）可能的字面含义而把立法者的指令应用于个案"。司法裁决的任务有时"特别要求那些宪法性秩序所固有的、但尚未在成文法律文本上得到表述或只有不完整表述的价值立场，应当通过某种评价行为（即使其也

---

〔1〕　吴嘉玲等诉入境事务处处长案（*Ng Ka Ling & Ors v. Director of Immigration*）。香港特别行政区终审法院：终院民事上诉 1998 年第 14~16 号 FACV000014Y/1998。

〔2〕　(2001) 4 HKCFAR 211. 庄丰源的祖父庄曜诚在 1978 年从中国内地到香港定居，其子庄纪炎及妻子均于广东省汕尾市居住，一直未获香港居留权。1997 年 9 月 29 日，庄纪炎夫妇持双程证来到香港探亲期间其子庄丰源出生，同年 11 月庄氏父母返回内地，庄丰源则留在香港与祖父母同住。按当时《入境条例》，庄丰源属非法留港，故 1999 年 4 月入境事务处发信提醒庄曜诚指庄丰源没有居港权并将被遣返。庄曜诚不从，遂代表庄丰源入禀香港特别行政区高等法院提出司法复核，质疑《入境条例》的合宪性。高等法院原讼法庭裁定庄丰源胜诉，指《入境条例》相关条文违反《香港特别行政区基本法》，依据为《基本法》第 24 条第 2 款第 1 项所定义的"在香港特别行政区成立以前或以后在香港出生的中国公民"，故庄丰源是香港特别行政区永久性居民。香港特别行政区政府不服判决上诉，上诉法庭维持原判。香港特别行政区政府上诉至香港特别行政区终审法院，2001 年 7 月 20 日终审法院维持原判。是为"双非"孕妇赴港产子之先例。

〔3〕　香港特别行政区终审法院民事上诉 1998 年第 14~16 号 FACV000014Y/1998；4 HKCFAR 211（2001）。

可能具有某些主观意志因素）加以澄清，并在实际的判决中得以实现。在这种情况下，法官判决就根据实践理性的标准和'社会共同体的普遍接受的正义观念'来弥补其漏洞。"[1]

在庄·富克诉怀特（*Chung Fook v. White*）一案[2]中，一条法规规定，当一个已归化的公民让他的妻子或未成年的孩子来美国同他一起生活时，即使在他归化以后，他所娶的妻子或所生的未成年的孩子患有传染病，也应当被准许前来美国而不用先住院治疗。美国最高法院认为：该特权不适用于一个在本国出生的公民，因为该法令（无疑是由于疏忽）只提及了归化公民。由于该法规的语词含义是清楚明了的，所以即使它不公正地歧视了在本国出生的公民或者它导致的结果是残忍的、无人性的，就如那些极有说服力的主张那样，对此予以补救乃是国会的事情，而不是法院的事情。应当指出，在本案中美国最高法院法官不是不知道这一条法规的语词往往不能完整地或准确地反映该法规制定者的意图与目的，也不是不知道可以运用法律推导方法予以补救，而是认为对法律"缺乏"或"漏洞"予以补救是国会的事情，而不是法院的事情。他们采取的是一种狭义的和拘泥文字的解释或推论态度。这种解释态度受到人们的批评。

在里格斯诉帕尔默（*Riggs v. Palmer*）一案[3]中，原告诉称，被告作为一个遗嘱的遗产继承人谋杀了其遗嘱人，因而不能准许他获得遗留给他的财产。如果杀死立遗嘱人还能得到遗产就太荒谬了，而且这显然也是有违死者意愿的。被告辩称，立遗嘱人已经按照《遗嘱法》的一切要求立了遗嘱，而且在立遗嘱时年龄合格和精神健全，根据该遗嘱条款以及规定遗嘱效力和财产移转的法规，他拥有不可剥夺的遗嘱继承权并可因此获得无可争辩的财产。以格雷法官为代表的少数意见认为：依据美

---

[1] 参见［德］罗伯特·阿列克西：《法律论证理论——作为法律证立理论的理性论辩理论》，舒国滢译，中国法制出版社2002年版，第31页。

[2] 参见［美］E.博登海默：《法理学——法哲学及其方法》，邓正来、姬敬武译，华夏出版社1987年版，第513页。

[3] *Riggs v. Palmer*, Court of Appeals of New York, 115 N. Y. 506; 22 N. E. 188 (1889). 弗朗西斯·帕尔默于1880年立下一份遗嘱，约定将自己小部分财产留给两个女儿——瑞格斯和普瑞斯顿，其余财产遗留给孙子埃尔默·帕尔默继承。如果埃尔默死在祖父之前，则遗产都转由两个女儿来继承。弗朗西斯·帕尔默在立遗嘱之时，拥有一座农场和可观的个人财产。当时他还是一个鳏夫，此后1882年与布雷西夫人结婚，并签署了一份婚前协议，约定一旦帕尔默先于布雷西死去，她将来照看农场和管理财产，直至终老。埃尔默担心其祖父会改变遗嘱内容而对自己不利，为尽快得到遗产，最终毒死了祖父。案发后，帕尔默被定罪。

国纽约州遗嘱法的规定，帕尔默可以继承遗产。法律必须根据它的字面含义加以解释，这对法官来说是一个确定的选择。如果因为帕尔默是个杀人犯就丧失了继承权，那是对帕尔默的罪行又加上了新的处罚，这是违反法治原则的。

　　但以厄尔为代表的多数法官批评了这种拘泥于字面意义的裁决，他们认为应当超越制定法条文的文字，对法律条文作服从立法意图与法律原则的理解。他们认为：对遗嘱法的理解必须结合立法者的意图，法律文字上的规定应当与法律背后的立法意图相一致。假设纽约遗嘱法的制定者意图是让杀人犯继承遗产，这是荒唐的。从法律的字面意义上看，遗嘱是有效的，被告享有继承权，应当准许被告获得遗留给他的财产。但是，我们不能被法律中的一般性语言所困扰，所有法律和合同的解释与适用都受普通法所确立的基本原则所规制。该法律的字面意义在此案中应当服从法律的这一基本原则，即不应容许任何人以其欺诈行为获利，或利用其错误行为得益，或因其不法行为而有任何权利要求，或利用其犯罪取得财产，这个原则在所有文明国家的法律中都有其基础，即使是制定法也不能超越它们，这些原则无需制定法赋予其效力，却能决定遗嘱的有效与无效。就该案而言，如果咨询立法者，根据语言的通常意义，他们能说遗嘱人或被继承人的财产应该转移给为获得遗产而杀害遗嘱人或被继承人的人吗？被告谋杀了其遗嘱人，从而使遗嘱失去了它的表面有效性，因而不能准许他获得遗留给他的财产。

　　这意味着法院多数意见认为，尊重法律的文字还必须服从法律的意图与原则。法律文字对遗嘱继承人确实并无任何明确的禁止或限制，但将遗嘱法直接适用本案允许其继承遗产虽然尊重了法律的文字，却不符合普通法所确立的基本原则，也没有体现法律的精神。因此，根据法律的基本原则，法律相关规定应当有这样一项除外或限制，即"遗嘱的遗产继承人谋杀了其遗嘱人除外"。这样的一些不许与禁止是法律的原则，是法律的真实意图之所在。在本案中，法官并没有简单地适用法律条文的字面意义，而是超越制定法条文的文字，通过探寻法律文字背后的立法意图、法律原则或法律精神，对法律条文作了背离字面规定但服从立法意图与法律原则的理解与判断。

在麦克博伊尔诉美国（*Mcboyle v. United States*）一案[1]中，麦克博伊尔将一架他知道是被人偷来的飞机从伊利诺州运到俄克拉荷马州，他因为违反一项 1919 年的美国联邦法律而被判罪。该法律禁止任何人故意将盗窃的机动车运过州界。这项法律把"机动车"一词界定为：汽车、卡车、运货车、摩托车或其他任何不是设计用来在轨道上运行的自动推进的车辆。麦克博伊尔不服判决上诉至美国联邦最高法院。麦克博伊尔将一架他知道是被人偷来的飞机运过州界到底合不合法？霍姆斯大法官在判决中指出：就这项法律的目的而言，飞机应该被看作一种"机动车"。一架飞机可以与一辆汽车或卡车相类比，它是一种"不是设计用来在轨道上运行的、自动推进的车辆"。汽车和卡车包括在这项联邦制定法中，因为它们可以很容易地被运出失窃的州。而一旦被运出，就会使该州执法的官员感到棘手，因为他们的管辖权限于州界以内。对于联邦官员来说，这却不是一个问题，因为他的管辖权遍及全国。与汽车和卡车相同，一架失窃的飞机可以很容易地被运出失窃的州。于是，可以提出这样的主张，即飞机应该归类为"机动车"，因为就这项法律的目的而言，它们在法律上与汽车和卡车相同。但是，仅仅因为我们在表面上看似应该适用一种类似的政策，或者认为，假如立法机关想到了的话，就很可能使用更广泛的语词，但这些并不应该使这项法律扩大适用于飞行器。因为，在日常语言中，"车辆"一词给人的印象是一种在地上运行的东西。在涉及运用刑罚的时候，应该用常人理解的语言给世人一个公平的警告，告诉他们法律意图做什么。因为这个理由，拒绝按照上面那个类比，把这项法律的适用范围扩大到它明显的含义之外，从而拒绝维持对麦克博伊尔的有罪判决。

霍姆斯在裁决中强调法官释法固然要实现法律意图，但更为重要的是在刑法领域要尊重法律文字和贯彻法律原则、价值与精神。在这个案件中，霍姆斯不是反对在法律领域进行类比推导，而是反对在上述刑罚领域

---

[1]　*Mcboyle v. United States*, 283 U. S. 25（1931）. 转引自［美］史蒂文·J. 伯顿：《法律和法律推理导论》，张志铭、解兴权译，中国政法大学出版社 1998 年版，第 91 页。本案要解决的关键问题在于判明麦克博伊尔运过州界的"飞机"是否属于美国联邦法律禁止条款中的"机动车"。倘若该项法律明文规定将"飞机"列入"机动车"之列，本案的法律依据就自不待言。但是，该项法律并未明文规定将"飞机"列入"机动车"之列，而且飞机通常并不被称为机动车，根据该词在 1919 年的通常含义，飞机也不属于"机动车"。在本案中，由于法律没有明文规定将"飞机"列入"机动车"之列，这就需要法官判明"飞机"是否属于禁止条款中的"机动车"，麦克博伊尔将一架他知道是被人偷来的飞机运过州界到底合不合法。

基于立法意图进行类推。[1] 他的理由有两点：其一，尽管就这项法律的立法意图而言飞机可以被类比为机动车，即从立法意图禁止偷运机动车可以推出禁止偷运飞机，解释法律要实现法律意图，这样的推导是有一定道理的，但是，"车辆"一词给人的印象是一种在地上运行的东西，把"飞机"归于此类是不适当的，不符合"车辆"的通常含义；其二，在涉及运用刑罚的时候，应该用常人理解的语言事先给世人一个公平的警告，不得在此运用类比推导，不得把法律的适用范围扩大到它明显的含义之外。即在涉及运用刑罚时，应当贯彻罪刑法定的法律原则与精神，要保证法律上的犯罪与刑罚具有可预见性，不能事后类推，更不能溯及既往，否则有违法治的原则和法律的公平精神。即在裁决中要贯彻法律的基本原则、价值与精神。

　　在英国皇家空军机场案即阿德勒诉乔治（*Adler v. George*）一案[2]中，英国《官方机密条例》（Official Secrets Act）第 3 条规定："不得在禁区附近妨碍皇家军队成员的行动。"乔治因涉嫌违反这条规定而被起诉。乔治坐在皇家空军机场飞机跑道上观看皇家空军飞机日常训练是否违反该规定？在法庭上乔治的律师辩护称，乔治不应受罚，因为他没有违反《官方机密条例》的规定。辩护律师让此案主审法官帕克仔细阅读该条例第 3 条的规定。律师指出虽然军用机场毫无疑问是个"禁区"，乔治也妨碍了皇家军队成员的行动，但是他的行为不是在"禁区附近"而是在"禁区里"进行的。《官方机密条例》第 3 条只规定了"在……附近"而没有规定"在……里"，所以，依据这条规定是不能处罚乔治的。律师还提请帕克法官注意，英国是个法治国家，法无明文规定是不为罪的，应当作出乔治无罪的判决。但首席法官帕克勋爵在判词中指出，如果该法律规定发生在皇家空军基地之外的妨碍行为才构成严重犯罪，而在基地之内的妨碍行为根本不构成犯罪的话，那是非常荒谬的。因此，"在……附近"一词应当被解释为"在……里面或在……附近"。

---

　　[1]　美国联邦最高法院在 *Rewis v. U. S.*（1971）一案中指出："对刑法的不明确规定的解释应根据宽容性原则进行。"宽容原则是对刑法的限制原则之一。要求法院严格解释刑法条文，以有利于被告的方式解决疑点问题。即对刑法采取严格解释以体现有利于被告原则。

　　[2]　*Adler v. George*, 2 Q. B. 7；1 All E. R. 628（1964）.一个名叫乔治的小伙子一天擅自越过机场旁边的铁丝网和障碍物进入皇家空军机场，坐在皇家空军机场的跑道上，妨碍了飞机的正常降落，但是没有造成除了迫使飞机重新降落以外的其他损失。帕克法官判决认为乔治应该承担刑事责任，否则结果将是非常荒谬的。

在这个案件中，帕克法官和霍姆斯大法官面临的问题是一样的。正如古老法律谚语有云，"一个人可以违反法律的表面规定而不违反法律本身"[1]，同样一个人也可以在不违反法律表面规定的情况下违反法律本身，因为他的行为虽然未被写进法律条文但却进入了法律条文的意图或目的。因此，乔治的行为从字面含义来看的确不为条例所禁止，但是，有理由认为此条例的意图在于保障军方行动的安全与机密，为了实现这一立法意图或目的，不得在禁区附近所为之妨碍行为就更不许在禁区内而为之。即乔治的行为虽未被条文的字面意思所涵盖，但由立法者通过条文已规制之行为可推知乔治的行为必为立法者所意欲禁止，即根据立法意图进行释法乔治的行为就是应当受到惩罚的。但是，一旦这样解释条例就违反了罪刑法定的法律原则。罪刑法定原则是法治的基本原则，罪刑法定原则不仅体现在对犯罪行为给予合理的制裁而且体现在对公民自由给予应有的保障，所有对《官方机密条例》的解释都必须服从和贯彻罪刑法定这一基本原则。因此，乔治的行为是否真的为《官方机密条例》文字所禁止，是否应当作出乔治有罪的判决，这还是值得帕克勋爵仔细推敲的。

四、法律推理方法：形式推导、目的推导、价值推导

从词源学角度来讲，所谓方法就是遵循某一道路的意思。在司法过程中，法官根据法律和事实作出裁决有相应的推理传统与方法，法官释法与造法也有相应的推理传统与推导方法。实在法是不完善或不完美的，常常出现法律没有规定即存在所谓的"空缺结构"、"法律冲突"和"恶法"等法律疑难问题。对于这些法律疑难问题，法律尽管没有给出现成答案，但法官可以而且应当通过建构性解释，从实在法体系中找出合理答案。由此就产生了有关法律推理方法的问题：如何从不确定的法律体系中寻求正确答案？法官应当循着什么方向进行推理？应当沿着什么道路去探寻法律真谛？人们梳理与概括法律推理方法，就是要探寻指引法官的释法与造法之路。这些方法也将表明释法与造法并不是一种黑暗中的无序摸索，而是一种在正义路径中进行合理建构与选择的艺术。这些方法的引入也将促使法官产生思维方式上的革命，将有助于法官释法与造法从感性的自发走向理性的自觉。

在大陆法系国家，人们很早就开始探讨理解法律或解释法律的各种可

〔1〕[美]彼得·萨伯：《洞穴奇案》，陈福勇、张世泰译，生活·读书·新知三联书店2009年版，第21页。

能途径与方法。1840 年德国法学家萨维尼总结出法律解释的四种方法：语法解释、逻辑解释、历史解释和体系解释。[1] 这是成文法国家普遍适用的法律解释方法。《瑞士民法典》（1907）为法官们指出的道路是："本制定法统管属于本法任何一条法令的文字或精神之内的所有事务。在缺乏可适用的法条时，法官应根据习惯法，并且在缺乏习惯时依据若法官是立法者将会制定的规则来宣告判决。然而，法官应从得到学者的学说和法院的法理——学说和法理——验证并受到尊重的解决办法中汲取自己的启示。"[2] 德国法学家拉伦茨在此基础上提出了法律解释的四大标准或方法："字义""法律的意义脉络""立法者之规定意向、目标及规范想法""客观的目的论"。[3] 德国法学家恩吉施亦指出法律解释的四种方法：根据语言意义的解释（"语法的"解释）；从思想的关联中进行解释（"逻辑的"或"体系的"解释，这种解释把握着一个规定在制定法中的地位及与其他规定的关联）；从历史的关联，特别从"产生史"中进行的解释；基于规定的理性、目的、"理由"的解释（"目的的"解释）。[4]

在普通法系国家，卡多佐大法官早就指出，理解法律的主要途径不是法律的起源而是法律的目标，他概括了理解法律的主要途径与方法。他将法官释法即法律获取的方法分为四种：类推的方法或哲学的方法、进化或历史的方法、传统的方法、社会学的方法。他指出："一个原则的指导力量也许可以沿着逻辑发展的路线起作用，我将其称为类推的规则或哲学的方法；这种力量也许可以沿着历史发展的路线起作用，我将其称为进化的方法；它还可以沿着社区习惯的路线起作用，我将其称为传统的方法；最后，它还可以沿着正义、道德和社会福利、当时的社会风气的路线起作

---

〔1〕 即法律解释的四要素说。在萨维尼看来，法律解释要考虑语法、逻辑、历史以及体系等四种要素。语法要素是指"语言规则"；逻辑要素是指"思维的划分，也就是思维的各个部分相互依赖的逻辑关系"；历史要素是指"法律与其颁布时的现实状态的相关性"；体系要素是指"一切法律制度和法律规则构成的庞大的统一体的内在关系"。参见〔德〕伯恩·魏德士：《法理学》，丁晓春、吴越译，法律出版社 2005 年版，第 313 页。

〔2〕 转引自〔美〕本杰明·卡多佐：《司法过程的性质》，苏力译，商务印书馆 1998 年版，第 87~88 页。

〔3〕 〔德〕卡尔·拉伦茨：《法学方法论》，陈爱娥译，商务印书馆 2003 年版，第 200~211 页。

〔4〕 参见〔德〕卡尔·恩吉施：《法律思维导论》，郑永流译，法律出版社 2004 年版，第 87 页。在大陆法系还有其他一些学说。比如，阿列克西则将解释概括为六组：语义学解释、发生学解释、历史解释、比较解释、体系解释和目的论解释。

用，我将其称为社会学的方法。"[1] 他强调指出："我们不再必须从理性推演出来的文本或体系之中，而是从社会效用中，从某些后果会追随某些假定而来的必然性中来寻找法律的渊源。……而当问题是如何确定这些规则的含义之际，我们又应当向何处寻求含义呢？规制的含义体现在它们的渊源中，这就是说，体现在社会生活的迫切需要之中。这里有发现法律含义的最强可能性。"[2] 英国学者哈特也指出："法院判决时所面对的实际情况不是在真空中，而是在一套现行的法规的运作中出现的，这一点十分重要。在这种运作中，根据实际情况而作出的各种考虑，都可以看作是支持判决的理由。这些考虑范围是广泛的，包括各种各样的个人的和社会的利益，社会的和政治的目的，以及道德和正义标准。"[3] 正因为如此，美国法学家庞德指出，在现代法律科学中，最重要的推进也许就是从以分析性态度转向以功能性态度对待法律。

上述法官释法方法可以概括为解释法律的两大路径，即内在视角与外在视角。从法律自身出发是释法的内在视角，是法官理解法律与解释法律的最主要途径与方法。应当指出，法律除了规则之外，法律还有原则与精神。正如德国学者达姆（Dahm）指出："因为法律是理性之意旨的化身，它绝非仅是徒具语言形式的东西。它有所志，有所意味；它追求着务实的目的，它的眼中有它在生活中要贯彻的价值。"[4] 德国法学家德恩伯格（Heinrich Dernburg）说得好："生活关系本身就含有它们自身的标准和它们自身的内在秩序。寓于这种关系中的内在秩序被称之为'事物之性质'（natura rerum）。善于思考的法学家在没有实在规范或在规范不完善抑或模糊不清时，必须诉诸这一概念。"[5] 法律不但是一种具有内在逻辑关系的规范体系，而且它有要实现的目的及达到目的之手段，它还有在社会生活中要贯彻的价值。法律不但具有逻辑理性的品格，也具有目的理性的品格，还具有价值理性的品格。法律的逻辑结构与关联、法律的意图与目的、法律的社会效用及其价值取向，蕴含了法律的自身标准与内在秩序，是法律的"事物之性质"（natura rerum），是解决法的不确定性的重要依据

---

〔1〕　［美］本杰明·卡多佐：《司法过程的性质》，苏力译，商务印书馆1998年版，第16页。

〔2〕　［美］本杰明·卡多佐：《司法过程的性质》，苏力译，商务印书馆1998年版，第75~76页。

〔3〕　［英］H. L. A. 哈特："法律推理问题"，刘星译，载《环球法律评论》1991年第5期。

〔4〕　转引自黄茂荣：《法学方法与现代民法》，中国政法大学出版社2001年版，第257页。

〔5〕　转引自［美］E. 博登海默：《法理学——法哲学及其方法》，邓正来、姬敬武译，华夏出版社1987年版，第442页。

与尺度，是法官释法与造法的前提与依据。因此，根据法官据以释法与造法的这些依据，可以将上述全部法律推理方法概括为三种基本方法：形式推导、目的推导、价值推导。波兰学者齐姆宾斯基（Ziembinski）的制定法推理的工具推导与价值推导理论（1974），[1] 美国学者艾森伯格（Eisenberg）的普通法推理理论（1988），[2] 以及形式推导、目的推导与价值推导理论，[3] 都是对基于内涵分析、语境分析与语用分析的上述法律推理方法的概括与研究。[4]

（一）形式推导："形式或结构论的"方法

"形式或结构论的"方法，也称为形式推导（formal reasoning），是指根据法律词句的通常语义以及法律条文之间的逻辑关系来解释或推论法律。形式推导包括基于法律词句的语义推导和基于法律体系的逻辑推导[5]：其一，语义推导是指按照字面意思来解释法律，即"按照语法上的含义进行解释"，[6] 并且按照语境中的含义进行解释。[7] 在这里，语义推导既是语法的又是语境相关的。即不仅把法律规则视为"观念的规则"（rule-idea）进行意义的概念分析，还将其视为一种"情境的规则"（rule-situation）进行意义的语境推导。[8] 这些方法属于霍姆斯提出的一种很有影响的平义诠释方法范畴："我们所问的不是（作者）想说的，而是在使用这些词的环境中、在一个普通说英语者的口中这些词将会具有的

---

〔1〕　参见［波］齐姆宾斯基：《法律应用逻辑》，刘圣恩等译，群众出版社 1988 年版。

〔2〕　参见［美］迈尔文·艾隆·艾森伯格：《普通法的本质》，张曙光、张小平、张含光译，法律出版社 2004 年版。

〔3〕　参见王洪：《司法判决与法律推理》，时事出版社 2002 年版。

〔4〕　这些法律推理方法实质上属于"情境思维"（situational thinking, situative denkweise）即"个别化的方法"，就是考察法律条文或词句的法律语境与情境，并以这些法律语境与情境为线索和依据，推断或推论出法律条文的意思或含义，在具体的法律语境（Redesituation）与情境中解决法律条文的"开放性"或"不确定性"问题。

〔5〕　体系推导属于逻辑推理的范畴。

〔6〕　［英］丹宁勋爵：《法律的训诫》，杨百揆、刘庸安、丁健译，法律出版社 1999 年版，第 39 页。

〔7〕　意义分析的语境理论贡献这样一个知识：语境主要不是历史的而是场合的。如果时空不变而转换一下场景，语词的意义就会发生紧随场景的转换。

〔8〕　语境相关的语义学分析使得分析法学发生了一个转向，通过对语词的分析来认识社会现象，法律规则就成为一种社会规则，一种"情境的规则"（rule-situation），区别于奥斯丁和霍菲尔德等以往分析法学中的"观念的规则"（rule-idea）。See J. W. Harris, *Law and Legal Science: An Inquiry into the Concepts Legal Rule and Legal System*, Clarendon Press, 1979, p. 12.

含义。"〔1〕 其二，逻辑推导是指根据法律条文的内在体系即法律词句之间或意义上的逻辑关系，在法律的内在融贯性与连贯性的指引下，解读与推断零散的、片断的或有争议的法律词句或法律条款的意思或含义〔2〕。法律词句或法律条款的含义很大程度上取决于上下文，因此，逻辑推导"不限于对条文咬文嚼字的分析，更重要的是刻意追求法律整体的逻辑一贯性和条文之间的关联性，注重对于规范的合理性涵义的推敲的综合操作，留心于确认法条背后的共通规则和指导原理"〔3〕。它强调解释结论与相关条文及法律整体协调一致，强调前后解释具有应有的一贯性，避免解释之间的矛盾与冲突。

形式推导即逻辑推导是法官释法的一种基本推理工具，在法官解释法律中具有基础性地位。不能因为其"并非至善"就在法律世界里被彻底放逐。"在任何时候都必须用思想的首尾一贯性去帮助有缺陷的知识。"正如美国联邦最高法院大法官卡多佐指出，"除非有某些足够的理由（通常是某些历史、习惯、政策或正义的考虑因素）……如果没有这样一个理由，那么我就必须符合逻辑，就如同我必须不偏不倚一样，并且要以逻辑这一类东西作为基础。"〔4〕

2009 年《中华人民共和国侵权责任法》（以下简称《侵权责任法》）第37 条规定中提到了"宾馆、商场、银行、车站、娱乐场所等公共场所"。此处"公共场所"的含义是什么呢？按照法律的语境以及法律的上下文即法律的内在体系进行推导，此处"公共场所"不能理解为一般意义上的大众广场或公用场所，向公众提供服务的一般公共场所也不是此处严格意义上的公共场所。它的含义应该确定或限定为向公众提供服务的营业场所、消费性场所。

---

〔1〕 参见［美］理查德·A.波斯纳：《法理学问题》，苏力译，中国政法大学出版社 1994 年版，第 333 页。

〔2〕 以美国为例，在解释法律的时候，法院必须或应当考虑的材料：①被解释制定法条文的语词，以及同一制定法相关部分的语词，包括标题、小标题的用语等；②词典以及其他制定法用语的普通含义相关的标准工具书；③与制定法用语的专门含义相关的材料；④密切相关的制定法条文；⑤后法所取代或修改的原制定法；⑥关于制定法的正式立法史。此外还有可以考虑的材料、不得考虑的材料等相关规定。See Robert S. Summers, "Statutory Interpretation in the United States"，转引自张志铭：《法律解释操作分析》，中国政法大学出版社 1999 年版，第 154 页。

〔3〕 梁治平编：《法律的文化解释》，生活·读书·新知三联书店 1994 年版，序言。

〔4〕 ［美］本杰明·卡多佐：《司法过程的性质》，苏力译，商务印书馆 1998 年版，第 17~18 页。

在罗伊诉韦德（*Roe v. Wade*）一案[1]中，原告罗伊（Jane Roe）诉称：她遭强奸而怀孕，而得克萨斯州法律[2]禁止堕胎，她又付不起钱到那些可以合法堕胎的州进行手术，故不得不继续妊娠。分娩之后，她只得将孩子交给了不知身份的人收养。罗伊认为：一个孕妇有权决定在何时、以何种方式、为何故而终止妊娠。得克萨斯州刑法剥夺了她的选择权，因而违反了美国联邦宪法。被告得克萨斯州政府辩称：生命始于受孕而存在于整个妊娠期间，因此，在妇女妊娠的全过程，都存在保护生命这一不可抗拒的国家利益。宪法所称之"人"包括胎儿，非经正当法律程序而剥夺胎儿生命为第 14 修正案[3]所禁止之行为。在本案中，未经正当程序而不可剥夺的"个人自由"是否包括"妇女堕胎的自由"？以及未经正当程序不可剥夺的"个人生命"是否包含"胎儿"？一旦发现上述两种权利的保护发生冲突，要判断哪一种权利的保护更为正当？[4]这些都是需要法官在本案中予以判明或确定的。

在这个案件中，美国联邦最高法院 Blackmun 大法官首先考查了联邦宪法中概念或语词之间的逻辑关联以及宪法的体系结构，并以此为根据进行宪法文本的语义推导和逻辑推导。他推导出"妇女堕胎的自由"即"妇女自行决定终止妊娠的权利"属于未经正当程序不可剥夺的"个人自由"，而"胎儿"不属于未经正当程序不可剥夺的"个人生命"。Blackmun 通过解释与推论把"妇女堕胎的自由"归入未经正当程序不可剥夺的"个人自由"之内，而把"胎儿"排除在未经正当程序不可剥夺的"个人生命"之外，其目的就在于避免或解决未经正当程序不可剥夺的"个人自由"和"个人生命"的法律保护在本案中可能出现的冲突。裁决指出：得州刑法禁止堕胎的规定过于宽泛地限制了妇女的选择权，侵犯了第 14 修正案的正当程序条款所保护的个人自由。在本案中，Blackmun 大法官进行了如下的推论[5]：第一，个人

---

〔1〕 *Roe v. Wade*, 410 U. S. 113 (1973).

〔2〕 得克萨斯州刑法规定：除了依照医嘱，为拯救母亲生命而进行堕胎之外，其他一切堕胎均为刑事犯罪。

〔3〕 美国联邦宪法第 14 修正案第 1 节："……无论何州不得……未经正当法律程序而剥夺任何人的生命、自由或财产；不得拒绝对该州管辖范围之内的任何人给予平等法律保护。"

〔4〕 对本案法律问题的讨论请参见方流芳："罗伊判例：关于司法和政治分界的争辩——堕胎和美国宪法第 14 修正案的司法解释"，载《比较法研究》1998 年第 1 期。

〔5〕 参见方流芳："罗伊判例：关于司法和政治分界的争辩——堕胎和美国宪法第 14 修正案的司法解释"，载《比较法研究》1998 年第 1 期。

具有宪法保护的隐私权，未经正当程序不可剥夺的"个人自由"隐含着对隐私权的宪法保护。无论是权利法案提供的特定保障，第 9 修正案确认的"人民保留的权利"，还是第 14 修正案确认的未经正当程序不可剥夺的"个人自由"，都隐含着对隐私权的宪法保护。而个人具有宪法保护的"隐私权的广泛性足以涵盖妇女自行决定是否终止妊娠的权利"。第二，针对被告主张生命始于受孕，胎儿生命权受宪法第 14 修正案保护的观点，应当指出的是，生命始于何时不是一个法院可以回答的问题。尽管联邦宪法没有关于"人（person）"的解释性定义，但是，每一条款前后文都清楚显示，"人"一词仅仅指已出生的人，而不包括胎儿。因此，胎儿不属于未经正当程序不可剥夺的"个人生命"。

在寻找法律或获取法律过程中，需要正确理解法律规范之间的逻辑关系，准确把握法律规范之间的逻辑推论关系。这些推论关系被称为法律规范的逻辑推理，属于法律的形式推理范畴。法律规范可分为义务性规范、禁止性规范和授权性规范。法律规范的逻辑常项除了命题联结词以外还有法律规范词。法律规范词有：义务性规范词 O（应当）、禁止性规范词 F（禁止）、授权性规范词 P（可以）。法律规范的逻辑形式以及法律规范的逻辑性质是确定的，法律规范之间的逻辑关系是有规律可循的。对法律规范的逻辑推理规则进行研究是十分必要的。这些逻辑形式、逻辑性质和逻辑规律是可以用形式化方法加以刻画、加以系统化的。基于对法律规范逻辑形式的研究，基于对法律规范逻辑常项的刻画，可以揭示法律规范的逻辑推理规律与规则，建立法律规范的逻辑推理系统。法律规范逻辑主要研究法律规范的逻辑性质以及法律规范的逻辑规律，以建立起法律规范的逻辑推理系统。

20 世纪 50 年代初期兴起的道义逻辑（deontic logic）与法律规范逻辑密切相关。一批逻辑学家基于广义模态逻辑理论，对模态逻辑中的某些算子作道义模态词解释，对模态逻辑系统中的公理或规则加以修改或补充，建立了不同的道义逻辑系统。冯·莱特（Von Wright）的工作和安德森（Anderson）的工作就是他们的集中代表。

冯·莱特于 1951 年在《精神》（*Mind*）杂志上提出了他的道义逻辑理论和系统。他把 T—S_5 系统中的 $\Box$A 解释为 OA（必须 A）、$\Diamond$A 解释为 PA（允许 A），相应于模态逻辑 T、S_4 和 S_5 建立起冯·莱特型道义逻辑系统 OT^+、OS_4^+ 和 OS_5^+。

OT^+— OS_5^+ 系统中有如下定义、公理和规则：

（1）定义。

D_1　　$FA =_{df} \urcorner PA$（或 $O \urcorner A$）

D_2　　$PA =_{df} \urcorner O \urcorner A$

（2）公理。

A_0　　命题演算的公理

A_1　　$O（A \rightarrow B）\rightarrow（OA \rightarrow OB）$

A_2　　$OA \rightarrow PA$

A_3　　$O（OA \rightarrow A）$

A_4　　$OA \rightarrow OOA$

A_5　　$PA \rightarrow OPA$

（3）推演规则。

R_1 代入规则；R_2 分离规则；R_3 必须化规则（A/OA）。

安德森于 1956 年在模态逻辑系统 T、S_4 和 S_5 的基础上，引入一个命题常项 S，并把 S 解释为"刑罚"或不履行义务而导致的"坏事情"，相应于 T—S_5 系统建立了三个新的模态逻辑系统 OT'、OS_4' 和 OS_5'。

OT' —OS_5' 系统中有如下定义、公理或规则：

（1）定义。

D_0'　　$\diamond A =_{df} \urcorner \square \urcorner A$

D_1'　　$OA =_{df} \square（\urcorner A \rightarrow S）$

D_2'　　$FA =_{df} \square（A \rightarrow S）$

D_3'　　$PA =_{df} \diamond（A \wedge \urcorner S）$

（2）公理。

A_0'　　命题演算的公理

A_1'　　$\square（A \rightarrow B）\rightarrow（\square A \rightarrow \square B）$

A_2'　　$\square A \rightarrow A$

A_3'　　$\urcorner \square S$ 或 $\diamond S$

A_4'　　$\square A \rightarrow \square \square A$

A_5'　　$\diamond A \rightarrow \square \diamond A$

$\diamond S$ 或 $\urcorner \square S$ 意指惩罚不是必然的或惩罚是可以避免的或并非一切都是义务或禁止的。

（3）推演规则。

R_1 代入规则；R_2 分离规则；R_3 必然化规则（A/$\square$A）。

由于 OT'—OS$_5$' 都包含 D$_1$'—D$_3$'，因此，它们都把道义逻辑包含在自己的系统内。OT'、OS$_4$'、OS$_5$' 系统的一部分定理分别构成一个道义逻辑系统。可以证明，OT$^+$、OS$_4$$^+$、OS$_5$$^+$分别是 OT'、OS$_4$'、OS$_5$' 的子系统。这样，安德森把道义逻辑归约为模态逻辑。

应当指出，就对法律规范进行逻辑分析以及建构法律规范逻辑系统而言，冯·莱特道义逻辑系统和安德森道义逻辑系统存在着重大缺陷与不足。

第一，冯·莱特道义逻辑系统以及安德森道义逻辑系统的语言不足以表达现实的法律规范及其推理规则，相对于现实的法律语言而言它是贫乏的。正如阿奎斯特（L. Aqvist）所言："这些语言仅是命题的，而缺乏量化的表达式。"但是，"道义逻辑在时态逻辑中要求一个基础。义务的概念依赖于对时态的考虑，因此，义务的逻辑理论预设了一个适当的时态的逻辑理论"。希尔卑伦（R. Hilpinen）在谈到道义模态词的特征时也说道："如果道义语句被用来指导和控制人们的行动，那么它们本质上是'向前看的'；于是这就出现了义务概念（必须）和时间模态之间的联系。"

第二，冯·莱特道义逻辑系统和安德森道义逻辑系统更为严重也是最根本的缺陷，就是它们对道义模态词的某些逻辑刻画并不适用于法律规范词。上述系统中的某些推理规则与法律规范推理规则相抵触，而且会导致一些在法律规范推理看来是不能接受甚至是不能容忍的结果。

（1）在冯·莱特系统 OT$^+$—OS$_5$$^+$和安德森系统 OT'—OS$_5$' 中，基于定义 D$_1$ 和 D$_2$ 有如下定理：

T$_1$ ⌐FA↔PA

T$_2$ ⌐PA↔O⌐A

T$_3$ ⌐OA↔P⌐A

如果把上述道义模态词 O（必须）、F（禁止）、P（允许）分别解释为法律规范中的义务性规范词、禁止性规范词和授权性规范词，那么 T$_1$ 所说的是在法律上不禁止 A 等值于 A 是权利；T$_2$ 所说的是 A 不是权利等值于非 A（或不 A）是义务；T$_3$ 所说的是 A 不是义务等值于非 A 是权利。显然 T$_1$—T$_3$ 所表达的推理规则与法律规范推理规则是相抵触的。在法律规范推理中，从不禁止 A 推不出 A 是权利，从 A 不是权利推不出非 A 是义务，从 A 不是义务推不出非 A 是权利。例如，张贴不具有违法性质的大字报是法律上不禁止的，但张贴不具有违法性质的大字报并不是法律上的权利。自杀不是法律上的权利，但不自杀也并不是法律上的义务。

（2）在冯·莱特系统 OT^+—OS_5^+ 和安德森系统 OT'—OS_5' 中，有一条作为推理规则的公理 A_2：$OA \to PA$。如果把上述道义模态词 O、P 分别解释为法律规范中的义务性规范词和授权性规范词，那么 A_2 所表达的是如果在法律上 A 是义务那么 A 是权利。显然，A_2 所表达的推理规则在法律规范推理中是不成立的。倘若 $OA \to PA$ 成立，那么 $\neg PA \to \neg OA$ 也应成立。但是，$\neg PA \to \neg OA$ 不是普遍成立的。因为，在法律上某些行为不是法律上的权利但是法律上的义务，这是常见的。实际上，法律上的权利是可以放弃的，但义务则不能放弃而必须承担。法律中的义务性规范与授权性规范是相互独立的，不存在由此推导出彼的关系。

（3）在冯·莱特系统 OT^+—OS_5^+ 和安德森系统 OT'—OS_5' 中，基于定义 D_1 和 D_2 以及公理 A_2，可以推导出如下定理：

T_4　$OA \to \neg O \neg A$

T_5　$\neg (OA \wedge \neg OA)$

T_6　$\neg PA \to P \neg A$

T_7　$PA \vee P \neg A$

T_5 称为道义不矛盾律，T_7 称为道义允许律（principle of deontic permission）。这是上述所有系统的基石之一。如果把上述道义模态词 O、P 分别解释为法律中的义务性规范词和授权性规范词，那么 T_5 所表达的是法律义务不能冲突。或者说在法律上互相冲突的义务不能同时存在，即在法律上不能规定 A 是义务同时又规定非 A 是义务。T_7 所表达的是，在法律上不能否定 A 是权利同时又否定非 A 是权利，即或者 A 是权利或者非 A 是权利。在上述系统中 T_5 和 T_7 是等值的。齐硕姆（R. M. Chisholm）于 1963 年指出，在上述所有系统以及类似道义逻辑系统中，不能充分地表述反义务的命令（contrary to duty imperative），即不能容忍反义务命令的存在，否则将导致与 T_5 相矛盾的结果。[1] 上述所有道义逻辑系统都不能表述互相冲突的法律义务，不能容忍互相冲突的法律义务在系统中同时存在，不能容忍一个行为其作为和不作为都不是法律上的权利，否则将导致与 T_5 和 T_7 相矛盾的结果。基于 T_5 和 T_7，上述所有系统都处于二难境地：上述所有系统要么不能表述和容忍反义务的命令以及冲突的法律义务，要么包含一个逻辑矛盾。

倘若系统内包含逻辑矛盾，这在法律推理的逻辑理论看来是不能容忍

---

〔1〕　See L. Aqvist, "Deontic Logic", in D. Gabbay and F. Guenthner eds., *Handbook of Philosophical Logic*, vol. I, D. Reidel Publishing Company, 1984, p. 649.

的。因为逻辑上的无矛盾性或一致性是逻辑系统的基本要求。倘若上述系统不能表述和容忍反义务的命令以及互相冲突的法律义务，这在法律规范体系及其法律推理看来是不可思议和不能接受的。因为，反义务的命令在现实的法律体系中是客观存在的。事实上，经常有下述形式所规定的法律规范：人们应当做如此这般的事，但是，如果他因为某些原因未能做如此这般的事，那么，他应当尽可能做如此这般的事。这个倒退性规范很快中止于某处。至于究竟中止于何处，这取决于相应的法律体系以及行为人所处的境况。再者，互相冲突的法律义务即法律规范的冲突或抵触在现实的法律中也是客观存在的，并且是不可避免的。在现实社会中，法律义务或规范都是有条件的，是相对于某些法律规则或价值而言的。此外，在现实社会中，存在不同的境况或条件，存在许多不同的法律规则或价值，这些法律规则或价值有些是相容的，有些是冲突的，并且当出现互相冲突的法律规则或价值时，用来协调这些冲突的规则或价值的元法律规则（在法律上称为抵触规则），有些也是互相冲突的。因此，一旦境况或事情发生变化，或者所依据的法律规则发生冲突，那么据此派生出的法律义务或规范的冲突就不可避免。例如，卫生部门和商业部门某些相互冲突的法律规则就会使某些企业承担互相冲突的法律义务。在现实的法律中，不可能避免由互相冲突的法律规则等所派生出来的互相冲突的义务，不可能摆脱法律规范的冲突与矛盾。其实，从法律适用和法律解释中所运用的大量的抵触规则也能反观法律上互相冲突的义务即法律规范的冲突的存在。法律义务或规范的冲突固然是人们所不愿意看到的，但漠视它们的存在是人们所不能接受的。

应该指出，二元道义逻辑系统以及其后更为复杂的相对道义逻辑系统如 CMOdyT、CMOdyS$_4$、CMOdyS$_5$ 等，正是企图克服上述缺陷而发展起来的。遗憾的是，这些系统都保留了定义 D$_1$—D$_2$，而仅把道义概念条件化、相对化和境况化。因此，这些系统仍有冯·莱特和安德森系统最根本的缺陷。并且尽管这些系统在一定意义上克服了反义务的命令和互相冲突的义务的二难，但是这些系统本身又存在哪些新问题，尚待研究。

（4）在冯·莱特系统 OT$^+$—OS$_5$$^+$ 中，基于推演规则 R$_3$：A/OA，有如下定理：

T$_8$　OA→O（A∨B）

T$_9$　PA→P（A∨B）

T$_{10}$　FA→O（A→B）

T_{11}　　$OB \rightarrow O\ (A \rightarrow B)$

T_{12}　　$O \urcorner A \wedge OA \rightarrow OB$

T_8 称为罗斯（Alf Ross）悖论。T_{10} 和 T_{11} 称为普雷奥尔（A. N. Prior）导出义务（derived obligation）或义务承诺（moral commitment）悖论。[1] T_9 是 T_8 相应的结果。如果把上述道义模态词解释为相应的法律规范词，那么 T_8—T_{12} 所表达的推理规则在法律规范推理看来，或者有悖于人们的直觉和常识而不能接受，或者不是普遍成立的。例如，T_{12} 所表达的是，如果有互相冲突的法律义务，那么任何一个行为都是法律上的义务。这显然是不能成立的。

上述悖论及其结果同样包含在安德森 OT'—OS_5' 系统之中。此外，在安德森系统 OT'—OS_5' 之中，还有如下定理：

T_{13}　　$\Box A \rightarrow OA$

T_{14}　　$\urcorner \Diamond A \rightarrow FA$

T_{15}　　$OA \rightarrow \Diamond A$

T_{13} 和 T_{14} 源于系统的必然化规则。T_{15} 称为康德原则。如果把道义模态词 O、F 解释为法律中的义务性规范词和禁止性规范词，把模态词 $\Box$ 和 $\Diamond$ 分别解释为"必然性"和最无可争议的"逻辑上的可能性"，那么 T_{13} ～ T_{15} 所表达的推理规则，在法律推理看来是不能普遍成立的。例如，T_{15} 所表达的是，如果 A 是法律上的义务，那么 A 有逻辑上的可能性。相应于 T_{15} 有下述反例：侦查机关应当查清某个案件，侦查机关应该讯问某证人，但该证人死了，侦查机关不可能讯问该证人。上述规则混淆了对现象或行为的事实判断与价值、规范判断，漠视事实判断与价值、规范判断在逻辑上存在的区别。因而，在法律推理看来是不能接受的。

应当指出，就建构法律规范推理系统而言，冯·莱特（Von Wright）道义逻辑系统和安德森（Anderson）道义逻辑系统对道义规范词的某些逻辑刻画并不适用于法律规范词。法律规范逻辑推理系统应当有根本不同于冯·莱特和安德森道义逻辑系统的框架。

在命题逻辑系统的基础上，基于对法律规范词的逻辑分析，可以建立起法律规范推理的二元形式系统 O—P 系统。在 O—P 系统中，规范词 O（应当）与 F（禁止）可以相互定义，因而可以相互替代，它们都是表达

---

〔1〕　See L. Aqvist, "Deontic Logic", in D. Gabbay and F. Guenthner eds., *Handbook of Philosophical Logic*, vol. I, D. Reidel Publishing Company, 1984, pp. 634, 639.

义务的规范词。即在 O—P 系统中，F 和 O 不是独立的，可取消一个。但在 O—P 系统中，规范词 P（可以）与 O（应当）不可相互定义，不可相互归约和替代。这意味着，在 O—P 系统中，P（可以）算子是独立的，不可取消。因此，O—P 系统是二元系统。在 O—P 系统中，法律规范命题 OA、PA 与 FA 之间的逻辑关系不是通常意义上的对当关系，而是两两之间构成不可同真但可同假的反对关系。只有这样建构的系统才能从根本上克服冯·莱特和安德森系统的一些缺陷。[1] 应当指出，法律规范逻辑推理还有待于人们进行进一步的研究。

（二）目的推导："意图或目的论的"方法

"意图或目的论的"方法[2]，也称为目的推导（purposive approach），就是指通过探寻立法本意、立法意图或法律目的并以此为依据或理由解释或推论法律。目的推导即"意图或目的论的"方法，是"促使立法的总的意图实现"的释法方法，是一种语用推导方法。

立法意图或目的是法律条文构成的基础，决定法律生长的方向，是一切权利的源泉。[3] 法官在解释法律时，不但可以运用"字面的方法"，即从字面上和法律的上下文中解释，从通常的、自然的或一般的意义上解释，而且可以运用"意图的方法"，即考察法律产生的社会条件或通过它要达到的目的，根据法律的意图或目的去解释或推论法律。法官在解释法律文本的内容或含义时，一旦对某个法律问题，从字面意思上无法得到满意的结论时，就从立法意图或法律目的之中获得指导。这些含义不是字面意义，也不是字面意义的一部分，而是基于目的推导得出的。这是英国法官丹宁勋爵一直倡导的法官释法方法："法官不要按照语言的字面意思或句子的语法结构去理解和执行法律，他们应该本着法律语言词句背后的立法者的构思和意图去行事。当他们碰到一种在他们看来符合立法精神而不是法律词句的情况时，他们就要靠寻求立法机构的构思和意图，寻求立法机构所要取得的效果的方法来解决这个问题，然后他们再解释法规，以便产生这种预期的效果。"[4] 他强调找出立法者的意图或法律目的并以此

---

〔1〕 王洪："法律推理与法律逻辑——兼评道义逻辑的冯·莱特系统和安德森系统"，载《哲学动态》1994 年逻辑学专刊。

〔2〕 亦称为目的或意图的方法。

〔3〕 参见〔美〕本杰明·卡多佐：《司法过程的性质》，苏力译，商务印书馆1998年版，第63页。

〔4〕 〔英〕丹宁勋爵：《法律的训诫》，杨百揆、刘庸安、丁健译，法律出版社1999年版，第24页。

为依据对成文法的词句进行解读或改写，使立法意图或法律目的得以贯彻。他强调在更深层次及更高层面的要求——法律文字与法律意图或目的之间保持一致，即在符合立法意图或法律目的原则下解释法律。

在英美法系国家，法官们实际上早就在运用"意图的方法"去解决法律疑难问题。"自 17 世纪以来人们就公认，努力'根据法律制定人的意图'解释法律是司法部门在解释一项法律时的任务。"〔1〕从意图上解读法律就成了法官释法的一种重要方法。〔2〕在面临法律疑难问题时，法官们"去做国会本来会做的事""想到他们本来要想到的情况"。他们会基于立法意图或法律目的，探寻法律的"确切含义"或"真实意思"，以澄清法律的疑义；探寻规则背后的原则与精神，以平衡法律的冲突；发掘法律的"隐含规则"或"暗含条款"，以消除法律的"缺乏"，填补法律的"空白"。正如英国法官丹宁所言："这种从字面上解释法律的方法现在完全过时了，它已经被迪普洛克勋爵所说的'探求意图的方法'所取代……现在在所有的案件中，在解释法律时，我们采用会'促使立法的总目的实现'的方法，而立法的总目的是构成法律条文的基础。法官们再也不必绞着手指说：'对此我们毫无办法了。'"〔3〕

马伯里诉麦迪逊案（*Marbury v. Madison*）〔4〕是美国宪法中最著名的判例之一，是运用目的推导方法的一个经典判例，此判例确立了美国的宪法

---

〔1〕［英］丹宁勋爵：《法律的训诫》，杨百揆、刘庸安、丁健译，法律出版社 1999 年版，第 20 页。在大陆法系国家，目的解释是德国学者耶林在 19 世纪后期提倡寻求法的目的以后出现的。

〔2〕自那以后，在英国又有一些就业上诉裁判所按字面意思判决的案件被上诉法院驳回。其中有一个案件是一家航空公司的一个跑国际航线的飞机驾驶员要求对不公正的解雇给予赔偿。就业上诉裁判所认为自己对该案没有司法管辖权，因为那个飞行员是一个"通常在国外工作"的人。上诉法院推翻了这个判决，认为不管词句的字面意思如何。如果他的基地在大不列颠，他就有充分的理由要求赔偿。这个案件就是《托德诉不列颠中部航空公司案》。参见［英］丹宁勋爵：《法律的训诫》，杨百揆、刘庸安、丁健译，法律出版社 1999 年版，第 19 页。

〔3〕［英］丹宁勋爵：《法律的训诫》，杨百揆、刘庸安、丁健译，法律出版社 1999 年版，第 18~19 页。

〔4〕*Marbury v. Madison*，5 U.S. 137（1803）. 1800 年 11 月，执政的联邦党（federalist）在总统和国会的两大选举中连遭失败。民主共和党的杰弗逊当选为第三任总统。因行政权和立法权都已丧失，联邦党人在下一届政府中唯一能保住的地盘，只剩下了不受选举直接影响的司法权。将于翌年 3 月 3 日下野的该党领袖亚当斯（Adams）总统和国务卿马歇尔（John Marshall），在司法机关中作出有利于本党的人事安排，尽量挽回两大选举中的败局，以维护现行宪法秩序的运作。同年 12 月，联邦最高法院首席大法官以健康上的理由提出辞呈，亚当斯便任命还在任中的国务卿马歇尔担任该职。仍由联邦党控制的国会也赶在其任期终了前，匆忙通过了两个有关联邦法院组

性司法审查先例。1803 年时任联邦最高法院首席大法官的马歇尔（C. J. Marshall）写下了著名的判词。[1] 判决指出：扣留委任状的行为不是法律授权的行为，而是对法定权利的侵犯；而马伯里有权利得到委任状，拒绝颁发委任状的行为是对这种权利的公然侵害，他的国家的法律为此必须对他提供救济；1789 年的《司法法》赋予最高法院对行政官员发布令状的权

（接上注）

织的法律，其中一部是 1801 年 2 月 27 日的《哥伦比亚特区组织法》（*The District of Columbia Organic Act*）。根据该法的规定，总统可以任命该区之内共 42 名治安法官（Justices of Peace），任期为 5 年。1801 年 3 月 2 日，亚当斯任命了这 42 名治安法官。这些任命大多在 3 月 3 日午夜以前经参议院同意、总统签署、国务卿盖章后生效，故接受任命的人们被称为 "午夜法官"（midnight judges）。由于时间仓促，有些人的任命状顺利地赶在 3 月 3 日晚上由马歇尔的兄弟詹姆士完成送达，而另外一些人的任命状则未能及时发出。本案的当事人马伯里就是其中的一位。1801 年 3 月 4 日，民主共和党领袖杰弗逊（Jefferson）正式出任美国第 3 任总统。当他得知有 17 份治安法官的任命状仍滞留在国务院的抽屉时，便授意他的国务卿麦迪逊（Madison）扣押这批委任状，并把这些委任状当废纸一样扔了。马伯里等人便以 1789 年的《司法法》第 13 条的规定为依据，直接诉至最高法院，请求对国务卿麦迪逊发出训令状（writ of mandamus），强制其交付那些委任状。参见林来梵："司法上的创举与谬误——也评'马伯里诉麦迪逊案'"，载爱思想网，http：//www.aisixiang.com/date/55153.html，最后访问日期：2012 年 7 月 6 日。

〔1〕 判词主要围绕着本案所涉及的三个具体问题展开：其一，马伯里是否有权利获得委任状？其二，如果他有上述权利且该权利受到侵犯，那么美国法律应不应该为他提供法律上的救济？其三，如果法律确实应当为申请人提供救济，那么是否应由联邦最高法院通过发出训令状来完成呢？判决指出：其一，当总统签发了委任状时，即意味着作出了任命，一经国务卿在委任状上加盖美国国玺，委任即算完成。因此，马伯里已经被任命了。因为总统已经在委任状上签了字，并且国务卿也加盖了国玺。由于法律设置了治安法官这一职位，并赋予该法官可以行使 5 年的、独立于行政机构的权力，因此，这个委任状不仅不可撤销，而且授予该法官某些法定权力，这种权利是受国家法律保护的。因此，本院认为，扣留委任状的行为不是法律授权的行为，而是对法定权利的侵犯。其二，法律权利的实质乃在于一旦受到侵害就可得到法律上的救济这一点之上。每个人受到侵害时，都有权要求法律的保护。政府的一个首要责任就是提供这种保护。美利坚合众国政府被宣称为法治政府，而非人治政府。如果它的法律对于侵犯所赋予的法律权利不提供救济，那就当然配不上这一高尚的称号。而马伯里有权利得到委任状，拒绝颁发委任状的行为是对这种权利的公然侵害，他的国家的法律为此必须对他提供救济。其三，1789 年的美国《司法法》（*Judiciary Act of* 1789）第 13 条赋予联邦最高法院对本案这样的纠纷的第一审管辖权，授权最高法院 "有权在法律原则和法律惯例许可的案件中，对以合众国名义任命的法院或公职人员发布令状"。国务卿作为以合众国名义担任公职的人员，正在上述法院管辖的范围之内。在本案中，马伯里也是根据该条的规定而直接诉至联邦最高法院的。但美国联邦宪法第 3 条第 2 款第 2 项规定 "对所有涉及外交大使、其他公使及领事，及以州作为一方当事人的案件，最高法院享有初审管辖权，而在所有其他案件中，最高法院享有上诉管辖权"。因此，最高法院对本案只有上诉管辖权没有初审管辖权。为了使最高法院享有发布令状的权力，就必须表明其行使的是上诉管辖权，或表明其有必要行使上诉管辖权。因此，尽管最高法院可以向下级法院发布命令，但向行政官员发布这样

力的规定[1]与宪法是冲突的，因而是无效的，不能适用于本案。因此，尽管马伯里的权利受到侵害并应当得到救济，但最高法院对本案没有初审管辖权，本法院无权对这样一位官员发布训令状。据此驳回马伯里的请求。

在本案中，法官面临的问题是《司法法》与宪法的冲突。法官必须决定一个与宪法相抵触的法案能否成为国家的法律？如果与宪法相抵触的立法法案是无效的，这种无效的法案是否还能约束法院并促使法院适用它呢？法律是否与宪法相冲突由谁来审查？马歇尔在上述判决中基于成文宪法的规定探寻了其立法意图或目的，并以此为理由或根据进行目的推导回答了上述问题：其一，不同部门各自的权力在宪法中是被界定并受到限制的，这些限制是明文规定的和不应该被误解或忘却的。如果这些限制随时可能被它们所要限制的人逾越，那么限制权力的目的何在呢？对这些限制予以明文规定的目的又何在呢？假如这些限制没有约束受限制者，假如所禁止的行为和所允许的行为同样有效，那么有限政府和无限权力之间的界限就会荡然无存。因此，对这些限制予以明文规定的目的或意图就在于以人民的名义限制这种本质上无法限制的权力，确立起各部门不得逾越的某些限制，确立起有限政府。此外，成文宪法的制定者们的意图是将宪法作为国家根本的、最高的法律。因此，立法机关不可以通过普通法案来修改

（接上注）

一个送达文件的令状，就等同于针对该文件的原始诉讼，因而这并不属于上诉审，而属于初审管辖权的范畴。由此看来，建立美国法院体系的《司法法》赋予最高法院对行政官员发布令状的权力，显然并没有得到宪法的授权。1789 年的《司法法》的有关规定与宪法是冲突的。参见北京大学法学院司法研究中心编：《宪法的精神：美国联邦最高法院 200 年经典判例选读》，邓海平等译，中国方正出版社 2003 年版，第 16~22 页。

〔1〕　1789 年《司法法》第 13 条规定："本法将进一步规定：对所有关于民事性质的、并以州为一方当事人的争议，最高法院享有排他性管辖权，而对州与其公民之间，以及州与其他州的公民或外国人之间产生的争议，最高法院享有初审但不是排他的管辖权。对大使或其他公使以及他们的家庭成员或家庭服务人员提起的诉讼案件，最高法院享有排他性管辖权，因为法院可能依照国际法行事。对所有由大使或其他公使提起的诉讼案件，或以领事、副领事为一方当事人的诉讼案件，最高法院享有初审而不是排他的管辖权。最高法院在审理所有对美国公民提起的诉讼时，必须由陪审团来裁决案件的事实争议。对巡回法院及几个州法院审理的案件经过特别的方式提起后，最高法院也享有上诉审管辖权，同时有权在海事法庭的审理过程中及海事管辖权的行使过程中，对地区法院发布禁令，也有权在法律原则和法律惯例许可的案件中，对以合众国名义任命的法院或公职人员发布令状。"参见北京大学法学院司法研究中心编：《宪法的精神：美国联邦最高法院 200 年经典判例选读》，邓海平等译，中国方正出版社 2003 年版，第 18~19 页。

或突破宪法对它的限制，与宪法相违背的立法法案就不是法律，与宪法相抵触的立法法案都是无效的。[1] 其二，那些将规则适用于具体案件的人，必定有必要对规则进行阐明和解释。因而，判断何为法律即确定法律是什么，就是司法部门的职责与管辖事项。因此，如果在两个法律之间存在冲突，法院必须决定适用其中哪一个来作出判决。当某个法律与宪法相违背时，而该法律又与宪法都适用于同一案件，法院要么不考虑宪法而适用法律，要么不考虑法律而适用宪法，法院必须决定适用这些相抵触的规则中的一个来解决这个案件，这就是司法职责的实质。由于当法律与宪法发生冲突时，支配该案的应是宪法而不是立法机关的普通立法，法院只能服从宪法、适用宪法，因为宪法是至高无上的，因此，联邦法院必然有权来裁判联邦法律与美国宪法之间的冲突，并且宣告与宪法相抵触的法律都是无效的。[2]

---

〔1〕判决指出：有必要探讨的是，《司法法》赋予的管辖权能否被行使。一个与宪法相抵触的法案能否成为国家的法律？对合众国来讲，这是一个具有深远意义的问题。但幸运的是，它虽然很重要，但并不复杂。我们只须承认某些长期以来已经确立的原则并据此作出决定即可。人们享有一种原初权利，来为他们未来的政府确定他们认为最有利于其自身幸福的原则，正是基于这些原则，整个美国的国家结构才得以确立。这些原则被设定为永恒不变的原则。这些原初的、至高无上的意志组织起政府，并授予不同部门各自的权力。它可能到此为止，也可能进一步确立起各部门不得逾越的某些限制。立法机关的权力被界定并受到限制，而且，由于是成文宪法，这些限制是不应该被误解或忘却的。如果这些限制随时可能被它们所要限制的人逾越，那么对权力加以限制的目的又何在呢？对这些限制予以明文规定的目的又何在呢？如果这些限制无法控制住他们想要加以限制的人，假如所禁止的行为和所允许的行为同样有效，那么有限政府和无限权力之间的界限就会荡然无存。由此推出一个显而易见、毋庸置疑的结论：要么，宪法制约着任何与其相抵触的立法行为；要么，立法机关可以通过普通法案来修改宪法。在这两种选择中，没有中间道路可走：宪法要么是一种优先的、至高无上的法律，不能被一般法案修改；要么与一般法案处于同一层次，并与其他法律一样，立法机关可以随时加以修改。如果前一种方式是正确的，那么与宪法相违背的立法法案就不是法律；如果后一种方式是正确的，那么成文宪法以人民的名义限制这种本质上无法限制的权力则只能成为一种荒谬的企图。显然，那些成文宪法的制定者们将宪法视为国家基础的、重要的法律，这种政府所坚持的理论是：与宪法相抵触的立法法案都是无效的。每一个成文宪法都坚持这种理论，同时在法院看来，它也是我们社会的基础原则之一。参见北京大学法学院司法研究中心编：《宪法的精神：美国联邦最高法院200年经典判例选读》，邓海平等译，中国方正出版社2003年版，第16~22页。

〔2〕判决指出：如果与宪法相抵触的立法法案是无效的，这种无效的法案是否还能约束法院，并促使法院适用它呢？或者换句话说，尽管它不是法律，是否能形成一个把它当做法律来适用的规则呢？这将在事实上推翻建立在理论之上的原则。必须强调的是，确定法律到底是什么是司法机关的职责范围。那些将规则适用于具体案件的人，必须详细说明并阐释该规则。如果在两个法律之间存在冲突，法院必须决定适用其中哪一个来作出判决。因此，当某个法律与宪法相违

在本案中，马歇尔大法官知道如果根据《司法法》赋予联邦最高法院对此类案件的管辖权，给国务卿麦迪逊发出训令状强制其交付那些委任状，这样做除了自取其辱之外是不会有任何结果的。马歇尔作出了一个聪明而又大胆的决定。他指出，根据美国联邦宪法第 3 条，最高法院对此案

（接上注）

背时，当将宪法和法律都适用于同一个具体案件时，法院必须作出决定：要么不考虑宪法而适用法律，要么不考虑法律而适用宪法，法院必须适用这些相抵触的规则中的一个来解决这个案件，这就是司法职责的实质。如果法院尊重宪法，认为宪法高于立法机关制定的其他普通法律，则应适用宪法而不是普通法案来解决这两者都可以适用的案件。而那些反对法院将宪法视为最高法律这一原则的人却认为，法院必须忽视宪法，而将目光仅仅集中到法律上。这一说法将颠覆所有成文宪法的基石。它宣称，一个根据我们的政府原则和理论来讲是完全无效的法案，在实践中却具有完全的效力。同时，它还宣称，如果立法机关通过一个法案，尽管这一法案是被明令禁止的，但它在实践中却是生效的。这一说法在将立法机关的权限限制在极小范围内的同时，又赋予其实际的、真正的权威。它一方面规定了限制，另一方面又宣称立法机关可以随意地逾越这些限制。这种说法将使我们对政治制度的最大改进——即成文宪法——变得毫无意义。这种后果足以使之变得不可接受。而美国联邦宪法自身的独特表述更是为拒绝这种解释提供了进一步的论据：美国的司法权适用于所有依据宪法提起的案件。因此，在司法权的行使过程中可以不考虑宪法，这难道是赋予这种司法权的人的本意吗？对根据宪法提起的某个案件，难道也可以不审查宪法文件而直接作出裁决？这些想法根本站不住脚。因此，在某些案件中，法官必须考虑宪法。而一旦他们翻开了宪法，难道其中有什么部分是禁止他们阅读或遵守的吗？宪法的许多地方都可以说明这一问题。例如，美国联邦宪法规定："无论何人，除根据两个证人对同一明显行为的作证，或本人在公开法庭的供认，都不得被定为叛国罪。"宪法的这一规定就是针对法院的。它直接为法院规定了一条不可背离的证据规则。假设立法机关要改变这一规则，如规定"只要一个证人或只要在法庭外的招供即足够定罪"，那么，宪法原则必须屈服于立法法案吗？从这些规定以及还可能有的许多其他规定来看，很明显，宪法制定者们把宪法当做控制法院同时也控制立法机关的规则。否则，宪法为什么要规定法官必须宣誓效忠于它呢？这个誓言当然也以某种特定的方式，适用其职务行为。如果法官仅仅被当做工具来利用，而其本身又知道这一点，强迫他们违背他们所宣誓效忠的东西，这是多么的不道德啊！同样，立法机关规定的法官的就职宣誓，也完全说明了立法机关对这一问题的看法。誓词曰："我庄严宣誓，我将公正审判，不分贵贱。我将根据我的最大能力和理解服从宪法及合众国法律。"如果合众国宪法没有形成控制政府的规则，如果法官看不到宪法、不能查阅宪法，那么，为什么一个法官就必须宣誓对宪法尽责呢？如果事情真是这样，这种嘲弄就是对神圣的亵渎。无论是规定这种仪式，或是进行这样宣誓同样都是一种罪过。当我们宣布何谓国家的法律时，首先提到的是宪法，并且，不是所有合众国的法律，而是只有符合宪法的法律才能被列入法律行列。因此，合众国宪法的表述方式确认并强调了这一原则，而且它被看作是所有成文宪法的本质所在，即所有与宪法相抵触的法律都是无效的，法院与其他机构一样，都必须受宪法的限制。因此，1789 年的司法条例的有关规定是违宪的，因而是无效的，不能适用本案。尽管马伯里的权利受到侵害并应得到救济，但最高法院对本案没有初审管辖权，本法院无权对这样一位官员发布训令状。这个案子的结局是马伯里不再追究下去，而是做银行行长去了。参见北京大学法学院司法研究中心编：《宪法的精神：美国联邦最高法院 200 年经典判例选读》，邓海平等译，中国方正出版社 2003 年版，第 16～22 页。

并无初审管辖权，《司法法》第 13 条因与宪法相抵触而无效，所以，驳回马伯里的请求。如此一来，马歇尔既回避了与杰弗逊的正面冲突，又以此案为契机为最高法院争来了一项制约立法权与行政权的宪法性司法管辖权。最高法院有权依照宪法，审查并推翻国会任何一条涉嫌违宪的立法，还可以对行政部门的措施与规章进行审查并宣布与宪法相抵触的无效。司法审查权（judicial review）可谓是司法部门拥有的凌驾于联邦政府其他两个部门之上的一种特权。最高法院至高无上的这一政治权力是最高法院大法官自己赋予自己的。[1] 这个"一槌定音"的最终权威就是马歇尔大法官在马伯里诉麦迪逊案中确立起来的司法先例。这是一项宪法并未明确授予美国联邦最高法院的权力，在美国联邦宪法中找不到明文规定，[2] 但马歇尔在本案中对宪法规定进行推导探寻其意图和目的，并基于这一宪法意图和目的进行推导，确立了美国的司法审查制度。虽然宪法规定任何法律都应由国会和总统决定和通过，但最高法院拥有解释宪法的最终权力，有权判定法律是否违宪，而最高法院的裁决一经作出，即成为宪法惯例，政府各部门和各州必须遵守。因此，美国联邦最高法院不仅拥有了司法审查权，而且在某种意义上拥有了"最终立法权"。既然国会和行政当局无法推翻最高法院对马伯里诉麦迪逊案的判决，那么此判决将作为宪法惯例被后人永远引用。司法审查权和最高法院至高无上的权威地位就这样确立了。这就是后世人们为之称道的马歇尔大法官"伟大的篡权"。[3] 马歇尔判决加强了联邦司法部门作为与其他两部门相抗衡的独立部门的地位，提高了美国联邦最高法院作为一个政府机构的威望与声誉，使联邦

---

〔1〕 对此，美国普林斯顿大学考文（Edward Corwin）教授指出，宪法中并没有明确授权司法部门否定联邦立法效力的权力，至于认为宪法是根本法因此联邦立法必须遵守的观点也是司法判决的产物，并不是宪法本身的规定，而宪法规定的恰恰不是司法至上，而是立法至上。

〔2〕 美国宪法之父麦迪逊（James Madison）指出，立法、行政和司法权置于同一人手中，不论是一个人、少数人或许多人，不论是世袭的、自己任命的或选举的，均可公正地断定是虐政。美国联邦宪法的起草人之一汉密尔顿（Alexander Hamilton）探讨了如何实现权力制衡的问题，他提出的办法是授予司法以解释法律、维护宪法的权力。汉密尔顿指出，对宪法以及立法机关制定的任何法律的解释权应属于法院，法院必须有宣布违反宪法明文规定的立法为无效之权。但美国宪法只规定了行政、立法和司法三权分立和互相制衡的政府格局，并没有明文规定最高法院拥有司法审查权（judicial review）。从某种意义上说，马歇尔的判决使汉密尔顿关于司法审查的理论变成了现实。

〔3〕 在今天美国最高法院的院史博物馆中，建有马歇尔大法官一人全身铜像。在九位大法官专用餐厅的墙壁上，并列悬挂着马伯里和麦迪逊二人的画像。

最高法院最终成为宪法含义的终局裁断者。[1] 正如汉密尔顿所说，法院能够与国会的钱袋和政府的刀和剑相抗衡的就是司法判断。正是从马伯里案件开始，美国联邦最高法院就一步步地踏上了具有美国特色的司法至上（judicial supremacy）的道路。[2]

在法律获取中，目的推导是解释法律的一种基本方法。法治并不意味着仅仅适用法律的明示规则，法治允许而且推崇对法律的目的性理解与建构，允许并推崇以此为根据或理由推导出具体的法律结论或规则。上述判例就是一个明证。正如马歇尔大法官所言："假定目的是合法的，假定其属于宪法的范围之内，那么，所有适合这一目的的手段，只要未被禁止而是与宪法的文字和精神相一致，就都是合宪的。"即只要目的合法而且这些手段对于目的而言是必要且适当的（necessary and proper clause），它们就是合法的。

我国学者梁慧星在谈到解释我国《侵权责任法》有关规定时强调运用目的推导方法。他指出：我国《侵权责任法》第 37 条规定，未尽到安全保障义务应当承担民事责任。如何来认定未尽到安全保障义务呢？根据这个条款，要不要求原告举证证明被告未尽到安全保障义务，允不允许被告向法庭举证证明自己尽到了安全保障义务？对上述问题的回答，涉及对立法者的意图即安全保障义务的立法目的的理解。应当指出，未尽到安全保障义务这个要件，不能够要求原告举证，也不允许被告反证。它是一个英美法上所说的事实自证。在商场里面发生的这个损害事实本身，就说明商场没有尽到安全保障义务。如果商场尽到了安全保障义务，就不可能发生

---

〔1〕　有学者认为，在权大还是法大这个关键性问题上，1789 年美国联邦宪法并无开创性的建树。这部宪法并未明确规定最高法院拥有司法审查权，结果使司法在三权中处于最弱的一方。2000 年美国总统大选布什与戈尔之争（*Bush v. Gore*）中，联邦最高法院在世界瞩目中作出裁决："推翻佛罗里达州最高法院命令继续人工计票的决定。"这一裁决宣告了戈尔最终落选。戈尔在失败后发表的演讲中表示："现在最高法院已经作出裁决，尽管我非常不同意，但是我接受它，我接受这一裁决的最终权威。……我承认我输了。"原文："Now the U. S Supreme court has spoken. Let there be no doubt while I strongly disagree with the court's decision, I accept it. ... I offer my concession. "

〔2〕　弗雷德曼评价道："美国成功的秘密不在于华尔街，也不在于硅谷，不在于空军，也不在于海军，不在于言论自由，也不在于自由市场。秘密在于长盛不衰的法治及其背后的制度，正是这些让每一个人可以充分发展而不论是谁在掌权。我们所继承的良好的法律与制度体系——有人说，这是一种由天才们设计，并可由蠢材们运作的体系。"法国青年托克维尔在《论美国的民主》一书中感叹："其他任何国家从来没有创出如此强大的司法权。联邦的安定、繁荣与生存本身，全系于 7 位联邦大法官之手。没有他们，宪法只是一纸空文。"

这个损害。这样来解释是符合这个法律的立法目的。

（三）价值推导："结果或价值论的"方法

"结果或价值论的"方法，亦称为价值推导，是指探寻法律的价值取向并以此为依据解释或推导法律。它是"促使立法的价值诉求或价值取向实现"的释法方法，是一种语用推导方法。它强调不拘泥于法律条文的字面意思去理解和执行法律，而本着法律词句背后的立法原则与法律精神去行事。强调超越制定法条文或文字而在更高的价值层面上作出判断，以寻求立法机构要取得的结果的方式来解决问题，以使立法原则与法律精神得到贯彻。强调探寻立法价值诉求或价值取向并以此为依据对成文法的词句进行推导或重构，强调对于法律所没有周详的地方，遵从法律的原来精神，公正地加以处理和裁决。[1]

法律的公平与正义价值追求，是法律条文的基石，是法律的理念与灵魂，构成法律的根本精神，是决定法律生长的最大力量。正如德国法学家拉德布鲁赫所言："法律是人类的作品，并且像人类的其他作品一样，只有从他的理念出发才能被理解。"[2] 从法律的价值取向或诉求出发解释或推导法律是法官释法的一种重要方法。尤其在法官遇到疑难案件而诉诸其他解释方法不能解决法律争议问题时，就更需要运用这种价值推导方法，即"从现实世界探索前进到价值的世界，以便在其中发现对这种经验现象有意义的理念"。[3] 依据法律价值与精神，修正与补充法律，以作出个案裁决。对法律的价值诉求或价值取向的沉思与慎断是较为复杂的法律思维过程。价值推导是建立在对法律的价值诉求或价值取向的沉思与慎断基础之上的。

在美国学者伯顿假设的案件[4]中，某城市制定有"任何人都不得把运载工具带入城市公园"这项规则，这个条款的含义或真实意思是什么呢？假定有以下几种情形：①一个儿童开着电动玩具车在其父母的带领下进入公园；②一辆救护车开进公园救一名被击伤的慢跑者；③城市青年商会会员把一辆"二战"用的坦克放进公园以纪念该市的战争阵亡者；④一

---

〔1〕 参见［古希腊］亚里士多德：《政治学》，吴寿彭译，商务印书馆1965年版，第168页。

〔2〕 ［德］G.拉德布鲁赫：《法哲学》，王朴译，法律出版社2005年版，第3页。

〔3〕 转引自［德］亚图·考夫曼：《类推与"事物本质"——兼论类型理论》，吴从周译，学林文化事业有限公司1999版，第89页。

〔4〕 ［美］史蒂文·J.伯顿：《法律和法律推理导论》，张志铭、解兴权译，中国政法大学出版社1998年版，第24页。

位树木修补专家按照与该城市的合同把卡车开进公园装运枯死树木的枝干；⑤一些十几岁的少年在公园里搞汽车赛、微型车赛、自行车赛或旱冰赛。虽然他们都可以被认为是涉及带运载工具进公园的人，但是仅以他们带运载工具进公园为由能否说服他人相信该规定已经被违反了呢？问题的关键就在于要判明上述法律规则的立法本意是否将上述各种情况包括在禁止之列以及该规则有无除外与例外。在这些情形中，法官也许会以"儿童电动玩具车""二战用的坦克"不属于"运载工具"或不属于"对环境有污染的运载工具"为由，而把"电动玩具车"和"二战用的坦克"排除在规则之外，基于这些理由进行解释属于形式推导和目的推导范畴；法官在法律字面意义解释保持不变的情况下，也许会以"个人的生命价值"和"城市公园的树木的生长价值"比"城市公园的环境价值"更重要为由，而把"救护车开进城市公园救人"和"按合同把卡车开进城市公园装运枯死树枝"也排除在禁止条款之外。基于这样理由的释法就不属于形式推导和目的推导范畴，而属于价值推导的范畴。此时人们不会争论救护车是否为运载工具，但会争论根据规则它们是否属于禁止之列。这个争论与语言问题没有关系而与该规则的立法意图及其价值原则有关。

在帕佛斯奇诉新英格兰人寿保险公司（*Pavesich v. New England Life Inc. Co.*）一案[1]中，乔治亚州最高法院允许原告因被告侵害其在那时以前未得到明确承认的隐私权而获得损害赔偿。其根据为，此权利是按"自然天性"创设的，且完全应当被视为是按自然正义观念发展起来的一种法定权利。在乔治亚州最高法院看来，"自然天性"与"自然正义观念"是法律的价值取向与追求，在这个"法律未规定案件"中，以此为依据进行价值推导，就可以推论出"隐私权"是一种按"自然正义观念"发展起来的法定权利。

在李萍、龚念诉五月花公司人身伤害赔偿纠纷案[2]中，终审法官认为，被上诉人五月花公司在本案中既没有违约也没有侵权，不能以违约或者侵权的法律事由判令五月花公司承担民事责任。加害人虽已被抓获，但

---

〔1〕 参见［美］E.博登海默：《法理学——法哲学及其方法》，邓正来、姬敬武译，华夏出版社 1987 年版，第 427 页。

〔2〕 原告诉称：原告带领儿子前去五月花餐厅就餐，被安排在一间包房的外边就座。这间包房内发生爆炸，包房的墙壁被炸倒下，造成原告残疾和儿子死亡的后果。被告没有保证顾客的人身安全，餐厅的木板隔墙不合格，违反了《中华人民共和国消费者权益保护法》的规定，应承

由于其没有经济赔偿能力，双方当事人同时面临无法获得全额赔偿的局面。在此情况下应当看到，五月花公司作为企业法人，是为实现营利目的才允许顾客自带酒水，且餐厅的木板隔墙不能抵御此次爆炸，在此爆炸事件中虽无法定应当承担民事责任的过错，也不是与李萍、龚念一家受侵害事件毫无关系。此外，李萍、龚念一家是在实施有利于五月花公司获利的就餐行为时使自己的生存权益受损。在判决中，终审法官认为公平原则是民法的基本原则，也是法律的价值追求，在本案中应当以《民法通则》中有关公平的法律原则或法律精神来理解法律和适用法律。在本案中，终审法官正是从公平的法律原则或法律精神出发，推出由五月花公司给李萍、龚念补偿一部分经济损失是适当的。并且认为一审判决不当，它不考虑双方当事人之间的利益失衡，不符合民法通则中的公平原则，不符合公平价值取向的法律精神，应予纠正。[1]

（接上注）

担全部损害赔偿责任。被告辩称：此次爆炸事件是犯罪分子所为。对被告和顾客来说，发生爆炸纯属意外事件。对此次爆炸，被告既在主观上没有过错，在客观上也没有实施侵权行为。被告作为餐饮经营者，被告本身也是受害者。原告只能向真正的加害人主张权利，不能要求被告承担赔偿责任。珠海市中级人民法院一审认为：原告李萍、龚念到被告五月花公司下属的餐厅就餐，和五月花公司形成了消费与服务关系，五月花公司有义务保障李萍、龚念的人身安全。本案中，李萍、龚念的人身伤害和龚硕皓的死亡，是五月花餐厅发生的爆炸造成的。此次爆炸是第三人的违法犯罪行为所致，与五月花公司本身的服务行为没有直接的因果关系。在当时的环境下，五月花公司通过合理注意，无法预见此次爆炸，其已经尽了保障顾客人身安全的义务。木板隔墙不符合标准，只是造成李萍、龚念、龚硕皓伤亡的条件，不是原因，它与损害事实之间没有直接的因果关系，五月花公司不能因此承担侵权损害的赔偿责任。引自"李萍、龚念诉五月花公司人身伤害赔偿纠纷案"，载《中华人民共和国最高人民法院公报》2002年第2期。

　　[1]　广东省高级人民法院终审判决认为：被上诉人五月花公司在本案中既没有违约也没有侵权，不能以违约或者侵权的法律事由判令五月花公司承担民事责任。五月花公司与上诉人李萍、龚念同在本次爆炸事件中同遭不幸，现在加害人虽已被抓获，但由于其没有经济赔偿能力，双方当事人同时面临无法获得全额赔偿的局面。在此情况下应当看到，五月花公司作为企业法人，是为实现营利目的才允许顾客自带酒水，并由此引出餐厅爆炸事件，餐厅的木板隔墙不能抵御此次爆炸，倒塌后使李萍、龚念一家无辜受害。五月花公司在此爆炸事件中虽无法定应当承担民事责任的过错，但也不是与李萍、龚念一家受侵害事件毫无关系。还应当看到，双方当事人虽然同在此次事件中受害，但李萍、龚念一家是在实施有利于五月花公司获利的就餐行为时使自己的生存权益受损，五月花公司受损的则主要是自己的经营利益。二者相比，李萍、龚念受到的损害比五月花公司更为深重，社会各界（包括五月花公司本身）都对李萍、龚念一家的遭遇深表同情。最高人民法院在《关于贯彻执行〈中华人民共和国民法通则〉若干问题的意见（试行）》第157条中规定："当事人对造成损害均无过错，但一方是在为对方的利益或者共同的利益进行活动的过程

五、唯一正解与最佳阐释问题：规则怀疑论究竟怀疑什么——卢埃林、哈特与德沃金的分歧——"概念计算"与"交换计算"

法律推理解决法律获取即确立判决理由的问题，解决具体案件中的法律疑难问题。人们由此争论的问题是法律问题有没有唯一正确答案。卢埃林认为，规则在法律中不占中心地位，规则不具有绝对的完整性与决定性，[1] 规则不能严格决定裁判结果，个案判决是法官的选择，是法官个人意见或偏好的反映，因而法律问题并没有正确答案。"那种根据规则审判案件的理论，在整整一个世纪中，不但把学者给愚弄了，而且也愚弄了法官。"[2] 哈特认为，法律存在空缺结构或开放结构，因而是部分的不完整与不确定的，空缺结构意味着的确存在着某些疑难案件由法官自己决定。[3] 因此，对于一般案件，法律存在正确答案，但在边缘案件即疑难案件中，由于法律缺乏相应的规则，此时是法官的自由裁量而不是法律决定裁决，因而法律没有正确的答案而只有不同的答案。德沃金（Dworkin）认为，由于有整全性的法律（law as integrity）存在，因此法律具有决定性（determinacy）和完整性（completeness），不存在漏洞。[4] 法律不仅包括外显的（explicit）法律，而且包括内含或隐含的（implicit）法律原则，因此，当法典默不作声、含糊不清或模棱两可时，法律依然统摄

（接上注）

中受到损害的，可以责令对方或者受益人给予一定的经济补偿。"根据这一规定和李萍、龚念一家的经济状况，为平衡双方当事人的受损结果，酌情由五月花公司给李萍、龚念补偿一部分经济损失，是适当的。一审认定五月花公司不构成违约和侵权，不能因此承担民事责任，是正确的，但不考虑双方当事人之间的利益失衡，仅以李萍、龚念应向加害人主张赔偿为由，驳回李萍、龚念的诉讼请求，不符合《民法通则》第 4 条关于"民事活动应当遵循自愿、公平、等价有偿、诚实信用的原则"的规定，判处欠妥，应当纠正。据此，广东省高级人民法院撤销一审民事判决。被上诉人五月花公司给上诉人李萍、龚念补偿 30 万元。粤高法民终字第 265 号判决（2000），转引自"李萍、龚念诉五月花公司人身伤害赔偿纠纷案"，载《中华人民共和国最高人民法院公报》2002 年第 2 期。

〔1〕　参见沈宗灵："卢埃林的现实主义法学"，载《法学研究》1990 年第 5 期。

〔2〕　Karl N. Llewellyn，"The Constitution as an Institution"，Columbia Law Review，Vol. 34，No. 1.，1934，pp. 1-40. 转引自 ［美］E. 博登海默《法理学》，邓正来译，中国政法大学出版社 2004 年版，第 162 页。

〔3〕　参见 ［英］H. L. A. 哈特：《法律的概念》，许家馨、李冠宜译，法律出版社 2006 年版，第 130 页。

〔4〕　参见 ［英］H. L. A. 哈特：《法律的概念》，许家馨、李冠宜译，法律出版社 2006 年版，第 254 页。

一切。[1] 在对一个案件所提出的各种解释中，总有一个解释是最佳的，而最佳的解释就是"唯一正确的答案"（single right answer），即使是再疑难的案件也有唯一正解。即使在疑难案件中，法官也不应诉诸自由裁量而应在作为整全性（integrity）的法律框架之中，通过建构性阐释以寻求唯一正解。[2]

在个案裁决中，法官们对同一法律问题可能产生意见分歧或争议。法官在审判案件中受制定法的约束，但法官对制定法具有广泛的解释权与酌处权。因此，尽管法律有助于构成司法评价自由游动的障碍，但最终也无法阻止法官个人的自由裁量，因为它们也是法官自由裁量的对象。个案裁决不可避免地存在"不确定的风险"，存在着发生意见分歧与争议的可能。正是从这个意义上，可以说法律在法院裁决中并没有想象得那么确定与重要，重要的是法官对法律的解释与适用。应当指出，对法律问题有意见分歧与争议不等于法律不存在正确答案，但若没有正确答案的标准，就谈不上有正确答案，更谈不上有唯一正确答案。因此，唯一正解的问题，就是唯一正解的标准问题。唯一正解理论面临的最大挑战是：是否存在唯一正确标准？应当指出，唯一正解的标准是可争议的，因此，唯一正解是可争议的。这些司法裁决是可以放在正义的天平上进行衡量的，但这些衡量标准面临着进一步的正义的争议与选择。[3] 在通常情形下，法律的正义之路是没有冲突的，但有时这些正义之路分岔了，有的正义之路通向这样一个正义，有的正义之路通向另一个正义，在这些正义追求之间就必须作出选择。但正如亚里士多德指出："由于不存在使结论具有必然性的无可辩

---

[1] 参见 [美] 德沃金：《法律帝国》，李常青译，中国大百科全书出版社 1996 年版，前言。

[2] 德沃金指出，对作为整全性的法律，应当采取建构性的阐释态度，寻找对其最合理的阐释，以此去裁决疑难案件。德沃金将持有这种观念的法官称为赫拉克勒斯（Hercules）法官，即总是能达到唯一正解的赫拉克勒斯。德沃金承认作为整体的法律存在于一种方法之中而不存在于答案之中，不同的法官运用整全性法律的方法有可能选择不同的结果，也承认可能没有任何一种阐释能通过检验，或者有两个或更多不同的阐释均通过了检验。所以，作为整全性法律要求法官的，与其说是一种实际的结果，不如说是一种态度。即相信有唯一正确答案在呼唤他去寻求。德沃金还设计了一位赫伯特（Herbert）法官，作为法律实证主义的典型，与赫拉克勒斯相对照。德沃金指出，在赫伯特看来，面对哈特所谓的"开放结构"或"空缺结构"，由于法官找不到规则，因而只能以自由裁量的方式解决案件。在赫拉克勒斯看来，在找不到直接可适用的规则时，法官通过建构性解释，能够找出正确答案，而不必行使自由裁量权。

[3] 参见 [英] H. L. A. 哈特：《法律的概念》，许家馨、李冠宜译，法律出版社 2006 年版，第 124 页。

驳的‘基本原则’，所以通常我们所能做的就只是通过提出似乎是有道理的、有说服力的、合理的论据去探索真理。……由于各种各样的观点可能发生互相冲突这一事实，我们的劝说工作有时便会变得更加复杂。"[1] 应当指出，法律未能提供唯一正确答案的终极标准，因而不能最终消除法官意见分歧与争议，不能终结其唯一正解难题。值得指出的是，法律没有唯一正解不等于没有正确答案，更不意味着对解答不能比较或估量，不能从可能的解释中寻求一个最佳的答案。在对一个案件所提出的各种解释中，总有一个解释是最佳的，最佳解释存在于建构性阐释中，[2] 存在于推理中，[3] 存在于对整个法律实践的最佳论证之中，存在于对法律做出的最佳诠释之中。[4]

　　法律问题是否存在一个确定的或正确的答案，这不是一个语言上的问题而是一个内容上的问题即实质性的问题。因此，在寻找法律过程中，仅仅依靠形式理性是不能完全理解和把握法律的，还需要从实践理性和价值理性出发探寻法律的真谛。在形式理性沉默不语时，法官需要走向目的理性和价值理性，需要从"封闭的逻辑"（logisch geschlossen）走向"开放的逻辑"。根据法律推理依据的理由或前提，可以将法律推理分为两大类：形式推理和实质推理。法律的形式推理或形式推导（formal reasoning），亦可称为法律的逻辑推理，主要是基于法律的形式理性或逻辑理性进行的推理，是基于法律概念或法律规范的逻辑性质与逻辑关系进行的推理。法律的实质推理（substantive reasoning/material inference）或实质推导，主要是基于法律的目的理性和价值理性进行的推理，是基于法律历史传统、法律意图或目的、法律价值取向、社会习惯或惯例、社会效用或社会利益、社会公共政策以及社会公平正义观念等实质内容展开的推论。这是两种性质不同的推理，可以从以下几个方面来理解：

　　第一，法律的形式推理是基于法律的逻辑性质或逻辑关系的推理，是基于法律的逻辑理性或形式理性的推理；法律的实质推理则是基于法律的历史传统、法律的意图或目的、法律的价值取向、社会习惯或惯例、社会

---

　　〔1〕　转引自［美］E. 博登海默：《法理学——法哲学及其方法》，邓正来、姬敬武译，华夏出版社 1987 年版，第 479~480 页。

　　〔2〕　在德沃金那里，由于有"整全性的法"存在，即使是再疑难的案件，也有"唯一正确"的答案，而不存在"法律漏洞"问题。

　　〔3〕　参见［美］德沃金：《法律帝国》，李常青译，中国大百科全书出版社 1996 年版，前言。

　　〔4〕　参见［美］德沃金：《法律帝国》，李常青译，中国大百科全书出版社 1996 年版，前言。

效用或社会利益、社会公共政策以及社会公平正义观念等实质内容展开的推论，是基于法律的实践理性或目的理性以及价值理性展开的推论。其中，基于法律的目的理性展开的法律推理统称为法律的目的推导；基于法律的价值理性展开的法律推理统称为法律的价值推导。

第二，法律的形式推理是法律的逻辑推演，是法律的逻辑判断，是法律的"概念计算"；法律的实质推理则涉及对法律的传统或历史考查、目的考量、利益衡量以及价值选择，涉及对法律的事实判断和价值判断，涉及对法律的"交换计算"或"价值计算"。法律的不确定性给形式理性或逻辑理性的运用也设置了一道难以逾越的障碍。仅仅依据形式推论或逻辑推演，不能保证从不确定的法律中总能寻找到可资适用的法律规定或规则，而且单凭形式理性或逻辑理性不能判断所作的推论或解释就一定是适当的、妥当的或正当的。此时，不得不基于法律的实践理性和价值理性即依靠目的考量、利益衡量和价值判断对法律进行相应的解释或推断。

第三，法律的形式推理是逻辑推论，因而其推理具有客观性；法律的实质推理则涉及对法律的目的考量、利益衡量以及价值选择，涉及法官的自由裁量，涉及法官的认知、情感和价值，因而其推理具有主观性，其推理结果渗透着法官的主观因素。这种主观性来自法官对法律的目的考量、利益衡量以及价值判断，来自法官认知相关、利益相关、价值相关的主观性判断。卡多佐（Benjamin N. Cardozo）大法官指出："我们每个人都有一种如流水潺潺不断的倾向，不论你是否愿意称其为哲学，却正是它才使我们的思想和活动融贯一致并有了方向。法官一点也不比其他人更能挣脱这种倾向。他们的全部生活一直就是在同他们未加辨识也无法命名的一些力量——遗传本能、传统信仰、后天确信——进行较量；而结果就是一种对生活的看法、一种对社会需要的理解、一种——用詹姆斯的话来说——'宇宙的整体逼迫和压力'的感受；……正是在这样的精神性背景下，每个问题才找到自身的环境背景。我们也许会尽我们之所愿地努力客观地理解事物，即使如此，我们却也永远不可能用任何他人的眼睛来理解这些事物。"[1] 而且"在任何司法解释的体制中，我们都永远无法自认为我们已经完全清除了解释者的个人尺度。在这些有关道德的科学中，并不存在任何完全取代主观理性的方法和程序。"[2] 因此，"即使在法律的原文拘束

---

[1] [美]本杰明·卡多佐：《司法过程的性质》，苏力译，商务印书馆1998年版，第3页。

[2] [美]本杰明·卡多佐：《司法过程的性质》，苏力译，商务印书馆1998年版，第109页。

力较强的场合，法官也不可能像一架绞肉机，上面投入条文和事实的原料，下面输出判决的馅儿，保持着原汁原味。"特别是在法律模糊不清、相互冲突或存在空白的情形下，法官的意识与观念对一条法规的解释或将一条业已确定的规则适用于某种新情形起着决定性的作用。这种法官个人的主观性被美国批判法学代表人物弗兰克（Jerome Frank）推到了极端。他看到了释法的主观性一面，主张砸烂客观审判的偶像，强调跟着感觉走。他认为司法判决是由法官的情绪、直觉的预感、偏见、脾气以及其他个人非理性因素决定的，所有法官都有办法从束缚他的条文中解脱出来，为了达到这个目的，有各种办法可供使用，理由绝不会用尽。美国学者卢埃林（Karl N. Llewellyn）也指出了这一点："美国法院可以使用的大量解释规则包含有大量的反对命题与矛盾命题，而且人们能够发现，法规解释的某种规则实际上是用来支持法院所希望得到的结果的。"[1]

第四，法律的形式推理具有确定性或可预见性；但法律的实质推理具有不确定性或不可预见性。这种不确定性来源于对法律的目的考量、利益衡量以及价值选择或价值判断的不确定性。而且以主观的司法价值偏爱为基础的判决要比正式或非正式的社会规范为基础的判决，会表现出更大程度的不确定性或不可预见性。尽管社会价值有助于构成阻碍司法评价主观自由游动的障碍，但最终也无法阻止自由裁量导致的不确定性。正因为法律的实质推理具有不确定性，所以，丹宁大法官所说的情形就会出现："有时你会发现如果你能找到一条为你辩护的准则或规则，你的对手也会找到一条反驳你而为他自己辩护的准则或规则。"司法判决是以法律推理的结果作为裁判大前提的。这样一来，司法判决结果就包含了一种不确定性，这种不确定性由寻找法律的推论的不确定性传递而来，因此，有时候人们对法官判决结果的异议，实际上是源于对其法律推理的批评。[2]

第五，法律的形式推理要求超越社会态度或社会价值，保持"价值中立"或"价值无涉"（value—free），仅作"纯字面的作业"或"概念计算"，仅作逻辑推论，仅作分析性的推论或解释，仅限于探求明示或可推知的意思，不破坏或更改法律文字与精神；它追求法律的一贯性、确定性和安定性，追求司法判决结果的确定性或可预见性，它保证的是形式正义

---

〔1〕 转引自［美］E.博登海默：《法理学——法哲学及其方法》，邓正来、姬敬武译，华夏出版社1987年版，第511页。

〔2〕 事实推理也具有某种不确定性，这种不确定性也会传递到司法判决结果之上。

或形式合理性。而法律的实质推理则开辟一条打破形式推理或逻辑推论短视症的道路，强调在我们自己这个时代的具体条件、情境和价值烛照下解读法律，而不是把法律冻结在已逝岁月的藩篱之中，它重视对法律进行目的与价值重构和推导，强调发展法律原则，强调司法造法或法官造法；它追求法律对社会的适应性，追求法律与当代社会的价值的契合，追求司法判决结果的正当性或可接受性，保证的则是实质正义或实质合理性。[1]

第三节　法律推理模式

一、法律推理模式：法官释法与造法模式——分析推理与辩证推理的叠加

古希腊思想家亚里士多德在《论辩篇》中概括了两种基本推理模式：证明的推理与论辩的推理。他指出："推理是一种论证，其中有些被设定为前提，另外的判断则必然地由它们发生。当推理由以出发的前提是真实的和原初的时，或者当我们对于它们的最初知识是来自于某些原初的和真实的前提时，这种推理就是证明的。从普遍接受的意见出发进行的推理是论辩的推理。"[2] 他进一步指出，证明的推理和论辩的推理的区分在于对其前提是否进行选择。"证明的前提不同于论辩的前提，因为证明的前提是对两个矛盾陈述之一的断定（证明者不问其前提，而是规定它），而论辩的前提取决于对方在两个矛盾之间的选择。"[3] 在亚里士多德看来，证明的推理其前提是真实的、原初的或无可置疑的，证明者对其推理前提不需要作出选择，并不过问其前提而只须从中产生或得出结论即可；而论辩的推理其前提是普遍接受的意见，其前提是有待确定的，其前提是存在争议与冲突的，论辩者需要在相互矛盾的陈述之间进行选择与综合，即要考虑其前提或理由的适当性或可接受性，解答有关在相互矛盾的陈述中应当接受何者的问题，引导人们在相互矛盾的命题之间进行选择，帮助人们寻找与确立论证和推理的前提或理由。

在亚里士多德看来，证明的推理本质上是分析推理（analytical reasoning），而论辩的推理本质上是辩证推理（dialectical reasoning）。亚里士多

---

〔1〕　参见解兴权：《通向正义之路——法律推理的方法论研究》，中国政法大学出版社2000年版，第143页。

〔2〕　苗力田主编：《亚里士多德全集》（第1卷），中国人民大学出版社1990年版，第353页。

〔3〕　The works of Aristotle, 24a22~25. 转引自王路：《逻辑的观念》，商务印书馆2000年版，第24页。

德在《前分析篇》中进一步指出，证明的推理是以三段论方式进行的，而且一旦论辩者在矛盾陈述之间作出选择以后也以三段论方式进行论证，三段论是分析推理的基本方式。他指出："一个三段论是一种言辞表述，在这种表述中，有些东西被规定下来，由于它们是这样，必然得出另外一些不同的东西。"[1] "前提的不同对于在这两种情况下产生三段论是没有区别的，因为证明者和论辩者在陈述了一种东西属于或不属于另外一种东西之后，都以三段论的方式进行论证。"[2] 应当指出的是，亚里士多德所概括的三段论方式只是一种分析推理的模式，即证明的推理以及论辩者在矛盾之间作出选择以后进行证明的一种推理方式。而辩证推理本身也是一种基本推理模式，是比分析推理更为复杂的一类推理方式。辩证推理是寻求"一种答案，以对在两种相互矛盾的陈述中应当接受何者的问题作出回答"。辩证推理是在相互矛盾的陈述之间进行选择，对相互矛盾的陈述进行综合或整合，是建构前提的推理。

　　在解决具体案件时，发现或获取法律本质上不是分析性的而是解释性的，在疑难案件中尤其如此。哈特将获取法律仅理解为对法律中的概念作语义分析，认为语义分析是法律推理的主要手段。[3] 这是哈特分析法学在方法论上的重大缺失。德沃金将其理论称之为"语义学之刺"，他着手拔出这根"语义学之刺"。他指出法官释法是阐释性的，是建构性的。在法律获取中，法官对法律不但进行分析推理也要进行辩证推理。分析推理体现分析理性，建立在逻辑上的真理与合理性之上，从概念推理中获得规则，是概念的演变；而辩证推理体现综合理性，是一种建构行为，建立在经验与价值理性之上，从目的考量、利益衡量与价值选择中确立规则，是目的或价值的综合与整合，属于康德（Kant）的"综合判断"范畴。美国法学家博登海默最早将亚里士多德的辩证推理作为一类重要的法律推理方式加以概括和阐述，一些法学家其后也注意到了这种辩证推理的方式。[4]

---

〔1〕《前分析篇》。转引自王路：《逻辑的观念》，商务印书馆2000年版，第22页。

〔2〕 The works of Aristotle, 24a25~28. 转引自王路：《逻辑的观念》，商务印书馆2000年版，第24页。

〔3〕 参见 ［英］P. S. 阿蒂亚、R. S. 萨默斯：《英美法中的形式与实质——法律推理、法律理论和法律制度的比较研究》，金敏、陈林林、王笑红译，中国政法大学出版社2005年版，第211~212页。

〔4〕 我国学者张文显在《法理学》中认为，辩证推理又称实质推理，是指在两个相互矛盾的、都有一定道理的陈述中选择其一的推理，是在缺乏确定无疑的法律前提的情况下所进行的推理。

博登海默指出，在法律领域里有分析推理和辩证推理两种基本的推理方式。辩证推理是比分析推理更为复杂和广泛的一类推理方式。分析推理方式包括演绎推理、归纳推理和类比推理，而辩证推理则是指寻求一种答案以对在两种互相矛盾的陈述中应当接受何者的问题作出回答。博登海默指出，在复杂案件中，法官不可能仅通过分析推理方式即演绎、归纳或类推等方法解决法律疑难问题，而是不可避免地要诉诸辩证推理方式才能确立一个可行的或可适用的前提。〔1〕他强调指出："当法院在解释法规的词语、承认其命令具有某些例外、扩大或限制法官制定的规则的适用范围、或废弃这种规则等方面具有某种程度的自由裁量权时，三段论逻辑方法在解决上述问题方面就不具有多大作用了。"〔2〕应当指出，法官释法与造法模式实际上是分析推理与辩证推理的各种叠加或组合。正如博登海默指出："我们不应当这样假定，即人们必须在推理的分析形式与辩证形式间作出抉择，也就是使用一种形式就得排除采用另一种形式。经常发生的情况是，推论的两种方式在同一审判的各个方面都是以某种混合形式出现的。"〔3〕

在普通法系和大陆法系国家，解决具体案件时需要通过法官释法获取裁决理由，在复杂案件或疑难案件中尤其如此。法官释法是法律获取或发现的过程，也是解决法律疑难问题的过程。实在法不可避免地存在缺陷，不可能为每个具体案件准备好现成答案。正如德国法学家基尔希曼指出：即使像罗马法这种形式化程度很高的法律体系，也始终贯穿着矛盾和冲突，贯穿着僵化的形式与变动的现实之间、严苛的文字与不受之约束的公正理念之间的不可调和的对立。任何实在法在具体案件面前都难逃存在漏洞、矛盾、晦涩、歧义的厄运。〔4〕这些法律疑难问题可概括分为：法律疑义、法律冲突、法律漏洞、"恶法"等。这些法律疑难问题需要在具体案件中通过法官释法来加以解决。法官释法是建立在包括分析推理与辩证推理在内的法律思维基础之上的，法官对不同的法律疑难问题会采取不同

〔1〕 参见［美］E.博登海默：《法理学——法哲学及其方法》，邓正来、姬敬武译，华夏出版社1987版，第479~480页。
〔2〕 ［美］E.博登海默：《法理学——法哲学及其方法》，邓正来、姬敬武译，华夏出版社1987版，第477页。
〔3〕 ［美］E.博登海默：《法理学——法哲学及其方法》，邓正来、姬敬武译，华夏出版社1987版，第484页。
〔4〕 参见舒国滢："从方法论看抽象法学理论的发展"，载《浙江社会科学》2004年第5期。

的思维方式进行处理，法官释法的这些思维方式实质上就是法官释法的推理方式。[1]

　　法律推理属于不确定性条件下的推理，旨在解决实在法的开放性、非完全性、非协调性的问题。同任何其他推理一样，法律推理有其自身的推理机制、推理结构与推理模式。这些推理模式主要包括由法律文本而产生的解释、限制、填补、选择以及以个案正义变通规则等推理方式。面对法律不确定性的不同表现即不同的法律疑难问题，法官们会采用不同的推理方式以寻求与实现实在法的确定化和正当化。应当指出，亚里士多德的三段论逻辑只研究了在确定性条件下的一般推理机制，而没有涉及这些法律推理的规律与规则，没有概括与刻画这些法律推理的发生机制与结构模式，并且亚里士多德三段论逻辑从根本上也不可能涵盖和反映这些法律推理的发生机制和形式特征。[2] 因此，正如德国法学家考夫曼（Artur Kaufmann）指出，将法律领域中的全部推理方式简单地归结为三段论推理模式是不正确的。法律推理实际上有不同于三段论的推理模式，而且在经典逻辑及其扩充框架中无法刻画其推理特征及其规律，需要建立完全不同于以往的、多元化的逻辑框架来概括或刻画这些推理机制与模式。[3] 在所有领域，推论的模式都既是过去经验的结果，也会被将来的经验所修正。

　　法律推理是在实在法的开放性、非完全性、非协调性条件下进行的，其前提并不是确定无疑、不证自明和无可争议的。可以根据法官释法所面临和要解决的法律疑难问题的不同，把这些法律推理模式概括为：解释推导、还原推导、演绎与类比推导、辩证推导、衡平推导。其中，演绎与类比推导一般属于分析推理的范畴，而解释推导、还原推导、辩证推导与衡平推导一般属于广义的辩证推理的范畴。

　　二、解释推导：开放性文本的规则建构

　　正如英国法官丹宁勋爵指出：知道法律并不是指熟悉其语词，而是指熟悉其意思或意义。假如在具体案件中法官面临的法律概念或术语、法律规定或规则的含义或意思是明确的、确定的、无可争议的，法官就无须解释或推论，直接援引它们就可获得裁判案件的法律理由。"明白者无需解

---

　　〔1〕 这些释法方式或推理方式，亦称为释法技术或推理技术。

　　〔2〕 现代逻辑理论对法律推理的规律与规则也没有进行系统的、专门的研究。

　　〔3〕 这些新的逻辑框架是关于内涵推理、语境推理与语用推理、混合推理和不确定性推理的内涵逻辑、语用逻辑、混合逻辑、缺省逻辑、非单调逻辑框架。

释"（clara non sunt interpretanda）规则[1]即属此列。但法律是一个开放性
文本，是概念化与类型化的，具有抽象性、概括性和一般性，没有为每个
具体对象或行为准备现成答案。因而，对于某些案件而言，法律规定是不
明确或不确定的，这就是所谓的"法无明确之文"或"法律存在疑义"。
正如哈特所言：即使适用文字制定的一般规则，关于这些规则所要求的行
为方式在特定的具体案件中仍可能突然发生不确定的情况。[2]

　　法律具有开放结构及规则中存在不确定性意味着为直接援引它们设置
了一道不可逾越的障碍，也意味着存在这样的法律领域留待法官通过释法
去发展。其中有两层意思：其一，由于法律具有抽象性、概括性与一般
性，不可能为每个具体案件提供现成答案，需要法官释法才能获得裁判案
件的理由与依据。法律概念需要通过法官在具体案件中加以具体化，法律
原则需要通过法官在具体案件中填充具体内容，法律疑义或疑问需要通过
法官在具体案件中加以澄清。即对于具体案件而言，一旦面临法无明确之
文或法律存在疑义，就需要法官在当前案件情境中对法律进行思维加工即
推论或解释，探寻法律的确切含义或具体内容，即判明或界定法律的具体
范围或界限，判明或限定法律的具体指向，判明或确定法律的具体内容，
然后决定此法律条文能否适用于当前案件，能否作为当前案件的裁判理
由。富勒对此感叹道："许多条款都具有我曾经描述过的那种简单粗糙性
和不完全性"。[3]几乎在每一个必须对之提出意见的案件中，都不得不对
某项成文法进行解释。其二，法官要论证对法律的这种推论或解释是合理
的，即论证对法律所作的这种界定、限定或确定是适当的或妥当的。因为
这种解释或推论的合理性、妥当性或正当性并不是不证自明的和无争议
的，而是需要法官加以说明或证明的。

　　法官的首要任务与职责之一，是在具体案件中解决法律的开放性问题
即法无明确之文或法律疑义问题，即通过在具体案件中对模棱两可、含混
不清或笼统抽象的概念或规定进行建构性阐释，揭示或确定法律的确切意
思和具体内容，消除法律概念或规定的模糊、含混和疑问，以获得裁判理
由与依据。正如丹宁大法官在一份判决中写的那样："如果国会的法律是
用神明的预见和理想的清晰语言草拟的，它当然会省去法官们的麻烦。但

---

〔1〕　这是罗马法中的一条基本规则。
〔2〕　参见［英］哈特：《法律的概念》，张文显等译，中国大百科全书出版社1996年版，第127页。
〔3〕　［美］富勒：《法律的道德性》，郑戈译，商务印书馆2005年版，第120页。

是在没有这样的法律时，如果现有的法律暴露了缺点，法官们不能叉起手来责备起草人，他必须开始完成找出国会意图的建设性的任务……然后，他必须对法律的文字进行补充，以便给立法机构的意图以‘力量和生命’。"[1] 法官要寻找和发现立法者心目中的含义[2]，"在没有立法定义的情况下，法官必须决定的是在法律上它应当指什么，而不是它确实指的是什么"[3]。

在具体案件中解决法律的开放性问题即法无明确之文或法律疑义问题的法官释法方式，可以概括为解释推导模式。它是指这样的推论或推导：在司法过程中，一旦面临"法无明确之文"或"法律疑义"，就基于对法律的逻辑分析、法律的历史考察、法律意图或目的考量、法律的价值判断、社会习惯或惯例考察、社会效用或社会利益衡量、社会公共政策以及社会公平正义的价值判断与选择，对法律条文进行建构性解释，探寻或发掘法律条文的确切含义和具体内容，即对法律条文进行明确化、确定化和具体化的解释或推论[4]，界定法律的具体范围或界限、限定法律的具体所指、确定法律的具体内容，以澄清法律条文的疑义，获得裁判的法律理由与依据。

在法官释法中，解释推导主要属于实质推理的范畴。解释推导其目的是澄清法律疑义或疑问，而法律疑义主要不是语言上的而是实质内容上的，因而，解释推导主要不是法律的字面解释而是涉及法律实质内容的界定与推导。而且这种推导不仅是说明性的还是填充性的。比如，对法律中的"公平原则""正当理由""公共利益"等概念的解释就涉及实质内容的确定与推导。解释推导还是一种情境思维（Situational thinking/Situative denkweise）或具体化思维。它具有在具体案件情境中塑造或创制法律的意味。它是把法律放在具体案件情境中加以考察，由此出发对法律规定加以具体阐释，在具体案件情境中明确案件的裁判标准或规则，即在案件具体

---

〔1〕 ［英］丹宁勋爵：《法律的训诫》，杨百揆、刘庸安、丁健译，法律出版社 1999 年版，第 13 页。

〔2〕 参见 ［美］本杰明·卡多佐：《司法过程的性质》，苏力译，商务印书馆 1998 年版，第 4 页。

〔3〕 ［美］理查德·A. 波斯纳：《法理学问题》，苏力译，中国政法大学出版社 1994 年版，第 59 页。

〔4〕 此处解释是指法官在寻找法律过程中对法律所作的适用解释，它区别于立法解释和司法解释。

情境中把既有法律的确切含义或具体内容借着解释不断发掘出来[1]。这种思考方式就是"情境思维"或"具体化思维"。对于具体案件而言，法律规定得比较原则或概括，法律有时只规定了一般框架，仅仅指示法官循着一个特定的价值方向去立论，法律规定究竟确立了什么标准或规则，法律规定的具体内容或含义是什么，是不明确的或可争议的而且是处在流变之中的，是有待法官在具体案件中通过解释加以最终确定的。

应当指出，在个案裁判中法官需要作出具体评价或裁决，需要根据现有法律框架所提供的方向与线索，通过自己的理性思维与判断填充法律框架的具体内容，建构适用于当前具体案件的裁判理由或依据。这些具体内容不是既有法律提供的而是由法官在个案解释过程中创制或构建出来的。而且一旦法官决定援引或适用本条款，即以此条款作为裁判大前提进行司法归类，这种援引、适用或归类本身也就表明了法官对此条款的理解或推论，即表明了法官对此条款的边界、指向或具体内容的界定、限定或确定。在具体案件中通过对法律进行建构性解释解决法律的开放性问题即不明确性问题，就是法官释法的解释推导模式。

在美国廷克诉德·莫伊尼校区（*Tinker v. Des Moines School District*）一案[2]中，原告诉称：他是一个高中生，1965年为抗议越战而戴着黑纱去公立学校上学，他因为戴黑纱被校方要求停学。原告认为，一个高中生享有美国联邦宪法第1修正案关于言论自由条款[3]所规定的言论自由，他的抗议属于言论自由保护条款范围内的言论，校方因此要求他停学，违反了美国联邦宪法。在本案中，需要判明或确定美国联邦宪法第1修正案关于言论自由条款所规定的言论自由是否包括这名高中生戴黑纱抗议越战的自由。"言论自由"是一个不确定或不明确的概念，是一个抽象而不具体的概念，因此，需要法官运用解释推导方式，即进行具体化的解释或推论以判明或确定其具体内容。

美国联邦最高法院裁决指出：一个在1965年为抗议越战而戴着黑纱去公立学校上学的高中生，不能因为戴黑纱而被停学。这种抗议属于言

---

[1]　卢埃林在这个意义上将法律推理分为情境推理与规则推理。参见［美］卡尔·N.卢埃林：《普通法传统》，陈绪纲、史大晓、仝宗锦译，中国政法大学出版社2002年版，第197页。

[2]　393 U.S. 503（1969）. 转引自［美］史蒂文·J.伯顿：《法律和法律推理导论》，张志铭、解兴权译，中国政法大学出版社1998年版，第82页。

[3]　美国联邦宪法第1修正案关于言论自由的条款规定："国会不得制定……剥夺言论自由……的法律。"

论自由保护条款范围内的"符号言论"。第 1 修正案在普遍意义上保护表达自由，所以，连同批评官方政策的演讲、竞选言论和其他各种比较明显的受保护的表达形式一道，绘画、摄影、音乐以及其他一些表达形式也可能在宪法上受到保护。在裁决中，美国联邦最高法院运用解释推导方式对"言论自由"已经作出比"言论"——谈论或使用言词——更广泛的解释。它有两个要点：其一，美国联邦最高法院赋予"言论"一词以表达（或政治表达）的含义；其二，单凭表达或政治表达是其目的还不足以证明其行为受言论自由条款保护，运用符号手段表达不同的政治观点即所使用的这些符号手段在一种民主政治中还应该是正当的或被允许的。

在彭某诉厦门肯德基有限公司一案[1]中，我国《消费者权益保护法》第 7 条和第 11 条规定经营者应当承担安全保障义务。[2] 这种保障是由法律规定的或法定附随的义务。但"安全保障义务"这个法律概念是不明确和不具体的。法律对经营者承担的安全保障义务的范围及内容并无具体规定即法无明确之文。在本案中，经营者是否应对第三人给消费者造成的人身、财产损害承担赔偿责任？如果经营者应对第三人损害也承担安全保障义务，那么这些安全保障义务的具体内容是什么？这些问题在上述条款的字面上是找不到答案的，这是需要在具体案件即具体情境中通过法官解释推导予以判明或确定的。

在具体案件中，法律适用或司法归类的结果本身就表明了法官对此条款的含义作出的推断与解释，表明了法官对此条款词句的含义或具体内容进行的界定或限定。在本案中，一审法院判决认为被告未尽最谨慎的注意义务，维护其经营服务场所的治安秩序，为消费者提供良好的就餐环境，

---

〔1〕 原告诉称：原告携妻女等人到厦门肯德基有限公司厦大餐厅就餐时，因就餐高峰桌位紧张，与其他就餐顾客发生争执，遭受殴打，其鼻子等处被打伤，眼镜被摔坏。厦门肯德基有限公司违反服务合同约定，未履行保护消费者人身安全的义务。要求其承担违约责任，赔偿其医药费、财产损失费、精神损失费。被告辩称：厦门肯德基有限公司的员工在发现餐厅内发生斗殴事件后，立即向 110 报警，同时 3 名男性员工上前劝阻和制止斗殴人员，另一女性员工将彭某的孩子带离现场，前往安全区域，在 110 赶到前，打人者已趁乱离开餐厅。参见史玉生、徐静："餐厅内顾客打架受伤谁该负责 肯德基厦大餐厅内一治安案件引发的思索"，载《中国律师》2002 年第 4 期。

〔2〕 我国《消费者权益保护法》第 7 条规定："消费者在购买、使用商品和接受服务时享有人身、财产安全不受损害的权利。消费者有权要求经营者提供的商品和服务，符合保障人身、财产安全的要求。"第 11 条规定："消费者因购买、使用商品或者接受服务受到人身、财产损害的，享有依法获得赔偿的权利。"

在原告与他人发生争执时未能及时予以化解和制止，其行为构成违约，应承担违约责任。[1] 这就表明一审法院判决认为在我国《消费者权益保护法》第7条和第11条的规定中，消费者因购买、使用商品或接受服务时受到的人身、财产损害包括第三人造成的损害，经营者负有保障消费者在购买、使用商品或接受服务时其人身、财产安全不受第三人损害的义务，经营者应当对第三人给购买、使用商品或接受服务的消费者造成的人身、财产损害承担赔偿责任。并且认为被告的安全保障义务包括对第三人损害承担最谨慎的注意义务[2] 和发生争执时及时予以化解和制止的义务。二审法院则认为该安全保障义务应限于包括设备安全性能与一定的治安安全防范措施等在内的安全保障条件和发生争执时及时报警并及时劝阻的义务，并据此认为上诉人在被上诉人与他人发生争执时已及时向公安部门报警并及时劝阻，已履行其应尽的保障消费者人身财产安全的义务，不存在违约行为。[3] 这表明二审判决在对安全保障义务的解释和对事实的评价上都与一审判决存在区别。

在本案中，一、二审法院都认为在上述法律条款中消费者因购买、使

---

[1] 厦门市开元区人民法院判决认为：原告付费在被告提供的餐厅就餐，双方形成了以就餐、服务为内容的合同关系。被告未尽最谨慎的注意义务，维护其经营服务场所的治安秩序，为消费者提供良好的就餐环境。在原告与他人因就餐座位发生争执时被告未能及时予以化解和制止，其行为构成违约，应承担违约赔偿责任。厦门肯德基有限公司不服一审判决提起上诉称：被上诉人支付价款，其所获得的对价也只能是上诉人向其提供所购买的食品，而不应包括对其人身和财产安全提供保护服务在内，保障被上诉人人身及财产免受他人侵害并不构成餐饮合同项下上诉人的法定及约定义务，因此，在发生被上诉人人身及财产遭受他人侵害的情形下，上诉人的违约责任无从谈起，上诉人应就其人身伤害及财产损失向加害人追索，而不能因为无法找到加害人便将赔偿责任强加给上诉人。参见史玉生、徐静："餐厅内顾客打架受伤谁该负责 肯德基厦大餐厅内—治安案件引发的思索"，载《中国律师》2002年第4期。

[2] 在民事法律上，最谨慎的注意义务有时亦称为合理注意的义务（reasonable care）。

[3] 厦门市中级人民法院二审判决认为：被上诉人在上诉人处付费就餐，双方之间形成以饮食服务为内容的合同关系。在该合同关系中，上诉人作为从事饮食经营活动的企业，负有提供保障消费者财产、人身安全的合同附随义务，但根据公平合理的民法原则，该合同附随义务应限于经营者向消费者提供与餐饮内容有关的安全保障条件，该保障条件包括用餐设备物品如餐具、桌椅、天花板的安全性能及一定的治安安全防范措施等。本案中，上诉人作为经营者，在被上诉人与他人发生争执时已及时向公安部门报警，并进行劝阻，上诉人的上述行为已履行其作为经营者所应尽的保障消费者人身财产安全的合同附随义务，在与被上诉人之间的饮食服务合同中并不存在违约行为。据此，中级人民法院判决撤销一审判决，驳回被上诉人的诉讼请求。参见史玉生、徐静："餐厅内顾客打架受伤谁该负责 肯德基厦大餐厅内—治安案件引发的思索"，载《中国律师》2002年第4期。

用商品或接受服务时受到的人身、财产损害包括来自于第三人造成的损害，经营者负有保障消费者在购买、使用商品和接受服务时其人身、财产安全不受第三人损害的义务，经营者应对第三人给消费者造成的人身、财产损害承担赔偿责任。这种推断或解释实现了我国《消费者权益保护法》的立法本意或立法意图，也贯彻了我国《消费者权益保护法》尊重和保护消费者人身、财产安全的价值取向，这种推断或解释是适当的。若对立法使用的语言不进行这种含义的解释，立法的意图与价值就得不到贯彻落实。但是，在本案中经营者对保障消费者在购买、使用商品和接受服务时其人身、财产安全不受第三人损害究竟应当承担哪些具体义务呢？以及经营者是否履行了这些保障消费者人身财产安全的应尽义务？这些问题是值得法官们进一步思考的。尤其是二审法官的判决是值得商榷的。正如丹宁法官所言："在这些案件中，法官们让你看到的是，法院加进一项暗含条款是根据在所有的情况下这样做是否合理。往往人们承认存在某种暗含条款，问题只是：'它的适用范围是什么？'"[1] 就如同丹宁法官在一项判决中所说的那样："……没有人怀疑房主在那些公共设施方面处于一项暗含的对房客的合同义务之下。……照我看来，问题仅仅是这项义务的范围。这项义务仅局限于保障安全、防止人身伤害，还是要为使用房屋提供适当的条件？据我看，加以适当的注意是房主的义务，这种义务不仅要保证电梯和楼梯适当的安全，而且要保证它们能被房客、他们的家属以及来访者觉得适合使用。"[2]

　　在个案裁判中，法律概念是抽象的与一般的，而案件事实是具体的。通过对法律进行建构性解释以解决法律疑义问题，即在具体案件中阐明法律的确切内容，将抽象规则具体化，按最佳解释原则去理解法律，在此基础上作出裁决。这是一个法官要掌握的最基本的本领。正如霍姆斯指出："一个成功法律人的一个标志就是他能成功地具体适用最一般的规则。"霍姆斯在《法律的道路》中提到这样一个不称职的法官："有一个农场主诉另一农场主损坏他的一个搅乳器，案件诉至一位佛蒙特治安法官。这位法官花了一些时间考虑后说，他仔细查阅了法规，在其中未发现有关搅乳器

─────────

〔1〕 〔英〕丹宁勋爵：《法律的训诫》，杨百揆、刘庸安、丁健译，法律出版社 1999 年版，第 46 页。

〔2〕 〔英〕丹宁勋爵：《法律的训诫》，杨百揆、刘庸安、丁健译，法律出版社 1999 年版，第 47~48 页。

的规定，所以，判被告胜诉。"在本案中，法官没能将当事人行为与一般规则联系起来，没能根据一般规则对当事人行为进行司法评判与归类。

在寻找或获取法律中，法官经常面临法律的概括性、抽象性或一般性问题，这就需要通过法官释法解决由此而产生的法律疑义或法律疑难问题。正如凯尔森所言："制定法或习惯法可谓是半成品，它们只有通过司法判决及其执行才趋于结束。法律由此继续不断地重新创造着自己的这一过程，从一般与抽象走向个别与具体。它是一个不断增加个别化和具体化的过程。"[1] 在一些法律原则或一般条款等边缘问题上，法律的弹性远比人们想象的还要大得多。"一般条款仅仅为法官指出了一个行进的方向，要他朝着这个方向去进行裁判，至于在这个方向上法官可以走多远，则由法官自己去判断。"法律正是这样不断地通过法官释法被塑造与被丰富的。[2]

三、还原推导：基于立法本意的规则重构

在立法中，法律规则永远不可能被表述得完美无缺。被囊括在该法规的文字阐述之中的并非都是法律，而被排斥在该法规语词含义范围之外的未必就不是法律。在司法过程中，对于具体案件而言，有时一旦直接适用法律字面规定就会造成违背立法本意、法律目的或法律精神的结果，即法律文字与法律真实意思、法律意图或目的、法律精神或原则相悖或抵牾，这就是所谓的"法律反差"。这种情况不但存在而且是难以避免的。

在司法过程中，通过在具体案件中释法解决法律反差问题，即消除法律文字与法律真实意思、立法意图或目的以及法律精神或原则之间的反差或相悖之处，以获得裁决理由或依据，这是法官承担的职责之一。正如博登海默指出："我们也不能假定，由一些通情达理的人组成的立法机关会坚持要求享有那种不准他人纠正小错误及不当之处的排他性权利。如果立

---

〔1〕 ［奥］凯尔森：《法与国家的一般理论》，沈宗灵译，中国大百科全书出版社1996年版，第152页。

〔2〕 比如美国联邦上诉法院第二巡回庭法官勒尼德汉德（Learned Hand）在1947年美利坚合众国诉卡洛尔拖船公司一案中提出了汉德公式（The Hand Formula），也被称作卡洛尔学说或卡洛尔公式（The Carroll Towing Doctrine or Carroll Towing Formula）。旨在对行为有过失即是否尽到谨慎注意或合理注意义务提出判定标准。汉德法官提出了以下见解：由于任何船只都有脱锚的可能，并在脱锚后对附近的船只构成威胁，一位船主防止此类事件发生的义务应由三个变量来决定：①该船脱锚的可能性（probability，简称P）；②该船脱锚后将给其他船只造成的损害（loss 或 injury，简称L）；③对此采取足够预防措施将给船主带来的负担（burden，简称B）。如果B小于P与L的乘积，则加害人始有过失。汉德法官所提出的上述公式（因其所涉及的B、P、L变量，又称BPL公式）随后成为美国各级法院在侵权案件中经常使用的判定过失有无的标准。

法机关要求这种排他性权利而且得到了此权利，那么立法机关就会始终忙于修正自己颁布的法律，而且往往是忙于修正一些微不足道的要点；这是不切实际的，因为还有其他的和更为即时的政治要求压在当代立法者身上，这已足以使他们深感烦恼了。"〔1〕

在具体案件中解决法律反差问题的法官释法方式，可以概括为还原推导模式。这种推论方式是指，一旦发现直接适用法律字面规定或规则会造成和立法本意、法律意图或目的、法律精神或原则相违背的结果，即法律文字与法律真实意思、法律意图或目的、法律精神或原则相悖或存在反差，就根据立法本意、法律意图或目的、法律精神或原则，对法律字面规定即法律条文进行重构，即对法律字面规定或规则的适用范围增加限制或除外，排除为其措辞所包含但不符合其意图或精神的事项，还原法律真实意思与立法本意，消除法律文字与法律真实意思、法律意图或目的、法律精神或原则之间的反差，避免出现与法律真实意思、立法本意或法律意图、法律精神或原则不相符合的结果，以获得裁决理由或依据。

还原推导是一种重要的法官释法方式。它是一种整体思维方式，属于整体推导而不是局部推导。它强调法律的整体性（integrity），强调对法律的整体思维，强调对法律的本意还原或文本重构。它强调法官释法不能拘泥于法律字面规定，而应服从法律真实意思、实现法律意图、贯彻法律精神。正如哈耶克所言："事先所颁布的或宣告的法律，往往只是对原则所做的一种极不完善的表述，而人们在行动中对这些原则的尊重更甚于他们用文字对他们的表述。"〔2〕 还原推导的全部目的就是找到立法意图或目的、法律精神或原则，以便按照立法意图或目的、法律精神或原则所希望的方式处置具体案件。应当指出，在司法过程中，法官可以基于立法意图或目的、法律精神或原则对法律文本进行修正，但其前提是能够确定立法意图或目的、法律精神或原则以及法律文字与它们之间确实相悖或存有反差，即"能清楚地确定法律的目的，并且，假使不为此等修正，则法律目的在部分事件中即不能完全实现，不可避免将发生严重的评价矛盾或明显的不当。"〔3〕 一般说来，立法者的意图或目的就是法律条文字面所表达出

〔1〕 ［美］E. 博登海默：《法理学——法哲学及其方法》，邓正来、姬敬武译，华夏出版社1987 年版，第 520 页。

〔2〕 ［英］弗里德利希·冯·哈耶克：《法律、立法与自由》（第 1 卷），邓正来、张守东、李静冰译，中国大百科全书出版社 2000 年版，第 183~184 页。

〔3〕 ［德］卡尔·拉伦茨：《法学方法论》，陈爱娥译，商务印书馆 2003 年版，第 275~276 页。

来的意图或目的，但法律条文所能表达出来的意图或目的却不限于法律条文本身，除非严格限定立法者的意图或目的于法律条文之内，这是人们熟知的一个解释原则。值得注意的是，立法者并不总是确定而又适当地表达他们的意图或目的，为此，就需要法官从可能的和合理的推断中去探寻立法者的意图或目的，这被称为对法律目的或意图的合理性解释。此外，当人们运用目的解释或目的推导时，有时会为限制法律的意义表达而对文本作限缩解释，有时会为扩展或增加法律的意义表达而对文本作扩张解释。[1] 但还原推导只是指限缩解释，即通过限制解释，使表达与实际的思想（即立法者的思想）一致。[2]

在圣三一教会诉美国案（*Rector*, *Holy Trinity Church v. U. S.*）[3] 中，圣三一教会因引进英格兰的沃伦担任该教会的教区长和牧师违反《禁止通过契约输入外国移民法》而被起诉。美国国会 1885 年通过《禁止通过契约输入外国移民法》规定以下行为为非法：任何自然人……或任何形式的团体……按照合同……以预付交通费或其他任何方式帮助或怂恿任何一个或多个外来人、任何一个或多个外国人进入或移民美国……以使在美国从事任何种类的劳动或服务……但是职业艺术家、演讲学者、歌唱家、家庭仆人不在该规定的适用范围之内。如果根据《禁止通过契约输入外国移民法》条文的字面意思，"任何种类的劳动或服务"当然可以包括"传教"这一职业活动，因而，圣三一教会资助一个英国传教士进入美国传教属于《禁止通过契约输入外国移民法》所要禁止的行为。但是，这是《禁止通过契约输入外国移民法》的真实意思吗？该项法律的意图或立法本意是否将圣三一教会资助一个英国传教士进入美国传教这样一种行为包括在禁止之列？是否将"传教"这样一种职业活动包括在"任何种类的劳动或服务"之中？

美国最高法院判决认为：该案的关键问题是，"任何种类的劳动或服务"是否包括像传教这样一种职业活动？从字面上解释，"任何种类的劳

---

〔1〕 扩张解释是另外一种法官释法的方式。

〔2〕 参见［德］卡尔·恩吉施：《法律思维导论》，郑永流译，法律出版社 2004 年版，第 126 页。

〔3〕 *Rector*, *Holy Trnity Church v. U. S.*, 143 U. S. 457（1892）. 圣三一教会（The Church of Holy Trinity）是纽约的一个社团，它于 1887 年与那时在英格兰居住的沃波尔·沃伦签订一份合同，合同要沃伦动身去纽约并担任该教会的教区长和牧师。该教会因违反《禁止通过契约输入外国移民法》而被起诉。下级法院认为：该教会已经预付给沃伦交通费，让他来美国提供服务，担任教区长和牧师，因而违反了上述法律规定，应受罚款处罚。教会不服下级法院的判决，向最高法院提起诉讼。

动或服务"显然可以包括传教。但是，这应该从立法意图和立法本意而不是从字面意义得到解释。显示在法律文本字里行间的未必包含在法律之内，因其没有进入立法意图。立法意图是什么呢？立法意图是法律创制时的意愿。根据上述法律的立法史和立法背景资料可以得知，在该法律的立法过程中，具体负责的参议院委员会在它的报告中表达了修改语言的意愿，即在任何出现"劳动"或"服务"的措辞地方，用"体力劳动"或"体力服务"的用语去代替。参议院试图禁止输入体力劳动者而非其他人的意图是清楚的。《禁止通过契约输入外国移民法》的目的是防止美国商人大量输入廉价外国体力劳动者，从而减少美国劳动者的就业机会，还造成种种的社会弊病，这项法律规定的立法意图并不包括脑力劳动和专业服务。教会与沃伦的合同在法律上不同于那些输入体力劳动者的合同，沃伦来纽约担任教区长和牧师的服务不属于上述法律中关于"在美国从事任何种类的劳动或服务"的含义范围。故输入牧师的行为并不为法律所禁止，应当把这种行为排除在该项法律的处罚之外。据此最高法院推翻了下级法院的判决。

　　在这个案件中，美国联邦最高法院运用了还原推导方式。在联邦最高法院看来，虽然"传教"被包括在"任何种类的劳动或服务"字面的通常意义之内，但这是立法者使用的词句造成的结果，不是立法的真正意图，不是立法者的目的，直接适用该法律字面规定会造成违背立法本意、法律意图或法律精神的结果，从而应当被拒之于制定法的规定之外。即联邦最高法院认为《禁止通过契约输入外国移民法》中的文字与立法本意、法律意图或法律精神是有反差的，上述"任何种类的劳动或服务"的立法本意是将"传教"排除在外的，是有此项限制或除外的。这实际上是联邦最高法院根据立法的本意或意图，在法律条文中插入或添加了一项限制或保留，限定了词句字面含义的适用范围，重构了这项法律规定或规则，还原了立法本意或法律真实意思，使法律文字与立法的真实意图相一致，避免出现与立法本意不相符合的判决结果。

　　四川省南江县人民法院受理了一起"婚内强奸"案[1]。南江县人民法院审理此案后认为：被告人吴某与被害人王某发生性关系时一审判决尚

---

　　〔1〕　1993年被告人吴某与王某经人介绍登记结婚，婚内生育一男孩。因吴某脾气暴躁，1998年7月王某提起离婚诉讼，后经人劝解撤诉。1999年7月王某再次起诉请求法院判决准予离婚。同年10月9日法院判决王、吴离婚。在法定时间内，吴某的父亲替吴向四川省巴中市中级人民

未生效，应视为双方当事人夫妻关系还处于存续状态，故吴某的行为不构成犯罪。检察机关所指控的强奸罪名不能成立。该院对吴某作出了无罪判决。从法律的字面意义看，我国《刑法》第236条第1款规定[1]并无限制或除外，任何"以暴力、胁迫或者其他手段强奸妇女的"都在规定之列，吴某的行为当然包括在内。但是，四川省南江县人民法院以被告人吴某与被害人王某"夫妻关系还处于存续状态"为由，认定被告人的行为不构成强奸罪。这就意味着南江县人民法院认为，上述规定的文字与立法本意是有反差的。我国《刑法》第236条第1款规定的立法本意是将"具有夫妻关系的"排除在外的，是有"非夫妻关系的"限制的。这个判决实际上重构了我国《刑法》第236条第1款的规定，为这个规定增加了一项限制或除外。即"当事人之间有夫妻关系或夫妻关系还处于存续状态的除外"。即所谓"婚内无奸"。应当指出，我国《刑法》第236条第1款规定的法律文字与法律真实意思、法律意图或目的、法律精神之间是否真的存在反差？我国《刑法》第236条第1款的规定是否真的有"夫妻关系"的除外或"非夫妻关系"的限制？我国《刑法》第236条第1款规定的立法本意或法律意图是否真的将吴某的这样一种行为排除在外？这是需要法官进一步说明理由的。

上海市青浦区人民法院也审理了一起"婚内强奸"案[2]。青浦区人民法院审理此案后认为：被告人王某主动起诉，请求法院判决解除与钱某的婚姻，法院一审判决准予离婚后，双方对此均无异议。虽然该判决尚未

（接上注）

法院递交了上诉状。2000年5月吴某从西安赶回父母家中。6月11日晚吴某来到王某住处，要求与其发生性关系。遭到拒绝后，吴某将王某按在床上，撕烂其内裤，强行发生了性关系。南江县人民检察院以涉嫌强奸罪对吴某提起公诉。参见郑其斌："四川首例'婚内强奸'案被告无罪释放引发网友争议"，载《北京晚报》2001年4月4日。

〔1〕我国《刑法》第236条第1款规定，以暴力、胁迫或者其他手段强奸妇女的，处3年以上10年以下有期徒刑。

〔2〕1992年被告人王某经人介绍与被害人钱某相识，1993年登记结婚生育一子。1996年王某以与妻子钱某感情破裂为由向上海市青浦区人民法院起诉离婚，但法院认为双方感情尚未破裂，判决不准离婚。后双方仍处于分居状态。1997年王某再次提起离婚诉讼，同年10月法院判决准予离婚并将判决书送达双方当事人。双方对判决离婚均无异议也均未上诉。同月13日离婚判决尚未生效，王某来到前住所，见钱某在整理衣物，即上前抱住钱某要求发生性关系。钱某挣脱欲离去，王某将钱强行按倒在床上，不顾钱某的反抗，采用抓、咬等暴力手段，强行与钱某发生了性关系，致钱某多处软组织挫伤、胸部被抓伤、咬伤。当晚被害人即向公安机关报案。参见上海市青浦区人民法院（1999）青刑初字第36号《刑事判决书》。

发生法律效力，但被告人王某与被害人已不具备正常的夫妻关系。在此情况下，被告人王某违背妇女意志，采用暴力手段，强行与钱某发生性关系，其行为已构成强奸罪，应依法惩处。公诉机关指控被告人王某的犯罪罪名成立。但鉴于本案的具体情况，可对被告人酌情予以从轻处罚。被告人王某犯强奸罪，判处有期徒刑 3 年，缓刑 3 年。在青浦区人民法院的判决中，青浦区人民法院以"被告人王某与被害人已不具备正常的夫妻关系而被告人王某违背妇女意志，采用暴力手段，强行与钱某发生性关系"为由，认定其行为构成强奸罪。这就意味着青浦区人民法院也认为上述规定的文字与立法本意是有反差的。与四川省南江县人民法院不同的是，青浦区人民法院认为我国《刑法》第 236 条第 1 款规定的立法本意是将"具备正常的夫妻关系"排除在外的。这项判决实际上也是重构了我国《刑法》第 236 条第 1 款的规定，为这个规定增加了一项限制或除外。只不过这项限制或除外不是"具有夫妻关系"而是"具备正常的夫妻关系"。即"以暴力、胁迫或者其他手段强奸妇女的，处 3 年以上 10 年以下有期徒刑，但当事人之间具备正常的夫妻关系的除外"。应当指出，法官为这个规定增加的这项限制或除外是否是立法本意或法律的真实意思，这是需要法官进一步说明理由的。

四、演绎与类比推导：规则推导——隐含规则、蕴含规则与类推规则

对于具体案件而言，有时法律没有提供明示规则或可适用的规则与先例，已有的法律并不能涵盖和回答当前案件；或者法律对之完全没有概念，没有提供任何规则，即法律存在空白或漏洞，这是"法无明文规定"或"法律未规定"的情形。这种情况不但存在而且不可避免。应当指出，恰恰是由于法律存在空白或漏洞使法官的工作显示出了存在的价值。正如卡多佐大法官所言："法官从哪里找到体现在他的判决中的法律？这些渊源有时很明显。适合此案的规则也许是由宪法或制定法提供的。如果情况如此，法官就无需再费力追寻了。……法典和制定法的存在并不使法官显得多余，法官的工作也并非草率和机械。"[1]

在司法过程中，解决法无明文规定或法律空白问题，即在具体案件中填补法律漏洞是法官的重要职责之一。对于具体案件而言，一旦法无明文规定或法律未规定，即法律明示规则或已有规则不能涵盖或解答当前具体案件，法官的任务就是通过对法律进行建构性解释，填补其法律空白或漏

---

〔1〕［美］本杰明·卡多佐：《司法过程的性质》，苏力译，商务印书馆 1998 年版，第 4 页。

洞，即消除其法律缺乏，获得裁判的法律理由或依据。即通过建构性解释探寻与发掘制定法条文的"蕴含意思"、"隐含条款"与"深层含义"，"提供制定法所省略的东西"[1]，填满制定法提供的一般框架。更重要的工作是，法官们要在正式的法律渊源沉默不语的时候填补空白，"要理直气壮地、毫不踌躇地去填补制定法的空白"。即法官们要在立法机关对之完全没有概念的时候——当时的立法机关从未想到今天会对该制定法提出这个问题时，"服从当立法者自己来管制这个问题时将会有的目标，并以此来塑造他的法律判决"[2]，"填补那或多或少地见之于每一个实在法的空白"[3]，以消除其法律缺乏或漏洞。正如卡多佐指出，这个释法过程"也可以称为立法，但不管怎么说，还没有哪个成文法体系能一直摆脱对这一过程的需求"。[4]

在法律发现或获取中，法律是可推导的也是可填补的。解决法无明文规定或法律未规定问题，即解决法律漏洞的填补问题，其法官释法模式主要是演绎与类比推导。演绎与类比推导模式就是指，对于具体案件而言，一旦面临"法无明文规定"或"法律未规定"，即法律没有提供明示规则或可适用的规则与先例，或者已有规则不能涵盖或解答当前案件，法律存在缺乏或漏洞，就运用演绎推理或类比推理方法，从法律的"明示规则"或"已有规则"出发，推导出"隐含条款"、"蕴含规则"或"类推规则"，以填补其法律漏洞或空白、消除其法律缺乏，获得裁判理由或依据。

演绎与类比推导是发现或获取法律的重要推导方式与工具。正如考夫曼所言："演绎之于科学是不可或缺的，但不是充分的。它是一种从一般到特殊的推理……此一推理是强制性的。"[5] 霍姆斯也曾指出："类推、区分和演绎的诸过程正是律师们最为熟悉的。"[6] 这些推理本身并不是法律但是这些推理可以用来获取法律。这些"推理是从某些陈述出发，这些

---

　　[1]　[美] 本杰明·卡多佐：《司法过程的性质》，苏力译，商务印书馆 1998 年版，第 42 页。

　　[2]　[美] 本杰明·卡多佐：《司法过程的性质》，苏力译，商务印书馆 1998 年版，第 74 页。

　　[3]　[美] 本杰明·卡多佐：《司法过程的性质》，苏力译，商务印书馆 1998 年版，第 5 页。

　　[4]　[美] 本杰明·卡多佐：《司法过程的性质》，苏力译，商务印书馆 1998 年版，第 5 页。

　　[5]　[德] 阿图尔·考夫曼、温弗里德·哈斯默尔主编：《当代法哲学和法律理论导论》，郑永流译，法律出版社 2002 年版，第 179 页。

　　[6]　Oliver W. Holmes, Jr., "The Path of the Law", in *Collected Legal Papers*, ed. Mark de Wolfe Howe, Cambridge, Mass.: Harvard University Press, 1910, p. 181.

已经作出的陈述必然要引起对陈述之外的另一些事物加以论断，而且是作为这些陈述的一个结果。"[1] 在面临法无明文规定或法律未规定时，推理是建构性阐释法律文本的一个重要途径，它寻求法律文本中的隐含规则、蕴含规则与类推规则。推理的强大功能将帮助法官从明示规则或已有法律推导出蕴含规则、隐含条款或类推规则。这些演绎而来或者类推得来的规则也是裁判的法律依据或理由。正如拉伦茨（Karl Larenz）指出："不是所有的法条都规定在法律中。"[2] 法律是有生命力的，而且有自我再生产的（reproductive）能力。它的生长并没有因为被装进法典而受到抑制，它能够被延伸和扩大来满足具体案件的裁决需要。"必定存在某种看不见的法律，与看得见的法律并存。"对于具体案件而言，适合此案的法律未必都是明示规则或已有规则，可适用的法律也可以是默示的或不言自明的规则，也可以是从明示规则推导出的蕴含规则、隐含规则或暗含条款，还可能是法官基于已有法律填补或创制的规则。这些规则或条款有些是在法律中被隐藏起来而被法官从中辨识和发掘出来的，有些则是法律缺乏而由法官进行填补的。

（一）演绎推导

正如英国逻辑学家密尔指出，归纳是建立一般命题的过程，演绎实质上是分析或解释一般命题的过程。演绎推导（deductive inference）是从某些前提出发必然地推出或得出某些结论的过程。其前提与结论之间具有某种必然联系，结论在某种意义上为前提所包含或蕴涵（imply），即其前提与结论之间具有内在一致性（coherence）。应当指出的是，在语言学领域，提供一些语法（generative grammar）与语义推导规则，这些规则是解读言语的结构和含义的基石，人们借此得以理解和运用语言并且进行语义分析与推理，但是，演绎推导不仅是语义上的还是语用上的。正如格赖斯（Grice）指出，文本不仅存在字面意义还存在隐含意义。[3] 人们可以基于言语或文本的意图或目的以及价值进行推导，在语用上理解文本的意义，探寻其隐含意思（background norm），探寻可推出的或可引申（imaginative participation）的意思。在法律领域尤其如此。

---

〔1〕　苗力田主编：《亚里士多德全集》（第1卷），中国人民大学出版社1990年版，第551页。

〔2〕　[德]卡尔·拉伦茨：《法学方法论》，陈爱娥译，商务印书馆2003年版，第152页。

〔3〕　隐含的意义具有可推导性（calculability）、不确定性（indeterminacy）和非规约性（non-conventionality），是指不是字面意义的部分，是知道其字面意思之后，在语境中推导出来的含义，而这个含义超越其字面意义。

在法律发现或获取过程中，法律的演绎推导是从法律的明示规则出发推导出隐含条款或蕴含规则，发掘法律规定的隐含意思、蕴含意思或深层含义，这些暗含条款或隐含规则、蕴含规则与明示规则之间具有包含或蕴涵关系。正因为这些规则之间存在着包含或蕴涵关系，因此，这些规则之间具有可推导性即可扩展性，法官可以根据明示规则以及它们之间的包含或蕴涵关系推导出其暗含条款、隐含规则与蕴含规则。正如麦考密克所言："在规范的领域内，有这样一些逻辑的关系和联系，借助于正式的规则可以使它们具有决定作用。如果规范被当做前提时是有效的话，那么规范的或规范和事实陈述的可以从逻辑上推导出来的后果也总是有效的。"[1] 韦伯也曾指出，基于法律概念与法律规则的逻辑分析所产生的规范，就如同自然法则（laws of nature）一般，是上帝自己也无法改变且具有拘束力的规则，法律秩序不可与之冲突。在一般意义上，法律包括明文规定的规则与其法律意图或目的、价值原则或精神，还包括从这些法律明示规则以及法律意图或目的、价值原则或精神推导出或得出的"蕴含规则"与"隐含规则"[2]，基于法律明示规则、法律意图或目的、法律原则或精神的推断结果亦是法律理由的合法渊源。依照普通法学说，普通法拥有被写下及未被写下的部分，这两部分法源共同提供法官解决法律争端的尺度与依据。

法律的演绎推导亦称为蕴含推导与隐含推导，主要有法律的工具推导和当然推导两大类。[3] 法律的工具推导是根据法律规范以及法律规范所涉及的行为的目的手段关系、条件关系或因果关系进行的演绎推理，是从前提出发推出一个具有目的理由或工具理由结论的演绎推理。法律的隐含推导是从明示规则推导出暗含条款、隐含规则或蕴含规则的推理，其前提与结论之间具有隐含或蕴含的联系，即其结论为前提所隐含或蕴含。

---

〔1〕 ［英］尼尔·麦考密克、［奥］奥塔·魏因贝格尔：《制度法论》，周叶谦译，中国政法大学出版社 1994 年版，第 45 页。

〔2〕 "隐含规则"与"明示规则"或"明确规则"的概念相对应。美国学者 Roscoe Pound, Lon L. Fuller 和 Ronald Dworkin 对隐含规则的理论都有论述。See R. Pound, "The Theory of Judicial Decision", *Harvard Law Review Assnciation*, Vol. 36, 1923, p. 641; Lon L. Fuller, *Anatomy of the law*, Praeger, 1968, pp. 61 - 157; R. Dworkin, *Law's Empire*, Harvard University Press, 1986, pp. 123 - 124.

〔3〕 波兰法律逻辑学家齐姆宾斯基首先在其著作《法律应用逻辑》中讨论了工具推导和当然推导的有关问题。

应当指出，法律的工具推导是一种混合逻辑框架下的演绎推理，是将规范命题与事实命题结合起来的混合推理或混合推导[1]。在工具推导中，前提中既有规范命题或价值命题又有事实命题，是从规范和事实推导出规范的推理。法律的工具推导可以分为以下三类：

1. 应当工具推导。应当工具推导亦称为义务工具推导，是指根据法律的应当规范或义务规范以及所涉及的行为之间的目的手段关系或条件关系进行的推导。它有两个基本的推导规则：

（1）工具性应当规则（the rule of instrumental order）。如果某行为是应当的，则一切使该行为得以进行的必要行为也是应当的。即如果 A 是应当的，而 B 是 A 的必要手段或必要条件，则 B 是应当的。由 OA 和 A→B 可以推出 OB。即：

OA，A→B ⊢ OB[2]

（2）工具性禁止规则（the rule of instrumental prohibition）。如果某行为是应当的，则一切使该行为不能得以进行的行为是被禁止的。即如果 A 是应当的，而 B 是非 A 的充分条件或手段，则 B 是被禁止的。[3] 由 OA 和 B →￢A 可以推出 FB。即：

OA，B→￢A ⊢FB

2. 禁止工具推导。禁止工具推导是指根据法律的禁止规范以及所涉及的行为之间的目的手段关系或条件关系进行的推导。它有两个基本的推导规则：

（1）工具性禁止规则。如果某行为是被禁止的，则一切使该行为得以

---

〔1〕 英国学者黑尔注意到了价值推理是"混合的"推理或"混合的"三段论。即前提中既有规定句子或价值句子，又有事实句子或直陈句子。他称其为"实践的"三段论。对混合推理的研究属于混合逻辑的范畴。近年来人们发现，法律领域中的推理与论证不仅涉及规范的应然推导和事实的实然推导，还涉及将规范与事实结合起来的混合推导，因此，仅凭单一的经典逻辑及其扩充或变异系统，无法深入与充分地刻画法律推理与论证。需要依赖一种新的逻辑研究框架，需要将不同的逻辑语言整合在同一框架之中。上述混合推理的研究属于混合逻辑的范畴，新近发展起来的混合逻辑是逻辑学的一个新领域。"逻辑本身不能建立道德的标准，但是，逻辑可以用来进行道德推理。"价值推导或规范推导面临约根森困境。

〔2〕 "⊢"表示推出或推导关系。例如，证据应当在法庭上出示，并由当事人互相质证（《中华人民共和国民事诉讼法》第71条第1款），而只有当事人出庭才能互相质证；所以，当事人应当出庭。

〔3〕 例如，依法成立的合同，对当事人具有法律约束力。当事人应当按约定履行自己的义务，不得擅自变更或者解除合同（《合同法》第8条第1款），而如果迟延履行合同，就不能按约定履行自己的义务；所以，不得迟延履行合同。

进行的行为亦是被禁止的。即如果 A 是被禁止的，而 B 是 A 的充分条件或手段，则 B 也是被禁止的。[1] 由 FA 和 B→A 可以推出 FB。即：

FA，B→A ⊢FB

（2）工具性应当规则。如果某行为是被禁止的，则一切使该行为不能得以进行的必要行为是应当的。即如果 A 是被禁止的，而 B 是非 A 的必要条件或必要手段，则 B 是应当的。[2] 由 FA 和 ⌐A→B 可以推出 OB。即：

FA，⌐A→B ⊢OB

3. 允许工具推导。允许工具推导亦称为权利工具推导，是指根据法律的允许规范或权利规范以及所涉及的行为之间的目的手段关系或条件关系进行的推导。它的推导规则是工具性允许规则：

（1）如果某行为是允许的，则一切使该行为得以进行的必要行为也是允许的。即如果 A 是允许的，而 B 是 A 的必要手段或必要条件，则 B 是允许的。[3] 由 PA 和 A→B 可以推出 PB。即：

PA，A→B ⊢PB

（2）如果某行为是允许的，则一切使该行为不能得以进行之行为的相反行为是允许的。即如果 A 是允许的，而 B 是非 A 的充分条件，则非 B 是允许的。[4] 由 PA 和 B→⌐A 可以推出 P ⌐B。即：

PA，B→⌐A ⊢P ⌐B

工具推导是法律推理中的一种重要工具。在寻找或获取法律的过程中，在法律未规定或法无明文规定，即实在法规定或规则不能涵盖当前具体案件，法律存在缺乏或漏洞时，就需要法官发掘法律规定或规则的蕴含意思、隐含意思或深层含义，从有关的法律规定或规则推论出蕴含规则或

---

〔1〕 例如，出版者、表演者、录音录像制作者、广播电台、电视台等依照本法有关规定使用他人作品的，不得侵犯作者的署名权、修改权、保护作品完整权和获得报酬的权利（《著作权法》第31条），而使用他人作品，未按照规定支付报酬，就侵犯了他人著作权的获得报酬权；所以，不得使用他人作品而不按照规定支付报酬。

〔2〕 例如，禁止污染河流，而只有净化排入河流的工业废水才不污染河流；所以，应当净化排入河流的工业废水。

〔3〕 例如，当事人在法庭上可以提出新的证据（《中华人民共和国民事诉讼法》第142条第1款），而只有通知新的证人到庭才能提出新的证据；所以，允许通知新的证人到庭。又如，如果某人被允许进入邻居庄园采摘自己的果树伸入其中的果实，那他就有权带着梯子进去，如果这对采摘果实是必要的话。

〔4〕 例如，允许当事人在调解书送达前反悔，而当事人签收调解书后就不能反悔；所以，允许当事人不签收调解书。

隐含规则，以消除其法律的缺乏或漏洞，获得裁判理由或依据。而法律的工具推导就是从法律明示规则或规定推论出蕴含规则或隐含规则的一种推理工具，是发掘法律规定或规则的蕴含意思、隐含意思或深层含义的一种推理工具，是填充法律框架与消除法律缺乏的一种推理工具。它在寻找法律或获取法律的过程中有着广泛的运用。

在克兰多尔诉内华达州（*Crandall v. Nevada*）一案[1]中，美国最高法院在宪法命令没有规定自由迁徙权利时，从一个自由国度的基本先决条件中推断出，人们享有在本国国境范围内自由迁徙的权利。显然美国最高法院使用了工具推导，以一个自由国度的基本先决条件为由，推论出人们享有自由迁徙的权利。

在麦卡洛克诉马里兰州（*McCulloch v. Maryland*）一案[2]中，美国最高法院认为，美国联邦政府拥有这种不言而喻的权力，这一点是政府为履行宪法明文授予它的特权所合理必要的。出于同样原因，国际法院认为，联合国必须被认为拥有那些对于它履行其义务来讲是必不可少的权力，尽管联合国宪章对这些权力没有加以明文规定，但该宪章的必然隐义却将这些权力赋予了它。

在米兰达诉亚里桑娜州（*Miranda v. Arizona*）一案[3]中，美国最高法院确立了沉默权原则即米兰达警告。判决指出[4]：当一个人遭受羁押或

---

〔1〕 参见［美］E.博登海默：《法理学——法哲学及其方法》，邓正来、姬敬武译，华夏出版社1987年版，第441页。

〔2〕 参见［美］E.博登海默：《法理学——法哲学及其方法》，邓正来、姬敬武译，华夏出版社1987年版，第440页。

〔3〕 *Miranda v. Arizona*，384 U. S. 436（1966）. 1963年，23岁的无业青年米兰达，因涉嫌强奸和绑架妇女在亚利桑那州被捕，警官随即对他进行了审问。在审讯前，警官没有告诉米兰达有权保持沉默。经过连续两小时的审讯，米兰达承认了罪行，并在供词上签了字。在法庭上，检察官向陪审团出示了米兰达的供词，作为指控他犯罪的重要证据。米兰达的律师则坚持认为，根据宪法米兰达供词是无效的。最后，陪审团认定米兰达有罪。在案件上诉到最高法院之后，1996年，最高法院9位大法官以5∶4裁决米兰达的供词无效。

〔4〕 参见北京大学法学院司法研究中心编：《宪法的精神》，中国方正出版社2003年版，第303～305页。判决指出：在此类案件中，我们都要对一个宪法问题作出决定，即从一个被羁押或以任何有效形式被剥夺行动自由的被告人那里所获陈述的可采性。每起案件里，被告都是在一个与外界隔绝的房间，受到警官、侦探或检察官的讯问。这些案件中，没有哪起案件的被告人在讯问程序开始时即得到有关其权利的充分、有效的告知。所有这些案件，其讯问都引出了口头供认，因此，这些案件有一些显著的共同特征：一个由警察主导的环境中，在没有充分告知其宪法权利的情况下，对与外界隔绝的个人进行了讯问，从而导致自我归罪的陈述。如果没有适当的保障措施，对羁押中的犯罪嫌疑人或刑事被告人进行的讯问程序，其所蕴含的固有的强迫性压力，将削弱他抵制的意志力，迫使他发言——要不然，在此种场合下他是不会自愿这样做的。为了克服这些压力，获得充分行使不得自证其罪特权的机会，必须充分、有效地告知被告人权利，并且这些

以其他任何形式被当局剥夺自由并受到讯问时，不得自证其罪的特权即面临危险，必须使用程序性保障措施以保护此项特权，并且，除非采取了其他充分、有效的方式告知该人享有沉默权并确保此权利的行使受到谨慎的尊重，否则必须要求有以下措施。在受到任何形式的讯问前，一个人必须被告知[1]：他有权保持沉默，其所说的任何话都有可能在法庭上被用作不利于他的证据；并且他有权要求律师在场，如果他无力负担费用并愿意，可以为他指定律师。[2] 在整个讯问过程中，都必须提供行使这些权利的机会。在给予上述告知并提供行使这些权利的机会后，该人可以明白地、理智地放弃这些权利，同意回答问题或进行陈述。然而，除非并且直至此种告知或弃权为控方在审判中证明，任何通过讯问被告人所获取的证据都不能用来作为不利于被告的证据。

在这个案件中，美国最高法院判决运用了演绎推导中的工具推导方式。美国联邦宪法第 5 修正案规定，在刑事检控中不得强迫被告作出不利于自己的证明，即被告享有对抗自罪（self incrimination）的特权，但是，美国联邦宪法并未明文规定警察在审讯前必须对涉嫌有罪的人充分告知其

（接上注）

权利的行使应给予足够的尊重。第 5 修正案的特权对我们的宪政机制具有如此的基础性作用，而充分告知这些特权又是相当地便利、简单，以至于在个案中，我们不会去探问，是否即使没有告知这一权利，被告人也已清楚地认识到了其享有的权利。对被告人所拥有的知识的评估，总是基于有关年龄、受教育情况、智力水平以及他先前与当局的接触情况等信息，这永远只不过是推测；而"告知"这一行为却是一个再清楚不过的事实。更为重要的是，无论被讯问人的背景情况如何，讯问时的告知对克服压力、确保被讯问人知道其可自由行使该特权，都是必不可少的。在没有强迫性因素影响的情况下，任何自主自愿所作的陈述在证据上当然是可采的。该特权的基本要义并非在于，当一个人受到羁押时，是否允许其在没有得到告知和律师帮助的情况下对警察讲话，而在于能否对他进行讯问。在警察拦住某个进入警察局表示想供认犯罪的个人，或者给警察局打电话的某人提出要作有罪供述或是想作其他任何陈述时，是没有什么要求的。

〔1〕 即著名的"米兰达警告"（Miranda Warnings）：You have the right to remain silent. Anything you say can and will be used against you. You have the right to have an attorney present during questioning. If you cannot afford one, one will be appointed for you. Do you understand each and every one of these rights as they have been presented to you? （你有权保持沉默。你所说的一切都有可能在法庭上被用作不利于你的证据。你有权要求律师在场。如果你付不起律师费的话，法庭会为你指定律师。你是否完全了解你的上述权利?）

〔2〕 米兰达规则的前三条与米兰达一案有关，而第 4 条规则，即如果嫌犯请不起辩护律师，法庭应免费为其指定一位律师的规定，则是美国最高法院在 1963 年作出的另一项重要裁决。1932 年，最高法院在鲍威尔诉阿拉巴马州（Powell v. Alabama）一案中裁决，法院应为被控犯死罪的穷苦被告人免费提供辩护律师。1963 年，最高法院在吉迪恩诉温赖特（Gideon v. Wainwright）一案裁定，联邦法院和各州法院都应为被控犯重罪的穷苦被告人免费提供辩护律师。

宪法权利。警察是否应当承担这样一项充分告知的义务呢？最高法院大法官作了肯定的回答。他们从法律的明示规则出发进行了如下禁止工具推导：尽管联邦宪法并未明文规定警察必须告知涉嫌有罪的人有权保持沉默并且可以获得律师的帮助，但是，第5修正案规定在刑事检控中不得强迫被告作出不利于自己的证明，被告享有对抗自罪（self incrimination）的特权，第5修正案的特权在刑事审判程序之外同样是适用的，以便在所有情况下保障行动自由受任何有效形式限制的个人免于被迫自证其罪。而强制警察告知涉嫌有罪的人有权保持沉默并且可以获得律师的帮助，是不得强迫被告作出不利于自己的证明、保障被告享有并充分行使对抗自罪特权、从而保证合法审讯的必要与先决案件。这是因为，在一个由警察主导的环境中，在没有充分告知其宪法权利的情况下，对与外界隔绝的个人进行了讯问，就会导致自我归罪的陈述。警察局在审讯时所笼罩的气氛是有强迫性质的，这样有助于把微妙及间接的压力强加于被捕者，从而削弱他抗拒的意志力并迫使他不自愿地作出供述；而且警察所使用的各种诀窍、手段以及使人露出马脚的断言，常常可以使被审问者陷入圈套而作出表明有罪的陈述，而按传统上的理解，这些陈述可以被称为是"自愿的"。因此，为了使被审问者克服这些压力并获得充分行使对抗自罪特权的机会，警察在审讯前必须充分地、有效地告知涉嫌有罪的人有权保持沉默并且有权获得律师的帮助，并且对于这些权利的行使应给予足够的尊重。否则，任何通过讯问所得到的陈述都不能作为证明其有罪的证据。最高法院大法官在这个裁决中确立了警察应当承担的一系列告知义务。警察不仅不得强迫被告作出不利于自己的证明，而且必须告知涉嫌有罪的人警察不得强迫他作出不利于自己的证明，还要告知涉嫌有罪的人你如果要说你所说的一切都将是对你不利的呈堂证供。在美国宪法中对抗自罪特权即不得强迫犯罪嫌疑人自证其罪是明示规则，而犯罪嫌疑人的沉默权以及警察的告知义务都不是明示规则而是推导出来的隐含规则。[1] 它们是运用工具推导得出来的，是遵循允许规范的工具允许规则以及禁止规范的工具应当规则推出来的。

---

　　[1]　1968年，也就是在米兰达规则确立两年后，美国国会通过一项法律，规定被告人出于自愿的坦白可以在审判中采用，即使没有向被告人告知他们的权利。美国联邦参议员艾尔温曾提出议案，建议增加一条新的宪法修正案，推翻美国最高法院对米兰达诉亚利桑那州一案作出的裁决。这个议案因没得到参众两院2/3多数支持而夭折。依美国法律，即使参众两院通过了，仍需

　　在香港特别行政区诉马维騉案[1]中，涉嫌犯罪的被告的律师向法庭提出，香港特别行政区临时立法会缺乏法理依据，因而它所通过的法律没有效力。倘若香港基本法等有关文件明文规定了"临时立法会"，则"临时立法会"的法理依据自不待言；但是，香港基本法等文件并没有明文规定"临时立法会"，香港特别行政区临时立法会到底合不合法？这是一个需要法官进行推断或解释的问题。我国香港基本法等有关法律文件没有明文规定"临时立法会"，这是否意味着香港特别行政区临时立法会就缺乏法理依据呢？高等法院上诉庭不这样认为。香港特别行政区高等法院上诉庭判决指出[2]：虽然香港基本法等文件没有规定"临时立法会"，但是《全国人大关于香港特别行政区第一届政府和立法会产生办法的决定》授权筹备委员会负责筹备成立香港特别行政区的有关事宜。[3] 既然授权筹委会负责筹备成立香港特别行政区的有关事宜，也就授予筹委会为了贯彻立法意图所必需行使的一些权力，这些权力是一种"隐含权力"。因此，筹委会为了实现立法意图——成立香港特别行政区政府，有权设立临时立法会。从而，临时立法会的设立有其法律依据，临时立法会的合法性不容置疑。既然香港特别行政区临时立法会是全国人大常委会授权香港特别行政区筹委会合法成立的组织，特区法官无权质疑全国人大常委会的决定。因此，3 名在回归前涉嫌犯罪的被告，需要继续接受香港特别行政区法院聆讯。

　　香港高等法院上诉庭法官在这个裁决中运用的是工具推导方式，遵循

（接上注）

3/4 以上州议会的批准才能生效。2000 年美国联邦最高法院在迪克森诉合众国（*Dickerson v. United States*）一案的判决中，以 7：2 的悬殊票决，坚持其在 1966 年米兰达诉亚利桑那州一案中所确认的米兰达规则，重申警察对犯罪嫌疑人进行询问前必须作出"米兰达警告"。首席大法官伦奎斯特指出，米兰达规则只是关系到如何解释宪法某个条款，因此国会无权立法将其推翻。

〔1〕 *HKSAR v. MA WAI-KWAN, David, CHAN KOK-WAI, Donny and TAM KIM-YUEN*. 香港特别行政区高等法院原讼庭于 1997 年 7 月初受审这起香港回归前发生的刑事案件。案件尚未开审，涉嫌犯罪的 3 名被告的律师就向法庭提出：香港特别行政区临时立法会缺乏法理依据，因而它所通过的法律没有效力；香港原有法律在特别行政区成立时未经正式程序采用，故香港原有法律在特区也是无效的。因此，3 名被告无须答辩，应无罪释放。原讼庭法官认为此案关系重大，遂转交上诉庭审理。

〔2〕 In The High Court of the Hong Kong Special Administrative Region Court of Appeal Reservation of Question of Law No. 1 of 1997.

〔3〕 1990 年 4 月 4 日全国人大《关于香港特别行政区第一届政府和立法会产生办法的决定》规定："全国人民代表大会设立香港特别行政区筹备委员会，负责筹备成立香港特别行政区的有关事宜，根据本决定规定第一届政府和立法会的具体产生办法……"

的是工具性允许规则。即如果某行为是允许的则一切使该行为得以进行的
必要行为也是允许的。上诉庭法官的推论有两个前提：其一，全国人大已
授权筹委会负责筹备成立香港特别行政区有关事宜，即筹委会有权负责筹
备成立香港特别行政区政府有关事宜，这是一种"明示权力"；其二，设
立临时立法会是使该权力得以行使从而立法意图得以贯彻必要之手段或先
决之条件。法官据此得出结论：筹委会有权设立临时立法会，这是一种必
要而正当的"隐含权力"。因而，临时立法会是合法成立的组织，具有合
法性。这个裁决也表明，不仅由国家颁布的法律条文所确认的规范是有法
律效力的规范，而且根据这些规范以某种方式合理推论出来的规范也是普
遍公认为有法律效力的规范，它们在没有现成法律规则的情况下成为法律
所允许的结果。基于目的理由的推断亦是法律理由的合法渊源。

　　法律的当然推导亦称为法律规范的强弱推导。它是根据法律规范的立
法意图或立法价值一贯性进行的演绎推理，是根据此前所论为正确则现在
所论就更为正确的推论。[1] 当然推导即强弱推导的前提与结论之间具有
立法意图或价值取向的一贯性，其结论在立法意图或价值取向一贯性上为
前提所包含或蕴含。在具体案件中运用法律的强弱推导工具，可以发掘法
律规定或规则的蕴含意思、隐含意思或深层含义，可以从法律的明示规则
推导出蕴含规则、隐含规则或暗含条款，从而在具体案件中解决法无明文
规定或未规定问题，解决法律的"缺乏"、"空白"或"漏洞"问题，获
得裁判理由或依据。法律的当然推导有两个基本推导规则：

　　1. 由强到弱的推导。由强到弱的推导适用于法律的应当规范和允许
规范。这种推导是指从一个较强的应当规范或允许规范可以推出一个较弱
的应当规范或允许规范。其根据在于：根据规范制定者的同一立法意图或
价值取向，既然规范制定者规定应当履行或允许履行一种较强的行为，就
当然有理由认为应当履行或允许履行比这种行为较弱的行为。即根据同一
立法意图或价值取向，一个较强的应当或允许规范当然包含一个较弱的应
当或允许规范。因此，根据同一立法意图或价值取向，可以从一个较强的
应当规范和允许规范推出一个较弱的应当规范和允许规范。由强到弱的推
导可以表述为这样的规则："命令谁做得较多，也就是命令他做得较少"

---

　　〔1〕　参见［波兰］齐姆宾斯基：《法律应用逻辑》，刘圣恩等译，群众出版社 1988 年版，第 331 页。

（argumentum a maiori ad minus）〔1〕。拉丁文 a maiori ad minus，直译"由大推小"，即唐律所称"举重以明轻"。

在瞿某诉某电器塑料厂双倍返还定金一案〔2〕中，倘若法律条款明文规定了"双倍返还定金并支付利息"，则原告要求的法律依据自不待言。但是我国当时《民法通则》第89条第3项及《担保法》第89条只明文规定"双倍返还定金"，并没有明文规定"双倍返还定金并支付利息"。原告要求被告在返还定金的同时支付利息到底合不合法？在本案中，法官运用了法律的当然推导或强弱推导，从被告应当返还定金推出了被告还应当返还其利息。法院判决指出：如果被告按约供货，那么原告支付的6000元定金就会被折算成价款，原告取得货物就相当于被告将定金返还了原告，从交货时起获得这笔定金利息的则是原告而非被告。在被告违约后，如果他及时承担双倍返还定金的违约责任，那么，从此时起他不仅不能获得原告交付的6000元定金的利息，而且还将失去另外6000元的利息。所以，从被告违约之日起，原告就应取得12 000元的利息。如果收受定金的一方违约，在双倍返还定金时不支付利息，这无异于纵容、鼓励收取定金的一方违反合同并拖延承担违约责任。因为拖延供货或双倍返还定金，至少可以取得定金利息，而且时间拖延得越长越好、最终利息会超过本金。因此，被告不但要返还定金12 000元，而且要支付其利息1296元。

在北京市海淀区春海餐厅人身损害赔偿案〔3〕中，在当时我国法律对精神损害赔偿金并无明文规定，本案法官基于法律原则与意图进行法律的

---

〔1〕 转引自［波兰］齐姆宾斯基：《法律应用逻辑》，刘圣恩等译，群众出版社1988年版，第330页。例如，为了满足生产和生活的需要，明文规定某供电部门必须负责供应该城市的电力。那么，根据同一立法意图或价值取向，该供电部门就当然有理由必须负责供应该城市某城区的电力。这就是由前一个较强的必须规范推出后一个较弱的必须规范。又如，为了充分开发和利用土地资源，法律明文规定，公民和集体可以承包经营集体所有的或者国家所有由集体使用的土地；那么，根据同一立法意图或价值取向，就当然有理由允许公民和集体承包经营集体所有或者国家所有的荒山、荒地。这就是由前一个较强的允许规范推出后一个较弱的允许规范。

〔2〕 转引自喻敏："论法官造法——兼与孟勤国同志商榷"，载《现代法学》1996年第6期。原告诉称：原告与被告签订一份购销合同，合同规定原告向被告购买塑料鞭炮筒5吨，交货时间为1995年10月。合同签订后，原告交付定金6000元。合同履行期届满后直到1996年3月，被告仍未交货。原告据此请求判令被告双倍返还定金并支付利息。

〔3〕 贾国宇诉北京国际气雾剂有限公司、龙口市厨房配套设备用具厂、北京市海淀区春海餐厅人身损害赔偿案。1995年3月8日晚7时许，贾国宇与家人及邻居在春海餐厅聚餐。被告春海餐厅在提供服务时，所使用的卡式炉燃烧气是被告气雾剂公司生产的"白旋风"牌边炉石油气，炉具是被告厨房用具厂生产的YSQ-A"众乐"牌卡式炉。当贾国宇等人使用完第一罐换置第二个

当然推导，在具体案件中填补了法律空白。北京市海淀区人民法院判决认为：依照《民法通则》第119条"侵害公民身体造成伤害的，应当赔偿医疗费、因误工减少的收入、残废者生活补助费等费用"的规定，人身损害赔偿应当按照实际损失确定。根据《民法通则》第119条规定的原则和司法实践掌握的标准，实际损失除物质方面外，也包括精神损失，即实际存在的无形的精神压力与痛苦。本案原告贾国宇在事故发生时尚未成年，身心发育正常，烧伤造成的片状疤痕对其容貌产生了明显影响，并使之劳动能力部分受限，严重地妨碍了她的学习、生活和健康，除肉体痛苦外，无可置疑地给其精神造成了伴随终身的遗憾与伤育，必须给予抚慰与补偿。赔偿额度要考虑当前社会普遍生活水准、侵害人主观动机和过错程度及其偿付能力等因素。最后判决被告赔偿精神损害赔偿金10万元。[1]

2. 由弱到强的推导。由弱到强的推导适用于禁止规范。这种推导是指从一个较弱的禁止规范可以推出一个较强的禁止规范。其根据在于：根据规范制定者的同一立法意图或价值取向，既然规范制定者规定禁止履行一种较弱的行为，就当然有理由认为禁止履行比这种行为较强的行为。即根据同一立法意图或价值取向，一个较弱的禁止规范当然包含有一个较强的禁止规范。因此，根据同一立法意图或价值取向，可以从一个较弱的禁止规范推出一个较强的禁止规范。由弱到强的推导可以表述为这样的规则："禁止谁做得较少，也就是禁止谁做得较多"（argumentum a minori ad maius）[2]。拉丁文 a minori ad maius，直译"由小推大"，即唐律所称"举轻以明重"。[3]

在我国《民法通则》第93条中规定了"无因管理"条款："没有法定

（接上注）

气罐继续使用约10分钟时，餐桌上正在使用的卡式炉燃气罐发生爆炸。致使贾国宇面部、双手烧伤，诊断为"面部、双手背部深2度烧伤，烧伤面积8％。"贾国宇要求被告赔偿精神损害赔偿金65万元。

〔1〕　这是我国精神损害赔偿第一案。

〔2〕　转引自［波兰］齐姆宾斯基：《法律应用逻辑》，刘圣恩等译，群众出版社1988年版，第330页。

〔3〕　例如，某公园的管理者，为了保护草坪不受损坏，明令"禁止游人践踏草坪"或"游人不得在草坪上行走"。那么，根据同一立法意图或价值取向，就当然有理由认为"禁止游人挖掘草坪"等，这是因为挖掘草坪会给草坪造成更大的损坏。于是，从"禁止游人践踏草坪"或"游人不得在草坪上行走"推出"禁止游人挖掘草坪"。这就是从前一个较弱的禁止规范推出后一个较强的禁止规范。

的或者约定的义务，为避免他人利益受损失进行管理或者服务的，有权要求受益人偿付由此而支出的必要费用。"管理人因无因管理活动致受有损失时，此项损失可否要求受益人赔偿呢？对此，上述条款并无明文规定。最高人民法院对此解释如下：《民法通则》第93条规定的管理人或者服务人可以要求受益人偿付的必要费用，包括在管理或服务活动中直接支付的费用，以及在该活动中受到的实际损失。据此可以判断最高人民法院有这样的推导：既然管理人或服务人有权要求受益人偿付为管理或者服务支出的必要费用，当然有理由要求受益人偿付因此而受到的实际损失。即受益人不得拒绝偿付管理人或者服务人因此而支出的费用，就更不得拒绝偿付因此而受到的实际损失。这个推导便是法律规范的当然推导。

应当指出，法律规范的强弱推导是一种重要的法律推理工具，在法律发现或法律获取中有广泛的应用。但由于规范强弱推导要从规范制定者的意图或价值取向出发，如果规范制定者曾经公开明确地表示过制定这个规范的意图或价值取向，这还比较好办，如果规范制定者没有公开明确地表示过制定这个规范的意图或价值取向，这时就需要依靠推论来分析和推测。由于推论者的价值观念与规范制定者的价值观念并不一定完全相同，因而推论者推测的意图或价值取向未必就是规范制定者的真正意图或价值取向，即使推测的意图或价值取向同制定者的意图或价值取向完全一致，但对于什么行为是强的，什么行为是弱的，其评定的标准，有时却是非常含混，难以确定的。因此，推论出来的规范，并不一定就被有权制定该规范的人所认可，并不一定就是有效的规范。

（二）类比推导

根据两个对象在某些方面具有相同或相似属性推断出这两个对象在别的方面也具有相同或相似属性的过程，在逻辑上被称为类比推理（per analogiam）。法律的类比推导是类比推理在法律发现或法律获取过程中的运用。它是指根据某个法律规定或规则以及该规定或规则的立法意图或价值取向推论出一个类似的法律规则，将已有法律规则的范围延伸或扩大到一种并不为该规则所涵盖但被认为属于构成该规则基础的同一立法意图或法律价值取向之内的事实情形。这个过程亦称为规则类推或类推造法。[1]比如，有一条规则规定某遗嘱执行人不可在指定他为遗嘱执行人以外的地方提起诉讼，按类比推理方法可以发展出一条新规则，按新规则适用可以

---

[1] 这种意义上的类推在法律适用过程中的运用称为类推适用。

被延伸或扩大于某一遗产的管理人。应当指出，法律的类比推导涉及法律的目的考量、利益衡量和价值判断与选择，包括目的论或价值论的类推或扩张[1]。因此，"设证、归纳及演绎的因素都可以在类推的法律发现过程中找到，这点正显示出类推极其复杂的结构，显示出它的困难，但也显示出它无比的丰富性"[2]。

法律的类比推导是填补法律空白或法律漏洞的一种推理工具。法律类比推导的前提与结论之间不存在相互包含或蕴涵关系，但前提和结论所涉及的行为或情况是大致相同或相似的，即它们之间相同的部分是重要的，它们具有某种关联性与融贯性，它们为相同的立法意图或价值取向所涵盖。因而，它们就有相同的法律目的理由或价值理由，可以被赋予相同的法律后果或法律意义。法律具有扩展性和延伸性，对法律可以进行类比推理，法官可以基于已有的法律规定或规则进行规则类推或类推造法。在法律发现或获取过程中，对于具体案件而言，在法无明文规定或未规定，即已有规定或规则不能涵盖具体案件时，通过类推，从明示规则或已有规则推导出类似规则或类推规则，从现存的法律原则产生新的法律原则，将规则覆盖延伸到原来不曾规定的事项之上，扩充法律上规定的事项以推及类似的情况，以填补法律的漏洞，消除法律的缺乏，弥补立法之不足，"实现法律之公平及维护法律秩序之安定"。正如卡多佐所言："这是没有哪个法律体系能够放弃不用的工具。"[3] "为了获得统一性、一贯性和确定性，只要这些规则对于发生的所有案件并非明显不合情理和不便利，我们就必须运用这些规则；在尚未慎重地适用这些规则的时候，我们没有自由因为我们认为这些规则不像我们本来可能设计的那样便利和合乎情理而拒绝这些规则，并放弃对这些规则的所有类比。"[4] "法官必须在'有思考的服从'中按照已经确认的规范目的，通过类推或者目的性限缩对缺乏的特别规定进行补充。"[5]

波斯纳指出，普通法对石油和天然气的财产权益的承认就是在与野兔和其他野生动物权益的"类比"中得出的。第一步是从野兔的案例中抽象

---

〔1〕　参见［德］卡尔·拉伦茨：《法学方法论》，陈爱娥译，商务印书馆2003年版，第273页。

〔2〕　［德］阿图尔·考夫曼：《法律哲学》，刘幸义等译，法律出版社2004年版，第117~118页。

〔3〕　［美］本杰明·卡多佐：《司法过程的性质》，苏力译，商务印书馆1998年版，第28页。

〔4〕　［美］本杰明·卡多佐：《司法过程的性质》，苏力译，商务印书馆1998年版，第41~42页。

〔5〕　［德］伯恩·魏德士：《法理学》，丁晓春、吴越译，法律出版社2005年版，第370页。

出这样一个规则，即具有短期价值的资源就是财产权益的客体；第二步是将该规则推导性地适用于新的短期价值资源，如石油和天然气。[1] 我国《民法通则》第 62 条规定民事法律行为可以附条件，而未及可否附期限。最高人民法院对此解释说，民事法律行为亦可附期限。这个解释已超出我国《民法通则》第 62 条原文可能的文义范围，不是我国《民法通则》第 62 条演绎推导的结果，而是我国《民法通则》第 62 条类比推导的结果。我国《合同法》第 124 条规定了关于无名合同的法律适用的类推原则："本法分则或者其他法律没有明文规定的合同，适用本法总则的规定，并可以参照本法分则或者其他法律最相类似的规定。"

在厦门特区锦江贸易公司诉前申请对天津远洋运输公司倒签提单予以证据保全案[2]中，厦门海事法院根据我国民事诉讼法关于诉讼开始后证据保全的规定，裁定准许申请人的诉前证据保全申请。当时我国实行的民事诉讼法中并没有诉前证据保全的规定，只有诉讼中即诉讼开始后证据保全的规定。但是，二者有相同的法律上的目的理由和价值理由，而且二者在许多方面是相同或相似的。既然诉讼中对证据可以采取保全措施，那么诉前对证据也可以采取保全措施。厦门海事法院根据两者在法律目的和价值理由上的相同之处，运用类比推理的方法，比照诉讼开始后的证据保全的规定，发展出诉前保全证据的措施。在具体案件中，消除了法律的"缺乏"，填补了法律的"漏洞"。

五、辩证推导：权衡、平衡与制衡

在寻找法律的过程中，法官有时会遇到法律冲突的情况：对于具体案件而言，法律规定或规则存在自相矛盾；或者存在两个或两个以上的法律规定或规则，它们都有足够的理由可以适用于同一具体案件，但它们之间是相互冲突、抵触或矛盾的，即它们是不可能同时被履行的，履行其中一个就无法同时履行另一规范。这些法律冲突包括法律在义务或责任承担、权利与利益保护及自由保障等方面存在的冲突，表现为法律规则、法律意图或目的、法律价值原则与精神方面的冲突。法官承担着在具体案件中解决法律冲突的职责。在寻找法律的过程中，一旦发现法律规定或规则存在冲突、抵触或矛盾，法官就应在当前案件的具体情境中，在这些规定或规

[1] See *Hannonds v. Central Kentucky Natural Gas Co.*, 255 Ky. 685, 75 S. W. 2d 204 (1934).

[2] 参见最高人民法院中国应用法学研究所编：《人民法院案例选》（总第 5 辑），人民法院出版社 1993 年版，第 160~164 页。

则之间作出一种选择或寻求一种平衡，决定接受哪一个规定或规则为裁决的法律依据，以解决法律冲突即熨平法律皱褶。正如丹宁法官所言，面对法律的冲突、抵牾或矛盾，"法官应该向自己提出这么个问题：如果立法者自己偶然遇到法律织物上的这种皱褶，他们会怎样把它弄平呢？很简单，法官必须像立法者们那样去做。一个法官绝不可以改变法律织物的编织材料，但是他可以，也应该把皱褶熨平"。[1]

在法律发现或获取过程中，解决法律冲突问题就涉及法官释法的辩证推导方式。古希腊思想家亚里士多德早在两千多年前就清醒地认识到前提的冲突及其选择问题，并在《前分析篇》中把解决前提冲突及其选择问题的推导过程概括为辩证推理。在亚里士多德看来，辩证推理是寻求一种答案，以对在两种相互矛盾的陈述中应当接受何者的问题作出回答。其本质是在相互冲突或矛盾的前提之间作出选择，或是对相互冲突或矛盾的前提进行平衡与综合。辩证推理在法律发现或获取过程中的运用就是法官释法中的辩证推导方式。法官释法的辩证推导就是指，在寻找或获取法律的过程中，对于具体案件而言，一旦法律自相矛盾或者法律之间存在冲突、抵触或矛盾，就基于对法律的体系分析、立法意图或目的考量、法律精神或价值取向判断、社会习惯或惯例考察、社会效用或社会利益衡量、社会公共政策以及社会公平正义观念判断，在法律冲突之间作出一种选择，寻求一种平衡与综合，以化解或平衡法律冲突即熨平法律皱褶，获得可资适用的裁判理由或依据。

正如哈特所言："有时在将一般化规则适用到特定个案的时候，需要进一步地做出选择。"[2] 在通常情形下法律的正义之路是没有冲突的，但有时这些正义之路分岔了，有的正义之路通向这样一个正义，有的正义之路通向另一个正义，在这些正义追求之间就必须作出选择。对于具体案件而言，在法律冲突之间决定接受哪一个规定或规则为裁判理由或依据更为适当，需要诉诸法律的逻辑分析、目的考量、利益衡量和价值判断，需要在相互冲突的规则、意图或目的、利益或价值之间进行权衡，需要在法律的正义追求之间作出抉择。值得指出的是，在法律的善与恶或是与非之间进行选择并不困难，难的是在法律的善与善、正义与正义之间作出选择。

---

〔1〕　[英]丹宁勋爵：《法律的训诫》，杨百揆、刘庸安、丁健译，法律出版社1999年版，第13页。

〔2〕　[英]H. L. A.哈特：《法律的概念》，许家馨、李冠宜译，法律出版社2006年版，第124页。

因此，如何适用这些法律往往是颇费踌躇的，法院审理这些法律冲突案件并非易事。正如亚里士多德指出："由于不存在使结论具有必然性的无可辩驳的'基本原则'，所以通常我们所能做的就只是通过提出似乎是有道理的、有说服力的、合理的论据去探索真理。……由于各种各样的观点可能发生互相冲突这一事实，我们的劝说工作有时便会变得更加复杂。"[1]

在法律发现或法律获取过程中，运用的辩证推导主要有以下三种模式：权衡模式、平衡模式、制衡模式。[2]

（一）权衡模式

有时法律所代表的利益或价值的重要性是可比较和可权衡的。权衡模式亦称为优势推导模式，是指一旦面临法律冲突，就在正义天平上权衡这些法律各自代表的利益或价值的分量，并进而作出确保那些占优势地位的即更为重要的利益或价值得到优先保护的选择。在具体案件中，哪种力量将起支配作用，这在很大程度上取决于将因此得以推进或损害的诸多社会利益的相对重要性或相对价值。正如卡多佐所言："这里有一些相互冲突的原则在争夺对此案结果的支配力。其中的某个原则取胜了，而所有其他的原则都消失了……之所以遵循了一条道路，而关闭了另一条道路，这是因为在这位司法者的心目中有这种确信，即他所选择的道路导向了正义。诸多类推和先例以及它们背后的原则都被摆到一起，相互争夺优先权；但最终，那个被认为是最根本的、代表了更重大更深广的社会利益的原则打得其他竞争原则落荒而去。"[3]

对于具体案件而言，有时法律的某些利益和价值追求是不可能同时得到实现的，为了获得一些利益和价值就一定会牺牲另一些利益和价值。因此，一旦面对法律冲突，就可能面临利益和价值的衡量，就可能面临利益和价值的选择，这种权衡与选择是法官们要担负起来的职责。应当指出，

─────────────

〔1〕 转引自〔美〕E.博登海默：《法理学——法哲学及其方法》，邓正来、姬敬武译，华夏出版社 1987 年版，第 479~480 页。

〔2〕 辩证推导模式与规则不同于一般法律适用上的"冲突规则""抵触规则"和"竞合规则"。法律适用上的"冲突规则""抵触规则"与"竞合规则"只是用于解决不同时期、不同层次、不同性质的法律规范之间的冲突或竞合问题。即"后法优于前法"（*lex posterior derogat legi priori*）；"上位法优于下位法"（*lex superior derogat legi inferiori*）（上位规范优于下位规范）；特别法优于普通法（*lex specialis derogat legi generali*）（特别规范优于普通规范）等。

〔3〕 〔美〕本杰明·卡多佐：《司法过程的性质》，苏力译，商务印书馆 1998 年版，第 23 页。

虽然有时法律所保护的某些利益或价值是可比较和可权衡的，而且"一个时代的某种特定历史偶然性或社会偶然性，可能会在社会利益中规定或强制制定某些特殊的顺序安排"[1]，但是，在大多数情况下，法律并没有规定这些利益或价值的选择次序或排列等级。因此，一旦面临法律冲突，就可能面对不同利益或价值之间的一场激烈角逐，就需要法官在具体案件中且在正义天平上对冲突的利益或价值进行比较与权衡并最终作出选择，这种权衡和选择有时是不可避免的。对于具体案件而言，法官要考虑法槌之下谁伤害更深，这种"类似于经济计算的活动可能变得十分必要"[2]。正如埃塞尔断言："价值评判差不多在所有疑难案件中，均具有核心的意义。"[3]

我国最高人民法院 1997 年 3 月 6 日发布《关于当前人民法院审理企业破产案件应当注意的几个问题的通知》。该通知按照国务院 1994 年第 59 号文件和 1997 年第 10 号文件以及有关的行政规章（如国家经济贸易委员会和中国人民银行 1996 年第 492 号联合通知）的内容对《国有企业破产法（试行）》进行了解释性修改。其中，第 9 条把转让土地使用权的所得首先用于安置破产企业的职工的政策确定为审判规范，实际上是承认了担保物权的相对化，使抵押权劣后于劳动债权。这意味着，一旦在抵押权保护与劳动债权保护发生冲突时，我国最高人民法院作出了优先保护劳动债权的选择。我国大陆解释劳动债权保护优先于抵押权保护，而台湾地区对此问题进行了相反的选择。[4] 人们禁不住提出这样一个问题：为什么选择这样的解释而不选择那样的解释？萨尔蒙勋爵（Lord Salmon）说得好：这是受到"情理和正义要求"的影响。

在海因斯诉纽约中央铁路公司（*Hynes v. New York Central Railroad*）一

---

〔1〕 转引自［美］E.博登海默：《法理学——法哲学及其方法》，邓正来、姬敬武译，华夏出版社 1987 年版，第 385 页。

〔2〕 ［美］富勒：《法律的道德性》，郑戈译，商务印书馆 2005 年版，第 53 页。

〔3〕 转引自［德］罗伯特·阿列克西：《法律论证理论——作为法律证立理论的理性论辩理论》，舒国滢译，中国法制出版社 2002 年版，第 8 页。

〔4〕 我国台湾地区"矿场法"第 15 条规定，矿业权者于歇业或破产时，应当先清偿所欠矿工工资。但台湾地区"最高法院"解释该条款，认为矿工工资虽优先于一般债权，但其效力仍在抵押权等担保物权之后。王泽鉴先生强烈批评了台湾地区"最高法院"的这一解释。参见梁慧星：《民法解释学》，中国政法大学出版社 1995 年版，第 239 页。

案[1]中，一个 16 岁的小男孩游过哈勒姆河之后，他爬上了一块从该河布朗克斯（Bronx）一端的堤岸处伸出的跳板。该跳板是设置在铁路地段上的。正当他站在跳板的顶端准备跳水时，他被该铁路公司所有的电线杆上掉下的高压电线电死并被击入河中。该孩子的母亲提出损害赔偿诉讼。在本案中，"土地所有权"的法律保护与"个人生命健康权"的法律保护发生了冲突。诉讼双方提出了两种相互抵触的比喻和主张。铁路方律师将事故发生时该男孩的地位比为非法入侵私有土地者的地位，因而该土地所有人对他不承担应有的注意责任。原告律师争辩说，该跳板以上或以上的空间是属于国家的，因而该男孩应被视为类似于公路上的行人。下级法院采纳了被告方提出的主张并驳回了原告方的起诉。然而上诉法院则接受了原告方的观点，撤销了原判。撰写此判决理由的卡多佐法官指出，双方各自的比喻和主张从逻辑上都是可以接受的。但是，正义与理性要求被告承担这种法律责任。卡多佐法官以"个人生命健康优先保护"这个"正义与理性要求"为由作出了他的选择与判决。

在罗切纳诉纽约州政府（*Lochner v. New York*）一案[2]中，1905 年，最高法院认定纽约州的一项旨在保护面包工人，规定每周工作时间不得超过 6 天，每天不得超过 10 小时的法律，妨碍了劳动雇工与雇主相互接受的劳动力买卖的自由。最高法院在判决中明确指出，联邦或州政府的经济法规不能走得太远，如果这些法规走得太远，其将违反最高法院从美国联邦宪法第 5 及第 14 修正案中推导出来的契约自由原则。并且纽约州的这一立法超越了宪法授予它的"治安权"（police power）。美国的缔造者所建立的政府是一个权力受到限制、无权干涉私有财产的政府，它不会干预人们出卖自己的技术、开办自己的工厂或管理自己雇员的自由。[3] 霍姆斯大法官批评了多数派法官的这个意见。他认为罗切纳并非被剥夺了自己的财

〔1〕 参见［美］E.博登海默：《法理学——法哲学及其方法》，邓正来、姬敬武译，华夏出版社 1987 年版，第 481 页。

〔2〕 *Lochner v. New York*, 198 U.S. 45（1905）. 纽约州通过一项法律，禁止面包房老板让雇工每天工作 10 小时以上。罗切纳违反这一法律被处以罚金。罗切纳不服上诉到了最高法院。罗切纳声称：纽约州的这项立法偏袒工人，损害老板，因此违反了宪法修正案第 14 条中"平等保护条款"；而且违反宪法第 5 修正案禁止各州不经过正当法律程序剥夺任何人的生命、自由或财产权，这一立法剥夺了他与其工人们签订契约的自由，因而也就等于剥夺了其处置其财产的权利。

〔3〕 大法官佩卡姆（Rufus Peckham）宣布了多数意见："没有理由认为，面包房工人作为一个阶层，在智力和能力上与其他行业或作体力工作的人不一样；没有理由认为，缺少了州政府保护以及对他们独立的判断和行动能力的干预,他们就没有能力行使自己的权利和照顾自己。在任

产，他仍然拥有着自己的面包房。至于契约自由权只是从某种特殊经济理论中推导出来的权利，而不应该被视为宪法权利，宪法解释不能从属于某种特殊的经济理论。他认为大多数民众的意志，正如人民的立法代表在法律中所表达的，是应当优先考虑的，除非所涉及的法律违反了"长期以来为我们的人民和法律所理解的基本的原则"。绝大多数的经济法规并未违反这些基本的原则，它们是完全合宪的。

在缪勒诉俄勒冈州（*Muller v. Oregon*）一案[1]中，一个工厂主缪勒（Muller）提起诉讼。缪勒诉称：这项限制女性劳动时间的法律侵害了联邦宪法所规定的契约自由原则，[2]因而构成违宪。受俄勒冈州委托，布兰代斯（Brandeis）向最高法院提出答辩。布兰代斯以两页篇幅批判以往不利的"先例"，其余100多页基于"活生生的事实"（living facts）展开议论，论证妇女生命健康权利需要特别加以保护，该州此项立法乃是保护妇女生命健康权利，而保护人的生命健康权利是宪法所规定的基本原则，所以该州此项立法并不构成违宪。在本案中，法官需要判明这项旨在保护妇女生命健康权的限制女性劳动时间的法律是否侵害联邦宪法所保障的契约自由？一旦发现上述两种权利的保护或两项基本原则发生冲突，要判断哪一种权利的保护或哪一项基本原则更为正当或更为基本？

在本案中，"契约自由"权利的宪法保护与"妇女生命健康"权利的宪法保护发生了冲突，或者说宪法确认的契约自由权利与妇女生命健康权利的行使发生了冲突。法官必须对相互冲突的权利保护作出选择。显然，不同的选择将导致不同的判决。在布兰代斯看来，妇女的生命健康是家庭幸福、国民福利与社会发展的先决条件，在本案中妇女生命健康权的保护比契约自由的保护更为基本或更为正当。他援引多个方面的生活事实来论证说明劳动时间过长对妇女健康所产生的危害，妇女生命健康需要特别加以保护即优先加以保护。[3]布兰代斯的意见涉及法律意图或目的考量、

（接上注）
何意义上，他们都不是政府的监护对象。纽约州政府没有合理的理由以保护健康为借口，通过规定面包房的工作时间来干涉个人的自由和自由签订契约的权利。"

　[1]　*Muller v. State of Oregon*, 208 U. S. 412（1908）.

　[2]　1908年美国俄勒冈州制定一项限制女性劳动时间的法律。

　[3]　布兰代斯援引以下几个方面的生活事实来论证妇女生命健康需要特别加以保护即优先加以保护："①因妇女特殊身体构造，长时间劳动对女性有危害。体格和机能，男女不同，除表现于解剖学、生理学上的不同外，医生一致认为，女性的耐久力即筋力、神经力、不断的注意与

利益衡量和价值判断。各种原则、政策和其他各种准则在发挥选择标准的作用。最后，最高法院依布兰代斯之见解判决认为，健康的母亲为强壮的后代所必须，为了种族的强健，妇女身体健康必须成为公众利益和关怀的一部分，妇女抚育后代的特殊社会责任需要特别的保护，俄勒冈州限制妇女劳动时间的立法并未违宪。

上述裁决和罗切纳诉纽约州政府案的判决结果大相径庭，这也表明"法官对不同利益集团的同情心可能使案件有不同的判决"。人们不禁感叹道："正义具有着一张普洛透斯似的脸，变幻无常、随时可呈不同形状，并具有极不相同的面貌。当我们仔细查看这张脸并试图解开隐藏其表面之后的秘密时，我们往往会深感迷惑。"〔1〕 应当指出，这些不同的裁决可以在正义的天秤上加以衡量，但这些正义天秤的尺度与标准是具体的与历史的，也是主观的和可争议的。"我们应追问理性和良心，从我们最内在的天性中发现正义的根本基础；而另一方面，我们应当关注社会现象，确定它们保持和谐的法律以及它们急需的一些秩序原则……正义和一般效用，这将是指导我们进程的两个目标。"〔2〕

（接上注）

适应能力，均比男性弱。因此，过度劳动对女性的健康更为有害。②因女性肉体体格之故，由于近代产业所产生的越来越大的紧张感，女性比男性受到更大的影响。如机械运转越来越快，每个劳动者操作机械的台数越来越多，多数操作同时进行，工艺越来越复杂，这些变化对劳动者造成极大的紧张感。③长时间劳动造成的疲劳，慢性地使健康完全恶化。由于并不是立即发病，劳动者往往无视疲劳，逐渐造成身体贫血和衰弱，并发生其他疾病。多数产业要求劳动者长时间站立操作，据医生的意见，这将造成女性骨盘机能不全。④不论在结婚之前或之后，因从事过度劳动，将给生育造成严重影响，其后果尤其悲惨。⑤劳动妇女的事故，因一日劳动时间的延长而更为频繁。显然，灾难与长时间的疲劳相符。⑥与对健康的损害密切相联系的，是过度劳动对道德的影响。由于劳动时间过长，剥夺了最低限度的余暇和家庭生活时间。为了求得从劳动造成的紧张中放松，往往造成滥用酒精饮料等。⑦根据以制造业为主的其他国家的经验，过度劳动将对全民福利以恶劣影响。国民绝大多数疲惫不堪，造成全社会肉体、精神、道德低下。女性健康因长时间劳动而受损害，不仅损及劳动生产率，而且导致幼儿死亡率上升，以及劳动妇女的子女残疾。未来母亲的过度劳动，将直接损害国民的福利。⑧短时间的劳动，对社会、个人均有好处。劳动妇女无论已婚还是未婚，在劳动时间之外，都能享受优雅的生活。家庭生活的改善，可以提高社会风气。规定相对短的劳动时间，经过相当时间之后，后代的体格、道德均将得到显著改善。"转引自梁慧星：《民法解释学》，中国政法大学出版社 1995 年版，第 237~239 页。

〔1〕 ［美］E. 博登海默：《法理学——法哲学及其方法》，邓正来、姬敬武译，华夏出版社 1987 年版，第 238 页。

〔2〕 ［美］本杰明·卡多佐：《司法过程的性质》，苏力译，商务印书馆 1998 年版，第 45 页。

（二）平衡模式

对于具体案件而言，有时会遭遇法律冲突的权衡与选择的难题。正如罗尔斯所言，在各种所珍视的价值之间不得不进行选择的时候，我们面临着这些价值孰先孰后的巨大困难，也面临着其他一些困难，而这些困难看起来并没有明确的答案。[1] 即有时一些法律各自代表的利益或价值在正义天平上具有同等重要的分量，这些利益和价值在正义原则中占有同样的优势地位，在这些冲突的利益和价值之间难以作出孰优孰劣的判断与选择。

平衡模式是指一旦面临法律冲突的权衡与选择难题，就在正义天平上寻求一种妥协方案，使这些利益或价值最终达到最为可欲的平衡，即确保这些同等重要的利益或价值得到法律的均衡保护。面临法律冲突的权衡与选择难题，平衡推导模式就是寻求一条必定会使冲突利益要求都打折扣但都得以兼顾的中间道路，就是退回到一种更加平衡的立场。[2] 在这里，适用法律不是全有或全无的，而是可协调的、可兼顾的或可均衡的。

平衡推导模式就是倡导在正义之间保持必要的张力，强调价值之间的"平衡"和"综合"，强调"不可调和的调和、矛盾的结合、对立的综合"。正如富勒在论及法律的稳定性与正当性冲突时所说："在这里，我们往往被迫行驶于变化莫测与纹丝不动之间的一条左右摇摆的航道上，支持着我们的信念并不是'我们所选择的是惟一正确的航线'，而是：'无论如何，我们必须尽量避开暗藏在两边的险滩'。"[3] 这就是古希腊思想家亚里士多德提的方式："要使事物合于正义，须有毫无偏私的权衡，法恰恰是这样一个中道的权衡。"[4] 这也是法国学者惹尼倡导的方式："认识所涉及的利益，评价这些利益各自的分量，在正义的天秤上对它们进行衡量，以便根据某种社会标准去确保最重要利益的优先地位，最后达到最符合需要的平衡。"[5] 这也是瑞典法学家佩策尼克（Peczenik）所提倡的"审慎的平衡"（reflective equilibrium）。这样一来，法官面临的问题就是

〔1〕 罗尔斯指出：伯林看到了不同善之间的冲突，但是没有找到有效消除这些冲突的手段。

〔2〕 参见［美］富勒：《法律的道德性》，郑戈译，商务印书馆2005年版，第54页。

〔3〕 ［美］富勒：《法律的道德性》，郑戈译，商务印书馆2005年版，第53~54页。

〔4〕 ［古希腊］亚里士多德：《政治学》，吴寿彭译，商务印书馆1965年版，第169页。

〔5〕 ［美］E.博登海默：《法理学——法哲学及其方法》，邓正来、姬敬武译，华夏出版社1987年版，第138页。

"怎样提出各种价值的根据，怎样实现平衡，怎样达到各种价值的综合"[1]。即怎样使各种价值都得到最大程度的实现。

在罗伊诉韦德案（*Roe v. Wade*）[2] 中，原告罗伊（Jane Roe）认为，一个孕妇有权决定在何时、以何种方式、为何故而终止妊娠。得克萨斯州刑法[3]禁止堕胎而剥夺了她的选择权，因而违反了美国联邦宪法第 14 修正案[4]。被告得克萨斯州政府辩称，生命始于受孕而存在于整个妊娠期间，因此，在妇女妊娠的全过程，都存在保护生命这一不可抗拒的国家利益。非经正当法律程序而剥夺胎儿生命为第 14 修正案所禁止之行为。法官需要解决的法律问题是：其一，要判明按照美国联邦宪法第 14 修正案，未经正当程序而不可剥夺的"个人自由"是否包括"妇女堕胎的自由"以及未经正当程序不可剥夺的"个人生命"是否包含"胎儿生命"？其二，一旦判明上述两种权利的保护发生冲突，就要考虑如何解决这个冲突？[5]

美国联邦最高法院布莱克曼（Blackmun）大法官代表多数意见在判决中指出[6]：个人具有宪法保护的隐私权，隐私权的广泛性足以涵盖妇女自行决定是否终止妊娠的权利；得克萨斯州制定的限制性规范超出了实现

---

〔1〕 Ch. Perelman, *Justice Law and Argument*：*Essays on Moral and Legal Reasoning*, D. Reidel Publishing Company, 1980, p. 146.

〔2〕 *Roe v. Wade*, 410 U. S. 113 （1973）.

〔3〕 得克萨斯州刑法规定：除了依照医嘱，为拯救母亲生命而进行堕胎之外，其他一切堕胎均为刑事犯罪。

〔4〕 美国联邦宪法第 14 修正案第 1 节："……无论何州不得……未经正当法律程序而剥夺任何人的生命、自由或财产；不得拒绝对该州管辖范围之内的任何人给予平等法律保护。"

〔5〕 对本案法律问题的讨论请参见方流芳："罗伊判例：关于司法和政治分界的争辩——堕胎和美国宪法第 14 修正案的司法解释"，载《比较法研究》1998 年第 1 期。

〔6〕 *Roe v. Wade*, 410 U. S. 113 （1973）. 参见方流芳："罗伊判例：关于司法和政治分界的争辩——堕胎和美国宪法第 14 修正案的司法解释"，载《比较法研究》1998 年第 1 期。判决指出：其一，个人具有宪法保护的隐私权，个人隐私属于"基本权利"或者"法定自由"的范围。无论是权利法案提供的特定保障，还是第 9 修正案确认的"人民保留的权利"，还是第 14 修正案确认的未经正当程序不可剥夺的"个人自由"，都隐含着隐私权的宪法保护，而"隐私权的广泛性足以涵盖妇女自行决定是否终止妊娠的权利"。其二，关于"基本权利"保护的司法规则是，任何限制基本权利的法律都违反宪法，除非限制是为了维护某种"不可抗拒的国家利益"，而限制措施又没有超出实现立法目的所必需的限度。法院审查限制"基本权利"的法律，不仅审查限制性规范与立法目的之关联性和必要性，而且审查立法目的本身的正当性。得克萨斯州刑法禁止堕胎的规定拒绝孕妇的选择权，不仅给孕妇造成显而易见的身心损害，也给"违愿降生子女"及其家庭成员带来沮丧和苦恼，故得克萨斯州制定的限制性规范超出了实现立法目的所必需的限度，过于宽泛地限制了妇女选择权，侵犯了第 14 修正案等正当程序条款所保护的个人自由，侵犯了妇女受到宪法保护的基本权利。其三，对于被告主张生命始于受孕，胎儿生命权受宪法第 14 修正案

立法目的所必需的限度，过于宽泛地限制了妇女选择权，侵犯了第14修正案等正当程序条款所保护的个人自由，侵犯了妇女受到宪法保护的基本权利；生命始于何时不是一个法院可以回答的问题。最高法院裁决如下：其一，在妇女怀孕的头3个月里，各州政府不得干预妇女堕胎的选择，而且堕胎危险性小于正常分娩，政府没有必要为了保护孕妇健康而限制堕胎，医生与孕妇磋商之后，可以自行决定是否堕胎，不过必须规定堕胎手术要由医生来做。其二，在妊娠3个月之后，堕胎危险性增加，为了保护妇女的健康，各州政府对怀孕3~6个月的妇女选择堕胎可以加以一定限制。其三，在怀孕第7个月以后，胎儿具有母体外存活性，州立法机构可以立法禁止堕胎，以保护潜在生命的合法权利。不过如果母亲的生命和健康因怀孕受到威胁又另当别论。

在本案中，罗伊主张的"妇女堕胎的选择权"与得克萨斯州政府主张的"胎儿生命"的保护是冲突的。在本案裁决中，布莱克曼大法官试图把"妇女堕胎的自由"归入未经正当程序不可剥夺的"个人自由"之内，而把"胎儿"排除在未经正当程序不可剥夺的"个人生命"之外，其意图就在于避免出现未经正当程序不可剥夺的"个人自由"和"个人生命"在法律保护上的冲突。但大法官们意识到，若把"胎儿生命"归入受宪法保护的"个人生命"会面临"个人自由"和"个人生命"的宪法保护在本案中的冲突，但将"胎儿生命"完全排除在"个人生命"的宪法保护之外就会招致更大的争议。在本案中，美国联邦最高法院判决指出"妇女堕胎的自由"属于宪法保护的"个人自由"，同时指出"胎儿生命"是受宪法保护的"潜在生命"，法官们然后运用辩证推导的平衡导向模式来解决这个相互冲突的权利保护或平衡问题。大法官们把这些权利的保护均衡地分为三个阶段：第一个阶段主要保护妇女堕胎的选择权利，第二个阶段主要保护妇女的健康权利，第三个阶段主要保护"胎儿"这个潜在生命的合法权利。

在本案中，在未经正当程序不可剥夺的"个人自由"与"个人生命"的宪法保护之间发生了冲突，在这个冲突的背后实际上是价值的冲突，法官必须对相互冲突的权利保护作出选择，不同的价值选择将导致不同的判

（接上注）

保护的观点。应当指出，生命始于何时不是一个法院可以回答的问题。尽管联邦宪法没有关于"人（person）"的解释性定义，但是，每一条款前后文都清楚显示，"人"一词仅仅指已出生的人，而不包括胎儿。因此，胎儿不属于未经正当程序不可剥夺的"个人生命"。

决。布莱克曼大法官指出了得克萨斯州制定的限制性规范必然带来的不可接受的损害后果，以此为根据指出导致这种后果发生的得克萨斯州限制措施是失当的、超出了实现立法目的所必需的限度、侵犯了妇女受到宪法保护的基本权利，从而将胜诉的太平倾向于罗伊，但同时也兼顾了"胎儿"这个潜在生命的权利保护。而美国联邦政府司法部首席律师、哈佛法学院教授弗里德（C. Fried）代表布什政府提出了推翻罗伊判例的法律意见：罗伊判例错误地将堕胎作为一种宪法保护的基本权利，这既不能从宪法文本，也不能从历史找到依据。不能从第 14 修正案引申出一个抽象的"隐私权"，而将堕胎和婚姻、抚养、子女教育等纯粹涉及个人选择的问题混为一体。堕胎涉及真正的、而不是潜在的生命，在全部妊娠期，妇女的选择权和保护生命的国家利益交织在一起，国家应当根据多数意见，而不是根据最高法院的判决去制定规制堕胎的法令。为此，必须全面推翻罗伊案确立的规则。[1]

（三）制衡模式

对于具体案件而言，有时面临的法律冲突既存在选择难题也存在平衡难题[2]，即在这一冲突中某些法律利益和价值既是难以取舍的又是难以兼顾的。这种法律冲突促使法官们发展出了辩证推导的制衡模式。制衡推导模式，是指一旦发现面临的法律冲突既存在选择难题也存在平衡难题，就在正义天平上衡量其权力或权利行使的正当性和适当性，寻求对某些权力或权利的一种约束或制衡，确保某些基本的或重要的利益或价值得到切实保护，避免这些利益或价值在正义天平上失去平衡。这就是卡多佐大法官指出的第三条道路："在这一冲突中，我们就必须在这两条道路间作出选择，选择这条或那条，或者是开出第三条路来，而这第三条路将或者是两种力量合力的结果，或者代表了两个极端之间的中间位置。"[3]

司法的职责是为了解决冲突而不是制造冲突。这种制衡推导方式并不在司法上权衡与判断这些权力或权利的正当性或重要性，而是重点审查其权力或权利的行使是否必要、正当或适当。即要求某些权力或权利行使者承担和履行相应的证明责任，证明其权力或权利行使的必要性、正当性和适当性。运用这种制衡推导方式，既可以解决法律冲突又可以避免司法陷

---

〔1〕 转引自方流芳："罗伊判例：关于司法和政治分界的争辩——堕胎和美国宪法第 14 修正案的司法解释"，载《比较法研究》1998 年第 1 期。

〔2〕 平衡的难题亦即均衡的难题。

〔3〕 ［美］本杰明·卡多佐：《司法过程的性质》，苏力译，商务印书馆 1998 年版，第 22~23 页。

入不必要的立法或政治上的争端之中，更符合司法真正扮演的角色。应当指出，在法律获取过程中，法官们总是会遭遇法律冲突的权衡与平衡难题。[1] 因而，运用这种制衡推导方式就是不可避免的。正是制衡推导方式的运用，使法官们找到了一个平衡点，正是基于这种制衡推导，社会根本利益得到了保护，社会基本价值得到了实现，社会最终正义得到了平衡。

在纽约时报公司诉美国（*New York Times Co. v. United States*）一案[2]中，《纽约时报》指出，本案涉及的问题的是，依据美国联邦宪法第 1 修正案："国会不得制定任何法律禁止言论和出版自由。"报纸在第 1 修正案之下的特权"高于国会，高于行政当局，也不受司法的剥夺"，政府不得

---

〔1〕 参见［美］富勒：《法律的道德性》，郑戈译，商务印书馆 2005 年版，第 55 页。

〔2〕 *New York Times Co. v. United States*, 403 U. S. 713（1971）. 20 世纪 60 年代末，时任国防部长的麦克纳马拉想全面地检讨美国在越南和印度支那的政策，他在自己管辖的国防部内成立了一个"越战历史专题组"。他要这个专题组全面地收集美国几十年来对越南和印度支那政策的资料，要求"包罗万象并且客观"，并分类编辑汇总。1969 年 6 月，越战历史专题组完成了它的最终报告，总共 7000 页的文件，汇编成 47 卷，包括越南战争决策过程备忘录、战争形势文件以及战地报告等，均被列为"机密"、"最高机密"或"绝密"，这就是后来被称为越战历史的"五角大楼文件"。这套文件揭示了美国对越政策的起源和演变过程，文件还揭示了几届总统班子都知道，却一直竭力向民众隐瞒的事实：在越南的军事行动，特别是对北越的轰炸中，杀死了成千上万的平民。这套由国防部自己编纂的文件所展示的美国对越关系全貌，证明美国的行政部门策划和实施了一场在道义上站不住脚的战争并在越南战争问题上误导了美国人民。前国防部官员埃尔斯伯格曾经参与这项工作的一部分。当时，他受雇于兰德公司且刚刚从战场上回来，在越南战场上的所见所闻使他确信必须及早结束这场战争。他在兰德公司阅读到了这份研究报告，他确信公开这些文件将会有助于加快结束这场战争，就秘密地将这些"绝密"材料进行摄录，并将这些材料有选择地提供给美国的一些报纸。1971 年 6 月 12 日至 14 日，《纽约时报》成为全美国首家发表这些材料概要和节选的报纸。尼克松总统及其国家安全顾问基辛格将埃尔斯伯格及《纽约时报》的行为视为对国家安全的极大的威胁。联邦政府声称，一旦公开这些材料，后果不堪设想。尼克松立即指示司法部长以继续发表该报告将对国家安全构成危险为由，要求该报主动停止刊载，但被该报拒绝。于是政府律师要求纽约南区联邦地区法院颁发暂时禁令，禁止《纽约时报》发表该报告，以便政府为法院的听证会作准备。法院于 6 月 15 日发出暂时禁令，在听取政府陈述的立场后，法官于 6 月 19 日作出裁决，认为政府未提出证明实行此种限制是正当的说明，拒绝颁发永久性禁令。政府向第二巡回区联邦上诉法院提出上诉，上诉法院于 6 月 23 日作出裁决，驳回原判，并指示地区法院确定发表"五角大楼文件"的某些内容是否会对美国的安全构成"即刻的严重危险"。于是，《纽约时报》向美国联邦最高法院提出了上诉。《华盛顿邮报》于 1971 年 6 月 18 日开始刊登这份报告摘录。司法部请求哥伦比亚特区联邦地区法院向《华盛顿邮报》颁发永久性禁令，遭到拒绝。该法院认为政府不能对主要是历史性资料的发表施加事先限制。哥伦比亚特区联邦上诉法院也维持了原判。于是，司法部也向联邦最高法院上诉。两个上诉于 6 月 25 日抵达联邦最高法院。这就是著名的"纽约时报公司诉美国案"和"美国诉华盛顿邮报公司案"。

干预言论和出版自由。司法部的检察官没有权力做国会拒绝的事情，因为司法部只是执行机构，只有国会有立法权，司法部应该而且必须依法行事。纽约时报的行为属于言论和出版行为，受美国联邦宪法第 1 修正案的保护，其行为的正当性不容置疑，不应当受到任何限制或禁止。一个自由、开放的社会必然选择承担风险来保证表达不受禁止。而司法部的代表则指出：依据美国联邦宪法第 2 条，总统是最高行政首脑和三军总司令，总统拥有"行政特权"，尤其是在国家安全事务和外交事务上，总统出于保密的需要，有必要防止严重危害国家机密的行为。新闻媒体固然有出版自由，但不得侵犯这一特权，危害国家安全利益。根据休斯大法官的尼尔标准，禁止报纸发表涉及"军舰起航日期和目的地"的新闻，这就是"机密"，机密是存在的。有国家就有机密，美国从一诞生就有机密，保护这种机密是政府的责任。因此，报纸得到了失窃的对国家安全至关紧要的高度机密文件以后，不可以随心所欲地自由地发表它们。出于保护国家机密的目的，政府可以要求报纸不得发表这样的国家机密文件。

在本案中，公民的新闻自由的宪法保护与国家机密或国家安全利益的宪法保护发生了法律冲突，或者说，新闻自由或出版自由与国家机密或国家安全利益发生了法律冲突。言论和出版自由无疑是美国联邦宪法修正案着重保护的公民的基本权利，而国家军事与外交的机密事关国家安全利益因而也需要保护。对政府而言当时美国正在越南发动新的攻势，强调国家机密的保护也就尤为重要。在本案中这两种如何权衡与取舍？究竟确认哪一种利益更值得保护以及如何保护？确实是法官们面临的一个难题。法官们必须对法律冲突问题作出推断或决断，对互相冲突的法律利益的保护作出抉择。

联邦最高法院大法官们的意见存在分歧，一些大法官发表了支持《纽约时报》观点的意见，另外一些大法官发表了支持政府立场的意见。布莱克（Black）和道格拉斯（Douglas）等大法官认为：宪法第 1 修正案的目的在于监督政府，在于防止政府压制新闻界，并以此为前提推断出《纽约时报》的行为不应受到任何指责和禁止，政府对《纽约时报》发出的禁令违反了宪法第 1 修正案。他们作出的是尊重和保护新闻或出版自由的选择。他们认为，宪法第 1 修正案规定："国会不得制定任何法律禁止言论和出版自由。"宪法规定得如此明确，如此清晰，看不出有任何例外情况可以限制报社的出版行为。我们的先辈们之所以制定这样的法律，最重要的目的之一就在于监督政府，以限制他们为所欲为，从而保证政府决策行为的公开，让人民知道真相。自由的新闻界的重大责任是防止政府任何一个部分欺骗民众，把民众送到遥远的异国，死在外国的热病、枪炮之下。在我们看来，《纽约时报》的行为不仅不应受到指责和限制，相反地，由于他们做了国父们希望他们做的事情而应当受到表彰。《纽约时报》揭露政府怎样把国家引入越南战争，恰恰是出色地履行新闻媒体的神圣职责，其他媒体也应该效仿《纽约时报》的行为。对《纽约时报》和《华盛顿邮报》的禁令，每拖延 1 秒钟都是对宪法第 1 修正案的冒犯。而国家安全这个词过于宽泛，过于模糊，是不能进入以宪法第 1 修正案为基础的法律的。以牺牲对代议制政府的知情权为代价来保护军事和外交秘密，这种做法不会为我们合众国提供真正的安全。发表五角大楼文件可能会造成很大的冲击，但是这不是对新闻界实行预先约束的理由。宪法第 1 修正案没有为限制言论和出版自由的行为留下任何空间。宪法第 1 修正案的首要目的是防止政府压制新闻界，限制信息流通。国父们确立宪法第 1 修正案，就是为了防止有权势的人，利用早期反颠覆、反诽谤的法律来惩罚信息的传播。政府内部的秘密性，本质上是反民主的，是在维护官僚系统的过错。对公共议题的公开讨论和争辩，对我们国家的健康发展至关重要。但哈兰（Harlan）大法官等则站在政府一端的立场上发表了不同的意见，作出了与布莱克大法官完全相反的选择。他们指出：政府决策需要决策者坦率、毫无顾忌地交换意见，公众必须对他们给予足够的信任。如果他们说的每一句话都在众人的监督下，他们如何能够坦率地交换意见，正确的决策又如何作出呢？人民是否支持限制出版业在这方面的行为？他们的态度是明显的。国会是人民的代表，在国会制定的刑事法律中，严厉禁止个人互相传阅国家机密的行为。既然连私下传阅的行为人民都要求禁止，那么，公开发布的行为难道就不应该禁止吗？

　　面对针锋相对的两种意见，布伦南（Brennan）和怀特（White）大法官没有在这两个冲突的价值立场之间进行选择，而是独具慧眼、另辟蹊径，超越两个极端的立场，运用辩证推导的制衡导向模式，从第三种价值取向——宪法的基本价值取向，即宪法的"分权体制"与"制衡原则"的价值取向出发，要求政府承担举证责任即证明其事前限制禁令具有正当性、必要性和适当性，最终使最高法院达成了"多数一致意见"，解决了本案的法律冲突问题。他们指出：美国总统在国防和外交这两个重要权力领域中拥有巨大的宪法独立性，由于缺乏宪法在其他领域中的制衡机制，对国防和外交领域的政策和权力的唯一有效的限制只能来自开明的公民团体，只有具备必要信息和批评精神的公众舆论才能保护民主政府的价值。因此，尽管政府行政部门关于秘密文件的观点在某些方面也许是正确的，但它没有证明文件的透露会对国家和人民造成直接的、立刻的和不可挽回的损失。在本案中，政府没有充分的证据说明文件的发布必定会导致公共利益受损。如果政府不经举证就可以以"行政特权"为由让法官发布禁令，岂不是越过了宪法给他限定的权限。要是这样发展下去，国父们辛苦确立的"三权分立"体制岂不成了空话？文件的发布会不会损害国家利益？在未被充分证明之前，谁也不知道。因为保密的需要，即使是法官也无法看到所有相关的文件。那么，难道因为政府认为发布文件会损害公共利益，最高法院就要认为它会损害公共利益？政府等于是赋予了自己决定发布文件是否损害公共利益的权力，这是一项制定法律的权力。而立法权归属于国会，而非政府。如果法院支持了政府的这项权力，政府岂非可以自断是非，为所欲为？在类似的案件中，政府必须证明，发表这样的新闻将"不可避免地、直接地、立即地"造成这样的灾难后果，如同使已经在海上的船只遭遇灭顶之灾。否则，就没有理由发出禁令，即使是临时的禁令。因此，对《纽约时报》和《华盛顿邮报》发出的临时禁令是错误的。下级法庭和上诉法庭的法官，在处理这个案子的过程中，几乎都判断失准。在本案中发出的所有禁令，不管是什么形式的，都违反了宪法第 1 修正案。

布莱克大法官和哈兰大法官这些处于两个极端的法官，无论如何也难以说服中间派的大法官完全支持自己的意见。但是布伦南和怀特大法官这样一种"分权与制衡"和"举证不足"的观点，却使最高法院达成了多数一致意见，使胜利的天平最终向《纽约时报》一方倾斜。多数法官认为，政府应当履行却尚未履行其承担的重大举证责任来证明这样一个事前限制禁令有正当性，所以政府的禁令应当被解除。[1] 最高法院最终以 6 比 3 的多数判决《纽约时报》胜诉。[2] 如此重大的案件，以"举证不足"收场，实在是出人意料。在这个案件中，最高法院实际上是作出了保护言论自由的裁决。在个人的权利和自由与社会利益之间取得了适当的平衡。但由于冲突过于尖

---

〔1〕 除非政府能够证明新闻媒体的披露将不可避免地、直接地、立即地导致国家安全利益的损害。

〔2〕 大法官哈兰、布莱克曼（Blackmun）和首席大法官伯格（Burger）反对最高法院的多数意见。但是，一个星期后，伯格在美国律师协会的讲话中说，在新闻界拥有宪法第 1 修正案保障的新闻自由这样一个基本问题上，最高法院其实没有分歧。

锐，最高法院既未解读宪法第 2 条也未援引宪法第 1 修正案，没有裁断哪一种价值更重要或者哪一种价值不那么重要，而是以宪法确立的"分权与制衡"原则作为判决的依据，在承认该案中政府的行政特权正当性的同时，为政府行使行政特权设置了先决条件。即政府负有举证责任或义务证明行使行政特权的正当性、必要性和适当性，否则其行使行政特权的行为就是不正当的。最高法院最终以政府"举证不足"为由判其败诉，从而回避或平衡了法律的冲突，实现了对言论自由的保护，也巩固了"分权与制衡"宪法原则。在这里，我们看到了最高法院大法官们的智慧。这也许是面对尖锐的法律冲突或价值冲突的一个最好选择。还要指出的是，这恐怕不仅仅是出于对言论自由本身保护的考虑，当时的美国公众的厌战情绪已经到了无以复加的程度，公众舆论的压力恐怕不能不对最高法院产生影响，同时这也是最高法院再一次在"分权体制"问题上表明自己态度的一个绝好机会。马歇尔、霍姆斯——这些大法官的先辈们都曾在"分权"的问题上通过限制政府或国会，为最高法院争得了巨大的权力和权威，在本案中最高法院的大法官们不但平息了社会公众的怒火，而且又一次达到了自己的目的。[1]

　　在北京"开瓶费"案[2]中，王先生认为此开瓶费收取不合理。湘水之珠酒楼认为，其菜谱上已经标明自带酒水另收取服务费。已经尽了告知义务，拒绝返还。北京市海淀区人民法院一审判决认为：湘水之珠酒楼菜谱中载明自带酒水需另收取服务费的内容是单方意思表示，系格式条款，应属无效。应予返还该 100 元开瓶服务费。[3] 北京市第一中级人民法院二审判决认为：湘水之珠酒楼没有证据证明"事前已明示消费者要收取开瓶服务费"，应承担相应的责任。据此，北京市一中院二审驳回湘水之珠酒

---

　　〔1〕　最高法院成为辩论交锋的战场。置身于这一战场，正如霍姆斯敏锐地感到："这儿很安静，但是正如我们知道的，这儿是风暴中心。"最高法院成为这些争论的最后仲裁者。

　　〔2〕　王先生 2006 年 9 月 13 日和朋友到湘水之珠酒楼用餐，并自带白酒一瓶。用餐后湘水之珠酒楼向其收取餐费和服务费（即开瓶服务费）100 元。王先生认为此开瓶费收取不合理，遂告上法庭。参见杨昌平、梁溯："北京酒楼就开瓶费案上诉自称要为餐饮企业争理"，载《北京晚报》2007 年 2 月 2 日。

　　〔3〕　北京市海淀区人民法院一审判决认为：按照我国《消费者权益保护法》规定，经营者不得以格式合同、通知、声明、店堂告示等方式作出对消费者不公平、不合理的规定。湘水之珠酒楼菜谱中载明自带酒水需另收取服务费的内容是单方意思表示，系格式条款，应属无效。其向王先生加收开瓶服务费的做法侵害了王先生的公平交易权，属于不当得利，应予返还该 100 元开瓶服务费。湘水之珠酒楼不服裁决提起上诉。参见王某诉北京湘水之珠大酒楼有限公司案（2006）三审民初字第 27861 号判决书。

楼的上诉请求，并维持了判令酒楼返还王先生 100 元开瓶服务费的原审判决。[1]

在本案中，消费者的公平交易权和经营者的自主经营权的法律保护发生了冲突。一审法院通过认定酒楼加收开瓶服务费的做法系格式条款应属无效、侵害了王先生的公平交易权而解决这个冲突。但是，酒楼加收开瓶服务费的做法是否应属无效，在立法上没有明确的界定与判断，在这个问题上是存在很大争议的。[2] 二审法院没有对酒楼加收开瓶服务费的做法应属无效作出司法判断，而是运用辩证推理的制衡导向方式，以湘水之珠酒楼没有证据证明"事前已明示消费者要收取开瓶服务费"为由判其败诉。二审法院裁决强调经营者有权定价也有权收取一些费用，但是经营者必须履行证明责任证明已经事前告知即事前明示消费者，强调权利的行使也必须是正当的。这是法官处理尖锐的利益冲突的时候表现出来的一种智慧。[3]

辩证推导本质上是一种权衡与选择的推理，是一种综合或整合的思维。对疑难案件而言，并不存在一个唯一正确和绝对正确的答案。立法所创制的规则并不能确定一切具体案件，不能决定所有疑难案件。法律冲突的背后是利益冲突和价值冲突，这些利益或价值的争论不能归结为真与假的对立，而且公平与正义也不只是对错之分，有时各种不同的考虑都可以是合理的。此时解决法律冲突需要法官权衡各种不同的利益和价值，平衡和综合不同的正当利益与价值，考虑与兼顾不同的正义观念和公共政策，在多种可能和可供选用的推理途径中作出整合与抉择。在这个过程中，法官们有时既可以这样决定也可以那样决定，这些不同的判决意见反映其对正义和公平的不同看法，而且蕴含其对法律持有的不同的终极信念，这些决定都可以找到言之成理的或有说服力的理由来支持，法官们的不同意见将会并存。正如卡多佐所言，司法过程好比是一个"酿造化合物"的过

---

[1] 参见王阳、袁国礼："北京开瓶费案判决未涉及收费合法性"，载《京华时报》2007 年 6 月 27 日。王某诉北京湘水之珠大酒楼有限公司案（2007）一中民终字第 1278 号判决书。

[2] 该酒楼向北京市一中院上诉并声称要为全国的餐饮企业争一个说法。餐饮企业和消费者协会分别声援餐馆和消费者。

[3] 湘水之珠酒楼一方指出，它是有证据的，它拿出的那个菜单就是证据。因此，这个裁决遭到了败诉方的质疑。但是北京市一中院的法官完全可以在判决书中这样裁决，就是湘水之珠酒楼没有足够的证据证明其已充分地告知。对证据的充分性以及告知的充分性进行判断都是在司法裁决的自由裁量的范围之内的。

程，法院裁决好比是一种化合物。法官在这里加一点，在那里减一点，必须将正义的成分加以平衡，并尽可能明智地决定哪种因素将起决定性作用。"日复一日，以不同的比例，所有这些成分被投入法院的锅炉中，酿造成这种奇怪的化合物。"[1]

对于法院判决而言，不存在使结论具有必然性或无可辩驳性的基本原则，每一个裁决于情于理也都无法做到不偏不倚。但是，法官面临法律冲突作出的选择应当最大限度地适合法律终极目的和价值，即适合社会根本目的与社会公平正义价值应是最终的选择原则。因此，这些不同判决意见的合理性有时是可比较的，法官通常可做的是提出似乎是更有道理的、更有说服力的、更合理的理由去探索法律真理。当然，正如卡多佐所言，法律哲学从根本上是一种实践哲学。法律真理是相对的而不是绝对的，没有一种解决方案是绝对不会错的，也没有一种安排是终局的真理。法律是一个不完美但充满无限生机的世界，每一个新案件都是一次新的尝试。辩证推导就是一种在法律世界里思考如何应对法律冲突难题，而不至于陷入孤立无援境地的推导艺术。辩证推导是对法官良知的考验，更是对法官智慧的考验。[2]

六、衡平推导：平衡一般正义与个别公平

在司法过程中，正如 1905 年霍姆斯在罗切纳诉纽约州 (*Lochner v. New York*) 一案的反对意见中指出："一般命题不能完全决定具体案件。"[3]一般性是立法的目标，因而法律都具有一般性，但有时将一般规则适用于某些个别案件将会造成有悖情理或显失公正的结果，因而有正当理由拒绝适用它，这就是法官有时会面临的所谓"恶法"情形。这就是博登海默所说的"对于所受理的案件尽管存在着规则或先例，但是法院在行使其所被授予的权力时考虑到该规则或先例在此争讼事实背景下总的来说或多或少是不完美的而拒绝适用它的情形"。[4]即一般规则无法适用所有具体案件，有些案件是没有规则可言的，即规则总会有例外情形 (borderline case)。比如哈特所说的"车辆不准入内"规则，在救护车情境下就面临

---

〔1〕 [美] 本杰明·卡多佐：《司法过程的性质》，苏力译，商务印书馆 1998 年版，第 2 页。

〔2〕 拉德布鲁赫曾这样感叹道："倘若世界最终不是矛盾，人生最终不是抉择，那么一个人的存在将是多么的多余！"

〔3〕 *Lochner v. New York*, 198 U. S. 45, 76 (1905).

〔4〕 [美] E. 博登海默：《法理学——法哲学及其方法》，邓正来、姬敬武译，华夏出版社 1987 版，第 480 页。

一个规则的"例外情形"。

古希腊的思想家基于对雅典法庭两个多世纪的经验的总结，最早意识到法律因其一般性而具有的这种有限性或局限性。古希腊思想家亚里士多德在《尼各马科伦理学》中说道："法律始终是一种一般性的陈述，但也存在着为一般性的陈述所不能包括的情形……法律所考虑的是多数案件，亦即典型的和一般的情形，但法律对特殊的情况却无法加以说明；在独特的案件中法律常常不能做到公正。"[1] 在司法时，可能会出现这样的情形，如法律规则的一般性和刚性可能会在个别案件中导致困难，有一些案件是不可能对它们规定法律的。柏拉图在《法律篇》中也曾指出："法律绝不可能发布一种既约束所有人同时又对每个人都真正最有利的命令。法律在任何时候都不能完全准确地给社会的每个成员作出何谓善德、何谓正确的规定。人类个性的差异、人们行为的多样性、所有人类事务无休止的变化，使得无论是什么艺术在任何时候都不可能制定出可以绝对适用于所有问题的规则。"[2]

古希腊时期的思想家进一步思考如何根据正义或公平的考虑解决一般法律可能带来的个案不公正的问题。希腊文"epieikeia"的意思是衡平与公平。古希腊思想家亚里士多德最早使用衡平（epieikeia）这个概念来概括与讨论法律的可变通性或可补救性，提出运用衡平来补救法律的这个缺陷。[3] 他在《尼各马科伦理学》中指出，衡平是由于法律的一般性而有缺陷时对法律的补救，是对一般法律进行的一种补正。在亚里士多德看来，当法律因其一般性而不能解决某个具体问题时，可以运用衡平变通法律，在具体案件上主持公平或公道。"公平虽然就是公正，但并不是法律上的公正，而是对法律的纠正。其原因在于，全部法律都是普遍的，然而在某种场合下，只说一些普遍的道理，不能称为正确。就是在那些必须讲普遍道理的地方，也不见得正确。因为法律是针对大多数的，有时难免弄错。既然立法者说了一些笼统的话，有所忽略和出现失误，那么对这些缺点的矫正就是正确。如若立法者在场，他自己会这样做；如若他知道了，

---

〔1〕 转引自［美］E.博登海默：《法理学——法哲学及其方法》，邓正来、姬敬武译，华夏出版社 1987 年版，第 11 页。

〔2〕 转引自［美］E.博登海默：《法理学——法哲学及其方法》，邓正来、姬敬武译，华夏出版社 1987 年版，第 8 页。

〔3〕 参见［美］斯东：《苏格拉底的审判》，董乐山译，生活·读书·新知三联书店 1998 年版，第 112 页。

自己就会把缺少的规定放在法律中了。所以公平就是公正，它之优于公正，并不是优于一般的公正，而是优于由于普遍而带来的有缺点的公正。纠正法律普遍性所带来的缺点，公正是公平的本性。这是因为法律不能适应于一切事物，对于有些事情是不能绳之以法的，所以应该规定某些特殊条文。对于不确定的事物，其准则也不确定。"[1]

　　古希腊思想家们确立起来的衡平原则是法治的重要原则。[2] 在法律发现或获取过程中，一旦发现将一般规则直接适用于某些个别案件，将会造成有悖情理或显失公正的结果，法官就不得不面对这样的问题：是将该规定或规则直接适用于此案呢，还是以适用该规定或规则会导致对公平正义否定为由而拒绝适用、"正当背离"该规定或规则呢？法官不得不在"直接适用"与"正当背离"之间进行权衡并且作出选择。应当指出，这种选择不是逻辑分析或形式推论的结果，而是目的考量、利益衡量、价值判断与选择的结果，是对法官智慧与良知的极大考验。在司法过程中，法官不能制定和改变法律，但在衡平意义上变通或补救法律是其职责。"法官依其职责负有义务，在制定法规定与一般的道德意识如此地相矛盾，以至于由于坚持它比不尊重它更令人不快地损害到法和制定法的权威之时，有意地偏离了这一规定。"[3]

　　正如英国法官柯克所言，法律与理性相伴随，公正与公平是一种完善的理性，它解释并修正着成文法。"一个立法机关应无保留地把对法规字面用语进行某些纠正的权力授予司法机关，如果这种纠正是确保基本公平与正义所必要的。只要这一权力得以审慎地节制地行使，只要对法规的重大司法修改得以避免，那么将有限的平衡法上的纠正权力授予法院，就不会导致对规范体系或规范体系的实质性部分的破坏。"[4] 在法制史上，英

　　[1] ［古希腊］亚里士多德：《尼各马科伦理学》，苗力田译，中国人民大学出版社 2003 年版，第 115 页。
　　[2] 法国起草《拿破仑法典》时，也从亚里士多德那里得到了启发，使该法典有了衡平法的原则。
　　[3] 转引自［德］卡尔·恩吉施：《法律思维导论》，郑永流译，法律出版社 2004 年版，第 215 页。
　　[4] ［美］E.博登海默：《法理学——法哲学及其方法》，邓正来、姬敬武译，华夏出版社 1987 年版，第 520 页。

国独创了作为独立法律渊源的衡平法体系[1]，即在适用一般法律可能造成个案不公正时，先是由国王、后是由国王良心的代表者大法官们，依据衡平原则即道德和良心来作出判决，以实现个案正义。

在司法过程中解决个别公平问题即变通法律或补救法律，就涉及法官释法中的衡平推导模式。所谓衡平推导是指，在寻找或获取法律过程中，一旦发现对于当前具体案件存在法律规定或规则，但将该规定或规则直接适用于此案将导致明显有悖于情理或显失社会公平正义的结果，就在当前案件的特殊情形下，基于对法律历史考察、法律目的考量与价值判断、社会习惯或惯例考察、社会效用或社会利益衡量、社会公共政策或社会公平正义价值选择等，对该规定或规则制定或附加一个衡平法意义上的例外，或者说为拒绝适用、正当背离该规定或规则找一个衡平法上的理由，对该规定或规则予以变通或补救，回避或淡化该规定或规则的缺点和难点，个别对待异常事实情形，对个别案件平衡公正，以实现个别公平。

衡平推导是个案公正的艺术，是平衡一般正义与个别公平的思维方式。它强调在一般规则和个案公正之间保持平衡，在一般正义与个别公平之间保持张力。即从法律一般规则转向案件具体情况，通过克服法律僵化使法律走出不义的困境，通过变通法律来达到个别公正。衡平推导是规则变通或个案衡平的过程，是法官为实在法创设例外的过程。创设例外的标准与尺度就是亚里士多德所说的"相对于法律文字的法律精神"即"相同案件相同处理而不同案件则不同处理"的公平原则。衡平推导既不是基于一条现行法规，亦非旨在创设一条规则或新的先例，只是在法律规定或规则之中附加衡平法意义上的例外，以该规定或规则的适用会导致不公平或不公正为由正当背离该法规，不是也不应构成对法规的实质性破坏，也不是以在某一特殊案

---

〔1〕 衡平法（equity）也称平衡法、公平法、公正法。它是英美法律的一个组成部分，是英国自 14 世纪末开始与普通法平行发展的一种法律。国王指定的大法官是衡平法的创始人，也是衡平法的执行者。衡平法也像普通法一样，主要是判例法。大法官不断总结一些判例作为先例，并从中形成了一些衡平法的基本原则，作为审判的指导原则。衡平法遵从法律（Equity follows the law）。衡平法当然不能违背议会的制定法，同时，凡是普通法承认的权益，衡平法也予以承认，不能拒绝。衡平法不是要挫败普通法，而只是补充它。衡平法也是为了弥补普通法的一些不足之处而产生的。衡平法以"正义、良心和公正"为基本原则，以实现和体现自然正义为主要任务。它的基本原则是公平合理（fair），衡平法的名称由此而来。衡平法代表公平（equity delegate equality）。当衡平法与普通法出现矛盾，便以衡平法为归依。19 世纪 70 年代英国司法改革后，衡平法作为独立的法律原则不复存在，但其本身的公平合理的原则仍对英国及其他英美法系国家和地区的法律产生着较大的影响。

件中适用法规会引起一种严重的非正义现象为理由而拒绝适用该法规。衡平推导是在法律的一般性有缺陷时对法律的补救，是当法律因其太过刚性而不能适用于个别问题时对法律进行的补正，是对法律的严格性的软化和缓解，是对法律的缺点或难点的淡化或回避。运用衡平推导方式解决具体案件，唯一的目的在于个别对待异常事实情形，在具体案件上变通法律主持公道，"使审判结果与正义相互和谐"〔1〕，在公正之间保持平衡。即在一个以某种不可能以相似方式在现实中重新出现的案件中，公平对待各方当事人，在异常情形中平衡公正，实施个别公平，以达到公正判决。〔2〕

在纽约州诉夸尔利斯（*New York v. Quarles*）一案〔3〕中，初审法院、纽约州最高法院、纽约州上诉法院都判决应当排除该证据。其主要理由是，警察的行为属于"讯问"，而且夸尔利斯当时确已处于警察的"羁押"之下。因此，本案的情况完全符合米兰达规则中所规定的情况，警察应该在讯问之前进行告知。但美国联邦最高法院就该案作出裁定，推翻了纽约州上诉法院的裁决。伦奎斯特大法官代表联邦最高法院起草了裁定意见："在本案这种情况下，'公共安全'应该是首先要考虑的因素。如果警察被要求在问及枪在何处之前必须先背诵米兰达告知，那么嫌疑人夸尔利斯在这种情况下就很可能会拒绝回答。这样一来，警察很可能就找不到那支枪，而那支枪就很可能构成对公众的威胁。在公共安全受到威胁的情况下，要求嫌疑人回答问题的需要显然超过了遵循米兰达规则的需要。"因此，在夸尔利斯案中，美国联邦最高法院以公共安全受到威胁为理由，运用衡平推导正当背离米兰达规则，为米兰达规则确立了"公共安全"的例外。

---

〔1〕 ［美］本杰明·卡多佐：《司法过程的性质》，苏力译，商务印书馆1998年版，第5~6页。

〔2〕 通过衡平法实现正义与公平的观念，即衡平的思想、观念却是普遍存在的。正如勒内·达维德所说："衡平法在大陆法系是普遍存在的，但与英美法系不同，大陆法系中的衡平法不以区别于普通法的形式独立存在，而与普通法合为一体。"

〔3〕 *New York v. Quarles*, 467 U.S. 649 (1984). 1980年9月11日，黑人青年夸尔利斯涉嫌强奸，警察在犯罪发生后不久就发现了他，并对他进行了拍身搜查，发现他身上有个空枪套，警察便问他："枪在哪里？"夸尔利斯用头点了点墙角的一堆空纸箱，说："枪在那里。"随后，警察在一个空纸箱内找到了一支子弹上膛的左轮手枪。在这之后警察才向夸尔利斯宣读了米兰达警告，夸尔利斯表示放弃，并告诉警察枪是他的以及在哪里买的。辩护律师向法庭提出了两项排除证据的请求。其一，排除被告人所说的"枪在那里"的陈述及那支手枪作为证据，理由是警察没有按照"米兰达规则"告知夸尔利斯有权保持沉默；其二，排除被告人后来关于该枪支所有权和购买地点的陈述，理由是该证据已经受到警察前面违反米兰达规则行为的"污染"，属于"毒树之果"。

在瓦朗蒂尼诉加纳里 (*Valentini v. Canali*) 一案[1]中，英国一个未成年人起诉要求索回他按照一项租房和购置家具的合同所付的钱款。根据有关成文法的规定，未成年人为货资供应所签订的合同是完全无效的。但原告在此前已住此房屋和使用此家具有好几个月了。英国后座法院拒绝了原告的诉讼请求。英国后座法院认为：当一个未成年人已就某样物品支付了款项并已消费或使用了它时，他要求重新收回他所付的钱款，是与自然正义相违背的。在本案里不是没有明确的法律规定或规则，而是英国后座法院认为本案是个特殊情形，瓦朗蒂尼不是一般的未成年人，因而要区别地对待而不能适用一般的规则。如果对这个不一般的未成年人适用了一般的规定，即将该成文法的相关规定直接适用于本案，就会造成与"自然正义"相违背的结果。为此，英国后座法院运用衡平推导，根据"自然正义"，给相关成文法规定附加了一个例外，为其正当背离此规定找了一个"正当理由"。这是基于自然正义原则的衡平推导。

在沃德和李粮食储运公司诉布里顿 (*Warder & Lee Elevator Inc. v. Britten*) 一案[2]中，被告通知原告取消合同，原告诉请法院予以救济。但其请求不符合美国统一商法典 (Uniform Commercial Code，简称 UCC) 之欺诈法条款的要求。从美国统一商法典之欺诈法的立法目的或立法意图是为了防止欺诈出发，可以推导出截然相反的结论。"要在这些互相对立的可能的裁决之间作出选择，每个这样的裁决都得到法律原则的某些支持。必须为这样一种选择引证某些理由。因此，发现法官们在这种案件中审慎地衡量他们经常称之为他们的判决的'后果'，就是不足为奇的了。"[3]在本案中是"直接适用"还是"正当背离"美国统一商法典之欺诈法条款

---

〔1〕 参见［美］E.博登海默：《法理学——法哲学及其方法》，邓正来、姬敬武译，华夏出版社 1987 年版，第 428 页。

〔2〕 274 N. W. 2d 339. 25 UCC 963 (Iowa 1979). See James J. White, Robert S. Summers, *Uniform Commercial Code*, 2nd edition, West Publishing Co., 1980, p. 69. 原告与被告一直有生意往来，1974 年 7 月 4 日双方口头协议成交一宗粮食买卖。7 月 5 日原告与另一粮食经销商达成粮食买卖合同，由原告将由被告处买来的粮食卖给这个粮商。7 月 21 日被告通知原告取消合同，并答应赔偿原告一些损失，但此时粮价暴涨。原告为履行他和另一粮商于 7 月 5 日达成的合同，只得高价从别处买粮。为此，原告诉请法院予以救济。被告认为，根据美国统一商法典 (Uniform Commercial Code，简称 UCC) 之欺诈法条款，合同要书面订立，除非有三个例外，否则不可以强制履行。而欺诈法的三个例外均不适用于被告，因此，要求根据欺诈法条款驳回原告的请求。

〔3〕 ［英］尼尔·麦考密克、［奥］奥培·魏因贝格尔：《制度法论》，周叶谦译，中国政法大学出版社 1994 年版，第 246~247 页。

就需要法官在更高的层面上进行公平与正义的思考，解决这种法律意图或目的还不能解决的矛盾与冲突，需要法官在法律的社会效用或利益衡量及法律的价值判断与选择之上，对这两个冲突的结论作出决断与选择。依阿华州最高法院首席大法官雷诺森特认为，从欺诈法的立法意图应当直接适用美国统一商法典之欺诈法条款，不应认可口头合同的效力。[1] 但多数法官则认为，无论是从衡平法原则来看还是从欺诈法的立法意图和目的以及判例法的原则来看都应承认口头合同的效力，即应把本案情形作为美国统一商法典之欺诈法条款的一个衡平法原则上的例外。[2] 多数法官的判决意见是衡平推导的结果。

在北京某医学博士、眼科医生涉嫌盗窃、侮辱尸体案[3] 中，要判明该医生的行为是否违反当时《刑法》第 302 条[4] 规定，是否构成盗窃、侮辱尸体罪？一旦判明该医生的行为违反《刑法》规定，就需要决定是将该规定直接适用于此案从而实现一般正义，还是以直接适用此规定会导致

---

〔1〕　依阿华州最高法院首席大法官雷诺森特认为：欺诈法的立法目的是防止欺诈与伪证。正是为了防止欺诈与伪证，所以要求买卖双方对标的额较大的合同采用书面形式，把书面合同列为法定要件。本案原告没有遵守这一规定只能自食其果。为了实现立法宗旨，引导人们采用书面形式，而不是鼓励人们采用口头合同，以他的个人损失为代价是必要的。他还认为：欺诈法只规定了三个例外，如果法院认可未经被告在法院承认的而事实证明存在的口头合同，就增加了一项例外。法官不应代替立法者制造此例外，应不应当增加这个例外，是立法者考虑的问题。因此，他认为，在本案中，无论是从美国统一商法典欺诈法的文字规定，还是从欺诈法的立法意图和目的，都不应认可口头合同的效力。

〔2〕　多数法官则认为：在本案中认可口头合同的效力，是为了防止不公正后果的产生，这符合衡平法原则。首先，欺诈法的制度是为了防止欺诈和不公正，而不是制造或鼓励欺诈和不公正，正如美国欺诈法的起草人威利斯顿所言，欺诈法制定的目的是防止欺诈，而不是被用来作为庇护、保护、帮助那些依赖此法进行欺诈或达到欺诈目的人的工具。其次，根据判例法，法官根据自己的见解解决制定法法律空白并不违反判例法原则。根据判例法原则，法官是可以造法的，当然法官只有在没有制定法的条件下为了解决手头的案子才能创造法律，而不能在有制定法的情况下不依制定法而另来一套。美国统一商法典未对可否强行执行当事人未主动承认但被事实证明存在的口头合同的问题作出规定，是个法律空白，法官根据自己的见解解决此空白不违反判例法的原则。因此，在本案中，无论是从衡平法原则来看，还是从欺诈法的立法意图和目的以及判例法的原则来看，都应承认口头合同的效力。

〔3〕　参见"全国首例死者眼球丢失案开庭"，载《中国青年报》2001 年 8 月 16 日。某医院医学博士、眼科医生未曾征得死者生前同意，也未征得死者家属许可，私自将死者眼睛取下装上假眼睛，将眼睛的角膜取下并移植给在本院就诊的一位普通农村妇女患者。死者家属发现后控告该医生涉嫌盗窃、侮辱尸体罪。

〔4〕　当时《刑法》第 302 条规定："盗窃、侮辱尸体的，处三年以下有期徒刑、拘役或者管制。"

不公平或不公正为由而"正当背离"此规定从而实现个别公正。一旦决定将该条款直接适用于此案，就表明认为直接适用该规定是妥当的。一旦决定正当背离此规定，就意味着认为直接适用该规定不妥，而对该法律规定或规则制定一个例外，或者说为其拒绝适用或正当背离找一个正当理由。检察机关认为该医生的行为虽有不当但情节显著轻微危害不大，不认为是犯罪，决定不起诉。检察机关从我国《刑法》第 13 条规定即衡平条款或例外条款出发，[1] 为本案拒绝适用或正当背离《刑法》第 302 条的规定找到一个正当理由。这是一个衡平推导的结果。

应当指出，在具体案件中适用法律不正确或不当就可能导致正义丧失，但问题是到底怎样适用法律才是正确的或适当的？也许该深思的就是这一点。法官们到底该如何把握一般正义与个别公正呢？卡多佐大法官认为，我们已经有了这种方法，"这就是那些伟大的衡平法法官的方法，他们通过不断地诉诸正当理由和良知之学说，建立了衡平法体系，同时并没有牺牲法律的一致性和确定性。这就是普通法得以在那些伟大的普通法大师手中不断获得新生的方法，这就是曼斯菲尔德和马歇尔的方法，就是肯特和霍姆斯的方法"[2]。这种衡平推导展现了大法官们的公平与正义之司法艺术，也蕴含着他们的司法情怀。

---

〔1〕《刑法》第 13 条规定："一切危害……以及其他危害社会的行为，依照法律应当受刑罚处罚的，都是犯罪，但是情节显著轻微危害不大的，不认为是犯罪。"这个规定是刑法的衡平条款，表达了刑法的衡平原则。

〔2〕［美］本杰明·卡多佐：《司法过程的性质》，苏力译，商务印书馆 1998 年版，第 86 页。

第四章　判决推理与判决证成

第一节　判决推理与法律论证模式

一、司法判决：事实与法律的结合

18 世纪苏格兰著名作家诺斯（Christopher North）曾经幽默地说，法律制定出来就是要被触犯的（Laws were made to be broken）。因此，任何一个国家不仅要立法，而且要有专门的执法和司法机关来保证法律的遵守和执行，以保证以身试法者可以如愿地品尝到法律的滋味。法官的任务就是根据法律对当前案件作出裁决。《联邦党人文集》指出："司法部门既无强制、又无意志，而只有判断。"[1] 司法机关的职责就是弄清楚以身试法者找死的意思表示，然后给他一个精确的死的理由，再下一道准予他死的圣旨。

任何具体案件都涉及两个基本的问题：一是事实是什么，二是对事实依法应当如何裁决。这两个问题称之为法律适用中的事实问题与法律问题。[2] 法官对具体案件要作出三个方面的判断或裁决[3]：其一，发现和确认事实，即判断或确定案件事实是否存在或真实，对案件事实之"是"作出裁决；其二，获取或寻找法律，确定法律是什么，即判断或确定相关法律含义与内容，获取或确立法律规则即裁决理由；其三，根据事实和法律作出裁决，即将事实和法律结合或对应起来，依据法律对案件事实作出评价或评判，对当事人之"应当"作出裁决。包括对当事人行为是否合法

---

〔1〕　［美］汉密尔顿、杰伊、麦迪逊：《联邦党人文集》，程逢如、在汉、舒逊译，商务印书馆 1980 年版，第 391 页。

〔2〕　事实问题通常由法官或陪审团根据当事人的主张与举证进行判断；法律问题则由法官依其对法律及其精神的理解来决定。

〔3〕　参见王洪："论制定法推理"，载郑永流主编：《法哲学与法社会学论丛（四）》，中国政法大学出版社 2001 年版。

或正当即是否符合法律规定的构成要件作出判断或评判，以及对符合法律规定的构成要件的行为当事人应当承担的法律后果作出裁决。案件事实之"是"和当事人之"应当"分别属于事实问题与法律问题或价值问题[1]。判断案件事实是否存在或真实属于事实判断的范畴，评价或评判案件事实属于法律判断或价值判断[2]的范畴。司法裁决的最终任务是解决事实和法律的结合问题，将案件事实置于法律之下，根据法律对案件事实作出评判与裁决，使个案当事人承担相应的法律后果。

在司法过程中，法官裁决是在实在法框架下进行的，实在法及其精神是司法裁判的评判准则与价值标准。在英美法系国家，制定法与判例法都是正式的法律渊源。在大陆法系国家，立法机关制定的成文法以及其他的制定法，是唯一的法律渊源，是法官审理案件并作出裁决的唯一依据。[3]凯尔森指出，法律规则（legal rules）不同于其他规则，尤其不同于那些物理学意义上的自然法则（laws of nature）。[4] 在自然法则的陈述中，条件是用"是"与结果联系的；在法律规则的陈述中，条件是用"应当"与结果联系的。[5] 在法律规则中，法律事实即事件或行为的发生是条件，法律关系或法律后果是结果，连接条件与结果的是"应然"。它规定一旦法律事实发生就赋予其相应的法律后果。它是立法者制定的一种社会规范，是立法者创设的一种社会应然关系与可能状态。它规定法律事实即事件或行为的构成要件，并为法律事实规定即赋予相应的法律后果。它规定法律事实与法律后果之间的联系，规定法律事实所引起的法律关系产生、变更和消灭的情况。它作为一种规范，是一种"应然"或"应当"，因而是一种价值。它是立法者的价值判断与利益需求的表达，体现立法者的利益取向与价值选择。

---

〔1〕 此处法律问题属于价值问题范畴。事实问题是"实存与否"问题，价值问题是"该当何为"问题。

〔2〕 此处法律判断属于价值判断范畴。

〔3〕 我国不承认判例是法律的渊源。即使是《最高人民法院公报》所刊登的案例，对以后的判决也不具有拘束力。

〔4〕 哈特在《法律的概念》中指出存在两种意义上的自然法。即"表述自然过程或规律的法则与要求人们以某种方式行事的法律"。前者是通过观察和推理发现的，是对事实的陈述或者描述；后者是对人们应当按照某种方式行事的"规定"或命令。这两种不同的自然法反映在"必须""应当""应该"之类的法律术语中。

〔5〕 参见［奥］凯尔森：《法与国家的一般理论》，沈宗灵译，中国大百科全书出版社1996年版，第185页。

　　司法裁决结果是法官通过推理而获得的，法官不可避免地进行三种意义上的推理或推论：事实推理（factual inference）、法律推理（legal reasoning）、判决推理（judicial reasoning）。[1] 其一，法官进行事实推理，决定证据的取舍和证明力的大小，以及基于证据展开推论确认事实，发现或探寻案件事情真相；其二，法官进行法律推理，即基于法律规定以及社会公平正义观念等对有关法律作出判断或推断，寻找或获取可资适用的裁判依据或理由；其三，法官进行判决推理，即将法律适用于或应用于具体案件，将案件事实置于法律规范之下，对案件事实进行司法归类，即根据法律对事实得出裁判结论，[2] 根据事实和法律作出裁决。基于制定法的判决推理称为制定法判决推理；基于判例法的判决推理称为判例法判决推理。在大陆法系国家，判决推理是制定法判决推理。立法机关制定的成文法以及其他的制定法是唯一的法律渊源，是法官审理案件的唯一依据，案件判决以制定法为依据，个案裁决依据一般法律规则推导而来。在英美法系国家，制定法和判例法都是正式的法律渊源，因而既有制定法判决推理又有判例法判决推理。

二、制定法判决推理：涵摄与演绎模式

　　在大陆法系国家，是通过制定与适用统一的制定法或成文法以实现同样案件同样对待的。制定法判决推理主要是在制定法框架下进行的，其案件裁决以制定法或成文法为唯一依据，其裁判结果依据制定法规定及精神推导而来。它是基于制定法作出个案裁决的推理，是将一般规则或抽象规范适用于具体个案的推理。正如美国学者伯顿指出，制定法司法判决的关键性问题是：①识别一个权威性的大前提；②明确表述一个真实的小前提；③推出一个可靠的结论。[3] 在这个过程之中，首先寻找可资适用的法律规范或法律理由，再将特定的案件事实置于法律规范要件之下，最后根据法律对个案作出具体裁决。

---

　　〔1〕　参见王洪："论制定法推理"，载郑永流主编：《法哲学与法社会学论丛（四）》，中国政法大学出版社 2001 年版。

　　〔2〕　新分析法学派代表人物拉兹（J. Raz）认识到有两类推理：一类是有关法律的推理，另一类是根据法律的推理，即根据既定的法律规范如何解决问题或纠纷的推理。显然，拉兹所谓的"有关法律的推理"就是我们所说的"法律推理"，拉兹所谓的"根据法律的推理"就是我们所说的"判决推理"。

　　〔3〕　参见［美］史蒂文·J. 伯顿：《法律和法律推理导论》，张志铭、解兴权译，中国政法大学出版社 1998 年版，第 54 页。

在大陆法系国家，在制定法框架下进行的判决推理，是将一般法律规则适用于具体个案的推理。制定法判决推理可以概括为两个层级上的推理：一是从法律规定和事实认定推导出裁决结论的推理，即对符合法定构成要件的行为或事件当事人应承担的法律后果作出裁决的推理，这种判决推理称为法律适用推理；二是对事实作出认定的推理，即对其行为或事件是否符合法律规定的构成要件作出判断或评判的推理，这种判决推理称为事实涵摄推理或事实认定推理。[1] 法律适用推理模式是演绎推理（deductive inference）。它是依三段论推理进行的，具有下列三段论推理结构：法律规定符合法定构成要件的行为或事件当事人是应当承担相应法律后果的，本案行为或事件当事人是符合法定构成要件的；因此，本案行为或事件当事人是应当承担相应法律后果的。其中，大前提是法官获取或确立的法律规则或规范，是法律对符合法定构成要件的行为或事件所产生的法律后果的规定；小前提是法官对行为或事件作出的认定，是对行为或事件是否符合法定构成要件的认定；结论是法官对当事人作出的具体裁决，是对当事人应当承担的法律后果的决定。上述制定法判决推理即法律适用推理，通常亦称为司法三段论或审判三段论。在刑事案件中分为定罪三段论和量刑三段论。司法三段论的大前提亦称为裁判大前提，司法三段论的小前提亦称为裁判小前提，司法三段论的结论称为裁判结论。正如贝卡利亚所说："法官对任何案件都应进行三段论式的逻辑推理。大前提是一般法律，小前提是行为是否符合法律，结论是自由或者刑罚。"[2]

制定法判决推理不单纯只是一个三段论过程，法官裁决不仅仅只依赖于三段论，[3] 法官作出的决定不只是三段论推理的结果。[4] 事实涵摄推理是三段论即法律适用推理的前置程序，事实涵摄推理的结论是三段论即法律适用推理的小前提。在依三段论推导出结论之前，即在进行上一层级推理即法律适用推理之前，法官先要进行下一级推理即事实涵摄推理或事实认定推理。事实涵摄（subsumtion）推理是对行为或事件是否符合法定构成要件作出认定或判定的推论。正如拉伦茨所言："作为法律适用基础的涵摄推论，并不是将外延较窄的概念涵摄于较宽的概念之下，毋宁是将

---

〔1〕 此处事实认定不是对其真实性的认定，而是对行为或事件是否符合法定构成要件的认定。

〔2〕 ［意］贝卡里亚：《论犯罪与刑罚》，黄风译，中国大百科全书出版社1993年版，第12页。

〔3〕 Eva Steiner, *French Legal Method*, Oxford university press, 2002, p.147.

〔4〕 《法国民法总论》提出这样一个问题："法官是事先已作出了解决方法，随后才在判决起草阶段用三段论的逻辑形式外衣来证明它呢，还是他作出的决定确实是三段论推理的结果?"

事实涵摄于法律描述的构成要件之下。"[1] 是把待决案件事实置于法律规范构成要件之下，判断或评判其行为或事件是否符合法律规定的构成要件。事实涵摄即事实认定不是一个演绎推理的过程，不可能仅仅只依赖于一个三段论。[2] 事实涵摄即事实认定是一个将事实即行为或事件归入或纳入法律规定、法律概念或法律关系范畴之中的过程。这项工作是法官在事实与规范之间的往返观照，即"法律与事实间的目光之往返流转"，或曰"在确认事实的行为与对之作出法律评断的行为间的相互穿透"[3]。即一方面将案件事实向上概括，不断增加其抽象性而使之一般化，另一方面又将法律规范不断下延使之具体化，以便判定行为或事件是否符合法定构成要件。即事实涵摄是事实与概念、事实与规范之间的对应或连接关系，不是概念与概念之间的包含或蕴含关系。事实涵摄是一个认知问题，也是一个评价问题。其推理不是概念之间的逻辑推演过程，而是一个在事实与概念之间或事实与规范之间建立对应的过程，是一个对事实进行综合、概括与归纳的过程，是一个对事实进行评价或评判的过程[4]，是一个对事实进行司法归类的过程。即对已经确认的事实做出某种断定，表明该案件的实际情况属于法律规范的假定的情况，也就是该案件所具有的特定情况属于某个法律规范的适用范围。[5] 是将某一行为或事件归入到反映它或涵摄它的概念或范畴之中的思维过程。德国学者考夫曼将这一过程称为是在事实和规范之间来回审视的"等置模式"[6]。考夫曼指出，等置模式表现为在事实与规范之间进行等置，不能否定三段论推论，但在进行三段论推论之前需要等置，即在法律规范与生活事实之间"往返流转"。[7]

在大陆法系国家，任何案件都要依据法律规范或法律概念对事实进行

---

〔1〕 ［德］卡尔·拉伦茨：《法学方法论》，陈爱娥译，商务印书馆 2003 年版，第 152 页。

〔2〕 Eva Steiner, *French Legal Method*, Oxford university press, 2002, p.147.

〔3〕 ［德］卡尔·拉伦茨：《法学方法论》，陈爱娥译，商务印书馆 2003 年版，第 162 页。

〔4〕 事实涵摄是一个认知问题，也是一个评价问题。拉伦茨指出，"将某生活事件归入某类型或某个须填补的标准之意义范围中，是评价性的归属。"约根森（Joergensen）也指出，法学及司法的特性即是它们几乎完全是在做评价的事情。

〔5〕 参见［波兰］齐姆宾斯基：《法律应用逻辑》，刘圣恩等译，群众出版社 1988 年版，第296 页。

〔6〕 参见郑永流："法律判断形成的模式"，载《法学研究》2004 年第 1 期。

〔7〕 考夫曼认为，法律适用只是法律发现的一种情形，两者并没有本质的不同。类比是等置的核心，等置就是类比事实与规范。这些观点都是值得商榷的。

司法归类,即要进行通常所称的事实涵摄即事实认定。[1] 再没有人宣称法律规则的应用只不过是在抽象表达的大前提之下的三段论推导。[2] 而且司法裁决的重心与关键不在于最终的三段论推导,而在于之前的事实认定,即对事件或当事人行为是否符合法定构成要件的判定。[3] 这个过程就是事实涵摄推论,亦被称为小前提的建立。[4] 事实涵摄即事实认定是裁决的关键,是法官承担的一项重要工作。正如恩吉施所言:"小前提是神经,它能使在制定法及在法律大前提中包含的一般法律思想引向具体的小前提,并因此使合乎制定法的判断成为可能。"[5] 制定法司法判决过程即法律适用包括涵摄与演绎这两个层级。在下一层级解决裁决的基础与关键问题即事实涵摄或事实认定问题,在上一层级通过演绎推导出个案裁决。演绎推理不能解决事实认定即事实涵摄问题,也不能刻画事实涵摄推理,但不能由此否定演绎推理在司法判决中的作用,上述三段论推理是法律适用推理模式。承认这一点,并不意味着就认为法律适用过程仅仅是逻辑操作,仅靠形式逻辑就能从法律得出判决;也没有宣称法律为一切案件准备好了一个答案,对一切案件都可以直接从法律中找到推理的大前提;也没有主张把法官限定在对制定法的预设的纯复制上,法官只作形式判断而绝不作价值判断与选择。之所以把上述三段论看作法律适用的基石,其本质是要求判决以法律权威或理由为基础,强调最终结论是其法律权威理由的必然产物,强调对实在法规则的尊重与服从,[6] 强调用一种客观和直观的方式展示其判决是与前提保持一致的,使整个法律体系具有更大的确定性与安定性。这是因为演绎推理的特点在于其结论为前提所包含或蕴

---

〔1〕 事实涵摄问题在法律逻辑学中没有被充分研究过。魏得士在《法理学》中,对涵摄的复杂性以及涵摄的难题进行了一些研究。

〔2〕 参见[德]罗伯特·阿列克西:《法律论证理论——作为法律证立理论的理性论辩理论》,舒国滢译,中国法制出版社 2002 年版,第 2 页。

〔3〕 参见[德]卡尔·拉伦茨:《法学方法论》,陈爱娥译,商务印书馆 2003 年版,第 165 页。

〔4〕 恩吉施将小前提的构建过程分成三个阶段,"一是具体的生活事件,实际上已发生的案件事实的想象;二是该案件事实确实发生的确认;三是将案件事实做如下判断:其确实具备法律的构成要素,或者更精确地说,具有大前提的法律的构成要件的构成要素。"

〔5〕 [德]卡尔·恩吉施:《法律思维导论》,郑永流译,法律出版社 2004 年版,第 70 页。

〔6〕 博登海默指出:"法官有责任按照某一明显应适用于一个诉讼案件的法律规则来审判该案件。法官要始终如一地、不具偏见地执行法律命令。如果有一条法规规定对政府官员行贿受贿加以惩罚,而且已经确定某一个人(政府官员)具有了这种行贿受贿之行为,那么法官或陪审团应当得出三段论逻辑所要求的必然结论,还应当制止用偏见或其他无关的考虑来解决该案件。"

涵（imply）并从中必然地得出来。运用这种推论从有关前提中得出结论是无懈可击的，只要前提真实并且推理正确，其得出的结论就是可靠的。波斯纳对此说道：三段论的推理非常有力，又为人熟知。因此，渴求自己的活动看上去尽量客观的律师和法官都花费了很大力气使法律推理看上去尽可能像是三段论。[1]

　　人们早就重视逻辑在法律领域中的应用，对判决推理模式与规则进行了逻辑研究。对于制定法判决推理而言，人们在不同逻辑语言或逻辑框架下刻画其推理模式。正如金岳霖所言："事实上虽有不同的逻辑系统，理论上没有不同的逻辑。""两逻辑系统之所以为'两'个逻辑系统，不是因为他们的'义'不同，而是因为他们的'词'不同。"[2]

　　在词项逻辑框架下[3]，把制定法的法律规范分析为一些类与类之间即集合与集合之间的关系，即把具备或满足法律规定的构成性质或构成条件的法律行为或事件看作是一些类或集合，而把行为当事人由于符合法定构成要件而应当承担法律后果看作另外一些类或集合，运用亚里士多德三段论推理形式来分析制定法判决推理形式。即：把具备或满足法律规定的构成性质或构成条件的法律行为或事件看作是一些类或集合 M，把行为当事人符合法定构成要件而应承担的法律后果看作另外一些类或集合 P，把当事人行为看作 S，制定法判决推理即司法三段论就可以分析为亚里士多德三段论模式的一种特别形式。即：如果 M 都是 P，并且某个 S 是 M，则某个 S 是 P（这是 barbara 式的特例）。[4] 或者表述为：M 都是 P，某个 S 是 M；所以，某个 S 是 P。barbara 式是亚里士多德三段论的第一格第一式，亦称为审判格，其特例就是指从一般到个别的推理。在此处把 "M 是 P" 解释为 "M 属于 P" 或 "M 在 P 里"。《法国民法总论》举了一个三段论的例子：民法典规定任何行为致他人受到损害时，因其过错致使行为发生之人，应对该他人负赔偿责任，这是大前提；三段论的小前提是对这种假设行为的认定，一个驾驶汽车的人沿道路的左侧行驶，撞伤了迎面而来

---

〔1〕　参见［美］理查德·A.波斯纳：《法理学问题》，苏力译，中国政法大学出版社 1994 年版，第 50 页。

〔2〕　金岳霖学术基金会学术委员会编：《金岳霖学术论文选》，中国社会科学出版社 1990 年版，第 517 页。

〔3〕　亚里士多德三段论逻辑属于词项逻辑或类逻辑范畴。

〔4〕　参见［英］威廉·涅尔、玛莎·涅尔：《逻辑学的发展》，张家龙、洪汉鼎译，商务印书馆 1985 年版，第 93 页。

的骑自行车的人，因为其过错而造成了损害，这是小前提；驾车的人应当赔偿损失，这是结论，它表现为损害赔偿的判决。这个审判三段论可以表述为亚里士多德三段论形式：因其过错行为致使他人受到损害之人是应承担赔偿责任的，这个人是因其过错行为致使他人受到损害之人；所以，这个人是应当承担赔偿损失的。

在亚里士多德三段论中，以两个直言命题作前提，并借助前提中的一个共同词项把两个直言命题联结起来，从而得出一个直言命题结论。[1] 上述三段论称作直言三段论。[2] 亚里士多德将直言三段论形式加以系统化，建立了第一个演绎推理系统。亚里士多德三段论公理是"曲全公理"，揭示"全体都具有的其个体也具有"的逻辑规律，反映由于事物存在着特殊与普遍、个别与一般之间的内在联系，因而那种全体都具有的共性与普遍性也是同类事物中的任何个别事物都共同具有的。在亚里士多德三段论中，大前提是对某同类个别事物都具有某种性质的普遍性陈述，小前提是对某一个事物是该同类中的个别事物的个别性陈述，结论是对该个别事物也具有在大前提中普遍性陈述所揭示的属性的个别性陈述。直言三段论有两个基本形式：其一，凡 M 是 P，凡 S 是 M；所以，凡 S 是 P。其二，凡 M 是 P，有 S 是 M；所以，有 S 是 P。直言三段论有基本形式表示类与类之间的包含关系的传递性，三段论其他形式可以从它们推导出来。比如，某先生偷用了其所在城市 Hague 的电力；占有了电力者即是占有了某个有价值的东西；占有了某个有特定价值的东西者即是占有了一项财产；占有了一项财产者即是占有了利益；而故意侵占了属于他人的利益应判 4 年以

---

　　[1]　直言命题是陈述某事物具有或不具有某种性质的简单命题。可分为全称肯定命题、全称否定命题、特称肯定命题、特称否定命题。分别用 A、E、I、O 等符号表示。参见王洪主编：《逻辑导论》，中国政法大学出版社 2010 年版，第 141 页。

　　[2]　一个直言三段论恰好有三个不同的词项，作结论主项的词项叫作"小项"，一般用 S 表示；作结论谓项的词项叫作"大项，"一般用 P 表示；在结论中不出现而在前提中出现两次的那个词项叫作"中项"，一般用 M 表示。由中项和大项组成的那个前提为"大前提"，由中项和小项组成的那个前提称为"小前提"，三段论的结论是关于小项和大项外延关系的陈述。大项和小项在前提中并没有直接的联系，但在大、小前提中，中项分别与大项和小项具有一定的外延关系，由此把大项和小项联系起来形成结论。中项在前提中出现在不同的位置，就形成了结构不同的三段论。三段论共有四个格，其中第一格亦称为审判格，第二格为区别格。三段论的式是由组成三段论的直言命题的具体种类来决定的。组成三段论的三个命题类型的不同，就形成了三段论不同的式。三段论的式是分属于各个格的。格和式一起决定了一个三段论的具体形式。在三段论中，每一格都有 64 个式，四个格共有 256 个式。其中，绝大部分是无效式。在传统逻辑中，三段论有效式有 24 个。

下监禁[1]；因此，某先生应判4年以下监禁。可以把三段论的基本规则概括为：其一，中项至少要周延一次，[2] 这是为了确保中项在大项与小项之间起到媒介的作用；其二，在前提中不周延的词项，在结论中也不得周延，即要求结论对该词项的陈述不得超出前提陈述的范围；其三，前提和结论中否定命题的数目必须相同。三段论的基本规则是检验三段论推理是否有效的标准。

在命题逻辑框架下，把能够引起特定法律后果的事件和行为即法律事实看做前件，把随之而来的法律后果看做后件，把法律规范分析为前件与后件之间具有蕴涵关系的假言命题或条件命题，运用命题逻辑理论来分析制定法判决推理模式。制定法规则即法律规范自身是有逻辑结构的，可以进行整体性即结构性分析。这种考察不是亚里士多德的事物的类与类之间或概念与概念之间关系的逻辑分析，而是事物的条件关系分析或句子的结构性分析。把能够引起特定法律后果的事件和行为看作是一些条件 P、Q、R 等，把引起的法律后果看作是一些结果 U、V、W 等，制定法判决推理就可以分析为命题逻辑推理模式。即：如果任何一个事件或行为 S 满足了条件 T，则应赋予 S 法律后果 R（大前提）；某个事件或行为 S 满足了条件 T（小前提）；所以，应赋予 S 法律后果 R（结论）。上述推理形式可以表达为：$T \rightarrow R, T \vdash R$。比如，以侵犯姓名权的手段侵害他人受教育的权利并造成了具体的损害后果（T）则应当承担民事责任（R）；陈某等是冒用他人姓名上学侵害他人受教育的权利并造成了具体的损害后果（T）；所以，陈某等应承担相应的民事责任（R）。

在一阶逻辑框架下[3]，即在命题语言基础上，引进全称量词和存在量词，引进个体词 x 等表达主体或客体（统称个体），引进谓词 P、Q、R 等表达个体性质或个体之间关系，则制定法判决推理可以分析为一阶逻辑推理模式。即：如果任何一个事件或行为 x 满足了条件 T，则 x 有法律后果 R（大前提）；某个事件或行为 a 满足了条件 T（小前提）；所以，a 有

---

[1] 《荷兰刑法典》第310条。

[2] 全称命题的主项是周延的，特称命题的主项是不周延的；否定命题的谓项是周延的，肯定命题的谓项是不周延的。

[3] 一阶逻辑亦称为谓词逻辑。它把简单命题分析为谓词、个体词、量词和命题联结词（即逻辑联结词）几个部分。在谓词逻辑中，简单命题和词项不是最小的分析单位，谓词逻辑的最小分析单位是谓词、个体词和量词。谓词逻辑是以命题逻辑为基础进行扩充的结果。

法律后果 R （结论）。上述推理形式可以表达为：$\Box x\ (Tx \to Rx)$，Ta ⊢ Ra。[1] 即对于一切 x 而言，如果 x 满足 T 则 x 具有 R；a 满足 T；所以，a 具有 R。其中，大前提是一个法律一般规范，小前提是对某个事件或行为情况的认定，结论是相应的法律后果。"x"是个体变项，可以是行为主体，也可以是主体的行为，还可以是事件等；"a"是个体常项；"T"是任一复合谓词，它将规范中的法律事实表达为个体具有某种属性；"R"也是任一复合谓词，它表达的是符合规范要求的个体应当承担的法律后果。例如：正当防卫不负刑事责任（我国《刑法》第 20 条第 1 款），M 先生是正当防卫；所以，M 先生不负刑事责任。正如克卢格所言，"在事实上，三段论至少可以在原则上解释成谓词逻辑（第一层次）的分支。"[2]

应当指出，克卢格与阿列克西上述研究成果，只是对法律适用推理即司法三段论推理的逻辑结构的概括与刻画，他们没有区分在制定法判决推理中存在的两种推理，对事实涵摄推论问题没有研究。魏得士在《法理学》中，对涵摄的复杂性以及涵摄的难题进行了一些研究，但涵摄推论模式与机制有待于研究。还应指出的是，制定法判决推理也面临约根森难题的挑战。[3] 约根森难题对包括制定法判决推理在内的规范推理构成了挑战。[4] 美国哲学家塞尔（Searle）和英国哲学家图尔敏（Toulmin）指出，包含道德或规范的推理是一种评价性推论。制定法判决推理是一种评价性推论，正如英国道德哲学家黑尔（Hare）所言，它还是一种包含事实命题与规范命题的混合性推论。它们在司法推理或法官推理中是广泛使用的，在直觉上也存在有效性的问题，应该有相应的逻辑评价它们的有效性。但仅凭单一经典逻辑及其扩充或变异系统，是无法充分地刻画制定法判决推理的，需要一种新的逻辑框架，发展一种混合逻辑的新的逻辑框架，这也是法律逻辑学新近发展的一个重要研究领域。

三、判例法判决推理：例推模式、区别模式与否决模式

在人类法律活动中，英美法系国家形成了与大陆法系国家不同的司法

---

〔1〕 阿列克西在《法律论证理论——作为法律证立理论的理性论辩理论》中就是在一阶逻辑语言框架下刻画制定法判决推理模式的。其推理形式为：$\Box x\ (Tx \to ORx)$，Ta；所以，ORa。

〔2〕 转引自［德］阿图尔·考夫曼、温弗里德·哈斯默尔主编：《当代法哲学和法律理论导论》，郑永流译，法律出版社 2002 年版，第 322 页。

〔3〕 参见王洪："逻辑能解法律论证之困吗？"，载《政法论坛》2019 年第 5 期。

〔4〕 Jezy Stelmach，Bartosz Brok，*Methods of Legal Reasoning*，Springer Science & Business Media，2006，p. 47.

理性传统。在英美法系国家，判例法与制定法都是正式的法律渊源，都是法官审理案件的依据。判例法或普通法是法官通过对案件的判决创立并发展起来的，其形成的基础就是一个个的案件。司法裁决主要是以经验主义为哲学基础，诉诸先例经验而不依靠抽象概念。判例汇编是其原始资料，法官从中推导出普通法的规则，运用这些规则指导当前案件的判决，按照相同案件相同处理的正义要求，由一案到下一案谨慎前行，而不是事事回首求诸设立的一般性，发展出了作为主要法律渊源的判例法或普通法。法院主要按照在先前的案件中确立的原则进行审判，这是英美法系的普通法之司法理性。

（一）例推模式

在英美法系国家，遵循先例（stare decisis）是一项基本的司法原则。[1] 判例法是主要的法律渊源,[2] 是法官通过判决创立和发展起来的。先例或判例就是已经判决的案件或者法院的判决，是在事实或者法律原则方面与正在审理的案件相同或相似的案件，其判决理由为后来的相同或类似的案件或者法律问题的解决提供权威性的依据。遵循先例原则（the principle of stare decisis）是先例原则中的基本原则，是指法院在先例中所陈述的判决理由（ratio decidendi）对作出判例的法院本身和对下级法院日后处理同类案件均具有拘束力，既决的法律论点即确立的法律原则是有约束力的或有权威的并且被称为法定依据。[3] 法律原则一经司法判决确立，便构成了一个日后裁决应当遵循的先例。[4] 在一个适当的案件中曾经得到裁决的法律问题，不应在包含同样问题并属于同一管辖权的其他案件中重新加以考虑，除非有某种情况变更证明改变法律是正当的。遵循先例原则即先前的判决被当做此后案件的判决依据，其意图或目的是寻求对法官裁量权予以限制，寻求"同样事项同等对待"，寻求个案裁判的法律统一或法制统一，实现经验的正义（empirical justice）。正如美国政治家汉密尔顿在《联邦党人文集》中指出："为防止法庭武断，必有严格的法典与先

---

〔1〕　布莱克斯通（William Blackstone）在 1765 年出版的《英国法释义》一书中系统地论述了遵循先例原则在英国法中的地位。他提出，在英国普通法中有一条确定的规则：当相同的要点在诉讼中再次出现时，要遵守以前的先例，后来的法官必须遵守这些先例。

〔2〕　在英美法系国家，合同法、侵权法和财产法在很大程度上都是普通法或判例法。

〔3〕　参见［美］史蒂文·J. 伯顿：《法律和法律推理导论》，张志铭、解兴权译，中国政法大学出版社 1998 年版，第 31 页。

〔4〕　先例原则对普通法和衡平法同样适用。

例加以限制，以详细规定法官在各种案情中所应采取的判断。"

遵循先例的判决推理是根据遵循先例原则确立的判决推理，亦称为先例推理，其推理模式是例推模式或例推法（reasoning by example）。例推模式或例推法就是根据过去相同案件中的理由或推理来判决当前案件。即"相同案件的判决必须与在同一法院或上级法院的先前案件中做出判决的法官所使用的理由或推理保持一致"。法官通过从先例中抽取法律原则，然后把这个判例法原则贯彻到当前的具体案件之中。美国法学家列维（Levi）指出，在判例法中，判决推理的基本类型或基本模式是例推法。当宪法和制定法都沉默的时候，法官要做的事情就是将他眼前的案件同一些先例加以比较，从先例中寻找或抽象出基本的原则即判决理由（radio decidendi），作为判决的依据。"普通法的运作并不是从一些普适的和效力不变的前定真理中演绎推导出结论。它的方法是归纳的，它从具体中得出它的一般。"[1]

先例推理即例推法是从个案到个案的推理，是将一项由先例提炼出的论断视同一项法则并将之适用于后一个类似情境之中。正如伯顿所言，这一推理过程分为以下三步：首先，识别一个权威的判例或基点；其次，识别当前案件与先例案件在事实上的相同点或不同点；最后，判断事实上的相同点和不同点在法律评价上何者更为重要，并因此决定是依照先例还是区别先例进行判决。[2] 若事实上的相同点更重要则应当依照权威判例；若事实上的不同点更为重要则应当区别于权威判例，即不适用权威判例中的规则。即先例推理或先例适用过程分为三步：首先，提炼个案之间的相同或相似之处；其次，总结先例中蕴含的相关规则；最后，将此相关规则适用于当下的个案之中作出裁决。[3] 从逻辑上说，例推法不同于从具体到一般的推理，也不同于从一般到具体的推理，而是从具体到具体的推理。它实际上是在两种具体情况（both particulars）都从属于同一个项（term）并且在其中一个具体情况已知的条件下进行的推理，是一种从特殊到特殊的推理，属于类比推理的范畴。它根据两个对象在一系列属性上是相同（或相似）的，而且已知其中的一个对象还具有其他特定属性，由此

---

〔1〕 ［美］本杰明·卡多佐：《司法过程的性质》，苏力译，商务印书馆1998年版，第10页。

〔2〕 参见［美］史蒂文·J. 伯顿：《法律和法律推理导论》，张志铭、解兴权译，中国政法大学出版社1998年版，第30~38页。

〔3〕 参见［美］艾德华·H. 列维：《法律推理引论》，庄重译，中国政法大学出版社2002年版，第3页。

推出另一个对象也具有同样的其他特定属性的结论。它建立在相同点的基础之上，以相同点作为两个对象类推的媒介。由此例推模式或例推法可以分析为类比推理的特例。其基本形式是：当下个案与先例有重要的相同点或相似性；先例的解决蕴含着某个相关规则；所以，当下个案的解决应当运用此规则。即：M 是 P，N 与 M 是相同或相似的；所以，N 是 P。

在例推法中，是把不同案件因其在被法律之评价视为重要性或关键性的点上有相同性而加以等而视之。因此，例推法的运用需要对不同案件的相同点和不同点同时进行细致的考察，其中，最关键的问题在于判断相同点和不同点何者更为重要。正如伯顿所言，进行例推法判决推理至少需要三个步骤：其一，你要识别出进行推理的一个基本情况（如哥哥的上床时间）。这一基点由相关的事实加上一个关于某人应该做什么的决定所组成。其二，你要描述基点情况与问题情况（弟弟的上床时间）相同或相似（儿子的地位）和不同或不相似（年龄）的那些事实方面。其三，你要判断这些事实上的相同点或不同点在这种情况下何者是更加重要的。[1] 判断个案之间的相同点与不同点在法律评价上何者更为重要以及说明为什么即依哪些观点在当下情境中是更为重要或不重要的。这种判断就是区别性判断（distinguishing）或重要性判断。这种区别性判断是司法过程中最关键的一步，也是最困难的一步。[2] 因为，一旦认定了当下案件与先例的相同点或不同点究竟哪一个更为重要，解答也就水到渠成了。并且"一旦选择了前提，普通法法官也可以在同样程度上使用演绎——这并非是说在一个很高的程度上——就像成文法法官解释一旦产生了一个供适用的概念后，成文法法官所能做的那样"[3]。

（二）区别模式与否决模式

在英美法系国家，司法判决追求普通法的安定性和可预见性，同时也追求普通法的正当性和对社会的适应性。因此，尽管遵循先例意味着法官在审判案件中受先例的约束，但法官在决定是否遵循先例方面具有广泛的

---

〔1〕　参见〔美〕史蒂文·J.伯顿：《法律和法律推理导论》，张志铭、解兴权译，中国政法大学出版社 1998 年版，第 31~32 页。

〔2〕　在英美法系国家，法律方法的研究注重对法官经验的总结和分析，注重对判例的区别技术的研究。

〔3〕　参见〔美〕理查德·A.波斯纳：《法理学问题》，苏力译，中国政法大学出版社 1994 年版，第 323 页。

自由裁量权即酌处权。[1] 包括有权决定遵循先例、区别先例与推翻先例。即普通法的先例原则（rule of precedent）包括三个规则：一是遵循先例，即相同案件相同处理；二是区别先例，即不同案件区别对待；三是推翻先例，即全部或部分否定先前确立的错误的、不当的或不合时宜的先例规则，并且可以在制定法没有规定和没有先例的案件中创制规则，亦即法官造法。特别是当需要"适应变化的环境以及从积累的经验中汲取教训"时，当面对"事实上不可能通过立法程序修正"的法律时，法官造法是最佳选择。

在英美法系国家，判例法判决推理除了遵循先例的判决推理，还有区别先例的判决推理和推翻先例的判决推理。[2] 后两种判决推理也存在于普通法的运行过程之中。区别先例的判决推理是根据区别对待的规则确立的判决推理，其推理模式可以概括为区别模式。区别模式（differentiation）是法官通过对当前案件事实与先例事实予以区别，以当前案件事实与先例的案件事实存在实质区别或重大不同为由，作出区别先例的决定。即通过区别当前案件和先例而背离先例规则，通过区别先例而排除先例规则的适用，规避先例规则的约束。即分析现有情况与先例的不同，由此采取不同于先例的规则，实现不同案件区别对待的正义要求。推翻先例的判决推理是根据法官造法的规则确立的判决推理，其推理模式可以概括为否决模式。否决模式是全部或部分废除或推翻先前确立的不当的或不合时宜的规则的推理，[3] 以追求普通法的正当性或对社会的适应性。即在有理由认为先例规则或先例解释[4]存在错误、不合理或者不合时宜时通过推翻先例确立一个新的先例规则，包括通过对制定法条文的新解释来推翻先前判决中对制定法的解释，提出解决案件争议的裁决方案。

法官对当前案件决定依遵循先例或区别先例方式来处理，是基于对当前案件与先例其相同之处或相异之处在法律上是重要的或无足轻重的判

---

[1] 美国南北战争前，确立先例制度和遵循先例原则是出于宪政和法治的考量，遵循先例的主要着眼点是限制司法的自由裁量权；战后，遵循先例原则的着重点发生了转移，遵循先例归属法官的自由裁量权即酌处权。

[2] 对待先例有三种司法推理技术或方法：遵循先例、区别先例和推翻先例。这三种方法或技术都存在于普通法的运行过程之中。推翻先例是指修正或废除错误的或不当的先例规则，追求普通法的正当性或对社会的适应性。

[3] 参见 [美] 迈尔文·艾隆·艾森伯格：《普通法的本质》，张曙光等译，法律出版社2004年版，第142页。

[4] 在制定法规则的适用情形下，先例对制定法条款具有解释作用。主要体现在使制定法规则具体化，澄清制定法条款中的模糊性。后续的解释者受到该先例约束。

断。但是，事实上天下没有两件事情是完全相同的或者是完全不同的，法官们对个案之间的相同点或不同点的重要性或区别性判断会存在分歧。即在当下个案应当归于哪一类问题上，人们常常存在争议。如以美国堕胎案为例，赞成者在街头上大喊妇女争取"自决权"；相反地，一位反对堕胎的妇女在受访时说，堕胎和"自决"（selbstbestimmung）一点也扯不上关系，因为堕胎涉及另一人的生命，是"他决"（fremdbestimmung），这种争议可能是无休止的。在美国，有人认为允许使用避孕药的判例是允许堕胎的法律基础，而再后来也是不歧视同性恋的基础，如此像滚雪球一样，权利越来越多。但也有人马上就问，使用避孕药和堕胎这两件事有什么关系？堕胎关涉的是"生命权保护"的问题，而使用避孕药只涉及"私生活的自由行使权"，两者根本风马牛不相及，根本非同类的案件，怎能将之顺理成章地归为同一类呢？在天底下没有相同的两件事的情形下，所谓"相同"的案件只不过是在某些法律评价意义上有相同的事态或是具有相同的"道理"而已。所以，法官要判定个案之间是否相同，这种工作是"一种由一个案子到另一个案子小心翼翼地向前探触"的工作，所要探寻的当然是每个案子所蕴含的"事物之本质"，或者说是"事物本然之理"。

　　在亚当斯案[1]中，旅客亚当斯放在所乘轮船客舱的贵重物品被偷。轮船老板没有失职疏忽，旅客也不存在疏忽。在一个先例中，旅馆老板对旅客贵重物品的被偷承担严格责任；在另一个先例中，铁路公司对旅客在开放式卧铺车厢里的贵重物品被偷不承担严格责任。法官利用区别先例方法规避他认为不应该适用的先例规则。法官对有关轮船老板责任案与铁路公司老板免责案之间进行对比，指出两个案例之间的重要的不同点，即铁路老板并不拥有可以欺骗和偷窃旅客的特殊便利，所以他对客人并不承担严格责任。从而作出了区别先例的推理与判决。法官判决指出：在卧铺车厢使用开放卧铺的铁路旅客，既没有期待也不应当期待他的贵重物品将会得到对抗盗贼的保护。与旅馆客人和轮船客人不同，铁路旅客并没有通过得到一个带锁的、可以在其中睡觉的隔舱，以使自己放松、得到虚假的安全感。所以铁路旅客没有基于与轮船旅客或旅店旅客同样的隐私理由等使用卧铺车厢。而且，基于同样的理由，铁路卧铺车厢的老板没有旅店和轮

---

　　[1]　旅客亚当斯放在所乘轮船客舱的贵重物品被偷。轮船老板没有失职疏忽，旅客也不存在疏忽。争议的问题是：轮船老板是否对旅客的丢失物负有严格责任？

船老板所有的，欺骗和偷窃旅客的诱惑性机会——因为旅客并没有在开放的卧铺留存贵重物品以使自己放松。由于旅馆老板所拥有的特殊便利，所以他对客人承担严格责任。铁路老板并不拥有可以欺骗和偷窃旅客的特殊便利，所以他对客人并不承担严格责任。[1]

在麦克弗森诉别克公司（*MacPherson v. Buick Motor Company*）一案[2]中，由于汽车有安全缺陷使原告在使用中受严重伤害，原告要求汽车生产者予以赔偿。此前，这类产品责任案件是根据合同当事人原则（privity of contrat）[3] 裁判的。由于此案原告与被告没有合同关系，如果按照合同当事人原则审判该案，没有合同关系就没有责任，原告就无法得到赔偿。卡多佐在本案中通过对 *Thomas* 案[4]确定的例外先例以及 *Devlin* 案、*Statler*

---

〔1〕 参见张骐："论类似案件的判断"，载《中外法学》2014 年第 2 期。

〔2〕 *MacPherson v. Buick Motor Company*，217 N. Y. 385（1916）. 被告别克公司是汽车制造商。它将一辆汽车卖给零售商。零售商又将它卖给原告唐纳德·麦克弗森。原告驾车途中，汽车突然出了故障，他摔出来受了伤。有一个轮胎用的是有瑕疵的木料，其辐条粉碎。轮胎并非被告所造，而是从另一制造商那里购得。然而，有证据显示，经适当检查，本可发现这一瑕疵，但被告未这样做。原告认为别克公司应对此承担责任。

〔3〕 英国在 *Winterbottom v. Wright*，10 M&W 109（1842）；152 ER 402（1842）案中确立了产品责任的合同当事人原则（privity of contrat）。在该案中，被告赖特与英国某邮政部长订立合同，由赖特提供马车以运送邮件，但由邮局提供马和雇佣马车夫。原告温特博姆就是由邮局雇佣的马车夫之一。在温特博姆驾驶马车的途中，车子突然发生了断裂，他也因此而受伤。因此，温特博姆向赖特提起索赔之诉，要求其承担责任。被告以原告与自己不存在直接的合同关系为由进行抗辩。法院最终认可了被告的理由。法官阿宾格爵士在判决中强调，由于赖特与温特博姆并没有直接的合同关系，因此不能支持原告的主张。缺陷产品的提供者仅仅对有合同关系的缺陷产品的受害者承担赔偿责任，并不对没有合同关系的缺陷产品的受害者承担赔偿责任。这一原则到 20 世纪初仍然是美国各州法院处理产品责任问题的最主要先例。1903 年美国联邦第八巡回法院在 *Huset v. J. L. Case Threshing Machine Co.*，120 Fed. Rep. 865（1903）一案判决中对该原则作了较为完整的概括："一个普遍的原则已为英国和本国法院的无数判决所采纳并加以确立，即这些案例中，在建筑或货物的买卖中有过失的承包人或制造商所应负的责任，仅限于在建筑或买卖合同中规定的对当事人所应负的责任。"

〔4〕 在 *Thomas v. Winchester* 案中，法官确立了合同当事人原则存在例外的先例。但例外要求的条件是严苛的。被告由于过失将一瓶毒药贴错了标签并卖给了药剂师，药剂师又将毒药卖给了原告托马斯。托马斯服用后出现了严重的中毒症状。原告由此要求被告承担赔偿责任。法院最终支持了原告的请求，因为，虽然原被告之间并无直接的合同关系，但是被告的过失使"人的生命处于紧迫的危险之中"，被告应该能够预见此类危险，而且如果被告尽到了谨慎注意的义务，此类危险就能够得到有效避免。此先例确立的规则是：当产品是"本质危险"的产品，并且由于卖主的过失使第三人的生命处于紧迫的危险之中时，卖主就需要对没有合同关系的第三人承担责任。

案、*Torgeson* 案的讨论,[1] 推翻了产品责任的合同当事人原则。卡多佐将先例认为是例外的确立为规则,以此推翻了先例中的规则,使"例外吞噬了规则",确立了产品责任的过失责任原则。卡多佐指出:"提供产品的人有通常的注意和判断的义务,若因未尽到这样的义务使使用者遭受到了人身或者财产的损害,那么使用者可以以制造商存在过失为由要求制造商承担损害赔偿责任,而且这种权利不仅适用于与制造商存在直接合同关系的受害者,同样适用于与卖方不存在直接合同关系的使用该产品的合同之外的人。*Thomas* 案确立的原则不限于毒药、爆炸物或此类物品。只要制造时存在过失,并可合理断定能给他人的生命和身体造成急迫的危险,就属于危险的东西。除此之外,制造商还知悉该物将会被买方之外的第三人不加检查而使用,那么无论是否存在合同关系,该危险物品的制造者都负有谨慎制造的义务。如果把最终产品投入市场的制造商疏忽,而危险是可以预见的,就有责任。这种责任是不同于合同当事人责任的过失责任。即如果他有过失,危险是可预知的,就有责任。就本案而言,汽车制造商没有在产品投向市场之前进行合理的检验,这一过失使汽车在合理使用中存在危险。制造商能够预见到危险很可能发生,而且被告应该能够预见到汽车很可能将会由买方之外的第三方使用。所以汽车制造商应当对原告承担侵权责任。"[2]

在英美法系国家,普通法以务实性和灵活性来发展法律,区别模式和否决模式体现了普通法的这种务实性与灵活性。法官会不时地面对他不认同的上级法院的判决,但普通法的巧妙在于它允许采取区别模式和否决模式避免不合时宜的先例判决,特别是不受欢迎的判决是上议院的裁决。法官对先例可以持保留态度,甚至推翻先例。通常的做法是通过区别或有意忽视某个先例而绕开它,从而在新的判决中确立新的法律规则,使先例规

---

〔1〕　在 *Devlin v. Smith* 案件中,一位承包商为一名画家建一个脚手架,结果画家的仆人在使用的过程中受伤了。画家的仆人以承包商为被告要求其承担责任。法官最终判决承包商负有责任。因为如果脚手架建得不合理,正常使用其工作的人必然会遭受危险。这一危险是可以预见到的。因此承包商对使用者负有责任,即使他们之间并没有合同关系。在 *Statler v. Ray Mfg. Co.* 一案中,被告是咖啡壶的制造商,餐厅在使用咖啡壶加热时发生了爆炸,并炸伤了原告。判决认为制造商应该对原告负有责任。由于制造商在制造时的过失,餐厅在正常使用咖啡壶的过程中成了一个巨大的危险物。这一危险是制造商可以合理预见到的。而且如果制造商足以小心谨慎,这一危险完全是可以避免的。在 *Torgeson v. Schultz* 案中,被告是一个汽水瓶的卖主。由于卖主没有对汽水瓶进行恰当的检验,买方的仆人因汽水瓶爆炸而受伤。判决中卖主被认为应承担责任。

〔2〕　*MacPherson v. Buick Motor Company*, 217 N.Y.. 389 (1916).

则名存实亡。[1] 法官参考先例案件，但更重视当下案件，并着眼未来。在判例法规则的表述上，英国法官更有可能将一系列先例综合成一个简短的判决理由或一条抽象规则。美国法官在对待先例的态度上持更加主动的立场，在区别和推翻先例的自由裁量过程中更加积极。美国法官更有可能借助区别技术规避形式上有效的先例的约束，具有更大权力公开地推翻先例。[2]

四、图尔敏论证模型：分层论证、递归论证与基于经典逻辑的信念修正

在 19 世纪末期，美国联邦最高法院大法官霍姆斯强调指出，法律包含了一个民族许多世纪的发展历史，它不能被当作由公理和推论组成的数学书。[3] 这些法律并不是不证自明的，不是从权威那儿理所当然地拿来的，不是如毕达哥拉斯定理那样不可改变与无可争议的。

英国学者图尔敏（Toulmin）认识到了法律原则与数学公理之间存在的区别，并进而认识到法律论证与数学论证之间存在的区别。他在《论证的使用》（*The Uses of Argument*）一书中指出："在所有这些领域当中，作出主张的同时提出应予承认的要求。假如这个主张受到怀疑，那它就必须要进行证立。"[4] 图尔敏在这样的观念基础之上区分了法律论证与数学论证。[5] 在数学论证中，以数学公理作为论证依据或理由，作为数学论证前提的数学公理是确定的、彼此相容的、不证自明与无可争议的，因而也是无需再证明的。在包括法律论证在内的一切实际论证中，其前提都是具有可争议性或开放性的，因而都是需要加以证立的。法律论证以法律原则与规则及其法官推论作为前提或依据，包括法律解释、漏洞填补、法律续造及其事实认定，这些前提与依据不是不证自明的，而是具有开放性、可争议性或可修正性的，在受到质疑时是要予以证立的。

图尔敏在《论证的使用》中指出，在法律论证中不但结论需要证立而且前提受到质疑时也要予以证立，这是包括法律论证在内的一切论证的一

---

[1] 参见［英］丹宁勋爵：《法律的训诫》，杨百揆、刘庸安、丁健译，法律出版社 1999 年版，第 345~348 页。

[2] 参见李桂林："美国法中的遵循先例与推翻先例"，载《法律方法》2013 年第 2 期。

[3] O. W. Holmes, Jr., *The Common Law*, M. Howe ed., Little Brown, (1881) 1963.

[4] ［德］罗伯特·阿列克西：《法律论证理论——作为法律证立理论的理性论辩理论》，舒国滢译，中国法制出版社 2002 年版，第 106 页。

[5] 图尔敏的看法在当时并没有引起学界普遍的注意与思考，一些学者仍然循着经典逻辑及其扩充的道路，主要探讨在法律确定性条件下的法律适用推理与论证问题。

般特征。这就决定法律论证等一切实际论证或实践论证在本质上不同于数学论证，它们有着和数学论证不一样的结构与模式。他对以演绎逻辑为中心的三段论模式之普遍性提出了质疑，他认为将三段论模式用于包括法律论证在内的实际论证是不适当的。包括经典逻辑在内的形式逻辑框架是数学论证的模型，它们从本质上是不足以刻画法律论证的。他提出了一切实际或实践领域中的一般论证结构或论证模式——图尔敏论证模型。他运用图解方法将实际论证的一般结构表示为①主张（Claim，C）：待证的主张。②资料（Data，D）[1]：即主张（C）所依据的事实材料，如果主张（C）受到质疑，就要提出事实根据（D）。③保证（Warrants，W）：确保从事实材料（D）推导出主张（C）的蕴含命题或一般性规则。[2] ④佐证（Backing，B）：证明保证（W）成立的事实材料。⑤限定（Qualifier，Q）：对保证（W）所作的限制或保留之陈述。即大部分情形下保证（W）是成立的，但保证（W）是有例外或保留的。⑥抗辩（Rebuttal，R）：保证（W）不能普遍化之特殊事由或例外。他在书中举了一个例子来说明其论证模型的一般结构：Harry 是英国人（主张 C），因为 Harry 出生在百慕大群岛（资料 D），且在百慕大群岛出生的人就是英国人（保证 W）。为什么在百慕大群岛出生的人就是英国人呢？因为就殖民地出生者的国籍，英国的制定法中有明文规定（佐证 B）。在百慕大群岛出生的人都是英国人吗？不，在百慕大群岛出生的人是在一般条件之下大概就是英国人（限定 Q），因为就殖民地出生者的国籍，英国的制定法中明文规定双亲均为外国人的除外（抗辩 R）。

图尔敏的眼光是敏锐而独到的。他看到了实在法规则是可争议和有例外的，看到了法律论证的前提是开放的和可争议的，看到了法律论证有不同于数学论证的地方。他揭示了法律论证不仅要对结论进行论证还要对有争议的前提进行论证，因而法律论证等一切实际论证或实践论证具有多层级论证或递归论证的结构，并且认为这是前提可争议且有例外论证的一般结构。他揭示了法律论证的可争议性不但来自于推论的可争议性而且来自

---

〔1〕 在 1979 年版的《推理导论》中，图尔敏模式有一些修改。其中将 Data 改为 Ground，即将"任何研究或推断由之开始的材料"的"材料"，改为通常所说的"根据"。See Stephen Toulmin, Richard Rieke and Allan Janik, *An Introduction to Reasoning*, Macmillan, 1979, p. 78.

〔2〕 学者们提出了解释图尔敏"保证"的不同方案。See Hitchcock David, Verheij Bart. *Arguing on the Toulmin Model：New Essays in Argument Analysis and Evaluation.* Springer Publishing Company, 2006.

于前提的可争议性，要避免公众对裁决产生合理的怀疑就必须解决前提证立问题。他的工作激发了法律论证问题研究，尤其是外部证成即前提证立问题的研究。如波兰学者卢勃列夫斯基1974年在《法律三段论与司法裁决的合理性》一文中将司法裁决论证的合理性问题概括为司法裁决的内部证立和外部证立问题。德国学者阿列克西（Alexy）在《法律论证理论》（1978）中提出的内部证成与外部证成理论[1]，英国学者麦考密克（MacCormick）在《法律推理与法律理论》（*Legal Reasoning and Legal Theory*，1978）中提出了演绎证立与次级证立理论，[2] 芬兰学者阿尔诺（Aarnio）在《法律推理》（*On Legal Reasoning*，1977）与《适当的理性》（*The Rational as Reasonable*，1987）中提出了法律确证理论等。

图尔敏论证模型揭示了法律论证具有多层级论证或递归论证的结构特征，具有不同于三段论的推理结构，这就修正了经典逻辑的观念或信念，但其理论意义也仅在于此。三段论模式是由大前提、小前提和结论组成的，但它揭示了前提与结论之间的逻辑关系，揭示了这种关系是建立在类与类以及个体与类之间的逻辑关系基础之上。这种逻辑关系不但在数学论证中存在，而且在法律论证中同样存在，基于这种逻辑操作的三段论在法律论证中也一样存在。尽管图尔敏力图在形式逻辑之外，探寻一种非形式逻辑的推论规则，寻找法律论证的特殊性，但是图尔敏论证模型并没有像三段论模式那样，揭示出前提与结论之间的逻辑关系，揭示出论证关系建立在什么逻辑关系之上。图尔敏论证模型中的一般性规则即保证（warrants），只是法律规则即评价性规则，而不是逻辑推导规则。[3] 因此，图尔敏论证模型没有建立起一种一般逻辑意义上的论证模型，推翻不了三段

〔1〕 阿列克西认为法官的判决证成必须要有两个方面的证成：内部证成（internal justification）和外部证成（external justification）。

〔2〕 麦考密克将判决的证立分为两个层次：演绎证立与次级证立。演绎证立是指对结论的证立，次级证立或二次证立是指对前提的证立。

〔3〕 黑尔对图尔敏的论证模型提出了颠覆性的抨击，黑尔根本就不承认图尔敏的评价性推论规则是逻辑规则。正如黑尔（Hare）指出："人们只应把逻辑规则称作是推论（推理）规则。而图尔敏的评价性推论规则根本就不是什么逻辑规则。他们并不依赖于陈述的意义，而在这些陈述之间，它们本应创设出某种关系。而且，否认这个规则而又不自相矛盾，却是可能的。实际上，它们更具有实质道德规则的特性，我们径直可以把其理解成实践三段论的大前提。大多数讲话（言谈）者在援引理由时放弃把这些规则当作前提条件，这样做并不重要。他们的论述是省略三段论式的。"参见［德］罗伯特·阿列克西：《法律论证理论——作为法律证立理论的理性论辩理论》，舒国滢译，中国法制出版社2002年版，第109~110页。

论模式所揭示的前提与结论之间的逻辑关系，也不能得出结论说三段论模式不适用于法律论证，更不能否认三段论模式实际带给我们的便利性。[1] 从某种意义上说，图尔敏论证模型的意义与价值，就在于它启发人们不能将法律论证压缩或收编于一个三段论架构之中，法律论证是一个多层级地或递归地进行论证的过程。实际上也是如此。图尔敏论证模型下的法律论证，完全可以分析为一系列三段论的多层级的叠加或组合。比如：Harry 是英国人（结论），因为 Harry 出生在百慕大群岛（小前提），且在百慕大群岛出生的人就是英国人（大前提）。为什么在百慕大群岛出生的人就是英国人呢（结论）？因为旧殖民地出生者的国籍在英国的制定法中有明文规定（小前提），且在英国的制定法中有明文规定的就依规定成立（省略的大前提）。在百慕大群岛出生的人都是英国人吗？不，在百慕大群岛出生的人是在一般条件之下大概就是英国人（结论），因为旧殖民地出生者的国籍在英国的制定法中有明文规定，双亲均为外国人的除外（小前提），且在英国的制定法中有明文规定的就依规定成立（省略的大前提）。

　　图尔敏论证模型反映了法律论证的一些特征，但它并不能取代三段论推理方式，更不能以此为由滋生一种反对逻辑方法的心态，应当说它们从不同视角刻画了法律论证的基本结构或特征。正如阿列克西指出，法律不是逻辑这种观念，只能是指法律论证无法仅以三段论来完成。在三段论推论之前确实还有一个复杂的涵摄或等置推理过程，三段论模式所依靠的演绎推理在司法领域没有像在数学领域那样具有决定性作用，它不是司法判决的唯一的决定性力量。[2] 但正如美国法学家卢埃林（Karl N. Llewellyn）说道："推理方法并没有消逝，只是它已经丧失了。一个有着正确根基的推理方法是很难被铲除的。在丧失了这个推理方法之后，紧随其后是不安、困惑和错综复杂带来的迷惑。"[3] 正因为如此，霍姆斯大法官

〔1〕　20 世纪 60 年代以来，法律论证的一些研究是围绕图尔敏的工作展开的。一些学者循着图尔敏的道路，强调法律逻辑研究的"非形式转向"，力图在形式逻辑之外，建立非形式逻辑理论，并以此为框架研究法律论证的特殊性，研究法律论证的有效性。但这种研究还没有建立起可以取代三段论的推论规则，而且对法律人来说，最关心的问题还是法律获取或法律诠释问题，这些法律论证理论却没有涉及这些问题，这同样也不是图尔敏等非形式逻辑学家所擅长的领域。

〔2〕　这就是霍姆斯大法官要确立的司法观念。其核心是反逻辑崇拜、反法典崇拜和反司法机械主义。霍姆斯认为，法院仅从白纸黑字的规则出发运用三段论得出裁决的观念是荒谬的。

〔3〕　〔美〕卡尔·N. 卢埃林：《普通法传统》，陈绪纲、史大晓、仝宗锦译，中国政法大学出版社 2002 年版，第 470 页。

最终也不得不承认，他对于美国法理学最重要的价值是他的破坏力，他留给美国法理学最重要的遗产是他的根深蒂固的怀疑主义。由于这份遗产，他的现实主义门徒们宣布了法律方法的死亡，随之而来的是，一些法哲学家以此为由而宣布法律的死亡（the death of law）。[1]

五、缺省逻辑模型：一般论证与个别论证

亚里士多德在人类历史上是第一个把逻辑加以系统化，也是第一个以常识的观点来对待推理与论证问题的人。他区分了两种类型的三段论，即论辩的三段论和证明的三段论。这两者都是以被认为真实的命题开始的。证明的三段论的命题被认为是一定真实的和总是真实的命题；而论辩的三段论的命题被认为大概是真实的，而不总是真实的命题。亚里士多德称论辩的三段论是一种"enthymeme"，《希英辞典》给这一名词下的定义是"从大概的前提得出结论的三段论"。亚里士多德系统地研究了证明的三段论，概括了直言三段论模式，建立了三段论逻辑，[2] 而且认为三段论是逻辑的主要工具。他认为："前提的不同对于在这两种情况下产生三段论是没有区别的，因为证明者和论辩者在陈述了一种东西属于或不属于另外一种东西之后，都以三段论的方式进行论证。"[3]

司法三段论不属于证明的三段论，而属于论辩的三段论的范畴。因为司法三段论以法律规范为大前提，而法律规范具有概括性或一般性，对于个案而言并不总是适用的。正如亚里士多德在《尼各马科伦理学》中所言："法律始终是一种一般性的陈述，但也存在着为一般性的陈述所不能包括的情形……法律所考虑的是多数案件，亦即典型的和一般的情形，但法律对特殊的情况却无法加以说明。"[4] 从逻辑上说，法律规范是概称句而不是全称句。全称句是对一类事物中的每个事物的陈述，比如"鸟是动物"。概称句是对一类事物中一般事物的大概陈述，比如"鸟会飞"只是鸟的一般情形的大概陈述，因为它存在例外或反例，如企鹅是鸟但

---

〔1〕 正如一些学者所言，现实主义法学的主要分支批判法学把法律变成了政治，法律经济学把法律变成了经济。法哲学家们也因此宣布法律的死亡（the death of law）。

〔2〕 这种三段论逻辑是一种关于直言命题的词项逻辑，是外延的和单调的，可以归约为一阶逻辑的表达。亚里士多德对论辩的三段论模式没有进行进一步的研究。

〔3〕 *The works of Aristotle*, 24a25~28. 转引自王路：《逻辑的观念》，商务印书馆 2000 年版，第 24 页。

〔4〕 转引自 [美] E.博登海默：《法理学——法哲学及其方法》，邓正来、姬敬武译，华夏出版社 1987 年版，第 11 页。

不会飞。在日常生活中，许多情况下使用的是概称句而不是全称句。

论辩的三段论和证明的三段论都属于三段论的范畴，但它们的推理模式和推理机制还是存在一些区别的。证明的三段论属于直言三段论，有关词项的意思是外延的，直言三段论逻辑属于直言命题的词项逻辑，可以完全归约为一阶逻辑的表达。论辩的三段论不属于直言三段论，有关词项的意思不是外延的，论辩三段论的逻辑不属于直言命题的词项逻辑，而是一种新的词项逻辑，不能完全归约为一阶逻辑的表达。论辩的三段论可以有不同于证明的三段论的模式表达。我国学者周北海考虑了这种新的词项逻辑，研究了基于内涵意义的词项逻辑，以词项为基本单位概括了概称句三段论的推理形式，并沿着卡尔纳普和蒙太古的内涵语义学研究方向，将基于可能世界语义学的内涵语义研究引入到概称句的内涵语义研究之中，建立了概称句的涵义语义解释理论，给出了概称句的涵义语义解释，在涵义语义基础上建立了关于概称句三段论推理的公理系统。[1] 这种研究属于缺省逻辑的范畴。缺省逻辑（default logic）最早由赖特（Reiter）在 1980年提出。[2] 主要研究常识推理或缺省推理（default reasoning）[3]。常识推理就是基于常识命题进行的推理，概称句就属于常识命题的范畴。其后，卢卡西维奇（Lukaszewicz）、Besnard、Brewka、Delgrande、Schaub、Jackson 等逻辑学家对这一领域进行了深入的研究。[4] 基于上述缺省逻辑模型表达的司法三段论模式就是所谓的缺省论证的一般论证模式：一般情况下符合法定构成要件的当事人是应当承担相应法律后果的，本案当事人行为是符合法定构成要件的；因此，本案行为当事人一般情况下是应当承担相应法律后果的。即：M 一般是 P，S 是 M；所以，S 一般是 P。这个论证模型是基于常识推理框架的一般论证模型，也称为概称句一般论证模型。比如：在百慕大群岛出生的人在一般情况之下就是英国人，Harry 出生在百

　　〔1〕　概称句三段论是更为常用的推理，有两个基本形式 GAG 和 Gaa。在涵义语义的基础上建立的系统 GAG 和 Gaa 是关于这两种推理的公理系统。参见周北海："涵义语义与关于概称句推理的词项逻辑"，载《逻辑学研究》2008 年第 1 期。

　　〔2〕　See R. Reiter, "A logic for default reasoning", *Artificial Intelligence*, Vol. 13, No. 1-2., 1980, pp. 81-132.

　　〔3〕　在我国文献中，default reasoning 存在两种译法：一为常识推理，二为缺省推理。常识推理通常被分为两类：第一类是指从常识命题推出常识命题；第二类是指从常识命题和事实命题推出事实命题，这一类可以被称为基于常识蕴涵分离的常识推理，也可简称为常识蕴涵分离推理。概称句就属于常识命题的范畴。

　　〔4〕　参见张清宇主编：《逻辑哲学九章》，江苏人民出版社 2004 年版，第 423~435 页。

慕大群岛；所以，一般情况之下 Harry 是英国人。

　　法律规范具有一般性和开放性，法律规范不是全称句，允许有例外，即对例外是开放的，这是法律规则普遍存在的特点。[1] 但裁决结论必须是封闭的而不是开放的，必须是具体的和确定的而不能是一般的或大概的。上述缺省论证模式即概称句论证模型，揭示了裁判大前提即法律规范是概称句而不是全称句，反映了法律规范的整体性、概括性或一般性，揭示了法律规范有特殊或例外情形的结构特征，揭示了制定法判决推理的部分特征，即表达了制定法判决推理的部分过程。但它没有揭示出制定法判决推理即司法三段论的真实结构或全部结构，它只是对司法三段论模式的一些修正或补充，只是一个局部推出或一般推出的模型而不是一个整体推出的模型，还不足以作为制定法判决推理即司法三段论的模式。

　　制定法判决推理不是一个局部推出或一般推出的过程，而是一个整体推出的过程。局部推出或一般推出是指仅根据一般规则得出一般结论，称为局部论证或一般论证；整体推出是指根据一般规则并且考虑当下情境或个案情形之后得出具体结论，称为整体论证或个别论证，也称为完全证立（complete justification）。整体论证在裁决中是至关重要的。在进行判决推理时，不能单凭一般规则就得出结论而要考虑个案情形，即不能仅依据一般前提就作出结论而要考虑个别前提，最终结论应是考虑一般前提和个别前提整体推出的结论。法律规定了一般情形和特殊或例外情形下的法律适用原则。在将法律规范适用于具体个案时，法官必须判定当前个案属于一般情形还是属于特殊或例外情形，或者说必须在把当前个案作为一般情形与特殊或例外情形之间作出选择，并且基于这种选择作出最终裁决。即制定法判决推理一般分为两步：一是判定或决定当前个案属于一般情形还是属于特殊或例外情形，这是制定法判决中的区别性判断（distinguishing），是制定法判决推理的关键一步；二是根据上述区分结果适用法律作出个案裁决。制定法判决推理模式即司法三段论可以分析为以下缺省论证的整体论证或个别论证一般模型。即：大多数 F 是 G，a 是 F 且 a 是大多数；所

───────────

〔1〕　参见［德］阿图尔·考夫曼、温弗里德·哈斯默尔主编：《当代法哲学和法律理论导论》，郑永流译，法律出版社 2002 年版，第 333~334 页。

以，a 是 G。[1] 整体论证或完全证立包括两种论证模式：其一，一般情况下符合法定构成要件的当事人是应当承担相应法律后果的，本案当事人行为符合法定构成要件而且是属于一般情形而不属于例外的；因此，本案行为当事人是应当承担相应法律后果的。其二，一般情况下符合法定构成要件的当事人是应当承担相应法律后果的，本案当事人行为符合法定构成要件但不属于一般情形而属于例外；因此，本案行为当事人是不应当承担相应法律后果的。比如，在美国华盛顿州米尔顿镇"生死时速"事件中[2]，法律规定一般而言未成年人驾驶机动车是被禁止的，但在本案中这位年仅 13 岁的男生维茨奇克的行为不属于一般情形而是一个特殊或例外情形；因此，他的行为不为法律所禁止。

在司法过程中，法官被要求对判决结论提供不可反驳的演绎论证即排除合理怀疑的论证。缺省论证的一般论证模式只能证明一般或常态假设下的结论，如果没有这种假设，其论证就是难以令人信服的。缺省论证的整体论证模式在前提中加入了一般或常态假设，其论证就是演绎推理的。只要接受了该前提，就要接受论证的结论。比如，超速要受处罚，维奥莱特超速；所以，维奥莱特要受处罚。这个论证是缺省论证的一般论证，其结论不是必然的。但超速要受处罚，维奥莱特超速且不属于任何例外；所以，维奥莱特要受处罚。这个论证是缺省论证的整体论证，其论证就是演绎推理的，其结论是必然的。同样地，超速要受处罚，维奥莱特超速但属于规则的例外情形；所以，维奥莱特不应受处罚。这个论证也属于缺省论证的整体论证，其结论也是必然的。这也表明，规则的例外或可废止性问题可以由演绎逻辑结合信念修正来解决，并不必然要由缺省逻辑来操作，但缺省逻辑论证模式提供了一种新的理解和表达方式。

---

　　[1]　加拿大逻辑学者沃尔顿（Douglas Walton）将其称为似真推理（plausible reasoning）。即一个有例外的规则或概括被应用于一个案件，产生一个似真推论，该推论可能在某些情形下失败，也可能为支持一个结论提供证据。在这种似真推理中，其大前提考虑到了例外情况。但他没有讨论基于一般法律规范的判决论证问题。他只是涉及基于证据的诉讼证明问题，并把这种证明称为法律论证。美国学者普拉克（John Pollock）将其称为可辩驳推理或可废止推理（defeasible reasoning），并把可辩驳推理视为人类认知的一般性特征。

　　[2]　在美国华盛顿州，校车司机在驾车途中因心脏病突发昏厥过去，载有 15 名学生的汽车如脱缰野马向路边护栏撞去。千钧一发之际，车上年仅 13 岁的七年级男生杰里米·维茨奇克赶紧上前抓住方向盘，将车子停靠在路边并且拔下车钥匙。车上学生安然脱险。"司机心脏病突发美 13 岁学生勇停失控校车"，载《银川晚报》2012 年 4 月 13 日，第 23 版。

六、混合逻辑模型：混合推理

西方逻辑史家黑尔蒙指出，三段论的逻辑形式早在古埃及和美索不达米亚的司法判决中就已经有所运用了。古巴比伦的《汉谟拉比法典》也是用逻辑的对立命题与省略三段论的方式来宣示法律规则的。[1] 但司法三段论即法律适用推理是从一般规则推导出个案裁决的推论，它不完全是亚里士多德意义上的直言三段论，它是一个规范三段论或混合三段论[2]，其推理模式是混合推理。在司法三段论中，大前提不是事实命题而是法律规范，小前提是事实认定，结论不是事实命题而是个案裁决。法律规范和个案裁决无所谓真假，它们不是事实判断而是价值判断或规范命题，但它们仍然可以充当三段论及演绎推理的前提或结论。事实与规范不可相互推导，两者并无必然联系，即从事实上的"是"推不出规范上的"应当"，反之亦然，这是著名的"休谟法则"[3]。但在司法三段论中，不是从事实推导出规范，也不是从规范推导出事实，而是从规范和事实推导出规范，即从一般法律规范和个案事实认定推导出个案规范即个案裁决结论。在司法三段论中，裁决结论是从前提演绎推导而来的，是概念之间的逻辑关联的结果。即法律适用推理是一个演绎推理的过程，是一个从一般推出个别的推理过程。这个推理过程由逻辑规则支配，可以根据逻辑规则来建构。一旦通过法律获取和事实认定建立了裁判大前提和裁判小前提，那么，只要诉诸演绎推理就可以得出个案判决结论。即与事实涵摄推理和法律推理相比，司法三段论是比较简单的，只要运用和遵循逻辑规则即可。因此，司法三段论的关键不在于从已建立的裁判大前提和裁判小前提推出判决结论，而在于如何正确地建立起裁判大前提和裁判小前提。即法律适用推理的难点在于准备大小前提，这种准备一直延至最终能作出结论。

英国哲学家黑尔（Hare）指出：价值推理或道德推理是混合的推理或混合的三段论。即前提中既有规范命题或价值命题，又有事实命题或直言命题，他称其为实践的三段论。[4] 黑尔把对休谟问题的否定答案称为"休谟法则"。在关于道德推理的问题上坚持了休谟法则。在黑尔看来，"任何没有隐含在诸前提的关联性之中的东西，不可能出现在一种对其意

---

〔1〕 转引自《中国逻辑思想论文选》，生活·读书·新知三联书店 1981 年版，第 5 页。

〔2〕 直言三段论的前提与结论都是直言命题。规范三段论或混合三段论其前提与结论有规范命题而不都是直言命题。混合三段论属于混合逻辑研究的范畴。

〔3〕 "休谟法则"是指价值判断决不能从事实判断中推导出来，即在事实与价值之间存在鸿沟。

〔4〕 See R. M. Hare, *Freedom and Reason*, Clarendon Press, 1963, pp. 2-3.

义本身之有效演绎推论的结论之中"。[1] 对混合推理或混合三段论的研究属于混合逻辑的范畴。近年来人们逐渐地认识到，法律领域中的推理与论证不仅涉及规范的应然推导和事实的实然推导，还涉及将规范与事实结合起来的混合推理或混合三段论。

应当指出，法律论证与推理面临约根森难题与凯尔森规范逻辑怀疑论的挑战。[2] 丹麦逻辑学家约根森（Jørgensen）于1938年在《祈使句与逻辑》一文中指出：只有有真假的语句才能进行逻辑上的推理，祈使句没有真假，因此祈使句不能进行逻辑上的推理；但事实上存在包含祈使句的推理，而且在直觉上是被认为有效的。[3] 这就是所谓的约根森难题。约根森难题可被推广到规范语句的推理上。凯尔森认为"在法律规范之间不存在蕴含关系或逻辑关系，从法律规范中无法获得任何逻辑推断。"[4] 约根森难题的要害是，逻辑不承认规范推理，因为逻辑仅仅认可从"可以为真"的句子推出结论。因此，回答凯尔森规范逻辑怀疑论以及求解约根森难题在于回答"以规范性的目的而被使用的句子，能否表达成这样一些命题，它们能够构成逻辑有效推理的前提或结论"[5]。仅凭经典逻辑及其扩充和变异系统，是无法充分与深入地刻画法律论证与推理的，需要依赖一种新的逻辑研究框架，需要将不同的逻辑语言整合在同一框架之中。新近发展起来的混合逻辑就是一种新的逻辑框架。逻辑本身不能建立道德的标准，但是，逻辑可以用来进行道德推理。

司法裁决结果的获得，不可避免地依赖法官对法律的获取和对事实的评判，它不完全是一个演绎推理的结果。考夫曼在其著作《法律哲学》中指出："法律的适用是一个比依据 barbara 模式的简单逻辑三段论法更为复杂的程序。"[6] 针对三段论模式，学者们提出了若干替代性和修补性的主张。但正如德国法学家普维庭指出的那样，三段论模式在今天仍然占据主

〔1〕 英国著名哲学家黑尔（R. M. Hare）把对休谟问题的否定答案称为"休谟法则"。黑尔关于道德推理的见解坚持了休谟法则。See R. M. Hare, *The Language of Morals*, Oxford University Press, 1964.

〔2〕 参见王洪："逻辑能解法律论证之困吗？"，载《政法论坛》2019年第5期。

〔3〕 See J. Jørgensen, "Imperatives and Logic", *Erkenntnis*, Vol. 38, No. 7., 1937, p. 290.

〔4〕 Hans Kelsen, Allgemeine Theorie der Normen, hrsg. v. Kurt Ringhofer und Robert Walter, Wien 1979, S. 2.

〔5〕 G. Volpe, "A Minimalist Solution to Jørgensen' Dilemma", *Ratio Juris*, Vol. 12, No. 1., 1999, p. 72.

〔6〕 ［德］阿图尔·考夫曼：《法律哲学》，刘幸义等译，法律出版社2004年版，第22页。

导地位，在说明裁判理由时，不能弃置三段论模式。对此奥斯丁在一篇文章中幽默地说道：这个问题是不是有点复杂？是的，有点复杂；但是生活、真理与事物确实倾向于复杂。不是事物本身简单，而是哲学家太简单。过于简单化是哲学家的职业病，但这就是他们的职业。"简明而又不可缺少的理论所表现出来的失误，与反对它的那些更为复杂的理论相比，是通向真理的更好的路标。"法律理论的发展正是由这些改进了的分析和更透彻的理解来促进的。[1]

七、判决的可争议性

在司法过程中，法官判决是可争议的。判决不当会引起人们对判决的争议与批评，而对案件如何裁决本身也存在不确定性和可争议性。在司法过程中，对同一案件或相同的案件，法官们在判决或判决理由上有时会存在分歧或争议，无法达成一致。可概括为三种争议或分歧：其一，"释法争议"，即在对法律内容的理解上存在分歧或争议，无法达成共识；其二，"适用争议"，即在适用法律上存在分歧或争议；其三，"涵摄或归类争议"，即在事实涵摄或司法归类上存在分歧或争议。

（一）释法争议与适用争议

在大陆法系国家，法律适用推理运用的是三段论推理，但仅仅依靠三段论推理的运用不足以确保裁决的确定性即法制的统一性。[2] 从不同的法律规则或法律基点出发，运用三段论可以得出完全相反的结论，司法裁决结果的获得首先依赖法官对法律的获取即对裁决理由的确立。正如亚里士多德所言："前提的不同对于在这两种情况下产生三段论是没有区别的，因为证明者和论辩者在陈述了一种东西属于或不属于另外一种东西之后，都以三段论的方式进行论证。"[3] 即使制定了统一的制定法并且要求所有法官在判案时应当遵守相同案件适用相同法律的原则，也不足以完全确保裁决的确定性即法制的统一性。这是因为法官们可能对法律理解不同，或者对支配某一案件的法律发生争论，甚至对适用于哪些文件也各

---

〔1〕 基于缺省逻辑与混合逻辑框架对司法判决推理展开研究，可以促进法律修辞学、法律论题学及法律论证理论的发展及其在司法判决推理领域中的广泛应用。

〔2〕 司法裁决的确定性或可预见性，是指依据现有法律文本，对某一待决事实能得出相对确定或稳定的结论或者可以预见其法律后果。See David W. Walker, *The Oxford Companion to law*, Oxford University press, 1980, pp. 181-182.

〔3〕 *The works of Aristotle*, 24a25-28. 转引自王路：《逻辑的观念》，商务印书馆 2000 年版，第 24 页。

持己见。[1] 法官们有可能确立或识别完全不同的权威性的大前提，即以完全不同的实在法规则或原则作为推论的基点即裁决的理由，或者只考虑一般规则或部分规则进行局部推出，而不选择在整体推出意义上考虑其特殊情况或例外情形；也有可能对法律概念或法律规则蕴含的法律标准或构成要件作出完全不同的解释，对制定法条文的含义或意思即所蕴含的"事物本然之理"或"事物的本质"（natur der sache）作出完全不同的探寻；或者在法律未作规定或法律不能涵盖当前案件，或者在可以这样决定也可以那样决定案件时，法官们各自运用自由裁量来填补法律漏洞或空白，并且以此为裁判理由作出不同的司法裁决。在英美法系国家，遵循先例的原则也不能完全确保裁决的确定性即实现法制的统一性。这是因为法官们有可能识别和适用完全不同的权威性先例，并以此为例推法的法律基点作出不同的司法裁决。

在麦克弗森诉别克汽车公司（*Macpherson v. Buick Motor Co.*）一案[2]中，首席法官巴特勒特和卡多佐法官在本案中就适用不同的法律原则作为裁决理由，从不同的法律前提或法律基点得出了不同的裁决结论。首席法官巴特勒特认为，对此类产品责任案件应当适用先例确立的合同当事人责任原则。除了当时的买主之外，推车的摊贩对任何人的过失责任的指控不负责任，本案原告并非被告摊贩当时的买主；因此，被告摊贩对于本案原告的过失责任之指控不负责任。[3] 而卡多佐法官等多数意见认为，对此类案件应当确立并且适用过失责任原则。任何粗制滥造而危害到生命或肢体的制造商，对其过失所导致的伤害是有责任的，一个制造出有瑕疵的轮辐的汽车厂商，就属于上述制造商之一；因此，一个制造出有瑕疵的轮辐之汽车厂商，对其过失所导致的伤害是有责任的。

在洞穴奇案[4]中，法官们对同一事实提出了不同的裁决理由与依据。

---

[1]　参见［美］德沃金：《法律帝国》，李常青译，中国大百科全书出版社1996年版，前言。

[2]　*Macpherson v. Buick Motor Co.*，217 N. Y. 382，111 N. E. 1050（1916）.

[3]　参见［美］鲁格罗·亚狄瑟：《法律的逻辑——法官写给法律人的逻辑指引》，唐欣伟译，法律出版社2007年版，第70~71页。

[4]　"洞穴奇案"是富勒以美国诉霍尔姆斯案以及女王诉杜德利与斯蒂芬案（*Her Majesty The Queen v. Tom Dudley and Edwin Stephens*）为基础虚构的案例：五名洞穴探险者被困于洞穴之中，通过无线电通信所传递的医生以及工程专家的意见，他们得知：①如果营救顺利，至少还需要10天时间他们才能获救；②如果不采取任何措施，大家都无法支持到获救的那一刻；③如果吃了其中一名同伴的肉，他们还能活10天。为了延长生命以待救援，五人约定以掷骰子的方式选出一名牺牲者，让其余四人杀死他并吃他的血肉维生。威特莫尔是最早提出此建议的人，但是在掷骰子

法官们意见针锋相对且不相上下。首席法官特鲁派尼陈词强调尊重法律条文：任何人故意剥夺了他人的生命都必须被判处死刑。尽管同情心会促使我们体谅这些人当时所处的悲惨境地，但法律条文不允许有任何例外。[1]所以他支持有罪判决，但认为被告应获得行政豁免。福特斯法官陈词强调探究立法精神：一个人可以违反法律的表面规定而不违反法律本身，这是最古老的法律智慧谚语之一。任何实定法的规定，不论是包含在法令里还是在司法先例中，应该根据它显而易见的目的来合理解释。[2] 所以他认为联邦的法律不适用此案，被告无罪。唐丁法官陈词强调本案面临法律与道德的两难：如果饥饿不能成为盗窃食物的正当理由，怎么能成为杀人并以之为食物的正当理由呢？另一方面，当我倾向于赞成有罪判决，我又显得多么荒谬，这些将被处死的人是以 10 个英雄的性命为代价换得的。[3]他认为这是一个两难的案件，所以选择不参与此案审理。基恩法官陈词强调维持法治传统：从立法原则引申出来的是法官有义务忠实适用法律条文，根据法律的平实含义来解释法律，不能参考个人的意愿或个人的正义观念。[4] 所以他认为被告有罪。汉迪法官陈词强调以常识来判断：这是一个涉及人类智慧在现实社会中如何实践的问题，与抽象的理论无关。如果按这个思路来处理本案，它就变成本法庭曾经讨论过的案件中最容易作出的判决之一。[5] 他强调以常识来平衡道德与法律的冲突，所以坚持被告无罪。

（接上注）
之前撤回了允诺，其他四人仍然坚持掷骰子。轮到威特莫尔时，一名同伴代替他掷了骰子，同时要求他对是否认可掷骰子的公平性表态，威特莫尔没有表示异议。掷骰子的结果恰巧对威特莫尔不利，威特莫尔被同伴们杀掉吃了。根据该国的法律，"任何人故意剥夺了他人的生命都必须被判处死刑"。因此，四人获救后均以杀人罪被起诉。参见［美］萨伯：《洞穴奇案》，陈福勇、张世泰译，生活·读书·新知三联书店 2009 年版，第 18~19 页。

〔1〕 参见［美］萨伯：《洞穴奇案》，陈福勇、张世泰译，生活·读书·新知三联书店 2009 年版，第 17 页。

〔2〕 参见［美］萨伯：《洞穴奇案》，陈福勇、张世泰译，生活·读书·新知三联书店 2009 年版，第 21 页。

〔3〕 参见［美］萨伯：《洞穴奇案》，陈福勇、张世泰译，生活·读书·新知三联书店 2009 年版，第 29 页。

〔4〕 参见［美］萨伯：《洞穴奇案》，陈福勇、张世泰译，生活·读书·新知三联书店 2009 年版，第 36 页。

〔5〕 参见［美］萨伯：《洞穴奇案》，陈福勇、张世泰译，生活·读书·新知三联书店 2009 年版，第 43 页。

（二）涵摄或归类争议

在大陆法系国家，司法裁决结果的获得还取决于法官对事实的评判即对事实的涵摄或归类。三段论的功能仅仅是表明判决结论是从确立的前提推导而来的，只是表明其司法推理过程无误，但不足以保证这一推理的结论是正确的。并且它就像数学推理一样，探讨的只是概念之间的关系而不是概念与事实之间的对应关系，它并不能解决事实与概念之间的事实涵摄问题。事实涵摄问题即事实认定问题，是需要法官在进行三段论推理之前就解决的。司法裁决的关键环节与核心内容之一，就是进行事实涵摄即事实认定，即将事实与规范结合起来，对已确认的案件事实进行法律评价或司法归类，消除规范的一般性与具体案件的特定性之间的隔阂。[1] 但仅凭借逻辑判断不能解决事实涵摄即事实认定问题，不能解决事实与规范之间的一致性判断问题，不能判断当前行为或事件是否符合法定构成要件。也不能解决当前个案与先例之间的一致性判断问题，不能判断当下案件与先例的相同点或不同点何者更为重要。事实涵摄即事实认定包含价值考量与利益衡量，属于价值推理与价值判断的范畴。

正如魏德士所言："法律适用总是一种价值实现的行为。"[2] 法律思维本质上是一种价值导向的思考。司法判断最终目的是作出应当或不应当的评判与裁决。比如，在王海案中，对于他是不是消费者的判断，问题的关键不是他是与不是，而是他应当还是不应当是。在这个裁决的背后，存在着对于相互竞争的立法理由的相对价值和重要意义的判断，它是整个诉讼程序的根源和命脉所在。[3] 在事实认定中，司法归类或判定的评判标准是由法律提供的。但是，尽管制定法设定了评价标准与尺度，法律标准却从来都是一般的、抽象的而不是具体的。制定法从来都不会为每个具体案件给出现成答案。这就为法官在具体情境中对当下案件作出评判留下了自由裁量的空间，同时给法官发挥他的主观作用提供了机会。因而法官有可能对当事人行为是否构成法定构成要件以及构成何种法定构成要件作出完全不同的判断与判定，对案件事实的重要性程度及法律意义作出完全不同的评判，从而对案件事实作出完全不同的司法归类与司法裁决。正如《法国民法总论》指出，由于作为定性基础的法律概念往往不够精确，这

---

〔1〕　参见［德］卡尔·拉伦茨：《法学方法论》，陈爱娥译，商务印书馆 2003 年版，第 92 页。
〔2〕　［德］伯恩·魏德士：《法理学》，丁晓春、吴越译，法律出版社 2003 年版，第 331 页。
〔3〕　参见［美］霍姆斯：《法律的生命在于经验》，明辉译，清华大学出版社 2007 年版，第 217 页。

种选择的自由就更大了。而且法律的标准越是一般和抽象，自由裁量的空间就越大，司法裁决就越是不确定。在英美法系国家，法官在进行案件裁决的例推之前有可能对当前案件与先例的相同点或不同点的重要性程度作出完全不同的判断，从而作出完全不同的裁决。因而，例推法也不能确保裁决的确定性即实现法制的统一性。

在王海"知假买假"案件[1]的审理中，法官们就对王海是否是法律上所谓的"消费者"，以及王海的"知假买假"行为是否属于《消费者权益保护法》所指称的为"生活消费"而进行的购买行为作出了不同评判或涵摄。因此，尽管王海购买的商品属于"假货"是无可争议的，我国《消费者权益保护法》对经营者因欺诈行为而承担的增加赔偿责任的规定也是清楚无疑的，但各地法院甚至同一法院的判决却大相径庭。王海的"知假买假"行为在天津市和平区人民法院被认定为"个人生活消费行为"，而被纳入法律保护的范围。[2] 而同样的行为在天津市河北区人民法院被评判为"并非为个人生活消费需要且也有一定过错之行为"，而被排除在法律保护范围之外。[3] 在这些案件中，"知假买假"是否属于为"生活消费"而进行的购买行为的认定，已经不是一个事实确认问题，而是一个事实涵摄即事实认定问题，是一个依相关法定构成要件对"知假买假是否属于生活消费行为"的法律评价问题。

在得克萨斯州诉约翰逊（*Texas v. Johnson*）一案[4]中，法官们也对同一

---

〔1〕 1997年王海知假买假后，依据1993年的《消费者权益保护法》第49条向人民法院提起诉讼，要求销售者支付双倍赔偿。1993年《消费者权益保护法》第2条规定："消费者为生活消费需要购买、使用商品或者接受服务，其权益受本法保护；本法未作规定的，受其他有关法律、法规保护。"该案的核心问题是，王海的"知假买假"行为是否受法律保护？

〔2〕 天津市和平区法院（1996）和民初字第1445号民事判决书。

〔3〕 天津市河北区法院（1997）北民初字第2号民事判决书。参见"王海津门兴讼受挫"，载《法制日报》1998年1月22日。

〔4〕 *Texas v. Johnson*，491 U.S. 397 (1989). 1984年8月，共和党在达拉斯举行全国大会，为了对美国总统里根任内的一些政策表示抗议，约翰逊带领其革命共产主义青年旅的成员穿过达拉斯市的街道，呼喊口号，并用喷枪在外墙上涂鸦。一位成员将从一家银行门前旗杆上的美国国旗扯下并递给了约翰逊。当到达市政厅门口时，约翰逊拿出国旗，将煤油倒在上面，另一人用打火机将其点燃。焚烧国旗的同时，他们喊着口号："红白蓝的美国旗帜，我们唾弃你，你的立场是抢夺，你的下场是地狱。"本案发生之时，美国国会和全美48个州都有保护国旗的法律，这些法律禁止污损、踩踏、焚烧国旗。约翰逊因焚烧国旗被控告触犯州国旗保护法。州政府行政部门提出，维护国旗作为国家统一的象征以及维持社会秩序、防止破坏社会安定，应该比约翰逊象征性的言论自由更加重要。初审法院认定约翰逊有罪。约翰逊上诉到得克萨斯州第五上诉法院，但仍然败诉。他又上诉到

行为或事实作出不同的归类与评判。约翰逊并不是由于在言语中"亵渎"了国旗而被定罪的，其焚烧国旗的行为是否应该被视为是一种表达，成为他是否能够援引第一修正案对抗有罪决定的关键。而在这一点上，法官们的意见存在重大分歧。首席大法官伦奎斯特等少数法官认为，约翰逊公开焚烧国旗的行为，不是在行使表达自由，也不是表达思想的必要方式，而是在刻意触犯众怒，是对社会和公众的公然冒犯，并同时扰乱了社会治安，贬损了重要的民主价值。定罪只是在惩罚他表达思想所采用的手段，而不是在惩罚思想本身。国旗作为特殊而重要的民族与国家象征，在美国拥有不可替代的崇高地位，它作为国家和民族的象征的价值不容以焚烧加以亵渎。[1] 但布伦南等多数法官认为，[2] 最高法院早在斯通伯格诉加利福尼亚州案（*Stromberg v. California*）和汀克诉得梅因独立社区学校案（*Tinker v. Des Moines Inde-*

（接上注）

得克萨斯州刑事上诉法院。得克萨斯州刑事上诉法院推翻有罪判决，认为这些都不足以支撑对约翰逊的定罪。自由表达是宪法第 1 修正案的核心价值，任何人都有权与众不同。一个政府不能用法律来强行制造出公民团结的感觉，并且这个政府也不能既把一个符号定为团结的象征，又规定与之相关的行为哪些才是允许的。对于这次有组织的示威、言论、标语或散发传单的内容，任何看到上诉人行为的人都能理解其试图传达的信息。本案中焚烧国旗的行为是一种象征性的言论（symbolic speech），并且没有导致任何破坏和平的威胁，因此受联邦宪法第 1 修正案的保护，得克萨斯州法律不能对其进行惩罚。得克萨斯州政府不服上诉到联邦最高法院。参见任东来等：《美国宪政历程：影响美国的 25 个司法大案》，中国法制出版社 2004 年版，第 694~699 页。

〔1〕 首席大法官伦奎斯特等少数法官认为：约翰逊公开焚烧国旗的行为不是表达思想的必要方式，并同时扰乱了社会治安。约翰逊不是在行使表达自由，而是在刻意触犯众怒，是对社会和公众的公然冒犯，其行为既不传达任何思想，也不促进民主价值。焚烧国旗与本案保护异议无关，它贬损了重要的民主价值。定罪只是在惩罚他表达思想所采用的手段，而不是在惩罚思想本身。法院判决得克萨斯州法律违反宪法，这忽视了霍姆斯大法官脍炙人口的格言："一页纸历史抵得上一本书的逻辑。"两百多年来，作为我国的象征，美国国旗拥有独一无二的地位，是这种独特性为政府提供理由，来禁止类似约翰逊在本案中焚烧国旗的行为。国旗作为特殊而重要的民族与国家象征，在美国拥有不可替代的崇高地位，它作为国家和民族的象征的价值不容以焚烧加以亵渎。为了国家的未来而维护这项价值的公共利益是重要且正当的。参见任东来等：《美国宪政历程：影响美国的 25 个司法大案》，中国法制出版社 2004 年版，第 699~705 页。

〔2〕 布伦南等多数法官认为：第 1 修正案禁止"剥夺言论自由或出版自由"，这样的保护并不仅仅局限于一个人说的话或写下的文字。法院重申早在斯通伯格诉加利福尼亚州案［*Stromberg v. California*，283 U. S. 359（1919）］和汀克诉得梅因独立社区学校案［*Tinker v. Des Moines Independent Community School District*，393 U. S. 503（1969）］中就已达成了一致意见，认为展示一面红旗以及戴上一个黑色袖标作为一种象征性的言论，其行为具有表达思想的性质，受到宪法第 1 修正案保护。约翰逊焚烧国旗的行为固然可憎，但本案中，焚烧国旗行为是一种象征性的言论（symbolic speech），仍属于宪法第 1 修正案所保护的言论自由范围。约翰逊焚烧国旗的行为既未破坏治安，也无损于国旗所代表的象征意义，它之所以受到宪法保护，并非意在保持国旗在物质上

pendent Community School District）中就已达成了一致意见，认为展示一面红旗以及戴上一个黑色袖标作为一种象征性的言论，其行为具有表达思想的性质，受到宪法第 1 修正案保护。约翰逊焚烧国旗的行为固然可憎，但本案中，焚烧国旗行为是一种象征性的言论（symbolic speech），仍属于宪法第 1 修正案所保护的言论自由范围。约翰逊焚烧国旗的行为既未破坏治安，也无损于国旗所代表的象征意义。它之所以受到宪法保护，是禁止惩罚那些在多数派看来不可接受的思想。惩罚亵渎国旗并不能使国旗变得神圣，容忍焚烧国旗的行为强化而不是削弱了国旗所代表的自由价值。[1]肯尼迪大法官在多数意见后面写下了自己的补充意见：一个心酸但又基本的事实是，国旗保护那些蔑视它的人。约翰逊当众焚烧了一面美国国旗，以作为政治抗议的手段，此举因被认定违反得克萨斯州法律，被判犯有污损国旗罪行。对他的有罪判决是否符合宪法第 1 修正案，我们的态度是否

（接上注）
的完整或其正当使用方式，而是禁止惩罚那些在多数派看来不可接受的思想。对焚烧国旗行为的保护促进而不是削弱了国旗所代表的自由价值。当然，这并不意味着在道德上鼓励焚烧国旗，而是反对政府以刑事定罪方式惩罚与多数派观点不同的人们。惩罚亵渎国旗并不能使国旗变得神圣，容忍焚烧国旗的行为强化而不是削弱了国旗所代表的自由价值。州政府不能以施以刑罚的方式来惩罚政治异议者，该州有关保护国旗的法律是违宪的。参见任东来等：《美国宪政历程：影响美国的 25 个司法大案》，中国法制出版社 2004 年版，第 699~708 页。

〔1〕 1989 年 6 月 21 日，美国联邦最高法院以 5 比 4 的票数判决支持得克萨斯州刑事上诉法院的意见，得克萨斯州败诉。判决书的多数意见由大法官布伦南法官撰写，另外四位支持他的大法官分别是：瑟古德·马歇尔、安东尼·肯尼迪、哈利·布莱克蒙和安东宁·斯卡利亚，其中安东尼·肯尼迪还特别写下了自己的补充意见（concurring opinions），也可称附加意见。而另外四位大法官：威廉·伦奎斯特、拜伦·怀特、桑德拉·戴·奥康纳和约翰·保罗·史蒂文斯则投下了反对票。联邦最高法院的这个判决裁定 1968 年《反亵渎国旗法》及全美 48 个州所制订的国旗保护法违宪而无效。这个结果一宣布，布什总统立即表态："烧国旗是错的，大错特错"。美国国会也立即通过了 1989 年《国旗保护法》，将焚烧国旗定为联邦罪行，经乔治·布什总统签署后成为法律。随即，有人在国会大厦前烧毁国旗，以示挑战。在 1990 年的美国诉艾奇曼案（*United States v. Eichman* 496 U. S. 310）中，最高法院再次以 5：4 判决 1989 年《国旗保护法》也违宪。美国国会曾多次考虑通过一项亵渎国旗修正案，希望通过修宪来改变最高法院的判决，这一修正案一般在众议院都会得到通过，但总是被参议院否决。在这一过程中，支持最高法院的民众和国会议员有明显的逐渐增多的趋势，但对案件的争论仍然存在。参见任东来等：《美国宪政历程：影响美国的 25 个司法大案》，中国法制出版社 2004 年版，第 710 页。

定的。[1]

在司法过程中，法律获取和事实评判都无法摆脱法官个人的判断与选择。这些个人的判断与选择是法官个人进行的目的考量、利益衡量以及价值判断，涉及法官的自由裁量，融入了法官个人的认知、情感和价值观，渗透了法官个人的主观因素，因而不可避免地存在"不确定的风险"。人们就不难理解为什么在富勒的"洞穴奇案"中，法官们对同一事实提出了截然不同的裁决意见及裁决理由。在王海案中，不同法院甚至同一个法院都依据《消费者权益保护法》判案，但对于王海是不是"消费者"以及他的"知假买假"行为的判决却大相径庭。人们看到王海俨然走进了四分五裂的"春秋战国"时代。人们也就不难理解在下述一系列案件中为什么会存在差异与争议。在美国焚烧国旗案[2]中，"焚烧国旗"的行为或事实被最高法院评价或解释为一种"表达"，而被纳入言论自由的范围；而在香港特别行政区"国旗案"[3]中，"涂污国旗及区旗"被终审法院评价或解释为一种"侮辱国旗与区旗"，不属于发表自由的范围，而被纳入刑事犯罪的范畴。在许霆案中，辩护人认为许霆的"取款行为"不构成"盗窃罪"，是"民法上的不当得利"，应通过民事诉讼程序解决；但广州市中级人民法院认定许霆"取款行为"构成"盗窃罪"，属于盗窃金融机构。[4] 在成都李某强奸案[5]中，法院认定李某爬上树之行为已构成强奸罪，但有网友却

---

[1] 肯尼迪大法官在多数意见后面写下了自己的补充意见：摆在我们眼前的是一项法律规定与宪法原则的冲突，对此我们别无选择。一个严峻的事实是，我们有时必须要作出自己并不喜欢的决定。我们这样做是因为从法律和宪法的角度上，这样做是对的，我们必须接受这样的结果。对此我们责无旁贷。我们不能因为一个决定会让自己感到反感就不去作这个决定，因为这将损坏我们最重要的原则。而这就是一个会让我们自己感到反感的案件。虽然各种符号的意义往往是我们自己所赋予的，国旗就是这样一个表现美国人共同的理念——法律、和平以及人类精神中所包括的自由信念——的标志。但今天的这个案件却迫使我们认识到坚持这些信念所要付出的代价。参见任东来等：《美国宪政历程：影响美国的25个司法大案》，中国法制出版社2004年版，第706页。

[2] *Texas v. Johnson*，491 U.S. 397（1989）；*United States v. Eichman*，496 U.S. 310（1990）.

[3] 香港特别行政区终审法院终院刑事上诉1999年第4号。

[4] 广东省广州市中级人民法院刑事判决书（2008）穗中法刑二重字第2号。

[5] 李某在家喝酒后，趁夜翻墙进入刘某院中。发现刘某正在客厅看电视，赶紧收住脚步，爬上刘某院落中的一棵树伺机而动。他在树上艰难度过4个多小时后，天气突变。在一阵电闪雷鸣中，刘某无意间发现躲在树上的李某。李某情知事情败露，跳下树逃回家中。次日早上，李某被当地派出所民警带走。李某坦白了他爬上树确实想强奸她的主观意图。成都新都区人民法院经审理认为，李某其行为已构成强奸罪，鉴于其从主观上终止了犯罪行为，可对其依法减轻处罚，

认为，将爬上树就认定为正在实施犯罪让人觉得荒唐可笑和不可思议，即便是认定为犯罪预备也是存在争议的。

卡多佐对此指出："法官在作出决定时所看到的是具体的案件，并且参照了一些绝对实在的问题，他应当遵循我们的现代组织精神，并且，为了摆脱危险的恣意行为，他应当尽可能地使自己从每一种个人性的或其他产生于他所面临的特殊境况的影响中解脱出来，并将他的司法决定基于具有一种客观性质的某些因素之上。"〔1〕而且各国法律制度也大都规定了法官必须依法裁决并且法官自由裁量必须符合公平与正义原则，以克服法官在司法判决中的主观性与随意性。但是，"在任何司法解释的体制中，我们都永远无法自认为我们已经完全清除了解释者的个人尺度。在这些有关道德的科学中，并不存在任何完全取代主观理性的方法和程序"。〔2〕尽管社会价值有助于构成阻碍司法评价主观自由游动的障碍，但最终也无法阻止法官个人的自由裁量。这种以主观的司法价值偏爱为基础的判决要比以正式或非正式的社会规范为基础的判决，表现出更大程度的不确定性或不可预见性。并且正如博登海默所言："由于不存在使结论具有必然性的无可辩驳的基本原则，所以通常我们所能做的就只是通过提出似乎是有道理的、有说服力的、合理的论据去探索真理。……由于各种各样的观点可能发生互相冲突这一事实，我们的劝说工作有时便会变得更加复杂。"〔3〕因此，"法律的规则却经常是含糊的、无底的、理由是临时性的、有很多争论的，此外不仅可以变更而且实际上也经常变更"。〔4〕这就是法律的世界，这就是法律的魅力。

第二节　法律论证原则与判决证成标准

凯尔森（Kelsen）说道，自古以来，什么是正义这一问题是永远存在的。为了正义问题，不知有多少人流尽了宝贵的鲜血和痛苦的眼泪。人们

（接上注）

法院据此判处李某有期徒刑 1 年，并处缓刑 1 年。参见"男子暗恋女邻居爬树窥探被判强奸罪"，载《华西都市报》2009 年 4 月 14 日。

〔1〕［美］本杰明·卡多佐：《司法过程的性质》，苏力译，商务印书馆 1998 年版，第 74~75 页。

〔2〕［美］本杰明·卡多佐：《司法过程的性质》，苏力译，商务印书馆 1998 年版，第 109 页。

〔3〕转引自［美］E.博登海默：《法理学——法哲学及其方法》，邓正来、姬敬武译，华夏出版社 1987 年版，第 480 页。

〔4〕［美］理查德·A.波斯纳：《法理学问题》，苏力译，中国政法大学出版社 1994 年版，第 572 页。

期待法律承载正义，期待司法实现正义。法官承担着裁决纷争的重任，肩负着人们对公平正义的期许。法官是社会冲突的权威裁决者，是社会正义的最终维护者。[1] 法院是正义的最后一道防线，法官是这道防线的守门人。但法官并不因为拥有裁判的权力就必然是正义的使者。正如法国法学家孟德斯鸠指出：一切有权力的人都容易滥用权力，这是万古不易的一条经验。有权力的人们使用权力一直到遇有界限的地方才休止。[2] 柏拉图也曾说，假若给圣人和小人同样的无制约的力量，就会发现他们都会跟着利益走。因此，罗伯斯庇尔指出，再没有人比法官更需要仔细监督了，因为权势的自豪感是最容易触发人们弱点的东西。[3]

没有制约的司法权力必将导致滥用和腐败。正如英国阿克顿勋爵在《自由与权力》中指出："绝对权力导致绝对腐败。"[4] 这种滥用和腐败动摇公平正义的基石。正如培根所言："把界石挪动的人是有罪的。但是那不公的法官，在他对于田地产业错判误断的时候，才是为首的移界石者。一次不公的判断比多次不平的举动为祸尤烈。因为这些不平的举动不过弄脏了水流，而不公的判断则把水源败坏了。"[5] 为了防止司法滋生腐败、司法权力被滥用，就必须对司法权力加以制约和监督。司法权力能否正当行使仅靠道德说教和伦理约束是苍白无力的，确立对司法权力的制约机制、将司法权力纳入监督轨道更为重要，[6] 必须以权力制约权力，从制度上有效地监督和制约司法权力、抵御司法专制、遏制司法腐败、保障司法公正，使家权力行使公开化、正当化和合理化。"许多世纪以来，人们一直在设法尽量缩小个别法官对审判活动的个人影响，而法律的历史和经济秩序进程都说明他们的努力，如同我们能够期待于任何人类活动的情

---

〔1〕　参见郭成伟、宋英辉主编：《当代司法体制研究》，中国政法大学出版社 2002 年版，第 2 页。

〔2〕　参见［法］孟德斯鸠：《论法的精神》（上），张雁琛译，商务印书馆 1961 年版，第 154 页。

〔3〕　罗伯斯庇尔（M. Robespierre），法国著名律师，法国大革命时期雅各宾派的领袖。

〔4〕　［英］阿克顿：《自由与权力——阿克顿勋爵论说文集》，侯健、范亚峰译，商务印书馆 2001 年版，第 342 页。

〔5〕　［英］弗·培根：《培根论说文集》，水天同译，商务印书馆 1983 年版，第 193 页。

〔6〕　《人民法院第三个五年改革纲要（2009～2013）》指出："研究建立人民法院网络民意表达和民意调查制度，方便广大人民群众通过网络渠道直接向人民法院提出意见或建议。"

形，已经取得了成功。"[1]

一、自由裁量与秉公裁判原则

在司法过程中，法官拥有自由裁量的权力和义务，也负有秉公裁判的义务和责任。正如联合国《世界司法独立宣言》第 2 条规定指出：每个法官均应自由地根据其对事实的评价和对法律的理解，在不受来自任何方面或任何原因的直接或间接的限制、影响、诱导、压力、威胁或干涉等情况下，对案件秉公裁判。我国最高人民法院也曾在《中华人民共和国法官职业道德基本准则》（以下简称《法官职业道德基本准则》）中为法官立下第 1 条戒律："法官在履行职责时，应当切实做到实体公正和程序公正，并通过自己在法庭内外的言行体现出公正，避免公众对司法公正产生合理的怀疑。"[2]

正如卡多佐大法官所言："即使法官是自由的时候，他也仍然不是完全自由。他不得随意创新。他不是一位随意漫游、追逐他自己的美善理想的游侠。他应从一些经过考验并受到尊重的原则中汲取他的启示。"[3]在英美法系和大陆法系国家，法律授予法官基于自己的判断而行事的自由裁量权（discretion），[4] 即授予法官酌情作出决定的自由裁量权。在司法过程中，法官可以对法律规则或原则的界限予以厘定，[5] 可以不断

---

〔1〕 ［美］罗斯科·庞德：《通过法律的社会控制·法律的任务》，沈宗灵、董世忠译，商务印书馆 1984 年版，第 79 页。比如在庞德看来，法律制度从许多方面尽力避免了法官的个性化消极影响：不把最后的裁判权委之于单独一个法官，而委之于合议庭的全体法官；防止任何人在他自己的案件中或与他有利害关系的案件中充当法官；使法院的一切行动都公开化，从而使人们有办法确切地知道法院做了些什么，根据什么事实和具有什么法律根据，并使法官们注意听取律师界、法学杂志和法学界对其判决所提出的评判。

〔2〕 《法官职业道德基本准则》（2001 年 10 月 18 日最高人民法院发布）第 1 条。2010 年 12月，最高人民法院修订之后的《法官职业道德基本准则》第 9 条规定："坚持以事实为根据，以法律为准绳，努力查明案件事实，准确把握法律精神，正确适用法律，合理行使裁量权，避免主观臆断、超越职权、滥用职权，确保案件裁判结果公平公正。"

〔3〕 ［美］本杰明·卡多佐：《司法过程的性质》，苏力译，商务印书馆 1998 年版，第 88 页。

〔4〕 参见 ［美］彼得·G. 伦斯特洛姆编：《美国法律辞典》，贺卫方等译，中国政法大学出版社 1998 年版，第 157~158 页。

〔5〕 *Black's Law Dictionary*, 5th ed., West Publishing Co., 1979, p.419.

解释法律使之更合于社会变化,[1] 可以根据情势所需酌情对案件作出裁判,[2] 可以在法律没有规定或者规定有缺陷时处理案件。[3] 但这种自由裁量权的行使在法律上是受到限制的, 应当是理性的与正当的, 而不是任意的或随意的, 这种权力的行使在当时情况下应当是公平、正义、正确和合理的。[4] 并且法官不得以自己的关于理性和正义的观点来替代他们所服务的普通人的观点,[5] 法官裁决应当秉承而不得违反社会公众的理性判断以及社会的公平正义价值观念, 要避免公众对司法公正产生合理的怀疑。

正如美国学者纽曼指出:"哪里有不受限制的自由裁量权, 那里便无法律制度可言。" 在司法过程中, 法官个人的感觉不是自由裁量的标准, 也不是司法正义的标准, 这是对自由裁量权的约束与限制。卡多佐大法官说得好:"法院的标准必须是一种客观的标准。在这些问题上, 真正作数的并不是那些我认为是正确的东西, 而是那些我有理由认为其他有正常智力和良心的人都可能会合乎情理地认为是正确的东西。"[6] 法官应当摆脱危险的个人恣意行为, 应当使自己从每一种个人性的或其他产生于他所面临的特殊情况的影响中解脱出来, 并将他的司法决定基于具有一种客观性质的某些因素之上。[7] 美国法官弗兰克宣称, 在实际审判过程中, 判决依据的不是法律规则, 而是"跟着感觉走"。大法官怀特也说道, 虽然他不能给"淫秽"一个定义, 但是只要他看见就能判断什么是"淫秽"。霍姆斯也说过, 他只需问自己是否会为此行为呕吐就可判定警察的某些取证方式是否违反了正当程序条款。但这种无规则可言、随意而不受限制的自

---

〔1〕 参见〔美〕约翰·亨利·梅利曼:《大陆法系》, 顾培东、禄正平译, 知识出版社 1984 年版, 第 57 页。

〔2〕《北京市高级人民法院关于民商事上诉案件改判和发回重审若干问题的意见 (试行)》(京高法发〔2002〕366 号) 指出:"所谓'自由裁量', 是指由于在审理案件中, 缺乏明确的法律、法规、司法解释及其相关的法律原则、审判思路、有关政策等裁判依据, 而要求法官直接面临证据, 通过其在法庭上的所见、所闻, 结合其自身的审判经验和生活阅历, 形成对作为判决基础的事实的确认, 酌情对案件作出裁判的情形。"

〔3〕 参见陈兴良主编:《刑事司法研究》, 中国方正出版社 2000 年版, 第 443 页。

〔4〕 参见〔英〕戴维·M.沃克编:《牛津法律大辞典》, 邓正来等译, 光明日报出版社 1988 年版, 第 262 页。

〔5〕 参见〔美〕本杰明·卡多佐:《司法过程的性质》, 苏力译, 商务印书馆 1998 年版, 第 54 页。

〔6〕 〔美〕本杰明·卡多佐:《司法过程的性质》, 苏力译, 商务印书馆 1998 年版, 第 54 页。

〔7〕 参见〔美〕本杰明·卡多佐:《司法过程的性质》, 苏力译, 商务印书馆 1998 年版, 第 74~75 页。

由裁量不与一些客观的或外在的标准相联系，会导致一种仅仅是情感或感觉的判决的危险，这不是司法判决的一般特征，也不是社会公众期待的司法正义。各国法律一般都通过诸多制度设计，强调法官不得放纵自己心中的感觉，也不能泛滥自己心中的好恶，应当充分地尊重公认的权威原则并从中汲取智慧，强调理性司法与秉公裁判，强调在两个极端之间寻找最大程度的平衡："一极是将法官束缚在严格的法律的苛刻的规则之下，另一极是让他们根据不加限制的个人的自由裁量来进行裁决。"[1] 以约束法官权力的行使，防止司法权力的滥用。

二、看得见的正义原则：公开判决理由——法官论证义务和证立责任

英国有这样古老的法律格言："正义不但要伸张，而且必须眼见着被伸张。"[2] 英国上议院休厄特（Lord Hewart）在 1924 年国王诉苏赛克斯法官案中也大声疾呼："公正的实现本身是不够的。公正必须是公开地、在毫无疑问地能够被人们看见的情况下实现。"公正是法院的生命，而公开是公正的前提。正如边沁所言：没有公开就没有正义，公开是正义的灵魂，是抵御不公正最有力的武器，它也使法官自身处于被监督状态。[3]"秘密使人腐化，在司法亦然，任何事务经不起讨论及公开的均非妥当。"伯尔曼进一步指出："没有公开则无所谓正义。"

在英美法系和大陆法系国家，公开判决理由是一项重要的司法原则，是看得见的正义原则的要求。在英美法系国家，历来有要求公开判决并说明判决理由的传统。英国、美国以判例汇编的形式定期出版判决书。[4]美国联邦最高法院的所有判决要发表和出版，重要判决还刊登在《纽约时报》等全国性大报上。美国联邦上诉法院以及联邦地方法院的判决书也同样要公布，这些判决书分别刊载在《美国最高法院判例汇编》《美国联邦上诉法院判例汇编》《美国联邦地方法院判例汇编》上。在大陆法系国家，

---

〔1〕 ［美］罗斯科·庞德："何为遵循先例原则"，李鸽译，载《山东大学学报（哲学社会科学版）》2006 年第 5 期。

〔2〕 ［美］伯尔曼：《法律与宗教》，梁治平译，生活·读书·新知三联书店 1991 年版，第 47~48 页。

〔3〕 参见宋冰编：《程序、正义与现代化——外国法学家在华演讲录》，中国政法大学出版社 1998 年版，第 288 页。

〔4〕 早在 13 世纪的英格兰，就出现了名为《年鉴》的持续性的诉讼记录，一直到 1535 年被更完备的判例汇编取代。1865 年英格兰与威尔士判例汇编联合委员会成立，并每月出版一卷《判例汇编》（The Law Report）。

16 世纪以后也逐步确立了要求公开判决并说明判决理由即论证其判决的原则。[1] 意大利从 16 世纪起确立了这一原则，要求判决必须说明理由，如今已成为该国宪法的一项内容。法国于 1790 年确立了这一原则，要求上诉法院判决应载明理由，1810 年进一步明确规定"不包括理由的判决无效"。[2] 荷兰、德国等也先后确立了这一原则。德国于 1879 年把它作为一项普遍的原则与义务强迫法官接受，荷兰《宪法》第 121 条、德国《刑事诉讼法》第 267 条和德国《民事程序法》第 313 条第 1 款明文规定法官有义务论证他们的裁判[3]。德国联邦宪法法院在 1973 年的一项决议（法律续造的决议）中规定："所有法官的司法裁判必须建立在理性论证的基础之上。"[4] 这一法律约束表明法官的判决不能是随意的而是要公开理由来论证的。

　　避免公众对司法公正产生合理怀疑的必要条件或先决条件，就是法官在判决中公开其判决理由。[5] 因此，公开其判决理由也是我国法官应当履行的义务。我国法官也应当承担论证责任与说服义务。公开判决理由就是通过说理来说服社会公众。正如美国联邦法院法官中心《法官写作手册》指出："书面文字连接法院和公众。除了很少例外情况，法院是通过司法判决同当事人、律师、其他法院和整个社会联系和沟通的。不管法院的法定和宪法地位如何，最终的书面文字是法院权威的源泉和衡量标准。因此，判决正确还是不够的——它还必须是公正的、合理的、容易让人理解的。司法判决的任务是向整个社会解释、说明该判决是根据原则作出的、好的判决，并说服整个社会，使公众满意。法院所说的以及它怎么说

---

　　[1]　欧洲中世纪时期，无论是教会审判还是世俗审判，主要采用秘密方式进行，审判笼罩着神秘和恐怖，司法专横与擅断畅通无阻，判决结果不可预见。在欧洲大陆专制时期，法官不必公开判决理由。

　　[2]　法国《刑事诉讼法》第 593 条规定："刑事预审庭的裁决如果不包含理由或理由不充分，不足以使最高法院进行监督，这样的裁决就无效。"

　　[3]　Eveline T. Feteris, *Fundamentals of Legal Argumentation*, Springer, 1st ed., 1999, p.1.

　　[4]　德国《联邦宪法法院判例》（BverfG）E34, 269（287）。转引自［德］罗伯特·阿列克西：《法律论证理论——作为法律证立理论的理性论辩理论》，舒国滢译，中国法制出版社 2002 年版，德文版序。

　　[5]　我国《最高人民法院关于民事诉讼证据的若干规定》第 85 条第 2 款规定："审判人员应当依照法定程序，全面、客观地审核证据，依据法律的规定，遵循法官职业道德，运用逻辑推理和日常生活经验，对证据有无证明力和证明力大小独立进行判断，并公开判断的理由和结果。"第 97 条第 1 款再次强调："人民法院应当在裁判文书中阐明证据是否采纳的理由。"

的同法院判决结果一样重要。"〔1〕

公开判决理由要求每个法官都公开其判决意见，公开其不同意见，特别是反对意见即少数人意见，〔2〕 要求法官论证其判决并展示其论证过程。其意图或目的是通过论证与说服达成共识或多数人意见，解决裁决的意见分歧与争议。美国学者艾森伯格将法官论证义务概括为以下几项：为了实现公平理念和正当程序，法官应当履行三项义务，即：①法官必须认真倾听当事者的主张；②法官必须以认真回答当事者主张的方式，对自己作出决定的根据进行充分地说明；③法官作出的决定，必须建立在当事者提出的证据和辩论的基础上。〔3〕 在英美法系国家，判决书一般由三部分组成，即判词（holding）、并存意见（concurring opinion）、异议（dissenting opinion）。判词是指根据法庭的一致意见或多数意见而形成的判决结论及其理由。并存意见是指同意判决结论，但判决理由不同的意见。〔4〕 异议是指反对判决结论的意见。要求法官公开其判决理由，就是要求法官论证对案件作出的裁决，要求法官公开判决的事实根据和法律依据，要求法官将审查与确认证据以及由证据认定事实的过程全面呈现出来，将法官解释法律即从法律中发现或获取裁决理由的过程全面呈现出来，将法官从事实和法律出发推导出裁决的过程全面呈现出来。

法官承担论证与说理义务与责任在民主法治国家是至关重要的。杰佛逊（Jefferson）指出，公民是通过正当的理由被说服的，而不是通过武力征服的。正是在这个意义上，美国法学家庞德（Pound）指出，反对意见是历史长河中生命力的体现。要求法官不但要公开判决而且要公开其判决理由，就是要求法官通过在裁决中展现自己的论证与说理而体现出公正，就是要从法律制度上制约与监督司法权力、抵御司法专制、遏制司法腐败、实现司法公正，使国家权力行使公开化、合理化和正当化，就是要让当事人的诉讼权利得到确实的保障，就是要让法院判决面对来自社会公众

---

〔1〕 转引自宋冰编：《程序、正义与现代化——外国法学家在华演讲录》，中国政法大学出版社1998年版，第307页。

〔2〕 美国法学家庞德（Pound）指出，反对意见是历史长河中生命力的体现。判决中列出的反对意见对普通法的发展起到了重要的推动作用，许多反对意见形成为普通法的重要规则并被以后的判决反复引证。

〔3〕 参见何家弘、刘品新：《证据法学》，法律出版社2008年版，第247页。

〔4〕 并存意见亦称为附随意见，是指少数法官对多数判决认定的结果表示赞同，但是对其判决的理由则有所异议，或者认为须另行增加理由，以增强其说理力。

的挑战，使公众对司法的知情权与监督权得以最终实现，避免公众对司法公正产生合理的怀疑。

在中国公民白葆善诉美国美顿力公司案（*Medtronic Inc.*）[1] 中，北京市海淀区人民法院经过 3 年 7 个月的审理后作出判决。在裁决中，法院没有采纳原告律师的意见，也没有说明不予采纳的理由。[2] 判决书指出："被告对该产品由于受到当前科学技术的限制，并未达到尽善尽美的程度，对技术不足可能导致的后果应承担事实上的风险责任。""原告在使用过程中，没有违反使用原则，起搏器导线断裂非原告造成。""被告愿意补偿原告人民币 8 万元，本院准许。""案件受理费 6785 元人民币，由原告和被告各负担 50%。"[3] 这还是一份没有说明法律理由的判决。梁慧星先生对此评论道："这是一个不当的判决。判决书没有使用法律。任何

─────────────

〔1〕 1990 年 8 月 9 日，中国公民白葆善因患心脏病，花费 17 500 元人民币购买了美国美顿力公司（Medtronic Inc.）的心脏起搏器和电极导线，成功地进行了安装手术。11 月 28 日清晨，白葆善突然感到心区疼痛、胸闷、眩晕、出虚汗，几小时后送解放军总医院检查，拍片证实，起搏器金属导线已在右心室中完全断裂。1991 年 1 月 12 日，白葆善再次接受手术，植入了第二根导线，已断裂的导线无法取出，仍留在他的右心室至静脉血管中，随时会形成一根钢针刺穿心脏或盘旋堵塞在心脏内，使白葆善身体和精神受到极大的损害。参见方兢："首例中国公民状告美国企业案"，载《法苑》1996 年第 4 期。

〔2〕 原告律师向法庭提供了如下事实和意见：①在该产品的英文说明书中，叙述了导线断裂、心脏穿孔的可能性，然而，该产品在中国销售时只有一份宣传资料而根本没有中文说明书。这一事实只能说明美顿力公司有意向中国消费者隐瞒产品的缺陷。②美顿力公司没能拿出美国联邦食品及药品管理局（FDA）对 4057 产品的批准书，美顿力公司向法院提供的文件，只是一个FDA 的复审结果："但是复审结果并不意味着 FDA 认可（Approve）该设备。因此，贵公司不可以用 FDA 认可来推销或以任何方式表示该设备或其标签内容。"这一事实表明美顿力公司销入中国的心脏起搏器没有经美国有关部门的质量认可。③美顿力公司的心脏起搏器在中国销售，实际上也没有通过中国的商检机构的检验。④起搏器金属导线在右心室中完全断裂，形成一根钢针，随时会刺穿心脏或盘旋堵塞在心脏内，对原告的身体造成危害，并使原告处于极度恐惧的精神状态，对原告的精神造成损害。⑤原告是中国公民，被告是外国公司，原告在中国起诉，中国法院就有了管辖权，这就是国家的主权和司法主权。我国的民法、民事诉讼法规定了可以适用外国的法律，也就是说，要选择对受害人最为有利的法律。中国法院有权根据本国的法律冲突规范确定应适用哪国的法律，这正是主权意志的体现，据此本案应适用美国的实体法，赔偿原告 2 987 628.14 美元。⑥中国市场是美顿力公司世界市场的一部分，它在中国的销售价格和取得的利润与在美国及世界上其他地方是一致的。因此它就应该承担相同的法律责任。原告律师通过与美国律师联系调查，已经查到美国法院审理的与心脏起搏器侵权行为有关的案例，其中有 10 余个案件判美顿力公司败诉，赔偿额有的达 200 万美元。美国布伦达·图尔夫人做隆乳手术，数年后硅胶渗入胸部导致肉芽瘤。因生产厂家明知硅胶会对人体造成损害，但未对医生和用户提出警告，负有产品责任。美国亚拉巴马州法院判决生产厂家赔偿 217.5 万美元，其中惩罚性赔偿 200 万美元。

〔3〕 转引自《法苑》1996 年第 4 期，第 58 页。

判决书都要使用法律，根据什么法律、什么条文判决如下，这是判决书最主要的内容。以事实为根据，以法律为准绳，那法律准绳在什么地方呢？这张判决书上没有。"[1] 一个不讲理或说理不充分的判决书是缺乏公信力的，是很难让当事人信服的，这也是我国上诉、申诉不断的原因之一。

在辽宁刘涌案[2]中，辽宁省高级人民法院终审判决指出：一审判决认定被告人刘涌的主要犯罪事实和证据未发生变化，应予以确认。对刘涌及其辩护人提出的公安机关在对刘涌和同案被告人讯问时存在刑讯逼供的辩解及辩护意见，经查，不能从根本上排除公安机关在侦查过程中存在刑讯逼供。被告人刘涌及其行为分别构成组织、领导黑社会性质组织罪，刘涌系黑社会性质组织的首要分子，应当按照其所组织、领导的黑社会性质组织所犯的全部罪行处罚。其所犯故意伤害罪，论罪应当判处死刑，但鉴于其犯罪的事实、性质、情节和对社会的危害程度以及本案的具体情况，对其判处死刑，缓期二年。[3]

在辽宁省高级人民法院终审判决书中，法院"鉴于其（刘涌）犯罪的事实、性质、情节和对社会的危害程度以及本案的具体情况"，将刘涌从死刑立即执行改判为死刑缓期执行。但终审判决对"本案的具体情况"语焉不详，对从轻改判的法律理由也缄默不语，没有真正公开改判的事实理由，也没有陈述改判的法律理由。此举自然引发了人们对这份判决书的强烈质疑，人们有权也有理由对刘涌案的终审判决提出疑问："本案的具体情况"是什么抑或本案从轻改判的理由是什么？应当指出，刘涌到底应该被判死刑立即执行还是死缓，这是一个法律问题，普通公众很难也无权就

---

〔1〕 转引自《法苑》1996 年第 4 期。白葆善不服一审判决，后向北京市第一中级人民法院提起了上诉。

〔2〕 1999 年 10 月，刘涌因"云雾山"烟销售情况不好，指使一个叫程健的人去市场查看并"收拾"经销同类香烟的业户。10 月 15 日，宋健飞、程健、吴静明、董铁岩、李凯等人先后"窜"至沈阳市和平区南市农贸大厅，程健派一个叫作徐景岩的人领董铁岩上楼指认了经营"云雾山"烟的业主王永学。嗣后，在农贸大厅二楼，李凯、宋健飞等人对王永学进行殴打，致王永学因遭受钝性外力作用，造成右肺门破裂，右心房破裂，急性失血性休克合并心包堵塞而死亡。参见"铁市检刑诉（2001）第 54 号"起诉书。

〔3〕 2002 年 4 月 17 日，辽宁省铁岭市中级人民法院一审认定刘涌犯故意伤害罪，判处死刑，与所犯其他各罪并罚，决定执行死刑。辽宁省高级人民法院于 2003 年 8 月 11 日对刘涌案作出终审判决。终审判决认定刘涌犯有组织、领导黑社会性质组织罪、故意伤害罪、故意毁坏财物罪、非法经营罪、行贿罪、非法持有枪支罪、妨碍公务罪等多项罪名。但辽宁省高级人民法院终审判决撤销原一审判决中对刘涌故意伤害罪的量刑部分及对附带民事诉讼原告人崔艳的民事赔偿部分，认定刘涌犯故意伤害罪，判处死刑，缓期二年执行。

此作出什么决定。但是，刘涌为什么被从轻发落，尤其是为什么在终审中被改判，却是每一个公众都有权利发问的，这不是"舆论审判"，也不是干预司法独立，而是维护公众的知情权，是对司法审判必要的监督。也许，辽宁省高级人民法院对刘涌案件的改判完全是有事实根据的，也完全是符合法律精神的，但是，在判决中不公开其判决的理由，法官就没有履行他应当承担的义务，就没有通过自己在法庭内外的言行体现出公正，以避免公众对司法公正产生合理的怀疑。[1]

在湖南周军辉、秦星强迫卖淫、强奸、组织卖淫一案[2]中，最高人民法院经复核裁定认为，第一审判决、第二审裁定认定的强迫卖淫、强奸、组织卖淫事实清楚，证据确实、充分，定罪准确，审判程序合法。鉴于周军辉、秦星强迫卖淫的暴力、胁迫程度，犯罪情节的恶劣程度尚未达到情节特别严重，对二被告人以强迫卖淫罪判处死刑立即执行量刑不当。本案复核期间出现新的证据，可能影响对秦星是否构成立功的认定，依法应予查明。依法裁定不核准周军辉、秦星死刑，将案件发回湖南省高级人民法院重新审判。湖南省高级人民法院重审后判决指出，周军辉、秦星强迫不满14周岁的幼女多次卖淫，控制卖淫所得，其间被害人又被他人轮奸，严重侵害了幼女的身心健康，犯罪性质恶劣，犯罪情节、犯罪后果严重，依法应当严惩。鉴于上诉人周军辉、秦星强迫卖淫的暴力、胁迫程度，犯罪情节的恶劣程度尚未达到情节特别严重，原判对其以强迫卖淫罪判处死刑立即执行量刑不当。但秦星及其辩护人提出秦星制止同监人员周

---

〔1〕 时任最高人民法院院长肖扬首席大法官指示最高人民法院立案庭、刑事审判第一庭和审监庭，认真研究并依照法律规定指令组成合议庭调卷审查。最高人民法院作出再审决定，以原二审判决对刘涌的判决不当为由依照审判监督程序提审本案。最高人民法院再审判决撤销辽宁省高级人民法院（2002）辽刑一终字第152号刑事附带民事判决中对再审被告人刘涌故意伤害罪的量刑及决定执行的刑罚部分。再审被告人刘涌故意伤害罪，判处死刑，剥夺政治权利终身。最高人民法院再审判决指出，刘涌系组织、领导黑社会性质组织的首要分子，应对该组织的全部罪行承担责任。其直接或者指使、授意他人持刀、持枪实施故意伤害犯罪，致1人死亡、5人重伤，并造成4人严重残疾、8人轻伤，手段特别残忍，情节特别恶劣，罪行极其严重，社会危害极大，且不具有法定或者酌定从轻处罚情节，依法应当判处死刑，立即执行。其所犯其他罪行，亦应依法惩处，数罪并罚。原一审判决认定的事实清楚，证据确实、充分，定罪准确，量刑适当。原二审判决定罪准确，但认定"不能从根本上排除公安机关在侦查过程中存在刑讯逼供情况"，与再审庭审质证查明的事实不符；原二审判决"鉴于其犯罪的事实、性质、情节和对于社会的危害程度以及本案的具体情况"，对刘涌所犯的故意伤害罪的量刑予以改判的理由不能成立，应予纠正。具体详见最高人民法院再审刘涌案刑事判决书。

〔2〕 周军辉、秦星强迫卖淫等死刑复核刑事裁定书。

某某自杀的行为属于有利于国家和社会的重大立功表现，法院认为，秦星跟随汪某之后对周某某自杀行为进行制止，与同监人员共同实施解救的行为存在，应当予以肯定，但不足以认定为立功，更不足以认定为重大立功，决定执行无期徒刑。[1]

在本案中，最高人民法院对其裁定不核准秦星死刑并将案件发回重审，最应释疑的是认定"犯罪情节的恶劣程度尚未达到情节特别严重"的理由是什么，这是对案件事实的认定与裁判，最高人民法院有责任和义务公开裁判理由。面对公众就此提出的质疑，最高人民法院以刑一庭负责人答媒体问的方式，对"犯罪情节特别严重"作了一些解释。[2] 如果这些说明和解释是裁决理由的话，为什么不在法院判决中公开呢？湖南省高级人民法院对周秦两人的改判最应释疑的是，为什么同样的事实之前的判决就认为属于"情节特别严重"，而现在发回重审后又认为"未达到情节特别严重"。之前认定"情节特别严重"的理由是什么？重审认定"未达到情节特别严重"的理由又是什么？犯罪情节是否"特别严重"有标准吗？这个标准是什么？"未达到情节特别严重"是法院对案件事实的认定与裁判，法院有责任也有义务公开其认定与裁判的理由，并向公众解释为何同一法院甚至同一审判委员会对同一案件事实会出现如此之大的裁判差异。

一个说理的裁决是司法公正与司法权威最好的代名词[3]。正如博登海默所言，法律制度所获得的尊严和威望，在很大程度上取决于该制度的工作人员的较高的认知水平以及他们对社会的强烈的责任感。法官的责任是当运用法律到个别场合时，根据对法律的诚挚理解来适用法律，根据司法理性和良知来表达对当事人诉求的认知、理解和评价。在法治社会里，公众对于判决理由的获知，是其知情权的重要体现，是司法公正的必然要求。公开判决理由是反对司法专断裁决的保证，也是促使法官作出深思熟

---

[1] "湖南高院对周军辉、秦星案进行重审宣判"，载搜狐网，https://www.sohu.com/a/300033-100539，最后访问日期：2014年9月5日。

[2] 这位负责人举例说，"如大规模强迫卖淫犯罪集团的首要分子，强迫多名幼女卖淫的，多次在公共场所挟持他人拘禁后强迫卖淫的，或者强迫卖淫手段特别残忍、造成被害人严重残疾或者死亡等情形，才可考虑判处死刑"。王云帆："舆论监督与司法理性并非天生对头"，载《京华时报》2014年6月13日，第2版。

[3] 美国一系列宪法案件包括"纽约时报诉美国案""纽约时报诉沙利文案"等，从法官判词中可以清晰地看到其裁决形成的脉络，每个判决书都像一篇学术论文在进行严格的论证并试图说服持不同意见的人。

虑判决的保证。极大地控制与减少司法不当行为，让所有出庭的人都感受到客观和公正，司法权威与尊严会相应地得到极大提高。

公开判决理由是看得见的正义的内在要求。一份不公开判决理由的判决书，就意味着秘密司法与不当司法，就是司法的不法与司法的不正义。我国最高人民法院前院长肖扬曾经指出："要加快裁判文书改革的步伐。现在的裁判文书千案一面，缺乏认证断理，看不出判决结果的形成过程，缺乏说服力，严重影响了公正司法形象。要做到裁判文书无懈可击，使裁判文书成为向社会公众展示法院文明、公正司法形象的载体，真正具有司法权威。"[1] 人们期待司法公正得到实现而且应当以人们能看得见的方式得到实现，期待法官采取对话交流与论证说理的方式作出司法判决，期待法官对诉讼双方的主张和意见给予必要的回应，期待法官不但公开其判决而且说明其判决理由并展示其判决的形成过程，期待司法判决更为坦诚、更为理性、更具有说服力。要让法院判决面对来自社会公众的挑战，避免公众对司法公正产生合理的怀疑。如果连我国《法官职业道德基本准则》曾为法官立下的第 1 条戒律都没有得到法官们的切实遵守，那么司法权威与尊严从何而来呢？要求法官不仅要公开其判决还要公开其判决理由，真正实现司法判决是司法公正的最终载体，应当成为我国司法改革的重要课题之一。[2]

三、判决的正确性与可证立性：内部证成与外部证立

在英美法系和大陆法系国家，一直以来就强调判决的可证性即判决证成（justification）问题，[3] 即将法官判决及其论证置于正确性和合理性的要求范围之内。并且将判决的正确性建立在判决的可证立性之上，将判决的可证立性作为判决正确性的标准，强调判决的可证立性就是判决的正确

---

〔1〕 肖扬："全面推进人民法院的各项工作 为改革、发展、稳定提供有力的司法保障——在全国高级法院院长会议上的讲话"，载《中华人民共和国最高人民法院公报》1999 年第 1 期。1999 年发布的《最高人民法院五年改革纲要》明确提出裁判文书"改革的重点是加强对质证中有争议证据的分析、认证，增强判决的说理性，通过裁判文书，不仅记录裁判过程，而且公开裁判理由，使裁判文书成为向社会公众展示司法公正形象的载体，进行法制教育的生动教材"。

〔2〕 2014 年 1 月 1 日，《最高人民法院关于人民法院在互联网公布裁判文书的规定》生效实施。按照司法解释的规定，最高人民法院、高级人民法院、中级人民法院以及东部 10 省（市）基层人民法院的生效裁判文书，除涉及国家秘密、个人隐私、未成年人违法犯罪等特殊情形外，应当在生效后 7 日内统一上传至中国裁判文书网向社会公布。最高人民法院院长周强指出："公开的范围越大、程度越深，可能公众提出的问题就越多。要利用倒逼机制，推进司法公开，促进司法公正。"因此，仅仅公开判决是不够的，还必须公开判决理由。

〔3〕 《布莱克法律大辞典》将 justification 定义为："为某人的行为或疏忽出具合法的或充分的理由。""证成"对应的英文词是"justification"，这个单词又可被译为"证立"。

性。美国大法官杰克逊指出："我的判决之所以是不可推翻的，不是因为我的判决是正确的。恰恰相反，我的判决之所以是正确的，是因为我的判决不可推翻。"这就是法官应当承担的裁决证成义务。法官们不但承担论证自己判决的责任，而且承担证明其判决成立从而证明其判决正确的责任。"证成"或"证立"这个概念译自英语的 justify 和 justification，意思是指为某个结论成立提供正当且充分的理由，或者其结论被证明是成立的、正当的或有正当且充分理由的。因此，法官不但要公开判决理由，而且要证明其判决理由是成立的以及基于这些理由得出其判决也是成立的，即证明其判决理由以及得出判决是不可推翻的，其判决理由和判决得出具有正当性（justifies）、合理性或可接受性（rational acceptability）。法官面临"复杂争议问题"和"观点严峻对立"时就更应当如此。

在司法过程中，社会公众关心判决的正确性或合理性问题，并且主要以判决的可证立性来衡量判决的正确性或合理性。[1] 逻辑学对证立的要求与评价标准进行了研究，概括了论证的两个问题：前提对错问题和推理对错问题。[2] 前提对错问题是指前提是否真实、可接受或无可争议；推理对错问题是指结论是否必然地由前提得出。逻辑学告诫人们，任何证成或任何论题被证立必须满足两个条件：一是前提真实，即引述的前提或理由本身应当是成立的；前提是整个思想或理论体系的基石，证立是相对于证立所依赖的前提的，是相对于这些前提来讲成立的或正当的，一个论证整体上的合理性依赖于前提的合理性，一旦理论的基石发生动摇，整个理论大厦就会随之而倒塌。"假设形式是有效的情况下，论证的本质必须是探究前提的真或伪。"[3] 二是推理正确，即结论要从引述的前提或理由必

---

〔1〕 苏珊·哈克提出，论证评价大体有三种标准，即逻辑标准、实质标准与修辞标准。其中，逻辑标准评价的是前提与结论之间的联结关系；实质标准评价的是前提与结论的真值；修辞标准评价的是论证对听众的说服力、引起的兴趣以及吸引力。参见 [英] 苏珊·哈克：《逻辑哲学》，罗毅译，商务印书馆 2003 年版，第 21 页。

〔2〕 逻辑学是为满足古希腊时期的思想争论的需要发展起来的，是在对思想的自我反思的基础之上发展而来的。在思想争论中，涌现了一大批"言论上竞争的行家里手"（柏拉图语），人们称他们为"智者"。这些智者"对任何事物，即使最坏或最无理的事物，也能说出一些好的理由"，他们"可以替一切东西辩护，但同时也可以反对一切东西"，他们"以任意的方式，……或者将一个真的道理否定了，弄得动摇了，或者将一个虚假的道理弄得非常动听，好像真的一样"。这些智者就如我国春秋战国时期的辩者一样，"好治怪说，玩奇辞……然而其持之有故，其言之成理，足以欺惑愚众"。（荀子语）

〔3〕 [美] 鲁格罗·亚狄瑟：《法律的逻辑——法官写给法律人的逻辑指引》，唐欣伟译，法律出版社 2007 年版，第 83 页。

然地或合理地推导而来。[1] 这是一切论证成立或任何论题被证立必须满足的两个条件。即一切论证成立或任何论题被证立不但取决于从前提或理由推导出结论的必然性或合理性，而且取决于所依据的前提或理由的真实性或正确性。这两个条件是互相独立、不可归约、缺一不可的。

判决证成标准与要求可以概括为两个方面：内部证成（internal justification）与外部证立（external justification）[2]。其一，内部证成就是要求法官基于已有前提或理由证成裁决，即从已有前提或理由出发推出或证明其裁决成立。就是要求裁决的结论应从引述的前提或理由合乎逻辑地推导而来，即要求从前提或理由推出或得出裁决应当是合乎逻辑的，其论证应当是"推理正确"即"推理成立"的。其二，外部证立就是要求法官通过进一步的证明来论证这些判决前提和理由成立，即证明前提的正确性。[3] 外部证立的对象就是法官在判决中所引述的、隐含的、预设的判决理由、前提或依据。内部证成无法担保其前提或理由的可靠性、正确性或真实性，外部证立就是要证成判决理由或前提，即确立判决理由或前提的可靠性和正确性，确保判决理由或前提是成立的，即确保"前提正确"或"前提成立"。波兰学者卢勃列夫斯基（Jerzy Wroblewski）于 1974 年在《法律三段论与司法裁决的合理性》一文中将司法判决的合理性问题概括为司法判决的内部证立和外部证立问题。他指出，内部证立强调的是从前提中能够推导出结论；外部证立强调的是确立在内部证立之中所使用的前提的正确性或可靠性。[4] 德国学者阿列克西（Alexy）进一步指出："外部证成的对象是对内部证成所使用的各个前提的证立。这些前提可能是完全不同的。它们大致上可以分为三类：实在法规则；经验命题；既非经验命题亦

---

〔1〕 外部证立问题，亦称前提证立问题。古希腊思想家亚里士多德对论证问题进行了思考，概括出了论证问题的两个方面：前提对错问题和推理对错问题。前提对错问题是指前提是否真实、可接受或无可争议；推理对错问题是指结论是否必然地由前提得出。

〔2〕 外部证立问题亦称前提证立问题。

〔3〕 参见 ［德］罗伯特·阿列克西：《法律论证理论——作为法律证立理论的理性论辩理论》，舒国滢译，中国法制出版社 2002 年版，第 274 页。

〔4〕 佩雷尔曼也区别了这两类论证：一类是各不相同而又互不依赖的论述导致同一种结果；另一类是论述的前提通过进一步的论述来证立。

非实在法规则的前提。"[1] 芬兰学者阿尔诺（Aarnio）的法律确证理论[2]、英国学者麦考密克（MacCormick）的"演绎证立"与"次级证立"理论[3]以及德国学者阿列克西（Alexy）的理性论辩理论[4]也都揭示了内部证成和外部证立的裁决证成要求。

在司法过程中，法官对案件进行裁决时要从制定法和判例法中获得理由或依据，但判决理由或依据即裁判的前提不是从权威那儿理所当然地拿来的，而是法官对制定法规则或先例原则进行阐释、选择与填补的结果。正如美国联邦最高法院大法官霍姆斯（Holmes）在 19 世纪末指出，把法律原则视如毕达哥拉斯定理那样无可争议与不可改变的观念是荒谬的。法律不同于数学公理，它凝聚了时代的需要、流行的政治与道德、人们的直觉与偏见。它不是不证自明、无可争议和一成不变的，而是可争议、可推导与可选择的，还是流动变化的。司法裁决的最终走向不仅取决于法官从已确立的裁决前提或理由推导出结论，更取决于法官对这些裁判前提或理由的确立与选择。在这个意义上，霍姆斯在《普通法》中说道："法律的生命不在于逻辑，而在于经验。对时代需要的感知，流行的道德和政治理论，对公共政策的直觉，不管你承认与否，甚至法官和他的同胞所共有的偏见对人们决定是否遵守规则所起的作用都远远大于三段论。法律包含了一个民族许多世纪的发展历史。它不能被当作由公理和推论组成的数学书。"[5]

在司法过程中，对判决理由进行证立是必要的和必需的，是法官证成自己判决的一个不可或缺的重要部分，而且是法官裁决证立的关键。[6]

---

〔1〕 ［德］罗伯特·阿列克西：《法律论证理论——作为法律证立理论的理性论辩理论》，舒国滢译，中国法制出版社 2002 年版，第 285 页。佩雷尔曼把这些前提分为两类，一类涉及现实（real），另一类涉及偏好（preferable）。他将涉及现实的前提一方面再分为事实（tatsachen）和真实（wahrheiten），另一方面又分为推测（presomptions）。在偏好领域，他区分出价值、层系（hier-archies）和部目（lieux）。佩雷尔曼把层系理解为偏好关系；他把根据古代的 Topos（部目）概念提出的"部目"理解为一类普遍的前提，它们能够用来证立价值和层系。

〔2〕 芬兰学者阿尔诺（Aarnio）在《法律推理》（On Legal Reasoning，1977）与《适当的理性》（The Rational as Reasonable，1987）中提出的法律确证——法律解释证立理论。

〔3〕 英国学者麦考密克（MacCormick）在《法律推理与法律理论》（Legal Reasoning and Legal Theory，1978）中提出的演绎证立与次级证立理论。麦考密克将判决的证立分为两个层次：演绎证立与次级证立。演绎证立是指对结论的证立，次级证立或二次证立是指对前提的证立。

〔4〕 德国学者阿列克西（Alexy）在《法律论证理论》（1978）中提出的法律证立的理性论辩理论。

〔5〕 O. W. Holmes, Jr., *The Common Law*, M. Howe ed., Little Brown, (1881) 1963, p. 1.

〔6〕 外部证立问题也是法律论证理论的中心议题。

法官获取法律即确立裁决理由是可争议的，在疑难案件中涉及原则性决断或选择时更是如此，要避免公众合理的怀疑就必须对有争议的前提或理由进行证立。英国逻辑学家图尔敏（Toulmin）也认识到了对判决的争议不但来自于对推论的争议而且来自于对前提的争议。他在《论证的使用》中指出，包括法律论证在内的一切实际论证不同于数学论证，它们的前提具有可争议性或开放性。不但结论需要证立而且前提受到质疑时也要予以证立。[1] 比利时学者佩雷尔曼（Perelman）也指出法律论证不同于数学论证，法律论证需要解决判决理由的可接受性问题，需要解决如何说服听众的问题。[2] 外部证立即证立裁决理由是一个复杂的证明过程，需要考虑实在法的各种可能的解读，并在不同解读之间作出审慎的权衡和最佳的选择。这涉及对法律原则的推导以及对该理由或规则后果的考量。[3] 在司法过程中，法官应当在公众理性所接受的基础上证明判决的正当性，应当通过充分而详尽地展示判决理由的证立过程，彰显司法理性和保障司法权威，达成法的正义性和法的安定性，并把法官们的判断传给社会公众并促成普通人的确信。[4]

---

　　〔1〕　人们由此有理由认为，法律解释、漏洞填补、法律续造也是应当予以证立的。这就进一步激发了法律论证与判决证成问题的研究，尤其是判决的前提证立问题的研究，推动了法律逻辑研究在这个重要领域的发展。如佩雷尔曼（Perelman）的新修辞学理论（1976），芬兰学者阿尔诺（Aarnio）在《法律推理》（*On Legal Reasoning*，1977）与《适当的理性》（*The Rational as Reasonable*，1987）中提出的法律确证——法律解释证立理论，德国学者阿列克西（Alexy）在《法律论证理论》（1978）中提出的法律证立的理性论辩理论，英国学者麦考密克（MacCormick）在《法律推理与法律理论》（*Legal Reasoning and Legal Theory*，1978）中提出的演绎证立与次级证立理论，瑞典学者佩策尼克（Peczenik）提出了"深度证立"（deep justification）以及"审慎的平衡"（reflective equilibrium）理论（1983）等。

　　〔2〕　他认为法律论证主要是解决如何说服听众的问题，解决判决的可接受性问题。他强调修辞与说服在法律论说或论证中的重要作用。他试图建立非形式逻辑框架并以此超越形式逻辑的视野展开判决推理与法律论证问题研究。佩雷尔曼的理论主要解决如何说服听众的问题，强调的是说论或论证的可接受性问题。在佩雷尔曼看来，一个好的说服应当是一个可接受或被接受的说服。人们正在寻求亚里士多德论证学或论辩学（Topics）与修辞学的复兴，在劝说与说服的可接受性理论以及对话与商谈的交往理性理论框架下，探讨判决证成或法律论证的准则与尺度。

　　〔3〕　参见［英］尼尔·麦考密克：《法律推理与法律理论》，姜峰译，法律出版社 2005 年版，第 153 页。

　　〔4〕　参见［美］本杰明·卡多佐：《司法过程的性质》，苏力译，商务印书馆 1998 年版，第 19 页。

在四川省南江县人民法院受理的"婚内强奸"案[1]中，从法律条款的字面意义看，我国《刑法》第 236 条第 1 款规定[2]并无限制或除外，任何"以暴力、胁迫或者其他手段强奸妇女的"都在规定之列。吴某的行为当然包括在内。但法院以"夫妻关系还处于存续状态"为由，认定其行为不构成强奸罪。这就意味着法院认为我国《刑法》第 236 条第 1 款规定的立法本意是将"具有夫妻关系的"排除在外的，是有"非夫妻关系的"限制的。即这项判决重构了我国《刑法》第 236 条第 1 款的规定，为这个规定增加了一项限制或除外，即"当事人之间有夫妻关系或夫妻关系还处于存续状态的除外"，即所谓"婚内无奸"。由于在法律条款的文字上看不到有这项限制或除外，而这种重构或还原又是目的考量、利益衡量或价值判断的结果。因此，这种重构或还原会因其主观性而不可避免地引起争议或异议。人们自然要问，我国《刑法》第 236 条第 1 款的规定是否真的有"夫妻关系"的除外或"非夫妻关系"的限制？法官有责任和义务根据立法史和立法背景资料证明自己增加的这项限制或除外是成立的，有责任和义务论证这个判决理由与法律真实意思和法律精神是相一致的。在本案中，法官以这项限制或除外作为判决理由对吴某作出了无罪判决，但对这个判决理由是否成立却没有履行法官应当承担的说理义务即外部证立的义务。

在上海市青浦区人民法院审理的"婚内强奸"案[3]中，青浦区人民法院以"被告人王某与被害人已不具备正常的夫妻关系而被告人王某违背妇女意志，采用暴力手段，强行与钱某发生性关系"为由，认定其行为构

〔1〕 1993 年被告人吴某与王某经人介绍登记结婚，婚内生育一男孩。因吴某脾气暴躁，1998 年 7 月王某提起离婚诉讼，后经人劝解撤诉。1999 年 7 月王某再次起诉请求法院判决准予离婚。同年 10 月 9 日法院判决王、吴离婚。在法定时间内，吴的父亲替吴向四川省巴中市中级人民法院递交了上诉状。2000 年 5 月吴从西安赶回父母家中。6 月 11 日晚，吴某来到王某住处，要求与其发生性关系。遭到拒绝后，吴某将王某按在床上，撕烂其内裤，强行发生了性关系。南江县人民检察院以涉嫌强奸罪对吴某提起公诉。法院判决认为：被告人吴某与被害人王某发生性关系时一审判决尚未生效，应视为双方当事人夫妻关系还处于存续状态，故吴某的行为不构成犯罪，检察机关所指控的强奸罪名不能成立。参见郑其斌："四川首例'婚内强奸'案被告无罪释放引发网友争议"，载《北京晚报》2001 年 4 月 4 日。
〔2〕 我国《刑法》第 236 条第 1 款规定："以暴力、胁迫或者其他手段强奸妇女的，处三年以上十年以下有期徒刑。"
〔3〕 1992 年被告人王某经人介绍与被害人钱某相识，1993 年登记结婚生育一子。1996 年王某以与妻子钱某感情破裂为由向上海市青浦区人民法院起诉离婚，但法院认为双方感情尚未破裂，判决不准离婚。后双方仍处于分居状态。1997 年王某再次提起离婚诉讼，同年 10 月法院判决准予离婚并将判决书送达双方当事人。双方对判决离婚均无异议也均未上诉。同月 13 日离婚判决尚未

成强奸罪。[1] 这就意味着青浦区人民法院也认为规定的文字与立法本意是有反差的,认为我国《刑法》第236条第1款规定的立法本意是将"具备正常的夫妻关系的"排除在外的,有"不具备正常的夫妻关系的"限制。这项判决也重构了我国《刑法》第236条第1款的规定,为这个规定增加了一项限制或除外,只不过这项限制或除外不是"具有夫妻关系"而是"具备正常的夫妻关系"。即"当事人之间具备正常的夫妻关系的除外"。在法律条款的字面上同样看不到有这项限制或除外,因此,法官就有责任和义务证明自己增加的这项限制或除外是成立的,有责任和义务论证这个判决理由与法律及其精神是相一致的。在本案中,法官以这项限制或除外作为判决理由对王某作出了有罪判决,但对这个判决理由是否成立没有履行法官应当承担的证明义务。

外部证立面临明希豪森困境的挑战。法官作出的裁判及其理由能够回溯到实在法的规则与原则上,外部证立链条最后能终止于既有的法律之内,这是司法判决追求的目标。但法律并没有为每个具体案件准备好现成答案,最终如何证明裁决理由或依据是成立的,应当在何处或以什么理由结束法官裁决论证的链条,这些问题是需要法官在具体案件中解决的,仍然是法官的选择与决断。正是在这个意义上,可以说法律论证本质上不仅属于分析论证而且属于实践论证的范畴。德国法哲学家阿尔伯特(Hans Albert)指出,任何命题都可能遇到"为什么"之无穷追问的挑战。人们可能会就任何陈述或命题的理由、基础或根基提出疑问。但亚里士多德早就指出,要求对一切命题(或判断)都加以证明是不可能的。因为,要求对一切命题(或判断)都加以证明,就必然产生两种情况:其一,用B来证明A,又用C来证明B,再用D来证明C,……这样下去,就陷入无穷

(接上注)

生效,王某来到前住所,见钱某在整理衣物,即上前抱住钱某要求发生性关系。钱某挣脱欲离去,王某将钱强行按倒在床上,不顾钱某的反抗,采用抓、咬等暴力手段,强行与钱某发生了性关系,致钱某多处软组织挫伤、胸部被抓伤、咬伤。当晚被害人即向公安机关报案。详见上海市青浦区人民法院(1999)青刑初字第36号《刑事判决书》。

〔1〕青浦区人民法院判决认为:被告人王某主动起诉,请求法院判决解除与钱某的婚姻,法院一审判决准予离婚后,双方对此均无异议。虽然该判决尚未发生法律效力,但被告人王某与被害人已不具备正常的夫妻关系。在此情况下,被告人王某违背妇女意志,采用暴力手段,强行与钱某发生性关系,其行为已构成强奸罪,应依法惩处。公诉机关指控被告人王某的犯罪罪名成立。但鉴于本案的具体情况,可对被告人酌情予以从轻处罚。被告人王某犯强奸罪,判处有期徒刑3年,缓刑3年。

后退，以致无法确立任何论证的根基；其二，用 B 来证明 A，又用 C 来证明 B，……又用 N 来证明 M，最后又用 A 来证明 N，这样，就陷入循环论证。无穷后退和循环论证都是错误的，都不是证明。因此，要求对一切命题（或判断）都加以证明，其结果反而不可能有证明。唯一的出路就是在某个主观选择的节点上断然终止论证过程，例如通过宗教信条、政治意识形态或其他方式的"教义"来结束论证的链条。这三种情况被阿尔伯特称为"明希豪森的三重困境"[1]。明希豪森困境是判决理由的可证立性难题，因而是判决的可证立性难题，也是法律论证的终极之困。如何走出明希豪森的困境是法律论证理论广泛研究的一个重要问题。[2]

寻找正确的答案是摆在每一个裁判者面前的迫切任务。人们普遍地认为，不可能通过无穷后退或循环论证的方式来寻找正确的答案，也不能因为无法找到绝对正确的答案，就让法官把裁决完全交给无根据的专断或无理由的武断。人们从形式准则、程序准则与实质准则三个方面建立了判决证成的标准与评价尺度，以此探求走出明希豪森困境中的终止追问的方案。比利时学者佩雷尔曼从修辞学的角度建立判决证成的标准，强调说服在法律论证中的作用，主张论证的目标在于获得"听众"的认可，强调论证成立的标准就是"普遍听众"的认同或接受。[3] 德国学者阿列克西则强调法律论证或论辩不在于说服而在于理性的说服。[4] 他指出："法律论辩也可以提出正确性要求，但这个要求区别于普遍实践论辩的正确性要求，不是因为有待争论的规范性命题绝对是符合理性的，而是因为它能够

---

〔1〕 18 世纪德国汉诺威有一乡绅名叫明希豪森（Baron Münchhausen，1720~1797），早年曾在俄罗斯、土耳其参与过战争。退役后为家乡父老讲述其当兵、狩猎和运动时的一些逸闻趣事，从而名噪一时。后出版一部故事集《明希豪森男爵的奇遇》，其中有一则故事讲到：他有一次行游时不幸掉进一个泥潭，四周旁无所依，于是其用力抓住自己的头发把自己从泥潭中拉了出来。参见 [德] 罗伯特·阿列克西：《法律论证理论——作为法律证立理论的理性论辩理论》，舒国滢译，中国法制出版社 2002 年版，代译序。

〔2〕 这个问题催生了哈贝马斯的交往理性理论、佩雷尔曼的新修辞学、阿列克西的程序性论证理论、佩策尼克的法律证立理论等一系列成果。

〔3〕 参见 [德] 罗伯特·阿列克西：《法律论证理论——作为法律证立理论的理性论辩理论》，舒国滢译，中国法制出版社 2002 年版，第 205 页。

〔4〕 阿列克西与佩雷尔曼都关心证成或说服问题。只不过佩雷尔曼的理论主要解决观点立场的可接受性问题，强调的是修辞与说服问题；阿列克西的理论要解决的是说服的理性问题。在佩雷尔曼看来，好的说服应当是听众可接受的说服；在阿列克西看来，好的说服首先应当是理性的说服。

在有效法秩序的框架内被证立是符合理性的。"[1] 他在哈贝马斯（Habermas）交往理性理论的基础上建立判决证成的形式标准与程序标准。在他看来，论证必须遵循这些规则并且必须采用这些形式，以使其所提出的要求得到满足。当某个论证（论辩）符合这些规则和形式时，由它所达到的结果才可以被称为是"正确的"。由是，法律论辩的规则和形式就构成了司法判决之正确性的一个标准。[2] 瑞典学者佩策尼克（Peczenik）在实质正义要求的基础上提出判决证成的"深度证立"（deep justification）和"审慎的平衡"（reflective equilibrium）的实质标准。我国学者季卫东也强调指出：在复杂化的现代社会中，法律解释必须在程序、议论、合议等涵三为一的多元结构中来把握。用法治国家的原理以及程序性条件来限制法官的专断，用议论以及对话性论证来实现理想意义上的合意，通过各种论据之间的整合性和序列性来协调主观与客观的关系，并限制合意的无限制反复。[3]

　　司法裁决是探寻事实真相和实现公平正义价值为目标的统一。法官裁决可概括为三种类型的判断：事实判断、逻辑判断与价值判断。因此，判决证成的标准应建立在逻辑理性、经验理性和价值理性的基础之上。[4] 判决证成应以是否符合逻辑准则、经验法则和价值准则为评价标准与尺度。[5] 在司法过程中，法官基于推导对案件真相进行事实判断，基于推导从法律体系中获取裁判理由，基于推导对案件事实进行价值评价，即以法律规则即裁决理由为前提得出判决结论。正如阿列克西所言，公众感兴

---

　　〔1〕　［德］罗伯特·阿列克西：《法律论证理论——作为法律证立理论的理性论辩理论》，舒国滢译，中国法制出版社 2002 年版，第 272 页。

　　〔2〕　参见［德］罗伯特·阿列克西：《法律论证理论——作为法律证立理论的理性论辩理论》，舒国滢译，中国法制出版社 2002 年版，第 361 页。阿列克西的法律论辩规则与形式由内部证成和外部证成的两组规则与形式组成。

　　〔3〕　参见季卫东：《法治秩序的建构》，中国政法大学出版社，1999 年版，第 119 页。新近的研究指出，应当研究三个方面的规则：形式准则、程序准则与实体准则。评价一个具体论证至少有三个层面需要被考虑：作为结果的论证（argument-as-product）、作为过程的论证（argument-as-process）和作为程序的论证（argument-as-procedure）。应当指出，这些准则可以在逻辑理性、经验理性、价值理性的框架下得到讨论。

　　〔4〕　逻辑学家 Johnson 和 Blair 从逻辑学、修辞学和对话方法来研究和评价论证，发展了"相干性——充分性——可接受性"论证评价框架。

　　〔5〕　法律规则与原则属于价值准则的范畴。

趣的不是判决修辞的魅力而是判决前提及其推导的正确性与合理性。[1]
公众主要以"外部证立"和"内部证成"即"前提可接受"与"结论由
前提合理得出"这两个证成要求或标准来衡量法官裁决的正确性或正当
性。推理对错问题是一个逻辑问题，前提及理由对错问题则是一个事实问
题和价值问题。推理对错的评判需要诉诸逻辑准则，前提及理由对错或可
接受性的评判就需要诉诸经验法则或价值准则。在司法过程中，法官不应
仅凭个人的感觉而应更多地依靠公众理性的判断，应受逻辑理性、经验理
性和价值理性的支配，应在逻辑准则、经验法则和价值准则的基础上展开
论证并解决判决证成问题，应使裁决满足三重真理标准即逻辑真、事实真
和价值真，使裁决在逻辑上、事实上与价值上是无可置疑与不可推翻的，
即是逻辑证立、经验证立、价值证立的。

应当指出，判决论证满足逻辑理性、经验理性和价值理性的标准，并不
一定能终结人们对判决可能产生的争议，作出的裁判也未必就是正确的。但
是，至少可以表明司法判决具有正当性，是有根据的，是理性证立的。正如
哈耶克所言：只有当一个法官能够以理性的方式使他想到的判决经受住其他
人对此提出的各种反对意见的时候，他才能作出或坚持他的这个判决。[2]
这种论证的开放性不会削弱只会增加社会对法院裁判正当性的认同。

四、理性的说服：逻辑证立与经验证立准则

（一）逻辑证立准则

在人类思维的世界里，逻辑的统治是至高无上的，一切思维都必须合
乎逻辑。正如英国哲学家波普在《逻辑演算和算术演算为什么可以应用于
实在》中说道，逻辑规律就像公路规章或象棋规则一样，我们的思维必须
遵守它们而不能违反它们。在法律思维中亦不例外。德国法学家考夫曼
（Kaufmann）指出：法官的判决不但要服从法律也要受逻辑的约束，这是
一个不可辩驳的事实。[3] 在司法中，尽管法官不可避免地要进行主观判

---

〔1〕 苏珊·哈克提出，论证评价大体有三种标准，即逻辑标准、实质标准与修辞标准。其
中，逻辑标准评价的是前提与结论之间的联结关系；实质标准评价的是前提与结论的真值；修辞
标准评价的是论证对听众的说服力、引起的兴趣以及吸引力。参见［英］苏珊·哈克：《逻辑哲
学》，罗毅译，商务印书馆 2003 年版，第 21 页。

〔2〕 参见［英］弗里德利希·冯·哈耶克：《法律、立法与自由》（第 1 卷），邓正来、张守
东、李静冰译，中国大百科全书出版社 2000 年版，第 186 页。

〔3〕 参见［德］阿图尔·考夫曼、温弗里德·哈斯默尔主编：《当代法哲学和法律理论导
论》，郑永流译，法律出版社 2002 年版，第 316 页。

断、利益衡量与价值判断，其判断或思维也许还是跳跃性的或直觉的，然而这都不足以表明法官裁决就可以违反逻辑准则。恰恰相反，由于法官裁决基于个人的判断就更需要接受逻辑检验与指引，更需要建立在逻辑证立的基础之上。

逻辑证立准则就是要求法官裁决及其推断与论证是合乎逻辑的，即遵守逻辑准则的要求，在逻辑上是成立的，经得起逻辑理性的批评，不存在逻辑上的错误与疑点。逻辑准则主要是一致性准则即不矛盾性准则。金岳霖指出："积极地说，逻辑就是'必然'；消极地说，它是取消矛盾。"[1] 因此，逻辑证立准则包括两项基本要求与标准：其一，要求法官裁决及其理由具有内在一致性或内在无矛盾性，即要求法官裁决及其理由是首尾一贯、彼此相容、整体协调、内部融合的，即法官裁决之间以及裁决理由之间具有融贯性[2]、相容性、协调性。其二，要求法官判决论证与推理具有内在必然性或内在连贯性，即要求法官裁决的前提与结论、理由与推断之间具有连贯性、一致性、无矛盾性，论证与推理其前提蕴涵结论，即其判决前提与相反的结论、判决理由与相反的推断之间是不一致或矛盾的，即法官推理与推论是正确的、有效的或合理的，裁决的结论是从引述的前提或理由逻辑地或必然地推导而来，是引述的前提或理由一贯地或连贯地展开的结果，与引述的前提或理由之间具有逻辑上的必然联系。这是司法裁决及其论证必须遵守的两项要求。正如考夫曼所言，演绎之于科学是不可或缺的，它是一种从一般到特殊的推理，此一推理是强制性的。[3]

逻辑证立是判决证成的一项重要标准，是对法官判决及论证的逻辑要求与约束。尽管它不是保证判决证万无一失的指南，但这并不意味着可以

---

〔1〕　金岳霖学术基金会学术委员会编：《金岳霖学术论文选》，中国社会科学出版社1990年版，第516～517页。

〔2〕　瑞典学者佩策尼克（Aleksander Peczenik）在《对理性的热情》一文中也提出了融贯性（coherence）的概念。这是与他的"审慎的平衡"（reflective equilibrium）理论有关的一个概念。他认为人们应当在一般原则与个人的道德确信之间相互调整并达到"审慎的平衡"。他指出，如果满足下列条件，一个信念体系（a system of beliefs）就是一个融贯的体系：①逻辑无矛盾；②具有高度的无矛盾可能性；③信念成分彼此之间蕴涵着大量可推论的系脉；④它是相对统一的，不产生无关联的子系统；⑤只有很少无法解释的异常状况；⑥它提供了相对稳定的语词概念，且此种概念能维持融贯性，意指在一个相当长的时间内能持续满足上述①～⑤条件；⑦它满足了观察的要求，亦即它必须包含一套规则，这套规则足以提供人们在合理的范围内形成自发性的、多样性的认识信念，包括内省性的信念。

〔3〕　参见［德］阿图尔·考夫曼、温弗里德·哈斯默尔主编：《当代法哲学和法律理论导论》，郑永流译，法律出版社2002年版，第179页。

贬低它在判决证成中的价值。逻辑证立对于判决证成虽然不是充分的，但它是判决证成之必要条件。逻辑证立即合乎逻辑是判决证成的最低限度标准与要求，逻辑证立之于法官判决证成是不可或缺的。金岳霖指出，逻辑是思想的剪刀，它排除与它们标准相反的思想。[1] 那些不符合逻辑的思想都会"由于触到逻辑这块礁石而沉没"[2]。如果论证不是合乎逻辑的，则可替代的结论是可能的，即使是接受了全部的前提，结论也不是完全地被证成的，相反的结论或推导是可能的。即倘若法官裁决不能被逻辑证立，其结论就得不到保证，即如果法官判决论证不能被逻辑地重构，就不能保证其结论必然成立。因此，英国法学家麦考密克（MacCormick）强调指出："由于议论是在平等的责任分担、有理有据的论证的条件下进行的，所以其结论不是一种无原则的妥协，而至少必须满足两个条件：一个是原理上的首尾一贯性；另一个是在归结性协调的基础上的普遍化可能性。"[3] 即要求法官裁决具有内在一致性或内在连贯性，即符合论证的融贯性或连贯性（arguments of consistency）标准。

逻辑证立准则体现了司法正义的基本要求，体现了法治原则的精髓。司法判决的确定性与可预见性是法治原则即形式正义孜孜以求的最终目标。逻辑证立准则要求法官判决具有内在一致性和内在必然性，就是要求法官判决不但与法律保持一致，而且与自己的判决保持一致，要求法官赋予司法判决以确定性与可预见性。"尽管法官因为受有待裁判的案件的驱使而必须继续解释某个特定的陈述或某个特定的法律规定，但他仍不仅仅是能够对该案作出解释，而只是要做到其解释能够适用一切其他相同的案件。若同样的情况不同地对待，或者在法律所追求法律安定性的场合，若法院对相同案件中的相同规定一会儿这样解释，一会儿又那样解释，则将与正义的要求是矛盾的。"[4] 大陆法系和英美法系国家广泛地确立了这项逻辑证立准则。这种以逻辑的方式约束司法权力的运作，是人类有司法史以来，特别是欧洲中世纪以来，限制司法专擅的强有力的手段之一，也是

---

〔1〕 参见金岳霖：《逻辑》，生活·读书·新知三联书店1961年版，第259页。

〔2〕 金岳霖学术基金会学术委员会编：《金岳霖学术论文选》，中国社会科学出版社1990年版，第442页。

〔3〕 ［英］尼尔·麦考密克、［奥］奥塔·魏因贝格尔：《制度法论》，周叶谦译，中国政法大学出版社1994年版，第6页。在这里，首尾一贯性就是内在一致性或无矛盾性，而普遍化可能性就是内在连贯性或内在必然性。

〔4〕 ［德］卡尔·拉伦茨：《法学方法论》，陈爱娥译，商务印书馆2003年版，第300页。

理性司法与公正裁判的基本表征，它为司法和法治赢得权威起到不可估量的作用。逻辑证立准则以内在一致性和内在必然性作为裁决证成的标准与尺度，就是要求裁判者基于逻辑去思考，要求法官主观意识需凭借理性判断，应当摒弃人的主观臆测和擅意，避免法官个人意志的恣意妄为，强调限制司法权力的任意和专横，要求同样的事情同样地对待，实现司法裁决的确定性与可预见性。在司法过程中，只有强调法官裁决具有内在一致性和内在必然性，即要求法官裁决及其裁决理由首尾一贯、前后一致、相互协调，这样才能使得一个法官昨天怎么判今天还怎么判，才能真正做到同样的情况同样地对待。

法官判决是否证立的评价者不是法官自己而是社会公众，法官应当使自己的判决及其论证具有说服力，法官判决需要经得起理性的追问并获得公众的认同。贺卫方说得好："司法判决之所以必须得到当事人的执行和尊重，不只是因为它是握有司法权的法官作出的，更在于其中的法律推理与原理阐述具有不可抗拒的说服力。"[1] 逻辑证立是说服公众的基本力量。一篇好的判词就像是一篇好文章，依靠自身的合理性体现出说服力。这种说服力首先源于其逻辑证立的力量。正如亚里士多德指出，说服或修辞方式有三种：理性（logos）、情感（pathos）和道德（ethos）。理性建立在诉诸逻辑基础之上，情感建立在诉诸听众的感情基础之上，道德建立在诉诸说话者的品格基础之上。逻辑是为说服或修辞服务的，具有内在的说服或修辞功能，是一种说服或修辞的手段，是打动人或说服人的重要力量。人类一般具有充分的智力，可以为合理的论点所打动。[2] 如果法官由法律规则作出判决是合乎逻辑的，就表明判决与法律规则之间具有必然的联系，所得出的结论是蕴含于其前提之中的，没有推导出前提所不蕴含的结论，没有得出任何无根据的恣意的结论，其结论存在于先前规则之中而不是未曾预料的，因而其判决是具有说服力和正当性的。即如果判决是从法律规则逻辑地推导出来的，就是有说服力的或被证成的，如果有人承认与接受某一论证的前提，却拒绝认可从这些前提逻辑推导出来的结论，其行为就是不理性的。因此，"谨守逻辑形式并避免谬误可以说服别人，

---

〔1〕 贺卫方："对抗制与中国法官"，载《法学研究》1995 年第 4 期。

〔2〕 佩雷尔曼认为，形式逻辑是关于完全令人信服（compelling）的论证，非形式逻辑是关于可信服（convincing）的论证，法律论证是可争论（contestable）的论证。

并给予司法判决正当性"〔1〕。如果法官要说服公众接受司法判决，就要保证作出的判决是逻辑证立的。法律论证要被人接受，就必须符合逻辑思考的规范。〔2〕"不要轻易牺牲确定性、统一性、秩序和连贯性。所有这些因素都必须予以考虑。应当给予它们那种可靠的判决所要求的分量。"〔3〕

英国哲学家罗素（Russell）指出："逻辑上的错误具有比许多人所想象的还要大的实践重要性；这些错误使得犯错误的人们能够在每一个题目上都依次轻松发表意见。"〔4〕逻辑证立准则就是要求司法判决不要出现逻辑错误，就是要求司法判决在逻辑上是正确的、严谨的和无可辩驳与不可推翻的。逻辑是思想分析与批判的工具，是发现谬误和揭露诡辩的不可缺少的手段。从亚里士多德的《辩谬篇》开始，逻辑就制定了一整套识别与判定错误推理与无效论证的规则。逻辑证立准则与要求就是法官裁决及论证是否合理或正当的重要评价标准。一旦法官裁决违反逻辑证立准则就会导致不当的裁决即错误的裁决。正如德国法学家考夫曼（A. Kaufmann）指出："法律的和法学的逻辑规则不是无关紧要的，有足够的证明显示，法官的判决，由于违背了思维规律，背离了受法律而不受逻辑规则约束是不可想象的这一质朴事实，便产生可上诉性。"〔5〕"大概在社会生活的任何领域都不会像在法的领域那样，由于违背逻辑规律，造成不正确的推理，导致虚假的结论而引起如此重大的危害。"〔6〕"当我们发现自己遭到了失败的时候，我们一般地总是不要很久就能找出使我们失败的原因；我们总是发现，我们的行动所依据的知觉，不是不完全的和肤浅的，就是不正确地和其他知觉的结果结合在一起——我们把这叫做有缺陷的推理。"〔7〕"不幸者的生活和自由成了荒谬推理的牺牲品或者成了某个法官

〔1〕［美］鲁格罗·亚狄瑟：《法律的逻辑——法官写给法律人的逻辑指引》，唐欣伟译，法律出版社2007年版，第19页。

〔2〕参见［美］鲁格罗·亚狄瑟：《法律的逻辑——法官写给法律人的逻辑指引》，唐欣伟译，法律出版社2007年版，第3页。

〔3〕［美］本杰明·卡多佐：《司法过程的性质》，苏力译，商务印书馆1998年版，第40页。

〔4〕转引自［美］理查德·A.波斯纳：《法理学问题》，苏力译，中国政法大学出版社1994年版，第70页。

〔5〕［德］阿图尔·考夫曼、温弗里德·哈斯默尔主编：《当代法哲学和法律理论导论》，郑永流译，法律出版社2002年版，第316页。

〔6〕［苏］B.H.库德里亚夫采夫：《定罪通论》，李益前译，中国展望出版社1989年版，第59页。

〔7〕中共中央马列著作编译局：《马克思恩格斯选集》（第3卷），人民出版社1972年版，第387页。

情绪冲动的牺牲品。"〔1〕

在浙江南浔协警强奸案〔2〕中，浙江省湖州南浔人民法院的判决〔3〕引起公众强烈的批评。人们不仅批评法院对两名构成强奸罪的被告人各判处3年有期徒刑这一违反法律规定的轻判结果，更是质疑判决书中杜撰的一个荒诞概念——"临时性的即意犯罪"。"临时性的即意犯罪"是个什么概念呢？它既非法律术语，也不是法学概念，在汉语词典上也查不到。它是一个冗长且在逻辑上荒诞的概念。在法律中，可以说"临时起意"，但绝没有"临时性的即意"一说。在汉语中，"临时性的"意思是"非正式的、短时间的"。在概念之间的逻辑关系上，它不能用来限制或限定"即意"，更不能用来限定"犯罪""强奸"行为。即在"犯罪"概念的外延中，没有所谓的"临时性的犯罪"。在"强奸"概念的外延中，没有"临时性的强奸"。法官在判决中没有言明开脱被告人的罪行，但将"临时性的即意犯罪"写进判决书，其开脱被告人罪行的意图却是极为明显的。在这个判决中，法官杜撰这个荒诞概念并以此为由轻判罪犯，不仅与罪刑法定原则背道而驰，而且藐视法律体制内的监督机制，更是对逻辑常识和公众智力的挑战。

在天津市汉沽区百货商场经理赵某、副经理邵某诉消费者郭某侮辱诽

---

〔1〕 ［意］贝卡里亚：《论犯罪与刑罚》，黄风译，中国大百科全书出版社1993年版，第13页。

〔2〕 转引自"从'临时性强奸'看判决书说理"，载《北京日报》2009年11月12日。2009年6月10日晚，两名协警邱某与蔡某带领刚参加完高考的陈某与沈某一同出去吃饭。席间，四人都喝了很多酒，陈某不胜酒力，待晚饭结束后已醉得不省人事了。蔡某驾车带大家到练市一宾馆内开房间。到房间后，两人趁陈某醉酒没有意识、无力反抗之机，先后强行与她发生性关系。两人是"先后"强奸，这就构成了"轮奸"。按刑法规定应判处10年以上徒刑。就算他们有自首以及取得受害人谅解等法定、酌情的"从轻"情节，而且法院判决中也明确是"从轻处罚"，而不是"减轻处罚"，那么"从轻"就必须在法定刑罚幅度之内，轮奸的最低刑就是10年，不可能"从轻"成3年，此举突破了法定刑的幅度，涉嫌枉法判决。浙江省高级人民法院经过审查，已认定该案"原判确有错误，量刑畸轻，应予纠正"，要求湖州中院对该案再审。

〔3〕 浙江省湖州南浔人民法院在判决书中认为，根据犯罪事实，考虑到两人属临时性的即意犯罪，事前并无商谋，且事后主动自首，并取得被害人谅解，给予酌情从轻处罚，判决两被告人有期徒刑各3年。

谤案[1]中，郭某不服一审有罪判决提起上诉。[2] 天津市中级人民法院对该上诉案件作出二审判决。[3] 但在本案中，二审法院的判决是自相矛盾的。既然二审法院认定郭某的辱骂行为造成实际损害后果，二审法院就不应该撤销一审法院关于郭某应承担民事赔偿责任的判决；既然二审法院撤

---

[1] 天津市汉沽区人民法院一审判决认为：被告人郭景巧因购买金饰品与汉沽百货商场发生纠纷，为泄私愤即以污言秽语对二自诉人进行辱骂，公然贬低二自诉人的人格，损害了二自诉人的名誉。其辱骂的场合又是在公共场所和繁华地区，观听人数众多，影响甚坏。且由于被告人的侮辱谩骂，不同程度地使二自诉人病情诱发，情节当属严重，其行为当属严重。汉沽百货商场出售的商品质量是否存有问题和商场个别干部处理商品质量问题的方法与被告人对二自诉人的侮辱，并不存在法律上的必然的因果关系。被告人郭景巧侮辱罪成立，判决被告人郭景巧赔偿自诉人损失费3237.27元，并处拘役5个月。为了给天津市市级先进企业天津汉沽百货商场以及天津市劳动模范、三八红旗手、汉沽区人大代表、汉沽百货商场经理赵立芝等"消除不良影响"，汉沽区人民法院还允许汉沽电视台连续几天播出审判录像资料。转引自《法制日报》1995年2月23日的报道。

[2] 汉沽区人民法院一审判决认为，汉沽百货商场出售的商品质量是否存有问题和商场个别干部处理商品质量问题的方法与被告人对二自诉人的侮辱，并不存在法律上的必然的因果关系。被告人郭某侮辱罪成立，判决被告人郭某赔偿自诉人损失费3237.27元，并处拘役5个月。其辩护律师提出了如下意见：①经北京市产品质量监督检验站鉴定，金手链外观有明显铸造气孔，属于产品质量问题。郭某买了劣质手链，要求退货是合理、合法的，商品存在质量问题，商场作为经营者应承担法律责任。而汉沽百货商场却漠视消费者的合法权益，一拖再拖，强迫郭某"以旧换新"，继续损害消费者的利益，其恶劣的经营作风是导致双方吵骂的诱因。②一审法院有罪判决所依据的是品格不良的证据。赵某提供给一审法院的住院诊断证明，其住院期间为6月11日至30日，共20天；而赵某的住院病历记载的日期却是6月13日至27日，共15天，且自"24日后带药回家休养"，住院期间医院提供的是二级护理，表明赵某病情不重；6月13日的病历还记载："患者（赵某）于入院前1年来，常于情绪激动时，出现心悸、胸闷、气促、伴有大汗……"，"近1周左右因失眠受累出现上述病状"。这表明，赵向法院提供的医院诊断证明"品格不良"，是假的。③赵某在自诉书中称"被当场侮辱，心脏病复发，经当场抢救，才脱离危险"。事实上当日赵在门诊看病，并未住院抢救，更未当场抢救，两天后才住院；初诊为"低血压、低血压性心肌缺血"，确诊为"植物神经紊乱和颈椎病"，主治大夫的诊断是"考虑可能是为迷走神经张力过高所致"。④一审法院收入卷中并据以判决郭某有罪的书面证据共28件。书面证据材料中尚有2份监督人的旁证，2份警察的情况证明，及1份在场人的证言。在监督人旁证、警察情况说明及在场人的证言里，都没有证明郭某辱骂过赵某。⑤郭某在对骂中的确说了一些"不堪入耳"的话，即在邵某说"都别搭理她，她愿上哪儿告就哪儿告去"之后，而赵某本人并不在场。6月14日天津市公安局汉沽分局对郭某适用了《治安管理处罚条例》，处以拘留5天的治安处罚。这表明"国家法律"已对郭某进行了处理，汉沽区法院再判郭有罪，违反了"一事不再理"的法律原则。转引自《法制日报》1995年2月23日的报道。

[3] 二审判决指出：上诉人郭某无视国家法纪，在购买商品发生纠纷后，不能依法解决，反以污言秽语对二自诉人当众进行辱骂，公然侮辱自诉人的人格和名誉，并造成实际损害后果，其行为已构成侮辱罪，应依法处罚。维持一审法院关于郭某有罪判决。撤销一审法院对郭某赔偿自诉人医药、误工及精神损害共计3237.27元的判决。

销了这一项判决，就反证了自诉人从郭某的"辱骂"中并没有遭受实际损害；既然自诉人没有遭受实际损害，郭某的行为就谈不上侮辱罪必备的"情节严重"，也就不构成侮辱罪。因此，在二审法院的判决中，撤销赔偿原判而又维持有罪原判，即维持有罪原判而又撤销赔偿原判是自相矛盾的、不能自圆其说的，是不能成立的。这就意味着，或者二审法院撤销赔偿原判属于错判，或者二审法院维持有罪原判属于错判。

美国联邦最高法院大法官霍姆斯（Oliver W. Holmes）在《普通法》中说道："法律的生命不在于逻辑，而在于经验。"[1] 法学家布鲁尔对此感叹道："好几代的律师、法官和法学教授（不管是否沿着霍姆斯的道路）事实上没有把严格的逻辑形式研究放在法律课程中的适当位置，结果，美国的法律文化——表现在法学院、律师简报、法官司法意见的撰写、法学教授的法理学思考——普遍地缺乏清晰的司法论证，法官和律师简报既没有也不可能达到更高的、理性的、清晰的水平。"[2] 应当指出，逻辑与经验之间的相互关系并不是对立或排斥的。法律的生命在于经验也在于逻辑。卡多佐（Benjamin N. Cardozo）大法官说得好："霍姆斯并没有告诉我们当经验沉默无语时应当忽视逻辑。除非有某些足够的理由（通常是某些历史、习惯、政策或正义的考虑因素）……如果没有这样一个理由，那么我就必须符合逻辑，就如同我必须不偏不倚一样，并且要以逻辑这一类东西作为基础。"[3] 对此历史学家唐德刚曾经感叹道：西方国家的法庭或法律是最讲逻辑的，因而律师个个都是逻辑专家，而律师在西方社会里的地位——从古希腊罗马到今日英美法——那还了得！律师们诉讼起来，管他天理、人情、良心，只要逻辑不差，在国法上自有"胜诉"。因而他们的逻辑也就愈发展愈细密了。

（二）经验证立准则[4]

经验证立准则就是要求法官对证据和案件事实作出事实判断或经验判断，应当在客观事实、经验常识与自然法则[5]的框架下进行，要尊重客

〔1〕 O. W. Holmes, Jr., *The Common Law*, M. Howe ed., Little Brown, (1881) 1963, p.1.

〔2〕 Scott Brewer, "Tranversing Holmes's Path toward a Jurisprudence of Logical Form", *The Path of the Law and its Influence: The Legacy of Oliver Wendel Holmes*, Cambridge: Cambridge University Press, 2000, p.94.

〔3〕 ［美］本杰明·卡多佐：《司法过程的性质》，苏力译，商务印书馆1998年版，第17~18页。

〔4〕 亦称为经验证实准则。

〔5〕 自然法则亦称科学规律或经验法则。

观事实、经验常识与自然法则，要以客观事实、经验常识与自然法则为根据，其判断和裁决要为客观事实、经验常识与自然法则所证实，要经得起客观事实的检验和经验常识与自然法则的批评[1]，即对证据和事实的裁决不存在疑点并且能够排除合理的怀疑。

在北京奥拓车苯污染一案[2]中，一审法院的裁决是不当的。[3] 它无视经验与科学常识而且违反了证明责任规则的要求。医学等科学常识表明，苯含量高可能导致苯中毒进而可能导致再生障碍性贫血急性发作，因此，法官不能愚钝地以再生障碍性贫血受多种因素影响为由而否认苯含量与再生障碍性贫血急性发作之间的这种关联性。在本案中，朱女士患再生障碍性贫血是否为苯中毒所致，是需要基于有关科学知识、专家意见和相关证据予以判定的，法官不能想当然地以再生障碍性贫血受多种因素影响为由而草率下判。根据经验与科学常识，尽管原告出具的只是目前车内的空气苯含量，但这不等于原告不能证明买车时车内空气苯的含量，当时的车内苯含量是可以基于现在的含量运用科学常识进行合理推断的，至少不比现在的车内苯含量低。此外，根据这类特殊侵权案件的证明责任规则，原告并不需要证明朱女士患再生障碍性贫血确实为苯中毒所致，而只需证明产品存在安全缺陷或瑕疵即苯含量不安全，且朱女士使用了这个有安全缺陷的产品且患上了再生障碍性贫血急性发作。在本案中，被告需要对产品不存在安全瑕疵即苯含量安全以及原告使用其有安全缺陷产品不可能导致苯中毒进而不会患上再生障碍性贫血急性发作承担证明责任。

---

〔1〕 客观事实、经验常识与自然法则有时统称为经验理性的检验尺度。

〔2〕 2002 年 8 月 5 日，李先生的妻子朱女士买了一辆奥拓小轿车，一个月后，朱女士发现自己身上有大量的出血点，出现头晕等症状，到医院确诊其为重症再生障碍性贫血急性发作。2003 年 3 月 25 日，朱女士因重症再生障碍性贫血治疗无效病逝。2003 年 7 月，朱继荣的丈夫李发君看到一篇介绍苯中毒的文章，得知苯中毒可以导致重症再生障碍性贫血急性发作。李先生怀疑妻子的死是由于车内苯超标中毒，他把奥拓车送到中国室内装饰协会室内环境监测中心检测。结果证明车内空气苯含量高于室内空气质量标准。于是李先生把汽车销售商和汽车制造商一并告上了法庭，要求两被告赔偿医疗费等各项费用并退还车款共计 70 多万元。参见丁丁："疑为车内苯污染致死第一案上周开庭"，载《北京青年报》2003 年 12 月 24 日。

〔3〕 北京市丰台区人民法院一审判决认为，再生障碍性贫血受多种因素影响，所以目前无法确定朱女士患此病与车内苯含量有关，无法确定朱女士患再生障碍性贫血为苯中毒所致。李先生不能证明买车时车内空气苯的含量，且国家现在对车内空气质量也没有颁布标准。据此，丰台区人民法院驳回李先生的诉讼请求。同时，法院希望有关部门尽早制定汽车车厢内空气质量标准。李先生不服判决向北京市第二中级人民法院提起上诉。

二审法院的裁定也是失当的。[1] 二审裁定驳回起诉是因为"上诉人起诉缺乏事实和理由",因此,案件无需进入具体案情的实体审理,原审法院对本案作出判决不妥,遂撤销一审判决。但二审裁定认为"上诉人起诉缺乏事实和理由"的依据,却是"本院经审查认为,上诉人不能证实朱女士患重症再生障碍性贫血而导致死亡系因购买和使用的奥拓车存在苯污染所致"。这恰恰是只有对本案进行实体审理后才可能得出的结果,而且这也正是一审法院对本案进行实体审理得出的结果。即二审的裁定是以一审结果作为撤销一审判决的理由,以实体审理结果作为驳回起诉和不进行实体审理的依据,这个裁定是自相矛盾的,也是违反法律规定的。

在南京彭宇案[2]中,法官根据所谓的"日常生活经验"、"常理"和"社会情理"分析,从彭宇没有提出反证就推出原告是被撞倒的,从彭宇是第一个下车之人且没有逃逸就推出其与原告相撞的可能性较大,从彭宇的行为不是见义勇为做好事就推出他是撞倒原告之人。应当指出,法院判决有时需要依照经验、常理与情理来推论,但问题是应当依照什么样的经验、常理与情理。这种经验、常理与情理应该是全面的和客观的,而不是片面的和主观臆断的。在本案中,法官只看到社会上一些人不愿意见义勇为的冷漠风气,却忽视了人与人之间互相关爱的另一面良好风尚,并将其中一个方面当成社会风气和人们生活经验的全部。法官所说的"日常生活经验"、"常理"和"社会情理"只是生活中的一种可能,它不是生活的全部情形,也不是大多数情形,更不是生活中的唯一情形,甚至完全存在

---

〔1〕 北京市第二中级人民院裁定指出:本院经审查认为,上诉人不能证实朱女士患重症再生障碍性贫血而导致死亡系因购买和使用的奥拓车存在苯污染所致,故上诉人起诉缺乏事实和理由,原审法院对本案作出判决不妥。遂撤销一审判决,驳回起诉。

〔2〕 南京市鼓楼区人民法院民事判决书(2007)鼓民一初字第 212 号。南京市鼓楼区人民法院判决认为:"根据日常生活经验分析,原告倒地的原因除了被他人的外力因素撞倒之外,还有绊倒或滑倒等自身原因情形,但双方在庭审中均未陈述存在原告绊倒或滑倒等事实,被告也未对此提供反证证明,故根据本案现有证据,应着重分析原告被撞倒之外力情形。根据被告自认,其是第一个下车之人,从常理分析,其与原告相撞的可能性较大。如果被告是见义勇为做好事,更符合实际的做法应是抓住撞倒原告的人,而不仅仅是好心相扶;如果被告是做好事,根据社会情理,在原告的家人到达后,其完全可以在言明事实经过并让原告的家人将原告送往医院,然后自行离开,但被告未作此等选择,其行为显然与情理相悖。"

相反的可能性。[1] 这两种相反的可能性同样存在才是真正的日常生活经验、常理和社会情理。既然两种相反的可能性同样存在，又没有证据证明哪种情形更有可能，法官就不能没有理由地排除任何一种可能的情况，不应仅以其中一种可能性作为"经验"、"常理"或"情理"来进行推断。在这种情况下，正确的选择是不以这两种可能性中的任何一种为依据，而是应当依照证明责任原则来进行裁决，即遵循谁主张谁举证的原则。既然是原告诉称彭宇撞了她，就应该由原告一方提出足够的即占优势的证据证明是被告所撞，否则就只能驳回其起诉。在本案中，法官并没有基于证明责任原则进行裁决，而是预设且确信日常生活经验、常理和社会情理中只有一种情形，不承认存在完全不同的另一些可能，只根据其中一种"日常生活经验"、"常理"和"社会情理"进行推断与裁决。这不但违反了法律规则而且违背了真正的日常生活经验、常理和社会情理。这就是南京市鼓楼区法院判决不当之所在。

五、法律的权威：实在法证成准则

实在法证成准则就是强调司法判决应当遵守规则之治的法治原则，要求司法判决接受法律及其原则与精神的约束，要求司法判决符合法律规定或确认的一般标准与原则，即要求法官判决及判决理由符合实在法规则及其原则，并且要贯彻法律意图与目的以及实现法律追求的公平与正义的价值和精神。强调司法判决即司法归类或司法评价在法律上具有正当性、妥当性或可接受性，在法律上是不可推翻的。正如拉伦茨指出的："我们不能轻率地接受法官的裁判，特别是当它们包含有价值判断时，我们必须审查它们与其他裁判以及一般承认的原则是否相符，它们在事理上是否恰当。"[2] 司法判决及其理由符合法律规定或确认的一般标准与原则是裁决成立即裁决具有正当性、妥当性、适当性或可接受性的内在要求，是司法判决证成的重要评价标准与判定尺度。法官裁决案件要对案件作出事实判断与价值判断，即法官要在对案件进行事实判断的基础上，对案件事实即有关行为或事件进行司法评价或司法归类。这种司法评价或司法归类就是法官对案件事实进行价值判断或价值评价。法治的基本原则是规则之治，

---

〔1〕 在本案中，被告之所以没有选择自行离开而是与原告家人一同将原告送往医院，被告的辩解是合理的："老太的儿子提出，待会儿到医院，他又要挂号又要扶着母亲，怕忙不过来，问我能不能帮忙帮到底，一同去医院。我想了一下，也就同意了。"

〔2〕 ［德］卡尔·拉伦茨：《法学方法论》，陈爱娥译，商务印书馆 2003 年版，第 20 页。

因此，司法评价或归类即价值判断或评价的一般标准或原则是建立在法律规定或确认基础之上的。这些一般标准、原则与精神包括法律规则、法律意图或目的、法律的价值取向与精神。法官不应凭借个人的感觉与好恶而应当依据法律规定或确认的一般标准或原则，对案件进行司法归类或司法评价，对案件作出价值判断或价值评价。

实在法证成准则就是要求法官在实在法框架体系中进行释法和裁决，[1] 应当基于实在法规则进行推导与论证（reasoning with rules）[2]，在实在法的框架下证成判决及理由。这包括两方面的要求：一是要求法官在现行有效法秩序的框架体系内作出并证成判决，强调法官判决与实在法体系保持深度融合，要求法官判决应受现行法律体系的约束，要服从法律的指引，尊重法律条文或文字、实现法律意图与目的、贯彻法律价值与精神，要和法律文字与法律精神相一致、相协调、相融合，能够回溯到一般法律文字与法律精神之中。二是要求法官应当以正式的法律渊源、法律制度的一般精神及基本原则为依据证成判决理由，强调判决理由在实在法体系中的"深度证立"（deep justification）与"整体证立"。[3] 即判决理由或依据必须与法律文字和精神保持一致，必须经由对实在法的建构性解释获得，经由法官基于实在法框架建构性推导而来，判决理由或依据要为实在法体系所推导与证成。其论证链条终止于既有的制定法与判例法体系之内，终止于对我们的整个法律的最佳理解与论证之中，终止于对法律作出尽可能最妥善的叙述之中。[4] 正如恩吉施指出，尽管"不存在逻辑上和在法律理论上法律秩序的必然完整性。但法律秩序的完整性毕竟可以被确定作为一个'规整性'的观念……这要求我们尽力从法律上回答所有的法

〔1〕 美国法学家弗兰克在《法律与现代精神》一书中指出：全部法律是由法院作出的各种可变的判决组成的。就具体情况而言，法律或者是实际的法律，即关于某一情况的一个过去的判定，或者关于一个未来判决的预测。英文中 case 既指判例，又指案件。英文中 precedent 作判例解释时主要指先例，即先前的判决。《牛津法律大辞典》指出，这些判决被认为包含了一个原则，即在后来的有着相同的或非常相关的法律问题的案件中，这个原则可被看作是规定性或限制性的原则，它影响法院对该案的判决，甚至在遵循先例原则指导下决定案件。严格意义上的判例不等同于判决，而是指判决所蕴含的能够作为今后相同案件判案依据的某种原则，即英美法国家所说的"先例"。通常高级法院的判决，特别是贵族法院和上诉法院的判决才能成为判例。一般说来，经过汇编的判例都具有判例的效力，可以作为先例援引。
〔2〕 英国学者拉兹（Josef Raz）就主张基于实在法规则进行论证（reasoning with rules）。
〔3〕 瑞典学者佩策尼克（Peczenik）首先提出了"深度证立"（deep justification）以及"审慎的平衡"（reflective equilibrium）理论（1983）。
〔4〕 参见 ［美］德沃金：《法律帝国》，李常青译，中国大百科全书出版社1996年版，前言。

律问题，尽可能通过法律思想去填堵实证法中的种种漏洞"[1]。

实在法证成准则就是要求坚持依法裁判原则，要求法官承担依法裁判的义务。要求法官依据制定法或判例法的一般标准和原则及其精神，对案件进行司法归类或司法评价，即对案件作出价值判断或价值评价。要求司法裁决及理由符合法律规定或确认的一般标准与原则，并要求司法裁决贯彻与实现法律追求的公平与正义价值和精神。在大陆法系国家，确立了法律至上即法典至上的司法原则。成文法典即制定法是判决的唯一法律渊源，每个案件都必须依据成文法或制定法的文字与精神来判决。正如亚狄瑟所言："在每个大陆法系的判决中，法典中的相关法条便成为定言演绎三段论法（categorical deductive syllogism）里的大前提。"[2] 在英美法系国家，一直就有遵循先例（stare decisis）的司法传统。强调法官裁决遵循先例是原则而不是例外。遵循先例原则就是要求法官裁决必须考虑先例，必须接受先例中的原则的约束。强调先例原则，就是强调规则至上、法律权威至上。"该原则要求下级法院遵从同一司法层级体系中上级法院的判决。普通法传统也要求遵循最近的上级法院之判决，不论其原始法令是来自于成文法或判例法。"[3] 即强调法官裁决与自己的裁决一致，与他人的裁决一致，同样的案件同样地处理。[4] 正如 17 世纪英格兰首席大法官柯克指出，法官是法律之喉舌。德沃金在《法律帝国》中说道：法院是解释、界定法律规则并把这种规则适用于社会生活之中的中心机构，是"法律的帝国"的首都，法官正是帝国的王公大臣。在法律的帝国里，除了法律就没有别的上司。澳大利亚学者萨蒙德（Salmond）对此说道："判例法的发展逐渐消除了法官起初所拥有的自由。在任何先例具有权威的制度中，法院是在为自己的手脚制造镣铐。"

---

[1] [德] 卡尔·恩吉施：《法律思维导论》，郑永流译，法律出版社 2004 年版，第 197 页。

[2] [美] 鲁格罗·亚狄瑟：《法律的逻辑——法官写给法律人的逻辑指引》，唐欣伟译，法律出版社 2007 年版，第 12 页。

[3] [美] 鲁格罗·亚狄瑟：《法律的逻辑——法官写给法律人的逻辑指引》，唐欣伟译，法律出版社 2007 年版，第 12 页。

[4] 英国上诉法院在 1944 年 "扬诉布里斯托尔飞机有限公司案"（*Young v. Bristol Aeroplane Co. Ltd*）中宣布："本上诉法院有义务遵循自己先前的判决，以及那些同等级法院的先前判决。"但它同时指出三种例外情况：①在它自己的两个彼此冲突的判决中，本法院有权且有义务决定遵循哪一个判决；②如果根据法院的意见，认为本院的一项判决同上议院的一项判决存在冲突，即使没有明确否定，本院仍有义务拒绝遵循自己先前的判决；③如果本院认为自己先前的判决不够慎重，则没有义务遵循该判决。

　　法治就是规则之治或法律之治。实在法证成即基于实在法进行裁决和证成。裁决是法治的内在要求。司法所追寻的正义首先是法律的正义，个案的公正首先是一种法律的公正。司法权的行使要以实现法律意志即法律精神为目的，而不能以法官个人意志为转移。在司法领域内，法律的权威比任何其他权威都来得重要，法律存在本身即呈现出排他性理由，构成法官裁决与论证的权威性依据，而不能适用法外的标准与规则，否则将导致争端解决标准的模糊和混乱，而此等危害性将远远大于个案当中得到的正义。实在法是裁决的法律渊源，实在法确定了法官工作的出发点，基于法律作出与证成裁决是法官工作的中心。法官对案件进行价值评价与司法归类必须以此等先决的价值判断为准则，[1] 法官判决的理由或前提必须符合实在法的规定与精神。正是以法律为标准和基点的裁判原则保证了法官自由裁量权的合理存在，使多种合理价值能成为裁判时的依据。

　　在司法过程中，司法判决的理由应当是从法律中合理地推导而来的，而不应是法官主观擅断或恣意专断的结果。只有将判决理由与法律的普遍性规定与法律精神联系起来，才能保证裁决的权威并获得当事人的尊重和执行。在英美法系国家，允许公开法官个别意见，这是遵循先例原则中的一个重要方面。在英国的判决中，判词即判决理由创建先例，具有约束力；附带意见对法院未来判决没有约束力，但它有说服力。[2] 在美国，以联邦最高法院为例，法官意见类型有：全体一致意见、多数人意见、复数意见、附随意见、反对意见；在非全体一致意见的场合，存在着法官的附带意见即个别意见。附带意见可能是反对意见，也可能是支持判决的意见。但普通法国家法官的"判词"与"附带意见"以及我国法官所写的"判决"及"法官后语"，不能突破法律的范围与限制，不能对具体案件进行法律之外的社会道德或社会公共政策的评判，更不能是法官个人好恶的感叹与呐喊。法官必须在法律的框架之内作出裁决、陈述理由与意见。不得让法律框架之外的理由进入司法判决及其理由之中，也不得进入其"附带意见"与"法官后语"之中。

　　法官基于法律作出裁决是司法公正的基本要求。根据实在法进行裁决

---

　　〔1〕　参见［德］卡尔·拉伦茨：《法学方法论》，陈爱娥译，商务印书馆 2003 年版，第 20 页。

　　〔2〕　"附带意见"包括"附随意见"和"反对意见"，是判例法国家法官在裁判时所发表的一些附带意见，不会影响案件的最后判决。

是实现正义尤其是法律正义的一个最基本的要求。[1] 法官违反法律或不依法裁判就是司法的不法，就是最大的司法不正义。在司法过程中，尊重法律就是第一条重要的法律。正如卡多佐所言："如果要想让诉讼人确信法院司法活动是公平的，那么坚持先例必须是一个规则而不是一个例外。"[2] 即使是像美国法社会学家布莱克指出的那样，"法官和陪审团通常是根据他们的个人信念和情感来断案的，只是在实际上已经这样断案后才到书面的法律中寻找合法理由"[3]，但基于法官个人判断的司法裁判最终仍然应受现行法律体系的约束。在审理案件过程中，法官不得将法律置之不顾而从法律之外寻求裁判的根据或灵感，更不能放纵自己的情感、意志和个人的道德标准与正义观念。倘若法官不依法裁判案件即不以法律为依归而以法律之外的道德观念为处理个案的依据或理由就是不法司法，司法判决就失去了合法性的基础，法治也就必将荡然无存。依法裁判也意味着要求法官依法释法。即法官必须在法律框架下理解和适用法律，对法律作出的解释应当和法律规定与精神保持一致。假如法官凌驾于法律之上并将个人的意识或偏好强加于法律与判决之中，对立法进行实质性的破坏和重大的司法修改，就是最大的司法不正义。[4] 正如温斯坦莱所言："无论是谁，要是他擅自解释法律或模糊法律的含义，使法律变得为人们难于理解，甚至给法律加入另外一层意义，他就把自己置于议会之上，置于法律和全国人民之上。"[5] 如果法官在司法中不严格遵守法律，擅自以自己的见解增减法律的内容，就是司法权对立法权的"赤裸裸的篡夺"[6]。法院就会陷入人们极大的不信任与深深的怀疑之中。

---

〔1〕 参见［英］尼尔·麦考密克：《法律推理与法律理论》，姜峰译，法律出版社2005年版，第71页。

〔2〕 ［美］本杰明·卡多佐：《司法过程的性质》，苏力译，商务印书馆1998年版，第18页。

〔3〕 ［美］唐·布莱克：《社会学视野中的司法》，郭星华等译，法律出版社2002年版，第3页。

〔4〕 参见王洪："司法的不法与司法的不正义（下）——违背实在法证成原则和衡平与正义原则"，载《政法论丛》2014年第6期。

〔5〕 ［英］温斯坦莱：《温斯坦莱文选》，任国栋译，商务印书馆1965年版，第150页。

〔6〕 ［英］丹宁勋爵：《法律的训诫》，杨百揆、刘庸安、丁健译，法律出版社1999年版，第21页。

在张学英诉蒋伦芳遗赠纠纷一案〔1〕中，四川省泸州市纳溪区人民法院判决指出："根据《民法通则》〔2〕第 7 条的规定，民事行为不得违反公共秩序和社会公德，违反者其行为无效。"〔3〕在本案中，法官在裁决中对《民法通则》第 7 条规定的理解，不符合《民法通则》第 7 条的规定与精神，是对该项法律规定的实质性破坏与重大司法修改。我国《民法通则》第 7 条规定："民事活动应当尊重社会公德，不得损害社会公共利益，破坏国家经济计划，扰乱社会经济秩序。"法律规定社会公德应当尊重而社会公共利益不得损害，这种表达的不同和区别不仅仅是措辞上的更是法律后果上的。《民法通则》在第 58 条规定了无效民事行为的各种情形，其第 5 项为"违反法律或者社会公共利益的"。其中违反法律是指违反法律、行政法规的禁止性规定，体现的是"法无明确禁止的行为不为违法"的基本原则；违反社会公共利益是指行为违背受公权所保护的公共秩序方面的要

　　〔1〕　原告诉称，原告与被告蒋伦芳之夫黄永彬是朋友关系，黄永彬于 2001 年 4 月 18 日立下遗嘱，将自己价值约 60 000 元的财产在其死亡后遗赠给原告。该遗嘱于 2001 年 4 月 20 日经公证机关公证。2001 年 4 月 22 日遗赠人黄永彬因病死亡，遗嘱生效，但被告控制了全部财产，拒不给付原告受赠的财产。现请求法院判令被告给付原告接受遗赠的约 60 000 元财产。被告辩称，遗赠人黄永彬生前与原告张学英长期非法同居，黄永彬所立遗赠属违反社会公德的无效遗赠行为。请求判决驳回原告的诉讼请求。参见四川省泸州市纳溪区人民法院民事判决书（2001）纳溪民初字第 561 号。

　　〔2〕　此处为 2009 年修正前《民法通则》，本案下同。

　　〔3〕　法院判决指出："根据《民法通则》第 7 条的规定，民事行为不得违反公共秩序和社会公德，违反者其行为无效。"本案中遗赠人黄永彬与被告蒋伦芳系结婚多年的夫妻，无论从社会道德角度来讲，还是从《婚姻法》的规定来讲，均应相互扶助、互相忠实、互相尊重。但在本案中遗赠人自 1996 年认识原告张学英以后，长期与其非法同居，其行为违反了 2001 年《婚姻法》第 2 条规定的"一夫一妻的婚姻制度"和第 3 条"禁止有配偶者与他人同居"以及第 4 条"夫妻应当互相忠实、互相尊重"的法律规定，是一种违法行为。遗赠人黄永彬基于与原告张学英有非法同居关系而立下遗嘱，将其遗产和属被告所有的财产赠与原告张学英，是一种违反公共秩序、社会公德和违反法律的行为。而本案被告蒋伦芳忠实于夫妻感情，且在遗赠人黄永彬患肝癌病晚期住院直至去世期间，一直对其护理照顾，履行了夫妻扶助的义务，遗赠人黄永彬却无视法律规定，违反社会公德，漠视其结发夫妻的忠实与扶助，侵犯了蒋伦芳的合法权益，对蒋伦芳造成精神上的损害，在分割处理夫妻共同财产时，本应对蒋伦芳进行损害赔偿，但将财产赠与其非法同居的原告张学英，实质上损害了被告蒋伦芳依法享有的合法的财产继承权，违反了公序良俗，破坏了社会风气。原告张学英明知黄永彬有配偶而与其长期同居生活，其行为是法律禁止、社会公德和伦理道德所不允许的，侵犯了蒋伦芳的合法权益，于法于理不符，本院不予支持。综上所述，遗赠人黄永彬的遗赠行为违反了法律规定和公序良俗，损害了社会公德，破坏了公共秩序，应属无效行为，原告张学英要求被告蒋伦芳给付受遗赠财产的主张，本院不予支持。参见四川省泸州市纳溪区人民法院民事判决书（2001）纳溪民初字第 561 号。

求，一般涉及国家基本制度、根本利益和社会稳定，"社会公共道德"并不包括在内。在将《民法通则》第 7 条的基本原则具体化时，《民法通则》第 58 条没有将违反社会公共道德作为无效民事行为的一种情形，即违反社会公共道德之民事行为不必然无效。社会公共道德与社会公共利益（公共秩序）在法律上不是同一层面的概念，它们在法律上被赋予了不一样的后果，不能仅以违反社会公德为由而判决民事行为无效。

本案需要进一步确认的就是遗赠人立遗赠的行为是否违反法律、社会公共利益或社会公共秩序。上述判决以遗赠人黄永彬与原告张学英的同居关系是"法律禁止，社会公德和伦理道德所不允许的"为由，得出遗赠人黄永彬的遗赠行为是一种"违反公共秩序、社会公德和违反法律"行为的结论。这是一个有瑕疵的、存在欠缺的推论，是一个不连贯的、存在断层的推论，是一个不成立的推论。应当指出，婚外同居行为确实为修正后的婚姻法所否定，婚姻法对婚外同居行为也有过错赔偿的惩罚，但继承法、婚姻法、民法通则等法律对遗赠人将其所有的财产遗赠给与其同居的人并没有禁止，除非这种遗赠行为本身而不是同居行为是一种违反法律、社会公共利益或社会公共秩序的行为。遗赠人黄永彬与原告张学英的同居关系是"法律禁止、社会公德和伦理道德所不允许的"，与遗赠人黄永彬与原告张学英的遗赠关系是"违反公共秩序、社会公德和违反法律的"之间并无逻辑上和法律上的必然联系。换言之，从遗赠人黄永彬与原告张学英的同居关系是"法律禁止、社会公德和伦理道德所不允许的"，并不能必然地得出遗赠人黄永彬与原告张学英的遗赠关系是"违反公共秩序、社会公德和违反法律的"这个结论。即上述判决认定遗赠人黄永彬与原告张学英的遗赠关系是"违反公共秩序、社会公德和违反法律的"，缺乏足够的事实上和法律上的依据。法官"不得屈从于容易激动的情感，屈从于含混不清且未加规制的仁爱之心"[1]。

在吴嘉玲等诉入境事务处处长案（*Ng Ka Ling & Ors v. Director of Immigration* [1999] 1 HKC 291）中，香港特别行政区终审法院在终审判决中指出[2]：《基本法》是为了贯彻"一国两制"原则而制定的宪制性文件。制

---

〔1〕 [美] 本杰明·卡多佐：《司法过程的性质》，苏力译，商务印书馆 1998 年版，第 88 页。这是美国法律史上脍炙人口的一段故事，当汉德法官还只是在国会山工作的一位年轻人时，他曾在华盛顿偶遇时任最高法院大法官霍姆斯，汉德望着霍姆斯远去的背影大声喊道："法官大人，请施行正义。"霍姆斯这时转身告诉汉德："这不是我的工作，我的工作是适用法律裁决案件。"

〔2〕 香港特别行政区终审法院：终院民事上诉 1998 年第 14～16 号 FACV000014Y/1998.

定宪制性文件时，一般采用涵义广泛和概括性的语言，旨在配合时代转变和适应环境的需要。解释《基本法》这样的宪法时，法院均会采用目的性解释的方法。法院之所以有必要以这种方法来解释宪法，是因为宪法只陈述一般原则及表明目的，而不会流于讲究细节和界定词义，故必然有不详尽及含糊不清之处。在解决这些疑难时，法院必须根据宪法本身及宪法以外的其他有关资料确定宪法所宣示的原则及目的，并把这些原则和目的加以贯彻落实。因此，在确定文件的真正含义时，法庭应考虑的是制定法律的目的和它的相关条文，同时也须按文件的背景来考虑文本的字句。法院必须避免采用只从字面上的意义，或从技术层面，或狭义的角度，或以生搬硬套的处理方法诠释文意。《基本法》某项条款的文意可从《基本法》本身及包括《联合声明》在内的其他有关外来资料中找到。制定《基本法》的目的是，按照《联合声明》所阐述及具体说明的中国对香港的基本方针政策，在"一国两制"的原则下成立与中华人民共和国不可分离的香港特别行政区并实行高度自治。[1]

　　在司法过程中，裁决理由不是从权威那里理所当然地拿来的，而是通过法官的建构性释法得到的。实在法证成原则并不反对法官释法，也不排斥采用目的性解释即目的推导的方法进行释法。法官有权释法而且可以采用目的性解释即目的推导的方法进行释法。但它强调法官要查明即探寻到法律的真正目的，并且要依据法律的真正目的进行释法和裁决。即当法官宣布立法者的意图是什么的时候，其宣布的必须是法律的真正意图或目的。"不去查明立法者的规范目的或者不经说明就背离它的人，将使自己摆脱法律约束，从法律的仆人变成法律的主人。"[2] 在本案中，香港特别行政区终审法院在判决中对基本法的立法目的进行的解释是值得商榷的。

---

　　〔1〕　由此香港特别行政区终审法院判决指出，在关于宪法性管辖权（constitutional jurisdiction of the courts）方面，特别行政区法院有权审查全国人民代表大会或其常务委员会的立法行为是否与《基本法》相一致，以及如果发现不一致有权宣布它们无效。特别行政区法院确实具有这一管辖权并且负有义务在发现不一致时宣布（此等法律）无效。在解释《基本法》的方法（approach to interpretation of the Basic Law）方面，根据《基本法》第 158 条，香港特别行政区法院有权在审理案件时解释《基本法》。如果某一条款同时符合"类别条件"（涉及中央管理的事务或与中央和地方的关系有关）和"有需要条件"（终审法院认为对上述条款的理解会影响案件的判决）时，应由终审法院在作出不可上诉的终审判决之前请全国人大常委会对有关条款作出解释，且唯独终审法院才可决定某条款是否符合上述两个条件。终审法院认为《基本法》第 24 条是本案必须解释的主要条款，属特别行政区自治范围之内。

　　〔2〕　［德］伯恩·魏德士：《法理学》，丁晓春、吴越译，法律出版社 2005 年版，第 351 页。

《基本法》的立法目的在其序言中已经规定得很清楚明确了。即"维护国家的统一和完整，保持香港的繁荣和稳定。"但终审法院的法官们却认为制定《基本法》的目的是在"一国两制"原则下实行香港的高度自治，并据此认为对于《基本法》第24条的解释就属于香港自治范围内的事务，且只有终审法院对于"永久性居民"及他们所享有的权利义务有最终的解释权。在这里，香港终审法院对《基本法》的立法目的的理解与《基本法》所规定的立法目的是相违背的。法官们没有认识到《基本法》的立法目的是维护国家的统一和完整、保持香港的繁荣和稳定，没有认识到高度自治并不是《基本法》的立法目的，也没有认识到香港的高度自治不等于完全自治。在本案中终审法院判决的不当之处不在于法官进行释法时采用了目的性解释的方法，而在于法官释法没有遵循与贯彻《基本法》真正的立法目的。[1]

实在法证成准则是对法官自由裁量的限制。正如卡多佐所言："存在着这样一些司法原则，它们限制了法官的自由。"[2] 实在法证成是法官裁决必须遵循的裁判证明标准与原则。虽然实在法有着开放的结构，但实在法的文字与精神却在很大程度上限制着法官的自由裁量。"法律这一有机体的形式和结构都是固定的，其中细胞的运动并不改变总体的比例；与来自各方的限制法官的规则之数量和压力相比，任何法官创新的权力都无足轻重。"[3] 正是在这个意义上，韦伯指出："特殊的法的形式主义会使法的机构像一台技术上合理的机器那样动作，它为有关法的利益者提供了……合理预计他的行为的法律后果和机会的最大的回旋空间。它把法律过程看作是和平解决利益斗争的一种特殊形式，它让利益斗争受固定的、信守不渝的'游戏规则'的约束。"[4]

六、正义的沉思：衡平与正义准则

公平与公正裁判是一项重要的司法原则。法官不但承担着依法裁判的

---

〔1〕 有学者对此评论道，也许终审法院太崇拜马歇尔了，太想成为一个真正的宪法法院，于是在这种不成熟的模仿中，只学到了马歇尔的文字，却没有学到他的技巧和智慧。当然，很多技巧和智慧不是能通过简单的模仿和学习而获得的。

〔2〕 ［美］本杰明·卡多佐：《司法过程的性质》，苏力译，商务印书馆1998年版，第81页。

〔3〕 ［美］本杰明·卡多佐：《司法过程的性质》，苏力译，商务印书馆1998年版，第85页。

〔4〕 ［德］马克斯·韦伯：《经济与社会》（下卷），林荣远译，商务印书馆1997年版，第140页。

义务，而且承担着公平、公正裁判的义务。[1] 这一项原则亦可称为衡平与正义准则。衡平与正义是司法的裁决准则，是判决证成的检验标准，是法律的终极目标和目的。早在 14 世纪末英国就开始发展一种与普通法（common law）平行的衡平法（equity）原则。衡平（equity）源自希腊文 epieikeia。希腊文 epieikeia 的意思是衡平与公平。衡平即平等、公正之意。衡平法原则就是以公平、正义的原则裁决案件以弥补普通法的不足。[2] 1875 年的英国《司法法》将普通法院与衡平法院合并，结束了两套法律规则并行的局面，但衡平法原则与精神在现代英国法中仍起到重要作用。而且衡平法原则所追求的公平与正义作为一项重要的司法原则，被大陆法系国家普遍地接受和确立。"我们应追问理性和良心，从我们最内在的天性中发现正义的根本基础；而另一方面，我们应当关注社会现象，确定它们保持和谐的法律以及它们急需的一些秩序原则。……正义和一般效用，这将是指导我们进程的两个目标。"[3]

衡平与正义准则要求法官公平与公正裁判。强调司法裁判不但在法律上是受到限制的，而且这种权力的行使在当时情况下还应当是公平、正义、正确和合理的。[4] 衡平与正义准则就是强调法官在社会公平正义与社会根本利益基础上作出并证成裁决。强调司法权的行使应当以实现社会公平正义为目标或目的，要求司法裁决贯彻与实现社会公平与正义的价值和精神。要求司法裁决应当受社会公平正义原则的约束，以社会公平正义的基本观念为尺度，和社会效用与社会利益、社会公共政策与社会公平正义观念相一致、相协调、相融合，能够回溯到社会效用与社会利益、社会公共政策与社会公平正义观念之中。就是要求司法不但要维护公众对判决的安定性的预期，而且要回应公众对判决的正当性的期盼；要求司法裁决不但要具有"体系一致性"[5]，还要具有"社会一致性"，追求司法判决的正当性、妥当性、适当性或可接受性。强调要在我们自己这个时代的具

---

〔1〕 参见 [德] H. 科殷：《法哲学》，林荣远译，华夏出版社 2003 年版，第 222 页。

〔2〕 由于早期普通法传统拘泥于令状主义，无法给予普通法程序规范中所未涉及的诸如信托、借贷、保险等新形式纠纷中的当事人以及时有效的法律救济，因此英国从 14 世纪左右起由大法官依据"良心"与"正义"原则发出禁令或特别履行令，来给予当事人以普通法外的救济手段，从而逐渐形成衡平法判例。

〔3〕 参见 [美] 本杰明·卡多佐：《司法过程的性质》，苏力译，商务印书馆 1998 年版，第 45 页。

〔4〕 参见 [英] 戴维·M. 沃克：《牛津法律大辞典》，光明日报出版社 1988 年版，第 262 页。

〔5〕 "体系一致性"即"法律一致性"。

体条件、情境和价值烛照下解读法律，而不是把法律冻结在已逝岁月的藩篱之中，要追求司法判决对社会的适应性，追求司法判决与社会公平正义之间的"完美的契合"，追求司法判决与当代社会根本利益、基本价值、深层情感的融合，以此达成司法正义即正当性，彰显司法理性与保障司法权威，并感染普通人的意识和普通人的确信。[1]

衡平与正义准则要求司法遵循平衡原则。即要求司法裁决要在相互竞逐的一般正义与价值之间保持审慎的平衡（reflective equilibrium）。法官的义务就是将所处时代的男人和女人的追求、信念和哲学客观化并使之进入法律，[2] 并且在正义的天秤上对法律追求的社会效用、社会利益和社会公平正义价值进行衡量，以确保其间最为重要的利益与价值的优先地位并最终达到最为可欲的平衡。特别是在某些案件中，确实是既可以这样决定也可以那样决定的，可以找到言之成理的或相当有说服力的理由来支持这种结论或者另一种结论，在这里开始起作用的就是对判决的平衡。[3] 瑞典学者佩策尼克（Peczenik）提出了司法裁决的"深度证立"（deep justification）与"审慎的平衡"（reflective equilibrium）[4] 理论，强调法官裁决应当在社会公平正义基础上深度证立并保持审慎平衡。法官们必须自己学会这种司法平衡的艺术，就如同从多年的某种艺术实践的习惯中，他获取了什么才算得体和什么才算比例匀称的感觉一样。

衡平与正义准则强调衡平即平等（Equity is equality）。要求司法遵循平等原则即区别原则或差别原则（difference principle）[5]。即"同样的事情同样处理而不同的事情区别对待"。[6] "同样案件"是指"相同案件"，即法律关系与法律事实相同的案件。"相同案件"狭义上是指"相同个

---

〔1〕 参见［美］本杰明·卡多佐：《司法过程的性质》，苏力译，商务印书馆 1998 年版，第 19 页。

〔2〕 参见［美］本杰明·卡多佐：《司法过程的性质》，苏力译，商务印书馆 1998 年版，第 109 页。

〔3〕 参见［美］本杰明·卡多佐：《司法过程的性质》，苏力译，商务印书馆 1998 年版，第 104 页。

〔4〕 审慎的平衡亦称为反思性均衡。

〔5〕 罗尔斯在《正义论》中提出了"差别原则"。

〔6〕 德国联邦宪法法院将其表述为："禁止对于本质相同之事件，在不具实质理由下任意地不同处理；以及禁止对于本质不相同之事件，任意地做相同处理。"

案"，广义上还可以是"同类案件"。[1] 它要求对相同的案件应用一种统一的标准，而一旦两案在法律事实上存在着显著差异，它们就理当有不同的判决结果。这是衡平与正义的基本要求，也是社会公平正义的基本要求，是最基本的公平与公正。区别原则特别强调相同个案应相同处理而不同个案应区别对待。[2] 公众是通过具体个案的裁决结果去感受法律的，具体个案的裁决和理由就是展示给他们的看得见的法典、摸得着的法律。违背区别原则就是司法的不正义。公平正义的核心是平等。只有在一个案件与另一个案件之间公平与公正对待，才能彰显司法正义与权威。如果法官审理相同案件但处理结果大相径庭，人们就无法通过裁决在头脑中形成对法律的稳定预期，就不可能形成对司法公正的确信。这种基于区别原则的司法正义（elegantia juris）是人们在智识上的追求，是人们对法官秉公裁判的最基本的期待："人们不能在这一对诉讼人之间以这种方式决定案件，而在另一个类似案件的另一对诉讼人之间又以相反的方式作出决定。'如果有一组案件所涉及的要点相同，那么各方当事人就会期望有同样的决定。如果依据相互对立的原则交替决定这些案件，那么这就是一种很大的不公。如果在昨天的一个案件中，判决不利于作为被告的我；那么如果今天我是原告，我就会期待对此案的判决相同。如果不同，我胸中就会升起一种愤怒和不公的感觉；那将是对我的实质性权利和道德权利的侵犯。'如果两个案件都一样，每个人就都会感受到这种感情的力量。因此，如果要想让诉讼人确信法院司法活动是公平的，那么坚持先例必须是一个规则而不是一个例外。"[3] 司法裁决必须保持着对这种深层的和迫切的情感做出真切回应。[4]

衡平与正义原则要求司法遵循衡平原则（equity principle）。古希腊时期的思想家首先思考了如何根据正义或公平的考虑解决法律的一般性可能带来的个案不公正问题。希腊文 epieikeia 的意思是衡平与公平。衡平原则是衡平法的基本原则。在司法过程中，法官不能制定和改变法律，但在衡

---

〔1〕 我国最高人民法院《关于案例指导工作的规定》第7条规定："最高人民法院发布的指导性案例，各级人民法院审判类似案例时应当参照。"严格来说，"类似案件参照处理"属于类推原则，但这里的类似可能还包括相同案件的意思。

〔2〕 有的学者指出，"同类案件"强调的是案件的不完全一样，因而，不完全一样的案件采取同样的判决不符合逻辑。

〔3〕 ［美］本杰明·卡多佐：《司法过程的性质》，苏力译，商务印书馆1998年版，第18页。

〔4〕 参见［美］本杰明·卡多佐：《司法过程的性质》，苏力译，商务印书馆1998年版，第19页。

平法意义上适用法律是法官的职责。它要求法官在个案中平衡公正。即"一般案件一般处理而个别案件个别对待"。有一般情形和个别异常情形即例外就肯定存在，当例外发生时，就要区别对待，即在此情境下要作出有利于实现个案正义的决断。在正义的天秤上平衡一般公平与个案公正，在一般公平与个案公正之间保持必要的张力。这是一般公平与个案公正之间的平衡或调和，是衡平与正义准则的基本要义，是社会公平正义的基本要求。衡平原则是司法的基本原则，[1] 违背衡平原则就是司法的不正义。法官作为法律和秩序之含义的解释者，必须考虑那些被忽略的因素，解决法律中的不确定性，并使审判结果与正义相互和谐。[2] 法官们要衡量各种可能的冲突因素，要让每个案件有一个在维护法律稳定性的状态下发挥法律最大效用而又尽可能满足社会正义和社会效用的裁决。在司法过程中要权衡利弊得失，要在原则性与灵活性之间寻求有机的平衡。[3] 这种平衡不是以明示原则为条件或前提演绎而来的，而是由许多相互支持的综合成就的。正如萨维尼所指出，"综合考虑各种因素这个方向不能变"[4]。这种综合是一种整合、妥协与反思性均衡，是一种公共理性（public reason）判断。[5] 法官们的判断——法律家阶层的判断——会传给他人，并感染普通人的意识和普通人的确信。[6]

在迪克森诉合众国（*Dickerson v. United States*）一案[7] 中，联邦法院认为，虽然供述是自愿的，但违反了米兰达规则，所以是不可采的。联邦第四巡回区上诉法院根据《1968 年综合犯罪控制与街道安全法》[8] 中规

---

　　〔1〕　法国起草拿破仑法典时，也从亚里士多德那里得到了启发，使该法典包含衡平法的原则。

　　〔2〕　参见［美］本杰明·卡多佐：《司法过程的性质》，苏力译，商务印书馆 1998 年版，第 5~6 页。

　　〔3〕　参见肖扬："中国司法：挑战与改革"，载《人民司法》2005 年第 1 期。

　　〔4〕　转引自［德］伯恩·魏德士：《法理学》，丁晓春、吴越译，法律出版社 2005 年版，第 313~314 页。

　　〔5〕　参见［美］本杰明·卡多佐：《司法过程的性质》，苏力译，商务印书馆 1998 年版，第 19 页。

　　〔6〕　参见［美］本杰明·卡多佐：《司法过程的性质》，苏力译，商务印书馆 1998 年版，第 19 页。

　　〔7〕　*Dickerson v. United States*，530 U.S. 428（2000）. 迪克森居住马里兰州，被指控抢劫银行。警察以涉嫌抢劫银行找到迪克森，警察对迪克森的讯问是以"随便聊聊"的方式进行的，并表明他们已获得搜查证要对他的住宅进行搜查。由于迪克森知道他的住所中藏匿着作案时使用的手枪、面罩、手套以及经过染色的赃款，所以在警方没有告知米兰达权利的情况下，自愿向警察作出了有罪供述。

　　〔8〕　1968 年，也就是在米兰达规则确立两年后，美国国会通过这项法律，规定被告人出于自愿的坦白可以在审判中采用，即使没有向被告人告知他们的权利。

定的口供采用标准是自愿性，推翻了联邦法院的判决，认为本案中的供述是自愿的，所以是可采的。美国最高法院权衡公共利益和个人自由这两种正义与价值后推翻第四巡回区上诉法院的裁定。[1] 最高法院认为，就算供述是完全自愿的，因为违反了米兰达规则，所以还是不能采纳的。首席大法官伦奎斯特指出，米兰达警告只是关系到如何解释宪法某个条款，因此国会无权立法将其推翻。保护犯罪嫌疑人不得被迫自我归罪，对于美国法律和美国生活来说，是不可或缺的。警察局讯问的氛围迫使个人自由付出沉重代价，并且易引发个人的弱点。警察对犯罪嫌疑人进行讯问之前，必须对其宣读米兰达警告。在宣布判决前，联邦最高法院首席大法官伦奎斯特高声朗读了这一举世闻名的米兰达警告。然后，这位具有保守色彩的首席大法官强调，30 多年前由沃伦首席大法官领导的最高法院在米兰达诉亚利桑那州一案中所确立的规则，根植于宪法之中，因此不能为国会立法所替换或废弃。米兰达规则已作为美国国家文化的一部分而深深铭记在警察的日常工作中。

在广州许霆恶意取款案[2]中，许霆因盗窃金融机构被一审判处无期徒刑。一审判决是显失公平与公正的。在审理案件时，法官应当基于区别原则对不同案件区别对待，还应当基于衡平原则个别对待不同于一般案件的个别案件。即法官应当正确地判断具体案件属于一般情形而应当适用一

---

〔1〕 持反对立场的法官只有安托琳·斯卡尼亚和卡拉伦斯·汤姆斯。

〔2〕 2006 年 4 月 21 日晚，许霆到天河区某银行的 ATM 取款机取款，取出 1000 元后，发现银行卡账户里只被扣了 1 元，于是他连续取款 5.4 万元，当晚又操作多次。许霆先后取款 171 笔，合计 17.5 万元。潜逃一年的许霆被警方抓获。广州市中级人民法院一审认为，被告人许霆以非法侵占为目的，伙同同案人采用秘密手段，盗窃金融机构，数额特别巨大，行为已构成盗窃罪，遂判处无期徒刑，剥夺政治权利终身，并处没收个人全部财产，追缴其违法所得 175 000 元发还广州市商业银行。2008 年 1 月 16 日，广东省高级人民法院裁定一审判决"事实不清、证据不足"，撤销原一审判决，发回广州市中院重审。广州市中级人民法院重审判决认为，辩护人提出本案事实不清、证据不足的辩护意见不能成立；辩护人关于许霆的行为不构成盗窃罪、属于民法上的不当得利、应对许霆作出无罪判决的辩护意见亦不能成立；辩护人关于许霆的行为不属于盗窃金融机构的辩护意见于法无据，不予采纳。被告人许霆以非法占有为目的，采用秘密手段窃取银行经营资金的行为，已构成盗窃罪。鉴于许霆是在发现银行自动柜员机出现异常后产生犯意，采用持卡窃取金融机构经营资金的手段，其行为与有预谋或者采取破坏手段盗窃金融机构的犯罪有所不同；从案发具有一定偶然性看，许霆犯罪的主观恶性尚不是很大。根据本案具体的犯罪事实、犯罪情节和对于社会的危害程度，对许霆可在法定刑以下判处刑罚。被告人许霆犯盗窃罪，判处有期徒刑 5 年，并处罚金 2 万元；追缴被告人许霆的犯罪所得 173 826 元，发还受害单位。参见许霆犯盗窃罪案重审判决书，广州市中级人民法院刑事判决书（2008）穗中法刑二重字第 2 号。

般规则，还是由于其特殊情况属于个别情形而应当区别对待，法官应当根据案件具体情况在适用一般规则和适用衡平规则之间作出正确的判断与选择，这是司法正义的基本要求。在本案中，一审判决在案件定性上考虑到了许霆行为与民法上的不当得利之间存在的区别，但在量刑上却没有考虑到许霆行为与一般盗窃金融机构罪之间存在的差异，对个别案件没有个别对待，对其判处无期徒刑因违反了区别原则与衡平原则而实属不当。在本案中，二审裁定也是失当的。原一审判决不当并不在于其"事实不清、证据不足"，而在于其法律适用不当。但二审裁定并没有以一审判决法律适用不当为由撤销原一审判决，而是以一审判决"事实不清、证据不足"为由撤销原一审判决。其后广州市中级人民法院重审判决考虑到了许霆行为与民法上的不当得利之间存在的区别，也考虑到了许霆行为与一般盗窃金融机构罪之间存在的差异，在量刑上遵循了法律规定的衡平条款即例外条款——《刑法》第 63 条第 2 款："犯罪分子虽然不具有本法规定的减轻处罚情节，但是根据案件的特殊情况，经最高人民法院核准，也可以在法定刑以下判处刑罚。"对许霆在法定刑以下判处刑罚。这个条款是刑事案件在量刑时必须考虑的法律规则，是我国刑法中的特殊减轻制度，它体现了法律的衡平性和个案的特殊性。虽然按立法的初衷其案件的特殊性是指涉及政治、外交等情况[1]，但在司法实践中已有适用于一般的判处法定最低刑仍然偏重的案件，报请最高人民法院核准得以适用特殊减轻制度的先例。[2]

在广西壮族自治区南宁市中级人民法院受理的一起损害赔偿案件[3]中，法官难以下判。倒不是因为找不到相应明确的法律规定，[4] 而是将

---

　　〔1〕 参见胡康生、郎胜主编：《中华人民共和国刑法释义》（第 3 版），法律出版社 2006 年版，第 61 页。转引自陈兴良："许霆案的法理分析"，载《人民法院报》2008 年 4 月 1 日，第 5 版。

　　〔2〕 参见："程乃伟绑架案——特殊情况下减轻处罚的适用"，载中华人民共和国最高人民法院刑事审判第一庭、第二庭编：《刑事审判参考》（第 4 卷·上），法律出版社 2004 年版，第 119 页。转引自陈兴良："许霆案的法理分析"，载《人民法院报》2008 年 4 月 1 日，第 5 版。

　　〔3〕 参见赵永胜："广西扶绥'见义勇为'反遭索赔案 20 日再审开庭"，载《南国早报》2001 年 9 月 21 日。1999 年 6 月 25 日客运公司司机叶某驾车途中，遇歹徒抢劫乘客，遂见义勇为欲将客车开往派出所，而与歹徒进行搏斗时，不幸翻车，一乘客受重伤（高位截瘫），歹徒乘机逃掉。该受伤乘客向法院起诉，要求客运公司予以巨额赔偿。法院迟迟没有下判。

　　〔4〕 我国 1999 年《合同法》第 302 条第 1 款规定："承运人应当对运输过程中旅客的伤亡承担损害赔偿责任，但伤亡是旅客自身健康原因造成的或者承运人证明伤亡是旅客故意、重大过失造成的除外。"

上述明确的法律规定直接适用于本案这样特殊的情形，其妥当性或适当性需要法官进一步判断和衡量。在本案中，虽然有明确的法律规定，但是，如果将该规定直接适用于此案，要求客运公司承担违约损害赔偿责任，对见义勇为的承运人就有些显失公平与公正，多少有些不合理和不妥当；如果拒绝适用或"正当背离"该规定，原告就得不到法律救济而变得雪上加霜，这对毫无过错且贫困交加的受害人也是不公平和不公正的。这样一来，一般公平与个案正义都在争夺法官的裁决。在直接适用该规定与正当背离此规定之间，法官就面临着两难选择，而法官必须要作出选择。一旦法官选择正当背离此规定，就意味着法官运用衡平推导方法，对该制定法规则制定一个例外，或者说为其拒绝适用找一个正当理由。在本案中，运用衡平推导方式进行推导并不困难，难的是要决定应不应当进行这种推导。最后两级法院判决都选择了直接适用我国《合同法》第302条规定，判决客运公司应承担赔偿责任。[1] 在法官们看来，在直接适用和正当背离之间，只有作出这种选择才能最大限度地实现公平和正义。这种权衡体现了法官对法律的尊重也体现了法官对正义的追寻。

七、最好的裁决：拉德布鲁赫公式——在恶法亦法与恶法非法之间平衡

在司法过程中，法官不但承担着依法裁判的义务，而且承担公平与公正裁判的义务。[2] 维护法律是法官最重要的使命，伸张正义也是法官的天职。维护法律是追求法律的安定性，而伸张正义是追求法律的正义性。但正如美国学者斯东在《苏格拉底的审判》中指出："法律必须维护，但正义也必须伸张。两者不一定总是一回事。希腊悲剧和苏格拉底柏拉图哲学的古老难题仍摆在我们面前，而且将来也永远如此。"[3] 古希腊思想家苏格拉底坚持信仰、坚持真理，但苏格拉底坚持思想自由与雅典的法律产生了冲突。公元前399年苏格拉底被判决处死，被判死刑的苏格拉底本可以被赎走或逃走，但他毅然决然地选择了死亡。他临死前说道："我的一

---

〔1〕 参见孙小梅、赵永胜："'见义勇为被告上法庭'一案尘埃落定'非常被告'还是输了"，载《南国早报》2001年11月20日。广西壮族自治区南宁市中级人民法院判决指出：客运公司是客运合同承运人，应承担赔偿责任。广西壮族自治区高级人民法院终审判决认为：受伤乘客与客运公司形成客运合同关系，该公司有义务将乘客安全送到目的地。客车翻车虽然是由于歹徒抢夺方向盘所致，但客运公司是一种无过错责任。遂依法维持一审判决。

〔2〕 参见［德］H.科殷：《法哲学》，林荣远译，华夏出版社2003年版，第222页。

〔3〕 ［美］斯东：《苏格拉底的审判》，董乐山译，生活·读书·新知三联书店1998年版，第90页。

生都服从法律，不能晚年不忠于法律。"他认为法律必须被遵守——即使法律不正义。他最后死于正当的法律程序。他的死让无数人哀痛，也令无数人困惑：在苏格拉底的审判中，雅典法律是否应当维护？维护雅典法律还是伸张正义吗？

德国法哲学家拉德布鲁赫在《法律的不法与超法律的法》一文中也指出[1]，任何实在法均拥有自身的一种价值即法的安定性，[2] 但法的安定性不是法必须实现的唯一的价值，也不是决定性的价值，实在法还拥有另外两项价值即合目的性与正义。并且拉德布鲁赫将正义放在了法价值的第一位，其次才是法的安定性。他指出在法的安定性与正义和合目的性之间可能发生冲突，而且正义同它自身、表面的正义与实际的正义之间还存有冲突。他在文中提出了解决这一冲突的方案即原则："正义和法的安定性之间的冲突是可以得到解决的，只要实在的、通过命令和权力来保障的法也因而获得优先地位，即使其在内容上是不正义的、不合目的性的；除非实在法与正义之矛盾达到如此不能容忍的程度，以至于作为'非正当法'的法律必须向正义屈服。在法律的不法与内容虽不正当但仍属有效的法律这两种情况之间划出一条截然分明的界限，是不可能的，但最大限度明晰地做出另外一种划界还是可能的：凡正义根本不被追求的地方，凡构成正义之核心的平等在实在法制定过程中有意地不被承认的地方，法律不仅仅是'非正当法'，它甚至根本上就缺乏法的性质。因为我们只能把法，也包括实在法，定义为不过是这样一种制度和规定，即依其本义，他们注定是要为正义服务的。"[3]

拉德布鲁赫提出的解决方案被称为拉德布鲁赫公式（Radbruch Foumula)[4]。它可以概括为三个司法原则即三个子公式：其一是"实在法相对优

---

〔1〕 拉德布鲁赫这篇文章为盟军废止纳粹部分法律和纽伦堡审判适用溯及既往的新法提供了理论基础，同时为德国法院解决告密者等疑难案件提供了一种司法方案。

〔2〕 拉德布鲁赫指出："法应是安定的，它不应此时此地这样，彼时彼地又那样被解释和应用，这同时也是一项正义的要求。"

〔3〕 [德] 古斯塔夫·拉德布鲁赫："法律的不法与超法律的法"，舒国滢译，载郑永流主编：《法哲学与法社会学论丛（四）》，中国政法大学出版社2001年版，第437页。

〔4〕 "拉德布鲁赫公式"受到了以哈特为代表的实证法学的批评。在实证法学看来，"拉德布鲁赫公式"涉及对不正义法律的效力进行否定，因此是自然法学"恶法非法"思想的延续。20世纪中叶以来，"拉德布鲁赫公式"引发了自然法学和实证法学围绕"恶法亦法"和"恶法非法"展开新一轮的争辩。实证法学提出了解决此类案件的溯及既往的解决方案，但不可能回避拉德布鲁赫提出的纳粹法的效力问题。应当指出，拉德布鲁赫提出的方案远比哈特溯及既往的方案副作用更小。

先原则"〔1〕，是指法的安定性相对优先于正义，即只要实在法（Gesetz）与正义之矛盾没有达到如此不能容忍的程度，即使实在法在内容上是不正义的和不合目的的，这些实在法就仍不缺乏法（Recht）的性质，这些通过法令和权力保障的实在法就具有优先地位，就应维护法律的安定性，在实在法框架内实现一般正义。其二是"不可忍受性公式"（unerträglichkeits-formel），强调只有上述实在法与正义之矛盾达到如此不能容忍的程度，以至于作为"非正当法"（unrichtiges Recht）的实在法才必须向正义屈服，不得不通过区别技术或平衡公正即正当背离实在法，在维护实在法框架的基础上实现个别正义。"不可忍受性公式"调整的是法内部的一般规则即一般正义与个别正义关系，"不可忍受性公式"可以不涉及对恶法即不正义之实在法效力的否定，〔2〕向正义屈服并不意味着就是对实在法效力的否定，屈服的方式可以视其不正义的程度而定，可以在不否定不正义之法律效力的前提下，运用区别与衡平技术在实在法的框架内寻求个案正义。其三是"否认性公式"（verleugnungsformel），强调凡正义根本不被追求的地方，凡构成正义之核心的平等在实在法制定过程中有意地不被承认的地方，法律不仅仅是"非正当法"，它甚至根本上就缺乏法的性质。〔3〕"非正当法"与"缺乏法律性质的法"有质的区别，前者仍然可能属于法的范畴而后者已经不再是法了。"否认性公式"划分了法与不法的界限，涉及对实在法效力的否定。

这一解决方案强调法的正义价值高于法的安定性，但实在法的适用相对优先于正义，并且强调在实证法的价值位阶中首先是一般正义或形式正义，然后才是个别正义与合目的性。即实在法一般规则即一般正义具有相对优先地位，在与正义矛盾达到不能忍受的程度时，让位于个别正义。法院在审理案件中运用"不可忍受性公式"是一种在承认实在法效力的基础

---

〔1〕　实在法相对优先原则亦称为法的安定性相对优先原则。拉德布鲁赫在1932年出版的《法哲学》一书中认为，作为一名法官，他的职责就是适用法律，并且为了权威的法律命令将自己的法律观牺牲掉，从而只是关注什么是合乎法律的，而绝不关心它是否是正义的。这就是他之前提出的实在法绝对优先原则。拉德布鲁赫在《法律的不法与超法律的法》一文中，改变了他之前对法的价值的排序，将正义放在了法价值的第一位，其次才是法的安定性。

〔2〕　国内外许多学者认为"不可忍受性公式"和"否认性公式"一样，都是对实在法效力的否定。这个看法是值得商榷的。

〔3〕　See Gustav Radbruch, "Gesetzliches Unrecht und übergesetzliches Recht", *Süddeutsche Juristenzeitung*, Vol. 5, No. 5., 1946, pp. 105–108.

上实现个案正义的手段。在极端情况下，法院才运用"否认性公式"来否定实在法的效力。拉德布鲁赫指出："这对未来也是有效的。面对过去 12 年的法律不法（现象），我们必须以对法的安定性尽可能少的损害来致力实现正义的要求。并不是任何一个法官都应当自行其是，可以宣布法律无效，这个工作还是应当由更高一级的法院或立法机关来承担。"[1] "在 12 年弃绝法的安定性之后，更应该强化'形式法学的'考量，来对抗这样一种诱惑：可以想见，这种诱惑在经历了 12 年危害和压迫的任何人身上都可能会轻易地产生的。我们必须追求正义，但同时也必须重视法的安定性，因为它本身就是正义的一部分，而要重建法治国，就必须尽可能考量这两种思想。"[2] 他强调必须伸张正义但同时考虑法的安定性的正义价值，主张以最大限度地减少对法的安定性造成的伤害的方式来裁决案件，即尽可能在实在法的框架体系内裁决，而没有必要一律以普遍地否定纳粹法的效力的方式实现个案正义。这便是拉德布鲁赫对《法律的不法与超法律的法》中所载案件的处理原则。

在逃兵案件、告密者案件、法官案件、行刑官案件[3]中，拉德布鲁赫指出：在美军占领区，根据在多国委员会（Laenderrat）上达成的协议已经事先发布了《关于纳粹在刑事司法上不法之赔偿法》。根据它的规定，"政治犯罪，由此而抵抗民族社会主义或军国主义，不受惩罚"。通过这种方式，逃兵案件所遇难点将得到解决。另一相配套的法，即《关于纳粹时期刑事犯罪处罚法》，对其他已处理的告密者案件、法官案件、行刑官案件，则只能在此类犯罪之罚责按照案发当时的法律来看业已存在的情况下，方可适用。在拉德布鲁赫看来，司法人员是有权作出法律判决的。符合法律、追求正义和法律的安定性是对司法人员的要求。在告密者案件、法官案件、行刑官案件中，对此类犯罪之罚责不应根据《关于纳粹时期刑事犯罪处罚法》，而应当依照《帝国刑法典》之规则来审查。即不应通过适用"否定性公式"或"不可忍受性公式"，以纳粹法律"缺乏法的基本性质"或"对正义的违背达到了不可忍受的程度"为由宣告其无效，对被

---

〔1〕 ［德］古斯塔夫·拉德布鲁赫："法律的不法与超法律的法"，舒国滢译，载郑永流主编：《法哲学与法社会学论丛（四）》，中国政法大学出版社 2001 年版，第 439 页。

〔2〕 ［德］古斯塔夫·拉德布鲁赫："法律的不法与超法律的法"，舒国滢译，载郑永流主编：《法哲学与法社会学论丛（四）》，中国政法大学出版社 2001 年版，第 443 页。

〔3〕 参见［德］古斯塔夫·拉德布鲁赫："法律的不法与超法律的法"，舒国滢译，载郑永流主编：《法哲学与法社会学论丛（四）》，中国政法大学出版社 2001 年版，第 440~442 页。

告所依据的纳粹法律的效力进行质疑，而应在《帝国刑法典》的框架内，以被告的行为违背了《帝国刑法典》之规定为由作出有罪判决。诺德豪森的图林根刑事陪审庭走的就是这条路。

拉德布鲁赫提出了具体裁决方案：在上述已讨论的告密者案件中，假如告密者的犯罪意图已经存在，那么采纳告密者之谋杀犯罪构成间接罪行的观点本无可厚非。假如告密者没有这种犯意，而只是想为法院提供证据，那么他间接地由于自己的协助而对死刑判决的执行承受刑事处罚，当然此时法官就由于判决及其执行而已经承担了谋杀犯罪的罪责。法官因为谋杀而承担罚责，是以同时就其所犯枉法之事实作出的论断为前提的。假如根据我们引申的原则可以作出论断说，过去已经应用的法律不是法，过去已经应用的刑罚标准以及根据自由裁量宣告的死刑判决，都是对任何趋向正义的意图的嘲讽，那么在客观上枉法的事实就是明摆着的。但是，假如法官都是一些深受占主导地位的实证主义教育毒害的人，在应用实在法的过程中，他们可能具有枉法的犯意吗？即使他们具有这种犯意，但对他们而言，援引生命危险条款（通过作为法律之不法的纳粹法观点，他们本人可能已经把生命危险召来降临到自己的头上了），援引《帝国刑法典》第54条关于紧急状态的规定，也许是最后的、当然属令人尴尬的法律救济手段。两位助理行刑官由于执行死刑判决而产生的罚责问题，[1] 最容易处理。如果说法官的死刑判决在以枉法为基础作出的情况下，能够表明是一种应受惩罚的谋杀，那么行刑人，只要其行为表明是属于《帝国刑法典》第345条规定的事实构成：即故意地执行某种不得执行的刑罚，他就可能因为其行刑而受到惩罚。

在艾希曼案件[2]中，和纽伦堡审判时受审的纳粹战犯为自己的辩护一样，艾希曼在以色列的被告席上同样为自己辩护，说"自己的行为是在恪守职责，并没有犯罪，不过是在执行法律和服从命令而已，因此他本人不应对屠杀承担责任。"在纽伦堡审判中，首席检察官罗伯特·杰克逊就考虑了这些问题：如果被告提出的辩护理由是，他们只不过是"奉命而

---

〔1〕　对行刑官的判决是根据盟军（对德）管制委员会发布的溯及既往的第10号法令《反人类的犯罪》作出的。

〔2〕　"杀害580万犹太人的刽子手艾希曼被捕记"，载《新闻午报》2007年6月11日。阿道夫·艾希曼，纳粹的高级军官，是在犹太人大屠杀中执行"最终方案"的主要负责者，被称为"死刑执行者"。1960年在阿根廷被以色列特工人员抓获。艾希曼这位党卫军犹太人事务处处长因参与杀害数百万犹太人被指控为"灭绝人类罪"。1961年12月艾希曼被判处有罪并判处死刑。

行"或"行当时的法律允许或鼓励的行为",那该怎么办。纳粹分子犯下了罄竹难书的罪行,但是,他们犯了哪些法呢?检察官可以援引哪部法律,哪部法典的哪一章、哪一条呢?[1] 按照拉德布鲁赫公式,这些被告所执行的法律完全践踏了正义的基本准则,甚至从根本上就缺乏法的性质,因而纳粹德国的这些法律就不再是法律了,那么所有据此而行动的人,所实施的执法行为也就理所当然地失去了合法性与正当性。

在德国诉施特雷勒茨、克塞勒、克伦茨(*Germany v. Streletz*, *Kessler and Krenz*)一案[2]中,被告克伦茨等三人提出了如下的抗辩理由:守卫开枪符合当时德意志民主共和国的法律规定。在实施边界法制时使用枪支不会被起诉是东德政府的既有惯例。柏林地方法院的判决认为:他们十分邪恶地和令人难以容忍地违反了"正义的基本准则和国际法保护下的人权"。[3] 联邦司法法院判决中指出:这种法律已经逾越了每一个国家作为一般性定罪原则所允许的最大限度。[4] 联邦宪法法院判决中写道:在这

---

〔1〕 参见〔美〕约瑟夫·E. 珀西科:《纽伦堡大审判》,刘巍等译,上海人民出版社 2000 年版,第 33 页。

〔2〕 1984 年 12 月 1 日凌晨 3 点 10 分,一名 20 岁的德国青年迈克尔(Michael)试图翻越柏林墙逃往西德,被两名守卫发现,广播警告和鸣枪示警无效,两名守卫都开枪,迈克尔被击中膝盖和背部,送往医院后死亡。1992 年,两名守卫和三位前东德政府高级官员在柏林地区法院被诉。开枪致受害人死亡的守卫被判缓刑,前东德国防部副部长弗里茨·施特雷勒茨(Fritz Streletz)、前东德国防部部长海因茨·克塞勒(Heinz Kessler)和前东德国务委员会主席埃贡·克伦茨(Egon Krenz)由于直接领导边防法制而均被柏林地方法院判处故意杀人罪(作为间接责任人),分别判处 5 年半、7 年半和 6 年半有期徒刑。他们的定罪量刑牵涉到多起柏林墙逃亡者的死亡。被告克伦茨等三人提出了如下的抗辩理由:依据 1982 年《德意志民主共和国边界法》第 27 章第 2 条第 1 款之规定:"如果刑事违法行为即将实施或正在持续中,而且在当时情形看来构成重罪,就可以使用枪支予以阻止。"守卫开枪符合当时德意志民主共和国的法律规定。在实施边界法制时使用枪支不会被起诉是东德政府的既有惯例。载 http://echr.ketse.com/doc/34044.96-35532.97-44801.98-en-20010322/view/,最后访问日期:2001 年 3 月 22 日。

〔3〕 Russell Miller, "Rejecting Radbruch: The European Court of Human Rights and the Crimes of the East German Leadership," Leiden Journal of International Law, Vol.14, No.3., 2001, pp.653-663.

〔4〕 Stanley Palson, "Radbruch on Unjust Laws: Competing Earlier and Later Views," Oxford J. Legal Stud., 1995, p.489. 1994 年,联邦司法法院判决中指出:"法本身相对于无法无天是好的,因此必须重视法的安定性。但当实在法同正义的冲突已经达到了这样一种不能容忍的程度,以至于作为'非正当法'的法必须让位于正义。在纳粹专制政权覆灭后,这些公式试图概括最为严重的不法行为的特征。要把这一观点适用于本案是不太容易的,因为在东德内部边界的杀人行为不能等同于纳粹犯下的大规模屠杀罪行。但是不管怎样,这一过去的观点仍然有效,也就是说,在评价以政府名义实施的行为时,必须要问的是,这个政府是否已经逾越了每一个国家作为一般性定罪原则所允许的最大限度。"

个非比寻常的情形下，客观正义准则的要求本身，以及这种要求所包含的对国际社会共同认识到的人权的尊重，都使得法院不可能接受这样的辩护理由。[1] 欧洲人权法院裁决认为：[2] 对这样的行为开枪予以阻止超越了东德法律规定的界限。正是由于东德宪法对人道尊严和个人自由的规定具有高度优先性，法律才对使用枪支阻止越界做出了限制性规定（重罪方可使用）。[3]

　　在本案中，柏林地方法院、德国联邦司法法院和联邦宪法法院的裁决都适用了拉德布鲁赫方案中的"否认性公式"或"不可忍受性公式"，其中联邦司法法院是直接适用的，柏林地方法院和联邦宪法法院的判决也都蕴含相同的论证，都是以"实在法同正义冲突"为依据来否决前东德边界法的效力。[4] 欧洲人权法院对此案的裁决采取了不否定实在法的效力而在既有法律体系之内寻求个案判决的路径，避免引起更大的争议。威尔哈珀法官在判决书中先后十余次提到德国法学家拉德布鲁赫的名字，他宣

---

〔1〕 See Russell Miller, "Rejecting Radbruch: The European Court of Human Rights and the Crimes of the East German Leadership," Leiden Journal of International Law, Vol. 14, No. 3., 2001, pp. 653-663.

〔2〕 三名被告将此案申诉至欧洲人权法院，认为德国法院的判决违反了《欧洲人权公约》第 7 条第 1 款之规定，该款确立了禁止溯及既往和罪刑法定的合法性原则。

〔3〕 See Russell Miller, "Rejecting Radbruch: The European Court of Human Rights and the Crimes of the East German Leadership," Leiden Journal of International Law, Vol. 14, No. 3., 2001, pp. 653-663. 欧洲人权法院认为，基于东德《人民警察法》第 17 条第 2 款及东德《国家边界法》第 27 条第 2 款所确立的抗辩理由不能成立，这些法律只允许对待"重罪"使用枪支。根据这些法律条文及其解释，"重罪"包括以特定强度实施或同其他人共同实施的危害他人生命或健康的非法越境，其中包含使用枪支或其他危险方式。法院认为此案不符合上述这些要件，此案中受害人迈克尔独自一人且手无寸铁，他的越境根本不会危及他人的生命健康，对这样的行为开枪予以阻止超越了东德法律规定的界限。正是由于东德宪法对人道尊严和个人自由的规定具有高度优先性，上述法律才对使用枪支阻止越界做出了限制性规定（重罪方可使用）。法院认为，东德政府关于在实施边界法制时使用枪支不会被起诉的惯例这一抗辩理由也不能适用。法院认为东德对这类行为不予起诉并不是基于对法律的有效解释，而是对东德法律的一贯性违反的结果。对这类行为不起诉的做法是违反东德宪法的，该法包含两个规定，即对生命的尊重，以及要求尊重生命的国际义务。法院解释说，东德对这类行为的不起诉是申诉人（克伦茨等三人）行使权力的结果，尽管这种惯例存在，但这种惯例是申诉人自己创造的，并且同东德法律规定相悖。

〔4〕 德国法院对拉德布鲁赫公式的这一运用在司法界和法学界都引起了很大争议。即便直接诉诸拉德布鲁赫公式的联邦司法法院的判决，其中也提到不能将东德政府击毙逃亡者的行为同纳粹暴行相提并论。此案中的第三被告埃贡·克伦茨为前东德国务委员会主席，在 1989 年开放柏林墙直至两德统一的进程中，克伦茨是持开明态度并且起了积极作用的，他的支持者们也都纷纷抱怨德国法院的不公平，认为德国法院有将此案政治化的倾向。

称，由这位法学家原创并以其姓氏命名的"拉德布鲁赫公式"如今已经不再适用。[1] 应当指出，威尔哈珀法官对拉德布鲁赫公式的理解是不全面的。不否定实在法的效力而在实在法体系中寻求个案正义，也是拉德布鲁赫公式即解决方案中的一部分，它不体现在"否认性公式"之中，但体现在"实在法相对优先原则"和"不可忍受性公式"之中。欧洲人权法院裁决的精神其实和拉德布鲁赫公式的初衷并不相违背。拉德布鲁赫指出，应当以对法的安定性尽可能少的损害来致力实现正义的要求，比如对告密者案，他就主张要在既有法律体系之内寻找判决理由，而不是否定原有法律的效力。欧洲人权法院的判决并不是对拉德布鲁赫公式的反驳，而是对该公式的另外一种适用。

在柏林围墙守卫案[2]中，西奥多·赛德尔法官当庭指出："作为军人，不执行上级命令是有罪的，但打不中却是无罪的。作为一个心智健全的人，当你发现有人翻墙越境，你在举枪瞄准射击时，你有把枪口抬高一厘米的自主权，这是你应主动承担的良心义务。在这个世界上，除法律之外还有良知，当法律和良知冲突之时，良知是最高的行为准则，而法律却不是。尊重生命是一个放之四海而皆准的原则，你应该早在决定做围墙卫兵之前就知道，即使是东德的法律也不能抵触那最高的良知原则。东德的法律要你杀人，可是你明明知道这些逃亡的人是无辜的，明知他无辜而杀

---

〔1〕 阿列克西教授在分析此案时认为，根据这两条法律，此案中守卫开枪是完全合乎当时法律规定的：首先，东德刑法将穿越边界规定为重罪；其次，两名守卫已经采取了一切可能的阻止措施，包括广播警告和鸣枪示警，都没有能够阻止迈克尔继续越界，在这种情况下，如果不开枪迈克尔就可能成功越界；最后，"使用枪支时应当尽可能不要危及人命"只是一个模糊的指示性规定。因此，阿列克西教授认为在该案中东德边界法的效力问题是无法回避的，只有诉诸拉德布鲁赫公式才能为惩办罪犯提供充分的法律论证。阿列克西教授的这种观点是值得商榷的。

〔2〕 1989年2月5日夜间，东德青年克利斯与高定试图攀爬柏林墙逃往西柏林。被发现而遭4名东德守卫射击。其中守卫亨里奇命中克利斯的腿部，亨里奇以为没有命中，故而继续射击，命中心脏，导致克利斯当场死亡。几个月后两德统一，他是最后一个死在柏林墙下的逃亡者。在法庭上亨里奇的律师辩称："亨里奇作为一名守卫，他是在执行命令。作为一名军人，执行命令是天职，他别无选择。他在执勤时，发现了克利斯企图翻墙偷越国境，在这种情况下，他只有开枪射击。如果要说是有罪，那罪也不在己。"1992年1月20日柏林法院以杀人罪判处亨里奇3年半有期徒刑，且不予假释。其余人员判处缓刑及释放。东德于1982年制定的《国家边界法》第27条第2款规定，为了阻止正在发生的犯罪行为，使用射击武器攻击人是合法的。东德《刑法》第213条将未经国家允许离开国境规定为犯罪行为。参看同类案件：1984年12月1日一名东德年轻人在翻越柏林墙的过程中，于3点15分被两名守卫分别击中膝盖和背部，于5点30分才被送入较远的警察医院并于6点20分死亡。判决书全文链接：http://www.hrr-strafrecht.de/hrr/5/92/5-370-92.php.

他，就是有罪。"在本案中，法院仅仅是裁决被告的行为违背了作为心智健全人士应持有的良知与正义感，并没有对被告所依据的东德法律的效力进行质疑。法院认为依据东德的法律，打中并不是法定义务，被告明明知道这些逃亡的人是无辜的而杀死他们，因此判定有罪。这样的裁决与拉德布鲁赫本人在《法律的不法与超法律的法》中对待告密者案件一案的处理思路是基本一致的。在西奥多·赛德尔法官看来，即使保留东德法律的适用，但此时已经不能涵盖被告的行为。每个人都有选择未来的机会，在本案中亨里奇是有自己选择的，他射杀克利斯就是他的选择，只是他没有选择服从良知。早在纽伦堡审判中，就确立了这样的原则：任何人都不能借口服从命令而犯罪，所有犯罪不能借口是奉命令行事而求得宽恕。当亨里奇射杀克利斯的时候，他没想到正义来得如此迅速。这种审判发生在昨天，还会发生在明天。

卡多佐在《法律的成长——法律科学的悖论》中感叹道，在不通人情的逻辑刀锋之下，法官似乎没有选择余地，时常得出冷酷无情的结论。尽管举刀的那一刻，他们的目光会变得游离，会因这种牺牲仪式感到痛惜，却深信手起刀落乃职责所在。[1] 法官其实是可以选择而且应当作出正确选择。他不得违反法律也不得背离正义。法官应当依据法律规则与原则、法律意图或目的、法律的价值与精神，以及社会一般效用与社会公共利益、社会公共政策与社会公平正义观念，对案件进行司法归类或司法评价。如果法官不依法裁决、错误地解释法律或没有适当地运用法律，就是司法的不法，就是最大的司法不正义。倘若法官的裁决不与社会公平与正义价值保持一致，就是司法的不正义，它的合法性与正当性就会被削弱，人们就会因此而感受不到司法的公平与正义，法官裁决就难以获得公众认同，社会公众就会远离司法。法官的责任是当运用法律到个别场合时，根据对法律的诚挚理解来适用法律，根据正义与良知来表达对当事人诉求的理解和评价。考夫曼说得好："我们不要受技术唯理性驱使得太远，我们这个社会的法律化是技术唯理性的一部分，以至于忘记了人类和人类的基本关怀。"[2] "法官依其职责负有义务，在制定法规定与一般的道德意识

---

〔1〕 参见［美］本杰明·N.卡多佐：《法律的成长——法律科学的悖论》，董炯、彭冰译，中国法制出版社 2002 年版，第 38 页。

〔2〕 ［德］阿图尔·考夫曼、温弗里德·哈斯默尔主编：《当代法哲学和法律理论导论》，郑永流译，法律出版社 2002 年版，第 23 页。

如此地相矛盾，以至于由于坚持它比不尊重它更令人不快地损害到法和制定法的权威之时，有意地偏离了这一规定。"[1] 法官们应当谨记卡多佐的告诫："你不应为了便利或实用这样的蝇头小利，偏离历史或逻辑确立的规范，否则所失将远远大于所得。你不应为了遵奉对称或有序这样微不足道的事情，使衡平与正义确立的规范蒙尘，否则将得不偿失。"[2] 法官应当在坚持法律的稳定性或安定性与坚持法律的适应性或正当性之间保持应有的平衡，在冷冰冰的逻辑理性和温暖的价值关怀之间保持必要的张力。[3]

八、审慎司法

美国最高法院大法官杰克逊曾经说，我们说了算并不是因为我们正确，我们正确是因为我们说了算。但是，杰克逊还应当接着说，我们只能在能够说了算的事情上说了算，我们在无权说了算的事情上说了不算。法官说了算的权力是有限制的，在大陆法系国家更是如此。

不论是在以普通法为基础的法律制度中，还是在以制定法为基础的法律制度中，法官的职能都是在个案中适用法律作出具体判决，而不是在判案过程中创立一般法律原则。[4] 任何一个法官有权针对个案作出具体判决，但不得在个案中创立一般性的、普遍性的法律规范。而且在以制定法为法律渊源的成文法国家中，法官的判决只对本案具有拘束力，对其他或其后的案件并不具有拘束力。在司法过程中，法官有权对具体案件作出裁决，但其裁决必须接受法律的规制与指引，不能突破法律的范围与限制，不能对具体案件进行法律之外的社会道德或社会公共政策的评判，更不能是法官个人好恶的感叹与呐喊。法官必须在法律的框架之内陈述理由并作出裁决，不得让法律框架之外的理由进入司法裁决之中。

在现代社会的法律制度中，通常不倾向于给司法机关以广泛的权力去更改法律。在司法过程中，法官只能在法律的框架中解读和适用法律，不得对立法进行实质性的破坏和重大的司法修改。在适用法律的过程中，我

---

〔1〕 转引自［德］卡尔·恩吉施：《法律思维导论》，郑永流译，法律出版社 2004 年版，第 215 页。

〔2〕 ［美］本杰明·N. 卡多佐：《法律的成长——法律科学的悖论》，董炯、彭冰译，中国法制出版社 2002 年版，第 50 页。

〔3〕 参见王洪：《司法判决与法律推理》，时事出版社 2002 年版，第 152 页。

〔4〕 《法国民法典》第 5 条规定，禁止法官在判案过程中创立一般法律原则。

国法官有权解释法律的内容，但不得对立法进行重大的司法改变，也不得对法律的效力进行评判与决断。法律本身存在漏洞是不可避免的。法律漏洞可分别由立法机关、最高司法机关及法官予以填补。立法机关可以通过制定法律和立法解释，最高人民法院、最高人民检察院可以通过制定司法解释对法律漏洞加以填补，这种填补具有普遍与广泛的效力。而法官补充就是法官在适用法律过程中通过法官释法即司法推论弥补法律规定在具体运用时所产生的漏洞。法官的司法补充是一个发现、重构、填补、创制法律的过程。但法官的司法补充权能是有限制的：其一，后补性，即法官补充往往滞后于立法解释及司法解释，否则也没补充的需要；其二，针对个案性，即法官补充并不形成普遍的规则，只对个别案件有效，对以后的案件并没有约束力；其三，补救性，即法官补充不能对法律作实质破坏，只能对漏洞作有限修补。

在司法过程中，法官不得随意地逾越司法的边界。法治要求权力保持谨慎与克制，不逾越权力的边界。法官应学会克制与谨慎，奉行"俭省司法"原则，采取消极的策略，将法律与其他政治程序隔离开来，坚守司法的疆界。正如美国学者柯维尔对于蒙眼"正义女神"说道："蒙眼不是失明，是自我约束，是刻意选择的一种姿态。"法官有权力忽视一个制定法规则而作出裁决，也有权力越出法律空隙之边界，还可以越过法律为司法所设定的界限，但是，如果法官滥用了这种权力，他们也就违反了法律。如果他们恶意违反，就铸成法律上的过错，也许就会被撤职或受到处罚。[1] 一个真正的大法官，应该有匡扶正义的胆识，但更应有驾驭全局的眼光。正如卡多佐指出，作为一名真正的法官，一名有智慧的法官，既不能因为存在某种先例就放弃自己作为法官的职责，但也不能轻易地放弃长期遵守的先例而任意地创造法律。法律的完善永远是相对的，法律的不完善却是绝对的，但法官只能在法律框架之内进行释法与裁判，只能在法律的间隙中立法。在夹缝中求生存，是法律人的生存智慧。正是在这个意义上，麦克洛斯基对所有法官提出一个建议，用一句简单的美国俗语来说，他们不应该"口大喉咙小"（bite off more than they can chew）。[2]

---

〔1〕 参见［美］本杰明·卡多佐：《司法过程的性质》，苏力译，商务印书馆1998年版，第80页。

〔2〕 ［美］罗伯特·麦克洛斯基：《美国最高法院》（第3版），任东来、孙雯、胡晓进译，中国政法大学出版社2005年版，第3页。

在河南汝阳公司诉伊川公司案[1]中，《河南种子条例》与《种子法》在种子价格问题上的规定确实是抵触的、冲突的。但李慧娟在判决书中认定并且宣告"作为法律阶位较低的地方性法规，其与《种子法》相冲突的条款自然无效"，在我国现行法律制度下这是一项越权行为。[2] 从她在其后为自己的辩解中，可以看出她并没有意识到自己的行为构成越权，更谈不上要像马歇尔大法官那样为法院争取一项司法管辖权即司法审查权。她认为，"在本案中，如果《中华人民共和国立法法》（以下简称《立法法》）尚未颁布，我承办个案时依法理认为《河南种子条例》第36条无效，那是绝对的越权行为，事实上，情况是我仅仅把《立法法》之条文照搬到判决书中而已，即对法律明文规定的无效予以确认。"[3] 在她看来，

---

[1] 2001年5月22日，伊川县种子公司（简称伊川公司）委托汝阳县种子公司（简称汝阳公司）代为繁殖"农大108"玉米杂交种子并约定全部收购。汝阳公司繁殖了种子但伊川公司未按约收购。在确认赔偿数额时，遭遇了法律冲突问题，《中华人民共和国种子法》（以下简称《种子法》）与《河南省农作物种子管理条例》（以下简称《河南种子条例》）规定了不同的计算标准。到底应该依据市场确定价还是按政府指导价来计算赔偿数额，双方在法庭上提出了相反的主张。2003年1月25日，河南洛阳市中级人民法院对此案作出了判决。审理该案的李慧娟法官在判决书中指出："《种子法》实施后，玉米种子的价格已由市场调节，《河南省农作物种子管理条例》作为法律阶位较低的地方性法规，其与《种子法》相冲突的条款自然无效。而河南省物价局、农业厅联合下发的《通知》又是依据该条例制定的一般性规范性文件，其与《种子法》相冲突的条款亦为无效条款。"法院采纳了原告汝阳公司的观点，参照当年"农大108"玉米种子在两地的批发价格，在扣除成本及代繁费后，确定为计算汝阳公司预期可得利益的单位价格，据此判伊川公司赔偿汝阳公司经济损失597001元。判决后双方均不服，上诉至河南省高级人民法院。参见田毅、王颖："一个法官的命运与'法条抵触之辩'"，载《21世纪经济报道》2003年11月17日，第5版。
[2] 我国《立法法》第73条第2款规定了，在国家制定的法律或者行政法规生效后，地方性法规同法律或者行政法规相抵触的规定无效，制定机关应当及时予以修改或者废止。但是，《立法法》并没有规定这种审查抵触与宣告无效的权力由法院来行使。在我国的法律制度中，法院并没有宪法性司法管辖权，也没有地方性法规审查权。即法院无权审查地方人大及其常委会通过的地方性法规是否与全国人大及其常委会通过的法律相抵触或相冲突，法院也无权决定或宣告那些与全国人大及其常委会通过的法律相抵触的地方性法规是无效的。正如洛阳市中院常务副院长王伯勋所说："我国目前没有宪法法院，不可直接进行审查，只有按程序一级上报请示，最后由全国人大常委会办公会议审查。"人们对这一制度提出了批评。一些资深法官认为，该审理不需就法律适用问题逐级报请，更无需中止诉讼，等待全国人大常委会之裁决。中国政法大学江平教授也质疑道，地方人大制定的法规、包括国务院行政法规如果违法了怎么办？按照我们现在的法律，只有全国人大才能够撤销国务院行政法规和地方人大法规。但是全国人大从来都没有撤销过。另外，全国人大也没有专门规定具体操作，撤销程序也不明确。参见田毅、王颖："一个法官的命运与'法条抵触之辩'"，载《21世纪经济报道》2003年11月17日，第5版。
[3] 转引自木子、阳光："李慧娟法官有话要说"，载《民主与法制》2004年第1期。

其行为不是"宣告地方性法规某条款无效",也没有对地方性法规进行"审查",只是对"法律明文规定的无效予以确认"。应当指出,李慧娟法官并不只是在判决中"对法律明文规定的无效予以确认",因为法律并没有明文规定"《河南种子条例》第 36 条无效",李慧娟法官是在根据《立法法》第 64 条规定,审查地方性法规《河南种子条例》第 36 条是否与《种子法》相抵触或相冲突,并宣告与全国人大及其常委会通过的法律相抵触或相冲突的地方性法规《河南种子条例》第 36 条无效。她作为一个法官不理解《立法法》规定的真正含义,不明白自己判决的真正意味,对自己已越过司法的边界浑然不知,更谈不上有意识地去承担塑造法律与社会的使命。这是一个法官的悲剧之所在。[1]

法官在履行职责时,应当切实做到程序公正和实体公正,并通过自己在法庭内外的言行体现出公正,无论是在法庭之上还是在法庭之外,法官在社会公众面前应当扮演一个客观中立、不偏不倚、居中裁判、相对超脱的裁判者角色,避免公众对司法公正产生合理的怀疑。在法庭之上,"法官不应介入争论""法官不得与当事人辩论",早已成为司法的一种基本理念。开庭时法官不得与当事人打嘴仗,更不得动辄训斥当事人。法官的使命应当是耐心地听证与客观地审证,理性而又缜密地判断与论证,不偏不倚地对个案进行裁判。正如曾任法官的培根所说,听证时的耐心和庄重是司法工作的基本功,而一个说话太多的法官就好比是一只胡敲乱响的铜钹。在法庭之外,法官也不宜滥发议论。法官发表文

_____

〔1〕 2003 年 10 月 13 日,河南省人大常委会法制室发文答复洛阳市人大常委会就该案种子经营价格问题的请示,《河南种子条例》第 36 条关于种子经营价格的规定与《种子法》没有抵触,继续适用。同时,该答复指出:"(2003)洛民初字第 26 号民事判决书中宣告地方性法规有关内容无效,这种行为的实质是对省人大常委会通过的地方性法规的违法审查,违背了我国的人民代表大会制度,侵犯了权力机关的职权,是严重违法行为。"并责成洛阳市人大常委会"依法行使监督权,纠正洛阳市中级人民法院的违法行为,对直接负责人员和主管领导依法作出处理……"2003 年 10 月 18 日,河南省人大常委会办公厅下发了《关于洛阳市中级人民法院在民事审判中违法宣告省人大常委会通过的地方性法规有关内容无效问题的通报》,要求河南省高院对洛阳市中院的"严重违法行为作出认真、严肃的处理,对直接责任人和主管领导依法作出处理"。河南省高级人民法院在关于此事的通报上指出,地方性法规的有效无效是个问题,但谁有权认定更是个问题。法院没有摆正自己的位置。人民法院依法行使审判权,无权对人大及其常委会通过的地方性法规进行审查,更不能在裁判中对地方性法规的效力进行评判。在河南省人大和省高级人民法院的直接要求下,洛阳中院决定撤销判决书签发人民事庭赵广云的副庭长职务和李慧娟的审判长职务,免去李慧娟的助理审判员职务。田毅、王颖:"一个法官的命运与'法条抵触之辩'",载《21 世纪经济报道》2003 年 11 月 17 日,第 5 版。

章或者接受媒体采访时，应当保持谨慎的态度，不得针对具体案件和当事人进行不适当的评论，避免因言语不当使公众对司法公正产生合理的怀疑。虽然这针对的是法官针对具体案件和当事人进行不适当的评论，似乎并不禁止法官发表适当的言论，但是，为了避免公众对司法公正产生合理怀疑，法官在任何公共媒介上都不宜针对自己承办的案件发表任何意见。

在美国微软公司垄断案中，美国联邦上诉法院推翻了地区法官杰克逊作出的将微软公司分拆的判决，将微软公司垄断案发回重审，并命令由另外一名法官代替杰克逊担任此案的主审法官。联邦上诉法院指出，由于杰克逊法官同外界进行了法律不允许的接触，同媒体进行秘密谈话，在法庭之外公开对微软公司作出了许多攻击性的评论，因此，他给人们带来一种对微软公司持有偏见的印象，因此，决定撤换他以进行补救。[1] 美国联邦上诉法院并未就案件实质内容进行审查，他们的判决理由就是杰克逊法官庭外的攻击性评论以及他同外界进行的法律不允许的接触，使公众对司法公正产生了合理的怀疑，杰克逊法官的行为妨碍了司法公正，因此，杰克逊法官的判决就应当予以撤销。

在判决作出以后，法官不应当在公开的媒体上为自己的判决辩护，不得对社会公众的批评进行任何反批评，更不得动用司法职权压制社会公众对自己判决的批评。法官说服社会公众的最佳方式也是唯一正确的方式，就是作出一份怀有司法良知、拥有司法智慧的高水平的判决。正如我国学者何兵指出，法官在公开的媒体上为自己的判决摇旗呐喊，其实质上就是为胜诉方进行辩护，就是卷入了原告方与被告方之间的争论，就是使自己从一个居中裁判的裁判者沦落为胜诉方的代理人。这样的角色变换是公众所不愿看到的，这些唇枪舌剑的辩论将难以避免公众对司法公正产生合理的怀疑。如果法官的这些辩论理由已在判决中公开，法官就没有必要再喋喋不休，如果法官的这些辩论理由未在判决中陈述，那么，法官的这些辩论理由为什么不在判词中写清楚讲明白呢？维护法官尊严的是法官的判决，而不是法官的呐喊。何兵曾在一篇文章中对四川泸州遗产案的判决[2]进行了批评，文章刊出后不

---

〔1〕 参见周浩："世纪末的审判：美国司法部诉微软公司垄断案"，载中国法院网，http://www.chinacourt.org，最后访问日期：2008 年 8 月 28 日。

〔2〕 张学英诉蒋伦芳遗赠纠纷案：四川省泸州市纳溪区人民法院（2001）纳溪民初字第 561 号判决书。

久，主审法官在同一报刊上发表了一篇反驳文章，质问："谁在为二奶呐喊？"文章在为判决进行一番辩护之后指出："让法律的利剑折射出婚姻的圣洁光芒。到那时，我看谁还'热心'为'第三者'摇旗呐喊？"[1] 应当指出的是，律师应当善辩，法官则应当慎言，这是二者不同的角色定位。如果法官自己产生了角色错位，以在法庭上与律师和当事人争论、在法庭之外与社会公众论战为荣，那就大错特错了。对此，何兵说得好，法官职务的性质决定了法官只能以审判行为本身为自己进行辩白，法官不能卷入公开论战——即使他们是正确的。人们希望法官记住这样的金科玉律：对自己作出的判决，沉默永远是一种正确的选择。

在司法过程中，法官需要而且应当慎言。慎言是法官受人尊敬的美德与智慧，更是法官应当具有的职业操守。[2] 法官不能为自己的判决辩护，应让判决本身自证清白。正如英国近代史上最为出色的法官丹宁勋爵在一份判词中所言：我要说，我们绝不把这种审判权（暗指蔑视法庭的审判权）作为维护我们自己尊严的一种手段，尊严必须建立在更牢固的基础之上。我们绝不用它来压迫那些说我们坏话的人。我们不害怕批评，也不怨恨批评，因为关系到成败的是一件更重要的东西，这就是言论自由本身。在国会内外，在报纸上或广播里，就公众利益发表公正的甚至是直率的评论是每一个人的权利。人们可以如实地评论法院在司法过程中所做的一切。不管他们的目的是否在于上诉，他们都可以说我们做错了事，我们的判决是错误的。我们所要求的只是那些批评我们的人应当记住，就我们职务的性质来说，我们不能对批评作出答复。我们不能卷入公开的论战，更不用说卷入政治性论战了。我们必须让我们的行为本身进行辩白。[3]

司法审慎的深处是司法理性与良知。一个缺乏理性与良知的司法是被人们所唾弃的。要避免公众对司法公正产生合理的怀疑，使司法裁决得到公众广泛的认同与尊重，就要求其裁决体现出法官的理性与良心（reason and conscience），就要求法官在职业道德操守上洁白无瑕、无可挑剔，要

---

　〔1〕　转引自何兵："法官不能为自己的判决摇旗呐喊"，载法律思想网，http://www. law-think-er. com.

　〔2〕　2006年9月12日，时任最高人民法院院长肖扬指出，法官应当慎言，未经批准，人民法院的法官和其他工作人员一律不应擅自接受记者采访，或在新闻媒体上对重大敏感问题发表议论。参见"人民日报：法官为何要慎言"，载北方网，http://news. enorth. com. cn/system/2006/09/22/001417359. shtml.

　〔3〕　[英]丹宁勋爵：《法律的正当程序》，李克强等译，法律出版社1999年版，第39页。

求法官的清白如同皇后的贞操不容怀疑。[1] 古希腊亚里士多德指出："公正不是德性的一个部分，而是整个德性；相反，不公正也不是邪恶的一个部分，而是整个邪恶。"法官也是人，也具有人性的弱点，法官不可能是庞德所说的圣贤，法官会面临诸多权势的倾轧、金钱美色的诱惑。正因为如此，假如一个法官在司法中疏忽大意、玩忽职守或贪赃枉法，不仅亵渎了司法职业的圣洁，而且法院也会陷入公众深深的怀疑与不信任之中。河南"法官眼花案"就是一个明证。[2] 法官解释说错判是我眼花了，但正如河南省高级人民法院院长张立勇指出，"眼花"主审法官水某的一系列错误绝不是眼花了，而是心黑了，是法官司法良知丧失、职业道德沦丧，这超出了社会公众的心理底线，在一般老百姓看来是无法理解和接受的。[3] 法官们应当牢记这样的誓言：我的职责就是认真地听、仔细地想、聪明地答和公正地判。我以内心道德与良知谨慎地作出一个我认为最正确的判决，我愿以此表示负责并接受社会及后世公正的评判。

---

〔1〕 这是一句在西方流行甚广的法律谚语，其典故出自恺撒休妻的故事。有一天，罗马举行波娜女神纪念仪式，依当时风俗，男人必须离开家中。恺撒的妻子庞贝亚见机与其情夫偷情，不料被侍女发现，消息很快传遍整个罗马城。恺撒马上作出休妻决定，但在法庭上的陈述却让人意外。他说："我根本不相信妻子会与他人亲热，之所以要休妻是因为我的妻子的清白被人怀疑。"

〔2〕 一起交通肇事案三死两伤，在被告没赔偿的情况下，河南陕县人民法院却以"被告人积极赔偿受害人家属部分经济损失90余万元"为重要依据，做出减轻处罚的判决书。负责审理此案的法官水某表示，判决和事实不符，主要是因为湖滨区法院提供的"赔偿证明"表述含糊，而当时他"眼花"，才判错了。审理该案民事部分的三门峡市湖滨区法院提供的赔偿证明是："据被告人称：能够及时赔付赔偿款近90万元。"参见王红伟："河南'眼花法官'判错案 涉嫌滥用职权被批捕"，载大河网，http://www.dahe.cn，最后访问日期：2012年5月12日。

〔3〕 2012年4月，河南省高级人民法院专门出台了《错案责任终身追究办法（试行）》，主要针对的是法官故意或者重大过失所引起的错案追责，旨在避免错案发生。自称"眼睛花"判错案的原主审法官水某已因涉嫌滥用职权被移交司法机关，成为河南出台错案终身追究制后首个被追责的法官。参见李贵刚："河南高院回应'眼花'错案 法官良知丧失超底线"，载中国新闻网，http://www.chinanews.com，最后访问日期：2012年5月9日。

结语　法律的未来

一、"心与头脑的对话"

司法判决结果的获得，不可避免地要进行三种不同的推论：事实推理（factual inference）、法律推理（legal reasoning）、判决推理（judicial reasoning）；[1] 不可避免地要作出三个方面的判断与裁决：其一，发现与确认事实，即探寻事情真相；其二，寻找或获取法律，即探寻法律真谛，以确立裁决理由；其三，根据法律对事实作出裁决。[2]

正如卡多佐指出：法院裁决好比是一种化合物，司法过程就是一个酿造化合物的过程。法官们日复一日，将不同的成分投入法院的锅炉中，酿造成这种奇怪的化合物。[3] 在寻找法律的过程中，法官受到一种强大的力量的引导。这种引导的力量可以沿着逻辑发展的路线起作用；可以沿着历史发展的路线起作用；也可以沿着习惯的路线起作用；还可以沿着正义、道德和社会福利、当时的社会风气的路线起作用。[4] "开始时，我们对这些路径并没有感到有问题；它们也遵循同样的路线。然后，它们开始分岔了，而我们就必须在它们之间作出选择。历史或者习惯、社会效用或某些逼人的正义情感，有时甚或是对渗透在我们法律中的精神的半直觉性领悟，必定要来援救焦虑不安的法官，并告诉他向何方前进。"[5]

在司法过程中，法官们不能随心所欲地"酿造"判决，不同的成分也并非偶然地汇聚在一起。正如美国联邦最高法院布伦南（Brennan）大法

---

〔1〕　参见王洪："论制定法推理"，载郑永流主编：《法哲学与法社会学论丛（四）》，中国政法大学出版社 2001 年版。

〔2〕　参见王洪："论制定法推理"，载郑永流主编：《法哲学与法社会学论丛（四）》，中国政法大学出版社 2001 年版。

〔3〕　参见［美］本杰明·卡多佐：《司法过程的性质》，苏力译，商务印书馆 1998 年版，第 2 页。

〔4〕　参见［美］本杰明·卡多佐：《司法过程的性质》，苏力译，商务印书馆 1998 年版，第 16 页。

〔5〕　［美］本杰明·卡多佐：《司法过程的性质》，苏力译，商务印书馆 1998 年版，第 24~25 页。

官指出，司法过程是一个"心与头脑的对话"（dialogue between head and heart）的过程。[1] 在酿造判决的过程中，我们应追问自己的理性和良心，应从我们最内在的天性中发现正义的根本基础，我们应当关注社会现象，确定它们保持和谐的法律以及它们急需的一些秩序原则。[2] 法官们不但要从理性推演出来的文本或体系之中，还要从社会效用、社会需求和社会正义以及随之而来的必然性中发现或寻找法律的渊源，以此来塑造司法判决。法官们必须保持自己裁决的前后一致并保持与他人的裁决一致，而不仅仅只是个人的随意与主观，必须用这种理性来实现和守护正义。这是司法的理性传统，是遵循先例原则的精髓。但当这种一致性不能实现正义时，法官们应当诉诸衡平法的良知，在维护法律的安定性的同时，保持司法对人类深层的和迫切的正义情感作出真切回应。这是司法公正的最高原则，是司法正义追求的终极目标。法国文学家雨果曾经说过，城市的下水道是一个城市的良心。法官裁决应当是一个社会的理性与良心。

二、"部分是科学，部分是艺术"

亚里士多德把人类理性思考分为三种，即哲学之思（sophia）、科学之思（episteme）和实践之思（phronesis）。法律不仅关心真，更重要的是关心善。正如古罗马法学家塞尔苏士指出，法律乃善良与公平之艺术（Jus est ars boni et aequi）。[3] 法律不是形式的或自然的科学，而是一门关于社会规范与正义价值的实践科学或技艺。

法律推理乃寻找事实真相并寻求公平与正义之裁决。法律推理属于实践之思或实践理性而不属于纯粹理性的范畴。正如富勒所言，合法性是一项实践性技艺。[4] 它涉及规范与事实之间的关系。它要对法律作出判断并且要对事实作出评判。它要考虑裁决得以作出的理由，还要考虑理由受到质疑时得以确信的依据。美国学者帕托说得好："法律推理是一种独特的纠纷解决办法。它部分是科学，部分是艺术。与科学探究一样，法律推理按照规定的规则和程序，根据仔细的观察和精心的证据权衡而尽力理性

---

〔1〕 在这里，"心"代表"良心"，代表康德所说的"内心的道德良知"；而"头脑"则是代表"理性"与"理智"。

〔2〕 参见［美］本杰明·卡多佐：《司法过程的性质》，苏力译，商务印书馆1998年版，第45页。

〔3〕 古罗马法学家乌尔比安（Ulpianus）在《法学阶梯》（institutionum）中指出，致力于法的研究的人首先应该知道"法"这个称呼从何而来。法其实来自正义。就像塞尔苏士非常优雅地定义的那样，法乃善良与公平的艺术。

〔4〕 参见［美］富勒：《法律的道德性》，郑戈译，商务印书馆2005年版，第107页。

地获得结论。然而，与艺术一样，法律推理的结果亦反映了'艺术家'（即法官）的裁量选择。法官的选择与艺术家的选择一样，反映了个人的偏见、恐惧、渴望和公共政策的偏好。"[1]

法律是一门关于善与正义的学问与艺术，而不是一种探索与发现自然的科学，这是罗马法学家的信念，它给法律推理带来了永不枯竭的想象力。法律推理是一种权衡与选择的艺术，是一种对话与说服的艺术，是一种司法的技艺。追求理性与伸张正义是法律的两种内在倾向。法律推理就是在不完善的实在法中追寻法律的正义，并且在不完善的正义之间作出选择。有时这种选择实在是对错难辨而充满争议，因而法律推理无法宣示唯一正确结果并且缺乏整体的确定性，但这是法律推理的本质特征。如果法律丧失了这种想象与选择的可能，那我们的法律技艺也自然会越来越简陋、越来越笨拙，因为只有想象力才能将艺术家与工匠区别开来。大法官们的判决之动人心魄，恰恰就在于这其中的理性且智慧的选择。正是在疑问与判决的连接处迸发出的火花照亮了司法双脚所跋涉的最黑暗的路径，法律就是在这种理性与智慧的雨露滋润之下成长壮大的。

英国法官柯克也指出，法律乃是一门艺术，它需要将全部审判活动与经过权威性程序所适用和发展形成的那些权威性规则、原则、概念和标准相对照与相联系，一个人只有经过长期的学习和实践，才能真正了解它。正因为如此，柯克爵士对国王这样说道，您的理解力飞快如电，您的才华超群绝伦，但是，要在法律方面成为专家，一个法官需要花二十年的时光来研究，才能勉强胜任。仅仅靠法律直觉只能偶尔发现有关法律问题的部分解决办法，只有受过专业的训练才能使法律意识条理化和深刻化。正如麦考密克所言："我们需要法律的技术人员，能干和有想象力的技术人员。但是，要成为这样一个技术人员，其任务就是要仔细研究技术。在律师们的技术当中，主要的就是进行正确的推理和有力的论证的技术。"[2]

三、法律的意志与法官的智慧

司法过程是一个理解法律和适用法律的过程，法律推理在本质上不同于数学推理。它强调法官释法与造法，并且强调在我们自己这个时代的具

---

〔1〕　转引自解兴权：《通向正义之路——法律推理的方法论研究》，中国政法大学出版社2000年版，第31页。

〔2〕　[英] 尼尔·麦考密克、[奥] 奥塔·魏因贝格尔：《制度法论》，周叶谦译，中国政法大学出版社1994年版，第131页。

体条件、情境和价值烛照下解读法律，而不是把法律冻结在已逝岁月的藩篱之中。它并不是仅作"纯字面的作业"，仅作"概念计算"或"形式推导"，仅作分析推理，并不总是保持"价值中立"或"价值无涉"（value—free）。它建立在习惯或历史考查、目的考量、利益衡量和价值判断之上，是目的考量、利益衡量与价值考量的结果，是价值判断、价值选择与价值综合的结果，是综合推理的结果，是"交换计算"的结果。

司法裁决是法官的判断与裁断，更多的是法官的自由裁量，融入了法官个人的主观性，烙上的是法官个人心灵的印记。这种主观性来自于法官个人的认知、情感和价值，来自于法官个人认知、情感和价值的主观性。正如卡多佐大法官所言："我们每个人都有一种如流水潺潺不断的倾向，不论你是否愿意称其为哲学，却正是它才使我们的思想和活动融贯一致并有了方向。法官一点也不比其他人更能挣脱这种倾向。他们的全部生活一直就是在同他们未加辨识也无法命名的一些力量——遗传本能、传统信仰、后天确信——进行较量；而结果就是一种对生活的看法、一种对社会需要的理解、一种——用詹姆斯的话来说——'宇宙的整体逼迫和压力'的感受……正是在这样的精神性背景下，每个问题才找到自身的环境背景。我们也许会尽我们之所愿地努力客观地理解事物，即使如此，我们却也永远不可能用任何他人的眼睛来理解这些事物。"[1] 特别在法无明确之文、法律存在冲突或法无明文规定的情形下，法官的观念对一条法规的解释或将一条业已确定的规则适用于某种新情形起着决定性的作用。"即使在法律的原文拘束力较强的场合，法官也不可能像一架绞肉机，上面投入条文和事实的原料，下面输出判决的馅儿，保持着原汁原味。"因此，尽管卡多佐承认，"即使法官是自由的时候，他也仍然不是完全自由。他不得随意创新。他不是一位随意漫游、追逐他自己的美善理想的游侠。他应从一些经过考验并受到尊重的原则中汲取他的启示。他不得屈从于容易激动的情感，屈从于含混不清且未加规制的仁爱之心。"[2] 但他也承认，"在任何司法解释的体制中，我们都永远无法自认为我们已经完全清除了解释者的个人尺度。在这些有关道德的科学中，并不存在任何完全取代主

---

〔1〕 ［美］本杰明·卡多佐：《司法过程的性质》，苏力译，商务印书馆1998年版，第3页。

〔2〕 ［美］本杰明·卡多佐：《司法过程的性质》，苏力译，商务印书馆1998年版，第88页。

观理性的方法和程序。"〔1〕正因为如此，卡多佐大法官指出：尽管孟德斯鸠宣称，一个民族的法官，只不过是宣布法律之语词的喉舌，是无生命的人，他们既不能变动法律的效力也不能修正其严格性。马歇尔也这样说，司法部门在任何案件中都没有自己的意志。行使司法权的目的从来也不是为了赋予法官意志以效力；而总是为了赋予立法机关的意志——换言之——法律的意志以效力。"这声音很崇高，说得也很漂亮精细；但是，这从来也不过是部分的真实。马歇尔自己的法官生涯就是一个明显的例证，它说明了这样一个事实，即这一理想超越了人的感官所能达到的境地。马歇尔大法官在美国宪制上打下了他自己心灵的印记；我们的宪法性法律的形式今天之所以如此，就是因为马歇尔在它还仍然具有弹性和可塑性之际，以自己强烈的信念之烈焰锻铸了它。"〔2〕

英国法官柯克爵士强调普通法的权威来自于普通法法官的智慧。〔3〕司法裁决的主观性也被以弗兰克（Jerome Frank）为代表人物的批判法学推到了极端。在他们看来，"司法判决是由情绪、直觉的预感、偏见、脾气以及其他个人非理性因素决定的"。他们主张砸烂客观审判的偶像，跟着感觉走。他们主张"当实在法不清楚或不明确的时候，或者当当代的立法者不可能按法律的要求审判案件的时候，那么法官就应当根据占支配地位的正义观念来审判该案件。如果连这些正义观念也无法确定，法官就应当根据其个人主观的法律意识来判决〔4〕，将自己的愿望、目的和价值'插入'法律之中"。他们认为由于法律推理具有主观性，因而所有国家的法官都有办法从束缚他的条文中解脱出来。为了达到这个目的，有各种办法可供使用，理由绝不会用尽。卢埃林（KarI Llewellyn）指出事实也的确是如此，"美国法院可以使用的大量解释规则包含有大量的反对命题与矛盾命题，而且人们能够发现，法规解释的某种规则实际上是用来支持法院所希望得到

〔1〕〔美〕本杰明·卡多佐：《司法过程的性质》，苏力译，商务印书馆1998年版，第109页。

〔2〕〔美〕本杰明·卡多佐：《司法过程的性质》，苏力译，商务印书馆1998年版，第107页。

〔3〕英国哲学家霍布斯在《哲学家与英格兰法律家的对话》一书中指出，柯克试图强调普通法的权威来自于司法的智慧，这是站不住脚的。司法权必须服从王权。普通法法官必须接受国王的大法官的审查，犯罪的界定及刑罚的规定，必须由自然理性或制定法、而不能由司法的智慧来制定。

〔4〕转引自〔美〕E.博登海默：《法理学——法哲学及其方法》，邓正来、姬敬武译，华夏出版社1987年版，第139页。

的结果的"[1]。

以主观的司法价值偏爱为基础的判决，要比以正式或非正式的社会规范为基础的判决表现出更大程度的不确定性或不可预见性，社会价值有助于构成阻碍司法评价主观自由游动的障碍，但却最终不能阻止自由裁量导致的不确定，所以才会有丹宁大法官所说的情形出现：有时你会发现，如果你能找到一条为你辩护的准则或规则，你的对手也会找到一条反驳你而为他自己辩护的准则或规则。但令人欣慰的是，"'历史就像数学一样，只得假定各种偏心率或多或少地会相互平衡，因此，最后还是有什么东西保持着恒定。'类似的话对法院的工作也适用，各个法官的古怪个性会相互平衡。……正是从不同心灵的摩擦中，这里才锻制了某种东西，某种具有恒定性和一致性的东西，并且其平均价值大于它的组成因素。"[2] 阿诺德（Thurman Arnold）说得好，不应为这种主观性导致的不确定和难以预见而哀叹。这里面有巨大的社会价值，只有价值怀疑论、价值多元论、相互决定意识共存，才能保证防止极权。正如美国第十一任首席大法官休斯（Hughs）指出："反对意见是对法律反思精神的诉求，是对未来智慧的诉求，它使得后来的判决可能纠正法院所犯下的错误。"此外，多元的价值冲突与角逐也正是一个法官展现智慧与想象力的绝佳机会。"作为一个法官，我的义务也许是将什么东西——但不是我自己的追求、信念和哲学，而是将我的时代的男人和女人的追求、信念和哲学——客观化并使之进入法律。"[3] "正是通过这些方面，你不仅会成为你职业中的大师，而且能把你的主观意识同大千世界联系起来，得到空间、时间上的共鸣、瞥见它那深不可测的变化过程、领会到普遍性的规律。"[4]

四、"司法的最高境界"

卡多佐将法官日常处理的案件分为三类：第一类案件，是那些争议的中心并非法律规则而只是对事实如何适用法律规则的案件，这些案件构成了法院的大部分事务；第二类案件，法律规则也是确定的，只是规则的适用令人怀疑，这是一些其比例不可轻视的案件，以上两类案件不论结果如

---

〔1〕 转引自［美］E.博登海默：《法理学——法哲学及其方法》，邓正来、姬敬武译，华夏出版社1987年版，第511页。

〔2〕 ［美］本杰明·卡多佐：《司法过程的性质》，苏力译，商务印书馆1998年版，第111页。

〔3〕 ［美］本杰明·卡多佐：《司法过程的性质》，苏力译，商务印书馆1998年版，第109页。

〔4〕 转引自［美］E.博登海默：《法理学——法哲学及其方法》，邓正来、姬敬武译，华夏出版社1987年版，第493页。

何，却未触动法理；第三类案件，它们当中的许多都确实是既可以这样决定也可以那样决定，即可以同样找到言之成理的或相当有说服力的理由来支持这种结论或者另一种结论，它们数量不多但并非少得可以忽略不计，这些案件的决定对未来很有价值，将推进或延滞法律的发展。这些案件就是司法过程中因创造性因素发现自己的机遇和力量的案件，也就是在这里法官承担起了立法者的职能。[1]

在司法过程中，法官不能主观地或随意地对案件作出裁决，虽然不能在一张图表上标示出来，法官可以走多远并且何处不越出边界，但是某些难以界定却能感觉到的限制都在规制他的活动。这些限制是由多少世纪的传统建立起来的，是由其他法官——他的前辈和同事的范例建立起来的，是由遵从法律文字与精神的义务建立起来的。[2] 但是，"在这些空缺地带的一些限制之内，在先例和传统的诸多限制之内，会有一些自由选择，使这种选择活动打上了创造性的印记。"[3] 法官可以在空白处立法，填补法律中的空缺地带，对正式权威进行补充。作为它所导致的产品，这个法律就不是发现的而是制作的。

正如卡多佐指出，幸运或不幸的是，不确定性无可避免地存在于法律和宪法中，同样地存在于判例法中。正是法律的抽象性和不确定性为法官释法与造法提供了自由裁量的空间。这既是法律的缺陷，因为这会使得在适用法律时出现不确定情形；却也是法律的优势，因为这会使得法律规范的适用可以适应具体案件和社会变化。正是在这个意义上，卡多佐说道：在我担任法官的第一年，曾试图去发现我启航远行的大海上的航迹，去寻找确定性，我试图到达陆地，到达有固定且确定规则的坚实陆地，到达那个正义的乐园。当我发现这种追求徒劳无益的时候，我感到压抑和沮丧。[4] 但是，"随着岁月的流逝，随着我越来越多地反思司法过程的性质，我已经变得甘心于这种不确定性了，因为我已经渐渐理解它是不可避免的。我已经渐渐懂得：司法过程的最高境界并不是发现法律，而是创造

---

〔1〕 参见［美］本杰明·卡多佐:《司法过程的性质》，苏力译，商务印书馆1998年版，第102~104页。

〔2〕 参见［美］本杰明·卡多佐:《司法过程的性质》，苏力译，商务印书馆1998年版，第70~71页。

〔3〕 ［美］本杰明·卡多佐:《司法过程的性质》，苏力译，商务印书馆1998年版，第71页。

〔4〕 参见［美］本杰明·卡多佐:《司法过程的性质》，苏力译，商务印书馆1998年版，第104页。

法律。"〔1〕

正如美国哈佛大学法学院却伯教授（Laurence Tribe）指出，法院是受社会约束的，但反过来司法活动也积极地改变甚至塑造社会。因此，法官必须意识到自己和社会"交织于一个复杂的意义网络"，意识到判决不只是一种被动的观察，还是主动塑造社会的行为。唯有如此，司法过程才能获得其应有的责任感。但是，也唯有像马歇尔大法官那样的人才能担当得起这样的历史使命。博登海默也指出了这一点："根据法官为社会所履行的职责，法官一般来讲不应当被视为是一种新的更好的制度的缔造者，但与此同时，我们决不希望贬低少数被历史承认为社会进步的革命者与开拓者的法官所作的工作和取得的成就。曼斯菲尔德（Mansfield）伯爵属于这些精英分子中的一员，另就大法官马歇尔（Marshall）的工作的某些方面而言，他也可以被列入精英行列。某个法官作出的大胆破例的行为，可能会对社会带来裨益，这种情况或历史偶然性还是存在的。可能会发生这样的情形，即停滞或衰败现象只有通过司法决策者才能得以克服，而又由于该决策者确信社会上的一些占优势的价值观已完全过时或不合理，所以他愿意承担风险并决定给未来指出一条新的前进航向。进步往往取决于一些杰出人物所作出的有胆识的、决定性的、反传统的行为。"〔2〕正如卡多佐大法官说的那样，一个法官的工作，在一种意义上如白驹过隙，而在另一种意义上将千古流传。

五、法律的未来

在司法过程中，法官的使命就是怀着对法律的诚挚理解将其运用到个别场合。法官需要将抽象正义化为个案公平，需要在冲突价值之间寻求平衡，需要在法律与社会之间实现完美契合，需要敏锐地识别时代的需要并把它凝聚到法律之中。要攀上这令人望而生畏且常人难以企及的高峰之巅，就特别需要法官怀有良知和拥有智慧。美国法学家庞德（Pound）说得好："司法并不是每个人都能胜任的轻松活，由普通人直接来执法或直接操纵审判过程，就像由普通人直接行医或控制医疗过程、由普通人指挥

---

〔1〕 ［美］本杰明·卡多佐：《司法过程的性质》，苏力译，商务印书馆 1998 年版，第 104～105 页。

〔2〕 ［美］E. 博登海默：《法理学——法哲学及其方法》，邓正来、姬敬武译，华夏出版社 1987 版，第 544～545 页。

军队或控制军事专门技术一样，都是不大可能的。"[1] 柏拉图曾经告诫过世人，如果在一个秩序良好的国家安置一个不称职的官吏去执行那些制定得很好的法律，那么这些法律的价值便被掠夺了并使得荒谬的事情大大增多。正是在这个意义上，美国第一任总统华盛顿指出：要选拔最胜任的人来承担解释法律和分配正义的职责。

在司法过程中，法官就是法律的一部分。霍姆斯说得好：最好的法官是把法律琢磨得最精确符合、甚至预见到社会中占支配地位群体的愿望的法官，而所谓占支配地位的群体就是那些顺应了历史潮流的人们。[2] 他们懂得要与人类理性保持一致，与法律文字与精神保持一致，与社会正义保持一致。在他们之中，很少有法官在所有的时刻都沿着同样的路线前进，也很少有法官沿着一条道路走到极端。他们之所以遵循了一条道路，而关闭另一条道路，就是因为在这位司法者的心目中有了这种确信，即他所选择的道路导向了正义，代表了更重大与更深广的社会利益。[3] 他们总是不断诉诸人类理性和良知，从最内在的人类天性中发现正义的根本基础，从而确立社会急需的秩序以及保持和谐的原则。他们懂得如何在坚持法律的稳定性或安定性与坚持法律的适应性或正当性之间保持应有的平衡，如何在冷峻的逻辑理性和温暖的价值关怀之间保持必要的张力。他们不仅在塑造法律，也在塑造社会。法律的未来就维系在这些怀有良知、训练有素而又历经磨砺的人的手中。[4]

---

〔1〕 ［美］罗斯科·庞德：《普通法的精神》，唐前宏、廖湘文、高雪原译，法律出版社2001年版，第57页。

〔2〕 参见 ［美］理查德·A. 波斯纳：《法理学问题》，苏力译，中国政法大学出版社1994年版，第21页。

〔3〕 参见 ［美］本杰明·卡多佐：《司法过程的性质》，苏力译，商务印书馆1998年版，第23页。

〔4〕 在1972年美国 "水门事件" 中，尼克松竭力掩盖真相，司法部长理查德森任命哈佛大学考克斯教授担任 "特别检察官" 调查尼克松总统，考克斯不畏强权，追根究底，要求尼克松交出与水门事件有关的证据，激怒了尼克松。尼克松命令司法部长理查德森将其免职，理查德森不从宣布辞职；尼克松改命令司法部副部长拉克尔薛斯将考克斯免职，拉克尔薛斯不从也辞职；最后由司法部三号人物鲍克代理司法部长职务签署了解职令，考克斯因而去职。这事件美国史称 "星期六大屠杀"，在公众舆论压力下，尼克松黯然下台。考克斯赢得美国人民的尊敬，被誉为 "美国的良心"。

案例索引

关键词索引

主要参考文献

著作类

1. 金岳霖：《逻辑》，生活·读书·新知三联书店 1961 年版。
2. 金岳霖学术基金会学术委员会编：《金岳霖学术论文选》，中国社会科学出版社 1990 年版。
3. 杜汝楫主编：《法律专业形式逻辑》，群众出版社 1983 年版。
4. 雍琦主编：《法律适用中的逻辑》，中国政法大学出版社 2002 年版。
5. 张保生：《法律推理的理论与方法》，中国政法大学出版社 2000 年版。
6. 解兴权：《通向正义之路——法律推理的方法论研究》，中国政法大学出版社 2000 年版。
7. 王洪：《司法判决与法律推理》，时事出版社 2002 年版。
8. 陈金钊：《法治与法律方法》，山东人民出版社 2003 年版。
9. 冯文生：《推理与诠释——民事司法技术范式研究》，法律出版社 2005 年版。
10. 舒国滢等：《法学方法论问题研究》，中国政法大学出版社 2007 年版。
11. 郑永流：《法律方法阶梯》，北京大学出版社 2008 年版。
12. 王洪：《法律逻辑学》，中国政法大学出版社 2013 年版。
13. 梁慧星：《民法解释学》，中国政法大学出版社 1995 年版。
14. 王泽鉴：《法律思维与民法实例——请求权基础理论体系》，中国政法大学出版社 2001 年版。
15. 梁治平编：《法律解释问题》，法律出版社 1998 年版。
16. 王利明：《法律解释学导论——以民法为视角》，法律出版社 2009 年版。
17. 张志铭：《法律解释操作分析》，中国政法大学出版社 1999 年版。
18. 黄茂荣：《法学方法与现代民法》，中国政法大学出版社 2001 年版。
19. 杨仁寿：《法学方法论》，中国政法大学出版社 1999 年版。
20. 雷磊，舒国滢主编：《类比法律论证——以德国学说为出发点》，中国政法大学出版社 2011 年版。

21. 刘晓丹主编：《美国证据规则》，中国检察出版社 2003 年版。

22. 林钰雄：《严格证明与刑事证据》，法律出版社 2008 年版。

23. 樊崇义主编：《证据法学》，法律出版社 2003 年版。

24. 卞建林主编：《证据法学》，中国政法大学出版社 2005 年版。

25. 陈兴良主编：《刑事司法研究：情节·判例·解释·载量》，中国方正出版社 1996 年版。

26. 周叔厚：《证据法论》，三民书局股份有限公司 1995 年版。

27. 毛立华：《论证据与事实》，中国人民公安大学出版社 2008 年版。

28. 张文显：《二十世纪西方法哲学思潮研究》，法律出版社 1996 年版。

29. 陈聪富：《因果关系与损害赔偿》，北京大学出版社 2006 年版。

30. 黄家乐、李炳成、赵怀斌编译：《律师取胜的策略与技巧》，中国政法大学出版社 1993 年版。

31. 李伶伶：《他将战犯送上绞架——国际法院法官倪徵燠》，中国青年出版社 2005 年版。

32. 叶童：《世界著名律师的生死之战》，中国法制出版社 1996 年版。

33. 何家弘：《犯罪鉴识大师李昌钰》，法律出版社 1998 年版。

34. 贺卫方：《司法的理念与制度》，中国政法大学出版社 1998 年版。

35. 郭成伟、宋英辉主编：《当代司法体制研究》，中国政法大学出版社 2002 年版。

36. 张成敏：《案史：西方经典与逻辑》，中国检察出版社 2002 年版。

37. 沈敏荣：《法律的不确定性——反垄断法规则分析》，法律出版社 2001 年版。

38. 梁慧星编著：《中国物权法草案建议稿——条文、说明、理由与参考立法例》，社会科学文献出版社 2000 年版。

39. 中央电视台新闻评论部：《焦点访谈·法制卷》（上册），中国政法大学出版社 1999 年版。

40. 北京大学法学院司法研究中心编：《宪法的精神：美国联邦最高法院 200 年经典判例选读》，邓海平等译，中国方正出版社 2003 年版。

41. ［美］本杰明·卡多佐：《司法过程的性质》，苏力译，商务印书馆 1998 年版。

42. ［美］富勒：《法律的道德性》，郑戈译，商务印书馆 2005 年版。

43. ［美］艾德华·H.列维：《法律推理引论》，庄重译，中国政法大学出版社 2002 年版。

44. ［美］史蒂文·J.伯顿：《法律和法律推理导论》，张志铭、解兴权译，中国政法大学出版社 1998 年版。

45. ［英］H.L.A.哈特：《法律的概念》，许家馨、李冠宜译，法律出版社 2006 年版。

46. ［德］卡尔·恩吉施：《法律思维导论》，郑永流译，法律出版社 2004 年版。

47. ［美］迈尔文·艾隆·艾森伯格：《普通法的本质》，张曙光等译，法律出版社 2004 年版。

48. ［美］卡尔·N. 卢埃林：《普通法传统》，陈绪纲、史大晓、全宗锦译，中国政法大学出版社 2002 年版。

49. ［美］罗斯科·庞德：《普通法的精神》，唐前宏、廖湘文、高雪原译，法律出版社 2001 年版。

50. ［美］德沃金：《法律帝国》，李常青译，中国大百科全书出版社 1996 年版。

51. ［美］罗伯特·麦克洛斯基著，桑福德·列文森增订：《美国最高法院》，任东来、孙雯、胡晓进译，中国政法大学出版社 2005 年版。

52. ［美］斯坦利·I.库特勒编著：《最高法院与宪法——美国宪法史上重要判例选读》，朱曾汶、林铮译，商务印书馆 2006 年版。

53. ［美］爱德华·S.考文：《美国宪法的"高级法"背景》，强世功译，生活·读书·新知三联书店 1996 年版。

54. ［美］詹姆斯·安修：《美国宪法判例与解释》，黎建飞译，中国政法大学出版社 1999 年版。

55. ［美］萨伯：《洞穴奇案》，陈福勇、张世泰译，生活·读书·新知三联书店 2009 年版。

56. ［美］杰罗姆·弗兰克：《初审法院——美国司法中的神话与现实》，赵承寿译，中国政法大学出版社 2007 年版。

57. ［美］却伯等：《哈佛法律评论·宪法学精粹》，张千帆组织编译，法律出版社 2005 年版。

58. ［美］斯东：《苏格拉底的审判》，董乐山译，生活·读书·新知三联书店 1998 年版。

59. ［德］罗伯特·阿列克西：《法律论证理论——作为法律证立理论的理性论辩理论》，舒国滢译，中国法制出版社 2002 年版。

60. ［德］亚图·考夫曼：《类推与"事物本质"——兼论类型理论》，吴从周译，学林文化事业有限公司 1999 年版。

61. ［德］弗里德里希·卡尔·冯·萨维尼、雅各布·格林：《萨维尼法学方法论讲义与格林笔记》，杨代雄译，法律出版社 2008 年版。

62. ［德］弗里德里希·卡尔·冯·萨维尼著，艾里克·沃尔夫编：《历史法学派的基本思想（1814-1840 年）》，郑永流译，法律出版社 2009 年版。

63. ［英］托马斯·霍布斯：《哲学家与英格兰法律家的对话》，姚中秋译，上海三联书店 2006 年版。

64. ［德］哈贝马斯：《在事实与规范之间——关于法律和民主法治国的商谈理

论》，童世骏译，生活·读书·新知三联书店 2003 年版。

65. ［美］James E. Bond：《审判的艺术》，郭国汀译，中国政法大学出版社 1994 年版。

66. ［英］丹宁勋爵：《法律的训诫》，杨百揆、刘庸安、丁健译，法律出版社 1999 年版。

67. ［英］约瑟夫·拉兹：《法律的权威——法律与道德论文集》，朱峰译，法律出版社 2005 年版。

68. ［德］卡尔·拉伦茨：《法学方法论》，陈爱娥译，商务印书馆 2003 年版。

69. ［法］孟德斯鸠：《论法的精神》，张雁琛译，商务印书馆 1961 年版。

70. ［法］勒内·达维：《英国法与法国法——一种实质性比较》，潘华仿等译，清华大学出版社 2002 年版。

71. ［美］罗斯科·庞德：《法律史解释》，曹玉堂、杨知译，华夏出版社 1989 年版。

72. ［英］约翰·奥斯丁：《法理学的范围》，刘星译，中国法制出版社 2002 年版。

73. ［美］E. 博登海默：《法理学——法哲学及其方法》，邓正来、姬敬武译，华夏出版社 1987 年版。

74. ［德］阿图尔·考夫曼、温弗里德·哈斯默尔主编：《当代法哲学和法律理论导论》，郑永流译，法律出版社 2002 年版。

75. ［德］阿图尔·考夫曼：《法律哲学》，刘幸义等译，法律出版社 2004 年版。

76. ［德］伯恩·魏德士：《法理学》，丁晓春、吴越译，法律出版社 2005 年版。

77. ［美］理查德·A.波斯纳：《法理学问题》，苏力译，中国政法大学出版社 1994 年版。

78. ［美］哈罗德·J.伯尔曼：《法律与革命——西方法律传统的形成》，贺卫方等译，中国大百科全书出版社 1993 年版。

79. ［德］H.科殷：《法哲学》，林荣远译，华夏出版社 2002 年版。

80. ［美］罗斯科·庞德：《通过法律的社会控制　法律的任务》，沈宗灵、董世忠译，商务印书馆 1984 年版。

81. ［奥］凯尔森：《法与国家的一般理论》，沈宗灵译，中国大百科全书出版社 1996 年版。

82. ［美］唐·布莱克：《社会学视野中的司法》，郭星华等译，法律出版社 2002 年版。

83. ［美］本杰明·N.卡多佐：《法律的成长——法律科学的悖论》，董炯、彭冰译，中国法制出版社 2002 年版。

84. ［英］温斯坦莱：《温斯坦莱文选》，任国栋译，商务印书馆 1965 年版。

85. ［德］马克斯·韦伯：《社会科学方法论》，杨富斌译，华夏出版社 1999 年版。

86. ［奥］维特根斯坦：《逻辑哲学论》，郭英译，商务印书馆 1962 年版。

87. ［德］G.拉德布鲁赫：《法哲学》，王朴译，法律出版社 2005 年版。

88. ［美］约翰·罗尔斯：《正义论》，何怀宏、何包钢、廖申白译，中国社会科学出版社 1988 年版。

89. ［美］汉密尔顿、杰伊、麦迪逊：《联邦党人文集》，程逢如、在汉、舒逊译，商务印书馆 1980 年版。

90. ［英］尼尔·麦考密克、［奥］奥塔·魏因贝格尔：《制度法论》，周叶谦译，中国政法大学出版社 1994 年版。

91. ［英］马丁·费多：《西方犯罪 200 年：1800～1993》（上下册），王守林等译，群众出版社 1998 年版。

92. ［苏］B.H.库德里亚夫采夫：《定罪通论》，李益前译，中国展望出版社 1989 年版。

93. ［美］约翰·V.奥尔特：《正当法律程序简史》，杨明成、陈霜玲译，商务印书馆 2006 年版。

94. ［日］谷口安平：《程序的正义与诉讼（增补本）》，王亚新、刘荣军译，中国政法大学出版社 2002 年版。

95. ［德］汉斯·普维庭：《现代证明责任问题》，吴越译，法律出版社 2000 年版。

96. ［德］莱奥·罗森贝克：《证明责任论——以德国民法典和民事诉讼法典为基础撰写》，庄敬华译，中国法制出版社 2002 年版。

97. ［美］米尔吉安·R.达马斯卡：《比较法视野中的证据制度》，吴宏耀、魏晓娜译，中国人民公安大学出版社 2006 年版。

98. ［意］贝卡里亚：《论犯罪与刑罚》，黄风译，中国大百科全书出版社 1993 年版。

99. ［美］艾伦·德肖微茨：《最好的辩护》，唐交东译，法律出版社 1994 年版。

100. ［民主德国］P.A.施泰尼格尔编：《纽伦堡审判》（上下卷），王昭仁等译，商务印书馆 1985 年版。

101. ［美］欧文·斯通：《舌战大师丹诺辩护实录》，陈苍多、陈卫平译，法律出版社 1991 年版。

102. ［英］理查德·杜·坎恩：《律师的辩护艺术》，陈泉生、陈先汀编译，群众出版社 1989 年版。

103. ［波］齐姆宾斯基：《法律应用逻辑》，刘圣恩等译，群众出版社 1988 年版。

104. ［美］鲁格罗·亚狄瑟：《法律的逻辑——法官写给法律人的逻辑指引》，唐欣伟译，法律出版社 2007 年版。

105. ［德］黑格尔：《哲学史讲演录》（第 2 卷），贺麟、王太庆译，商务印书馆 1978 年版。

106. ［英］伯特兰·罗素：《我们关于外间世界的知识：哲学上科学方法应用的一个领域》，陈启伟译，上海译文出版社 1990 年版。

107. ［英］休谟：《人类理解研究》，关文运译，商务印书馆 1981 年版。

108. ［英］威廉·涅尔、玛莎·涅尔：《逻辑学的发展》，张家龙、洪汉鼎译，商务印书馆 1985 年版。

109. ［德］亨利希·肖尔兹：《简明逻辑史》，张家龙译，商务印书馆 1977 年版。

110. ［德］汉斯-格奥尔格·加达默尔：《真理与方法——哲学诠释学的基本特征（上卷）》，洪汉鼎译，上海译文出版社 2004 年版。

111. ［英］休谟：《人性论》，关文运译，商务印书馆 1983 年版。

112. ［古希腊］亚里士多德：《政治学》，吴寿彭译，商务印书馆 1965 年版。

113. 苗力田主编：《亚里士多德全集》（第 1 卷），中国人民大学出版社 1990 年版。

114. ［古希腊］亚里士多德：《尼各马可伦理学》，廖白申译注，商务印书馆 2003 年版。

115. O. W. Holmes, Jr., *The Common Law*, ed. M. Howe, Boston: Little Brown, (1881) 1963.

116. L. Fuller, *Anatomy of the law*, Praege, 1968.

117. A. Aarnio, D. N. MacCormick, *Legal Reasoning*, Volume I, Dartmouth Publishing Company Limited, 1992.

118. Ch. Perelman, *Justice, Law, and Argument: Essays on Moral and Legal Reasoning*, D. Reidel Publishing Company, 1980.

119. Jezy Stelmach, Bartosz Brozek, *Methods of Legal Reasoning*, Springer Science & Business Media, 2006.

120. Aleksander Peczenik, Hage Jaap, *On Law and Reason*, Kluwer Academic Publishers, 1989.

121. Henry Prakken, *Logical Tools for Modelling Legal Argument: A Study of Defeasible Reasoning in Law*, Kluwer Academic Publishers, 1997.

122. Neil MacCormick, *Legal Reasoning And Legal Theory*, Clarendon Press, 1994.

123. Edward Levi, *An Introduction to Legal Reasoning*, University of Chicago Press, 1949.

124. Cass Sunstein, *Legal Reasoning and Political Conflict*, Oxford University Press, 1996.

125. Lief Carter, *Reason in Law*, Longman, 1998.

126. R. M. Hare, *Moral Thinking*, Oxford University Press, 1981.

127. Robert Alexy, *The Theory of Legal Argumentation: the Theory of Rational Discourse as Theory of Legal Justification*, Oxford University Press, 1989.

128. Arend Soeteman, *Logic in Law: Remarks on Logic and Rationality in Normative Rea-*

soning, *Especially in Law*, Kluwer Academic Publishers, 1989.

129. E. T. Feteris, *Fundamentals of Legal Argumentation*, Kluwer Academic Publishers, 1999.

130. W. Read, *Legal Thinking*, University of Pennsylvania Press, 1986.

131. Wigmore, J. H., *The Science of Judicial Proof*: *As Given by Logic*, *Psychology*, *and General Experience*, *and Illustrated in Judicial Trials*, 3rd ed. Boston, MA., Little, Brown and Company, 1937.

132. Stephen Toulmin, *The Uses of Argument*, Cambridge University Press, 1958.

133. Chaim Perelman, Olbrechts Tyteca, *The New Rhetoric*: *A Treatise on Argumentation*, University of Notre Dame Press, 1969.

134. Douglas N. Walton, *Legal Argumentation and Evidence*, Pennsylvania State University Press, 2002.

135. Douglas N. Walton, *Practical Reasoning*: *Goal－Driven*, *Knowledge－Based*, *Action-Guiding Argumentation*, Rowman & Littlefield Publishers, Inc., 1990.

136. Douglas N. Walton, *Argumentation Schemes for Presumptive Reasoning*, Psychology Press, 1996.

137. Nicholas Rescher, *Plausible Reasoning*: *An Introduction to the Theory and Practice of Plausibilistic Inference*, Philsophy & Rhetoric, 1976.

138. Ernest Sosa, *Causation and Conditionals*, Oxford University Press, 1975.

139. R. Dworkin, *Law's Empire*, Harvard University Press, 1986.

140. David M. Walker, *The Oxford Companion to Law*, Oxford University Press, 1980.

141. A. Tarski, *Logic*, *Semantics*, *Mathematics*, Oxford: Clarendon Press, 1956.

142. Boll, Maohovar, *A Course in Mathematical Logic*, North Holland Publishing Company, 1977.

143. K. J. Arrow, *Social Choice and Individual Values*, Yale University Press, 1970.

论文类

1. 沈宗灵:"佩雷尔曼的'新修辞学'法律思想",载《法学研究》1983年第5期。
2. 陈光中等:"刑事证据制度与认识论——兼与误区论、法律真实论、相对真实论商榷",载《中国法学》2001年第1期。
3. 方流芳:"罗伊判例:关于司法和政治分界的争辩——堕胎和美国宪法第14修正案的司法解释",载《比较法研究》1998年第1期。
4. 郑永流:"法律判断形成的模式",载《法学研究》2004年第1期。
5. 郑永流:"法律判断大小前提的建构及其方法",载《法学研究》2006年第4期。
6. 苏力:"解释的难题:对几种法律文本解释方法的追问",载《中国社会科学》

1997 年第 4 期。

7. 苏力："一个不公正的司法解释（附最新资料）"，载爱思想网，http：//www. aisixiang. com/date/54099. html.

8. 舒国滢："从方法论看抽象法学理论的发展"，载《浙江社会科学》2004 年第 5 期。

9. 舒国滢："寻访法学的问题立场——兼谈'论题学法学'的思考方式"，载《法学研究》2005 年第 3 期。

10. 陈金钊："司法过程中的法律发现"，载《中国法学》2002 年第 1 期。

11. 张继成："事实、命题与证据"，载《中国社会科学》2001 年第 5 期。

12. 张保生："推定是证明过程的中断"，载《法学研究》2009 年第 5 期。

13. 雷磊："法律推理基本形式的结构分析"，载《法学研究》2009 年第 4 期。

14. 陈林林："基于法律原则的裁判"，载《法学研究》2006 年第 3 期。

15. 贺卫方："对抗制与中国法官"，载《法学研究》1995 年第 4 期。

16. 贺卫方："中国古代司法判决的风格与精神——以宋代判决为基本依据兼与英国比较"，载《中国社会科学》1990 年第 6 期。

17. 林来梵："司法上的创举与谬误——也评'马伯里诉麦迪逊案'"，载法律思想网，http://www. law-thinker. com.

18. 何兵："法官不能为自己的判决摇旗呐喊"，载法律思想网，http://www. law-thinker. com.

19. 木子、阳光："李慧娟法官有话要说"，载《民主与法制》2004 年第 1 期。

20. 王洪："法律推理与法律逻辑——兼评道义逻辑的冯·莱特系统和安德森系统"，载《哲学动态》1994 年增刊。

21. 王洪："论制定法推理"，载郑永流主编：《法哲学与法社会学论丛（四）》，中国政法大学出版社 2001 年版。

22. 王洪："法律逻辑的基本问题"，载《政法论坛》2006 年第 6 期。

23. 王洪："法律逻辑研究的主要趋向"，载《哲学动态》2009 年第 3 期。

24. 王洪："司法的不法与司法的不正义（上）——违反正当法律程序"，载《政法论丛》2014 年第 5 期。

25. 王洪："司法的不法与司法的不正义（下）——违背实在法证成原则和衡平与正义原则"，载《政法论丛》2014 年第 6 期。

26. "一封写给全国人大常委会并公布在网络上的公开信"，载北京大学公法网，http://www. publiclaw. cn/article/Details.

27. 童之伟："《物权法（草案）》该如何通过宪法之门——评一封公开信引起的违宪与合宪之争"，载《法学》2006 年第 3 期。

28. 王利明："试论物权法的平等保护原则"，载《河南省政法管理干部学院学报》

2006 年第 3 期。

29. 吴邦国："物权法草案有三个问题仍要深入研究"，载 https：//www. chinanews. com. cn/news/2005/2005-10-27/81643974. shtml. .

30. "就香港特别行政区终审法院的有关判决内地法律界人士发表意见"，载《人民日报》1999 年 2 月 8 日，第 4 版。

31. ［德］古斯塔夫·拉德布鲁赫："法律的不法与超法律的法"，舒国滢译，载郑永流主编：《法哲学与法社会学论丛（四）》，中国政法大学出版社 2001 年版。

32. ［德］诺依曼："法律论证理论大要"，郑永流、念春译，载郑永流主编：《法哲学与法社会学论丛》，北京大学出版社 2005 年版。

33. ［美］肯尼迪："司法判决的形式与实质"，肖宁译，载易继明主编：《私法》（第 7 辑第 1 卷），华中师范大学出版社 2007 年版。

34. ［美］罗纳德·德沃金："我们的法官必须成为哲学家吗？他们能成为哲学家吗？"，傅蔚冈、周卓华译，载中国私法网，http：//www. privatelaw. com. cn/web_ P/N_ show/? news. CPI=25&PID=1562.

35. ［英］H. L. A. 哈特："法律推理问题"，刘星译，载《环球法律评论》1991 年第 5 期。

36. Jaap Hage, Aleksander Peczenik, "Law, Morals and Defeasible", *Ratio Juris*, Vol. 13, No. 3. , 2000.

37. M. J. Detmold, "Law as Practical Reason", *The Cambridge Law Journal*, Vol. 48, No. 3. , 1989.

38. Aleksander Peczenik, "Moral and Ontological Justification of Legal Reasoning", *Law and Philosophy*, Vol. 4, 1985.

39. Joseph Raz, "On the Autonomy of legal Reasoning", *Ratio Juris*, Vol. 6, No. 1. , 1993.

40. Joseph Raz, "Reasoning with Rules", *Current Legal Problems*, Vol. 54, 2001

41. Joseph Raz, "The Relevence of Coherence", *Boston University Law Review*, Vol. 72, 1992.

42. R. Pound, "The Theory of Judicial Decision I. The Materials of Judicial Decision", *Haryard Law Review*, Vol. 36, No. 6. , 1923.

43. Aulius Aarnio, "Systematisation and interpretation of statutes, Some thought on theoretical and practical legal science", in Luc J. Wintgens ed. , *The Law in Philosophical Perspectives*: *My Philosophy of Law*, Dordrecht: Kluwer Academic Publishers, 1999.

44. Robert Summers, "Two Types of Substantive Reasons: The core of a Theory of Common-Law Justification", *Cornell Law Review*, 63 (1978).

45. Cass R. Sunstein, "On Analogical Reasoning", *Harvard Law Review*, Vol. 106, No. 3., 1993.

46. Scott Brewer, "Tranversing Holmes's Path toward a Jurisprudence of Logical Form", in Steven J. Burton ed., *The Path of the Law and its Influence: The Legacy of Oliver Wendll Holmes*, Cambridge University Press, 2000.

47. Herry Prakken, "From Logic to Dialectics in Legal Argument", *Proceedings of the Fifth International Conference on Artificial Intelligence and Law*, Washington DC, USA, 1995.

48. Kenneth G. Freguson, "Monotonicity in Practical Reasoning", *Argumentation*, Vol. 17, 2003.

49. McCarty, L. T., "Some Argument about Legal Arguments", *Proceedings of the Sixth International Conference on Artificial Intelligence and Law*, ACM, New York, 1997.

50. Donald Nute, "Defeasible logic", In D. Gabbay and C. Hogger eds., *Handbook of Logic for Artificial Intelligence and Logic Programming*, Vol. III, Oxford University Press, 1994.

51. L. Aqvist, "Deontic Logic", in D. Gabbay and F. Guenthner eds., *Handbook of Philosophical Logic*, Vol. I, D. Reidel Publishing Company, 1984.

52. Mackie, J. L, "The Direction of Causation", *The Philosophical Review*, Vol. 75, No. 4., 1966.

初版后记

世上法官无数，人们为什么要把景仰的目光投向马歇尔、曼斯菲尔德、霍姆斯、卡多佐、丹宁等这些大法官们？在我看来，人们推崇他们，固然是因其判决实现了社会公平与正义，充满了良知与智慧，且如履平地一般而不陷入泥沼之中，令人心生向往。但根本的原因还不在这里，因为对于一个称职的法官而言，要达到这样的高度也许并非难事。更多的还是因其在审慎推断与睿智选择之中，为其同辈以及后世法官创设了可以援用的先例和范式，创立了一些重要的司法传统、司法原则与精神、司法方法或技艺，让人们得以看到究竟是什么使司法实现了正义，又是什么使司法偏离了正义。

历史的灰尘掩盖不了这些思想的光辉。"历史在照亮昔日的同时也照亮了今天，而在照亮了今天之际又照亮了未来。"〔1〕霍姆斯说得好，马歇尔之所以伟大，就是因为他所作出的判决中包含了某种更为广阔的理论酵母，因此可能给法律的肌体组织带来局部的深刻变化。这些司法传统、原则与精神、方法或技艺，是普通法系和大陆法系的法官们在长期法律实践中锻造出来的，它向人们展现那些使司法过程变得崇高的东西。这些不一般的法律情怀、法律眼界与法律智慧，其魅力是深入人心的，是人们从心底赞叹不已的。在法律世界里，不能没有这些伟大的灵魂。它就像是海底涌动的激流一样，决定法律思维的未来走向，并且是推动和引导法律思维奔向远方的基本力量。它不但实现正义，而且使世间正义可以藉此得以延续。在我看来，抓住法律思维的最为基本的方向和推动与引导它们的基本力量，就抓住了这个变化万千的法律世界。掌握法律思维的基本原则与方法，法律人的思维也可以像舞蹈家的脚步一样轻盈。我在本书中就是想揭示制定法推理和判例法推理传统、原则与

---

〔1〕 ［美］本杰明·卡多佐：《司法过程的性质》，苏力译，商务印书馆1998年版，第31页。

精神、方法与技艺，发掘我可能永远都难以抵达而吾心依旧向往的清泉。

这项工作是令人向往的，但深不可测又让人临渊却步，要着手进行不是轻而易举的。因为这项工作是一项浩大的工程，几乎涉及立法与司法的全部过程与全部领域，也涉及逻辑学、修辞学、论辩学、法理学与法哲学、法学方法论、法律推理与法律论证理论等众多学科的相关研究。它不但需要作者对法律领域的问题有准确的把握，而且要求作者对相关理论成果有广泛的了解。这就大大地增加了这项工作的难度。这项工作对我来说需要有一个过程。十多年前，我首次将法律领域中的全部推理与论证概括为制定法推理与判例法推理以及事实推理、法律推理与判决推理〔1〕，并在这个框架下研究了法律推理有关问题〔2〕。其后我除了对法律推理进行进一步研究之外，主要对事实推理和判决推理问题进行了一些研究。这本书就是这些研究工作的结果。本书的出版是对我国法律逻辑学科的奠基人之一——我的导师杜汝楫教授最好的告慰和怀念。

我在中国政法大学研究生院讲授《法律逻辑研究》课程时，曾就本书的一些观点和内容与包括法学理论在内的许多专业的研究生们有过充分的交流和探讨，也征求过一些法官、检察官和律师朋友们的意见，与我的同事郑永流教授、舒国滢教授以及我们的校长与同行张保生教授等有过深入的讨论，与我的从事法律逻辑研究的朋友们也有过广泛的交流。本书的一些观点和内容也曾在国家法官学院法官培训班、清华大学法学院深圳检察官研讨班、中国政法大学东莞检察官研讨班、北京外国语大学法学院以及我国港澳地区一些法学院讲授过。一些观点和内容也有幸在贺卫方教授主持过的《比较法研究》、郑永流教授主编的《法哲学与法社会学论丛》、王人博教授主编的《政法论坛》、孙培福教授主编的《政法论丛》等杂志上刊载过。所有这些交流是非常宝贵而有益的。我要感谢他们的同道之谊！我要感谢我的研究生们在课堂上的积极参与，书中许多思想都在这些愉快交流中得以反复的锤炼。

---

〔1〕 参见王洪："论制定法推理"，载郑永流主编：《法哲学与法社会学论丛（四）》，中国政法大学出版社2001年版。

〔2〕 具体内容参见该书：王洪：《司法判决与法律推理》，时事出版社2002年版。

　　我要感谢中国政法大学科研处将作者主持的"交叉学科视野下的法律逻辑研究"评为校级人文社会科学研究项目，感谢发展规划与学科建设处将作者主持的"法律逻辑"评为校级交叉学科建设项目。本书是这些项目的研究成果，得到了中国政法大学校级人文社会科学研究项目资助，得到了中国政法大学交叉学科建设项目资助。在此特别要感谢科研处处长柳经纬教授和发展规划与学科建设处处长杨阳教授对我校法律逻辑学科的大力支持。我还要感谢中国政法大学出版社的同志们为本书出版所作的大量严谨细致、富有创造性的工作。特别要感谢社长李传敢教授长期以来对法律逻辑学著作出版的鼎力相助！

　　我要一并感谢本书引证过或参考过的著作的作者们，他们的工作是出色的。在书中，我对其中一些观点持批评或保留态度，但他们著作中富有恒久价值的思想使我获益匪浅。假如没有他们的工作，本书不可能向前迈出半步。我要感谢我的妻子，她是我所写文字的第一个读者和评论者，她对文字是比较敏感的，她的感觉往往是到位的。此外，倘若没有她深深的理解、鼓励与督促，本书也是难以问世的。这本书给了我不可抑止的写作冲动，给了我许多个不眠之夜。上下求索未曾独步当下，但流声其中足以慰藉吾心。但愿我所热爱的这一切增加它崭新的远景，再次唤起我对未来的激情与梦想，我想那会是一个新的开端。

王洪　谨识

2013 年季夏于中国政法大学

图书在版编目（ＣＩＰ）数据

制定法推理与判例法推理/王洪著. —3版. —北京：中国政法大学出版社，2022.8
ISBN 978-7-5764-0583-5

Ⅰ　①制…　Ⅱ.①王…　Ⅲ.①制定法－法律逻辑学②英美法系－法律逻辑学　Ⅳ.①D90-051

中国版本图书馆CIP数据核字(2022)第124369号

出　版　者　　中国政法大学出版社

地　　　址　　北京市海淀区西土城路25号

邮寄地址　　北京 100088 信箱 8034 分箱　邮编 100088

网　　　址　　http://www.cuplpress.com (网络实名：中国政法大学出版社)

电　　　话　　010-58908285(总编室) 58908334(邮购部)

承　　　印　　固安华明印业有限公司

开　　　本　　720mm×960mm　1/16

印　　　张　　27.75

字　　　数　　468 千字

版　　　次　　2022 年 8 月第 1 版

印　　　次　　2022 年 8 月第 1 次印刷

定　　　价　　112.00 元